高等院校经济学管理学系列教材

"十三五"江苏省高等学校重点教材（编号：2020-1-042）

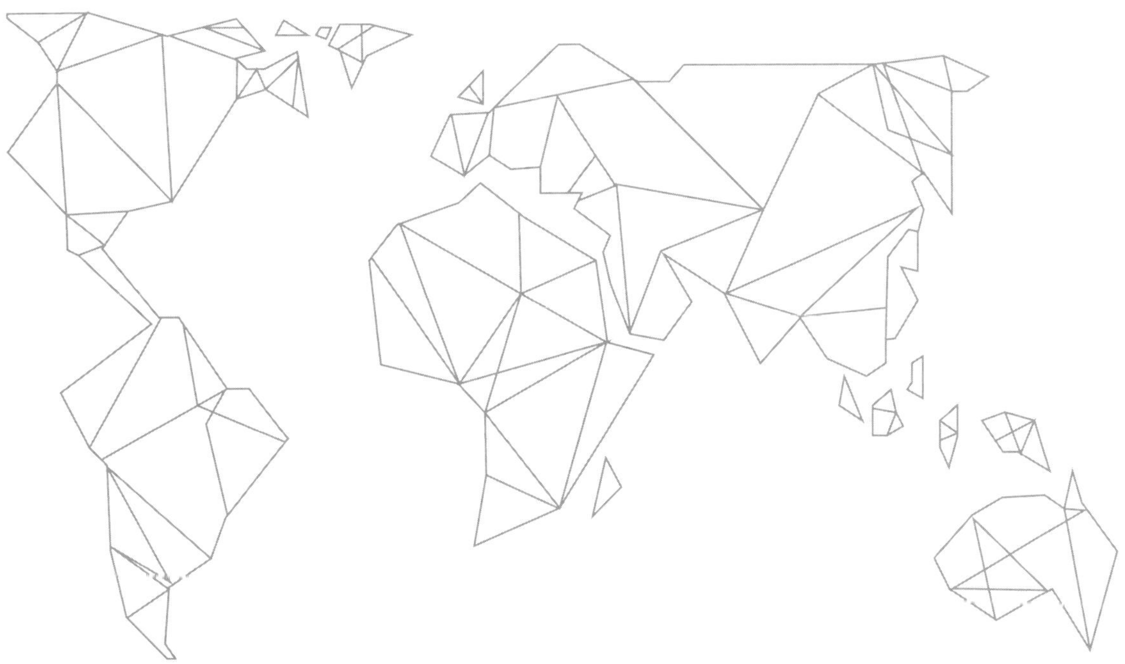

跨国经营与管理

（第四版）

Transnational Management

(4th edition)

朱晋伟 主 编
徐海俊 副主编

北京大学出版社
PEKING UNIVERSITY PRESS

图书在版编目(CIP)数据

跨国经营与管理/朱晋伟主编. —4 版. —北京：北京大学出版社，2022.3
高等院校经济学管理学系列教材
ISBN 978-7-301-32904-7

Ⅰ. ①跨…　Ⅱ. ①朱…　Ⅲ. ①跨国公司—经营管理—高等学校—教材　Ⅳ. ①F276.723

中国版本图书馆 CIP 数据核字(2022)第 032234 号

书　　　名　跨国经营与管理（第四版）
KUAGUO JINGYING YU GUANLI（DI-SI BAN）
著作责任者　朱晋伟　主编
责 任 编 辑　杨丽明
标 准 书 号　ISBN 978-7-301-32904-7
出 版 发 行　北京大学出版社
地　　　址　北京市海淀区成府路 205 号　100871
网　　　址　http://www.pup.cn　　新浪微博：@北京大学出版社
电 子 信 箱　sdyy_2005@126.com
电　　　话　邮购部 010-62752015　发行部 010-62750672　编辑部 021-62071998
印　刷　者　北京圣夫亚美印刷有限公司
经　销　者　新华书店
787 毫米×1092 毫米　16 开本　25 印张　577 千字
2011 年 9 月第 1 版　2015 年 8 月第 2 版
2018 年 1 月第 3 版
2022 年 3 月第 4 版　2023 年 2 月第 2 次印刷
定　　　价　68.00 元

未经许可，不得以任何方式复制或抄袭本书之部分或全部内容。

版权所有，侵权必究

举报电话：010-62752024　电子信箱：fd@pup.pku.edu.cn

图书如有印装质量问题，请与出版部联系，电话：010-62756370

前　言

进入21世纪以来，随着科学技术的进步、文化交流的增加，以及国与国之间经济往来的空前频繁，对外直接投资活动日趋活跃，跨国经营活动在广度和深度上均超过了历史上任何一个时期。新一轮科技革命和产业革命正孕育兴起，社会信息化、文化多样化持续推进，经济全球化深入发展，各国经济相互联系、相互依存，全球命运与共、休戚相关。同时，近年来，世界经济增长乏力，逆全球化思潮抬头，恐怖主义、重大传染性疾病、气候变化等对跨国经营提出了新的挑战。经营管理者只有树立全球化竞争与合作的理念，了解各国政治经济的差异，把握跨文化交流的技能，掌握跨国经营的基本原理和方法，才能迎接前所未有的机遇和挑战。

中国自改革开放以来，从打开国门、吸引外资，到放眼世界、实施“走出去”战略，跨国经营已经从遥不可及的概念变为企业日常事务。从来华投资的“三资”企业运营中，人们感受到了不同文化、不同管理模式对中国传统企业管理方式的冲击，我们既体验到优秀跨国公司长盛不衰的经营之道，也目睹一些世界知名品牌在中国败走麦城。随着改革开放政策的深入，中国综合国力的增强，企业国际竞争力的提高，越来越多的中国企业跨出国门，涌现出一批具有全球视野和远见卓识的企业家。

古丝绸之路上，为实现国与国之间的物物交换，人们要跋山涉水、战胜戈壁风沙。现代的陆海空交通，实现了人、设备、产品在短时间内的跨国流动，互联网技术的普及，使分布在全球各地的不同肤色的员工可以随时共享信息。“地球是平的”，一些企业把研发中心放在北美、设计中心放在欧洲、制造中心放在中国、服务中心放在印度，实施跨国经营战略。可以说现代经营管理的国际化在领域和范围上超越了历史上任何一个时期。

在全球竞争环境下，越来越多的人开始从事跨国经营及其相关联的活动，所有的企业，哪怕是所有经营业务都在国内的企业，都会受国际市场和来自海外的跨国经营企业的影响，经营者迫切需要了解跨国经营的概念、原理、原则、方法和规律。为此，近年来，越来越多的大学、企业和机构开始开设跨国经营的相关课程。本教材是在笔者多年执教的基础上，参考国内外相关教材和资料编写而成的。

本教材有以下几个特色：

1. 理论的权威性

本书结合跨国经营发展的最新动态和国内外的相关经典理论，从基本理论、战略战术、跨文化管理、职能管理等方面，阐明了跨国经营的基本概念、基本理论，分析了跨国经营实践的新探索，力求准确把握跨国经营的理论实质。

2. 案例的新颖性

每章节附有引导案例和章末案例，以反映21世纪知识经济和全球化背景新特点的案例为主，具有代表性（国内外知名企业）、新颖性（多数为近年发生）和启发性（便于思考讨论），利于学生分析跨国经营的相关问题。

3. 内容的聚焦性

本教材突出跨国经营所特有的管理问题,紧紧围绕"跨国"二字展开,突破了把跨国经营视为"跨国公司的经营"的概念范畴,把包括国际新创企业在内的中小企业的跨国经营问题融入教材当中。同时,采用了国际国内权威部门发布的最新统计资料和信息,以使读者把握全球跨国经营的最新动态。

4. 教学的便利性

本教材配备课件,便于教师讲授;每章附有学习目的,除第十八章外,其余各章附有课后练习,便于学生把握要点;每个案例后有思考题或讨论题,便于课堂讨论;每章后附有参考文献,便于学生拓展视野。

本教材自 2011 年 9 月出版以来,受到读者的认可与好评。随着科学技术的进步和国际政治经济环境的变化,国际经营环境日新月异,尤其是"一带一路"倡议提出以来,中国企业的跨国经营取得了举世瞩目的成就。但是,在经济全球化的过程中,近些年来出现了"逆全球化"现象,随着国际政治经济环境的变化,国际经营环境具有了更多的不确定性和多变性,跨国经营出现了新的动向,跨国经营企业中出现了一些新的经营理念、思路和方法,出现了一些新的成功和失败案例,跨国经营理论也有了新的发展和突破,新版教材努力吸收这一领域的最新成果。

为了使教材能够更好地反映当前日新月异的国际经营环境,展现跨国经营新动向,把握跨国管理技能,在吸收高校师生教材使用过程中的意见和建议后,笔者对第三版进行了修订。针对跨国经营环境的日益复杂、中国企业对外直接投资的增加、跨国经营风险的加大,新版教材吸收数字经济时代跨国经营方面新的理论和实践成果,增加了"跨国经营战略"和"跨国经营的财务管理"两章内容,更新了典型案例和部分统计数据,对一些文字表述进行了修订,完善了部分章节的内容。

为了适应线上教学的要求,新版教材与慕课建设有机结合,制作了配套的慕课课程(网址:http://mooc1.chaoxing.com/course/207374631.html),增加了多媒体案例和线上章节测试等内容。

新版教材旨在培养学生国际化的视野,使其增强跨文化理解能力,掌握跨国经营的基本知识,重点介绍跨国经营的理论、知识、思路和方法,使学生掌握跨国经营的一般规律;适用于"国际企业管理""跨国公司经营与管理"等课程,适合作为高等学校企业管理、国际贸易或其他相关专业的本科生、研究生教材。

本教材由朱晋伟主编,徐海俊为副主编,具体分工如下:朱晋伟(第 1、3、4、6、7、8、9、10、11、13、14、17、18、19、20 章)、徐海俊(第 1、2、5、12、15、16 章),最后由朱晋伟统稿。江南大学硕士研究生房霄宸、张佳倩、钱士雨等同学参与了新版修订工作,北京大学出版社杨丽明编辑为本书的出版付出了大量辛勤劳动,在此表示衷心感谢。

最后应当说明,笔者在编写本书时虽然力图遵循科学、严谨和创新的原则,但是由于学识有限,书中可能会有疏漏和错误之处,恳请读者不吝指正。

目　录

基础篇

战略篇

文　化　篇

管　理　篇

经　营　篇

探　索　篇

基 础 篇

第一章 跨国经营概论

【本章学习目的】

通过本章学习，你应该能够：

- 把握跨国公司和跨国经营的含义
- 了解跨国公司的发展历史
- 了解跨国公司在世界经济中的地位与作用
- 分析跨国公司对发达国家与发展中国家的影响

引导案例

中国对外投资新动向[①]

商务部、国家统计局和国家外汇管理局联合发布《2019 年度中国对外直接投资统计公报》(以下简称《公报》)，正式公布中国对外直接投资统计数据。根据《公报》，中国对外直接投资主要呈现以下特点：

一是对外直接投资流量蝉联全球第二，存量保持全球第三。2019 年，中国对外直接投资 1369.1 亿美元，同比下降 4.3%，流量规模仅次于日本(2266.5 亿美元)。2019 年年末，中国对外直接投资存量达 2.2 万亿美元，次于美国(7.7 万亿美元)和荷兰(2.6 万亿美元)。中国在全球外国直接投资中的影响力不断扩大，流量占全球比重连续 4 年超过一成，2019 年占 10.4%；存量占 6.4%，与上年持平。从双向投资情况看，2019 年，中国对外直接投资规模低于吸引外资 3.1%。

二是投资覆盖全球 188 个国家和地区，对“一带一路”沿线国家投资稳步增长。截至 2019 年年底，中国超 2.75 万家境内投资者在全球 188 个国家和地区设立对外直接投资企业 4.4 万家，全球 80% 以上国家和地区都有中国的投资，年末境外企业资产总额 7.2

---

① 摘编自商务部、国家统计局和国家外汇管理局发布的《2019 年度中国对外直接投资统计公报》。

万亿美元。在"一带一路"沿线国家设立境外企业超过1万家,2019年当年实现直接投资186.9亿美元,同比增长4.5%,占同期流量的13.7%;年末存量1794.7亿美元,占存量总额的8.2%。2013年至2019年,中国对沿线国家累计直接投资1173.1亿美元。

三是投资领域多元,八成存量集中在服务业。2019年,中国对外直接投资涵盖国民经济的18个行业大类,超七成投资流向租赁和商务服务、制造、金融、批发和零售四大行业。2019年年末,中国对外直接投资存量的八成集中在服务业,主要分布在租赁和商务服务、批发和零售、金融、信息传输/软件和信息技术服务、房地产、交通运输/仓储等领域。

四是中央企业和单位对外直接投资较快增长,地方企业存量占比超四成。2019年,中央企业和单位对外非金融类直接投资272.1亿美元,同比增长18%;地方企业897.4亿美元,同比下降8.7%,占全国非金融类流量的76.7%,较上年下降4.3个百分点。广东、上海、山东位列2019年地方企业对外直接投资前三甲。2019年年末,地方企业对外非金融类直接投资存量达到7855.5亿美元,占全国非金融类存量的40.4%。

五是对东道国税收和就业贡献显著,对外投资双赢效果突显。2019年,中国境外企业向投资所在国缴纳的各种税金总额达560亿美元,雇用外方员工226.6万人,占境外企业员工总数的60.5%。对外投资带动出口1167亿美元,占中国货物出口总值的4.7%,实现销售收入25120亿美元,同比增长4%。2019年,中国境外企业的经营情况良好,超七成企业盈利或持平。

思考题

1. 对外直接投资同企业跨国经营之间有什么关系?
2. 跨国经营活动对东道国有什么积极影响?

伴随着技术的进步、经济的发展,以及市场的拓展,企业的生产经营活动范围不断扩大,越来越多的企业突破国界的限制,开始了人员、资金、产品、原材料的跨国界流动,产生跨国经营行为,形成一批跨国公司。本章重点介绍跨国公司和跨国经营的相关概念。

第一节 跨国公司的定义

在世界一百个大经济实体中,有超过一半数量为跨国公司,另一部分则是主权国家。一些跨国公司富可敌国,经济全球化使得跨国公司在当今世界扮演着越来越重要的角色。从20世纪后期开始,以中国企业为代表,来自发展中国家和转型经济国家的企业越来越多地加入跨国经营的行列中,其跨国公司迅速成长,成为世界经济发展的主要动力之一和重要的支撑力量。

一、跨国公司的定义

按照联合国所给的定义,跨国公司(transnational corporations, TNCs)就是在两个或两个以上国家拥有并管理一些经济实体的企业。一般以一国总公司为基地,通过输出资本在其他国家设立分公司或控制当地企业使之成为其子公司,从事跨国界的生产、销售和其他业务活动。[①] 有些报刊和学者常使用"多国公司"(multinational corporations, MNC)来表述,又称国际公司(international corporations)、国际企业(international business)、全球企业(global enterprises)或宇宙公司(cosmo-corporations)。

一般而言,跨国公司有三个基本特征:

(1) 它是由位于两个或两个以上国家的经济实体所组成。跨国公司与国内公司的真正区别在于,它建立一个内部组织来经营各种跨国界的业务,并且实行内部化交易,而不是通过公开市场完成这些交易。

(2) 在一个统一的决策体系下,拥有共同战略和配套政策。共同的企业战略(strategy)和组织一体化(organizational integration)对跨国公司而言很重要。

(3) 它的各个经济实体通过股权或其他方式相互联系,它的一个或多个经济实体能够对其他实体施加有效的影响。各个经济实体之间能够共享知识、资源和信息,并且往往需要共同承担责任和风险。

二、跨国公司的判断标准

在判断一个企业是否是跨国公司时,我们通常需要考虑以下标准:

(一) 结构标准

结构标准(structural criteria)主要将"地区分布""在国外拥有生产或服务设施"和"所有权"等结构性要素作为划分跨国经营与国内(单一)经营的尺度。

1. 地区分布

联合国等一些国际组织强调必须在两个或两个以上国家拥有生产或服务设施。哈佛大学的"多国公司研究项目"认为,必须在六个以上国家设有子公司或附属企业才算是真正的跨国公司。弗农教授认为,在各国经济乃至世界的经济发展中,主权国家无所作为,而跨国公司却做出了突出的贡献。他认为能够被称为跨国公司的企业应该有相当广泛的地区分布,如果一个母公司仅仅和本国基地以外的一个或两个国家有股权关系,则不能认定它为多国企业或跨国公司。

2. 国外生产或服务设施

跨国公司在国外要拥有生产或服务设施,跨国公司强调的是生产或服务设施的综合,而不仅仅是市场的组合。跨国公司往往依赖于专业化生产,使用一个地方的廉价劳动力,另一个地方的廉价材料、市场和资金来源,充分利用世界各地的技术、资源、劳动力和市场优势,将公司的生产和经营活动建立在全球基础上,利用国际分工和资源的全球性配置,建立起庞大的全球生产或服务网络体系,使经济全球化在深度和广度上都得到拓展和加强。

也就是说,仅仅同很多国家有进出口贸易,而并不在这些国家拥有生产或服务设施,就只能算是贸易公司;如果拥有生产或服务设施,而不参与经营管理,则只是单纯的国际

---

① 参见杨宇光主编:《联合国辞典》,黑龙江人民出版社 1998 年版,第 152—153 页。

控股公司。

3. 所有权

采取"所有权"衡量尺度时,包含两层不同的含义,即资产的所有权形式与企业母国所属地。目前,世界上最大的100家非金融业跨国公司多数都设在发达国家,这主要是出于对企业母国所在地的考虑。

关于企业的国籍有各种不同的说法。梅森劳基认为,跨国或多国公司的股权应为多国公民所有,管理权也应是多国性的;麻省理工学院的金德伯格教授则认为,跨国或多国公司的特征是"无国籍性",即"并不忠于哪一个国家,也没有一个国家使它感到特别亲近"。以联合利华(Unilever)公司和英荷皇家壳牌石油公司(Royal Dutch/Shell Group)为例,实际上这两个公司都是在两个国家注册登记的"双重国籍公司"。

(二) 经营绩效标准

经营绩效标准(performance charateristics criteria)是指跨国公司的国外活动在整个公司业务活动中,其资产额、销售额、生产值(产品和劳务)、盈利额和雇员人数应占若干百分比以上才算"多国"。常用的是跨国指数(TNI)和国际化指数(II)。跨国指数是三个比率的平均数,即国外资产与总资产比率、国外销售额与总销售额比率、国外雇员数与总雇员数比率;国际化指数是指国外子公司数目除以子公司总数的比率。表1-1反映的是按海外资产排名的非金融类跨国公司世界十强的跨国指数。

表1-1 2019年按国外资产排名非金融类跨国公司世界十强

排名	公司名称	母国名称	跨国指数(%)
1	荷兰皇家壳牌公司	英国	75.3
2	丰田汽车公司	日本	50.8
3	英国石油公司	英国	85.9
4	软银集团	日本	66.3
5	道达尔石油集团	法国	74.9
6	大众汽车集团	德国	60.0
7	英美烟草公司	英国	85.7
8	雪佛龙公司	美国	63.4
9	戴姆勒公司	德国	59.7
10	埃克森美孚石油公司	美国	42.6

资料来源:联合国贸发会议(UNCTAD)。

第二节 跨国经营的定义与作用

一、跨国经营的定义

跨国经营常被理解为跨国公司的经营活动,把从事跨国经营活动的企业和跨国公司画上等号。实际上,跨国公司的形成需要经历一个较长的时间过程,按国际通行标准认定，要有国外业务和业绩的一定量的积累。而在达到跨国公司这一标准之前，该企业一般已经进行了较长时间的、大规模和大范围的跨国经营活动。所以，跨国经营应早于跨国公司而存在。如此，单纯把跨国经营界定为跨国公司的经营活动可能有失准确。

跨国经营又往往被理解为企业的涉外经营活动。除了纯粹以国内市场为目标、生产经营活动局限在国内范围的企业外，一般企业在当代国际经贸交流日益扩大和加快的大环境下，涉外经营活动也日益增多。但涉外经营一般以国内作为基地，是在国内经营基础上加上进出口经营，它并不一定需要在国外拥有经营基地。所以，把跨国经营界定为企业的涉外经营活动也不妥。

狭义上看，跨国经营是企业通过对外直接投资开创国外经营基地所从事的有目的的经济活动。跨国经营最重要的特征是企业对外直接投资并开创国外经营基地，表现为产品、劳务、资本、技术等要素超越了本国范围，在国际传递与转化。本书所述的跨国经营是以此定义为准的。从这一概念出发，如果一个企业在国外没有生产或服务设施，只是单纯地从事进出口活动，虽然开展跨国界的贸易活动，但从严格意义上看，不能称为跨国经营活动。同时，一些中小企业，虽然规模不大，在国外的资产额、销售额、人员数等数值不高，但是，只要在国外进行直接投资，其所从事的活动也可以被称为跨国经营活动。

当然，在现实经济活动当中，一般也可以从广义上把跨国经营分为三个阶段：(1) 商品国际化阶段：企业通过间接出口或直接出口，将本企业的产品打入国际市场，并有较稳定的市场份额。(2) 国外生产经营阶段：企业通过兼并、绿地投资等方式，在国外开展生产经营活动。(3) 跨国公司阶段：形成一定规模，在不同的国家和地区设有子公司或分支机构，从事国外生产、销售活动；总公司对于子(分)公司具有直接控制力；企业的经营战略和目标是跨国界、跨民族和全球性的，在全球范围内优化配置资源，获取最大利润。

二、跨国经营的作用

跨国经营是企业发展壮大，成长为跨国公司的必经之路。同时，跨国经营对于企业在激烈竞争的世界市场上立于不败之地，不断扩大全球的市场占有份额，实现全球战略目标，具有重要意义。

1. 跨国经营有利于开拓国外市场，提高全球市场占有率

在海外进行直接投资、建设生产经营基地，可以绕过关税壁垒和各种形式的贸易保护，将产品和服务成功就地输出，并通过该国市场向其他集团成员国或有关国家出口。这样可以大大开拓国外市场，不断提高全球市场占有率。

2. 跨国经营有利于扩大生产规模，延长产品的寿命周期

通过跨国经营，国外各生产基地可以承接越来越多的生产订单，从而促进生产规模不断扩大，实现规模经济效益。同时，由于各国之间在经济发展、产业结构、技术水平和消费能力等方面都存在差异，企业在跨国经营时，可以将在本国或某国已处在成熟期后期甚至进入衰退期的产品转移到其他生产水平较低的国家，从而尽可能延长产品的寿命周期，为企业带来长期的盈利。

3. 跨国经营有利于在世界范围内配置和调度生产要素，提高企业的国际竞争力

跨国经营可以利用一些国家的资源优势，在全球范围内获取所需的能源和原料；可

以将某些劳动密集型产品的生产、加工或装配转移到劳动力多、工资低的国家,降低企业的生产成本;可以到技术资源和信息资源占优势的国家直接投资建立新技术、新产品的研发基地,便于就近学习和掌握新工艺、新技术、新技能、新信息,从而加快企业新产品开发步伐;等等。

4. 跨国经营有利于实现范围经济,增强企业应对风险的能力

企业到国外直接投资开办生产经营基地,所面临的风险比单纯在国内经营和涉外经营要大。但由于企业的跨国经营往往采用多国化、多样化以及多目标的战略和对策,所以从整体看,可以实现跨地区带来的范围经济效益,提高企业的应变能力。

近年来,随着全球经济一体化进程的加快,海外销售额、进出口以及雇员人数在内的各项跨国经营指标,均呈上升的趋势。(如表 1-2 所示)联合国贸发会议指出,2015 年,外国子公司在全球的销售额和附加值分别达到 36.7 万亿美元和 7.9 万亿美元,其中它们的出口额超过 7.8 万亿美元,约占全球 GDP 的 1/10;2015 年,外国子公司雇员达到 7950 万人,比上年增加约 268 万人。可见,跨国经营在世界经济中起着举足轻重的作用。

表 1-2 1990—2015 年全球跨国经营主要指标(节选)

项目	按时价计算的价值(10 亿美元)				
	1990 年	2005—2007 年(平均)	2013 年	2014 年	2015 年
直接外资流入	207	1418	1427	1277	1762
直接外资流出	242	1445	1311	1318	1474
内向直接外资存量	2077	14500	24533	25113	24983
外向直接外资存量	2091	15104	24665	24810	25045
内向直接外资的收入	75	1025	1526	1595	1404
内向直接外资的回报率(%)	4.4	7.3	6.5	6.7	6.0
外向直接外资的收入	122	1101	1447	1509	1351
外向直接投资的回报率(%)	5.9	7.5	6.1	6.3	5.6
跨界并购	98	729	263	432	721
外国子公司销售额	5101	20355	31865	34149	36668
外国子公司(产品)附加值	1074	4720	7030	7419	7903
外国子公司总资产	4595	40924	95671	101254	105778
外国子公司出口额	1444	4976	7469	7688	7803
外国子公司雇员(千人)	21454	49565	72239	76821	79505
国内生产总值	22327	51288	75887	77807	73152
固定资本形成总值	5072	11801	18753	19429	18200
特许权和许可证收费	29	172	298	311	299
货物和服务出口额	4107	15034	23158	23441	20861

资料来源:联合国贸发会议:《2016 年世界投资报告》。

第三节 跨国经营的发展历史

一、跨国经营的起源

人类最早的跨国经营活动可追溯至古代埃及、希腊等与远东地区之间的经济往来，但企业的跨国经营则是近代才发生的，最有名的跨国经营企业是英国和荷兰的东印度公司。

1. 英国东印度公司的起源与发展

英国东印度公司成立于公元1600年，成立初始就取得与印度和中国贸易的独占权，起初主要经营贸易和航运业，后来发展到银行金融业，涉及范围十分广泛。曾经在大约250年的时间内，英国东印度公司是亚洲最大的公司，在印度和中国的市场上有着举足轻重的作用。

英国东印度公司受英国王室的特许，不仅从事商业贸易，还得到在印度领土上的管理权、收税权以及民政机关的人事任命权；不仅享有贸易独占权，还有权代表政府订立通商条约与和约，有权筹建军队、建立堡垒和行使司法权，甚至代表政府对外宣战。英国东印度公司的诸多特权到了19世纪初被相继取消，主要是由于当时英国新兴工业资本迅速发展，经济和社会状况发生了较大的变化。1858年，该公司被撤销，它代表英国在印度领土的管理权也保留到此时为止。

2. 荷兰东印度公司的起源与发展

当时在印度和东南亚，名称叫东印度公司的不只英国一家，除英国外，还有葡萄牙、荷兰、丹麦、法国的东印度公司，但以英国和荷兰的东印度公司为最大。

在荷兰建立的商业公司中，最著名的就是荷兰东印度公司和西印度公司。荷兰东印度公司成立于1602年，当时的创业资本为650万盾，实行股份制度，由荷兰经营东印度贸易的几家大公司合并而成。该公司虽名为商业公司，但在经济、政治和军事上都享有特权。它在东印度群岛和好望角一带拥有十分强大的势力，并曾用军事手段侵占爪哇、马鲁古群岛和中国的台湾，与印度、暹罗和日本都建立了广泛的联系。该公司在经营上几乎完全垄断了东方的香料，并且还在东南亚一带拥有许多规模巨大的种植园，在当地进行生产，然后把大量的东方香料和种植园中的产品运到欧洲销售。17世纪三四十年代，荷兰东印度公司达到全盛时期，与英国的东印度公司并称为当时世界上最大的海外公司之一。

3. 早期跨国公司的历史烙印

英国和荷兰的东印度公司可以被看作比较典型的跨国公司的雏形。除了东印度公司以外，当时还有其他一些类似的公司，都是在英国或欧洲以外的地区从事商业活动，如英国的皇家非洲公司、哈德逊湾公司等。

东印度公司对后来的跨国公司有着不可低估的影响，在19世纪和20世纪美国与欧洲的大型跨国公司身上，都可以找到它的一些影子。英国东印度公司曾在印度拥有领土管辖权、司法权，并拥有军队，19世纪和20世纪的许多欧美跨国公司在亚洲、非洲和拉丁美洲的一些国家也曾拥有商业以外的权力，并直接影响东道国的政权和社会制度。尤其是在非洲和拉丁美洲，一些巨型跨国公司往往可以操纵某些国家的政权，推出自己的代言人组织政府。所以，直到现在，在不少发展中国家，尤其是在非洲和拉丁美洲，民族主义的政府对跨国公司始终抱有戒心，即使这些国家的经济发展渴望外资，但也不敢轻易让跨国公司进入。

二、近代跨国公司的发展

1. 19 世纪跨国公司的形成与发展

现代意义的跨国公司——美国胜家缝纫机公司(以下简称“胜家公司”)出现于 1868 年。胜家公司由发明家伊萨卡·辛加和 E. 克拉克于 1863 年创建，专门生产家用缝纫机，因产品适应市场需要，很快销售到美国以外的欧洲市场。为了占领更多的国际市场，同时防止欧洲的一些厂商仿造，胜家公司于 1868 年在苏格兰格拉斯哥设立了第一个美国以外的工厂，并于 1880 年在英国伦敦设立专门负责欧洲和亚洲销售业务的分公司，首创“当地生产，当地销售”的商业形式。继胜家公司之后，德国的史尔公司(在美国纽约州设立分厂)、杜邦公司和爱迪生公司(这两家公司均在加拿大设立分厂)等也走上了海外设厂的道路。

19 世纪末到 20 世纪最初，美国国内的大企业不断出现，半数以上的大公司开始在海外投资，在国外设立工厂或分公司；欧洲的一些大企业也开始向欧洲以外的地区投资。这些公司的市场范围已由国内延伸到国外，生产地也扩展到国外，纷纷开始实行国内工厂与国外工厂同时生产、同时销售的运作模式，成了世界上第一批的跨国公司。活跃在当今世界经济舞台上的知名企业和巨型跨国公司，有一半以上在那个时期就已成了跨国公司(主要针对美国和欧洲的公司而言)，如美国的美孚石油公司、福特汽车公司、通用电气公司、西屋公司等，欧洲的西门子公司、巴斯夫公司、雀巢公司、飞利浦公司、英荷壳牌公司等。

2. 跨国公司在欧美国家出现的原因

19 世纪末到 20 世纪初正是欧美国家开始大量资本输出的时期，公司规模的巨型化，使得国内市场显得狭小，于是开始到国外开辟市场。为牢固占领国外市场，也为了冲破对方国家的关税障碍，这些巨型公司纷纷选择到国外直接投资建厂，从而逐步演化为典型的跨国公司。例如，西屋公司在英国的分厂曾经是英国最大的工厂(20 世纪初)，美孚石油公司在一战爆发前曾是欧洲最大的石油公司，在英国的福特汽车公司子公司也曾是英国最大的汽车公司，德国的西门子公司在 19 世纪末不仅是欧洲最大的电讯公司，它在美国的子公司也占据美国很大的一块电讯市场，而当时美国的 AT&T 的地位还没有今天这么高。

一战之前的约 30 年里，欧洲和美国出现了一大批跨国公司，这和这一时期发达资本主义国家的企业规模迅速扩大有很大关系。企业规模的迅速扩大，使得这些公司具有资本实力对外投资，在国外设立工厂或分公司。尤其是美国，一些企业在这一段时间内通过合并或兼并的方式形成巨型企业，出现了为数众多的托拉斯，这些托拉斯几乎在同时就变成跨国公司。19 世纪的最后 20 年和 20 世纪的第一个 10 年，美国企业经历了第一次大规模的合并和兼并浪潮，美国历史上第一家托拉斯——美孚石油公司，第一家资产超过 10 亿美元的巨型公司——美国钢铁公司，都是在这一时期出现的。这些大公司为了占据更多的市场，纷纷向海外发展，凭借其雄厚的资本实力，开始实行大规模的对外投资，最终发展成比较典型的跨国公司。

一战爆发后，各国停止了对国外的投资，跨国公司的发展因此处于停顿状态，跨国公司的数量没有增加。在一战结束到二战开始的 20 余年间，跨国公司的发展也相对缓慢，不同于一战之前 30 年的情况。这主要有四方面的原因：(1) 受一战战争创伤的影响，经济经历了一个恢复期，不论是国内投资还是国外投资，都不够踊跃。(2) 这 20 多年里出现了资本主义有史以来最大的经济萧条，长达 4 年多，波及全世界，经济严重不景气，使跨国公司难以发展。(3) 世界性的金融秩序混乱，资本主义体系的国际货币制度一直未能恢复到一战前的相对稳定状态，货币兑换、汇率变动比较紊乱，增加了跨国公司对外投资的风险。(4) 部分国家或是出于稳定国内经济的目的，或是出于准备新战争的目的(如德国)，开始限制企业的对外投资，也使跨国公司在这 20 年左右的时间内发展相对缓慢。

从整体上看，两次大战之间的国际投资和跨国公司发展得都不快，但从国与国的比较来看，英国的发展相对缓慢一些，而美国的发展相对快一些。从一战爆发前的 1913 年到二战爆发前的 1938 年这 25 年内，全世界的国际投资仅增加了 70 亿美元，共增长 16%，年平均增长 0.6%。在这新增加的 70 亿美元的投资中，属于英国的只有 11 亿美元，属于美国的则有 46.5 亿美元，其余的分属德国、法国、荷兰、比利时等。经过这段时间的发展，英国的资本输出虽仍居世界首位，但其优势已大大下降，而美国则上升许多，由原来的第四位升至仅次于英国的第二位。一战前，美国的对外直接投资额为 26.5 亿美元，到二战爆发前已增加到 73 亿美元，所占世界比重由 18.5%增至 27.7%，并由债务国成为世界主要债权国。

从跨国公司在海外的子公司数量看，美国的发展也快于英国和欧洲其他国家。1913 年，美国跨国公司在海外的子公司数为 118 个，到 1938 年增至 779 个，同期英国跨国公司在海外的子公司数由 140 个增至 251 个，欧洲其他国家由 175 个增至 402 个。到了 20 世纪二三十年代，美国的经济实力已经大大超过英国，成为世界第一经济大国，但在对外直接投资和跨国公司的发展方面，尚居于英国之后，这种情况一直维持到二战之后才开始改变。

三、当代跨国公司的发展

跨国公司的最大发展是在二战以后，特别是从 20 世纪 50 年代到 90 年代这 40 年内，这一时期的跨国公司基本上显示出当代跨国公司的特征。所以，我们将研究的重点放在这一时期的跨国公司上，也着重对这一时期的跨国公司的演变作历史的考察。

1. 20 世纪 50 年代至 70 年代跨国公司的发展

20 世纪 50 年代至 70 年代是世界经济发展最为迅速的时期，更是资本主义体系经济发展最快的时期，此后直到现在，尚未出现一个较长的时期在经济发展速度上可与那一时期相比的。今后若不发生明显的科技革命，也难以出现整个欧洲、北美洲乃至整个世界的经济像那段时间一样的高速发展时期。

50 年代至 70 年代也是跨国公司空前发展的时期,其速度大大超过一战前 30 多年里的跨国公司大发展,更是超过两次世界大战期间的跨国公司发展。

(1) 从发达国家的对外直接投资看。1945 年二战刚刚结束时,全世界的对外直接投资(FDI)只有 200 亿美元,基本为发达资本主义国家所拥有。到了 1978 年,FDI 的总量已经达到 3693 亿美元,共增加了 17.5 倍,这一速度超过了世界经济增长和国际贸易增长的速度。在世界经济不够景气的 70 年代和 80 年代初,国际直接投资的速度也并未放慢,还是以较高的增长率持续扩大,这一点不同于以前的国际直接投资。

(2) 从跨国公司的数量看。考察跨国公司的数量指标有两个:一是跨国公司母公司数量的增长情况,二是跨国公司海外子公司数量的增长情况。这两个指标都显示,跨国公司的数量在 50 年代、60 年代和 70 年代都有极大的发展。据联合国跨国公司中心的统计,1949 年全世界跨国公司母公司有 512 家,1956 年迅速增加至 1724 家,1963 年又增加至 4068 家,1968 年达到 7276 家,1973 年再增至 9481 家,到 1978 年,全世界跨国公司的总数已过万家,达到 10727 家。跨国公司在海外子公司的数目在同一时期也迅猛增加。

美国 180 家知名跨国公司在 1961 年至 1975 年期间,平均每年新建海外子公司达 2265 家,平均每家公司每年新建 12.6 家海外子公司。像通用汽车、福特汽车、埃克森石油、可口可乐、杜邦这些巨型跨国公司,到 60 年代末时,在海外子公司的总数都已超过百家。

自 50 年代初期始,美国的跨国公司就超过了英国,成为世界上对外直接投资最多和跨国公司数量最多的国家。从那时起,与英国及其他欧洲国家相比,美国的跨国公司就呈现出公司规模最大、建立的海外子公司最多、对世界贸易和投资最有影响的特征。到 1960 年,美国对外直接投资额累计达 319 亿美元,占全部发达国家对外直接投资额累计数的 49%;英国为 108 亿美元,占总数的 16.6%;荷兰为 70 亿美元,占总数的 10.8%;加拿大为 25 亿美元,占总数的 3.8%。这五个国家成为当时对外直接投资最多的五大国。1969 年,美国对外直接投资额的累计数在全部发达国家对外直接投资总额中所占比重达到最高峰,为 51.6%,超过一半,其后的 20 多年时间,这个比重逐年有所下降,但美国始终保持着对外直接投资最多、跨国公司最多的地位。

二战以后的二三十年内,跨国公司空前大发展,最主要的原因是借助了这一特殊的环境和特殊的时期。一战结束以后,虽然旧的战争结束了,但战败国还有条件和时机准备新的战争。二战结束后,德国、日本两个法西斯战败国在军事上被彻底摧毁,丧失了发展国家军事的条件和能力。由于世界性的战争不再成为威胁经济发展的障碍,国际投资受到很大鼓舞,资本在国际的流动比较频繁、顺畅。同时,这段时间里产生了对经济和社会都具有重大影响的第三次科技革命,大量的科技成果被广泛地应用于生产,出现了一系列的新产品、新技术和新产业,经济总量的发展由此而迅猛增加。经济总量的发展,一是要求不断有新原料提供,二是要求市场不断扩大以消化增加的总量,而这恰恰推动了生产和销售的国际化,跨国公司的大发展成为这一时代的必然。

从经济发展本身的原因来分析,这一时期内跨国公司的空前发展明显受到如下几个因素的有力促进:

(1) 跨国并购浪潮的出现。跨国并购使得企业的规模不断扩大。在这股猛烈的兼并风下，大量中小企业甚至是大企业本身被兼并，形成规模巨大的巨型公司。这些巨型公司每年销售额往往在百亿美元以上，如此大的销售规模，必然以经营活动和市场销售向国外扩展为前提。

(2) 国际分工的深化。国际分工的精细和生产的逐步国际化，也使一些大型公司的生产突破了原先在国内完成的格局，整个生产过程扩大到别的国家，甚至是在全球范围内来完成，比如福特汽车公司的生产就是比较典型的跨国生产。

(3) 交通、运输与信息革命。50 年代兴起的交通、运输和通信革命也为跨国公司的空前发展创造了很好的条件。从美洲到亚洲，交通工具已普遍由飞机代替了过去的轮船，喷气式飞机的问世，又使得这两大洲际的交通仅需数小时。以前美国到欧洲的邮件需耗时半个月以上，现在不仅时间缩短，而且大部分信息的传递已由国际长途电话、电传和传真所承担，通信变得及时、迅速，这使得跨国公司的经营从一般的日常业务来看，也和国内的企业一样方便、简易。

2. 20 世纪 80 年代以来跨国公司的发展

20 世纪 80 年代以来，世界跨国公司的发展出现了一些新特点，主要表现为以下几个方面：

(1) 跨国公司数目大量增加，投资规模迅速扩大。来自联合国跨国公司中心的统计表明，80 年代前半期的 1983 年，世界跨国公司的总数是 1.1 万家，拥有国外子公司 11.2 万家；到 1993 年，已有 3.7 万家跨国公司支配着近 20 万家子公司活跃在世界经济舞台。就跨国公司的规模来看，1982 年到 1992 年期间，排名世界前 200 名的大跨国公司的销售额从 3 万亿美元扩大到 5.9 万亿美元，增长了将近一倍，占全球 GNP 的比重也从 24.2% 上升到 26.8%。

(2) 跨国公司开始向多元化方向转变，主要发达国家跨国公司实力有升有降。二战以后相当长一段时间里，无论在数额上还是规模上，美国跨国公司都占有绝对优势。80 年代以来，美国地位相对下降，而后起的其他国家地位迅速上升，形成美、日、西欧"三极化"的地区格局。在 1982 年到 1992 年这 10 年间，排名世界前 200 名的跨国公司中，美国跨国公司从 80 家减少到 60 家，日本则从 35 家增长到 54 家。同时，这 200 家大公司中，英国所占份额在减少，而法国和德国的所占比重在不断扩大，瑞士也从 10 年前的 2 家迅速增加到 8 家。

(3) 由直接投资方式开始转向以收购、兼并外国企业以及向海外投资为主。收购子公司，兼并外国现有企业，或与东道主一道联合创办合资企业的做法逐渐替代 50 年代以来流行的直接到国外投资，开办新厂矿或设立分支机构、子公司的做法。此外，股份参与和非股权安排的方式日益得到重视。

(4) 跨国公司的投资重点仍在发达国家，发展中国家的跨国公司也有一定发展。到 80 年代末，跨国公司资金的地区投向，主要还是集中在经济发达国家之间，但发展中国家的跨国公司发展也较快。80 年代中期，仅新兴工业化国家和地区从事国外投资活动的公司就有 2000 多家，对外直接投资额达 200 亿美元。如韩国 1990 年对外直接投资额达 82 亿美元，我国台湾地区达 54 亿美元，分别比 80 年代中期增长 7 倍和 10 倍。

3. 20 世纪 80 年代以来跨国公司发展方式的转变

自 20 世纪 80 年代中期以来，世界上的跨国公司不仅在数量上有了很大的发展，而且在发展方式上也有了明显的变化，主要表现在以下几个方面：

(1) 跨国公司在经营管理战略上更加突出全球战略。80 年代中期以后，由于国际竞争日益加剧，加上区域集团化发展十分迅速，跨国公司的海外扩张遇到越来越多的挑战。技术转移的加速、产品生命周期的缩短，使得技术因素在各种经营资源中成为核心因素。而新技术研发风险较大，一个公司难以单独承担，同时独立进行新产品开发、生产和销售，既费时又难以在短期内打入其他国家的市场建立销售渠道。因此，越来越多的跨国公司开始采取开放型的跨国联合经营战略。不同国家的跨国公司在资金、技术、生产设备、行销、分配渠道、融资能力等方面相互渗透，形成全球战略联盟。跨国公司战略联盟的行业分布，大多集中在资本技术密集型产业。例如，汽车行业的福特与马自达的联合，奔驰与三菱的联合；电子行业的 IBM、东芝和西门子公司的联合，惠普与三星的联合；等等。这些联盟使原来互为敌手的竞争者转化为共担风险、合资开发的合作者。当然，有限范围的跨国战略联合尚不可能完全垄断某一行业或某一产品的国际市场，但已使原来的跨国公司变得规模更加庞大，经营方式更加全球化、复杂化。

(2) 跨国公司的投资方式开始转向以收购和兼并为主。绿地投资比例降低，收购和兼并成为进入海外市场的主要形式。造成这种现象的主要原因是，收购和兼并可以直接获取海外市场和生产基地，提高国际竞争能力，既可以直接利用原有企业所占据的市场和完备的销售网络，又能提高企业的知名度和国际竞争力。同时，收购与兼并还是获取外国技术和人才的最有效途径。

(3) 跨国公司的经营范围广泛化、经营业务复杂化。在 80 年代以前，跨国公司从全球战略目标出发，以最低生产成本和最高经济效益为原则，采用垂直跨国经营结构，即把提供原材料、零部件、最终产品的各种子公司分别安排在不同的国家和地区，合理分配资源，进行大规模专业化生产。在采用垂直经营结构的跨国公司内部，母公司和子公司可能经营不同行业，生产不同产品，但这些行业和产品在整个公司内是互相联系的，经营范围比较集中。

80 年代以后，跨国公司掀起了跨部门、跨行业的混合兼并高潮，生产和资本更加集中。跨国公司的国外业务规模也随之迅速扩大，经营范围越来越广泛，出现了越来越多的跨领域和跨行业经营的跨国公司。在这种公司内部，母公司和子公司制造不同产品，涉足不同的行业，且这些行业与产品之间可能既无联系，又互不关联。例如，通用汽车公司，在继续保持汽车行业垄断地位的同时，还控制了美国铁路基本生产总量的 85%、柴油机引擎生产总量的 75%、电冰箱总量的 30%。国际电话电报公司更是典型的跨领域、跨行业经营的跨国公司，从生产电视机到出售香烟和咖啡，再到经营出租汽车，几乎无所不包。近年来，采取这种跨领域、跨行业经营的跨国公司发展非常迅速。据美国财政部 1990 年资料统计，1970 年，美国跨行业的跨国公司只占全部跨国公司的 15%，到 80 年代末，则上升到 30%。

(4) 服务业跨国经营的发展超过了工业。80 年代后，服务行业开始成为跨国公司的重要投资领域。据统计，美国跨国公司对外直接投资，采掘、石油业所占比重从 1980 年的 22%降至 1988 年的 19.8%，制造业从 41.7%降至 40.9%，金融、保险业则从 12.7%上升到 39%，增长近 2 倍。1988 年，日本跨国公司对外直接投资的 64.9%投向金融、保险、服务和不动产业，比 80 年代初平均提高 15%。1990 年年底，日本跨国公司总资产的 2/3，美国、加拿大、法国、德国和荷兰等国跨国公司总资产的 40%—55%都属于服务业。

(5) 跨国经营的本土化程度越来越高。本土化是指跨国公司在东道国的投资与经营活动中，有意识缩小与当地在经济与文化等方面的差异，淡化企业的国别色彩，特别是在人事管理和零部件生产上实行本土化的经营策略，使之成为地道的当地公司。

近年来，世界上的许多跨国公司都将员工、资金、产品零部件的来源、技术开发本土化视为重要的战略目标之一。以北美自由贸易区为例，按照北美自由贸易协定严格的产地规定，只有包含 62.5%以上的北美部件的汽车才有资格享受免税待遇。这一规定对于北美区域的外资企业，尤其是日本汽车公司开设的企业来说，无疑是个警告与打击。这些企业为了能够在北美市场立足，只好不断提高汽车的当地化程度。以本田、丰田和日产三大汽车公司为代表，它们在美国和加拿大的汽车工厂，向母公司上缴利润和在当地购买汽车零件，其中本田是在美国经营时间最长，并被认为是最美国化的一家，如今美国造的本田汽车已成为美国市场上的畅销车之一。

本土化策略还是绕开东道国所设置的贸易壁垒的有效措施。比如自 80 年代末起，欧共体一直坚定不移地征收反倾销税，并对日本和韩国的半导体存储芯片规定最低价格，有的欧共体成员国还征收芯片 14%的进口税，这样促使富士通公司、日立公司、三菱公司等在欧共体贸易壁垒内开设企业。

(6) 国有跨国公司的发展令人注目。近年来，国有跨国公司的发展不仅对母国，而且对世界市场的竞争环境均产生重大影响。如图 1-1 所示，国有跨国公司存在于许多国家。

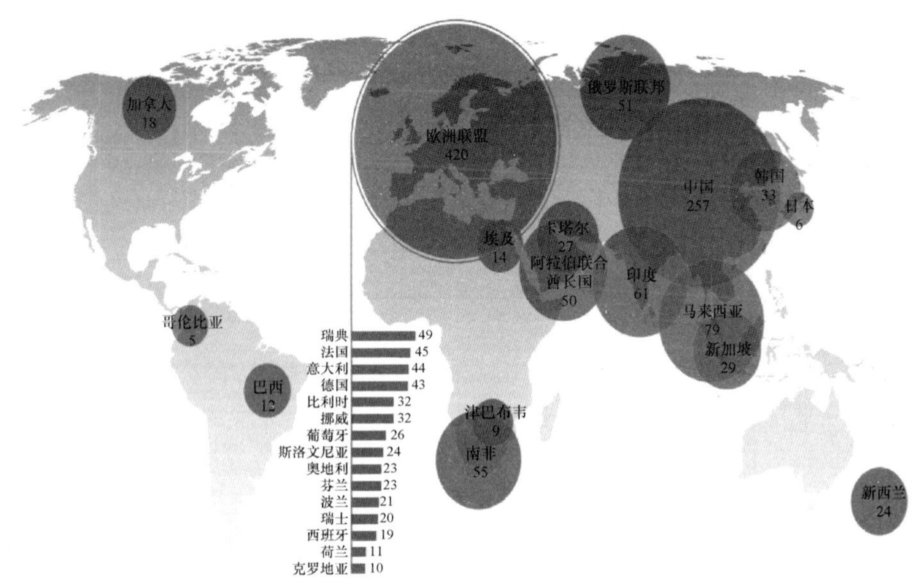

图 1-1　2017 年按经济体划分国有跨国公司分布情况

资料来源：联合国贸发会议：《2017 年世界投资报告》。

2017 年,全球有近 1500 家国有跨国公司,超过 8.6 万家外国分支机构在运营。大量的国有跨国公司(超过 400 个)总部位于欧盟。超过一半的国有跨国公司总部位于发展中经济体,而近 2/5 位于发达国家,尤其是欧盟成员国。其余大量国有跨国公司位于转型经济体,其中,有 18%的总部位于中国,对中国的对外直接投资扩张战略至关重要。紧随其后的是马来西亚(5%)、印度(4%)、南非(4%)和俄罗斯联邦(3%)。国有跨国公司通常规模较大,并在其母国的关键经济活动中发挥重要作用。

第四节 跨国公司对世界经济的影响

由于跨国经营活动非常广泛,涉及经济领域多,它对全球经济的影响是多方面的,不仅对来源国和东道国的经济发展有重大影响,对整个世界经济也都产生重大影响。

一、加速生产国际化和资本国际化

跨国公司是生产国际化和资本国际化的产物,其发展又同时促进了生产国际化和资本国际化的发展,促进了世界经济的发展。资本主义经济在战后得到空前发展,据统计,跨国公司对外直接投资的发展速度大大超过了资本主义工业生产和出口贸易的增长速度。在 1948—1976 年期间,资本主义世界的工业生产平均年增长率为 6.6%,出口贸易量平均年增长率为 7.7%,而对外直接投资平均年增长率高达 9.5%。1978 年对外直接投资额达 3693 亿美元,32 年共增加了 17.5 倍。这样高的投资速度,必然对世界经济起到推动作用。

战后初期,西欧的经济恢复,如欧洲电子计算机、汽车、石油化工、合成纤维、人造橡胶等工业的建立,就与以美国为基地的跨国公司对外扩张有关。加拿大、澳大利亚的经济开发,亚洲、拉丁美洲新兴工业化国家的制造业、交通运输业的发展,也与跨国公司的对外经营活动有关。

到 20 世纪 90 年代,跨国公司的总产值已占资本主义世界总产值的 1/3 以上,它控制了 50%的国际贸易,80%的工艺研制,30%的国际技术转让;其分(子)公司的销售额(不包括公司内部销售额)相当于世界出口总额的 70%。1992 年,跨国公司在本国境外的销售额已经超过世界出口总额,它们的流动资金已超过所有资本主义国家官方外汇储备总额。跨国公司发展的势头至今仍然有增无减。

跨国公司的经营活动,加速了生产国际化和资本国际化,跨国公司的营业额和资产有相当一部分来自国外,国外比重日趋升高。1980 年,世界最大的 350 家跨国公司在国外有子公司 2.5 万多家,销售额为 26350 亿美元,盈利 1000 亿美元,职工 2500 万人。与 70 年代初期比,其国外部分的比重都有相当程度的提高,国外销售额占其销售额比重平均由 1971 年的 30%上升为 1980 年的 40%,净资产额占资产总额的比重由 31%上升为 33%,净利润由 49%提高到 53%,国外职工由 39%上升为 46%。生产国际化的发展,加速了资本的国际流动,使各国经济联系进一步密切,形成相互渗透、相互依存的局面。

二、促进国际技术交流和科学技术进步

科学技术的特点是不断创新。跨国公司在国际竞争中要保持并扩大自己的阵地，只有牢牢地掌握先进的科学技术，这就需要不断进行大规模的科学技术的研究与开发，不断将新技术转为新产品。

几乎所有大型跨国公司都有自己的研究机构和实验室，每年拨出大量科研费用从事研究和发展工作。通用电气公司拥有研究和发展中心以及 200 多个产品研究部，12000 名科技人员，1980 年研究费用近 16 亿美元，占该公司销售额的 7%。联邦德国的大型跨国公司拜尔、西门子、巴斯夫等都有自己集中的研究基地，即科学城。

20 世纪 70 年代以来，跨国公司开发新技术的重点逐步转向技术和知识密集型产业，在世界技术贸易中的地位不断提高，专利销售额占整个资本主义国家专利销售额的 90%。美国技术贸易的专利使用费用收入约 85%为跨国公司所有，现代先进技术绝大部分为大型跨国公司所掌握。

跨国公司注意应用科学技术研究和推广，这是它拥有强大竞争能力的重要基础。跨国公司通过对新技术、新工艺和新产品实行统一领导，分级推广，组织国际化生产，首先将最新技术和最新产品应用于母国的国内生产，垄断国内市场，并通过出口满足国外市场需要；若干年后，再将此技术和产品转让给发达国家的子公司；最后再将该已相对陈旧的技术和产品转让给发展中国家。这个过程最大限度地保持了每一项新技术及专利的生命，同时有层次地向世界推广和扩散，也促进了世界技术的进步。因此，跨国公司是世界科学技术最大的拥有者和传播者，推动了国际科学技术进步，进而促进了世界生产力的发展。

三、促进国际贸易的发展

跨国公司的发展是国际分工深化的结果，同时它又促进了国际分工的不断深化。跨国公司将原来母国公司内的部门间和部门内的分工，扩展到世界范围，加强了各国之间的相互依赖和协作，这必然导致各国商品在国际的自由流动。据联合国贸易与发展会议秘书处估计，20 世纪 70 年代中期，跨国公司在世界贸易中所占份额即已超过 1/2，还可能超过 2/3，甚至更多。再加上跨国公司新技术、新产品不断推出和转移，更扩大了国际贸易的流量，开发了各种技术和商品贸易的新领域。

跨国公司对国际贸易的一个特殊影响，就是公司体系内母公司与子公司之间、各子公司之间的贸易，形成一种大规模的内部贸易。二战后跨国公司内部供货迅速增加，比重上升。据联合国估计，跨国公司的内部贸易约占世界贸易总额的 30%。内部贸易也是国与国之间的贸易，但这种贸易不通过市场，交易对手不是“局外”企业，而是本公司体系内的有关企业，从而大大加强了跨国公司在国际贸易中的控制和垄断地位。跨国公司内部贸易的出现使得东道国对它难以管理，使国际市场更不稳定。

跨国公司是国际贸易的主要力量，其行业和地区的特点和变化，必然对国际贸易的商品结构和流向产生重大影响。如果跨国公司对外直接投资的主要行业是制造业，则国际贸易中的制成品比重就上升；如果发达国家跨国公司主要投资于资本、知识、技术密集

型行业，则它们在国际贸易中经营的航天、办公自动设备、电子、化工、计算机、机器设备、汽车和金属制品等商品的数量就扩大；如果发达国家跨国公司对外直接投资主要投在发达国家，则发达国家之间的贸易比重便上升。

四、加速国际资本的流动

跨国公司对外直接投资的扩展，其中有自有资本，也有外来资本；有现款，也有用技术设备作价；有从银行借来的长期贷款，也有合伙人的资本。跨国公司控制的这一巨额资本，对国际资本的流动起着重要影响。

跨国公司为海外子公司提供资金，提取利润，相互之间进行商品、劳务交易、技术使用费和管理费的偿付、借贷、结算等活动，经常引起大量资金的运转。跨国公司拥有巨额现金和流动资金，美国跨国公司所持有的现金和流动资金 1971 年已增加到 1150 亿美元，比同年所有资本主义国家的储备金 885 亿美元还高出 30%，且流转迅速，进出频繁，成为国际金融市场的重要资金来源。

跨国公司还拥有大量外国股票和债券，也向国外出售股票和债券，是国际证券交易市场的重要力量。跨国公司的海外投资活动和经营活动，加速了跨国银行的发展。跨国银行与跨国公司联系密切，不仅为工业跨国公司提供贷款，而且为它们提供各种广泛的金融服务，这些活动促进了国际资本流动，加速了资金周转，促进了国际经济交往。

跨国公司的金融活动是为自己的业务利润服务的，但也有一部分活动用于货币和金融投机，如出售远期外汇来保护预期将贬值的货币计值的资产，购买远期外汇来取得预期将升值的货币计值的资产，在选择不同货币的借贷上大做金融投机。这些投机活动恶化和加剧了国际金融市场的不稳定，甚至造成了混乱。

除以上所述，跨国公司的影响还涉及国际人才流动，传播经济危机和通货膨胀，加剧世界经济的动荡等，这些都不容忽视。

五、跨国公司对不同国家的经济影响

跨国公司对不同国家的影响因发达国家或发展中国家、东道国或母国而异。这里存在四种不同组合：第一种是发达国家为母国，另一发达国家为东道国；第二种是发达国家为母国，发展中国家为东道国；第三种是发展中国家为母国，发达国家为东道国；第四种是发展中国家为母国，另一发展中国家为东道国。同时，发展中国家中不同国家的差异较大，因此对发展中国家的影响，也因不同国别而有区别。因此，跨国公司对不同国别的影响，因时、因地、因事而不同，要作具体的历史的分析。

(一) 跨国公司对发达国家的经济影响

目前，跨国公司遍布发达国家之间。因此，它们之间既是东道国，又是母国，既有利益相同的一面，又有利益冲突的一面。

1. 跨国公司给发达国家母国带来巨大利益

跨国公司的最终目的是取得最大限度的利润。1979 年在发达国家的直接投资利润率达 19%，如此巨额利润大大扩大了垄断资本积累的规模和实力，同时也改善了发达国家的国际收支状况。如从 70 年代开始，美国外贸从顺差变成逆差，主要就是通过对外直

接投资净收入的增加，在很大程度上抵消了经常项目的逆差。

随着贸易保护主义抬头，国际市场竞争加剧，争夺国际市场的矛盾日益尖锐。跨国公司对外扩张的最重要目标之一，就是争夺和占领国际市场。发达国家跨国公司竞相对外直接投资，建立众多的生产和销售分支机构，都是为占领和控制各地市场，从而进一步推动商品出口，促进本国生产增长。发达国家跨国公司对外直接投资，一方面是利用技术优势占领市场，另一方面也为了吸收东道国的先进技术。西欧、日本一些公司到美国设立分支机构，就是为与美国最新技术和管理经验保持密切联系。一些发达国家资源贫乏，比如即使美国资源丰富，但仍有些原料特别是战略原料，也要依赖国外供给。跨国公司为保证母国所需原料和燃料，垄断世界原料市场和燃料市场，力图控制矿产的采掘、冶炼、加工、运输和销售。

发达国家跨国公司使母国得到巨大的利益，但也对母国存在一定消极影响，可能引起国内投资减少、产业"空心化"、经济结构调整、结构性失业加重和人才流失等问题。

2. 跨国公司对发达国家东道国的影响

跨国公司对发达国家东道国的作用比较明显，总的来看，促进了生产力的发展，扩大了进出口贸易，加强了国际的技术交流等，但同时还加剧了它们之间的竞争，竞争的结果又加速了生产和资本的进一步集中。例如，美国跨国公司对战后西欧、日本经济的恢复起了积极作用，后来又把新技术、新兴工业部门如合成纤维、合成橡胶、电子计算机、石油化工、汽车工业带到欧洲。大量外国跨国公司进入欧洲，为战后欧洲经济恢复提供了大量资金，对复兴欧洲起了"输血"作用，加快了欧洲新兴工业部门的建立，提高了整个欧洲的工业水平。跨国公司进入欧洲设厂生产，减少了西欧国家的大量进口物资，节省了外汇支出。外国公司在当地投资经营，为当地提供了就业机会，并向当地缴纳税金，对改善东道国国际收支状况也起了一定作用。

由于发达国家东道国本身的经济差异，跨国公司对其经济影响程度不尽相同。欧洲在经济上当时还不能与美国平起平坐，难免要受美国的控制。欧洲的重要工业部门在很大程度上被美国公司所控制，美国三大汽车公司控制了欧洲汽车市场的 40%左右；美国五大石油公司在欧洲设立了许多炼油厂和销售网点，控制了欧洲国家炼油能力的 1/3。

欧洲国家随着自身经济力量的增强，对美国的控制开始采取反控制措施。西欧国家的联合斗争，掀起企业合并高潮，甚至进行跨国界的企业联合，竞争能力加强。现在美国已不能像 20 世纪 60 年代那样控制西欧了。欧洲的跨国公司现在不仅在世界市场与美国跨国公司竞争，而且对美国增加投资，在美国的国内市场进行争夺。

日本资源贫乏，其原料、燃料的输入大部分靠跨国公司提供，对日本石油、化工影响较大。由于日本对外国跨国公司的进入控制比较严格，外国在日本的长期投资，主要是证券投资。在日本，一般只有在不能用购买专利许可证得到工艺技术的情况下，才允许外国跨国公司进入，而且在日本设立全部股权拥有的子公司比较困难，外国人很难控制它的子公司，因此，外国跨国公司在日本的力量比较小。

外国对美国的投资早已开始，主要是英国，绝大部分为证券投资。20 世纪 70 年代以来，外国对美国直接投资增加，主要采取收购美国原有企业的方式，投资地区主要在美国南部和西部沿海各洲，对该地区的工业发展、经济繁荣、劳动就业起了积极作用。

(二)跨国公司对发展中国家的影响

对于绝大多数发展中国家来说,由于经济技术发展水平低、实力小,在同发达国家跨国公司的博弈中更多时候处于不利地位。在不同的历史时期,跨国公司对发展中国家东道国的影响和作用是不同的。

二战前,当世界上绝大多数落后国家还处于殖民地、半殖民地状态时,发达国家在这些国家直接投资,显然反映了宗主国和殖民地国家之间的奴役、剥削关系。战后,尽管绝大多数发展中国家已经摆脱殖民枷锁,建立了独立国家,发达国家跨国公司对发展中国家东道国,再不能像宗主国对待殖民地那样,但由于力量悬殊,发达国家跨国公司往往依仗自己的雄厚实力、垄断地位和优势,力求在东道国谋取最大利润,只是这种实力上的不平等同战前政治经济上的不平等,显然已经有很大不同。

跨国公司对发展中国家东道国经济发展能起积极推动作用。跨国公司拥有雄厚的资金、先进的技术、科学的企业管理经验、专门的营销技巧、灵通的信息网络、各种专业化人才,具有强大的组织力量,在发展中国家从事经济活动可以带来极大的溢出效应,带来收入水平的提高以及劳动生产率的上升。事实上已有不少国家和地区利用跨国公司的资金、技术、销售渠道和管理经验等使本国经济发展起来。比如新加坡、马来西亚、爱尔兰等国就是因为成功吸引了跨国公司的直接投资,而带来经济的高速增长。

从另一方面来看,跨国公司的活动也会给发展中国家带来消极的影响,如从发展中国家取走相当惊人的利润。1970—1978 年间,西方跨国公司对发展中国家投资 422 亿美元,而同期从发展中国家取得利润 1002 亿美元,取走的利润比投资额高出一倍多,发展中国家付出了很大代价。跨国公司有其全球战略,与发展中国家的发展目标有矛盾,使发展中国家的经济发展方向受到制约,民族经济被排挤、受打击。发展中国家的一些行业被控制,造成对跨国公司的依赖性。跨国公司不仅从发展中国家掠夺大量资源,还转移来一些严重污染的企业。此外,个别跨国公司不仅在发展中国家搞经济渗透,而且还干涉所在国的内政。

总之,跨国公司对发展中国家的影响和作用具有双重性。发展中国家一方面可以利用其资源来发展本国经济,另一方面又被取走大量利润和受到控制,对自身来说可谓有利有弊。发展中国家应同发达国家跨国公司加强经济联系,其利弊大小取决于发展中国家各国采取的政策,以及发展中国家利用和限制的程度与方法,应不断总结经验,吸取教训,趋利避害。20 世纪 70 年代以来,发展中国家对发达国家跨国公司采取更加开放的态度,实行利用和限制相结合的政策,同发达国家跨国公司开始建立起比较密切的关系。

课后练习题

1. 什么是跨国公司?
2. 跨国公司对发达国家和发展中国家分别有什么影响?
3. 跨国公司对全球经济的发展有哪些作用?
4. 什么是跨国经营?只有跨国公司才开展跨国经营活动吗?

章末案例

苹果、波音和英特尔的国际化布局①

20世纪80年代以来，以技术为基础的产品面临激烈的国际竞争，技术优势和低成本优势成为决定竞争结果的主要因素，发达国家一些企业开始利用生产分割方式组织生产，在世界范围优化生产能力布局。苹果、波音和英特尔是其中影响力很大的三个跨国公司，其生产分割和外购方式在很大程度上可以说明制造业国际化的动向。

1. 苹果公司

苹果公司总部位于美国加利福尼亚州库比提诺，主要从事计算机、移动通信和传播设备、便携式音乐播放器及相关软件等产品的设计、制造和销售，在设计和开发自己的操作系统、硬件、应用软件和服务领域形成核心能力。根据苹果公司2010年年报披露的情况，公司所有产品及其零部件均由第三方企业制造，产品运输和后勤管理也采用外购方式。公司最终产品组装分布在中国、捷克、韩国以及美国的加利福尼亚州和得克萨斯州。关键部件制造和供应分布在中国、美国、德国、爱尔兰、以色列、日本、韩国、马来西亚、荷兰、菲律宾、泰国、新加坡，其中苹果计算机、iPhone、iPad和iPod装配在中国完成。可见，苹果公司产品制造企业主要在美国以外，分布在亚洲、欧洲等地区。

在竞争激烈、需求快速变化的市场，苹果公司较早放弃了传统上集设计、制造、营销于一体的经营方式，而是集中打造自己的专利、商标和版权，iPhone的设计、制造、组装最大限度地采取生产分割和外购的方式进行。iPhone由苹果公司拥有，并负责产品设计和营销。除软件和产品设计之外，iPhone的主要零部件多已转移到美国以外生产，美国生产零部件价值占比较低，产品价值链由多个国家的多个企业共享。

2. 波音公司

波音公司总部设在美国伊利诺伊州芝加哥市，是世界最大的航空航天制造企业，在商用喷气式飞机、军用飞机、导弹、空间飞行器等产品的设计、开发、制造、销售和服务领域居世界主导地位，波音公司的主要业务在美国完成，但合作伙伴和供应商遍布世界许多国家和地区。

飞机制造业包括机身制造、发动机制造、航空电子设备制造、零部件制造以及飞行管理和控制等系统研制。波音公司对于商用飞机制造已经放弃完全自主投资方式，不再独立承担新型客机的设计和制造，而是根据新型飞机和零部件的复杂程度，在全球范围选择风险共享伙伴，采取与风险共享合作者共同承担研发和生产成本的方式减少投资。

波音公司位于金字塔顶端，作出关键决策，商用飞机研发、制造高度依赖外购和风险共享伙伴，关键部件和子系统由外部供应企业设计和制造。采用这种方式，波音公司可以较少投资开发新机型，比完全依靠自己独立投资和研发新机型的传统方式具有明显的成本优势。

---

① 摘编自刘戒骄：《生产分割与制造业国际分工——以苹果、波音和英特尔为案例的分析》，载《中国工业经济》2011年第4期。

3. 英特尔公司

英特尔公司总部位于美国加利福尼亚州圣克拉拉,主要产品包括主板芯片组、网络卡、闪存、绘图芯片、嵌入式处理器以及通信与运算相关产品的研发和制造。20世纪90年代之前,英特尔业务以SRAM与DRAM的存储器芯片为主;20世纪90年代之后,其发展重点转向微处理器设计与制造,迅速发展成为PC微处理器的领导者。与苹果、波音公司不同,英特尔公司一直采取公司内部垂直一体化生产方式,对外购和利用第三方生产设施采取谨慎和严格限制策略。

英特尔公司有数千个供应商提供各种材料和服务,也委托第三方制造公司承担一些制造工作,但主要限于网络和通信产品。对于其核心产品微处理器、芯片组,则不外购任何重要部件,研究、开发和制造全部集中在公司内部,制造工厂均由英特尔自行投资建造。仅少数几家芯片组制造工厂位于国外,其余工厂均建造在美国国内。

根据公司年报,截至2009年12月底,英特尔公司64%的晶片包括微处理器和芯片组在美国国内制造,制造厂主要在亚利桑那州、俄勒冈州、新墨西哥州和马萨诸塞州。其余36%的晶片在美国以外制造,制造工厂分别位于爱尔兰、以色列和中国。组装和测试主要在马来西亚、中国、哥斯达黎加和越南进行。

苹果、波音和英特尔三个公司的共同之处是将设计、研发、品牌、营销等环节保留在企业内部,并将其作为企业核心业务。但这三个公司在制造环节所采取的组织方式存在较大差异。苹果和波音公司产品制造均采取较高程度的外购方式,零部件制造和产品组装、测试等环节均由第三方企业完成。英特尔公司的产品制造则不是采取外购,而主要采用企业自行建厂制造的组织方式,其中微处理器制造完全在美国国内进行。

讨论题

1. 苹果、波音和英特尔三个公司的国际化有什么相同和相异之处?
2. 苹果和波音公司为什么与英特尔公司的国际化布局有明显的差异?

本章参考文献

Bartlett, C. A., Ghoshal, S., *Transnational Management: Text, Case, and Readings in Cross-Border Management*, 5th edition, New York: McGraw-Hill Companies, 2008.

〔美〕David H., Karen W.,《跨国管理》,王晓龙译,清华大学出版社2005年版。

UNCTAD, World Investment Report, United Nations Publication, New York.

郭伟、徐翔主编:《跨国公司经营管理案例:世界500强企业的成功之道》,复旦大学出版社2012年版。

李高超:《"十二五":在华外商投资企业的新机遇》,载《国际商报》2011年2月17日。

李佳忆:《跨国公司管理模式研究分析》,载《商场现代化》2015年第20期。

卢进勇等编著:《国际经济合作理论与实务》,高等教育出版社 2013 年版。

马述忠、廖红编:《国际企业管理》,北京大学出版社 2013 年版。

邱国栋、刁玉柱:《嵌入全球价值链高端的战略延伸模型——基于本土制造企业的跨案例研究》,载《财经问题研究》2014 第 4 期。

施堃编著:《跨国企业经营管理案例分析》,立信会计出版社 2014 年版。

时秀梅、李毅:《跨国公司管理——理论·实务·案例》,经济管理出版社 2014 年版。

〔美〕托马斯·弗里德曼:《世界是平的》,何帆等译,湖南科技出版社 2016 年版。

王晓红:《构建新时期我国企业对外直接投资的新体制和新格局》,载《国际贸易》2017 年第 3 期。

吴小节、谭晓霞、汪秀琼、邓平:《新兴市场跨国公司国际扩张:知识框架与研究综述》,载《南开管理评论》2019 年第 6 期。

张远鹏、李玉杰:《对外直接投资对中国产业升级的影响研究》,载《世界经济与政治论坛》2014 年第 6 期。

第二章　跨国经营的基本理论

【本章学习目的】

通过本章学习，你应该能够：

- 熟悉基于国际贸易的跨国经营理论
- 了解基于 FDI 的跨国经营理论
- 掌握基于发展中国家和地区的跨国经营理论

引导案例

中国成为拉动全球对外直接投资增长的重要引擎①

商务部数据显示，2019 年，在全球对外直接投资下降的大背景下，中国吸收外资按美元计增长 2%左右；中国企业对外投资也保持平稳，成为拉动全球对外直接投资增长的重要引擎。

1. 2019 年中国吸收外资以美元计增长 2%左右

2019 年 10 月经济合作与发展组织（OECD）发布的数据显示，2019 年上半年全球外国直接投资和前一年相比下降 20%，而同期中国吸引外资增长 5%，预计 2019 年全年吸收外资按美元计增长 2%左右。在 1 月 8 日举行的 2020 中外投资促进机构工作会上，商务部副部长王受文说："这充分表明国际投资者对中国市场的信心、对中国增长的信心、对中国未来的信心。"

世界银行发布的《2020 年全球营商环境报告》显示，中国在全球营商环境的排名跃居到第 31 位。中国美国商会、中国欧盟商会发布的调查报告也显示，大部分跨国公司依然将中国作为重要的投资目的地。

中国 2019 年出台的一系列政策，也为外资来华增添了吸引力。王受文介绍，《外商投资法》及配套实施条例于 2020 年 1 月 1 日实施，确立了中国新型外商投资法律制度的基本框架，加强了投资促进和投资保护方面的法律制度。2019 年 11 月，国务院出台《关于进一步做好利用外资工作的意见》，提出 20 条稳外资政策措施。《关于强化知识产权保护的意见》的出台，也指明了未来进一步加大知识产权保护的方向。政策环境、营商环境、产业配套能力、国内市场大潜力、创新能力等一系列因素，显示出中国具有吸引外资的综合竞争优势。

---

① 摘编自《商务部：中国对外投资成为拉动全球对外直接投资增长的重要引擎》，载央广网：m. cnr. cn，2020 年 1 月 9 日访问。

2. 中国投资成为拉动全球对外投资增长的重要引擎

在对外投资领域，中国对外合作大国地位持续巩固。商务部合作司副司长韩勇介绍，2019 年 1—11 月中国企业对外直接投资 1044 亿美元，对外承包工程完成营业额 1350 亿美元，一批重大合作项目有序实施，示范效应不断增强。

截至目前，中国在境外设立企业 4.3 万家，分布于全球 188 个国家和地区，对外直接投资存量将近 2.1 万亿美元，位居世界前列。韩勇介绍说："中国投资在全球的地位和作用日益突显，在全球直接投资连续三年下降的大背景下，中国投资已成为拉动全球对外直接投资增长的重要引擎。"

商务部投资促进事务局局长刘殿勋介绍，中国在投资促进工作领域，要把握两个工作抓手：跨境产业投资促进平台建设和境内外园区合作。"跨境产业平台建设从 2017 年正式开始以来，陆续建设了 16 个，从投资促进的角度，为中国产业和国外沟通找到一个良好的渠道，实现产业内的交流"，刘殿勋说，"第二个抓手是境内外园区，推动产业集群的生成、产业链的完善，形成产业不断聚集的效果"。

在 2020 中外投资促进机构工作会期间，商务部投资促进事务局主办召开了"领航中国·高精尖产业项目投融资合作推介会"。目前，推介会已成功举办四期，共推介了涵盖大数据、人工智能、通讯、体育、赛事、时尚设计、互联网等产业领域在内的 21 个高精尖项目，并通过持续跟进为产业需求各方提供了一站式综合投资促进服务。

思考题

1. 中国对外投资有什么新特点？
2. 中国为什么一方面积极吸引外资，一方面又加快对外直接投资？

20 世纪 60 年代后，跨国公司的迅速崛起以及对外直接投资的蓬勃发展引起了学者们的关注。许多学者从政治、经济和文化等方面对跨国公司对外直接投资行为进行了深入、系统的研究，形成分析视角各异、理论派别众多的当代跨国投资经营理论。

第一节　基于国际贸易的跨国经营理论

以国际贸易学说为基础的跨国经营理论，是属于宏观分析的理论，即从国民经济的角度出发来分析一国如何优化贸易结构，如何按照产品的价值在国家之间转移生产活动，如何转移边际产业和最大化增加一国的总体效用等问题。以国际贸易学说为基础的跨国经营理论非常多，本章主要介绍比较优势理论、产品生命周期理论等。

一、比较优势理论

(一) 传统的比较优势理论

比较优势理论(theory of comparative advantage)起源于亚当·斯密(Adam Smith)以地域为基础的绝对优势理论。1776 年，亚当·斯密出版了《国民财富的性质和原因的研究》(简称《国富论》)一书,首次提出了两国之间进行自由贸易的绝对优势理论。他认为,一国应当进口他国生产成本比本国绝对低的产品,而出口本国生产成本比别国绝对低的商品,以促进分工与交换,获得更多的利益。绝对优势理论在某种程度上解释了两国之间产业间贸易产生的原因,但无法解释两国间的产业内贸易,也不能解释广泛存在的落后国家与先进工业化国家之间的贸易。为解释这些问题,在绝对优势理论提出后,经过大卫·李嘉图、赫克歇尔—俄林等人的补充和完善而发展起来的比较优势理论被广泛认同和接受。

1. 大卫·李嘉图的比较优势理论

1817年,英国古典政治经济学家大卫·李嘉图(David Ricardo)出版了《政治经济学及赋税原理》一书,在绝对优势说的基础上,提出了自己的国际贸易思想,即比较优势理论。其主要思想是:各国因自然因素等条件的不同而存在着劳动生产率的相对差异,从而造成各国在生产成本上的相对差异,即比较优势或劣势,这是国际贸易产生的基础。处于比较优势的国家,应集中力量生产优势较大的商品,处于相对劣势的国家,应集中力量生产劣势较小的商品,然后通过国际贸易,互相交换,彼此都节省了劳动,都得到了益处,即"两利相权取其重,两害相权取其轻"。也就是说,在国际贸易活动中,各国应该生产和出口本国具有比较优势的产品,进口外国具有比较优势的产品。

假设有A、B两个国家,生产X、Y两种产品,A、B两国在单位产品x、y的生产上所耗费的劳动(单位:天)分别为:LAx、LAy和LBx、LBy,如果不等式LAx/LBx<LAy/LBy或LAx/LAy<LBx/LBy成立,那么根据李嘉图的比较优势理论,A国在产品X的生产上,B国在产品Y的生产上耗费的劳动相对较少,即劳动生产率较高,两国分别在这两种产品的生产上具有比较优势。

2. 赫克歇尔和俄林的要素禀赋理论

要素禀赋理论又称要素比例学说和2×2×2模型,或赫克歇尔—俄林理论,是著名的瑞典经济学家赫克歇尔(Heckscher)和俄林(Ohlin)提出的关于国际贸易的理论。要素禀赋理论认为,不同国家拥有的生产要素不同,各国在生产那些密集使用其较充裕的生产要素的商品时,必然会有比较利益产生。根据要素禀赋理论,一国的比较优势产品是应出口的产品,是它需在生产上密集使用该国相对充裕而便宜的生产要素生产的产品,而进口的产品是它需在生产上密集使用该国相对稀缺而昂贵的生产要素生产的产品。简言之,劳动力丰富的国家应出口劳动密集型商品,而进口资本密集型商品;相反,资本丰富的国家应出口资本密集型商品,进口劳动密集型商品。

要素禀赋理论继承了比较优势理论的比较优势原则,但又与李嘉图的比较优势理论有明显差别。一方面,二者依据的理论基础不同,比较优势理论以劳动价值论为基础,而要素禀赋理论以多要素价值为基础。另一方面,比较优势理论认为国际贸易的产生在于各国由于劳动生产率的差异而导致的生产成本差异,而要素禀赋理论则是在假定各国劳动生产率相同的条件下,以不同的要素禀赋导致国际要素相对价格差别形成国际贸易为基础来分析开展国际贸易的原因。

尽管与比较优势理论相比,赫克歇尔—俄林的理论有一定的进步,但仍存在一定的局限性。现实中,技术的不断进步,使老产品的成本不断降低,创新则导致新产品出现等，这些要素会改变一国的比较利益格局，使比较优势产品升级换代，扩大贸易的基础。从要素角度来看，要素远非同质，新旧机器总归有别，熟练工人与非熟练工人也不能相提并论，所以同种要素在不同国家的价格，全然不是要素价格均等化学说所指出的那样会随着商品价格均等而渐趋均等，发达国家与发展中国家工人工资的悬殊、利率的差距，足以说明现实世界中要素价格无法均等。

3. 对传统比较优势理论的评价

比较优势学说长期以来在国际贸易领域占据统治地位。无论是亚当·斯密的绝对优势学说、大卫·李嘉图的比较优势理论，还是赫克歇尔—俄林的要素禀赋理论，作为一种理论，它们都是工业革命时期形成的理论，反映了当时国际社会的贸易关系，符合并且推动了自由贸易的发展。斯密和李嘉图的优势理论揭示了在资源禀赋相同而劳动生产率或技术存在差异的情况下比较优势的形成，而资源禀赋理论则以劳动生产率或技术不变为假设揭示了资源禀赋差异对比较优势的决定作用。

亚当·斯密的绝对优势理论、李嘉图的比较优势理论、赫克歇尔—俄林的资源禀赋理论，从不同的角度分析了国际贸易产生的原因，强调了对外贸易对一国经济发展的积极作用，认为对外贸易可以使一个国家更好地配置资源，更有效地利用全球资源，提高劳动生产率，从而促进本国经济的增长。它们认为从全球角度看，对外贸易使一国不受本国稀缺资源的局限，可以消费自己不能生产的产品；同时，基于比较优势的自由贸易会使全世界的劳动生产率提高，全球的生产量达到最高水平，提高全球的经济福利水平。

亚当·斯密还进一步将一国的优势分为两大类，提出了“自然优势”和“获得优势”这样的“两种优势”概念。这两种优势使一个国家在特定产品的生产方面可以节约劳动时间，形成绝对的成本优势，从而在国际市场上具有竞争力。一些经济学家认为，亚当·斯密“两种优势”的概念具有重要的现实意义，为后来的发展经济学的建立及“后发优势”理论奠定了基础，对贸易利益的动态分析和动态比较优势理论的形成产生了影响。

传统的比较优势理论解释了国际分工和国际贸易产生的原因，并在长时期内作为国际分工和国际贸易理论的主流，为国际贸易理论的发展做出了重大贡献，但随着国际经济环境和国际贸易格局的变化，该理论对现实经济解释的不足和局限性逐渐显现。首先，理论假设前提难以成立，与全球化背景现实相背离。其次，对于新的贸易格局下的贸易影响因素考虑不全面。李嘉图的比较优势理论只考虑了劳动生产率对比较优势的影响，而没有考虑要素价格对比较优势的影响；赫克歇尔—俄林的生产要素禀赋理论则只考虑了要素价格对比较优势的影响，而没有考虑劳动生产率对比较优势的影响。最后，传统的比较优势理论把多变的经济情况抽象为僵化的、凝固的和一成不变的静态分析方法，忽视了获得性生产要素（人力资本、技术能力等）。

为克服以上缺陷，筱原三代平、赤松要、小岛清以及弗农等人分别建立起各自的动态比较优势理论来进一步分析国际分工和贸易的基础和模式。

（二）动态比较优势学说

动态的比较优势理论从长期的、动态的观点出发，将生产要素的供求关系、政府政策、各种可利用资源的引进、开放程度等众多因素综合到贸易理论之中，将古典的静态比较优势理论动态化来分析国际经济活动的原因。动态的比较优势理论主要包括筱原三代平的动态比较优势理论、赤松要的雁行形态论、小岛清的边际产业扩张理论等。

1. 筱原三代平的动态比较优势理论

筱原三代平(Shinohara Miyohei)的动态比较优势理论又称产业—贸易结构理论。该理论认为,比较成本不是静态的,它具有动态性。一个国家可以通过干预政府政策、开发要素资源等方法来改变不利的比较成本的状况,实现贸易状况的改善。但是通过以上措施来改变比较成本的不利状况必须与本国产业结构的调整相联系,才能够达到调整的目的。该理论强调,静态的比较优势原理不利于一国产业结构的优化,它将使发达国家和发展中国家的经济差距进一步扩大。因此,必须通过调整产业结构来改变比较成本的不利地位,谋求贸易结构的合理化,这一点对于后起的发展中国家尤其重要。为此,一国政府应选择一些重心产业进行支持,通过政策干预带动产业的良性发展,对幼稚产业实行适当的保护政策,刺激其比较优势的形成。当这种产业的比较优势形成并具有一定的规模,即具有一定的国际竞争力之后,政府就可以逐渐放开市场,提高自由贸易的程度。

筱原三代平的动态比较优势理论主要观点包括:

第一,一国在经济发展过程中无论是比较优势还是劣势,都是可以变化的,经济的发展不仅取决于资源的丰裕程度,在很大程度上还与政府政策的支持相关。

第二,一国的国际贸易优势应该与该国合理的产业结构相一致。随着一国经济的发展,产业结构也将发生有序的阶段性变化。从经验上看,这种变化规律一般是这样的:在经济发展初期,就业人口逐渐由第一产业转移到第二产业,即从农业向制造业转移;随着经济进一步发展,就业人口逐渐从第一、二产业转移到第三产业,即农业和工业人口逐步向服务业转移。展开来看,每个产业内部结构也有其演变规律,以第二产业结构为例,它包括重工业化阶段、高度加工化阶段和技术集约化阶段。随着工业化进程的发展,国际贸易格局也随之变化。20 世纪 60 年代,日本处于出口重型机械设备的重工业化阶段,70 年代处于出口小汽车等产品高度加工化阶段。日本产业结构的变化基本上与其国际贸易优势的变化保持一致,也反映了筱原三代平的动态比较优势理论。

第三,动态比较优势的形成要借助于政府政策的支持,政府应扶植和促进国内重点产业的发展,以实现增强该产业国际竞争力的目的,从而不断开发新的比较优势。二战后,日本政府为了振兴经济,实行产业保护政策,限制进口和直接投资。20 世纪 60 年代,为适应自由化要求,政府引导大型企业合并;70 年代,政府实行产业结构调整政策;80 年代,政府制定有助于知识密集型产业形成的政策;90 年代,政府制定有关防治环境污染的政策。以上政策的实施对日本相关产业全球竞争力的增强起到了推动作用。

筱原三代平动态比较优势理论的核心思想在于强调后起国的幼稚产业经过扶持,可以由劣势转化为优势,即形成动态比较优势。该理论成为战后日本产业结构理论研究的起点,为日本的“贸易立国”思想提供了理论依据。在实践中,一些日本学者提出各种理论假设和模型来研究通过什么途径可以实现产业结构的升级,其中最著名的是赤松要等人提出的产业发展“雁行形态论”。

2. 赤松要的雁行形态论

赤松要(Kaname Akamatsu)的雁行形态论解释了后发展中国家参与国际贸易的模式以及实现产业结构升级的途径。该理论基于对日本棉纺工业从进口发展到国内生产，再发展到出口过程的考察，发现日本的产业通常经历进口→当地生产＋开拓出口→出口增长三个阶段并呈周期循环，从图形上看呈倒"V"形，就如三只大雁展翅翱翔，因此又称"雁行产业发展形态"，如图 2-1 所示。

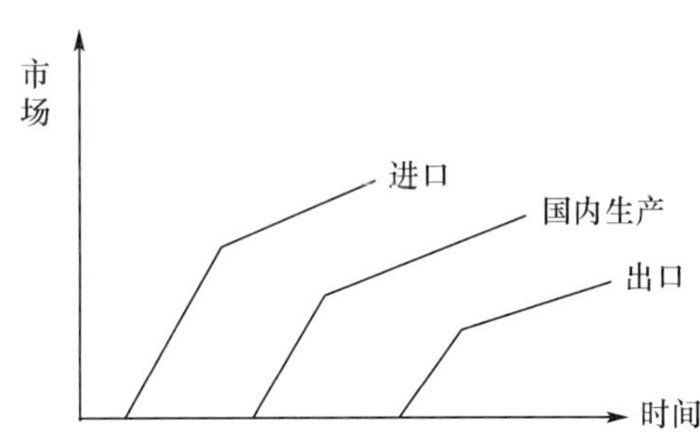

图 2-1　雁形理论示意图

资料来源：〔日〕赤松要：《世界经济论》，国元书房 1965 年版。

第一只雁是进口的浪潮。由于后发展中国家的产业没有发展起来，市场又向外开放了，因此，外国产品进入后发展中国家市场。

第二只雁是进口所引发的国内生产浪潮。外国产品涌进后发展中国家市场，导致市场的进一步扩大，后发展中国家就可以将引进的先进技术和本国的低工资相结合，从事本国生产，即采用进口替代战略。

第三只雁是国内生产所促进的出口高潮。在本国生产规模达到一定程度后，随着先进技术的采用，经营管理水平和劳动生产率不断提高，加上本国的低工资，产品成本大大下降，逐渐形成优势，进入国际市场，形成出口浪潮。二战后，日本的产业，如钢铁、石油化工、汽车、家电、电子工业的发展过程呈现明显的雁形。可以看出，日本在不同时期发展重点产业的过程，正是日本动态比较优势和新兴产业国际竞争力不断形成的过程。

雁行产业发展形态说表明，后起国可以通过进口利用和消化先行国的资本和技术，同时利用低工资优势打回先行国市场。这种由于后起国引进先行国资本和技术，扩张生产能力，使先行国已有产业受到国外竞争压力威胁的现象，叫做"反回头效应"。如果后起国善于把握好时机，就能在进口—国内生产—出口的循环中缩短工业化乃至重工业化、高度加工化的过程。随后日本学者山泽逸平先生将赤松要的"雁行产业发展形态"理论进行了扩展，提出引进→进口替代→出口成长→成熟→逆进口五个阶段，更加详尽地展示出后起国家如何通过进口先行国家产品和引进技术，建立起自己的工厂进行生产以满足国内需求，不仅可供出口，而且后来居上取代"领头雁"地位并最终实现经济起飞的历程。

3. 小岛清的边际产业扩张理论

日本一桥大学教授小岛清(Kiyoshi Kojima)于20世纪70年代以日本对外直接投资为研究对象,并在对美国、日本对外直接投资进行比较研究的基础上提出了著名的边际产业扩张理论。

小岛清认为,各国经济特点不同,所以根据美国对外直接投资状况研究出来的理论无法解释日本的对外直接投资。他认为,日本对外投资之所以成功,主要是由于对外投资企业能够利用国际分工原则,把国内失去优势的部门转移到国外,建立新的出口基地;在国内集中发展那些具有比较优势的产业,使国内产业结构更趋合理,进而促进对外贸易的发展。

由此,他总结出"日本式对外直接投资理论",即对外直接投资应该从投资国已经或即将陷于比较劣势的产业,即边际产业依次进行。其结果不仅可以使国内的产业结构更加合理、促进本国对外贸易的发展,而且还有利于东道国产业的调整,促进东道国劳动密集型行业的发展,对双方都产生有利的影响。

小岛清根据对外直接投资的动机将其分为自然资源导向型、劳动力导向型、市场导向型和生产与销售国际化型四种类型。

(1) 自然资源导向型。此类投资是为了获得或利用东道国的自然资源。跨国公司在东道国建立资源开发型企业,开发油田、矿山等自然资源,所生产的产品可以向投资国出口,也可以在东道国销售。

(2) 市场导向型。小岛清将寻求市场型投资分为两类:一类是为了突破东道国的贸易壁垒所造成的出口困难或成本增加而进行的对外直接投资;另一类是寡头垄断的对外直接投资,这类直接投资在二战后几十年内美国的制造业中表现得尤为明显,属于反贸易导向型投资。

(3) 生产要素导向型。此类投资是为了利用东道国廉价的生产要素。如劳工成本高的国家倾向于将本国传统的劳动密集型产业转移到劳工成本低的国家。

(4) 生产与销售国际化型。这类投资是大型跨国公司通过横向或纵向一体化来扩大自己的生产和销售规模,目的是建立全球性的生产与销售网络。

小岛清的理论在把微观分析作为既定前提的基础上,注重从宏观动态角度来研究跨国公司的对外直接投资行为。缺陷在于,其动态分析仅限于日本及少数欧洲国家的情况,并且研究对象是20世纪80年代之前的日本跨国公司海外扩张。20世纪90年代之后,随着经济发展的全球化以及跨国公司的迅速发展,跨国公司的对外投资模式已有了很大的变化,小岛清的理论模式已不能反映目前的跨国投资实际情况。

4. 比较优势理论的后续进展

比较优势理论近年来的发展主要是基于对外生比较优势这一主流理论的完善和挑战。在近年来关于比较优势的诸多研究中,一个比较突出的现象是:以克鲁格曼、赫尔普曼和格罗斯曼为代表,在引入规模经济、产品差异等概念体系批评传统比较优势理论的基础上形成所谓的新主流,而其他学者们又在批评这一新主流的基础上,从专业化、技术差异、制度、博弈以及演化等不同的角度对比较优势理论进行了拓展。

二、产品生命周期理论

产品生命周期理论（theory of product life cycle）是由哈佛大学教授雷蒙德·弗农（Raymond Vernon）1966年在对美国跨国公司对外直接投资行为进行实证研究的基础上创立的，在其《产品周期中的国际投资与国际贸易》一文中首次提出，后经威尔斯（Louis T. Wells）和赫希哲（Hirsch）等人的发展而逐步完善。

1. 产品生命周期理论主要内容

弗农认为，垄断优势理论无法更好地解释为什么跨国公司必须通过设立海外子公司的途径去达到获利的目的。弗农经过对战后美国跨国公司发展的长期研究，提出了产品生命周期理论。该理论将世界各国大体分为三种类型，即发达国家（新产品发明国）、较发达国家及落后国家；将产品的周期划分为三个阶段，即产品创新阶段、产品成熟阶段和产品标准化阶段。弗农指出：跨国公司的对外直接投资与产品的周期有着直接的关系。

第一阶段：产品的创新阶段。在此阶段，由于技术不成熟，产品生产非标准化，市场需求较小，需要大量的研发资金，产品一般集中在创新国国内生产。这是因为，此时创新厂商主要关心的是客户的需要和对新产品的反应、非标准化产品保质保量的原料、零部件供应商的稳定以及竞争对手的反应，即更关心国内生产而非生产成本和有利的生产区位，因此一般将产品置于开发母国生产而不会将自己尚处于摸索阶段的产品马上投向相对遥远的国外去生产，对于其他发达国家的市场需求则主要通过少量的出口来满足。这一阶段通常发生在发达国家。

第二阶段：产品成熟阶段。在此阶段，国内对产品的市场需求增长很快，生产企业逐渐增多，市场竞争日趋激烈，顾客对产品质量、价格、性能等要求更加苛刻。同时随着其他国家对该产品需求的迅速增长，生产技术逐步成熟，趋向标准化，为了占领和接近市场，减少交通运输成本和其他交易成本，创新国生产厂商开始对其他发达国家直接投资、建立子公司进行生产并就地销售，同时开始向发展中国家出口其产品。

第三阶段：产品标准化阶段。在这一阶段，产品完全走向成熟，已开始实行标准化大批量生产，对生产者劳动技能的要求不像前两个阶段那么高。成本和价格成为企业建立竞争优势的主要因素。降低生产成本尤其是劳动力成本成为跨国公司的主要目标和竞争手段，产品的生产区位也逐步转向发展中国家，创新国乃至其他发达国家都开始从发展中国家进口这些产品。在这一产品生命周期中，产品从创新到成熟再到标准化，其生产区位从创新国（发达国家）转移到其他发达国家，再转移到发展中国家，而实现产业生产区位空间转移的主要手段就是国际直接投资。

上述变化可以用图2-2说明：

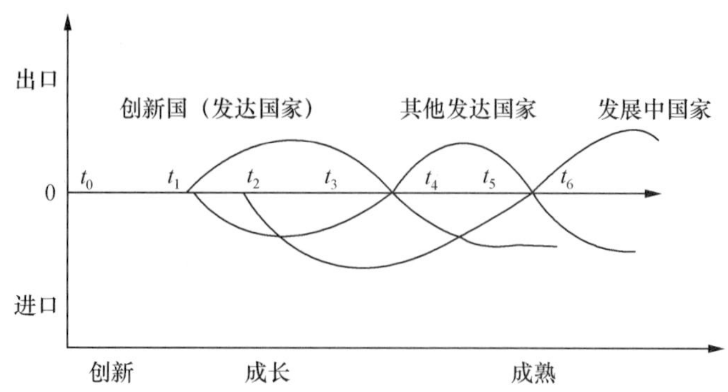

图 2-2 产品生命周期理论图

图中，t_0：在创新国(发达国家)生产时间；t_1：向其他发达国家出口时间；t_2：向发展中国家出口时间；t_3：其他发达国家开始出口时间；t_4：创新国开始进口时间；t_5：发展中国家开始出口时间；t_6：其他发达国家又成为进口国。

Source：Vernon，R.，International Investment and International Trade in the Product Cycle，*The Quarterly Journal of Economics*，1966，80.

2. 产品生命周期理论评述

弗农的产品生命周期理论是在实证研究 20 世纪 50—60 年代美国跨国公司对外直接投资行为的基础上得出来的。这一理论反映了当时美国跨国公司对外直接投资的实践，较好地解释了美国战后对外大规模直接投资的原因，并比较准确地解释了发达国家在处理对外直接投资、对外贸易之间关系时所遵循的原则，符合战后美欧发达国家对外直接投资发展的实践。

相对于其他对外直接投资理论，产品生命周期理论的独到之处在于从动态角度把寡占因素和区位因素结合起来分析特定国家的对外直接投资过程；揭示了对外直接投资的动因，它将企业拥有的优势视为随着产品周期的变化而变化的动态过程，并由此将市场需求、资本技术密集程度、关键生产要素与生产区位都看作随时间变化而变动的过程，从而既说明了创新国厂商从事对外直接投资进行时间阶段选择的特性，也较好地解释了这些厂商生产区位空间转移的特性，充分体现出国际直接投资发展所具有的时空结合的特点。

但是，这一理论也有其局限性。首先，它侧重于解释以开拓新市场为动因的对外直接投资。其次，该理论很大程度上是基于对美国向西欧发达国家及发展中国家的直接投资的研究得出的，对其他国家的对外直接投资缺乏普遍意义。最后，许多跨国公司的对外直接投资并不符合产品的周期模式，它们在新产品创新时期就在国外组织生产和销售，甚至通过子公司在东道国研制新产品。尤其是进入 20 世纪 90 年代后，跨国公司 R&D 国际化日趋明显，跨国公司在经营上逐步打破国家的界限，而服务于一个统一的全球经营战略，这种新趋势的出现大大降低了产品生命周期理论的适用性。

第二节　基于 FDI 的跨国经营理论

对外直接投资与跨国公司是密不可分的，可以说国际上的对外直接投资大部分是通过跨国公司来完成的，跨国公司既是企业对外直接投资的载体，又是对外直接投资的产物。对外直接投资理论的发展主要分为两个时期：20 世纪 60 年代初期至 70 年代末期，这是理论的提出和创建时期；80 年代初期至 90 年代末期，这是理论的修正与发展时期。

一、垄断优势理论

1960 年，斯蒂芬·海默（Stephen Hymer）在其于麻省理工学院完成的博士论文《国内企业的国际化经营：对外直接投资的研究》中，首次提出了垄断优势理论（theory of monopolistic advantage）。海默收集了大量资料，对美国跨国公司进行实证分析，认为传统的国际资本流动理论已不能科学地解释跨国公司的对外投资行动，必须建立一套新的理论。海默的导师查尔斯·金德尔伯格（Kindleberger）在海默研究的基础上进一步研究了跨国公司拥有的垄断优势，从而形成垄断优势理论较完整的理论体系。因此，此理论又称海默—金德尔伯格传统（H-K tradition）。

这一理论主要回答一家外国企业的分支机构为什么能够与当地企业进行有效的竞争，并能长期生存和发展下去。海默认为，一家企业之所以要对外直接投资，是因为它有比东道国同类企业有利的垄断优势，从而在国外进行生产可以赚取更多的利润。这种垄断优势可能是包括生产技术、管理与组织技能及销售技能等一切无形资产在内的知识资产优势，也可能是由于企业规模大而产生的规模经济优势。

1. 垄断优势理论主要内容

(1) 市场具有不完全性

市场不完全性是指市场受到具有垄断优势的企业影响而呈现出不完全竞争或寡占局面的性质。市场的不完全性产生于四个方面：一是产品市场不完全，这与商品特异、商标、特殊的市场技能或价格联盟等因素有关；二是生产要素市场不完全，这主要是特殊的管理技能、在资本市场上的便利及受专利制度保护的技术差异等原因造成的；三是由规模经济所致；四是由政府有关税收、关税、利率和汇率等政策原因造成。

(2) 垄断优势

市场的不完全性要求从事跨国生产的企业必须拥有垄断优势，唯有如此，才能克服在经济、社会、文化、地理等方面遇到的困境，从而赢得比东道国当地竞争对手更高的利润。在这种理论中，跨国公司的垄断优势主要表现在：一是市场垄断优势，如产品性能差别、特殊销售技巧、控制市场价格的能力等；二是生产垄断优势，如经营管理技能、融通资金的能力优势、掌握的技术专利与专有技术；三是规模经济优势，即通过横向一体化或纵向一体化，在供、产、销各环节的衔接上提高效率；四是政府的课税、关税等贸易限制措施会导致市场进入或退出障碍，使得跨国公司只有通过对外直接投资，才能利用垄断优势。

(3) 结论

对外直接投资是具有某种优势的寡头垄断企业为追求控制不完全市场而采取的一

种行为方式。在东道国市场不完全的条件下,跨国公司可利用其垄断优势排斥自由竞争,维持垄断高价以获得超额利润。对发展中国家直接投资使得跨国公司可以绕过东道国的关税壁垒,同时技术、知识等资产可以获得全部收益;发达国家之间的交叉直接投资则是通过在竞争对手的领土上建立企业来互相牵制和加强自身能力行为的综合表现。

2. 垄断优势理论发展

许多西方学者在海默、金德尔伯格等人研究的基础上,对垄断优势理论进行了各种补充和发展。具有代表性的论点有:

(1) 核心资产论

核心资产论的代表人物为约翰逊(H. G. Johnson)。该理论认为,进行跨国直接投资的企业所具有的垄断优势,主要是对知识资本的占有和使用。知识资本的生产过程亦即研究与开发过程,其成本是相当高的,但通过直接投资使用这些知识资本的成本却相当低,有时接近零。跨国公司为了创造这些知识资产虽然支付了很多的研究与开发费用,但现在子公司利用母公司的知识资产就不必花费很多,而当地企业要想得到同样的知识资产却须付出全部成本。因此,跨国公司具有当地企业所无法比拟的垄断优势。

(2) 寡占反应理论

尼克博克(F. T. Knickerbocker)从寡占反应的角度对垄断优势理论作了重要补充。尼克博克提出,在一些寡占行业中,如汽车、石油等行业,美国企业对外直接投资主要是由少数几家寡头企业进行的,它们往往在同一时期大量对一个地区或国家进行投资,此时,特定优势理论已经不能解释这种现象,应通过寡占反应理论对其进行修正。

尼克博克将对外直接投资分为两大类:一类是进攻性投资,指率先在国外建立第一家子公司的寡头公司所进行的投资;另一类是防御性投资,指同行业的其他寡头公司追随进攻性投资,在同一地点进行的投资。尼克博克认为,进攻性投资动机可以由产品生命周期理论来解释,而防御性投资动机可以由寡占反应理论来解释。

3. 垄断优势理论评述

垄断优势理论在 20 世纪 60 年代至 70 年代中期对西方学者产生过较深刻的影响,它突破了对外直接投资的传统贸易理论框架,突出了知识资产和技术优势在跨国公司形成中的重要作用,从理论上开创了以国际直接投资为对象的新研究领域,使国际直接投资的理论研究开始成为独立学科。这一理论既解释了跨国公司为了在更大范围内发挥垄断优势而进行的横向投资,也解释了跨国公司为了维护垄断地位而将部分工序,尤其是劳动密集型工序,转移到国外生产的纵向投资,因而对跨国公司对外直接投资理论发展产生很大的影响。

但是,该理论也存在一定的局限性。首先,它的研究依据的是 20 世纪 60 年代初对西欧大量投资的美国跨国公司的统计资料,因此对美国跨国公司对外直接投资的动因有很好的解释力,强调寡占行业跨国公司的特定优势对对外直接投资的决定性作用;但该理论不能解释其他发达国家,如日本的跨国经营行为,也无法解释 60 年代后期日益增多的发展中国家跨国公司的对外直接投资,因为发展中国家的企业并不比发达国家有更强的垄断优势,因此本理论不具有普遍性。其次,该理论偏重于静态研究,忽略了时间因素和区位因素在对外直接投资中的动态作用,不能很好地解释对外直接投资流向的产业分布或地理分布。

二、内部化理论

自20世纪70年代中期起，以巴克利(Peter J. Buckley)、卡森(Mark Casson)与拉格曼(A. M. Rugman)为主要代表人物的西方学者，以发达国家跨国公司(不含日本)为研究对象，沿用了科斯(R. H. Coase)的新厂商理论和市场不完全的基本假定，于1976年在《跨国公司的未来》(*The Future of Multinational Enterprise*)一书中提出了跨国公司的一般理论——内部化理论(theory of internalization advantage)。

该理论主要回答为什么和在什么样的情况下，到国外投资是一种比出口产品和转让许可证更为有利的经营方式。后来，经济学家罗格曼、吉狄、杨等进一步丰富和发展了该理论。内部化理论强调企业通过内部组织体系，以较低成本在内部转移该优势的能力，并把这种能力当作企业对外直接投资的真正动因。在市场不完全的情况下，企业为了谋求整体利润的最大化，倾向于将中间产品，特别是知识产品在企业内部转让，以内部市场来代替外部市场。

1. 内部化理论主要内容

内部化理论认为，由于市场的不完全，若将企业所拥有的科技和营销知识等中间产品通过外部市场来组织交易，则难以保证厂商实现利润最大化目标；若企业建立内部市场，可利用企业管理手段协调企业内部资源的配置，避免市场不完全对企业经营效率的影响。企业对外直接投资的实质是基于所有权之上的企业管理与控制权的扩张，而不在于资本的转移。其结果是用企业内部的管理机制代替外部市场机制，以便降低交易成本，拥有跨国经营的内部化优势。

所谓“中间产品”，除了包括用以制造其他成品的半制成品外，还包括研究开发、营销技巧、管理才能及人员培训等内容。内部化理论强调市场的不完全性如何使企业将垄断优势保留在企业内部，并通过企业内部使用而取得优势的过程。

内部化理论建立在以下三个假设的基础上：首先，企业在不完全市场上从事经营的目的是追求利润的最大化；其次，当生产要素特别是中间产品的市场不完全时，企业就有可能以内部市场取代外部市场，统一管理经营活动；最后，当内部化超越国界时就产生了多国公司。

内部化理论认为，决定市场内部化的主要因素有四个：一是产业特定因素。产业特定因素与产品性质有关，也与外部市场的结构和规模经济有关。二是区域因素。区域因素系指有关区域内的地理和社会特点，如地理上的距离、文化差异、社会特点等。三是国别因素，即有关国家的政治、经济制度等。四是企业因素，即不同企业组织内部市场的管理能力等。在这四个因素中，产业特定因素是最关键的因素。因为如果某一产业的生产活动存在多阶段生产的特点，那么就必然存在中间产品，若中间产品的供需在外部市场进行，则供需双方无论如何协调，也难以排除外部市场供需间的剧烈变动，于是为了克服中间产品的市场不完全性，就可能出现市场内部化。

2. 内部化理论评述

内部化理论是西方学者跨国公司理论研究的一个重要转折。以前的理论主要研究发达国家企业海外投资的动机与决定因素,而内部化理论则研究各国(主要是发达国家)企业之间的产品交换形式以及企业国际分工与生产的组织形式,认为跨国公司正是企业国际分工的组织形式。与其他理论相比,内部化理论属于一般理论,能解释大部分对外投资的动因,而其他跨国直接投资理论,仅从产品或生产要素等某个侧面来分析跨国公司对外直接投资的原因,因此,内部化理论不同程度地包含其他理论。

内部化理论也具有一定的局限性。跨国公司实行内部化主要是对高技术含量的知识产品实行内部化,势必阻碍新技术、新产品在全世界范围的迅速普及,从而在一定程度上阻碍生产力的发展。同时,内部化理论对西方大型跨国公司的垄断行为的某些特征未能作出具体约束分析,这也是该理论的一大缺憾。

三、国际生产折中理论

国际生产折中理论(eclectic theory of international production)由邓宁(John H. Dunning)教授在其 1976 年所撰写的题为《贸易经济活动的区位与多国企业:一种折中理论的探索》的论文中首次提出,邓宁的代表著作为《国际生产与多国公司》。

1. 国际生产折中理论主要内容

邓宁指出,过去所形成的各种对外直接投资理论只是就某个问题进行片面的解释,未能综合、全面地剖析内在的原因,也未能把国际贸易和国际生产直接结合起来。为此,他强调要用一种折中的理论,用折中分析的方法来解释跨国公司进行海外生产活动和对外直接投资的动机。该理论的核心内容是:企业在海外进行投资,是该企业具有的所有权特定优势、内部化优势和区位优势这三大优势综合作用的结果。所有权优势是对外直接投资的前提和抵消跨国经营成本的先决条件,在此基础上,内部化优势决定是内享还是出售,区位优势则决定在国内利用还是在国外利用。这三种优势是产生对外直接投资缺一不可的条件。

(1) 所有权优势

所有权优势理论是发生国际投资的必要条件,是指跨国公司拥有或能获得的各种资产及其所有权形成的特定优势,这是其他企业所没有或无法获得的特定优势,具体包括:① 技术优势。国际企业对外投资应具有生产诀窍、销售技巧和研究开发能力等方面的优势。② 企业规模优势。企业规模越大,就越容易向外扩张,这实际上是一种垄断优势。③ 组织管理能力优势。大公司具有的组织管理能力与企业家才能,能在向外扩张中得到充分的发挥。④ 金融与货币优势。大公司往往有较好的资金来源渠道和较强的融资能力,能在直接投资中发挥优势。

(2) 内部化优势

内部化优势是指跨国公司将其拥有的资产及其所有权加以内部使用而带来的特定优势,即运用所有权特定优势,以节约或消除交易成本的能力。邓宁将市场的不完全划分为两类,即结构性市场不完全和知识性市场不完全。其中,结构性市场不完全是指由于竞争壁垒、交易成本高昂而导致的市场不完全;知识性市场不完全是指由于生产和销售的有关知识和信息不易获得而导致的市场不完全。

(3) 区位优势

区位优势是指跨国公司在对外投资的区位选择上作为东道国拥有的优势，企业只能适应和利用这项优势。它包括两个方面：一是东道国不可移动的要素禀赋所产生的优势，如自然资源丰富、地理位置方便等；二是东道国的政治经济制度、政策法规灵活等形成的有利条件和良好的基础设施等。区位优势也可分为直接区位优势和间接区位优势，即东道国的有利因素和不利因素。比如低廉的劳动成本、广阔的销售市场等属于直接区位优势，而出口运输成本过高、贸易壁垒等属于间接区位优势。

判断一个企业是否应从事国际生产和对外直接投资，应当全面研究和评价它是否具备企业优势、内部化优势和区位优势。任何一类优势都不能单独用来解释国际生产和对外直接投资的倾向，只有同时具备这三类优势时才可以进行对外直接投资。如果企业仅有所有权优势和内部化优势，而不具备区位优势，则意味着缺乏有利的海外投资场所，企业就只能将有关优势在国内加以利用，而后依靠产品出口来供应当地市场；如果企业只有所有权优势和区位优势，则说明企业拥有的所有权优势难以在内部利用，只能将其转让给外国企业；如果企业只具备内部化优势和区位优势而无所有权优势，则意味着企业缺乏对外直接投资的基本前提，海外扩张无法成功。

对外直接投资是充分利用三类优势的最佳方式，即：国际直接投资＝所有权优势＋内部化优势＋区位优势。不同国际经济活动的三类优势的特点如表 2-1 所示。

表 2-1　国际经济活动方式的选择

方式选择	所有权优势(O)	内部化优势(I)	区位优势 (L)
对外直接投资	√	√	√
出口	√	√	×
技术转移	√	×	×

2. 国际生产折中理论评述

国际生产折中理论对各家学说兼收并蓄，最终形成一个综合的理论模式，创建了一个关于国际贸易、对外直接投资和国际协议安排三者统一的理论体系，克服了以前对外直接投资理论的片面性。该理论强调经济发展水平对一国企业对外直接投资能力和动因起决定作用，要求企业有全面的决策思路，指导企业用整体的观点去考虑与所有权优势相联系的各种因素，以及诸多因素之间的相互作用。因此，该理论被认为是迄今为止解释性最强、影响力最大的对外直接投资理论。

国际生产折中理论的不足在于该理论所提出的对外直接投资条件过于绝对化，有一定的片面性。它所研究的范围仅局限于跨国公司内部的经济要素，而忽略了各跨国公司所处的特定的社会环境与政治环境，无法揭示社会经济、政治条件、文化对跨国公司的影响。邓宁强调只有三种优势同时具备，一国企业才可能跨国投资，并把这一论断从企业推广到国家，但解释不了并不同时具备三种优势的发展中国家迅速发展的对外直接投资行为，特别是向发达国家的大量直接投资活动。该理论对这三种理论的简单综合缺乏从国家利益的宏观角度来分析不同国家企业对外直接投资的动机，仅从微观上对企业跨国行为进行分析,且没有摆脱垄断优势理论、内部化理论、区位优势理论等传统理论的分析框架。此外,它对三种优势要素相互关系的分析停留在静态的分类方式上,而没有随时间变动进行动态分析。该理论所论述的决定依据侧重于以成本分析为基础,但它假定企业不同进入方式的收入是相同的,这不符合实际。一般来说,对外直接投资产生的收入流量最大,出口次之,而许可证贸易最低。事实上,企业在决策最佳的进入方式时是考虑收入差别的。

第三节 基于发展中国家和地区的跨国经营理论

以上理论主要以发达国家的跨国公司作为研究对象,认为跨国公司的竞争优势主要来自企业对市场的垄断、产品差异、高科技、大规模投资,以及先进的管理技术,而发展中国家公司并不具备上述优势。从 20 世纪 70 年代中期开始,一些学者逐渐致力于发展中国家和地区跨国公司理论的研究,提出了许多有价值的理论和观点。

一、投资发展周期理论

投资发展周期理论(the theory of investment development cycle)是折中理论的动态发展,其中心命题是:发展中国家的对外直接投资倾向取决于经济发展阶段以及该国所拥有的所有权优势、内部化优势和区域优势,并将一国吸引外资和对外投资能力与经济发展水平结合起来,认为一国的国际投资地位与人均国民生产总值成正比关系。

在 20 世纪 80 年代初期,邓宁提出了从动态角度解释一国的经济发展水平与国际直接投资地位关系的投资发展水平理论。邓宁采取实证分析方法,对 67 个国家 1967—1978 年的直接投资流量与经济发展水平的资料进行分析,结果发现一国的直接投资流量与该国的经济发展水平有密切关系。邓宁用人均国民生产总值(GNP)代表一个国家的经济发展水平,用一国的人均直接投资流出量(ODI)、人均直接投资流入量(IDI)和人均直接投资净流出量(NODI)表示一国对外直接投资的水平。

第一阶段:人均 GNP 低于 400 美元。处于这一阶段的国家,是世界上最贫穷的国家,经济落后,几乎没有所有权优势和内部化优势,也不能利用国外的区位优势,对外直接投资处于空白状态,国外直接投资的流入也处于很低的水平。

第二阶段:人均 GNP 处于 400—1500 美元之间。处于该阶段的国家,由于经济发展水平的提高,国内市场有所扩大,投资环境有较大的改善,因而区位优势较强,外国直接投资流入迅速增加,但由于这些国家企业的所有权优势和内部化优势仍然十分有限,对外直接投资刚刚起步,处于较低水平。大多数发展中国家处于这一阶段。

第三阶段:人均 GNP 在 2000—4750 美元之间。处于这一阶段的国家,经济实力有了很大的提高,国内部分企业开始拥有所有权优势和内部化优势,对外直接投资迅速增长,国际直接投资的流入量和流出量都达到较大的规模。大多数新兴工业化国家处于这一阶段。

第四阶段:人均 GNP 超过 5000 美元。这一阶段的国家主要是发达国家,由于它们拥有强大的所有权优势和内部化优势,并从全球战略的高度来利用东道国的区位优势,因此对外直接投资达到了相当大的规模。

后来，邓宁又提出了第五阶段，主要描述经济发展处于较高阶段的发达国家之间不断增长的交叉投资行为。处在该阶段的国家对外投资净额仍为正数，但绝对值相对于上一阶段已开始下降，并逐渐回归至零。

投资发展周期理论将一国吸引外资和对外投资的能力与其经济发展水平结合起来，认为一国的国际投资地位与其人均国民生产总值成正比关系。就这一发展规律而言，世界上发达国家和发展中国家国际投资地位的变化大体上符合这一发展趋势。但是如果从动态分析的角度出发，就会发现该理论与当代国际投资的实际情况有许多悖逆之处。现代国际投资实践表明，不仅发达国家对外投资规模不断扩大，而且不少发展中国家和地区的对外投资也很活跃。此外，该理论用人均 GDP 单一指标来划分经济发展阶段和对外直接投资水平，难免带有片面性和局限性。

二、技术地方化理论

拉奥(Sanjaya Lall)在 1983 年出版了《新跨国公司：第三世界企业的发展》一书，提出用技术地方化理论(theory of localized technological change)来解释发展中国家的对外直接投资行为。拉奥深入研究了印度跨国公司的竞争优势和投资动机，认为发展中国家和地区跨国公司的技术特征表现在规模小、标准技术和劳动密集型等方面，但这种技术的形成不是对发达国家技术的被动模仿和复制，而是对技术的消化、改进和创新，从而使其技术更适合发展中国家的经济条件和消费需求，形成自己的特定优势。在产品特征上，第三世界企业能够开发出与名牌产品不同的消费品，特别是当国内市场较大，消费者的品位和购买力有很大差别时，来自第三世界的产品在更新换代方面有一定的竞争力。在拉奥看来，发展中国家能够形成和发展自己的独特优势主要源于以下四个因素：

(1) 发展中国家技术知识的当地化是在不同于发达国家的环境中进行的，这种新的环境往往与一国的要素价格及其质量相联系。

(2) 发展中国家通过对进口的技术和产品进行某些改造，使他们的产品能更好地满足当地或邻国市场的需求，这种创新活动必然形成竞争优势。

(3) 发展中国家的企业竞争优势不仅来自于其生产过程和产品与当地的供给条件和需求条件紧密结合，而且来自于创新活动中所产生的技术在小规模生产条件下所具有的更高的经济效益。

(4) 从产品特征看，发展中国家企业往往能开发出与品牌产品不同的消费品，特别是当东道国市场较大，消费者的品位和购买能力有很大差别时，来自发展中国家的产品往往有一定的竞争能力。

拉奥的技术地方化理论，对于分析发展中国家跨国公司的意义在于：它不仅分析了发展中国家企业的国际竞争优势是什么，而且更强调形成竞争优势所特有的企业创新活动。在拉奥看来，企业的技术吸收过程是一种不可逆转的创新活动，这种创新往往受当地的生产供给、需求条件和企业特有的学习活动的直接影响。

拉奥更强调企业技术引进的再生过程，即欠发达国家对外国技术的改进、消化和吸收不是一种被动的模仿和复制，而是对技术的引进、消化和创新。正是这种创新活动给企业带来新的竞争优势。虽然拉奥的技术地方化理论对企业技术创新活动的描述是粗线条的,但它把对发展中国家跨国公司研究的注意力引向微观层次,以证明落后国家企业以比较优势参与国际生产和经营活动的可能性。

三、小规模技术理论

哈佛大学教授刘易斯·威尔斯(Louis T. Wells)在其1983年出版的《第三世界跨国公司》一书中提出了小规模技术理论(theory of small scale technology),该理论被学术界认为是研究发展中国家跨国公司的开创性成果。

威尔斯认为,传统对外直接投资理论最大的缺陷是把竞争优势绝对化。他认为发展中国家跨国公司的竞争优势主要来自于低生产成本。这种低生产成本是与其母国的市场特征紧密相关的。在威尔士看来,发展中国家跨国公司的竞争优势主要表现在三方面:

(1) 拥有为小市场需求服务的劳动密集型小规模生产技术。低收入国家商品市场的一个普遍特征是需求量有限,大规模生产技术无法从这种小市场需求中获得规模效益,许多发展中国家正是开发了满足小市场需求的生产技术而获得竞争优势。

(2) 在国外生产民族产品。发展中国家对外投资有一部分是为满足国外同一民族团体的需要。根据威尔士的研究,以民族为纽带的对外投资在印度、泰国、新加坡、马来西亚以及中国台湾和香港地区的投资中都占有一定比例。

(3) 产品低价营销战略。与发达国家跨国公司相比,生产成本低、物美价廉是发展中国家跨国公司形成竞争优势的重要原因,也是抢占市场份额的重要武器。

小规模技术理论被西方理论界认为是发展中国家跨国公司研究中的早期代表性成果。威尔士把发展中国家跨国公司竞争优势的产生与这些国家自身的市场特征结合起来,在理论上给后人提供了一个充分的分析空间,对于帮助经济落后国家企业在国际化的初期阶段能在国际竞争中争得一席之地颇具启发性。

但从本质上看,小规模技术理论是技术被动论。威尔士显然继承了弗农的产品生命周期理论,认为发展中国家主要是使用"降级技术"生产在西方国家早已成熟的产品。同时,该理论将发展中国家跨国公司的竞争优势仅仅局限于小规模生产技术的使用,可能会导致这些国家在国际生产体系中的位置永远处于边缘地带和产品生命周期的最后阶段。该理论也很难解释一些发展中国家的高新技术企业的对外投资行为,无法解释当今发展中国家对发达国家的直接投资日趋增长的现象。

四、技术创新产业升级理论

20世纪80年代中期以后,发展中国家对外直接投资出现了加速增长的趋势,特别是一些新兴工业化国家和地区的对外直接投资投向发达国家,并成为当地企业有力的竞争对手。坎特韦尔(John A. Cantwell)和托兰惕诺(Paz Estrella Tolentino)在20世纪90年代初期共同提出了技术创新产业升级理论(theory of technical innovation and industrial promotion),用以解释20世纪80年代以来发展中国家和地区对经济发达国家的直接投资加速增长的趋势。

坎特韦尔和托兰惕诺主要从技术累积论出发，解释发展中国家和地区的对外直接投资活动，从而把这一过程动态化、阶段化。他们提出了两个基本命题：

(1) 发展中国家和地区产业结构的升级，说明发展中国家企业技术能力的稳定提高和扩大，这种技术能力的提高是一个不断积累的结果。

(2) 发展中国家和地区企业技术能力的提高是与其对外直接投资的增长直接相关的。现有的技术能力水平是影响其国际生产活动的决定因素，同时也影响发展中国家跨国公司对外投资的形式和增长速度。

基于上述两个命题，该理论的基本结论是：发展中国家和地区对外直接投资的产业分布和地理分布是随着时间的推移而逐渐变化的，并且是可以预测的。

坎特韦尔等人还分析了发展中国家跨国公司对外直接投资的产业特征和地理特征。根据他们的研究，发展中国家跨国公司对外直接投资受其国内产业结构和内生技术创新能力的影响。在产业分布上，首先是以自然资源开发为主的纵向一体化生产活动，然后是以进口替代和出口导向为主的横向一体化生产活动。从海外经营的地理扩展看，发展中国家跨国公司在很大程度上受"心理距离"的影响，其对外直接投资一般遵循以下的发展顺序：首先，在周边国家进行直接投资，充分利用种族联系；其次，随着海外投资经验的积累，种族因素的重要性下降，逐步从周边国家向其他发展中国家扩展直接投资；最后，在经验积累的基础上，随着工业化程度的提高，产业结构发生明显变化，开始从事高科技领域的生产和开发活动。同时，为获得更先进复杂的制造业技术，开始向发达国家投资。例如，我国台湾地区的跨国公司在化学、半导体、计算机领域，新加坡的跨国公司在计算机、生物技术、基因工程、电子技术领域，韩国、我国香港特区企业在半导体、软件开发、电信技术等领域都占有一席之地，这些国家和地区对发达国家的投资均表现出良好的竞争力。

对外直接投资技术创新产业升级理论是以技术积累为内在动力、以地域扩展为基础的。随着技术积累固有能量的扩展，对外直接投资逐步从资源依赖型向技术依赖型发展，而且对外投资的产业也逐步升级，其构成与地区分布的变化密切相关。

该理论比较全面地解释了 20 世纪 80 年代以后，发展中国家，特别是亚洲新兴工业化国家和地区的对外直接投资现象，解释了新兴工业化国家和地区对外投资的结构由发展中国家向发达国家、由传统产业向高技术产业流动的轨迹，对于发展中国家通过对外投资来加强技术创新与积累，进而提升产业结构和加强国际竞争力具有普遍的指导意义。

五、其他理论

除以上几个主要理论以外，还有一些支持发展中国家跨国公司的理论，如规模经济理论、市场控制理论、国家利益优先取得论、分散风险论、提高公司形象论等。但是，这些理论的共同特征是突出强调某一方面因素的影响和作用，缺乏理论分析应有的系统性和完整性，所以难以全面解释纷繁复杂的发展中国家跨国公司的投资行为。

课后练习题

1. 基于国际贸易的跨国经营理论有哪些?
2. 基于边际产业理论,分析美国、日本两国对外直接投资的特点。
3. 国际生产折中理论的优缺点有哪些?
4. 基于发展中国家和地区的跨国经营理论有哪些?

章末案例

全球直接投资的趋势[①]

1. 全球外国直接投资连续第三年下滑

联合国贸发会议《2019 年世界投资报告》指出:2018 年,全球外国直接投资流量继续下滑,减少 13%,降至 1.3 万亿美元。这是外国直接投资流量连续第三年下滑,主要原因是,2017 年年底美国实行税制改革后,美国跨国企业在 2018 年前两个季度将累积的国外收益大规模汇回本国。

2018 年下半年交易活动的增加缓解了上半年税收导致的外国直接投资减少(较 2017 年同期减少了 40%)。由于不再受税收负担影响,美国跨国企业开始利用其外国子公司的流动资产,推动跨国合并和收购,总值增加了 18%。

2. 流入发达国家的外国直接投资降至 15 年最低点

流入发达经济体的外国直接投资达到 2004 年以来的最低点,减少了 27%。流入欧洲的资金减少了一半,不到 2000 亿美元,一些美国跨国企业的重要东道国出现投资负流入(美国跨国企业汇回资金导致东道国出现投资负流入)。流入爱尔兰和瑞士的外国直接投资分别减少至−660 亿美元和−870 亿美元。由于新股权投资减半,流入联合王国的外国直接投资也减少了 36%,缩减至 640 亿美元。流入美国的外国直接投资减少了 9%,至 2520 亿美元——相当于过去 10 年的平均水平,这种下降主要是因为跨境并购交易减少了 1/3。流入澳大利亚的外国直接投资达到创纪录的 600 亿美元,原因是外国子公司将在该国取得的利润进行了再投资,达 250 亿美元。

流入发展中经济体的外国直接投资保持稳定,增长 2%,达到 7060 亿美元。由于这种增幅以及对发达国家的外国直接投资的异常下降,发展中经济体在全球外国直接投资流入量中所占份额上升到 54%,创下历史新高。排名前 20 的东道国经济体中的发展中经济体保持不变。美国仍然是外国直接投资的最大接受国,其次是中国、香港(中国)和新加坡。

美国跨国企业大规模汇回资金转化为外国直接投资的负流出,导致美国从 2018 年对外直接投资前 20 的经济体名单中消失。总体而言,发达国家作为一个整体的对外直接投资额减少了 40%,降至 5580 亿美元。因此,它们在全球对外直接投资流出量中的份

① 摘编自联合国贸发会议:《2019 年世界投资报告》。

额下降至55%，创历史最低水平。但是，欧洲跨国企业的对外直接投资增长了11%，达到4180亿美元。法国成为第三大投资者母国，2018年外国直接投资流出超过1000亿美元。

发展中经济体跨国企业的对外投资减少了10%，降至4170亿美元。亚洲发展中国家的外向投资下降了3%，至4010亿美元；中国跨国企业的投资连续第二年下降。拉丁美洲和加勒比的外向投资急剧收缩。

3. 前景：反弹是可能的，但基础趋势仍然疲软

2019年，随着税收改革的影响逐渐减弱，预计流入发达经济体的外国直接投资将出现反弹。绿地项目公告(预示未来支出计划)也指向增长，因为2018年宣布的绿地项目与2017年的低点相比增加了41%。尽管存在这些积极指标，但对全球外国直接投资的预测仅显示出温和复苏，预计将增加10%，至约1.5万亿美元，低于过去10年的平均水平。基础外国直接投资趋势仍然疲软，因此增长潜力有限。贸易紧张局势也对2019年及以后构成下行风险。

自2008年以来，基础外国直接投资趋势呈现增长乏力。扣除税收改革、巨额交易和不稳定的资金流动等一次性因素造成的波动，10年来外国直接投资的年均增长率仅为1%，而2000—2007年为8%，2000年以前则超过20%。

外国直接投资长期增长缓慢的关键原因包括外国直接投资回报率不断下降、投资形式日益转向轻资产型和不太有利的投资政策环境。

讨论题

1. 世界各地区直接投资情况出现怎样的变化？
2. 如何评价发展中经济体的直接投资趋势？

本章参考文献

Buckley, J. P., Casson, M., *The Economic Theory of the Multinational Enterprise*, London: Macmillan, 1985.

Dunning, J. H., *International Production and Multinattonal Enterprise*, London: George AlIan & Cnwin, 1981.

崔日明、徐春祥编著：《跨国公司经营与管理》，机械工业出版社2014年版。

范黎波、宋志红编著：《跨国经营理论与实务》，北京师范大学出版社2008年版。

高振、江若尘：《跨国公司国际市场建立模式研究综述》，载《经济管理》2014年第7期。

关雪凌、罗来军等编：《跨国公司经营与管理》，中国人民大学出版社2012年版。

郭焱等：《跨国公司管理理论与案例分析》，中国经济出版社2007年版。

韩莹、田晓航：《直接投资取代单一出口——国内光伏企业向海外"迁徙"》，载《经理

日报》2011 年 3 月 1 日。

黄庆波、李焱主编:《跨国公司经营与管理》,对外经贸大学出版社 2016 年版。

李高超、侯玉:《IBM、英特尔宣布在华投资新动作——外资巨头看好中国投资环境》,载《中国外资》2010 年第 9 期。

李鹏:《跨国公司理论的发展与演变》,载《中国集体经济》2010 年第 7 期。

林季红编著:《跨国公司经营与管理》,清华大学出版社 2015 年版。

卢进勇、刘恩专编著:《跨国公司理论与实务》,首都经济贸易大学出版社 2008 年版。

戚聿东、朱正浩:《逆全球化背景下全球生产性服务业 FDI 新趋势及动力机制分析》,载《经济管理》2020 年第 7 期。

商务部、国家统计局、国家外汇管理局:2003—2015 年《中国对外直接投资统计公报》。

盛维:《跨国公司研发的国际化扩张:动因、进程及区位》,载《科学发展》2012 年第 3 期。

汪涛、金珞欣、周南:《制度互补性如何影响跨国企业的海外经营绩效——基于比较制度优势理论视角》,载《学术论坛》2015 年第 3 期。

许晖、张超敏、单宇:《中国跨国企业海外市场机会构建内在机理研究——基于资源杠杆理论视角的多案例研究》,载《南开管理评论》2020 年第 6 期。

张素芳:《跨国公司与跨国经营》,经济管理出版社 2009 年版。

中国国际贸易促进委员会:2008—2015 年《中国企业对外投资现状及意向调查报告》。

宗芳宇、路江涌、武常岐:《双边投资协定、制度环境和企业对外直接投资区位选择》,载《经济研究》2012 年第 5 期。

第三章　跨国经营的国际环境

【本章学习目的】

通过本章学习，你应该能够：

- 了解经济全球化的总体趋势
- 掌握国家竞争优势理论
- 分析东道国的投资环境
- 运用国际投资环境评估方法

引导案例

世界经济形势与展望①

2019 年，世界经济出现了显著和广泛的恶化。这可能会对减少贫困、创造体面工作、扩大获取可负担清洁能源和实现许多其他可持续发展目标的努力造成阻碍。2019 年，世界生产总值增长率下滑至 2.3%，为 2008—2009 年全球金融危机以来的最低水平。与此同时，在不平等无处不在和气候危机不断加深的背景下，经济增长的社会和环境质量也越来越令人不满。尽管全球贸易紧张局势在某些方面有所缓解，再度出现的可能性却仍然很高，因为这些争端背后的重要问题尚未得到深入解决。

2019 年，关税上升和全球贸易紧张局势在数月时间里忽急忽缓加剧了政策的不确定性，导致投资大幅削减，全球贸易增长率降至 10 年来最低的 0.3%。中国与美国的双边贸易直线下降，国际供应链严重中断。拥有广泛跨国生产网络的全球电子和汽车行业尤其受到重大冲击。不过，由于企业寻求从不受关税上升直接影响的国家获得货源，一些国家在全球出口市场中的份额有所提高。与此同时，许多最不发达国家通常没有很好地融入全球贸易网络，相对而言并未受到贸易争端的影响。与世界其他大多数国家不同，大部分最不发达国家的国内生产总值在过去一年加速增长。

随着全球企业投资意愿下降，生产率增长持续减速。与全球金融危机爆发前的 10 年相比，发展中国家和转型经济体的平均劳动生产率增速也有所降低。但是，总体数字掩盖了全球各国和地区之间存在的明显差异，东亚和南亚的生产率持续快速增长。尽管存在诸多阻力，东亚仍是全球增长最快的地区，也是对全球增长贡献最大的地区。

在过去几十年里，主要由于中国和印度的成功经验，极端贫困人口比例稳步大幅下降。尽管就全球而言取得了进展，但在撒哈拉以南非洲的几个国家以及拉丁美洲和加勒比及西亚的部分地区，生活在极端贫困中的人数却有所增加。要在减贫方面取得持续进

① 摘编自联合国经济和社会事务部 2020 年 1 月发布的《2020 年世界经济形势与展望》报告。

展,既需要大幅推动生产率增长,也需要坚定承诺解决严重不平等问题。在不能大幅减少不平等的情况下,消除非洲非最不发达国家的贫困需要有8.7%的年人均收入增长率,而相比之下,过去10年记录到的0.5%的增长率严重不足。

与气候危机相关的风险正成为许多国家越来越大的挑战,气候行动必须成为一切政策组合的组成部分。打破温室气体排放和经济活动之间联系的唯一方法是改变能源结构。遏制全球变暖需要强有力的政治意愿和充分部署所有可用的政策工具。

思考题

1. 2019年全球企业的投资意愿为什么会普遍下降?
2. 企业应该如何应对多变的国际环境带来的经营风险?

跨国经营面临着复杂多变、高度不确定的国际经营环境,国际环境分析是企业制定跨国经营战略的重要部分。从国际宏观环境看,各个国家在世界经济全球化、区域经济一体化的条件下,发展并形成了各自的竞争优势。企业要善于运用环境评价工具,从政治、经济、社会文化和技术等多个维度分析国际经营环境,以利于形成科学的跨国经营决策。

第一节　国际宏观环境

一、经济全球化趋势

经济全球化(economic globalization)是指经济活动超越国界,通过直接投资、对外贸易等形成相互依存、相互联系的世界经济有机整体的过程。它体现在生产要素在国际的自由流动,包括贸易、投资、金融、生产、服务、技术转移等活动的全球化。国际货币基金组织、经济合作与发展组织等对其从不同的侧面进行了界定。经济全球化是历史大势,促成了贸易大繁荣、投资大便利、人员大流动、技术大发展。

近年来,经济全球化呈现一系列新的变化,托马斯·弗里德曼用“世界是平的”来形容当今的跨国经营环境。经济全球化主要体现在价值链全球化、商务互联网化、贸易自由化、金融全球化、标准国际化、竞争全球化等方面。

1. 价值链全球化

价值链全球分工体系逐步形成,产品设计、原材料提供、中间品生产与组装、成品销售与回收等环节在全球范围内的分工日益细化,形成覆盖世界各个国家和地区的庞大协作网络,价值链的每个环节上,附加值被不断地提高、累加。世界经济体系由传统的国际贸易网络转变为全球价值链网络。比如在制造环节,跨国公司在全球范围内组织生产,将同一产品的不同工序分布在不同国家,通过全球生产网络整合全球资源,形成一个基于全球价值链分工的网络体系。

2. 商务互联网化

企业内部和企业间的商务活动通过互联网加以实现,世界各地逐步实现了产品互联网化、运营互联网化、营销互联网化、服务互联网化，大大降低了位于世界各地的部门和企业间信息交流的成本。线上推广、线上销售、在线交互、在线客户服务等方式，提高了企业跨国经营效率。互联网，尤其是移动互联网平台的出现，使得国际商务活动更加便利。商务互联网化，促进了软件、集成电路、芯片设计、数据中心、呼叫中心、动漫、游戏等服务外包业在世界范围内的兴起。

3. 贸易自由化

在开放、平等、互惠原则的指导下，在世界贸易组织等机构的促进下，更具活力的多边贸易体制得以建立完善，绝大多数国家在削减关税、减少非关税贸易障碍、消除国际贸易上的歧视待遇等方面取得了实质性进展，贸易自由化程度越来越高，促进了全球货物贸易、服务贸易和技术贸易的快速发展。

4. 金融全球化

除了世界银行、欧洲中央银行等全球性、区域性金融机构外，各大商业银行、证券公司进行了跨国布局，形成世界性的金融机构网络，开展了大量的跨国界金融业务，形成跨国贷款、跨国证券发行和跨国并购的新体系。企业在借贷、证券发行、外汇交易等方面的活动超越了疆界的限制，资金的全球化流动更加频繁。

5. 标准国际化

随着部件、半成品和产成品在全世界范围内流动的增加，国际标准的日渐普及，技术标准的国际化，使得各类产品能够相互匹配，促进了产品在全世界范围内的流通。同时，国际标准已经不再局限于技术领域，出现了全球性的质量管理系列标准（ISO9000）、环境管理系列标准（ISO14000）、社会责任指南标准（ISO26000）等，促使分布在不同国家的企业采用共同的管理理念、管理体系和管理方法。

6. 竞争全球化

竞争对手、潜在的进入者、可能的替代品、企业供应商、企业的客户已不局限于国内，而是来自世界各地。在这一背景下，不仅是跨国公司，即使是国内的企业，所面临的竞争都已经不局限于本地区，而是全球化竞争。从某种意义上看，由于跨国公司及其关联企业遍布世界各地，其影响已经波及所有商业领域，企业只要从事经营活动，就会面临全球化的竞争，竞争环境具有更多的不确定性。

二、经济一体化及其组织

1. 经济一体化的定义

经济一体化是指两个或两个以上国家或地区，组成一个由政府授权的、具有超国家性的共同机构，通过制定统一的对内对外经济政策、财政与金融政策等，消除地区间经济贸易发展的障碍，实现区域内互利互惠、协调发展和资源优化配置，最终形成一个经济高度协调统一的有机体的过程。

邓宁认为，经济一体化是经济相互依存的一种形式，对各成员国而言意味着放弃其部分国家主权以建立跨国市场，使得各成员国的成本与价格趋于一致，或者建立一个代表所有成员国利益的超国家的权威机构。经济学家理查德·利普塞（Richard Lipsey）将区域经济一体化分为六种等级递增的状态：特惠关税区、自由贸易区、关税同盟、共同市场、经济同盟以及完全经济一体化。

2. 区域经济一体化组织

20世纪50年代后半期涌现世界经济一体化的浪潮,出现了欧洲经济共同体(1958年)、欧洲自由贸易联盟(1960年)、拉丁美洲自由贸易协会(1960年)、中非关税和经济同盟(1964年)、阿拉伯共同市场(1965年)、新澳自由贸易区(1966年)、东亚国家联盟(1967年)等众多的区域经济组织。经过半个多世纪的发展,目前全世界已有100多个区域经济一体化组织,其中欧盟、北美自由贸易区和亚太经合组织成为影响力最为广泛的区域经济一体化组织。

(1) 欧洲联盟(European Union,EU),简称欧盟,是当今世界上一体化程度最高的区域经济联盟,已经建成关税同盟,实行共同的贸易、农业和渔业政策和区域发展政策,并统一内部市场,保证商品、资本、人员、服务自由流通。在贸易、农业、金融等方面趋近于一个统一的联邦国家,而在内政、国防、外交等其他方面则类似一个独立国家所组成的同盟。1993年11月1日,《欧洲联盟条约》(也称《马斯特里赫特条约》)生效,标志着欧共体从经济实体向经济政治实体过渡,欧共体改称欧盟。

欧盟总部设在比利时首都布鲁塞尔,主要机构有欧盟委员会(欧盟的行政机构)、欧洲理事会(由成员国家首脑组成)、欧盟理事会(由成员国家部长组成的欧盟的上议院)、欧洲议会(欧盟的众议院)、欧洲法院、欧洲中央银行等。截至2014年,欧盟有28个成员国,5亿人口,面积约438万平方公里。欧盟建立单一市场,欧元是欧盟的官方货币,已经为28个成员国中的18个采纳为流通货币。《申根协定》取消了部分成员国之间的边境管制,已有部分欧洲联盟成员国和非成员国实施。

欧盟拥有其特有的投资环境优势:拥有5亿多消费者的统一市场;经济与政治环境总体健康稳定;法律法规完善透明;拥有一流的现代化基础设施;拥有高水平、高素质的劳动力;一些产业具有集群优势。

(2) 北美自由贸易区(North American Free Trade Area,NAFTA)由美国、加拿大和墨西哥三国组成。1994年1月1日,《北美自由贸易协定》正式生效,北美自由贸易区宣布成立。三个会员国制定了一系列原则和规则,如国民待遇、最惠国待遇及程序上的透明化等,借以消除贸易障碍。自由贸易区内的货物可以在各国之间互相流通并减免关税,而贸易区以外的国家则仍然维持原关税及壁垒。

北美自由贸易区是典型的南北双方为共同发展与繁荣而组建的区域经济一体化组织,具有以下特征:① 南北合作。自由贸易区内既有经济实力强大的美国、加拿大,也有经济发展水平较低的墨西哥,成员国的综合国力和市场成熟程度差距很大。② 大国主导。北美自由贸易区是以美国为主导的自由贸易区,美国的经济运行在区域内占据主导和支配地位。③ 减免关税的不同步性。美国对墨西哥产品所征的进口关税平均下降幅度较大,而墨西哥对美国产品所征的进口关税下降幅度较小;墨西哥在肉、玉米、奶制品等竞争力较弱的产品方面,有较长的缓冲期和过渡期。④ 战略的过渡性。北美自由贸易区实际上只是美国战略构想的一个前奏,其最终目的是在整个美洲建立自由贸易区。

(3) 亚洲太平洋经济合作组织(Asia-Pacific Economic Cooperation,APEC),简称亚太经合组织,是亚洲太平洋地区级别最高、影响最大的区域性经济组织,倡导贸易投资自由化、便利化和经济技术合作,旨在减少区域贸易壁垒,建立相互依存、具有共同利益、开放的多边贸易体制。APEC采取自主自愿、协商一致的合作方式,所作的决定须经各成员一致同意。会议成果文件不具法律约束力,但各成员在政治和道义上有责任尽力予以实施。

亚太经合组织成立于1989年,现有21个成员经济体,总人口达26亿,在全球经济活动中占据举足轻重的地位。亚太经合组织是经济合作的论坛平台,强调开放对话及平等尊重各成员意见。APEC的组织机构分为五个层次:① 领导人非正式会议:每年下半年举行;② 双部长会议:在每年的领导人非正式会议前举行;③ 高官会:每年举行3—4次会议,一般由各成员副部、司局或大使级官员组成;④ 委员会和工作组:高官会下设4个委员会,即贸易和投资委员会(CTI)、经济委员会(EC)、经济技术合作分委员会(ESC)和预算管理委员会(BMC)。⑤ 秘书处:在高官会议指导下负责一些行政、财务及工作组活动等日常事务性工作,同时为APEC各层次的活动提供支持与服务。

为加强与工商界的联系,1995年APEC工商咨询理事会(ABAC)成立,由每个成员推荐3位著名工商界人士组成,负责对APEC贸易投资自由化、经济技术合作及创造有利的商业环境提出建议,并向领导人和部长级会议提交咨询报告。工商咨询理事会是工商界参与APEC合作的主要渠道,每年召开4次会议。通过各部门的工作,促进亚洲和环太平洋国家和地区的经济交流与合作。

21世纪初,经济一体化趋势更加明显,跨区域、洲际的区域经济组织也得到进一步发展。区域合作组织遍布世界各地,除了欧盟、北美自由贸易区、亚太经合组织以外,东南亚国家联盟、南方共同市场、西非国家经济共同体、独联体等也活跃在世界经济舞台。中国提出了建设丝绸之路经济带和21世纪海上丝绸之路的"一带一路"倡议,有100多个国家和国际组织积极响应支持,推动了区域经济一体化向着更大范围、更宽领域、更深合作的方向发展。

三、国家竞争优势

在宏观环境方面,除了分析世界经济全球化、区域经济一体化趋势外,还要分析不同国家的竞争优势。我们看到,美国主导了个人电脑、软件、电影等产业,德国成为全球印刷机产业、高级轿车、化工产业的集中地,意大利的企业在瓷砖、雪靴、包装机械以及工厂自动化设备方面独占鳌头,瑞士是世界重要的制药公司、巧克力食品与贸易行业的基地,日本企业在照相机、传真机、家用电器,以及工业机器人等产业上表现强势。哈佛大学商学院教授迈克尔·波特于1990年提出国家竞争优势理论以解释这些现象。

国家竞争优势理论,又称波特钻石模型(Michael Porter diamond model)、钻石理论。它提出一个分析框架,用以分析不同国家、不同产业的竞争力状况,便于进行跨国经营的决策。该理论认为,一个国家竞争优势的取得,关键在于四个基本要素和两个辅助要素的整合作用。四个基本要素包括生产要素、需求状况、关联产业与支持性产业,以及企业战略、组织结构和同业竞争。另外,还包括两个外加条件:机会和政府。(如图3-1所示)

1. 生产要素

生产要素是企业生存和发展的必要条件,包括人力资源、天然资源、知识资源、资本资源、基础设施等。它可以分成初级要素(或基本要素)和高级要素两大类,前者包括自

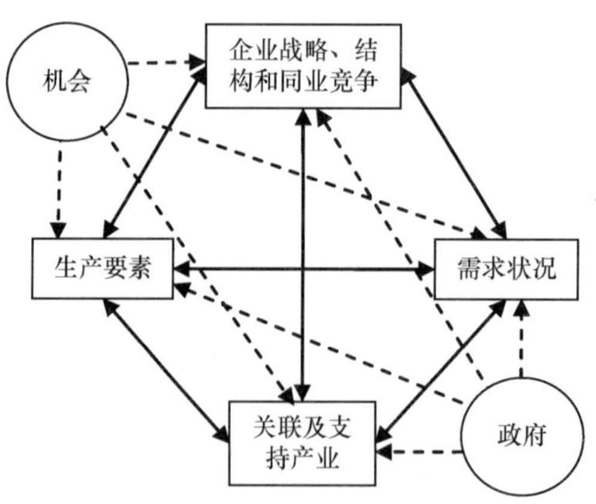

图 3-1 波特钻石模型

资料来源:〔美〕迈克尔·波特:《国家竞争优势》,李明轩、邱如美译,华夏出版社 2002 年版。

然资源、地理位置、气候条件、人口特征,是自然赋予的先天条件;后者包括通信基础设施、熟练劳动力、科研设施与先进技术,是个人、企业以及政府投资的结果,是后天"人造"的。

最重要的要素是创造得来而不是浑然天成的,高级要素对竞争优势具有更重要的作用。在高级要素中,最为关键的是知识和人力资源。判断一个国家的竞争优势不应仅仅盯着国家中的初级要素,而要观察该国对初级要素进行升级、改良的能力。

2. 需求状况

需求状况可以影响一个国家在世界市场中的竞争优势,客户需求的质量高低比市场规模的大小更为重要,成熟、复杂和苛刻的客户需求会迫使企业努力达到高质量的产品标准,实施产品创新。内行并且挑剔的客户才是企业追求高质量产品、提供优质服务的力量源泉。

3. 关联产业和支持性产业

关联产业是指因共有某些技术、共享销售渠道和服务而联系在一起的产业或具有互补性的产业。一个国家的产业要获得竞争优势,是需要关联产业支持的。关联和支持性产业共同发展的结果是在一个国家内形成关联产业的集群。

产业集群是指某个特定领域,一群在地理上邻近、有交互关联性的企业和相关机构。产业集群可以促进企业在纵向和横向之间互动和交流,推动持续的产业升级和创新,实现产业集群效应。产业集群状况是决定能否到该地区投资的重要因素。

4. 企业战略、组织结构和同业竞争状态

不同的国家有着特色各异的企业战略和组织结构,如在德国和日本企业中,工程师背景的人往往在最高管理层占据重要的支配地位,因为这些国家的企业注重加工制造过程和产品设计;与此相对,在美国企业中,则是财务管理背景的人在最高管理层占据重要的支配地位,这样企业会过分强调和追求短期财务回报最大化。激烈的竞争环境给企业带来创新、改进质量、降低成本、提高效益等一系列压力,迫使企业努力寻找提高生产与经营效率的途径,促使它们成为更好的国际竞争企业。激烈的国内竞争环境会激发竞争者强烈的取胜欲望，使所有参与者更高效、更节约，有助于产生具有世界竞争力的企业。

此外，机会和政府可以对上述四种因素施加积极或消极的影响。机会通过改变国家钻石模型的基本因素的状况而起作用，如传统技术出现断层、外因导致生产成本突然提高（如石油危机）、金融市场或汇率的重大变化、市场需求的剧增等都会影响企业的机会。而包括重大技术革新在内的一些机会事件会使得某种进程中断或产生突变效果，进而导致原有行业结构解体与重构，给一国的企业提供取代另一国企业的机会。

政府部门通过政策选择，能够削弱或增强国家竞争优势。政府行业补贴政策会影响到该国资源要素的配置，教育政策可以影响人力资源的质量，政府采购可以影响国内需求状况，产业政策可以影响某个行业的关联和辅助性行业发展，税收政策和反托拉斯法等手段可以影响同行业企业之间的竞争关系等。

在比较不同国家的竞争优势时，应从生产要素状况、需求状况、关联和支持性行业以及战略、组织结构和同业竞争状态等方面展开分析，同时分析机会和政府两个变量。一个国家的某个行业是否具有竞争优势是各方面要素综合作用的结果，这些要素形成一个互相促进的菱形系统，任何一个要素的作用发挥程度均取决于其他要素的状况，当某些行业的菱形条件处于最佳状态时，其在该国的企业取得成功的可能性就大。

第二节　东道国投资环境

企业在对外直接投资决策过程中，要对东道国的经营环境进行比较分析。东道国投资环境是指影响在东道国投资活动的各种外部条件，可以从政治环境、经济环境、社会文化环境和技术环境展开分析（PEST 分析框架），其中经济环境是评估重点。投资者对东道国投资环境的了解程度与分析评估的科学性直接影响投资效益的高低。

一、经济环境

经济环境是直接影响企业在东道国开展生产经营活动最基本的、具有决定意义的首要条件，主要包括东道国的经济发展水平、市场的完善和开放程度、基础设施状况、经济和物价的稳定程度，以及经济发展战略、产业结构、外汇管制等。

1. 经济发展水平

经济发展水平是指一个国家经济发展的规模、速度和所达到的水准。反映一个国家经济发展水平的常用指标有国民生产总值、国民收入、人均国民收入、经济发展速度、经济增长速度等。国家间经济发展水平不同，市场结构和投资需求也会相异，对外资利用规模和结构将会有差异。

2. 市场的完善和开放程度

一个完善和开放的东道国市场环境有利于外国企业前来开展正常的生产和营销活动。市场体系的完善，意味着商品市场、金融市场、劳动力市场、技术市场、信息市场等要素市场齐全，每个市场运行规范，形成一个有机联系的市场体系。市场的开放程度，是指一国允许外国投资者不受限制地进入本国市场的程度。如果在进入市场时不存在本国投资者和外国投资者的差别待遇，则可认为该国的市场有较高的开放度，否则，就被认为开放度不够。

3. 基础设施状况

基础设施状况包括工业基础设施、城市生活和服务设施两个方面。基础设施,尤其是工业基础设施的好坏是判断能否在东道国顺利开展经营活动的关键指标。同等条件下,企业更倾向于到能源供应充足、交通便利、通信发达、生活条件优越的东道国投资。

基础设施主要包括以下几个方面:(1) 能源,包括水力、电力、热力等供应系统和供应状况;(2) 交通运输,包括铁路、公路、水路和航空运输等方面的条件;(3) 通信设施,包括互联网、电话、传真、邮政等方面的设施;(4) 原材料供应系统;(5) 金融和信息服务;(6) 城市生活设施状况,如住房、娱乐、饮食等;(7) 文教、卫生设施和其他服务设施。

4. 经济的稳定程度

经济的稳定是保证企业生产经营活动正常进行的基本条件之一,东道国如果经济不稳定,企业将很难达到预期的经济效果和利润水平。判断经济是否稳定,一要看经济增长速度是否持续稳定,若出现忽高忽低、大起大落的情况,则被看成经济不稳定。二要看通货膨胀率的高低,通货膨胀率越高,货币贬值程度就越大,一些学者把年通货膨胀率是否超过两位数作为币值是否稳定的一个界限。经济和物价波动过大,对跨国经营活动会产生不利的影响。

5. 经济政策

东道国的经济政策对吸引国际投资有着直接的影响,好的吸引外资经济政策往往是促使企业到该国投资的诱因。经济政策主要考察以下几个方面:(1) 贸易和关税政策。跨国经营往往伴随大量的机器设备、原材料、中间产品和产成品在国家间流动,那些实行自由贸易政策、关税低、非关税壁垒少的国家,有利于跨国生产与销售。(2) 外汇与外资政策。外汇和外资政策关系到资本能否自由进出,利润和收益能否汇回的问题。(3) 经济开发政策,包括东道国的工业化政策、产业开发政策和地区开发政策。为了保护当地工业的发展,一些国家会限制特定产品的进口,在此情况下,国外投资者往往采用在当地投资生产的方式进入该国市场。另外,符合东道国产业和地区开发政策的国际投资,往往能得到一定的政策优惠。

二、政治和法律环境

政治和法律环境直接关系到在东道国投资的安全性,应慎重考察东道国的长期政治稳定状况和法律保障程度。政治和法律环境主要包括政治的稳定性、政治体制、法律制度的健全性等。

1. 政治的稳定性

政治的稳定性包括国内政局、政府结构和政府政策的稳定性,表现为政府政策的连续性。政策的连续性不仅在于本届政府的政策要有稳定性和连续性,而且在于它不受政府正常选举的影响,不会因为政府的正常更迭而改变。一国的政策连续性越大,说明该国的政治稳定性越高,对外国投资者越有吸引力。如果东道国政治不稳定,就会影响企业在该国的发展战略,打乱企业的中长期发展计划,对跨国经营活动带来负面影响。

2. 政治体制

政治体制是指一个国家政府的组织结构和管理体制,包括国家的管理形式、结构形式以及选举制度、公民行使政治权利的制度等。一个国家的政治体制是同该国的根本性质和社会经济基础相适应的。体制的不同，具体表现在政治和行政管理体制、经济管理体制、政府部门的结构、行政效率等方面。一般说来，熟悉东道国的政治体制，有利于在东道国开展经营活动。

3．法律制度的健全性

法律制度的健全性主要指法律体系的完善和各项法规实施的情况。一般而言，法规是调整各类活动的基本准则，其中某些法规与外国投资者有着直接的关系，如公司法、反垄断法、劳动法、税法、外资法、海关法等。尤其是各国外资法是针对国外投资者制定的法律，熟悉这类法律，有利于企业在东道国依法开办与运营企业。法律的实践状况主要强调法律实施过程中的公正性。东道国能严格依法行事、公平对待外国投资者，有利于企业的运营；相反，若有法不依、执法不公，将会影响外国企业的投资积极性。

在评估一国的政治法律环境时，要注意潜在的政治风险，包括：(1) 企业被征收的风险，即东道国基于国家或社会公共利益的需要，对企业实行征用、没收或国有化；(2) 战争或内乱的风险，东道国政局动荡，民族或宗教派别冲突，发生战争或内乱，常使得外国投资企业或财产遭受重大损失；(3) 转移风险，东道国会因其国际收支困难，实行外汇管制，禁止或限制外国投资者将原本的利润和其他合法收入转移出东道国境外；(4) 违约的风险，如果东道国政府违约，投资者将无法求助于司法机关或仲裁机构，或者虽有裁决，但无法申请执行等。此外，要评估是否存在恐怖主义威胁和其他人身威胁。

三、社会、文化与自然环境

由于地理和历史的原因，各国的社会、文化和自然环境是不同的，了解这些不同点是企业在东道国进行投资、生产、营销等活动的前提。社会文化环境包括东道国的社会结构、社会风俗和习惯、信仰和价值观念、行为规范、生活方式、文化传统、人口规模与地理分布等因素。

1．人口环境

人口环境指人口的数量、分布、年龄和性别结构等情况。人口环境既是企业生产经营活动必要的人力资源条件，又是企业产品和劳务的市场条件，是在东道国开展生产经营的重要考察因素。

人口环境分析的主要指标有：(1) 人口数量。在收入水平和购买力大体相同的条件下，人口数量的多少直接决定了市场规模和市场发展的空间；同时，它又是衡量劳动力资源优势的基本指标。(2) 人口增长率。人口增长率高，市场需求就会得到保持或扩大。但是，当人口增长率超过东道国国内生产总值增长率时，则会因人均收入减少而使市场缩小。(3) 人口分布。人口分布可以从人口的城乡分布与地域分布两方面考察。人口密集的城市往往是消费类产品主打的方向，也是销售渠道最为密集的地方。(4) 人口结构。人口结构包括人口的年龄结构、收入结构、职业结构、性别结构和民族结构等。其中，人口的年龄结构状况直接影响劳动力市场状况，也关系到各类商品的市场需求量。(5) 家庭结构。家庭是构成社会的最基本单位，也是构成市场最基本的消费单位。绝大多数商品都是以家庭为单位进行购买和消费，家庭规模不同，市场需求结构也会不同。

2. 文化环境

东道国文化是指该国人们所共同持有的思想、情感与行为习惯的总和，文化环境包括语言、教育、价值取向、宗教信仰、审美观念、风俗习惯等要素。不同的文化传统会产生不同的价值观念、消费习惯、生活准则、思维方式等，会对跨国经营活动产生程度不同的影响。一般说来，文化传统方面的差异越小，投资者与东道国越容易沟通，也就越有利于跨国经营活动的开展；反之，则会阻碍国外投资者进入该国家进行投资。

(1) 语言环境。投资母国和东道国能够使用相同语言的人才数量是跨国经营考虑的重要因素，会使用东道国语言，有利于公司本地化战略的实施。英语是目前应用地区最为广泛的语言，许多跨国公司把英语作为公司内部的官方语言。随着中国软实力的提高，许多国家会使用汉语的人数在增加。

(2) 教育环境。一般而言，教育水平高，劳动力素质高，生产的效率和经济效益随之就高。应主要考察东道国教育水平的高低、教育结构状况、教育的普及程度、教育与社会需要的结合程度、国民对教育的基本态度等。

(3) 社会心理环境。主要考察民众的一般价值观念、民族意识、对物质分配的态度、对工商业的一般看法、对经营和风险的态度，尤其是对国外投资者经营活动的态度以及现存的上下级关系和部门间的关系等。社会心理往往会影响东道国对外资的接纳程度、外资与当地资本合作以及与当地官方和非官方机构合作的状况、外资投资效益和经营成果的分配等。

(4) 宗教信仰状况。不同的国家会存在不同的宗教，不同的宗教信仰对人们的价值观念、生活态度和消费方式等都会产生重要影响。目前世界上有基督教、伊斯兰教和佛教三大宗教，从传统上看，基督教主张努力工作、节俭、互敬互爱；伊斯兰教提倡谦虚、公正，禁止食猪肉、饮酒等；佛教强调因果轮回、精神价值，这些都会对国际投资活动产生直接或间接的影响。对于跨国经营者而言，越能尊重东道国的宗教信仰和风俗习惯并适度地加以利用，则越能在该国开展投资活动并获得成功。

3. 自然环境

自然环境指东道国的自然资源与生态环境，包括土地、森林、河流、海洋、生物、矿产、能源、水源、环境保护、生态平衡等要素。投资者如果以开发利用自然资源为目的，就应考察东道国的各种资源情况；投资者如果准备投资精密仪器行业，就应考察东道国的地形条件是否影响产品的精密程度；投资者如果涉足物流，就应考察气温、日照、降雨量、风暴以及台风等气候因素。此外，在自然资源日益短缺、环境污染日益严重的当代，各国政府对自然资源的管理不断加强、对环境保护的力度越来越大，这就要求企业在东道国合理开发自然资源，担负起保护生态环境的社会责任。

四、技术环境

技术环境是指东道国的科学技术水平及其应用程度，包括新产品开发能力、技术水平、技术政策以及技术发展动向等。主要指标包括整个国家层面的研究开发经费总额、实验室技术向市场转移的最新发展趋势、新技术发展可能带来的生产率提高前景、知识产权与专利保护，以及企业所在产业层面的研究开发支出状况、技术开发力量、新产品开发状况等。对技术环境进行分析时，可以把母国的技术状况作为参照系，重点对东道国科技体制、科技立法、科技政策、技术水平、科技实力等进行分析。

(1) 技术水平。这是构成科技环境的首要因素,包括科研领域、科研成果的门类分布、先进程度和科技成果的推广应用等方面。应考察东道国是否存在可能给所在行业带来革新的基础性技术变革,这些变革可能改变现有的技术路线、现有的产品结构以及现有产业的竞争格局。例如,互联网技术的发展降低了许多产业的进入壁垒,改变了许多产业的竞争结构。

(2) 科技实力。它主要指东道国的科研与开发实力,包括科技投入、科技人力资源总量、基础研究和应用研究的成果等。应关注东道国科研机构、高校、企业的研究能力和潜力,国家和企业的研发基础设施和技术人才的状况,同时,关注促进技术产业化的风险投资、技术评估、科技产业园的发展状况。

(3) 科研体制。东道国科研体制指其科学研究系统的结构、运行方式及其与国民经济其他部门的关系状态,主要包括政府与民间科研机构的设置原则与运行方式、官产学研的协同机制、技术推广体制等。

(4) 国家的科技政策与科技立法。它主要考察东道国政府鼓励开发的技术种类等科技政策,了解相关的技术法规,包括技术开发、技术转移、技术成果保护等相关法规,这些对企业技术创新和开发新产品有着重要意义。

关于东道国政治、经济、社会文化和技术方面的信息,可以从多种渠道收集。一些政府部门、贸易促进机构、咨询机构会发布对外投资合作国别指南或东道国投资信息,从不同视角介绍各国(地区)的投资合作环境,可帮助企业了解各国的经营环境,比如中国商务部每年发布《国别贸易投资环境报告》,评估各国投资环境的新变化。

此外,企业要全面分析在东道国开展跨国经营活动面临的机会和威胁,分析东道国内竞争对手的状况,东道国供应链体系、制造体系、分销体系的特点,在可行性论证的基础上进行决策。

第三节 国际投资环境评估方法

企业在选择和决定在哪个国家进行投资时,需要对该国的投资环境进行评估。从大类上看,评估方法可以分为定性分析和定量分析两种。定性分析法是依据一定的理论与经验,依靠分析人员的主观判断和分析能力,作出某国的政治、经济、文化、社会等环境是否适合进行投资的判断。该法一般以普遍承认的公理、演绎逻辑和大量的事实为分析基础,具有探索性、诊断性和预测性等特点,可以对企业的跨国经营环境进行总体把握,主要在最初对跨国经营环境进行评价时使用,适用于一些没有或不具备充足历史数据的情况,也适用于对一些相对简单的投资环境的评估。

定量分析法是依据统计数据,对跨国经营环境的数量特征、数量关系与数量变化进行分析。该方法一般使用数学模型对可量化数据进行分析,对跨国经营环境开展全面深入的评价并作出投资判断。通过定量分析得到的投资环境评估结论具有系统性、精确性、可比性的特点,主要适用于历史数据比较充分、评价内容相对复杂的投资评估。

在开展国际投资环境的评估过程中,一般采用定性分析和定量分析相结合的方法,使得评估既具有定性分析的深入、合理性,也具有定量分析的精确、系统性,如此得出的国际经营环境评估结论更符合客观实际,更加科学合理。目前经常使用的方法有投资环境等级评价法、国别冷热比较法、投资环境动态分析法,此外,还有投资障碍分析法、成本比较法等。

1. 投资环境等级评分法

罗伯特·B.斯托伯在1969年发表的《如何分析国外投资气候》一文中提出等级评分法,又称作"等级尺度法""多因素评价法"。该方法将投资环境分为八个类别,每个类别分若干因素。按对投资者重要性大小,确定不同类别的评分标准;按各种因素对投资者的利害关系,确定具体评分等级,然后将分数相加,作为对该区域投资环境的总体评价。总分的高低反映其投资环境的优劣程度,便于企业在不同东道国间进行投资环境的综合比较。具体评分标准见表3-1。

表3-1 投资环境等级评分表

类别	投资环境因素	评分	类别	投资环境因素	评分
1	**资本抽回**	0—12	5	**政治稳定性**	0—12
	无限制	12		长期稳定	12
	只有时间上的限制	8		稳定但因人而治	10
	对资本有限制	6		内部分裂但政府掌权	8
	对资本和红利都有限制	4		国内外有强大的反对力量	4
	限制繁多	2		有政变和动荡的可能	2
	禁止资本抽回	0		不稳定,政变和动荡极有可能	0
2	**外商股权**	0—12	6	**给予关税保护的意愿**	2—8
	准许并欢迎全部外资股权	12		给予充分保护	8
	准许全部外资股权但不欢迎	10		给予相当保护但以新工业为主	6
	准许外资占大部分股权	8		给予少许保护但以新工业为主	4
	外资最多不得超过股权半数	6		很少或不予保护	2
	只准许外资占小部分股权	4	7	**当地资金的可供程度**	0—10
	外资不得超过股权三成	2		成熟的资本市场,有公开的证券交易所	10
	不准外资控制任何股权	0		少许当地资本,有投机性的证券交易所	8
3	**对外商的管理程度**	0—12		当地资本有限,外来干涉资本(世界银行贷款等)不多	6
	对外商与本国企业一视同仁	12		短期资本极其有限	4
	对外商略有限制但有管制	10		资本管制很严	2
	对外商有少许管制	8		高度的资本外流	0
	对外商有限制并有管制	6	8	**近五年的通货膨胀**	2—14
	对外商有限制并严加管制	4		小于1%	14
	对外商严加限制并严加管制	2		1%—3%	12
	对外商禁止投资	0		3%—7%	10
4	**货币稳定性**	4—20		7%—10%	8
	完全自由兑换	20		10%—15%	6
	黑市与官价差距小于一成	18		15%—35%	4
	黑市与官价差距一成至四成间	14		35%以上	2

（续表）

类别	投资环境因素	评分	类别	投资环境因素	评分
	黑市与官价差距四成至一倍间	8	合计		8—100
	黑市与官价差距在一倍之上	4			

Source：Stobaugh，R. B.，How to Analyze Foreign Investment Climates，*Harvard Business Review*，1969，48(5).

2. 国别冷热比较法

伊西阿·利特法克和彼得·班廷于1968年在其《国际商业安排的概念框架》一文中提出投资环境冷热比较法。他们将影响一国投资环境的因素分为七大类，包括政治稳定性、市场机会、经济发展和成就、文化一元化、法规阻碍、实质性阻碍、地理和文化差距，每一类因素按一定的标准划分为“冷”或“热”，具体解读如下：

（1）政治稳定性。有一个由全国各阶层代表所组成的为广大人民群众所拥护的政府，这个政府能够鼓励和促进企业发展，创造出健康良好的适宜企业长期经营发展的外部环境。若一国的政治稳定性高，这一因素就被称为“热”因素。

（2）市场机会。有广大的顾客，对外国投资生产的产品或提供的劳务有潜在的需求，并且具有购买力。若市场机会大，则为“热”因素。

（3）经济发展和成就。若一国经济稳定、发展程度高，则为“热”因素。

（4）文化一元化。一国国内各阶层的人民，他们间的相互关系、处世哲学、人生的观念和目标等，都要受到其传统文化的影响。若文化一元化的程度高，就是一个“热”因素。

（5）法规阻碍。若东道国的外资法规制定得过严、法规出台过于频繁，则对吸引外资形成阻力，就是“冷”因素。

（6）实质性阻碍。即指自然、地理条件的优劣。恶劣的自然地理条件，会对企业的良好经营产生一定的阻碍，这对外来投资者来说，是个“冷”因素。

（7）地理及文化差距。投资者所在国与东道国间的距离、观念、文化相距甚远，则是“冷”因素。

如表3-2所示，把上述因素中不利于投资的因素称为冷因素，表中记作“小”；有利于投资环境的因素称为热因素，表中记为“大”，打正分。处于两者之间的记为“中”。冷因素与热因素的分值汇总后，总分值的高低可以定性和定量地反映出该地区投资环境的优劣，热国表示投资环境优良，冷国则表示投资环境欠佳。

表3-2　冷热对比分析法

国别	因素冷热度	政治稳定性	市场机会	经济发展和长成	文化一元化	法规阻碍	实质性阻碍	地理及文化差距
加拿大	热 or 冷	大	大	大	中	小	中	小
德国	热 or 冷	大	中	中	大	小	小	小
英国	热 or 冷	大	大	大	大	中	小	中
日本	热 or 冷	大	大	大	大	中	中	大

Source：Litvak I. A.，Banting P. M.，A Conceptual Framework for International Business Arrangement，Marketing and the New Science of Planning，1968.

国别冷热比较法侧重于对投资环境的宏观因素考虑,而对于投资环境的微观因素考虑得很少,这是该方法的主要缺陷。因此,该方法主要适用于投资初期的国别筛选,当确定某个东道国后,还应对该国进行更为细致的评估。

3. 投资环境动态分析法

投资环境动态分析是道氏化学公司提出来的方法,又称道氏评估法,把投资环境中较容易发生变化的因素集中起来,分析其变动趋势及其变化的可能性,以便确定这些变化在今后一定时期内对投资活动所带来的风险大小,以及对投资效果可能带来的影响,并采取相应的对策。

这一方法将投资者在国外投资所面临的风险分为两类:(1) 正常企业风险或竞争风险。这类风险存在于任何基本稳定的企业环境之中,是可控风险。(2) 环境风险。某些可以使企业所处环境本身发生变化的政治、经济及社会文化要素,这类因素往往会改变企业经营所遵循的规则和采取的方式,对投资者来说,这些变化的影响往往是不确定的,既可能是有利的,也可能是不利的。

在此基础上,该方法把影响投资环境的诸因素按其形成的原因及作用范围的不同分为两部分:企业从事生产经营的业务条件,即可控因素;可能引起上述变化的主要压力,即不可控因素。这两部分各自又分别包括 40 项具体因素。表 3-3 在对这两部分的因素作出评估后,提出投资项目的预测方案进行比较,可以选择出具有良好投资环境的投资区域。

表 3-3 道氏化学公司投资环境评估分析法

企业业务条件	引起变化的主要压力	有利因素汇总	预测方案
评估以下因素:	评估以下因素:	对前两项进行评价后,从中挑出 8—10 个在某个国家的某个项目能获得成功的关键因素(这些关键因素将成为不断核查的指数或继续作为国家评估的基础)	提出 4 套国家/项目预测方案: (1) 未来 7 年中关键因素造成的“最可能”方案 (2) 如果情况比预期的好,会好多少 (3) 如果情况比预期的糟,会如何糟 (4) 会使公司“遭难”的方案
(1) 实际经济增长率	(1) 国际收支结构及趋势		
(2) 能否获得当地资产	(2) 被外界冲击时易受损害的程度		
(3) 价格控制	(3) 经济增长相对于预期		
(4) 基础设施	(4) 舆论界领袖观点的变化		
(5) 利润汇出规定	(5) 领导层的稳定性		
(6) 再投资自由	(6) 与邻国的关系		
(7) 劳动力技术水平	(7) 恐怖主义		
(8) 劳动力稳定	(8) 经济和社会进步的平衡		
(9) 投资刺激	(9) 人口构成和人口趋势		
(10) 对外国人的态度	(10) 对外国人和外国投资的态度		
……	……		
—40	—40		

资料来源:王建华:《国际商务理论与实务》,清华大学出版社 2006 年版,第 30 页。

4. 投资障碍分析法

投资障碍分析法是对潜在的东道国进行投资环境优劣比较的方法。投资者对东道国投资环境进行分析,列出阻碍投资的主要因素,并在各个国家之间进行比较,依据阻碍国际投资运行因素的多寡与程度来评价投资环境优劣,阻碍较少的国家被认为拥有较好的投资环境。这是一种简单易行、以定性分析为主的国际投资环境评估方法。形成投资障碍的环境因素主要有以下10种：

(1) 政治障碍：东道国的政治制度与母国不同，包括政局动荡、政治选择的变动、国内骚乱、内战、民族纠纷等；

(2) 经济障碍：东道国经济停滞或增长缓慢、外汇短缺、通货膨胀、国际收支赤字增大、劳动力成本高、货币币值不稳定及基础设施不良等；

(3) 资金融通障碍：主要表现为东道国资本数量有限、没有完善的资本市场、资金融通的限制较多；

(4) 人员素质障碍：主要表现为技术人员和熟练技术工人短缺；

(5) 经济政策障碍：对外资企业实施国有化政策和没收政策；

(6) 实施国民待遇原则的障碍：对外国投资者实行歧视政策，东道国禁止外资进入某些行业，对当地的股权比例要求过高，要求有当地人参与企业管理，要求雇用当地人员，限制外籍人员的数量；

(7) 当地政府对企业干预的障碍：如实行物价管制，要求使用本地原材料；

(8) 设置限制进口的障碍：限制工业制成品进口，限制生产资料进口；

(9) 设置利润汇回的障碍：东道国实施外汇管制，严格限制外国投资者资本和利润汇回，限制提成费汇回；

(10) 法律和行政体制的障碍：东道国法律不健全或者有法不依，没有完善的仲裁制度，贪污受贿行为多，行政效率低。

运用投资障碍分析法能够迅速、便捷地对投资环境作出判断，减轻评估过程中的工作量，减少评估费用。但该方法也有一些不足，比如，仅仅根据个别关键因素就作出判断，有时会使企业对投资环境的评估失去准确性，从而失去一些好的投资机会。

课后练习题

1. 为什么说“世界是平的”？
2. 什么是经济一体化，代表性的区域经济一体化组织有哪些？
3. 国家竞争优势理论的核心内容是什么？
4. 请用PEST分析框架来剖析某一东道国的投资环境。
5. 请用投资环境等级评分法分析某几个国家的投资环境。
6. 选择几个投资目标国，用国别冷热比较法分析投资环境。

章末案例

跨国公司高管看中国：营商环境“上台阶”[①]

中国正在加速推动营商环境的改善，这一举措受到不少跨国公司认可。2019年夏季

① 摘编自庞无忌：《跨国公司高管看中国：营商环境“上台阶”》，载《中国新闻网》2019年7月2日。

达沃斯论坛期间，多位跨国公司高管在接受中新社记者采访时表示，近年来，中国营商环境改善进展突出，不断深化的对外开放也让中国市场对外投资持续保持吸引力，外国企业来华投资经营的信心不减。

1. 营商环境持续改善

2018年年底，世界银行发布了《2019年营商环境报告》，把中国营商环境在全球的排名一次性提升了32位，从全球第78名升至46名，首次进入全球营商环境前50名。

德勤中国市场与国际部主管合伙人杨莹指出，在政府服务、对外开放、经营环境、基础设施、宜居程度等影响营商环境的各个方面，中国都有明显进展。如在政府服务方面，中国围绕简政放权，各地政府的行政效能不断提升，表现为开办企业程序极大精简、政务数字化程度极大提高等。在基础设施方面，高铁建设世界领先，人、财、物、信息流通效率不断提升。在经营环境方面，减税是亮点，2019年中国拟减轻企业税收和社保缴费负担近2万亿元人民币。

毕马威中国管理咨询服务主管合伙人刘建刚指出，在世界银行的报告中，中国营商环境排名从2014年的第96名，提升到2019年的46名，6年提升了50位。刘建刚表示，企业对区域吸引力的判断可分为两个层次，一是传统要素型，比如土地和税收政策优惠、基础设施配套等红利；二是环境主导型，如政务服务环境、法治环境、劳动力市场环境、市场开放度等。在过去5年，中国正在经历从第一层向第二层跨越式发展的阶段。

当然，在营商环境改善方面中国仍有较大提升空间。波士顿咨询全球主席博克纳(Hans-Paul Bürkner)指出，中国现在提出了一系列措施，包括提高知识产权保护力度等，但仍有很长的路要走。创造一个各类企业公平竞争的环境，需要一定时间才能真正实现。

2. 对外资保持吸引力

刘建刚指出，在优化营商环境和推动区域、城市高质量发展的导向下，中国释放的吸引力变得更强、更稳定、更有持续性。

杨莹也表示，尽管存在贸易争端，但根据德勤和中国美国商会联合进行的《2019中国商务环境调查报告》，中国仍是大多数受访企业优先考虑的市场。由于市场准入逐步放宽和中国全球战略的推动，新的机会正在出现。

江森自控亚太区总裁梁伟超(Visal Leng)表示，过去，中国市场的吸引力主要来自其庞大的市场体系，如今随着消费升级的不断深化，各种新的需求吸引了更多高附加值的产业进入中国，营商环境的优化提高了中国市场的吸引力。"我们将不断投入以提升在华的先进制造水平"，梁伟超说。

全球最大的保险集团安盛中国首席执行官卫泽韦(Xavier Veyry)指出，作为一家保险公司，安盛正是中国这轮对外开放的参与者和受益者。中国是世界上第二大保险市场，也是集团最重要的市场之一。"我们不仅在中国发展项目，还向中国学习一些创新做法，这些创新正在改变企业与消费者之间的关系"，卫泽韦说。

施耐德电气全球执行副总裁、中国区总裁尹正也表示，我们对中国市场有着坚定的信心，并热切期待未来在更加开放、包容、市场化、国际化的营商环境中进一步深耕中国。

中国营商环境的改善有望继续加速。中国国务院总理李克强在2019年夏季达沃斯论坛开幕式上表示，中国对外商投资的开放度、透明度、可预期性会越来越高，整体投资环境会越来越好。

讨论题

1. 我国为什么积极推进营商环境的改善？
2. 中国营商环境“上台阶”对跨国公司有哪些方面的影响？

本章参考文献

Michael, E. P., *The Competitive Advantage of Nations*, New York: Macmillan Business, 1998.

海力皮提木·艾比卜拉、谢富纪、叶广宇：《“东道国引资偏好”下企业对外直接投资进入策略选择的演化博弈分析》，载《管理评论》2021 年第 6 期。

黄昶生、王言枭：《中国企业海外并购的风险与对策研究》，载《理论探讨》2011 年第 5 期。

黄金华、秦成逊：《世界经济一体化最新趋势与特征研究》，载《经济问题探索》2012 年第 2 期。

黄卫平、彭刚编著：《国际经济学简明教程》，中国人民大学出版社 2015 年版。

金碚：《全球竞争新格局与中国产业发展趋势》，载《中国工业经济》2012 年第 5 期。

金中坤、潘镇：《国际化经验、东道国环境与企业海外投资区位选择》，载《技术经济》2020 年第 6 期。

匡增杰：《全球区域经济一体化新趋势与中国的 FTA 策略选择》，载《北亚论坛》2013 年第 2 期。

林康、林在志：《跨国公司经营与管理》，对外经济贸易出版社 2014 年版。

刘宏、汪段泳：《“走出去”战略实施及对外直接投资的国家风险评估：2008—2009》，载《国际贸易》2010 年第 10 期。

马涛：《中国吸引外商直接投资的发展回顾与展望》，载《国际经济合作》2015 年第 8 期。

裴长洪：《后危机时代经济全球化趋势及其新特点、新态势》，载《国际经济评论》2010 年第 4 期。

宋亚非等编著：《跨国公司管理》，清华大学出版社 2014 年版。

尹艳林：《经济全球化新趋势与中国新对策》，载《国际贸易》2014 年第 1 期。

张宁宁、张宏：《“一带一路”东道国制度环境与中国企业对外直接绩效研究》，载《商业经济与管理》2020 年第 12 期。

张巍：《英国“脱欧”对跨国公司影响几何》，载《中国税务报》2016 年 7 月 1 日。

竺彩华：《重新审视世界市场——中国企业跨国经营的非商业性壁垒》，载《国际经济合作》2007 年第 11 期。

战 略 篇

第四章 跨国进入模式

【本章学习目的】

通过本章学习，你应该能够：

- 了解跨国进入的基本模式
- 分析各跨国进入模式的优缺点
- 掌握契约进入的基本形式
- 分析如何选择投资模式

引导案例

可口可乐的特许经营进入模式[①]

可口可乐公司在进入中国市场乃至国际市场时，均使用了特许经营的进入模式，这种进入模式巧妙地将品牌扩张和企业扩张相结合，打造出了一个世界级的饮料品牌，实现了可口可乐品牌在世界上的快速成长，发掘了该品牌的巨大市场价值。同时，可口可乐的特许经营与其他特许经营并不相同，可口可乐在特许经营中的参与性非常高。作为品牌持有者，可口可乐非常关注自己的品牌。因此，所有产品的宣传和推广都是可口可乐去安排，由瓶装商去实施。它们通过共同负担所有广告和市场的费用来帮助装瓶厂开展业务，但物流主要由瓶装商负责，所以说是一种非常密切的特许经营安排。

早在20世纪，可口可乐就开始尝试向一些地方性企业授予装瓶和销售经营权，逐渐建立一个全国性的生产销售网络。二战后，欧洲、中东、东南亚许多国家和地区都适应了可口可乐的口味，形成了一定的销售潜在市场，但是如果直接在本地投资建立厂房，成本太大，而且有时会被东道国的贸易壁垒以及投资政策所限制。所以，可口可乐公司利用

---

① 摘编自阿茹汗：《实行瓶装业务特许经营——可口可乐甩掉包袱轻松上阵》，载《企业面面观》2016年第23期。

其品牌影响力在当地寻找合作商家，出售其瓶装权，让当地人自己筹资建厂，而可口可乐提供可口可乐原液和相关销售方面的服务。可口可乐用最少的成本打开国外市场，建立自己的销售网点，建立操作规范和范围广阔的特许经营网络，使可口可乐系列品牌在世界各地不断发展，为其跨国经营的成功提供了巨大助力。

几十年来，可口可乐已经在全球建立起1200多家装瓶厂。基于特许装瓶理念，可口可乐的全球化策略取得了巨大成功。自1979年进入中国市场以来，可口可乐已投资10多亿美元，合作建立了48个装瓶厂，覆盖了中国大部分省市，而且98%的原材料在中国本土采购，中国已成为可口可乐全球除美国、德国、巴西、墨西哥、日本以外的第六大市场。现在，可口可乐中国已成为中国最大的饮料合资企业。

2016年11月19日，可口可乐与中粮集团、太古集团达成协议，将在华的瓶装业务全部授权给这两家。可口可乐、中粮集团、太古集团达成划分可口可乐中国区装瓶厂势力范围的股权和资产整合，总共交易额为76.21亿元。最终，中粮将拥有并运营18家装瓶厂，太古将拥有并运营17家装瓶厂。这就意味着可口可乐将瓶装业务全部授权给他人，也意味着可口可乐的业务板块中将彻底没有生产环节。在中国市场，可口可乐与中粮、太古合作多年，形成了良好的互动。选择放手瓶装业务时，也将目标锁定在了这两家。在饮料行业的生产链中，生产和销售是资本最为密集的环节，通过此次调整，未来可口可乐除了提供浓缩液外，将不再负责设备材料、生产销售、物流运输等。但放手瓶装业务并不意味着可口可乐减少对华的投资与投入。可口可乐表示，此次达成的协议标志着可口可乐业务转型进程进入新阶段，可口可乐将重新聚焦于公司的核心优势，即建设品牌以及领导全球特许经营系统。

思考题

1. 可口可乐有哪些进入中国市场的方式可以选择？
2. 可口可乐为什么要采取特许经营的方式？

进入国际市场表现为有形资产和无形资产的跨国界转移。跨国经营企业在选定了要进入的市场之后，要想成功进入，一个关键问题是确定进入方式。所谓进入模式(entry mode)，指的是跨国经营企业的产品、资本、技术、管理技能等生产要素进入他国市场的途径以及相关的法律制度安排。

跨国经营企业选择不同的进入模式，其母公司干预国外子公司的程度、企业的风险防范和控制机制也会不同。在跨国经营实践中，跨国公司进入的具体形式多种多样，其中最基本的模式有三种：出口进入模式、契约进入模式和投资进入模式(如表4-1所示)。每一种进入模式都有优势和劣势，进入方式选择直接受跨国经营企业经营战略和东道国环境因素的影响。

表 4-1 跨国进入模式类别

模式	分类
出口进入模式 (export entry modes)	间接出口(indirect exporting) 直接出口(direct exporting)
契约进入模式 (contractual entry modes)	许可协议(licensing agreement) 特许经营(franchising) 交钥匙工程(turn-key project) 管理合同(management contracts)
投资进入模式 (investment entry modes)	直接投资(direct investment) 间接投资(indirect investment) 合资进入(joint venturing) 独资进入(wholly owned subsidiary) 绿地投资(green field investment) 并购(merger & acquisition)

第一节 出口进入模式

出口进入又称贸易式进入,指通过出口贸易途径,在目标市场上销售企业的产品与服务。出口是一种最古老的从事国际商业活动的方式,如我国古代就有著名的"丝绸之路"。从严格意义上来说,如果企业仅仅从事出口业务,还算不上狭义上的跨国经营,但出口是企业进入海外目标市场最基础性的尝试,是企业跨国经营的起点,分为间接出口和直接出口,直接出口更有助于企业向跨国经营转移。

一、间接出口

间接出口是指企业通过本国的外贸公司或国外企业设在本国的分支机构开展的出口活动,即利用各种出口中介机构向国外市场销售本企业的产品。在间接出口模式下,出现了企业国际化与产品国际化的分离——企业的产品走向世界,而企业的生产营销活动等都是在国内进行的。间接出口和一般的国内销售几乎没有多大差异,企业不需要自己从事与出口贸易相关的商务活动。制造商与国外市场无直接联系,也没有涉外业务活动,不必专设机构和雇用专职人员经营出口。这样既可节省费用,又不承担出口风险,因而有投资少、风险小的优点,是进入市场初期积累经验的有效方法。

但是,间接出口通常无法获得跨国经营的直接经验。由于信息反馈不及时,企业对产品进入国外市场的过程根本无从控制,因此不利于企业深入了解国际市场环境和与国外用户保持联系。同时,渠道成本和运输成本可能导致出口的产品缺乏经济性,这使得间接出口的利润不高。综上,这种方式适合于出口量不大而自身营销力量又比较薄弱的企业。

二、直接出口

直接出口是指企业凭借自己的营销力量在国际市场上建立自己的营销网络,直接经营业务。生产企业设立出口部或国际部，向外国的中间商出口其产品，或与国外的零售商（如大百货公司）甚至与用户直接挂钩，或在国外设立分支机构就地推销，这些都属于直接出口。因为不论通过上述任何渠道，制造商都直接与国外市场挂上了钩，故称直接出口。直接出口与间接出口的区别主要在于生产企业与国外市场是否直接挂钩，是否直接进行信息交流。

外国中间商可以是经销商，也可以是代理商。前者与制造商是买卖关系，它取得对产品的所有权，自担风险，自负盈亏；后者与制造商是委托关系，不掌握产品所有权，只收佣金。

与间接出口相比，由于企业要建立出口部门和国外营销渠道，委派出口推销人员，所以直接出口的投资和风险都比较大。但它有利于企业掌握国际市场的行情，与国外客户建立密切的联系，掌握产品流通领域的主动权，缩短在国外市场的流通环节，节约成本，增强竞争力。同时，它还可以通过直接进入国外市场取得国际化的经验，及时调整自己的经营策略和方法。

三、出口进入模式的几个特定问题

1. 贸易壁垒问题

贸易壁垒（trade barrier）又称贸易障碍，通常指国际商品劳务交换中所设置的人为限制，这里主要是指一国对外国商品劳务进口所实行的各种限制措施。贸易壁垒主要包括三种类型，即国别壁垒（national barriers）、关税壁垒（tariff barriers）、非关税壁垒（non-tariff barriers）。其中非关税壁垒的种类比较复杂，且在国际贸易领域中是一个持续时间最久的热点问题。非关税壁垒的类型包括：

（1）对特定商品的进口配额或数量限制；

（2）特定产品进出口禁令；

（3）国产化比例；

（4）海关限制；

（5）汇率限制。

2. 反倾销问题

新贸易保护主义的主要工具——“反倾销”（anti-dumping）在各国贸易保护政策中的地位愈加突出，已成为当今世界重要的贸易国家和地区的通行政策。反倾销是当今国际贸易领域的一个热点，同时也是引起国家间贸易摩擦的主要原因之一。倾销是指一国（地区）的生产商或出口商以低于其国内市场价格或成本价格，将其商品抛售到另一国（地区）市场的行为。一般分为偶然性倾销、掠夺性倾销和连续性倾销。

要实施反倾销措施，必须遵守三个条件（参见世界贸易组织《反倾销协议》第 3 条）。第一，确定存在倾销的事实；第二，确定对国内产业造成实质损害或实质损害的威胁，或对建立国内相关产业造成实质阻碍；第三，确定倾销和损害之间存在因果关系。按照倾销的定义，若产品的出口价格低于正常价格，就会被认为存在倾销。确定倾销必须经过三个步骤：确定出口价格；确定正常价格；对出口价格和正常价格进行比较。反倾销措施主要包括征收临时反倾销税，要求提供保证金、保函或者其他形式的担保。

四、出口进入模式的优缺点

绝大多数制造企业是以出口进入模式开始全球扩张的,后来才转向其他几种模式。出口进入模式的主要优点是:避免了由于在东道国建立制造设施而产生的重大成本,降低了经营风险,具有高度的灵活性;从集中制造再到向其他国家出口,企业可以通过全球销售量获得显著的规模经济效应。这也是索尼公司主导全球电视机市场、松下公司主导全球录像机市场和许多日本汽车企业进入美国市场时采取的跨国进入模式。

出口进入模式也存在一些缺点:首先,如果在海外有更低成本的制造地点,企业将制造业务移出本国可以实现区域经济利益,则从本国制造出口的模式并不理想。对于追求全球化或跨国战略的企业而言,最优战略应当是选择在最有利于价值创造的地点进行制造,再从那里向世界各地出口。比起出口模式,这一选择无疑更有吸引力。例如,许多美国的电子公司将部分制造业务转移到亚洲地区,因为那里拥有高技能、低成本的劳动力,然后再从这些地方将产品出口到世界各地。

其次,运输成本可能导致出口缺乏经济性,特别是大宗产品。解决这一问题的方法之一是进行地区性制造,在获得一定程度规模经济的同时控制运输成本。许多国际性化工企业就采取了这种地区性制造的方法,利用一个地区的设施满足附近数个国家的需求。

再次,关税壁垒也会令出口丧失经济性,而政府可能实施的关税壁垒令这一模式风险极大。事实上,美国国会向日本进口汽车征收关税的威胁直接导致日本汽车公司作出在美国设厂生产的决定。

最后,企业如果全都选择出口也会增加风险。企业可以将各个国家的营销活动委托给本地的代理商,但无法保证代理商一定按公司的最大利益行事。而外国代理商还经常代理竞争对手的产品,分散忠诚度。因此,它们做的工作不可能像公司自己做那样符合自身利益。解决这一问题的方法之一是在东道国建立全资子公司负责当地营销。这样,企业可以获得集中制造的成本优势,同时又能实现对东道国营销战略的严密控制。

第二节 契约进入模式

契约进入是指企业将自己所拥有的版权、专利、商标权、技术诀窍等无形资产,通过契约方式转让给外国企业使用,从而获得提成费、技术转让费或特许权使用费等。契约进入模式是跨国经营企业通过与目标市场国家的企业之间订立长期的、非投资性的无形资产转让合作合同而进入目标国家市场。由于这种方式不涉及股权或企业制度安排,故也称为“非股权安排”(non-equity arrangement)或“契约安排”(contractual arrangement)。

契约进入与出口进入的主要区别是企业输出的是技术、技能与工艺等无形资产,而不仅仅是有形的产品;与股权进入的主要区别是不对目标国家投资,属于非股权安排。契约进入的形式比较灵活,包括许可协议、特许经营、交钥匙工程、管理合同等多种方式。在统计时,人们有时把合同制造、服务外包也列入契约进入方式。

据联合国贸发会议估计,2010 年全球跨境非股权形式活动共产生超过 2 万亿美元的销售额,而跨国公司外国子公司的出口额约为 6 万亿美元。在契约进入模式中,许可协议占 3400 亿至 3600 亿美元,特许经营占 3300 亿至 3500 亿美元,管理合同占约 1000 亿美元,合同制造和服务外包占 1.1 万亿至 1.3 万亿美元。非股权形式对于发展中国家尤为重要,在许多产业中,发展中国家几乎占据了全部与非股权形式相关的就业和出口项,表 4-2 列出了全球部分产业契约进入模式的概况。

表 4-2 2010 年全球部分产业契约进入模式概况

进入模式	行业	销售额(10 亿美元)	增加值(10 亿美元)	就业(百万人)	发展中经济体的就业(百万人)
许可协议	各产业	340—360	90—110	—	—
特许经营	零售、酒店和餐饮服务业商业和其他服务业	330—350	130—150	3.8—4.2	2.3—2.5
管理合同	酒店	15—20	5—10	0.3—0.4	0.1—0.15
服务外包	IT 服务和业务流程外包	90—100	50—60	3.0—3.5	2.0—2.5
合同制造	电子	230—240	20—25	1.4—1.7	1.3—1.5
	汽车	200—220	60—70	1.1—1.4	0.3—0.4
	服装	200—205	40—45	6.5—7.0	6.0—6.5

资料来源:联合国贸发会议:《2011 年世界投资报告》。

一、许可协议

许可协议也称许可证协议、许可合同,是指技术转让双方通过签订协议,由技术被许可方(接受方/引进方)支付一定的报酬或使用费,技术许可方(转让方/供应方)将自己所拥有的某项技术的使用权、产品的制造权或销售权转让给技术引进方的一种契约方式。通常转让的不是无形资产的所有权,而是其使用权,故协议中应规定使用的期限、使用费的支付及使用的限制条件等。许可协议的有效期一般为 5—10 年。根据许可客体的不同,可以分为专利许可、专有技术许可和商标许可;根据使用权的排他性状况,可以分为普通许可、独占许可、排他许可、可转让许可和交叉许可。

国际许可协议是外国的被许可方按照协议价格向许可方购买在本国制造销售产品的权利。在许可协议中,规定被许可方应承担绝大部分海外运营所需要的资本投入,许可费通常根据所销售的单位数按比例收取。一般有两种方法:一种是成笔总付(lump-slim payment),即订约时计算出应付的总金额,然后分期支付;另一种是提成(royalty),即根据使用该项技术或商标的产值或利润按比例提成。

许可协议方式的优势主要是不必承担开发海外市场的成本与风险,因此,对于缺乏开发海外市场所需资本的企业来说,许可协议是一种有吸引力的选择。与出口进入模式相比,许可协议最明显的长处是绕过了市场壁垒,同时也克服了高运输费用给贸易带来的障碍,与股权进入模式相比,许可协议进入外国市场的主要长处则是其政治风险相对比较小。对于不愿意投入巨额资本金的企业,或者当外国市场由于政治不稳定而导致风险特别高时,许可协议方式是一种有吸引力的选择。

许可协议方式也有一些缺陷。首先,每家被许可方通常都会建立自己的制造部门,因此,许可企业很难通过集中化制造实现经验曲线成本经济和区域经济利益。对于上述经济利益非常重要的企业而言,许可协议方式可能就不是其海外扩张的最佳选择。

其次,全球化竞争要求企业协调不同国家间的战略行动,从而可以利用在一个国家的利润支持在另一个国家的竞争,而许可协议方式在本质上严重地限制了企业的这种协调战略能力,被许可方不可能允许国际化企业拿走自己的利润去支持另一个国家里毫无关系的运营。

最后,向外国企业许可技术诀窍具有一定的风险性。对于许多跨国经营企业来说,技术诀窍是其竞争优势的基础,它们希望保持对此的控制。实行技术许可之后,企业可能会很快失去这种控制。例如,美国 RCA 公司曾经向许多日本企业许可彩色电视机技术,后来日本企业吸收了 RCA 的技术并且利用这一技术进入美国市场,很快日本的产品在美国市场上的份额就超过了 RCA 品牌。

许可协议方式的收益主要取决于被许可方在许可协议有效期内制造和销售许可产品能力的大小。许可方首先需要通过对目标市场的调查来确定该类产品的市场潜力,然后评估被许可方的潜在市场份额,借此估计提成收益。除提成收益以外,其他许可合同交易收益还包括:(1) 一揽子提成费;(2) 技术协助费;(3) 工程建筑费;(4) 被许可方股权投资份额;(5) 股权份额的红利;(6) 对被许可方销售产品所得的盈利;(7) 因使用许可产品所带来的节约;(8) 许可方机器设备的租赁收入。

二、特许经营

特许经营是指在经营中已经取得成功经验的企业,将其商标、商号、服务标志、专利、技术诀窍及经营管理方法的使用权转让给另一家企业,并由此扩大产品销售或者取得使用费收入。特许方不仅将无形资产(通常是商标)出售给被特许方(亦称加盟店),同时还要求被特许方同意严格遵守特许方的经营规则。特许方通过广告、展览、直接沟通、他人介绍等多种方式发展体系;加盟者从业务经营中获取利润,实现双赢经营模式。同许可协议一样,特许方可以按被特许方收入的某一百分比获得特许费。

从本质上看,特许经营方式可被认为是许可协议方式的一种特殊形式,但是特许经营方式与一般的许可协议方式还是有区别的,主要表现为特许经营更强调对被特许方经营的控制。特许经营协议通常规定,在协议执行的一两年试用期内,如果被特许方未能达到所规定的标准和销售量,特许方有权终止合同。在协议执行期间,特许方有权对被特许方的经营情况实行检查监督,有权禁止被特许方损害其产品和服务形象的行为。

世界上第一个特许经营协议是胜家缝纫机机器公司(Singer Sewing Machine Company)于 1863 年签订的。特许经营真正发展起来是在二战以后,特别是在 20 世纪 60 年代,取得了爆炸性的发展。特许经营业务在一些特定的商业领域较为流行,例如餐饮、轿车出租、建筑、软饮料、饭店、汽车旅馆、不动产经纪业务、广告、财务、保险以及管理咨询行业等。麦当劳是通过特许经营成长起来的一个典型,麦当劳对加盟店的经营制定了严密的管理规范,这些规范包括菜单内容、烹调方法、雇员政策、餐馆设计与地点等,还帮助加盟店组织供应链，提供管理培训和财务支持。

产品分销特许和经营模式特许是特许经营的两种基本类型。产品分销特许是指专营接受方可以销售许可方的产品，其典型行业是汽车经销、加油站、饮料；经营模式特许指接受方使用许可方的商标、统一规程、经营风格，这是新兴的特许方式，也是目前占主导优势的形态。特许经营是零售和服务业中最具有潜力、普及面宽、效率卓越的经营方式。它将大企业的经营经验、专业知识、管理模式与小投资者的雄心、激情融合在一起，把它们变成一对利益与共的合作伙伴。

特许经营作为企业进入外国市场的一种方式，具有投资小、风险小、进入快的优点。以传统模式进入国外市场，企业需要对产品的开发、研制、投资、生产投入大量资金；而运用特许经营这种效率极高的创业及扩张经营方式，则可以在较短的时间内，实现品牌快速占领市场的目标。一旦品牌形象树立起来，就可以保证一定的用户群。

特许商通过特许经营的方式可以在短期内建立起一套连锁体系，在实现市场快速扩张的同时，可以稳定地赚取特许收益费。被特许方在初次加盟时一般要缴纳入盟费，以后每年还必须缴纳一定的特许权使用费和其他费用。特许方的义务在于不断完善其管理模式，对加盟商进行培训，构建高效的信息系统，进行品牌维护。

特许经营能有效地减少管理层次，避免传统企业中常见的机构臃肿、官僚作风严重、效率低下等弊端。在特许经营中，特许方通过管理信息系统和一系列的销售报表就可以及时掌握数百家加盟商的销售动态，从而做到迅速高效的存货管理。特许经营从制度上保障了组织扁平化和分权化，避免了过度的集权。

特许经营的不足之处与许可证协议相似：特许方的盈利有限；对被特许方缺乏全面的控制；有培养竞争对手的可能。特许经营中特许方与被特许方之间的关系可能是商界最复杂的一种关系，特许经营常被比作"商业婚姻"，说明在法律和商业关系背后存在着长期和相互高度依赖的关系。

三、交钥匙工程

交钥匙工程一般指跨国经营企业为东道国建造工厂或承担其他工程项目，一旦设计与建造工程完成，包括设备安装、试车及初步操作顺利运转后，即将该工厂或项目所有权和管理权的"钥匙"依合同完整地"交"给对方，由对方开始经营。它主要通过签订成套设备买卖合同进行。合同执行完毕，用户企业得到即可开工生产的工厂"钥匙"，直接进入正常生产状态。

交钥匙工程是 20 世纪 30 年代大型设备制造商为了推销产品而发明的一种经营模式。一般而言，发展中国家输入技术时，无力单独完成建厂任务，基本都是与设备供应方订立合同，由供方负责项目的全过程，包括从可行性研究到设计方案，再从采购设备、建厂施工到试车运转和正式投产。跨国经营企业往往利用自己在设计、施工和生产一系列环节中积累的专门知识和经验，以及完成项目工程的综合优势，通过交钥匙合同进入目标市场。

国际交钥匙合同的东西方合作始于 20 世纪 60 年代，特别是 70 年代中东石油危机以后，石油输出组织（OPEC）的一些产油国利用交钥匙合同开始发展本国石油产业。交钥匙合同在重工业和原材料工业领域应用广泛,如石油化工、水电厂、核电厂、钢铁厂、建材(水泥、玻璃)。另外,它在纺织、食品加工、造纸、水处理以及矿山开发等行业也得到广泛的应用。

在实务操作上,因为每个交钥匙工程项目计划都有其自身特点,因此很难有一致性的标准交钥匙工程合同。但是,无论合同的细节如何复杂,双方都应对合同中的厂房和设备、双方的义务和责任、不可抗力的含义、违反合同的法律责任,以及解决争端的程序等重要事项说明清楚。

如果在交钥匙工程项目完成后,受方还要求供方(或承包人)提供进一步的服务,则称为"交钥匙加成合同"(turnkey plus contract)。这种合同主要有两种方式:一是承担销售协议(market-in-hand contract),即承包人需承担一部分产品销售业务;二是产品经营协议(product-in-hand contract),即承包人有义务协助委托人学会独立地管理新工程项目,并培训人员,使当地人完全掌握新项目的运营。工程交付后的继续服务也可以成为重要的获利途径。

另一种国际交钥匙工程是 BOT(build-operate-transfer)方式,即建设—经营—转让,指政府通过契约授予私营企业(包括外国企业)一定期限的专营权,许可其融资建设和经营特定的公用基础设施,并准许其通过向用户收取费用或出售产品以清偿贷款,回收投资并赚取利润;专营权期限届满时,该基础设施无偿移交给政府。在这整个过程中,风险由政府和私人机构分担。当特许期限结束时,私人机构按约定将该设施移交给政府部门,转由政府指定部门经营和管理。

一个典型的 BOT 项目的参与者包括政府、BOT 项目公司、投资人、银行或财团,以及承担设计、建设和经营的有关公司。BOT 模式多用于投资额度大且期限长的项目,一个 BOT 项目自确立到特许期满往往有十几年或几十年的时间。一般说来,BOT 模式要经过立项、招标、投标、谈判、履约五个阶段。尽管 BOT 是一种很好的基础设施投资、建设和经营的方式,但 BOT 项目投资大,周期长,且条件差异较大,常常无先例可循,所以风险较大。BOT 模式可能出现的风险有五种类型:政治风险、市场风险、技术风险、融资风险和不可抗力风险。

四、管理合同

管理合同一般是具有管理优势的跨国经营企业经由合同安排,委派其管理人员到另一国的某个企业承当经营管理任务,并获取一定的管理费。管理合同给予企业管理国外目标企业日常经营的权利,这种合同上的管理权,可以用于管理某个企业的全部经营活动,也可以只是管理该企业的某一部分活动或某项职能,如生产管理或营销管理。无论管理范围大小,承担责任的跨国经营企业都不能享有所有权,所得到的也只是合同所规定的管理费。管理费有不同的计费方式:按利润额或销售额的百分比提取、按每单位销售额提取固定报酬,或根据服务内容提取费用。

管理合同广泛应用于服务业,特别在旅游业,如国际旅店是国际饭店集团海外发展的一种重要方法。同时,管理合同在交通运输、电力、电信、医药、港口管理和金融服务等领域也有广泛应用。此外,它还广泛应用于农业,如牲畜养殖、灌溉、种植业。管理合同进入模式的主要优点是：(1) 出口管理服务，经营风险低；(2) 有利于扩大企业在东道国市场的影响力；(3) 有利于企业了解东道国市场情况。它的主要缺点是：接受服务方是同类企业，容易培养潜在竞争对手。

总体上看，契约进入模式具有许多有利因素。与出口进入模式不同，在契约进入模式下，企业输出的是技术、技能和工艺等无形资产，而不仅仅是有形的产品，因而可以克服商品贸易壁垒，避免由于运输成本过高而使得某些出口产品在国际市场上缺乏竞争力。同时，该模式可以降低经营风险，保持稳定的收入。此外，它还可以利用国外的有利资源，充分发挥技术效用。

契约进入模式也存在一些潜在的不利因素。由于契约进入模式只转让使用权而不转让所有权，所以尽管跨国经营企业对目标市场的外国企业有一定的控制力和影响力，但是，这种控制毕竟在法律和道德的范畴内，一旦对受让方的经营活动缺乏必要的控制权，就可能会为自己树立竞争对手。有些情况下，如果采用这一模式，企业可能会失去以其他方式进入当地市场的机会，尤其当目标市场对知识产权的保护不到位，或者目标市场的企业由于缺乏战略意识、市场知识和管理技能而碌碌无为时，跨国经营企业的利益就容易受到侵害。

第三节　投资进入模式

投资进入模式，是指企业在国际目标市场通过资金投入、拥有国外企业一定股权等方法而进入的模式。由于这种模式常常伴随着股权的变动，所以也称股权进入模式。根据投资后是否对经营管理拥有一定程度的控制权，投资进入模式可分为直接投资和间接投资，人们通常所说的跨国经营在某种意义上主要指的是直接投资进入模式。根据对国外企业拥有股权的多少，可分为合资进入和独资进入；根据进入方式是新建企业还是收购股权，又可以分为绿地投资和并购。关于并购我们将在第五章专门介绍，本章重点介绍直接投资、间接投资、合资进入、独资进入和绿地投资。

一、直接投资与间接投资

(一) 直接投资

直接投资是对外直接投资(FDI)的简称，是跨国经营企业将技术、设备、资本等各项生产要素作跨国界转移，在国外建立生产性、销售性或服务性企业，以实现企业的经济目标。跨国经营企业对国外投资企业不仅拥有股权，而且参与企业的经营管理决策。

表 4-3　2016—2018 年全球按区域划分的直接投资量

(单位：10 亿美元和百分比)

区域	直接外资流入量			直接外资流出量		
	2016 年	2017 年	2018 年	2016 年	2017 年	2018 年
全球	1919	1497	1297	1550	1425	1014
发达经济体	1198	759	557	1105	925	558
欧洲	612	384	172	580	375	418

(续表)

区域	直接外资流入量			直接外资流出量		
	2016 年	2017 年	2018 年	2016 年	2017 年	2018 年
北美	508	302	291	359	380	−13
发展中经济体	656	691	706	420	462	418
非洲	46	41	46	9	13	10
亚洲	473	493	512	399	412	401
东亚和东南亚	387	412	428	353	362	341
南亚	54	52	54	6	11	11
西亚	32	28	29	41	39	49
拉丁美洲和加勒比	135	155	147	11	36	7
大洋洲	1	1	2	0	0	0
转型经济体	65	48	34	25	38	38
最不发达国家	26	21	24	2	2	1
内陆发展中国家	22	23	23	−2	4	1
小岛屿发展中国家	5	4	4	1	0	0
备查:占世界直接外资流量的比例						
发达经济体	62.4	50.7	42.9	71.3	64.9	55.1
欧洲	31.9	25.6	13.3	37.4	26.3	41.3
北美	26.5	20.2	22.5	23.2	26.7	−1.3
发展中经济体	34.2	46.1	54.4	27.1	32.4	41.2
非洲	2.4	2.8	3.5	0.6	0.9	1.0
亚洲	24.7	32.9	39.4	25.7	28.9	39.6
东亚和东南亚	20.2	27.5	33.0	22.8	25.4	33.6
南亚	2.8	3.5	4.2	0.4	0.8	1.1
西亚	1.7	1.9	2.3	2.6	2.7	4.8
拉丁美洲和加勒比	7.1	10.4	11.3	0.7	2.6	0.6
大洋洲	0.1	0.1	0.1	0.0	0.0	0.0
转型经济体	3.4	3.2	2.6	1.6	2.7	3.8
最不发达国家	1.3	1.4	1.8	0.1	0.1	0.1
内陆发展中国家	1.2	1.5	1.7	−0.1	0.3	0.1
小岛屿发展中国家	0.2	0.3	0.3	0.0	0.0	0.0

资料来源:联合国贸发会议“外国直接投资/跨国企业数据库”:www.unctad.org/fdistatistics。

直接投资是企业进入国际市场的一种主要形式,表现为资产从一国(母国)向另一国(东道国)的转移,其目的是谋求长期经济利益。某一经济主体的投资者,在另一经济主体内进行投资,所投资企业可称为直接投资企业。出资者和直接投资企业之间存在着长期的利益关系,出资者对所投资企业的经营管理有着重要的影响力。判断直接投资的标准主要有两个:第一是资源承诺,指对国外企业进行人力资源和经济资源的投入;第二是管理控制水平,指对所投资企业在战略决策和管理运作方面拥有的决策权、有效发言权。

（二）间接投资

间接投资又称对外间接投资、国际间接投资，是相对于直接投资而提出的一个概念，指通过在市场上购买股票、债券或其他金融资产获得收益。一般而言，国际间接投资是发生在国际资本市场中的投资活动，包括国际信贷投资和国际证券投资。前者是指一国政府、银行或者国际金融组织向第三国政府、银行、自然人或法人提供信贷资金；后者是指以购买国外股票和其他有价证券为内容，以实现货币增值为目标而进行的投资活动。通常所说的间接投资主要指后者。

对外直接投资的特点是通过控制对外投资企业的经营管理获得收益；对外间接投资的特点则是通过金融资产的权益获得收益。在企业的资产负债表中，对外直接投资属于在厂房、设备或其他有形资产和无形资产上的投资；对外间接投资则列入企业持有的有价证券项目中。对外直接投资包括货币资本、技术、设备、管理技能和企业家声誉等资产；对外间接投资则只包括货币资本。对外直接投资不涉及资产的所有权变更，即这种投资是在企业内部进行的跨越国界的投资；而对外间接投资是在市场上进行的跨越国界的投资，资产的所有权在市场交易的同时也在买方和卖方之间易手。

（三）间接投资与直接投资的主要区别

（1）对所投资企业的控制权不同。间接投资对筹资者的经营活动无控制权，而直接投资对筹资者的经营活动拥有控制权。对所投资企业的经营活动有无控制权是间接投资与直接投资的根本区别。因为投资者不可能仅仅依靠购买某国政府的债券而取得对该国政府经济活动的控制权，所以，人们常将“非限制性国际贷款”（无控制权）归入国际间接投资内容中，而将“限制性国际贷款”（有控制权）归入国际直接投资内容中。

（2）流动性与风险性不同。间接投资与企业生产经营无关（因为无控制权），随着二级市场的日益发达与完善，证券可以自由买卖，流动性大，风险性小；直接投资一般都在东道国开展生产和服务活动，运营周期长，一般在10年以上，由企业的利润直接偿还投资。资金一旦投入某一特定的项目，要抽出将比较困难，因此其流动性小，风险性大。

（3）投资渠道不同。间接投资必须通过证券交易所才能进行投资；直接投资只要双方谈判成功即可签订协议进行投资。

（4）投资内涵不同。间接投资又称为“国际金融投资”，一般只涉及金融领域的资金，即货币资本运动，运用的是虚拟资本；直接投资是生产要素的投资，不仅涉及货币资本运动，还涉及生产资本和商品资本运动及其对资本使用过程的控制，用的是现实资本。

（5）获取收益不同。间接投资的收益主要是利息和股息；直接投资的收益主要是利润。

（6）稳定程度不同。间接投资受国际利率差别的影响而表现出一定的自发性，往往自发地从低利率国家向高利率国家流动。国际间接投资还受到世界经济政治局势变化的影响，经常在国际频繁移动，以追随投机性利益或寻求安全场所。直接投资是运用现实资本从事经营活动，盈利或亏损的变化比较缓慢，一旦投资，则具有相对的稳定性。

二、合资进入模式

合资进入模式是指与目标国的企业联合投资，共同经营、共担风险、共负盈亏、共同分享股权及管理权的跨国进入模式。合资进入模式可以是外国公司收购当地公司的部分股权,或当地公司购买外国公司在当地的部分股权,也可以是双方共同出资建立一个新的企业,共享资源,并按比例分配利润。也就是说,合资进入方式可以是在东道国建立合资企业,也可以是与国外企业联合,在第三国建立合资企业。合资经营企业的形式一般包括股份有限公司和有限责任公司。

根据控制和资源承诺水平,合资企业可以界定为四种形式:多数股权的合资公司(处于控股地位)、相等股权的合资公司(该公司与东道国企业拥有相同的股份,即 50%对 50%)、少数股权的合资公司(一般股权大于 10%,小于 49%)、参股公司(一般股权小于 10%)。

与独资进入模式相比,合资进入模式的好处是:

(1) 可以减少或避免政治风险。当地资产的参与,可使合资企业减少或避免政治风险,减少被东道国政府没收、征用外资的风险。

(2) 可以享受双重优惠待遇。外国投资者除了享受对外资的优惠待遇,还可以分享东道国政府对当地合作伙伴的某些优惠政策。

(3) 利于被东道国的公众所接受。合资进入由于有当地人参与股权和经营管理,因此在当地所遇到的各种障碍要比独资进入小,更容易被东道国的员工、顾客、社区等公众所接受。

(4) 企业可以从本地合作方对东道国市场竞争、文化、语言、政治体系和商业体系的知识中受益。比如投资者可以利用合作伙伴的专门技能和当地的分销网络,积极开拓东道国的市场。

当然,合资进入模式也存在一些弊端。首先,由于股权以及管理权的分散,合作双方在投资决策、市场营销和财务控制等方面容易产生分歧和矛盾,这将有碍于进行跨国经营的公司执行全球统一协调战略。其次,建立合资公司的企业要冒技术流失到合作方的风险,因为合资企业难以保护双方的技术秘密和商业秘密,拥有先进技术或营销技巧的国际营销者的这些无形资产有可能无偿地流失到合作伙伴手里,将其培养成为未来的竞争对手。为了将这一风险最小化,跨国经营企业可以寻求在合资公司中占多数股,作为主导合作方,从而有效地控制其技术。

三、独资进入模式

独资进入模式是跨国经营企业按照东道国的法律和政策,经过东道国政府批准,在其境内单独投资建立全部控制权的子公司,独立经营、自负盈亏的一种进入国外市场的方式。在这样的投资企业中,作为投资者的跨国经营企业独自享有经营利润和承担经营风险。独资经营的标准不一定是享有 100%的公司所有权,主要是拥有完全的管理权与控制权,一般拥有 95%以上产权便可以认为是独资经营。

同合资进入模式相比,独资进入模式的优势是:

(1) 采用独资经营方式,便于母公司对海外子公司实行高度自立的控制。可以将子公司完全置于母公司的全球战略部署之中,企业可以完全控制整个管理与销售,减少内部的矛盾和冲突。

(2) 独资进入可以保护国际营销企业的技术秘密和商业秘密，从而保持其在东道国市场上的竞争力。半导体、计算机、电子和制药等高技术企业一般偏好全资子公司，以降低技术流失的风险。

(3) 企业可以独享在东道国的营销成果，独立支配所得利润，从而避开合资进入所必须面对的利益分配问题。

独资进入模式也存在一些不足，主要表现在：

(1) 投入资金多。因为得不到像合资伙伴那样的当地合作者的帮助，在利用当地原材料、人力资源和销售网络方面不如合资那样便利，且市场规模的扩大容易受到限制。不过，如果企业收购一家东道国现成的企业，可在新文化环境中学习经营业务，则风险就会小得多。

(2) 可能遇到较大的政治与经济风险，如货币贬值、外汇管制、政府没收等。母公司必须承担建立海外分部的所有成本和风险，而在合资公司这是由各方分担的，在特许的方式中则是由被特许方承担绝大多数成本和风险。

四、绿地投资

绿地投资，又称创建投资、投资新建，是指跨国经营企业投入资金、技术、管理等生产要素，在东道国建立新企业的投资形式，一般是跨国公司等投资主体在东道国境内依照东道国的法律设置部分或全部资产。绿地投资有两种形式：一是建立国际独资企业，其形式有国外分公司、国外子公司和国外避税地公司；二是建立国际合资企业，其形式有股权式合资企业和契约式合资企业。

绿地投资由于会直接促进东道国生产能力、产出和就业的增长，因此受到东道国的欢迎。对于企业而言，绿地投资有利于选择符合跨国公司全球战略目标的生产规模和投资区位，不易受东道国法律和政策的限制。但是，绿地投资方式也有自身的局限性：(1) 需要大量的筹建工作，建设周期长、速度慢、缺乏灵活性，对跨国公司的资金实力、经营经验等有较高要求，不利于跨国经营企业的快速发展；(2) 创建企业过程中，跨国经营企业完全承担其风险，不确定性较大；(3) 新企业创建后，跨国公司需要在东道国自己开拓目标市场，且常常面临管理方式与东道国惯例不相适应、管理人员和技术人员匮乏等问题。

绿地投资、跨国并购都是将东道国的资产置于跨国公司的控制之下，两者都涉及一国企业对另一国企业的管理控制。但是，两者又有着显著的区别。绿地投资是建立新企业或新工厂，形成新的经营单位或新的生产能力，跨国并购是通过购买来达到兼并或合并目的的一种法律行为，是一种产权的转让过程；投资新建中受跨国公司控制的资产是新创造的，而在跨国并购中只是现有资产从一个所有者转移到另一个所有者；新建方式在进入时必定会创造新的就业，以并购方式进入一个国家时，则短期内往往不会创造就业，还可能导致裁员；新建方式能够增加现有企业的数量，在进入时不可能直接提高市场集中度，并购方式却能够增强东道国的市场集中度，容易导致垄断的形成。

从长期看，跨国并购常常伴随着外国收购者的后续投资，如果被收购企业的种种关联得以保留或加强，跨国并购就能创造就业。随着经济全球化的不断发展，绿地投资在资金投资中所占比例有所下降,而跨国并购已成为跨国公司参与世界经济一体化进程、保持有利竞争地位而更乐于采用的一种跨国直接投资方式。随着全球投资自由化的进一步发展,这种趋势将更加明显。

课后练习题

1. 跨国进入模式的主要分类有哪些?
2. 出口进入模式有哪些优点和不足?
3. 许可经营和特许经营的区别与联系是什么?
4. 同间接投资比,直接投资有什么特点?
5. 影响跨国进入模式的因素有哪些?

章末案例

"一带一路"国际合作新模式①

随着"一带一路"建设的进一步推进,中国和沿线国家的经贸合作不断深入,但"一带一路"建设沿线很多国家基础设施薄弱、地理环境复杂、政治经济风险较高、资金缺口较大、涉及多方利益,深化国际产能合作需要克服巨大困难,为切实解决各国在参与"一带一路"建设中的具体问题,需要充分调动、发挥各方资源和优势,创新性地形成宽领域、多层次的共建发展合作机制。

第三方市场合作是在"一带一路"背景下中国首创的国际经贸合作新模式,秉持和平合作、开放包容、互学互鉴、互利共赢的丝路精神,中国企业根据项目特点和需要,以市场为导向,联合外方企业共同在第三方国家市场为项目落地提供整体解决方案,实现优势互补,促进项目高效运作。在表现形式上,主要是中国与发达国家合作开发发展中国家市场,中外企业合作方式灵活创新,坚持质量效益优先,各自角色因项目各异,是将中国的优势产能、发达国家的先进技术和广大发展中国家的发展需求有效对接,协同发挥各自企业优势,实现互利多赢,共同推动第三国产业发展、基础设施水平提升和民生改善的务实举措。

第三方市场合作模式在实践中蓬勃发展,内容、形式、涵盖领域、合作伙伴等日益丰富。目前,第三方市场合作主要有产品服务类、工程合作类、投资合作类、产融结合类、战略合作类五种类型;其涵盖领域包括基础设施、能源、金融、农业、气候变化等;合作伙伴涉及法国、英国、德国、意大利、日本、韩国等;项目所在国涉及约旦、印尼、秘鲁、黎巴嫩、莫桑比克、埃塞俄比亚等广大发展中国家。

第三方市场合作是经济全球化发展受阻情况下的有益探索和创新,仍处于不断完善

---

① 摘编自张菲等:《"一带一路"倡议下的国际合作新模式——基于中法两国第三方市场合作的分析》,载《国际经济合作》2020年第2期。

过程中，存在发展机制不成熟、实践经验缺乏等局限，但满足了各国谋求经济合作和发展的共识，带来了效率和效益的提升，顺应了全球化市场发展的需要，具有可持续发展的逻辑基础，未来将继续演变和优化发展。

近年来，逆全球化浪潮不断涌现，但从历史规律看，全球经济早已形成你中有我、我中有你的利益共同体，市场不是某些利益群体可以垄断的，各国共有、共建、共享经济全球化的成果才符合各国利益。第三方市场合作顺应全球化发展大势，对现有全球化困境形成一种破局新思路，实现强强联合、优势互补，让相关参与国家从全球化中获得更大的利益，是新型全球化合作模式。"一带一路"沿线国家具有巨大的市场需求，但受经济发展阶段的限制尚未进行有效开发，第三方市场合作正是顺应这一需求，充分发挥合作国在各自区域的传统优势，共同有效开拓新市场。

讨论题

1. "一带一路"背景下中国出现哪些国际进入新模式？
2. 第三方市场合作模式有哪些优势？

本章参考文献

薄启亮、陆如泉：《跨国经营战略管理体系的构建与实施》，载《企业管理》2013 第3期。

〔美〕查尔斯·W. L. 希尔：《国际商务：全球市场竞争》，周健临等译，中国人民大学出版社 2002 年版。

范黎波、宋志红编著：《跨国经营理论与实务》，北京师范大学出版社 2009 年版。

符正平主编：《公司国际化经营》，中国人民大学出版社 2004 年版。

〔美〕富兰克林·R. 鲁特：《国际市场进入战略》，古玲香译，中国人民大学出版社 2005 年版。

郭羽诞、贺书锋：《中国企业国际化经营战略研究》，上海财经大学出版社 2010 年版。

黄孟复主编：《中国民营企业"走出去"状况调查》，中国财政经济出版社 2009 年版。

蒋冠宏：《中国企业对"一带一路"沿线国家市场的进入策略》，载《中国工业经济》2017 年第 9 期。

〔法〕拉尔松、赵纯均：《中国跨国企业研究》，机械工业出版社 2009 年版。

李桂芳主编：《中国企业对外直接投资分析报告》，中国经济出版社 2008 年版。

刘阳春：《中国企业对外直接投资动因与策略分析》，中山大学出版社 2009 年版。

罗伟、葛顺奇：《跨国公司进入与中国的自主研发：来自制造业企业的证据》，载《世界经济》2015 年第 12 期。

孙国辉、郭骁编著：《跨国经营战略》，化学工业出版社 2013 年版。

唐龙：《大型建筑企业跨国经营的市场进入模式选择——以进入非洲市场为例》，载

《国际经济合作》2012 第 11 期。

郄永忠:《出海:中国企业国际化经营战略》,中国经济出版社 2010 年版。

项兵:《华为的全球化战略》,载《IT 时代周刊》2009 年 5 月 5 日。

肖勤福主编:《中国走出去战略研究报告》,中共中央党校出版社 2004 年版。

肖永添:《国际特许经营》,中国人民大学出版社 2014 年版。

薛求知、郑琴琴:《服务型跨国公司的出现及扩张动因》,载《世界经济研究》2002 年第 5 期。

张海波、李彦哲:《ODI 进入模式对跨国企业海外经营绩效影响研究》,载《科研管理》2020 年第 9 期。

张孜异:《追赶百胜麦当劳"开闸"特许经营》,载《21 世纪经济报道》2010 年 5 月 7 日。

邹昭唏:《跨国公司战略管理》,首都经济贸易大学出版社 2004 年版。

第五章　跨国兼并与收购

【本章学习目的】

通过本章学习，你应该能够：

- 熟悉跨国并购对世界经济的影响
- 了解跨国并购的类型
- 掌握跨国并购的动因
- 了解当今跨国并购的特点
- 掌握跨国并购中应注意的问题

引导案例

吉利成功收购沃尔沃[①]

2010 年 3 月 28 日，在瑞典哥德堡，中国浙江吉利控股集团有限公司与美国福特汽车公司正式签署收购沃尔沃汽车公司的协议，获得沃尔沃汽车公司 100%的股权及相关资产。吉利用 18 亿美元换回的不仅有沃尔沃轿车的 9 个系列产品、3 个最新平台的知识产权、境外工厂和员工，还有福特公司提供的支持、研发人才、全球经销商网络和供应商体系。

吉利并购沃尔沃的难度可谓中国海外并购成功案例中最高的，因为吉利与沃尔沃不论在品牌、技术、管理水平等各个方面，都存在着巨大差距。为什么吉利能够成功地完成这次收购？其复杂的背景因素值得分析。

1. 金融危机带来的机遇

2008 年下半年美国的次贷危机迅速蔓延为全球金融危机。在此背景下，许多外国的资产价值被严重低估，这正是中国企业利用海外并购走出国门的大好时机。通过海外并购，中国企业可以用较低的成本，获取到梦寐以求的汽车国际品牌、核心技术和国际营销渠道。这是中国实现技术跨越的一个捷径，可以迅速提高中国汽车产业的软实力。吉利并购沃尔沃，正是利用了这次机遇。因此，金融危机这个大背景也是此次并购成功的一个外部因素。

2. 福特是战略性出售沃尔沃

福特出售沃尔沃是基于战略目标的选择。为应对 2006 年福特创下的有史以来最严重的亏损（约 127 亿美元），福特公司 CEO 穆拉利决定执行“一个福特”的战略，其具体措施之一就是消减品牌，缩减福特的车型数量，将经营重点放在“强有力”的福特自有品牌

---

① 摘编自郭璇：《吉利汽车收购沃尔沃的成功案例及其启示》，载《对外经贸实务》2010 年第 12 期。

上。2007年,福特以8.5亿美元的价格将阿斯顿·马丁出售给英国的一个投资集团;2008年,福特以23亿美元的价格将捷豹、路虎打包出售给印度的塔塔集团;同年,福特将其持有的20%的马自达股份出售,持股降低至13.4%。在穆拉利的带领下,福特执行"一个福特"战略取得成功,实现扭亏为盈,2009年净盈利达到27.2亿美元,市场份额出现了1995年以来的首次增长。也就是说,福特是战略性出售,为的是降低成本、减少债务、改善财务状况,而非财务性出售,并不会因为财务状况的好转而更改出售决定。

3. 吉利基于对自我战略的坚持

吉利为了实现"最安全、最环保、最节能的好车,让吉利汽车走遍全世界"的战略目标,提出了将核心竞争力从成本优势重新定位为技术优势和品质服务。为了突破自我发展的壁垒,吉利坚持内外兼修的原则。对内通过引进外部高级人才来加强核心能力的建设,完成自主知识产权的研发与制造,改进生产工艺流程,完善生产质量管理,加强管理体系建设;对外则通过并购全球第二大DIS自动变速器厂,实现了汽车核心零部件自动变速器的生产。国内汽车产业整合规划为"四大、四小"集团,而吉利短期内在品牌、技术、国际化市场、产品质量等多个重要维度下难以获得质的提升,产业定位与企业定位难以改变。面对不利于自身长远发展的现状,吉利将并购战略放到了全球,通过缜密准备,实现了蛇吞象的并购,为企业实现战略目标打下了基础。

4. 并购的前期准备充分

吉利在并购前期充分考虑了并购过程中出现的风险,从专业人才的聘请、政治风险的防范、资金的融资渠道到工会的调解方面都作了充足的准备。吉利的董事长李书福早在2007年就开始着手准备收购沃尔沃,与福特总部进行过多次协商。吉利坚信福特是出于战略性出售,并聘请了庞大的外部专业收购团队来进行辅导与协助,如并购事务顾问洛希父子公司、法律事务顾问富尔德律师事务所、财务事务顾问德勤会计师事务所、汽车公司整合咨询顾问罗兰贝格公司,以及全球知名的并购公关公司博然思维等,除此之外,华泰汽车总裁童志远和企业高管沈辉联合加盟吉利。在专业机构的帮助下,吉利掌握了并购活动中所有的危机点。收购价格也大大低于此前报价,相关品牌、知识产权均归属吉利所有。吉利多方筹措获得收购所需资金,融资方案得到了各方的踊跃参与。经过多次沟通与调解,沃尔沃工会也表态支持。最终,吉利击败众多竞争者,取得并购成功。

5. 并购后的整合方案符合各方利益

福特十分关注沃尔沃内部人员对此次出售的满意度以及出售后沃尔沃是否可以摆脱困境,而吉利收购后的整合运营方案最大限度地满足了福特的上述要求。吉利允许沃尔沃内部保留单独的运作体系,不干涉沃尔沃的运营管理,保留高管团队,并且对工会承诺不转移工厂和不裁员。除此之外,吉利规划了沃尔沃未来的发展,一是采购沃尔沃设置在中国的工厂生产的零部件,以降低采购成本。二是扩大销售规模,摊薄整车成本。通过详尽的成本测算,准确地预测出沃尔沃销售35万辆即能实现扭亏。而在中国市场,2009年奥迪销售15.72万辆,宝马9.05万辆,奔驰6.85万辆,沃尔沃2.24万辆,沃尔沃只占四大高端汽车33.86万辆的6.6%。现在,沃尔沃只需在中国扩展5万辆就能实现35万辆的全球销售而全面扭亏。

吉利收购沃尔沃，创下了中国收购海外整车资产的最高金额纪录，是国内汽车企业首次完全收购一家具有百年历史的全球性著名汽车品牌，并首次实现了一家中国企业对一家外国企业的全股权收购、全品牌收购和全体系收购，吉利收购沃尔沃被视为中国汽车产业海外并购最具有标志性的事件。

思考题

1. 你认为吉利能成功收购沃尔沃最重要的因素是什么？
2. 你认为吉利成功收购沃尔沃后应注意哪些方面的问题？

回顾全球经济的发展，20 世纪 90 年代之前，并购主要发生在美、欧等发达国家国内，跨国并购并未占据主导地位。进入 20 世纪 90 年代以来，随着经济的全球化，跨国并购逐渐增多，1995 年全球跨国并购以 1866 亿美元之巨首次超过“绿地投资”，特别是发生在发展中国家和转型经济体的跨国并购交易所占比重上升。如今，跨国并购已成为企业实施国际化经营的主要手段，是当前对外直接投资的重要方式。

第一节 跨国并购概述

在经济全球化的进程中，跨国公司一直扮演着重要角色。从公司角度来说，跨国公司通过并购扩张，能快速提高生产能力，降低生产成本，抢占市场，实现对全球市场的控制。同时，跨国公司通过其国际化的生产、销售、研究与开发等经营活动，促进了资本、生产要素在全球范围内的流转，有力地推动了经济全球化。

一、跨国并购的概念

跨国并购(cross-border mergers and acquisitions)是指一国企业(又称并购企业)为了达到某种目标，通过一定的渠道和支付手段，将另一国企业(又称被并购企业)的所有资产或足以行使运营活动的股份收买下来，从而对另一国企业的经营管理实施实际的或完全的控制行为，包括跨国兼并(cross-border merge)与收购(cross-border acquisition)。

兼并(merge)指企业的吸收合并，即一个企业将其他一个或数个企业并入本企业，使其失去法人资格的行为。兼并是企业变更、终止的方式之一，也是企业竞争优胜劣汰的正常现象。在西方公司中，企业兼并可分为两类，即吸收兼并和创立兼并。

收购(acquisition)意为获取，即一个企业通过购买其他企业的资产或股权，从而实现对该企业的实际控制的行为，有接管(或接收)企业管理权或所有权之意。按照其内容的不同，收购可分为资产收购和股份收购两类。从经济学角度而言，企业兼并和收购的意义是一致的。

跨国兼并与收购的区别在于并购企业法人资格是否存续。在兼并中，被兼并企业作为法人实体不复存在；而在收购中，被收购企业仍然以法人实体存在，只是其股权或资产发生了转让。这里所说的渠道，包括并购的跨国性企业直接向目标企业投资，或通过目标国所在地的子公司进行并购两种形式,支付手段包括支付现金、从金融机构贷款、以股换股和发行债券等形式。

二、跨国并购的类型

按照不同的分类标准,跨国并购可以分为不同的类型,主要有以下几种:

1. 按照跨国并购的功能分为横向跨国并购、纵向跨国并购和混合跨国并购

横向跨国并购是指两个以上国家生产或销售相同或相似产品的企业之间的并购。企业通过横向并购,一方面可以快速扩大生产规模,降低单位生产成本,形成规模经济;另一方面,在一定程度上可以消除竞争,直至获得世界垄断地位,增加企业的国际竞争力,以攫取高额垄断利润。在横向跨国并购中,由于并购双方有相同的行业背景和经历,因此比较容易实现并购整合。横向跨国并购是早期跨国并购中经常采用的形式。

纵向跨国并购是指两个以上国家生产同一或相似产品但又处于不同生产阶段的企业之间的并购。通过纵向并购,企业一方面可以稳定和扩大原材料的供应来源或产品的销售渠道,从而减少竞争对手的原材料供应或产品的销售;另一方面,企业通过对产业链上下游的整合可以实现资源、技术和知识的共享,从而获得范围经济。并购双方一般是原材料供应者或产品购买者,所以对彼此的生产状况比较熟悉,并购后容易整合。纵向并购是20世纪20年代第二次世界并购浪潮的主要形式。

混合跨国并购是指两个以上国家处于不同行业的企业之间的并购。目的是实现全球发展战略和多元化经营战略,减少单一行业经营的风险,增强企业在世界市场上的整体竞争实力。混合并购是20世纪60年代全球第三次并购浪潮的重要并购方式。

2. 按照是否有中介参与可分为直接并购和间接并购

直接并购指并购企业根据自己的战略规划直接向目标企业提出所有权要求,或者目标企业因经营不善以及遇到难以克服的困难而向并购企业主动提出转让所有权,并经双方磋商达成协议,完成所有权的转移。

间接并购通常是通过投资银行或其他中介机构进行的并购交易,可分为三角前向和三角反向并购,两者的区别是:三角前向是并购企业投资目标企业的控股企业,存续的是控股企业;三角反向是并购企业投资目标企业的控股企业,存续的是卖方,即目标企业。间接并购一般情况下是通过在证券市场收购目标企业的股票取得对目标企业的控制权。与直接并购相比,间接并购受法律规定的制约较大,成功的概率也相对小一些。

3. 按支付方式可分为现金并购、股票互换并购、债券互换并购

现金并购是指以现金、票据等作为支付方式的并购。股票互换并购是指并购方增发新股,以换取被并购企业股权的并购。债券互换并购是指发行并购公司的债券,用以替代被并购公司的债券,使被并购公司的债务转移到并购公司。在现实的跨国并购中,往往涉及金额巨大,通常采用几种支付方式的结合。

4. 按是否取得目标公司同意可分为善意并购和敌意并购

善意收购是指目标企业的经营者同意此项收购,双方可以共同磋商购买条件、购买价格、支付方式和收购后企业的地位及被收购企业人员的安排等,并就上述内容签订收购要约。善意收购是在双方自愿、合作、公开的前提下进行的,一般都能获得成功。

敌意收购是指在收购目标公司时，虽然遭到目标公司的抗拒，但仍然强行收购，或者并购公司事先不与目标公司协商，突然直接向目标公司股东开出收购价格或发出收购要约。

5. 按并购策略模式可分为杠杆收购和管理层收购

杠杆收购是指收购企业通过在银行贷款或在金融市场融资所进行的收购。杠杆收购的突出特点是，收购方为了进行收购，大规模融资，通常融资额度超过被收购对象总购价的70%。

管理层收购是指公司的经理层利用借贷所融资本或股权交易收购本公司的一种行为，从而使自己不仅是企业的经营者，而且变成企业的所有者。管理层只有在其认为目标公司有发展潜力时，才会采取收购行动。管理层收购在20世纪60—70年代开始出现，在80年代发展迅猛。

三、跨国并购的影响

1. 促进输入国产业结构调整

在跨国公司的跨国并购中，最终交易对价不管是通过现金支付，还是通过现金与股权相结合进行支付，一般来说，都会立即给所并购公司带来发展所需资金，为标的公司的快速发展提供保障。更为重要的是，跨国公司将各自的产品、技术、经营管理模式以及附之其上的文化，迅速有效地与所并购公司进行整合，从而实现输入国企业技术、经营管理经验的提高。

同时，跨国并购促进了输入国产业结构调整与升级。当今进行的跨国并购，更多发生于服务业和高附加值的技术密集型行业，这顺应了世界各国进行产业结构调整与升级的潮流，在并购之后，往往还能带来相关配套的附属产业，也正因如此，如今世界各国都鼓励在这些领域的跨国并购。

2. 加快各种生产要素的转移

跨国公司的并购过程，实际上也就是全球生产要素、经济资源重组的过程。一方面，它可以促进生产要素向效益更高的领域转移；另一方面，通过优势互补，还能提高经济资源特别是生产要素的利用效率。要素生产率的提高是经济增长的重要动力。在科技进步加速的时代，要素生产率是决定国家经济增长的根本力量。

要素生产率的提高一般是由四方面的原因推动的：资本积累（投资）的增加；劳动者素质的提高；更为有效的资源分配（如资本和劳动力转移到高效率的部门和企业）；技术进步。跨国公司并购，能够快速发展大型企业集团，成倍壮大企业经济实力，增强企业资金、技术能力、人才等优势。

3. 提高世界范围内的行业集中度

对存在过度竞争的产业，跨国并购将有助于减少厂家的数量，发挥规模效应，提高产业集中度。跨国公司在全球范围进行生产要素与资源的配置，快速抢占全球市场，形成全球垄断，在产值、出口、技术转让等方面在全球经济中占有重要地位。如汽车行业，戴姆勒—奔驰并购克莱斯勒，雷诺并购日产，通用并购菲亚特与大宇等，使得世界汽车行业市场集中度大幅度提高。

大型跨国公司之间的并购会导致对全球市场份额争夺的升级，尤其是在许多行业生产能力过剩的情况下，竞争失败者将被无情地淘汰出局，哪怕是昔日不可一世的巨型跨国公司。

4. 对反垄断法和跨文化管理提出挑战

目前，世界上诸多国家通过了反托拉斯法并设立了管理机构，但是由于各国经济、法律、文化传统等不同，反托拉斯法规定的管理重点、标准和程序并不相同，这给跨国公司并购带来了不便，甚至冲突。跨国公司并购往往需要花费数以千万美元的法律和行政费用，到头来可能还是竹篮打水一场空。因此，如何协调各国的反垄断法、解决法律冲突成为当务之急。

在跨国公司经营和管理的过程中，不可避免地要涉及不同文化的矛盾或冲突，进行跨文化企业管理。所以，如何对来自不同文化背景的员工进行管理，成为跨国公司不得不面对的一大挑战。

第二节　跨国并购的理论分析

对跨国并购进行理论分析是为了了解跨国公司实施并购行为的动机和目的。由于跨国并购面临不同的目标公司和不同的并购环境，因此其具体动因也存在较大的差别。从支持并购角度来看，主要有效率理论、信息理论和代理成本理论三种；从怀疑并购价值角度来看，主要有经理主义、自负假说、闲置现金流量理论、市场势力理论等。

一、并购活动支持论

（一）效率理论

效率理论认为，公司并购活动能够带来潜在的社会收益，而且对交易的各参与者来说能提高效率。效率理论的基本逻辑顺序是：效率差异→并购行为→提高个体效率→提高整个社会经济的效率。这一理论包含两个基本要点：(1) 公司并购活动的发生有利于改进管理层的经营业绩；(2) 公司并购将导致某种形式的协同(synergy)效应。

1. 管理协同效应

管理协同效应又称差别效率理论。管理协同效应主要指的是并购给企业管理活动在效率方面带来的变化及效率的提高所产生的效益。一般来说，如果两个公司的管理效率不同，在管理效率高的公司兼并另一个公司之后，低效率公司的管理效率将得以提高，这就是所谓的管理协同效应。管理协同效应来源于行业和企业专属管理资源的不可分性。

这种理论难以解释的一个问题是，在经历一系列并购之后，理论上整个国家的经济最终会为一家具有最高管理效率的公司所并购，但是，实际上任何高效率的管理队伍的管理能力、精力都是有限的，所以发展到一定程度，公司内部的管理、协调问题将会变得越来越突出，从而阻止并购规模的进一步扩大。

2. 经营协同效应

经营协同效应又称营运协同效应，是指由于经济的互补性及规模经济，两个或两个以上的公司合并后可提高其生产经营活动的效率，是并购给企业生产经营活动在效率方面带来的变化及效率的提高所产生的效益。并购改善了公司的经营，从而提高了公司效益，包括产生规模经济、优势互补、成本降低、市场份额扩大、更全面的服务等。通过并购，企业的有形、无形资产可以在更大范围内使用，企业的产品研发费用、管理费用、营销费用等可分摊到更多的产出上，从而降低单位投入成本，进而提高企业整体经济效益。

3. 财务协同效应

所谓财务协同效应，就是指在企业兼并发生后，通过将收购企业的低资本成本的内部资金投资于被收购企业的高效益项目上，从而使兼并后的企业资金使用效益更高。如通过对亏损企业的并购，在合并财务报表时，可使母公司的盈利和被并购企业的亏损相抵扣，从而减少税收。

4. 目标企业价值被低估

东道国股票市场低迷、汇率下降，可能导致目标公司的市场价格不能反映其真实价值或潜在价值，这是推动跨国并购的一个重要动因。冈萨雷斯(Gonzalez)、瓦斯康赛洛斯(Vasconcellos)和克什(Kish)发表《跨国并购：价值低估假说》，分析并证明了目标公司价值低估是跨国并购的动因之一。

由目标公司价值低估推动的跨国并购在一定时期、一定国家大量存在。例如，20 世纪 80 年代美国经济疲软，股市低迷，吸引了大量的外国投资者；亚洲金融危机后的 1998 年，发生在韩国、马来西亚、印尼等国的跨国并购大量增加。但在现实中，并非所有价值被低估的公司都会被并购，也并非只有被低估的公司才会成为并购的目标，因此这一理论也面临较大的挑战。

5. 多样化经营理论

多样化经营理论认为，通过并购实现企业经营业务的多样化，可以减少企业经营的不确定性和避免破产风险，从而为企业管理者和雇员分散风险，也能保护企业的组织资本和声誉资本。

多样化经营可以通过企业内部发展和并购两种途径来实现。但是在企业面临变化的环境，需要进行战略调整时，并购的方式可能对企业更为有利，因为并购可以使企业快速进入被并购的企业所在行业，并能够在很大程度上保持被并购企业的市场份额和其他现有的资源。

(二) 信息理论

从信息的角度研究跨国公司的并购动机主要有以下三种：

1. 并购与市场信息的传递

在通过股权收购来实施并购的过程中，无论成功与否，并购的目标公司的股价一般都会上涨。因为股权收购的并购行为向市场传递了这样一个信息，即目标公司的价值被低估了，或者是并购方公司的收购行为会迫使并购的目标公司采取更加有效的经营策略。

2. 并购与效率相关

在不成功的并购行为中，如果首次收购发盘之后 5 年内没有后续的收购要约，那么目标公司的股价会回落到发盘前的水平；如果有后续的收购要约，那么目标公司的股价会继续上涨。只有在目标公司与并购公司之间进行了资源整合或者目标公司的资源转移到并购公司的控制之下时,目标公司的股价才会不断被重估,呈上涨态势。经验数据与上述协同效应的解释是一致的,收购活动并不意味着目标企业的股票在市场上被低估或目标企业可以依靠自身的力量来改善经营效率。

3. 并购与公司资本结构选择

由于信息不对称,作为内部人的企业经理拥有更多关于公司经营以及发展状况的相关信息。在这种情况下,资本结构并不像米勒和莫迪利亚尼所说的与市场价值无关,而是在下列条件下存在最佳的资本结构:第一,企业投资政策是通过资本结构的选择行为向市场传输的;第二,经理的报酬与资本结构信号的真实性相关。这样,如果公司被标购,市场将认为该公司的某种价值还没有被局外人掌控,或者认为该公司未来的现金收入将增加,股价在未来会上涨;当并购方用本公司的股票来收购一家公司时,将会使被并购的公司或其他人认识到这是并购公司股票被高估的信号;当某一公司回购其股票时,市场则视其为该公司的管理层认为该公司的股价被低估,或者公司将有新的增长机会。

(三)代理成本理论

代理问题广泛存在于各个公司,在一个公司中经理是公司决策的控制人或代理人,而公司的股东或所有者则是委托人或风险承担者。因此对于公司来说,代理是有成本的,代理成本既包括构建合约的成本、委托人对代理人进行监督与控制的成本,也包括代理人的决策成本和剩余成本(即由于代理人的决策与使委托人福利最大化的决策之间的差异而使委托人遭受的福利损失,也有可能是由于执行合约的成本超过收益而引起的亏损)。

降低代理成本,既可以从组织内部的制度安排来进行,也可以通过市场角度的制度来进行。但是当这些机制都不适用于解决代理问题时,外部接管可能就会出现。通过公开收购或代理权的争夺而造成的接管,会改选现任的经理和董事会。如果低效率或委托代理问题使企业经营业绩不佳,那么并购机制则使得接管的问题始终存在。

二、并购价值怀疑论

(一)经理主义

经理主义把公司看成一个由管理者、一般员工、股东、供应商、征税人和债权人组成的联合体。在这个联合体中,各成员的目标是冲突的,企业要生存下去,这些相互冲突就必须得到协调。企业的高层管理者居于联合体中最重要的位置,他们不仅拥有企业经营活动的决策权,如企业生产、投资方向、人事安排等权利,还拥有企业的各种内部信息。

经理主义者认为,并购不是委托代理问题的解决方式,相反,并购本身就是代理问题的表现。他们认为经理报酬的高低取决于公司的规模,因此他们具有很强的扩大公司规模的欲望,能够忍受资本回报率较低的项目。但这一观点与其他研究相冲突,通过实证发现,公司经理的报酬更多与公司的盈利水平相关,而不是依靠规模产生扩大的销售额。

(二)自负假说

罗尔的自负假说认为,由于经理过分自信,所以在评估并购机会时会犯过于乐观的错误。罗尔提出,某一个特定的标购方或许不会从其过去的错误中吸取教训,而自信其估值是正确的，这样，并购就有可能是标购方的自负引起的。如果并购确实没有收益，那么，自负假说可以解释为什么经理即使在过去的经验表明标购存在一个正的估值误差的情况下仍然会作出标购决策。

自负假说在一定程度上是与经理主义相类似的。这种假说的前提是市场具有很强的效率。依据这个前提，股价会反映所有公开或未公开的信息，生产性资源的再配置会带来收益，而公司的改组不会提高管理效率。然而，并购有效理论是建立在市场低效率基础上的，这样一来，自负假说与现实就存在较大的差别，对并购现象的解释力较弱。

现代企业理论表明，企业存在的原因，正在于市场运行并不是无摩擦的。这就是说，第一，规模经济是由于某种不可分性而产生的；第二，在团队生产中产生的管理，是建立在反映个人特征的企业特有信息基础上的，企业信息是有价值的，这恰恰因为信息是有成本的；第三，某些交易成本会导致生产一体化。所以，不可分性、信息成本和交易成本等"不完善因素"，使得单个的生产投入在企业内仍保持单个和分立的形式是低效的。

（三）闲置现金流量理论

闲置现金流量又称自有现金流量，是指在公司的已有现金流量中扣除再投资于该公司的可盈利项目的开支之后剩下的现金流量。该理论由詹森（Jensen）提出，他认为闲置现金流量假说源于代理问题。在公司并购活动中，闲置现金流量的减少可以缓解公司所有者与经营者之间的冲突。如果闲置现金流量完全交付股东，降低代理人的权力，同时再度进行投资计划所需的资金在资本市场上更新筹集时将受到控制，由此可以降低代理成本，避免代理问题的产生。但是经理通常并不将闲置的现金派发给股东，而是将之用于投资回报率较低的项目或大举并购别的企业以扩大企业规模，由此造成更高的代理成本。

闲置现金流量理论利用闲置现金流量来解释代理人经理和委托人股东之间的矛盾，并进一步解释并购产生的原因，但这种理论对于成长型企业来说并不适用，因为这种企业本身就需要大量的投入。①

（四）市场势力理论

企业通过并购可以减少竞争对手，快速扩大产能，提高市场占有率，增强对市场的控制。日益国际化的市场和竞争环境，要求跨国公司在世界范围内获取更大的市场势力范围，而跨国并购是企业快速获取市场势力最有效的途径。并购其他企业不仅可以获得该公司的技术，更可以立即利用现成的品牌、生产设施、供应和销售网络等资源。

通常，以下三种情况会导致以增强市场势力为目的的并购活动：

一是在需求下降，生产能力过剩的削价竞争状况下，几家企业合并，可以取得对自身产业比较有利的地位；

二是在国际竞争使国内市场遭受外商势力的强烈渗透和冲击的情况下，企业间通过联合组成大规模企业集团，可以对抗外来竞争；

三是由于法律变得严格，使企业间的多种联系成为非法的，而并购可以使一些"非法"变成"内部化"，从而达到继续控制市场的目的。

---

① 参见任永菊主编：《跨国公司经营与管理》，东北财经大学出版社2012年版，第158—162页。

三、投资自由化

随着经济全球化迅速发展,各国经济对国际贸易和国际投资的依存度普遍提高,有关外国直接投资流动的政策法规也进一步趋向宽松和自由化。《2010 年世界投资报告》显示:在 2009 年确定的 102 项与外国投资相关的新的国家政策措施中,大多数措施(71 项)都旨在进一步放宽对外国投资的限制和促进外国投资。相关政策包括开放一些之前不开放的部门、放宽对土地购置的限制、打破垄断、国有企业私营化等;提供财政和资金激励,鼓励直接外资进入一些特定行业或地区,包括经济特区;放宽审查要求;简化批准程序;加快项目审批;降低企业税税率等。这些政策都促进了跨国并购的发展。

正是以上方面的动因以及外部环境的形成,使得越来越多的跨国公司选择并购而不是绿地投资,跨国并购已成为国际直接对外投资的主要方式。

第三节 跨国并购应注意的问题

在经济全球化的今天,越来越多的企业开始实施跨越国界的企业并购行为。然而,很多企业并不能实现其预期的并购目标。由于缺乏协作经验、公司文化不匹配、对业务的原则理解不一致、缺乏共享利益、沟通不畅等原因,并购往往难以顺利进行,甚至最终以失败告终,本节将详述在并购过程中需注意的问题。

一、制定正确的跨国并购战略

企业首先应明确跨国并购究竟是为市场、技术,还是为品牌和资源,然后以并购目的作为并购战略的出发点,指引企业对目标公司进行筛选。企业跨国并购的目的主要包括:(1) 规模经济效应,借并购减少成本和支出,创造更高的生产效率;(2) 提高市场占有率;(3) 进入国际市场;(4) 获得更先进的科技或经验;(5) 得到更完整的资源,提供更好的产品和销售渠道等。企业应进行内外部环境分析,明确并购目的,制定出切合企业实际的并购战略。

二、目标企业的选择

并购目标的选择是一个理智、科学和严密的分析过程。在确定战略目标后,企业会评估自己所处的环境存在哪些发展的机会和潜在的威胁,并根据其市场上的优势和劣势,明确制定出企业成长的目标,进而拟定出未来应采取的竞争策略。

具体说,应认真考察目标公司所在国环境,选择政策法律环境较好的国家和自己具备竞争优势的可移植产业进行跨国并购;选择能与自己企业实现互补的目标企业以实现联合经济或产业链条的延伸;选择并购成本低但经过整合能产生很好效益的跨国经营企业进行并购。

三、并购中的谈判

在并购活动中,交易双方对有关并购信息的掌握程度并不对等。卖方很清楚在卖什么东西,价值是多少,而买方并不确定买到的是什么,到底值多少钱。所以,在协商过程中,买方应运用相当艺术的谈判技巧,争取占优势地位,使谈判在不致破裂的前提下朝有利于自己的方向发展。

四、并购后的整合

并购能否成功很大程度上取决于并购后的整合。在企业并购完成后,高级管理层需进一步努力推动整合,不只在组织层面进行整合,还需渗透到企业的业务流程中;在企业内部尽快建立起统一的决策标准和必要的决策机制;加强双方管理人员的沟通,以化解双方的文化冲突;制定详细的并购后的实施步骤和活动纲领等,以解决涉及战略和管理整合、运营及人事组织的一系列重大而关键的问题,使企业整合成功。

课后练习题

1. 跨国并购对世界经济有怎样的影响?
2. 跨国公司进行跨国并购的原因有哪些?
3. 当今跨国并购呈现怎样的特点?
4. 我国公司跨国并购现状如何?你有怎样的对策与建议?

章末案例

安踏并购亚玛芬[①]

与以往安踏体育(以下简称"安踏")的收购最大的不同在于,这次并购不仅仅收购了亚玛芬体育(Amer Sports)(以下简称"亚玛芬")在中国的业务,连带其在全球的业务也全部纳入囊中。安踏进军海外市场的野心由此可见一斑。

2018 年 12 月 7 日,安踏正式发布公告称,与方源资本(FV Fund)和 Anamered Investments Incorporation 组成投资者财团,以 40 欧元每股的现金要约价收购亚玛芬全部已发行的流通股份。总收购价约 46.6 亿欧元,折合人民币约 366.7 亿元,本次收购是中国鞋服业金额最大的一笔对外收购。收购完成后,亚玛芬仍由原有团队保持独立的运营,另设董事会,财务表现不并入安踏的财务报表。该要约收购已于 2019 年 3 月 29 日截止,最终要约人共收购亚玛芬 98.11%的股份(包含投票权),标志着安踏成功并购了亚玛芬。

1. 并购方安踏:业绩高速增长,稳居国内第一

安踏品牌始创于 1991 年,2007 年安踏体育在香港联交所挂牌上市。经过 20 多年的发展,目前从总市值、营收、净利润、毛利率等数据来看,安踏稳居国产体育用品品牌的头把交椅。但是与国际巨头耐克相比,2018 年上半年,安踏的营收只有耐克在中国市场营

① 摘编自王勇等:《安踏并购亚玛芬,勇敢迈出全球化步伐?》,载《清华管理评论》2019 年第 11 期。

收的1/3多一点。想要赶超它,安踏还有很长的路要走。据集团财报数据显示,2018年上半年,安踏集团保持高速增长的态势,营收达到105.5亿元,同比增长44.1%;净利润达57.3亿元,同比增长54.6%;毛利率上升3.7个百分点,至新高点54.3%。截至2019年1月9日,安踏的市值为823.1亿元,仅次于国际体育用品巨头耐克、阿迪达斯和露露柠檬,位列全球运动品牌行业第四,是李宁市值的近5倍,特步市值的近9倍,361°市值的近27倍,同时是三者市值总和的3倍多,可谓将其他国产体育品牌远远甩在身后。近年来,集团实施"单聚焦、多品牌、全渠道"的发展战略,持续大力拓展国内市场的潜力。目前,旗下已经拥有的品牌有安踏、斐乐、迪桑特、小笑牛等。

2. 被并购方亚玛芬:业务遍布全球,领跑细分市场

亚玛芬是全球著名的芬兰体育用品公司,前身成立于1950年,早期主营烟草制造和分销。1974年,集团收购了冰球设备制造商Koho-Tuote,正式涉足体育行业,并在1989年成立了体育分部。1977年起,该公司股票在纳斯达克赫尔辛基证券交易所上市。后来通过不断的并购,亚玛芬逐渐发展成为一家专注于体育用品生产和营销的跨国公司,在2005年公司名称正式更改为亚玛芬体育公司(Amer Sports Corporation)。旗下拥有13个品牌,产品线覆盖网球、羽毛球、高尔夫、高山滑雪、越野滑雪、滑板、健身、自行车、越野跑、徒步及潜水等多种运动项目。旗下当家品牌如始祖鸟、萨洛蒙、威尔胜等虽不如耐克、阿迪达斯等知名度高,但均在各自细分领域拥有极高的认可度。2018年,亚玛芬按销售收入计,其户外运动业务占比高达62.22%,球类业务占比为24.33%,剩下13.45%则为健身业务;销售遍布34个国家,拥有约8600名员工;毛利达94亿元,税前盈利达12.9亿元。截至2019年1月9日,亚玛芬的市值约为351亿元。

3. 并购方式:要约收购+全现金

由安踏牵头组成的投资财团将通过公开要约收购的方式收购亚玛芬在芬兰纳斯达克赫尔辛基证券交易所所有已发行股和流通股,以取得亚玛芬的共同控制权。据安踏公告显示,本次收购采用全现金的形式,收购价格为40欧元每股,总价约46.6亿欧元,折合人民币约366.7亿元。要约价较原披露日期亚玛芬体育股份的收市价溢价39%。其中,安踏通过Anta SPV间接投资了15.43亿欧元。上述多方为收购成立的芬兰子公司为JVCo间接全资持有,各家将通过向JVCo注资以完成对亚玛芬的收购。预计在收购完成后,安踏将持有57.95%的股份、方源资本持有15.77%的股份、腾讯持有5.63%的股份、Anamered Investments Incorporation持有20.65%的股份。JVCo的董事会将由7名董事组成,其中4名来自安踏,1名来自方源资本,1名来自腾讯,还有1名由Anamered Investments Incorporation委任。

4. 并购动因分析

(1) 扩宽产品品类,覆盖多层次消费者

随着消费者的消费层次和产品需求不断扩展,体育用品向更为多元化和专业化方向发展。2015年,安踏集团董事局主席丁世忠看到多元化的消费趋势,决定带领集团转型,实施多品牌战略,进军高端市场。近几年,安踏陆续通过收购斐乐、迪桑特、可隆等外国品牌,涉猎运动时尚、专业运动和户外运动等多个细分领域。这些品牌初步针对不同年龄段、不同收入群体的客户打造了差异化的定位。纵观亚玛芬旗下的品牌和产品,既满

足了安踏想要走中高端路线的需求，又符合其对于体育产品差异化和专业化的要求。相信并购亚玛芬可以进一步拓宽安踏对不同层次消费者的覆盖。同时通过引入亚玛芬的核心技术以及依托其旗下始祖鸟、萨洛蒙、威尔胜等全球顶级的户外运动品牌的固有影响力和强大的产品力，可以提升安踏的专业形象，帮助其建立在全球体育用品市场的竞争力。

（2）进军海外市场，打造世界级体育用品公司

近几年，我国鞋服品牌对出海纷纷跃跃欲试。例如，2018 年 2 月初，李宁就曾在纽约时装周的舞台上惊艳亮相。安踏也不甘落后，2017 年在美国、日本和韩国分别成立了三大设计中心，从产品设计、面料选择及运动科技的应用等方面迎合消费者需求的变化进行创新。2018 年正式开启全球化战略，规划从美国、欧洲等体育用品市场发达的地区起步，进军海外市场。虽然从 2017 年的财报来看，其 95% 的营收还是来自国内，但是安踏未来 10 年的发展目标是成长为一家全球性的体育用品公司，代表中国品牌走向世界。彭博社也发表过相关报道称，安踏未来 10 年的海外发展目标是将国际市场的营收提高至集团总营收的 4 成左右。从主营市场来看，亚玛芬一直以来深耕 EMEA（欧洲、中东、非洲）和美洲市场。2018 年，其收入的 43% 来自 EMEA 地区，42% 来自美洲。加之亚玛芬旗下众多品牌在海外细分市场拥有很高的认可度，收购亚玛芬可以很好地帮助安踏打开海外市场。

讨论题

1. 你认为安踏并购亚玛芬后会有哪些发展机遇？
2. 你认为安踏并购亚玛芬后应注意哪些方面的问题？

本章参考文献

董莉军、谢家国：《中国企业跨国并购成败的影响因素》，载《经济纵横》2014 年第 1 期。

范黎波、宋志红编著：《跨国经营理论与实务》，北京师范大学出版社 2009 年版。

韩春霞：《跨国并购的动因以及应注意的问题》，载《当代经济》2008 年第 2 期。

胡昭玲：《中国在跨国公司国际生产体系中的地位及发展趋势研究》，南开大学出版社 2016 年。

李善民、李昶：《跨国并购还是绿地投资？——FDI 进入模式选择的影响因素研究》，载《经济研究》2013 年第 12 期。

联合国贸发会议：《2010 年世界投资报告》。

刘文纲：《跨国并购中的无形资源优势转移》，经济科学出版社 2009 年版。

卢进勇、刘恩专编著：《跨国公司理论与实务》，首都经济贸易大学出版社 2008 年版。

任永菊主编：《跨国公司经营与管理》，东北财经大学出版社 2012 年版。

王仲辉、党晓磊:《制定跨国并购战略应注意的问题》,载《经济纵横》2008 年第 3 期。

吴先明、苏志文:《将跨国并购作为技术追赶的杠杆:动态能力视角》,载《管理世界》2014 年第 4 期。

杨勃、许晖:《企业逆向跨国并购后的组织身份管理模式研究》,载《中国工业经济》2020 年第 1 期。

姚战琪:《跨国并购的新趋势及其对中国和发展中国家的影响》,载《学习与实践》2010 年第 10 期。

叶建木:《跨国并购:驱动、风险与规制》,经济管理出版社 2012 年版。

张明、陈伟宏、蓝海林:《中国企业"凭什么"完全并购境外高新技术企业——基于 94 个案例的模糊集定性比较分析(fsQCA)》,载《中国工业经济》2019 年第 4 期。

张素芳:《跨国公司与跨国经营》,经济管理出版社 2009 年版。

赵春明等编:《跨国公司与国际直接投资》,机械工业出版社 2012 年版。

周常宝、王洪梁、林润辉、冯志红、李康宏:《新兴市场企业跨国并购后组织内部合法性的动态演化机制——基于社会心理学视角》,载《管理评论》2020 年第 9 期。

朱勤、刘垚:《我国上市公司跨国并购财务绩效的影响因素分析》,载《国际贸易问题》2013 年第 8 期。

第六章　跨国经营战略

【本章学习目的】

通过本章学习，你应该能够：

- 掌握跨国经营战略的含义和特征
- 分析跨国经营战略的模式
- 了解跨国经营战略管理过程
- 掌握跨国经营战略的分析工具

引导案例

通用汽车的“全球经营”战略[①]

通用汽车公司（以下简称“通用”）是世界上资格最老的跨国公司之一。该公司成立于1908年，并在20世纪20年代建立了首家国际企业。2000年，通用在世界各市场的份额分别为：北美市场占26.7%，欧洲市场占9.3%，拉丁美洲、非洲、中东地区总共占16.3%，亚太地区占3.7%。现在通用已是世界上最大的工业公司与全系列汽车制造商，其2002年收入为1860亿美元。该公司每年销售汽车850辆，其中320万辆汽车的生产与销售在其北美的基地之外。2002年，通用在世界汽车市场所占的份额为15%。2004年，通用的轿车和卡车销售量将近900万辆。

尽管如此，通用却似乎失去了往日的辉煌，在财务和决策上存在着失误（如在美国市场上），在某些地区甚至出现了亏损（如欧洲的欧宝系列的营业收入）。通用当然有能力实现它的目标，对于公司的高层，他们相信联盟会给他们带来好处，就像公司所强调的：“联盟有时候是公司的唯一选择。相当简单，在商业竞争中，我们并不是去占有一个公司，我们也不仅仅是简单的伙伴关系，因为在汽车制造业，与其他公司的竞争是相当困难的。我们也发现我们的合作者和我们一样希望结成联盟。联盟能够使企业的每个人，包括企业的管理人员，都积极地投入工作。我们需要从其他企业得到管理经验，特别是日本企业的管理经验。我们也很高兴能与菲亚特这样的公司结成联盟。通过联盟，我们可以管理它的品牌，同时也可以发挥我们双方的能力，为双方带来增效。”

1. 国内市场

20世纪七八十年代，日本汽车企业凭借“精益生产”方式生产轻型轿车，大举进攻美国市场。1975年，日本出口美国汽车达190万辆，通用损失额高达7.5亿美元。日本企

---

① 摘编自田伟：《通用汽车公司的全球性战略联盟》，载《市场论坛》2006年第12期。

业的管理实践,相比通用的科层制来说,是精益和高度灵活的。它们没有任何臃肿的委员会机构,没有僵化的级层,也没有棘手的劳工关系。它们团结一致,更有效率地运作。早在20世纪80年代后期,通用的一项内部研究发现,日本人可以生产每辆成本比通用低1800美元的汽车。1984年,通用与丰田汽车公司(以下简称"丰田")建立了联盟,丰田帮助通用学习并创造新的知识和能力。通用获得关于丰田生产系统的第一手资料:员工和供应商的合作方式、适时存货管理和高效工厂管理的模式,由此创造了通用新的知识和能力,创建了在汽车工业管理上的美日模式。

2. 欧洲、拉美市场

为了达到加强在欧洲和南美洲地位的重要战略目标,通用积极发展,壮大自己的全球性汽车企业。它通过与大型企业和具有技术优势的公司建立联盟来实现这一目标,例如,1986年与沃尔沃组建合资公司,从事载货车及变型车的开发、生产和销售;1989年收购瑞典萨博集团50%的股份;1990年与匈牙利的RABA组建生产载货车、轿车和柴油机的合资企业;2000年3月13日与意大利菲亚特汽车集团宣布结成战略联盟,其实际交易额达到24亿美元,但是并不涉及现金往来,而是以股权交换形式进行,通用将拥有菲亚特20%的股权,而菲亚特将持有通用5.1%的股权,菲亚特承诺,在未来3.5—5年里,如果菲亚特出售其剩余股票的话,通用将拥有继续收购的优先权。从合作的具体内容看,一是双方今后将在欧洲建立合资企业,致力于新型发动机、变速器等主要汽车零部件系统的研究开发合作,加速技术学习;二是菲亚特所属的阿尔法—罗密欧和兰西亚两个品牌参与通用的统一零部件采购,以节约成本;三是菲亚特加入通用的全球采购网络,共同开拓企业对企业的电子商务,并建立全面的业务合作关系,同时菲亚特还保持其各品牌的相对独立性。从战略联盟的重点方向看,欧洲和南美洲是双方合作的重点目标市场。

3. 亚太市场

通用早在20世纪70年代就进入了亚洲市场(主要是日本市场),包括同日本五十铃、铃木和富士重工建立战略联盟。90年代,通用的全球化战略把亚洲市场放在首要位置,1994年9月,在新加坡建立亚太地区总部,指挥通用在亚洲的经营活动,当年投资1亿美元与印度斯坦汽车公司合资建厂,又在中国台湾组装欧宝牌汽车,在中国沈阳建立合资企业。通用通过扩展制造业务,加强战略联盟,并且针对本地市场需求专门设计汽车产品等战略为其业务增长奠定坚实基础。2004年6月,通用决定将亚太地区总部迁到中国。显然,通用认为它在中国销售额的不断增长是其在全球市场发展的关键因素,中国已经成为通用在全球的第二大市场。

通用的战略联盟是在全球范围内布局,而且随着北美和欧洲市场趋于饱和,亚洲成为其全球战略的重要市场。通用通过建立联盟,首先能使更多的产品更快地推向市场;其次可以帮助通用更好地开发未来的创新概念车;再次可增强通用在那些非强势领域的竞争实力;最后可以帮助通用开发满足当地市场需求的产品,并在当地的经济发展中发挥作用。

思考题

1. 通用汽车公司为什么选择“全球经营”战略？
2. 通用汽车公司在全球主要市场扩张战略模式有何不同？

20 世纪 90 年代后，企业全球竞争愈发激烈，面对不断变化的市场需求和飞速变化的创新技术，跨国经营战略在企业管理中愈发重要。跨国经营战略的制定可以帮助企业分析自身发展的优势和劣势，适应不断变化的国际环境，增强企业国际竞争力。为保证跨国经营企业平稳运行，需要明晰企业跨国经营战略，选择适用的跨国经营战略的模式，有效实施跨国经营战略。

第一节 跨国经营战略的模式选择

随着企业全球化竞争的加剧，跨国经营战略的地位逐步提升，跨国经营战略的含义和特征也被不断深化和拓展，需要对跨国经营战略的模式进行更加审慎的比较和选择。

一、跨国经营战略的含义和特征

（一）跨国经营战略的含义

20 世纪 70 年代，《从战略规划到战略管理》的作者安索夫（I. H. Ansoff）对企业战略管理的概念进行了界定，指出企业的战略管理是指将企业的日常业务决策同长期计划决策相结合而形成的一系列经营管理业务。跨国经营战略管理属于企业战略管理的一部分，其基本模式遵循企业战略的总体部署，但是会根据企业面临的复杂国际环境进行调整。

企业的跨国经营战略是一种特殊的企业战略，是指跨国经营企业在分析全球经营环境和内部条件的现状及其变化趋势的基础上，为了求得企业在国际市场的长期生存与发展所作出的整体性、全局性、长远性的谋划及其相应的对策。换言之，企业的跨国经营战略，就是从机遇和风险的角度评价现在及未来的环境，从优势和劣势的角度评价企业的现状，进而选择和确定企业的全球、长远目标，制定和选择实现目标的行动方案。[①]

（二）跨国经营战略的特征

跨国经营战略的特征可以概括为以下几点：

1. 全球性

跨国经营战略的业务范围分散在许多不同的国家和地区，需要以全球规划为基本着眼点。其具体内容不受单一国家或民族的局限，面对不同的业务，市场需求千差万别，所以不能只考虑某个特定国家的资源和市场，战略布局应放眼全球，统一合理调配全球范围内的不同资源，以寻求最大利益。这要求为企业制定跨国经营战略的领导者具备面对全球竞争的视野和思维方式，通过对国际经营环境和企业自身条件分析的基础上，作出

① 参见杨增雄：《国际企业管理》，科学出版社 2017 年版，第 77 页。

在国际经营中能维持长期稳定发展的战略规划。

2. 全局性

跨国经营战略的制定应以企业全局为对象,根据国际范围内企业总体的发展需求进行决策。随着信息技术的发展,互联网打破了传统地域的局限,为跨国经营战略的制定提供了便利,更方便企业通过战略规划进行企业整体的行动,可以在短时间内将计划下达给各个国家和地域范围内的企业。这同时也提高了对跨国经营战略管理者的要求,管理者需要具备系统的观念,并及时针对全局进行决策,不能单独关注于一时一事,而是要从全局的角度考虑问题。

3. 灵活性

跨国经营企业规模大,跨越国界范围广,分支机构趋于分散,组织结构相对复杂,这要求跨国经营战略保证能确立使企业内各项业务工作贯穿一致的中心支柱。战略应使企业在全球竞争激烈的环境中保持充分的灵活性,提升整体创造力,实现计划的公开交流、任务的合理配置、机遇的优先发展等。这对跨国经营战略管理者提出挑战,管理者应随时提出灵活的应对决策,充分调动内部的积极性及行动力,保障企业整体的灵活性。

4. 冲突性

面对世界范围内不同国家和地区的政治、经济、文化环境,跨国经营企业面临着不同的社会形态和价值观,其所受到的外部条件约束程度与传统企业明显不同。跨国经营战略可能经历的冲突数量和程度也远超传统企业,会受不同的市场需求、外部利益、文化多样性等因素的制约,多方面影响着战略决策的制定。跨国经营战略管理者需要对可能存在的冲突进行全面了解,合理制定冲突管理、利益协调和跨文化管理等措施。

5. 风险性

面对来自于全球范围内的不确定性,跨国经营战略必然会面临风险,而且受不同文化的影响,对企业的未来发展规划所面临风险的程度要远超于传统企业。跨国经营战略管理者应以对未来缜密的预测为基础,要能正确处理风险,从风险中寻求继续发展的机会,根据经营环境和自身的变化,不断提高对环境的预测能力,对战略进行适时适度的修改,增强企业抵抗风险的能力。

二、跨国经营战略的模式及选择

(一) 跨国经营战略的模式

帕尔马特(H. V. Perlmutter)根据跨国经营战略的取向提出了 EPG 模型,认为三种战略取向分别是母国中心(ethnocentric)、本地中心(polycentric)和全球中心(geocentric)。

1. 母国中心战略模式

母国中心战略模式以母公司的利益和价值标准为决策的根本指导,决策高度集中,目的在于以高度一体化的决策来获取竞争优势。在该战略下,母国公司为创新的主要动力来源,通过母公司的支持来提升其余子公司的竞争力。

母国中心战略模式主要体现在公司主管的行为和海外子公司经理人员的经历上。这类企业在公司总部看来,母国管理人员更优越、更值得信赖,即公司将简单的制造活动转移到国外，而将复杂的制造活动、研究开发活动集中于母国。母子公司之间的交流更多的时候是母公司发布指令、建议、劝告，子公司无条件执行、被动接受。公司在世界各地的分支机构身份由母国国籍确定，如美国不管在任何地区的子公司都被惯称为美国公司。在人员聘用方面，多数情况下都是母国人员担任要职。

2. 本地中心战略模式

本地中心战略模式强调更好地区分东道国的差异，子公司需要针对东道国本地进行识别，确定不同国家和地区的文化差异，了解不同的需求，融入东道国本地。决策方式较分散，组织较松散，注重本地的法律、风俗和文化，深入研究和理解本地的习惯。

本地中心战略模式以聘用和训练东道国人员为主，也可由东道国人员担任不同地区子公司的高级职务。子公司需要设定自己的经营目标，具有充分的自主权。母公司主要负责总体战略的制定和目标的分解，对子公司进行目标和财务的控制监督。企业整体资源被分散到各个子公司，海外子公司的经营互动较为宽泛，并可以从事高级研究等活动。但是与此同时带来了集中度欠缺等问题，子公司较为独立，专注于本地的市场，而对其他国家和地区的了解较少，不利于实现企业的规模效应和协同效应。

3. 全球中心战略模式

全球中心战略模式兼顾前两种战略模式的内容，充分考虑全球范围内的经济活动，进行产品开发时也会充分考虑不同国家和地区的差异，淡化国别的问题，选择合适的人到合适的岗位，各方面都需要进行协调并保持紧密的联系。

全球中心战略模式在各个管理层上都能体现全球一体化的特点，不关注管理者的国籍，重点关注如何能使企业的整体利益最大化。虽然此战略的实施颇具挑战，但是其竞争优势变得越来越明显，企业可以根据东道国的条件选择最合适的对策，但是又不会缺少中央决策和集中的控制体系。全球中心战略模式既能体现标准化，又能体现差异化，资源在全球范围内被合理配置，子公司的个体目标向公司的整体目标靠拢，每个子公司发挥自身特长为公司整体创造价值。

（二）跨国经营战略模式的比较及选择

根据不同跨国经营战略模式的特点，对其管理层次、优势和劣势进行比较，并介绍不同跨国经营战略选择的经典案例。

1. 跨国经营战略模式的比较

不同企业的成长背景、企业文化、领导者风格和所处环境不同，跨国经营企业的差距更大，经营的重点方向不同，形成的战略模式间也存在差别，我们对三种跨国经营战略模式进行比较，并分析其优势和劣势。具体内容见表 6-1。

表 6-1　三种跨国经营战略模式的比较

比较内容	战略模式		
	母国中心	本地中心	全球中心
（1）战略重心	全球一体化	东道国本地反应	全球一体化及东道国本地反应的混合
（2）决策方式	集中、自上而下	区域内子公司间磋商决定	系统决策

(续表)

比较内容	战略模式		
	母国中心	本地中心	全球中心
(3) 信息沟通	总部下达主要指示命令	来自总部的信息较少,不同国家和地区间子公司沟通较少	全球性纵横向沟通
(4) 文化特征	母国文化	本地文化	全球性文化
(5) 生产方式	大量生产	批量生产	灵活制造
(6) 产品开发	母国需要为主	本地需要为主	全球性产品
(7) 人事政策	母国人员	本地人员	利用各国优秀人才
优势	· 有利于整体战略部署 · 有利于统一管理 · 有利于共享管理经验	· 更能适应本地情况 · 有利于得到当地支持 · 有利于减少冲突	· 能更加合理分配资源 · 能联系全球性的活动 · 有利于技术开发创新
劣势	· 可能不适应本地情况 · 不易得到当地支持 · 可能会增加冲突	· 不利于总体战略推行 · 会增加管理成本 · 不利于经验共享	· 难以适应特殊情况 · 各分支机构融合困难 · 难以统筹各国不同情况

2. 跨国经营战略模式的选择

根据上述战略模式的比较,可以看出三种跨国经营战略模式的明显差异,我们通过公司实例来分别介绍跨国经营战略模式的选择。

(1) 母国中心

母国中心战略模式的代表为中国石化集团。中国石化集团的前身是成立于 1983 年 7 月的中国石油化工总公司,由几个大型国营石化公司合并组建而成。中国石化集团在 2019 年《财富》世界 500 强中排名第 2 位,是中国最大的成品油和石化产品供应商、第二大油气生产商。其组织结构、人事政策和决策方式具有母国中心战略模式的特点,母公司对其全资子公司、控股企业、参股企业的有关资产行使资产受益、重大决策和选择管理者等权利,对国有资产依法进行经营、管理和监督,并承担相应的保值增值责任。中国石化集团通过技术引进、自主研发,建立较完善的体系和经营规模,不断完善成品油贮运设施,建立了较完善的油品批发、零售和服务体系,组建了线上产品交易平台,提高了营销服务水平和开拓市场的能力。

(2) 本地中心

本地中心战略模式的代表为联合利华在印度的子公司。由于印度在很长一段时间对跨国公司的政策比较严格,在 20 世纪 70 年代甚至迫使可口可乐公司撤出出资,面临如此困难的东道国环境,联合利华的印度子公司被迫采取了遵循东道国本地的政策才得以继续在印度生存。于 1933 年在印度成立的子公司,作为营销公司经营各种产品,如饮料、食品、清洁剂和个人护理产品等。虽然联合利华在印度的子公司被迫采取了本地中心战略模式,但是其通过对本地政策的适应已成功转型,形成了一定规模,并不断拓展业务经营范围,目前已成为印度的十大直销公司之一。

(3) 全球中心

全球中心战略模式的代表为 IBM 公司。IBM 公司曾经是世界公认的电脑硬件之王和“蓝色巨人”。IBM 公司的竞争优势在于它实施的全球战略模式,其所构建的销售和售后服务系统遍布全球,并在技术上占据较大的垄断优势。面对新时代新的挑战,IBM 公司也在不断转型升级其战略,提升自身的品牌形象,通过分析不同国家和地区的目标受众群体,深入进行整合传播,使其价值主张的影响立体化。IBM 公司采取多种全球化战略,及时应对技术变革带来的各种冲击,在各地设计具有地方特色的战略,但是各地的战略整合又可形成完整的整体战略,这也是其保持活力和持续增长的关键。

第二节 跨国经营战略管理过程

跨国经营战略管理是一个动态发展的过程,相较一般的战略管理过程,跨国经营战略管理需要考虑和分析的问题更多,其过程大致分为跨国经营战略环境分析、跨国经营战略目标制定、跨国经营战略评价选择、跨国经营战略执行实施和跨国经营战略控制评价五个阶段,每个阶段都有其需要考虑的特定内容。具体如图 6-1 所示。

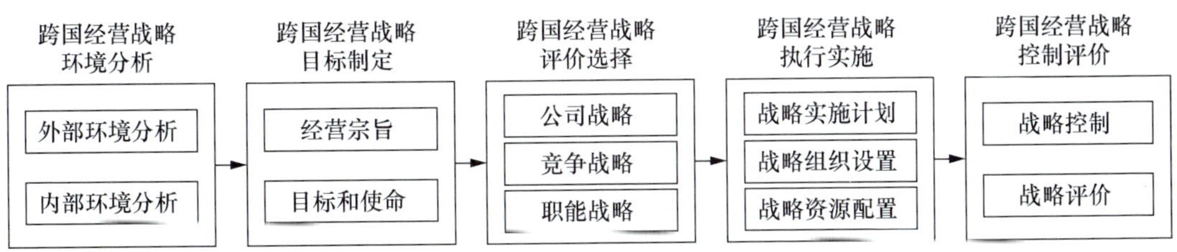

图 6-1 跨国经营战略管理过程

一、跨国经营战略环境分析

为了实现跨国经营战略的总体目标,需要对其环境进行准确分析,通过资料的收集和整理,找出影响跨国企业经营的关键要素,在此基础上才能定制有效的计划。

1. 跨国经营外部环境分析

外部环境分析分为宏观环境和产业环境分析。宏观环境和产业环境分析的要素与一般企业战略管理保持一致,宏观环境常用的分析模型为 PESTEL 模型,主要分析政治因素(political)、经济因素(economic)、社会因素(social)、技术因素(technological)、环境因素(environmental)和法律因素(legal);产业环境的分析模型是波特的“五力模型”,五力分别是:供应商的讨价还价能力、购买者的讨价还价能力、潜在竞争者的进入能力、替代品的替代能力、行业内竞争者现在的竞争能力。

跨国经营企业在进行外部环境分析的过程中,需要从三个层面收集相关信息,分别为国家环境、地区环境和全球环境。国家环境层面,需要了解的内容是不同国家的政治、经济、社会、技术和环境因素,并在此基础上对国家环境进行评估;地区环境层面,需要准确了解该地区或地区联盟中的关键环境因素,发现可能会对跨国经营企业未来生产经营活动产生直接影响的要素;全球环境层面,需要明确掌握世界范围内相关领域的发展趋势,并进行评估分析,了解全球技术发展的趋势及速度,判断经营发展的方向。

2. 跨国经营内部环境分析

内部环境分析主要是企业对自身存在的优势和劣势进行分析,一般涉及的内容有企业内部管理分析、市场营销能力分析、企业财务分析和其他内部因素分析。

对于跨国经营企业来说,首先需要掌握自身所拥有的或可用的各种资源的状况,考察物质资源、自然资源的存量和未来的需求量。其次要认真并明确分析企业的现有能力,掌握企业的现状,了解未来可发展的突破点和方向;还要注重人才的培养和发展,尤其是具有跨国经营理念的高级管理人员的培养。最后需要对企业文化进行审视和评估,判断企业文化是否适应和支持跨国经营战略,若有不匹配的地方,需要采取相应的战略措施进行调整。

二、跨国经营战略目标制定

在对跨国经营战略环境进行分析的基础上,需要针对不同情况进行跨国经营战略目标制定。跨国经营战略目标制定包括经营宗旨、目标和使命的确定。

1. 跨国经营宗旨

跨国经营宗旨包括三部分:企业的基本社会责任、企业的主要生产领域和市场范围以及企业的经营思想。具体地,企业管理人员要明确为什么进行跨国经营,跨国经营的业务范围包括哪些,受国际环境影响应以什么样的原则来执行和管理,未来期望达到怎样的目标。这是在经过外部环境分析后的第一步,是企业制定经营目标和使命的基础。

2. 跨国经营目标和使命

跨国经营的目标和使命也受国际环境的影响。在确定跨国经营宗旨后,企业可以确定具体的跨国经营目标和使命。

跨国经营的总体目标可以分为经济和社会两方面,经济方面的目标包括:跨国市场营销,在不同国家和地区如何树立品牌形象,关注不同的税收体系和汇率变动,如何发展和分配资源等;社会方面的目标包括:满足本地消费需求,高效进行技术革新,提供不同就业机会等。

跨国经营的使命是指企业存在的价值和意义,是企业国际化发展的理由,是企业最根本、最有价值、最崇高的任务和责任,规定了企业跨国经营不同阶段的指导原则和思想基础,在表达上应言简意赅,高度概括。使命需要不断完善,尤其是在面对激烈的国际竞争和变化的环境时,其修改和完善需要企业高层管理者对企业自身情况和利益相关者的情况进行综合考量。

三、跨国经营战略评价选择

跨国经营战略按层级可分为公司战略、竞争战略和职能战略,需要在对跨国经营战略分析评价的基础上,制定可供选择的具体战略,从而选择最合适的战略。

1. 跨国经营的公司战略

跨国经营的公司战略是企业的主导战略,对企业未来的发展方向有一个总体部署。跨国经营的公司战略由跨国经营企业总体制定,其类型有四种,分别是稳定型战略、增长型战略、紧缩型战略和混合型战略。企业可以根据自身的特征选择不同的战略类型。稳定型战略在跨国经营企业的领域内保持产销规模和市场地位的小幅增长或减少;增长型战略使企业不断扩大规模,提升核心竞争力并抢占更多的市场份额;紧缩型战略持续的时间一般不长，主要用来应对一些突如其来的因素导致的收缩和撤退；混合型战略是前三种战略的综合，一般形成规模的大型企业都会在某一阶段采取此种公司战略。

2. 跨国经营的竞争战略

跨国经营的竞争战略主要用来抵抗外部带来的竞争影响因素，包括三种：成本领先战略、产品差别化战略和市场集中战略。一般由跨国经营企业总部与各业务单位共同制定，决定各业务单位在所处市场中的竞争方式和手段，根据跨国经营企业的战略目标和战略优势进行选择。成本领先战略重点关注全产业范围内产品的低成本地位，产品差别化战略考虑产品被消费者察觉的独特性，市场集中化战略倾向于特定的细分市场。

3. 跨国经营的职能战略

跨国经营的职能战略具体到企业的各职能部门，涉及营销战略、人事战略、财务战略、生产战略、研究与开发战略、公关战略等多方面内容。需要企业总部和各业务单位职能部门的共同参与，需要考虑国际环境的复杂背景，既要保持战略的整体性，又要根据各个国家和地区的具体情况制定符合本地政策的方案，各业务单位职能部门需要对所处环境进行详细考察，并将可能存在冲突的地方向企业总部提出，以制定更合理的跨国经营的职能战略。

四、跨国经营战略执行实施

在对跨国经营战略进行评价选择后，需要根据具体的实施计划，将计划付诸实践。在战略执行实施的过程中，应重点关注战略实施计划，同时应考虑跨国经营的组织设置和资源配置。

1. 跨国经营战略实施计划

跨国经营战略实施计划是跨国经营战略执行实施的基础。战略实施计划需要具备明确的实施分阶段的目标，需要有详细的行动计划和落地项目，要求对战略总体目标进行分解与落实，对企业的实施过程中需要的资源进行合理配置，并考虑战略实施与组织保证的相互协调。

2. 跨国经营战略组织设置

跨国经营战略组织设置具体要求从战略实施的计划出发，进行合理的分工和协作。需要按照跨国经营战略实施的客观要求，设计并组建企业的战略组织模式，确定各管理层的任务，按照权责一致的原则对各管理业务的性质进行分工，合理分配工作人员，建立通畅的信息交流网络，确定组织运行的标准，并根据国际环境下可能的各种变化因素及时调整组织设置。

3. 跨国经营战略资源配置

跨国经营战略资源配置内容包括人力、物力、财力、时间与信息等各方面资源。跨国经营企业不但要合理配置这些资源，更要寻找运送这些资源最节省成本的渠道，保证最大程度的无资源浪费。在资源有限的情况下，管理者应根据战略目标和战略重点确定哪种职能或业务在资源配置中享有优先地位，具体分析企业的采购与供应实力、生产能力、产品实力、技术开发实力、管理经营实力等内容。

五、跨国经营战略控制评价

跨国经营战略控制评价需要在战略实施的过程中,根据最终目标和方案,对战略实施的情况进行监督审查并作出评价,及时发现问题,分析原因并采取措施给予修正。

1. 跨国经营战略控制

跨国经营战略控制的主要内容包括确定战略控制标准、衡量实际业绩和采取纠偏措施三个方面。控制的任务是控制跨国经营过程中,企业各层级执行跨国经营战略的具体过程,是对计划有效性的日常监督和控制。计划时的初始环境与实施的现实环境往往存在差别,需要及时对国际环境的变化进行分析,判断企业每阶段的战略实施结果与计划的差异,对存在问题的地方作出必要的修正,调整或修改企业的相关战略内容。

2. 跨国经营战略评价

跨国经营战略评价具体评价战略制定的根据是否成立,战略方向调整变化与计划的偏差幅度,应对环境变化的灵活程度等。跨国经营战略评价的意义在于从全局角度分析战略制定全过程的缜密程度,并对接下来的战略调整给予建议,在汲取经验教训的基础上,发挥企业的优势,克服劣势,保证企业在国家环境下的长期稳定发展。

第三节　跨国经营战略的分析模型

跨国经营企业战略在学术界被广泛研究,学者们从不同的角度提出了对跨国经营战略的各种分析方法,其中比较有代表性的有:波特的国际战略模型、普拉哈拉德和多兹的一体化战略模型、寇伽特的价值链战略模型和伊普的系统性战略模型等。

一、波特的国际战略模型

迈克尔·波特(Michael Porter)是哈佛大学终身教授,为战略管理理论发展做出了突出贡献。波特早年就提出了企业通用战略模型,之后又在此基础上于20世纪80年代末提出了更适应跨国经营企业的国际战略模型,如图6-2所示。

战略目标 \ 战略优势	外部环境分析	以国家为中心的战略
整体市场	全球成本领先 全球差异化	受保护市场
局部市场	全球细分	当地响应

图6-2　Porter的国际战略模型

资料来源:贾旭东主编:《国际管理学》,中国人民大学出版社2009年版,第146页。

模型中的两个维度分别是战略优势和战略目标。战略优势维度指企业试图确立战略优势的范围是全球或者某个特定的国家，并据此分为全球战略优势和以国家为中心的战略优势；战略目标维度指企业试图在整体市场还是局部市场中确定竞争优势。两个维度形成了四种国际战略模型供跨国经营企业选择。

1. 全球成本领先或全球差异化战略

全球成本领先或全球差异化战略指跨国经营企业在总成本或产品差异化方面具有全球优势，应采取全球战略，定位于整个市场，尽可能发挥自身的特有优势，以争取全球客户。

2. 全球细分战略

全球细分战略指跨国经营企业在某一特定细分市场上具有竞争优势，应努力为这一特定细分市场提供产品和服务，采用专攻某一特定细分市场的战略。

3. 受保护市场战略

全球细分战略指跨国经营企业试图以某个特定国家为中心，在其整体市场上建立竞争优势。由于不同国家的市场对应的保护本地市场的规定与措施不尽相同，针对这种情况，企业在进入某一国家市场前，需要对各国市场进行分析，选择能得到东道国政府保护和支持的国家进行投资。

4. 当地响应战略

当地响应战略指跨国经营企业的优势只表现在某一国家特定领域的市场，企业需要尽量满足东道国本地一些局部市场对产品和服务的特殊需求，响应当地政策。

二、普拉哈拉德和多兹的一体化战略模型

密歇根大学的普拉哈拉德(Prahalad)与多兹(Doz)合作，提出跨国经营企业战略的形成是由相互冲突的因素所决定的观点，并认为导致冲突的原因是受经济、政治和组织等限制，跨国经营企业往往是在分析这些限制相互作用的基础上来判断战略的可行性问题。国际经济环境的变迁为企业带来了难题，企业必须进行战略调整才能保证持续发展。

他们指出，战略的目的应该是鼓励企业去实现那些超越规划能力的目标。企业不应根据战略经营单位，而应根据核心能力来建立自己的竞争优势。核心能力能够为企业提供进入市场的潜力，使企业了解消费者的需求，并形成竞争对手难以模仿的能力。

1. 一体化—响应方格图

基于以上观点提出的普拉哈拉德—多兹战略模型，可以由一体化—响应方格图来说明，如图 6-3 所示。

在普拉哈拉德—多兹战略模型中，横坐标表示跨国经营企业对市场需求作出响应程度的高低，纵坐标表示跨国经营企业产品一体化程度的高低。企业产品一体化程度越高，成本优势越大；企业对市场需求作出的响应速度越快，竞争优势越大。受国际环境的影响，企业的优势也在不断发生着变化，成本压力、技术压力、来自竞争对手的压力以及客户需求变化的压力等，都是促使企业进行战略调整的重要因素。企业可以从一体化—响应方格图中寻找适合企业的战略，并适时进行战略调整。

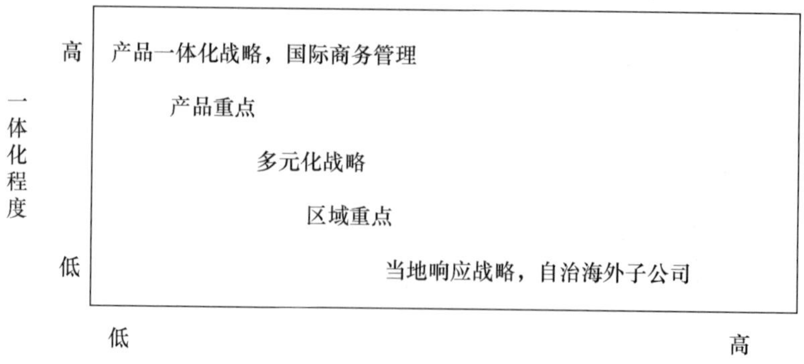

图 6-3 一体化—响应方格图

Source: Prahalad, C. K., Doz, Y. L., *The Multinational Mission: Balancing Local Demands and Global Vision*, New York: Free Press, 1987.

2. 全球一体化动力因素和当地响应压力因素

普拉哈拉德和多兹又进一步分析了促成跨国经营企业实施全球一体化战略的动力因素和实施当地响应战略的压力因素。

(1) 全球一体化动力因素

促成跨国经营企业实施全球一体化战略的动力因素包括:拥有多国客户的企业进行联合;及时了解竞争对手并进行分析评价;尽快回收在全球高度集中领域的投资;加强企业技术的总体协调;通过充分挖掘低成本途径和提高规模经济的潜力来减轻企业成本压力;为促进产品的通用性而进行一体化;尽可能使材料和能源接近原产地。

(2) 当地响应压力因素

实施当地响应战略的压力因素包括:顾客需求的差异;分销渠道的差异;本地替代产品的出现;东道国竞争者势力强大或竞争者高度集中;企业必须遵循东道国的政策,否则将考虑退出该国市场。

三、寇伽特的价值链战略模型

寇伽特(Kogut)认为,"附加价值链是将技术与原材料、劳动力进行组合,并将这些输入品经过加工组装,投入市场进行流通的过程"。也就是说,它是将各种各样的技术、原材料和劳动作为输入,将它们的产出作为输出并投放市场的一连串的流程。有的跨国经营企业只涉足这条价值链的部分,有的业务范围涉及整个价值链,有的将全部的价值链放到母国进行。跨国经营企业需要战略性地考虑这些价值链配置到哪些国家或地区更为合适。

寇伽特认为,跨国经营企业有两大重要战略性课题:第一,企业该涉足哪些附加价值链环节;第二,企业应将这些业务环节配置到什么地方。寇伽特的答案是企业应当投资到附加价值链里本公司具备竞争优势的环节,且配置到具备比较优势的地区。寇伽特把价值增值链从企业层面延伸到国家和地区层面,强调比较优势,这对全球价值链的形成产生了进一步的影响。

但是这一观点也存在一定的不确定性和风险，企业需要具备运营柔性，在中央统合与当地适应之间进行良好的平衡。在这一点上，寇伽特已经涉足战略流程领域的讨论。

四、伊普的系统性战略模型

伊普（Yip）对跨国经营战略进行了详尽分析，提出了国际战略论的观点，并整理了跨国经营战略的系统性框架。他强调了其中保证系统性框架良好运转的各种条件。

1. 国际战略论

伊普的国际战略论强调影响跨国经营战略利益和成本的三个关键因素，分别是：跨国战略手段、跨国推进力和跨国组织能力，并将其称为全球化三角。他认为，全球战略的制定必须结合所处行业的全球化潜力，并需要和成本、市场、政府以及竞争性环境的各种约束相匹配，这样才能提升公司的经营业绩。

2. 跨国经营战略分析框架

根据伊普的国际战略论，形成了跨国经营战略的分析框架，模型如图 6-4 所示。

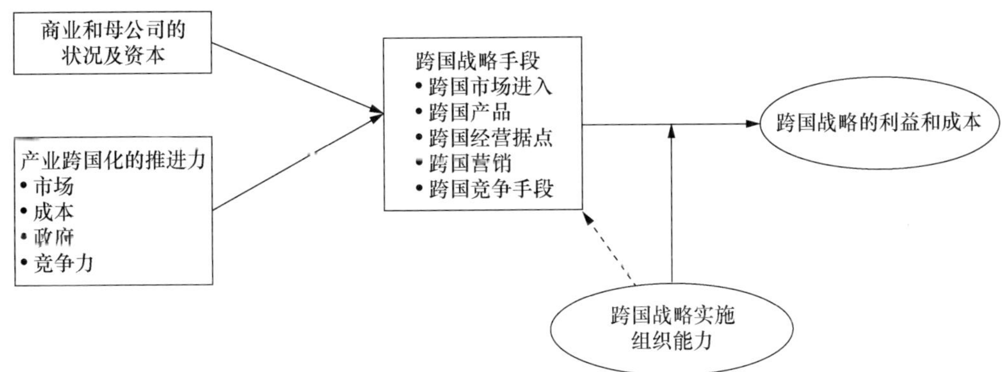

图 6-4　伊普的系统性战略模型

Source: Yip, G. S., *Total Global Strategy*, Upper Saddle River: Prentice Hall, 1992.

分析框架主要想说明，商业和母公司的状况以及资本和产业跨国化的推进力中的各要素会影响跨国战略手段，进而影响跨国战略的利益和成本。另外，确保跨国战略实施的组织能力中的相关内容，主要影响了跨国战略手段对跨国战略的利益和成本造成影响的能力，部分情况下也会直接影响跨国战略手段。下面对框架中的要素进行简要介绍：

（1）跨国战略利益和成本，指的是通过降低成本，改善产品质量，增加消费者好感度和竞争实力等手段，来获取跨国经营的各种利益。跨国战略成本指的是，运用各种手段产生的跨国间资源调配和协调的成本。

（2）跨国战略手段，指的是跨国经营企业的市场进入、跨国产品、跨国经营据点、跨国营销、跨国竞争手段等。

（3）跨国战略推进力，包含市场、成本、政府和竞争力四个要素。

（4）跨国战略实施组织能力，包括组织架构、管理流程、人才、文化等要素。

课后练习题

1. 什么是跨国经营战略?跨国经营战略的特征有哪些?
2. 跨国经营战略的模式有哪些?请进行比较分析。
3. 查找资料并举例说明跨国经营战略不同模式的具体案例。
4. 跨国经营战略管理过程包括哪些步骤?
5. 介绍一种你熟悉的跨国经营战略的分析工具,并举例说明其运用过程。

章末案例

海尔集团的国际化战略[①]

海尔集团1984年创立于青岛。创业以来,海尔坚持以用户需求为中心的创新体系驱动企业持续健康发展,从一家资不抵债、濒临倒闭的集体小厂发展成为全球最大的家用电器制造商之一。2017年1月10日,世界权威市场调查机构欧睿国际(Euromonitor)正式签署发布的2016年全球大型家用电器品牌零售量数据显示:海尔大型家用电器2016年品牌零售量占全球市场的10.3%,居全球第一,这是自2009年以来海尔第8次蝉联全球第一。此外,冰箱、洗衣机、酒柜、冷柜也分别以大幅度领先第二名的品牌零售量继续蝉联全球第一。海尔在全球有10大研发中心、21个工业园、66个贸易公司、143330个销售网点,用户遍布全球100多个国家和地区。2016年5月,青岛海尔股份有限公司成为国务院首批双创"企业示范基地"。

一、海尔集团的国际化历程

海尔从创立至今,实施了品牌战略、多元化战略、国际化战略,并逐渐上升为全球化品牌战略。海尔集团在2012年12月宣布集团发展进入网络化战略阶段。

1. 名牌战略发展阶段(1984—1991年)

海尔集团成立之时正是改革开放初期。和其他企业一样,海尔集团也在积极探索一条科学创业之路,此时的海尔积极从国外引进先进的电冰箱技术和设备。在掌握国外的先进技术后,海尔开始把重点放在质量上。张瑞敏董事长砸冰箱的壮举让海尔把质量放在了第一位,提出了"要么不干,要干就干第一"的口号,并在家电市场饱和甚至过饱和时,凭借过硬的质量获得了竞争优势。在这一阶段,海尔人在张瑞敏的带领下全心全意做冰箱,在技术、管理、资金、人才、企业文化方面累积了一定的基础之后形成了海尔模式。名牌战略发展为海尔的国际化之路奠定了基础。

2. 多元化战略发展阶段(1991—1998年)

海尔明确了成为"中国第一家电品牌"的目标后,建立了大规模的家电园区,并开始涉足白色家电产业,如空调产品;同时向笔记本电脑、手机、电视机等领域进军。在产业多元化之后,海尔升级和完善了星级服务理念,争取到了更多的消费者。在这一阶段,海

---

① 摘编自高继风:《浅谈海尔集团的国际化战略》,载《现代国企研究》2018年第12期。

尔以冰箱为基础，在打好这个基础的同时发展其他产品，实现了产品的多元化。

3. 国际化战略发展阶段(1999—2002 年)

海尔集团开始进军国际市场，在美国建立了第一个工业园，开启了创造世界品牌的探索和实践之路。为了实现这一目标，海尔集团的管理机制产生了重大变革，以便快速创造、生产出有市场需求的产品来满足客户的需求。2002 年，海尔买下纽约中城格林尼治银行大厦作为北美的总部，逐渐形成了设计中心在洛杉矶、营销中心在纽约，生产中心在南卡州三位一体的国际化战略。

4. 全球化品牌战略发展阶段(2002—2012 年)

这一阶段，海尔利用自身资源和国内市场，同时凭借实力整合、利用世界范围内的研发、制造、营销资源，创造全球化品牌，以更大比重地占领世界市场。作为一家以技术创新为主的制造类企业，海尔十分注重保护品牌和维护知识产权，抢先在 102 个国家注册海尔商标，凭借高质量和品牌优势进入世界市场，吸引全球更多的消费者。

5. 网络化战略阶段(2012 年至今)

世界范围内网络的发展彰显着互联网时代的到来，传统经济发展模式被互联网经济颠覆，市场和企业更多地呈现出网络化特征。海尔集团紧跟时代发展步伐，在 2013 年 12 月与阿里巴巴集团联合宣布达成战略合作，这是海尔集团扩大全球市场不可多得的好时机。截至 2014 年 6 月，海尔通过全球五大研发中心作为知识资源接口，与全球一流供应商、著名大学、研发机构建立战略联盟，形成上百万科学家、工程师组成的创新生态圈。海尔用户遍布全球 160 多个国家或地区，拥有全球五大研发中心，24 个工业园，66 个贸易公司，保持着全球大型家电零售第一的市场地位。

二、海尔集团的国际化策略

海尔选择了“先难后易”的策略进入国际市场，也就是首先选择欧美发达国家攻克，后攻克发展中国家。海尔通过对国外市场进行细致分析，才制定了这一战略。虽然先进入对产品要求严格的发达国家市场难度较大，但也能够使企业发挥创造力，生产更高质量、更高水平的产品，这也为海尔进入其他发展中国家奠定了相当牢固的基础。同时，海尔也采用了“三位一体”以及“三融一创”的本土化策略。

采用“三位一体”策略发展品牌，提升海尔在国际上的声誉。在强化时期，则使用“三融一创”策略提升海尔在国际上的声誉。“三位一体”是指不论是产品研发、生产制造还是销售都做到本土化。首先是开发研究的本土化。海尔开发研究的产品类别与市场想要的产品类别是一致的。在对产品进行研发时，重点引进优秀的技术人员，通过很多途径降低生产成本，产品的研发一定要和市场销售密切联系在一起，让自身的产品可以在很短时间内适应一个未接触过的消费市场。其次是产品制造的本土化。制造产品时，需要想到顾客的需求，让企业生产出来的产品能够适应消费者的不同要求。同时，产品的价格不能比市场平均价格高。这种管理方式的使用，使海尔能够根据消费者的需要进行生产。最后是营销方式的本土化。创业初期，海尔海外投资最大的难点就是找不到适合的营销渠道，所以，海尔将发展重点放在不同营销渠道的营造上。

“三融一创”指的是当地融资、融智还有融文化，创立海尔世界名牌。海尔要求用当地的人力资源和资本。海尔的美国公司管理人员就是很纯正的美国人，当地人对美国传统文化和法律还有美国人的消费习惯以及需求的理解,都是海尔本部的中国员工没法比的。海尔还要求品牌本土化。企业在投资国生产的产品以及销售都与本国不同,更符合投资国市场。海尔的品牌本土化主要是利用当地特殊的媒介形式和影视明星等名人来增加推广力度。品牌的本土化,能够让当地消费者迅速积累起对该品牌的熟悉度和友好度。通过这种战略,海尔很快在国外赢得广阔市场。

讨论题

1. 如何评价海尔集团国际化历程中战略模式的选择?
2. 海尔集团国际化战略中为什么要强调“本土化”?

本章参考文献

Prahalad, C. K., Doz, Y. L., *The Multinational Mission: Balancing Local Demands and Global Vison.*, New York: Free Press, 1987.

Yip, G. S., *Total Global Strategy*, Upper Saddle River: Prentice Hall, 1992.

薄启亮、陆如泉:《跨国经营战略管理体系的构建与实施》,载《企业管理》2013 年第 3 期。

曹宗平:《跨国经营战略的必要性及对外贸和就业的影响》,载《宏观经济研究》2009 年第 4 期。

陈其钢、柯炳生:《企业跨国经营战略初探》,载《中国行政管理》2006 年第 10 期。

单国云:《本土化:跨国经营战略中的关键课题》,载《国际经济合作》2005 年第 1 期。

杜晓君:《企业跨国经营进入策略》,载《中国软科学》2000 年第 4 期。

冯雷鸣、黄岩、邸杨:《跨国经营中的市场与非市场战略》,载《中国软科学》1999 年第 4 期。

贾旭东主编:《国际管理学》,中国人民大学出版社 2009 年版。

姜岩:《跨国公司市场进入战略研究》,载《财经问题研究》2000 年第 1 期。

李怀勇:《跨国经营战略的国际比较》,载《外国经济与管理》1995 年第 5 期。

李景峰:《WTO 背景下的企业跨国经营战略》,载《对外经贸实务》2002 年第 7 期。

史丹、余菁:《全球价值链重构与跨国公司战略分化——基于全球化转向的探讨》,载《经济管理》2021 年第 2 期。

王铁民、周捷:《跨国经营海外子公司业务发展中企业的战略选择》,载《管理世界》2005 年第 10 期。

徐子健:《跨国经营理论研究的新发展》,载《国际贸易问题》2004 年第 5 期。

杨增雄:《国际企业管理》,科学出版社 2017 年版。

于斌、吴潇:《跨国经营与环境战略》,载《科学学与科学技术管理》2004 年第 2 期。

张晓华:《主动本土化》,载《国际贸易》2001 年第 7 期。

赵昌文、陈维政:《跨国公司基本经营战略与管理模式分析》,载《经济体制改革》2000年第4期。

周常宝、李康宏、林润辉、冯志红:《新兴经济体国家企业跨国治理能力的构建与演化机制——基于联想跨国经营的案例研究》,载《管理案例研究与评论》2019年第1期。

朱启铭:《跨国公司倾协同战略的形成与实施》,载《当代财经》2004年第5期。

第七章　跨国战略联盟

【本章学习目的】

通过本章学习，你应该能够：

- 掌握跨国战略联盟的含义
- 分析跨国战略联盟产生的背景和动因
- 掌握跨国战略联盟的形式和特点
- 了解跨国联盟的建立过程和管理要点
- 分析影响跨国战略联盟成败的因素

引导案例

雷诺—日产—三菱联盟面临的挑战①

雷诺日前发布的2020年上半年财报显示，受新冠肺炎疫情等因素影响，2020年上半年净亏损近74亿欧元，远逊于上年同期的净利9.7亿欧元。此数据也低于分析师预期的净亏损44.9亿欧元，更是雷诺2009年金融危机高峰时期亏损金额的两倍多。雷诺销售业绩也不容乐观，2002年上半年共销售汽车126万辆，同比下降34.9%；实现营收184亿欧元，较上年同期的280.5亿欧元同比减少34%。

雷诺在公告中指出，联盟伙伴日产汽车业绩恶化是导致雷诺集团严重亏损的原因之一，雷诺认为2020年上半年将近74亿欧元的亏损中，有48亿欧元为日产汽车拖累所致。雷诺持有日产43.4%的股份，而日产在被疫情重创的时候，做出了放弃支付股息的决定，这的确给面临困境的雷诺带来严重打击。雷诺临时首席执行官克洛蒂尔德·德尔博斯在业绩报告会上直言："我们正在经历的新冠肺炎疫情危机严重影响了集团上半年的业绩，而日产汽车的损失加剧了我们已经遭遇的困难。"

日产深陷亏损的窘境。公司日前表示，预计本财年(2020年4月至2021年3月)将亏损6700亿日元。日产2020年5月发布的财报显示，2019财年公司亏损6712亿日元。这就意味着日产或将连续两个财年出现巨额亏损。2020年4月至6月，日产全球销售额同比下降50.5%至1.1741万亿日元，当季亏损约2856亿日元，这是11年来日产首次在第一财季中出现亏损，也是继2019财年第四季度亏损后的连续第二个季度亏损。

自日产前董事长戈恩被捕后，日产和雷诺之间的紧张关系也在持续恶化。此前，戈恩在发布会上透露，在其被捕后，雷诺—日产—三菱联盟每天亏损2000万欧元，累计亏损50亿欧元。损失的扩大令这个联盟的各方管理层出现了明显矛盾，处于摇摇欲坠的

① 摘编自秦天弘：《雷诺—日产—三菱联盟持续面临合作挑战》，载《经济参考报》2020年8月7日。

边缘。而此次雷诺对日产的指责再次令双方关系雪上加霜。此前，一手促成雷诺、日产联盟的戈恩在接受媒体采访时指出，日产和雷诺现阶段的业绩下滑主要是缺乏联合领导，而与当下的新冠肺炎疫情关系不大。

为了应对困局，雷诺和日产都在积极转变发展战略帮助扭转颓势。在电动化的大趋势下，雷诺正努力增强在这一领域的竞争优势。虽然2020年上半年销量锐减，但是雷诺纯电动车Zoe上半年在欧洲的销量达到37540台，同比上涨了50%，一举夺得欧洲上半年新能源汽车销量冠军，力压大众纯电高尔夫和特斯拉Model 3等车型，可谓风头正猛。对于2020年下半年的销量，雷诺也充满信心，公司表示已经接到很多订单，库存水平令人满意，所有产品的定价都在上涨。

自2020年4月份以来，日产已筹集了78亿美元的融资以提高现金流。在新任首席执行官内田诚的领导下，日产对戈恩此前的经营模式进行了调整，推出“新中期事业规划”，承诺在未来4年内将其生产能力和车型范围削减约1/5，以从固定成本中削减3000亿日元，集中优势发展中国、日本和北美市场。除裁员和降薪之外，日产汽车于2020年早些时候关闭了其在印尼的工厂。5月，日产汽车宣布将大幅削减20%的产能，并关闭在西班牙巴塞罗那的汽车工厂。

同时，日产、雷诺和三菱宣布深化联盟关系。三家公司将减少车型生产，共享生产设施，并专注于每家汽车制造商现有的地理和技术优势，以削减成本，应对疫情带来的生存危机。当前，雷诺—日产—三菱联盟面临的真正挑战是如何结束分歧，并且通过提高效率和盈利能力，尽快树立供应商、经销商、投资者和消费者对联盟的信心。

案例背景：1999年5月28日，雷诺按照每股400日元的价格，以48.6亿美元收购日产汽车36.8%股权，以7660万美元收购日产22.5%的股权，另外，雷诺还以3.05亿美元收购了日产在欧洲的5个财务子公司，这样，雷诺一共花了52亿美元完成了交易。到了当年10月30日，市场出于对日产复兴以及雷诺—日产联盟的信心，日产的股价上涨了61.2%。双方于签订联盟协议时还安排了认股权，即日产复兴计划完成后，雷诺将按照既定价格400日元/股增持日产的股份至44.4%；双方于2001年10月成立雷诺—日产有限公司时商定，2002年6月30日之前，日产财务公司将买进雷诺公司15%的股份。雷诺的卡洛斯·戈恩进入日产董事会，日产汽车的主席进入雷诺公司的董事会。雷诺共有17人进入日产高层，分别进驻各个重要部门；日产有7人进入雷诺高层，在1999年下半年，还会有14人进入雷诺高层。2001年10月，雷诺计划以每股400日元的价格，对日产再投20亿欧元，日产向其定向增发5.4亿股新股，使雷诺最终获得日产44.4%的股权。

思考题

1. 雷诺日产战略联盟目前遇到哪些危机？
2. 为什么雷诺选择战略联盟而不是直接收购？

20世纪80年代以来，随着世界经济的全球化、区域经济的一体化、科学技术的飞速发展，社会生产的专业化协作范围有必要、也有可能从国内转向国外。国际分工进一步细化,世界各国之间的经济技术生产的联系越来越密切,企业跨国战略联盟的数量越来越多,逐步成为企业快速成长的方式。全球500强企业中,平均每家拥有60个主要的联盟关系。

第一节 跨国战略联盟的概念

战略联盟是近年来管理学界和企业界关注的焦点。在研究企业组织间合作问题时,除了使用“战略联盟”这一术语外,还有多种表达,如“战略同盟”“战略合作”“动态联盟”“知识联盟”“网络联盟”“虚拟企业”“企业联合”和“强强联合”等,这些概念及定义在内涵及外延上都存在一定差别。

一、跨国战略联盟的定义

波特认为,战略联盟是企业之间达成的既超出正常交易,又达不到合并程度的长期协议。蒂斯指出,战略联盟是两个或两个以上的伙伴企业为实现资源共享、优势互补等战略目标而进行的以承诺和信任为特征的合作活动。[①] 关于战略联盟的界定多种多样,通常认为,战略联盟是由两个或两个以上企业之间,为了获取自身的可持续市场竞争优势,达到共同拥有市场、合作研究、开发和共享资源等目的,通过各种协议而结成的优势相长、风险共担的松散型合作竞争组织。战略联盟与合营企业的不同之处在于它偏重“战略”,即它并不以追求短期利润最大化为首要目的,也不是一种摆脱企业目前困境的权宜之计,而是与企业长期计划相一致的战略活动。

跨国战略联盟,是两个或两个以上的跨国公司为实现某些共同战略目标而结成的联合体;是企业有选择地与国外竞争对手或产品供应商、经销商等结成的战略联盟,通过互换控制权和进入市场的机会,资源共有、风险共担、利益共享的形式灵活的企业合作创新;是某个企业的结盟对象超越国界,在世界范围内与对自己发展有利的企业结成合作伙伴。这些企业联盟的实质是以合作代替对抗,是更高形式、更加激烈的竞争的开始。

有人说,竞争对手之间“没有永远的敌人”,应对市场冲突、成本上升的问题,往往需要竞争者之间进行有效合作,共创竞争优势。联盟内成员之间的关系常常表现为一边合作、一边竞争,在竞争中合作、合作中竞争,这已经成为世界经济发展的一种普遍现象。许多跨国公司在不同的领域,形成多个战略联盟。如飞利浦公司在光电技术领域同美国电报电话公司、在电子技术领域同德国伯斯公司、在陶瓷电子元件领域同日本新日铁等公司各自形成战略联盟关系。

二、跨国战略联盟产生的背景

二战后,随着世界新政治与经济秩序、高科技产业与信息产业以及经济全球化与经济区域化的迅猛发展,全球竞争更加激烈,商品、服务、技术和资本跨越国界的流动越来

① See D. J. Teece, Competition, Cooperation, and Inovation: Organizational Arrangements for Regimes of Rapid Technological Progress, Journal of Economic Behaviorand Organization, 1992(18).

越多,世界各国之间技术经济的相互依存度越来越高,跨国战略联盟就在这一环境条件下产生了。具体而言,跨国战略联盟产生的背景主要表现为:

(1) 全球竞争范围扩大。在各个国家,竞争从劳动密集型领域拓展到资本、技术密集型领域;从传统产业向高科技产业和服务业发展;从有形产品领域向无形产品领域发展。在许多技术领域,开发新技术的难度越来越大,所需费用越来越多,单个企业往往难以筹措到如此巨额的资金。

(2) 全球竞争内容发生变化。全球竞争的重点从争夺市场扩展到争夺技术、人才及战略伙伴,随之而来的是营销策略的改变,全球竞争的内容从价格竞争扩展到营销整合策略及服务策略的竞争。

(3) 全球竞争主体发生变化。以前主要表现为单个企业之间的竞争,近年来竞争格局发生了变化,拥有共同利益的企业群、企业集团之间形成新的竞争之势。

(4) 全球竞争形式发生变化。以前是你死我活的零和博弈,如今开始出现既合作又竞争的竞合模式,即使是竞争对手之间,也在某一特定领域开展合作,实现双赢。

此外,主要发达国家的政府从 20 世纪 80 年代中后期开始,对企业间的联合、并购行为减少限制,尤其在美国,联邦贸易委员会及国会对反托拉斯法律政策的放宽,为美国大企业之间的联合提供了法律依据,促进了企业间的合作浪潮,推进了全球战略联盟的形成。

当今,跨国战略联盟已从制造业拓展到服务业,从传统产业发展到高新技术产业。如戴姆勒—奔驰汽车公司同克莱斯勒汽车公司组成的越洋公司;柯达与佳能结成的战略联盟——由佳能制造复印机,而以柯达的品牌销售;摩托罗拉与东芝达成协议,利用双方的专有技术制造微处理器;英特尔与微软形成战略联盟;AT&T 和 NEC 建立战略联盟;等等。

三、形成战略联盟的原因

在全球技术、经济、生产和消费一体化的条件下,社会分工日益细化,各个国家的企业,只是产品价值链的一个环节,只有同其他环节联动,才能顺利地进行采购、生产和销售。对于驱使企业建立战略联盟的动机,学者的研究视角不同,形成的理论观点也不同,如资源驱动、交易费用驱动、竞争战略驱动、动态能力驱动、学习驱动、风险驱动、社会网络驱动等,这里重点介绍几个具有代表性的观点。

(1) 资源驱动。企业是资源的集合体,一个企业的资源可以是有形的,也可以是无形的,既包括人力、资金、设备等,也包括知识、技术、品牌等。资源对于企业创造竞争优势具有很重要的战略意义,但是,在现代社会经济条件下,企业所拥有的资源往往十分有限,企业发展所需要的大量资源都存在于广泛的社会网络中。面对激烈的市场竞争,企业经常会感觉到自身资源的缺乏,往往没有能力在有限时间内获得自身所需的全部资源。而企业对特定资源的需求并不是均衡的,完全拥有全部资源对企业来说也不经济。所以,企业有必要通过与其他组织结盟,利用其他组织的资源来满足自身需求。

(2) 竞争战略驱动。为获取竞争优势,提高自身的市场占有能力和效率,增强竞争力,企业往往需要寻找合作伙伴,结成战略联盟。企业可以通过战略联盟进军某一特定市场;通过战略联盟降低内部运作成本,实现成本领先战略;还可以通过战略联盟获取自己所不具备的资源和能力,为开拓市场奠定基础;甚至可以通过战略联盟,同联盟伙伴共同提高竞争力,与共同的竞争对手相抗衡。

(3) 学习驱动。企业的成长与发展离不开自身素质的提高与对新知识、新技能的学习,加入跨国战略联盟能够从合作伙伴那里学到一些知识、技术和诀窍,获得更多的学习机会,从而产生新价值、获得收益。不同的企业,其吸收知识的能力是不同的。一般在联盟伙伴的知识基础背景相似的情况下,彼此相互学习会产生较好的效果,联盟伙伴之间的文化差异越大,学习的难度也就越大。以学习为动机的联盟会存在一种不稳定性,即当一个企业完成学习目标后,对联盟的需求可能会减弱,导致联盟的合作积极性降低,甚至联盟解体。

(4) 交易费用驱动。交易费用理论是在经济学中占有重要地位的理论,根据该理论的观点,一个企业在划分它的边界范围时,要使其生产成本和交易成本最小化。战略联盟可以弥补市场结构和科层组织中存在的不足,例如,一个合资企业能够通过所有权激励使企业避免市场内在的机会主义和监督成本,在维护联盟利益的驱动下,减少联盟伙伴机会主义行为的可能性;同时,也可以避免一个企业内部化行为带来的与它的专业能力不相容的困境或者高昂的管理费用。

不同的战略联盟动机,会导致企业在联盟过程中的不同行为,甚至会影响联盟整体运作的绩效。无论是资源驱动、竞争战略驱动,还是学习驱动、交易费用驱动的战略联盟,都反映了企业在不同环境下依靠与其他伙伴的合作,共同进行扩张、增强核心能力或应对未来不确定性的必要性。企业的联盟行为会同时受到不同联盟动机的共同作用,在联盟的运作过程中,联盟的动机有时也会因企业所处环境的变化而变化,企业则须根据这些变化不断调整自身行为,以实现联盟的最终目标。

第二节　跨国战略联盟的特点和形式

一、战略联盟的特点

战略联盟是一个动态发展的概念,不同时代表现出不同的特点。20 世纪 70 年代和 80 年代的联盟主要是股权式的生产联盟;而 90 年代主要是契约型的技术联盟;进入 21 世纪以来,随着网络经济的崛起,战略联盟被赋予新的内涵,形成社会网络联盟。一般而言,战略联盟呈现出以下特点:

(1) 组织的松散性。联盟企业之间是一种合作伙伴关系,超越一般的交易关系,但又不存在控制与被控制的隶属关系,在密切合作的同时保持着各自企业的独立性与平等性,具有一定的松散性。

(2) 目标的多样性。战略联盟的动机多种多样,不同的战略联盟,其目标是有所不同的。即使是同在一个战略联盟中,其成员的目标也有差异。战略联盟的目标呈现出多样性,联盟能为企业提供各种各样的价值。

(3) 合作的互利性。伙伴之间的互惠互利是战略联盟形成的基础,战略联盟旨在提升合作各方的竞争能力，通过合作获取大于各自“独立”或“对立”行动所能获取的利益，达到结盟伙伴间的共赢。

(4) 竞争的根本性。战略联盟是合作竞争组织，合作是为了更好地竞争。联盟企业之间的合作并不一定是全方位的，可能在某些领域合作，而在另一些领域竞争，合作常常是在特定时期一个约定的领域内进行的。

(5) 战略的长期性。同短期的企业交易行为不同，战略联盟旨在为企业创造长期竞争优势、为各方带来长远利益，属于公司层面长期战略性的安排。

此外，在现实中，企业为了增强市场竞争力或遏制竞争对手，可各自组成战略联盟，形成战略联盟之间的竞争。例如，苹果公司、IBM公司和摩托罗拉公司组成联盟生产PC机芯片是为了抵御英特尔公司在PC机芯片市场的主导地位。这种联盟形式在一些标准化产品中也比较常见，例如，由东芝、日立、三菱、MCA、先锋、Doms和时代华纳组成的联盟制定的DVD标准，与Sony和Philips制定的DVD标准形成对抗的局面。也就是说，未来国际市场的竞争不再是企业与企业的竞争，而是战略联盟之间的竞争。

二、跨国战略联盟类型

当代跨国战略联盟的表现形式多种多样，且不断有形式上的创新。从不同的视角出发，对战略联盟有不同的分类。从建立战略联盟的动机角度，可以将跨国战略联盟分为：全球竞争型战略联盟、技术互补型战略联盟、多角合作型战略联盟、风险共担型战略联盟和资源共享型战略联盟；从产品供应链角度看，借用一体化战略的概念，将跨国战略联盟分为纵向联盟、横向联盟和多样化联盟，其中纵向联盟进一步分为下游（也称后向）联盟、上游（也称前向）联盟。本节主要介绍另外三种较为常见的战略联盟形式，即按联盟合作内容、按股权构成和按知识互补与创造分类的战略联盟。

（一）按联盟的合作内容分类

1. 研究开发型战略联盟

研究开发战略联盟是世界各国企业为了开发新技术、新产品而采用较多的形式。为了某种新产品或新技术，合作各方签订一个研发协议，汇集各方的核心资源优势，既能加快开发速度、提高成功可能性，又能有效降低合作各方的开发费用与风险。例如，在核工业领域，通用电器、东芝、日立和西门子公司为了改进热水反应堆技术而结合在一起；美国的18家电脑厂商及半导体制造商共同实施了一项名为“MCC”的计划，联合研究包括新结构、软件和人工智能的第五代电脑，而研究成果将由各主办单位专利使用3年；1997年6月，上海汽车工业（集团）总公司与通用汽车中国公司各出资50%组建了中国第一家中外合资汽车设计开发中心——泛亚汽车技术中心有限公司，负责上海通用所有车型的工程开发，同时承担上汽集团的部分自主开发工作、通用中国的相关工程任务以及上汽通用五菱的重大产品工程项目。研究开发型联盟有利于集结各种资源和各方优势，节省研究成本，缩短研究周期。

2. 生产制造型战略联盟

在生产制造型战略联盟中，常见的是产品品牌的联盟、定牌生产。如果一方有知名品牌但生产力不足，而另一方有剩余生产能力，则可以为对方定牌生产。如此，一方可充分利用闲置生产能力,谋取一定利益;而对于拥有品牌的一方,则可以降低投资或并购所产生的风险。

企业可通过自主创牌、借用他牌、联合创牌来扩大产品的影响。其中,自主创牌投入多、周期长,消费者对产品质量、性能和服务的认知需要一个很长的过程。借用他牌是一种战略联盟,如一些企业生产或销售的产品,借用另一个企业的品牌,这样尽管可以求得发展,但毕竟是为他人作嫁衣裳。相对而言,联合创牌是一种比较好的战略联盟,取决于国内外企业有优势互补的需要。在我国家电行业中,从琴岛—利勃海尔到海尔名牌系列,从三洋—荣事达到荣事达名牌系列,从长岭—阿利斯顿到长岭名牌系列,这些行为大大提高了这些企业在国内外的知名度,并使这些企业逐渐发展成为世界的名牌企业。

3. 市场营销与服务型战略联盟

如果说过去人们只在一个场所生产商品和提供劳务,那么现在则可以跨越国家和地区为很远的消费者提供产品和劳务,更竞相力争能为全球消费者服务。合作各方共同拟定适合于合作者所在国或某特定国家市场的市场营销计划,从而使加盟各方在取得当地政府协助的有利条件下,比其他潜在竞争对手更积极、更迅速地占领市场,加盟各方也可经由这种联盟形成新市场。

该类联盟多流行于汽车、食品和服务业等领域,重在相互利用各自价值链中的下游环节,目的在于提高市场营销效率和市场控制能力。通过联盟使一方的产品优势与另一方的营销技能和营销网络优势结合起来,这种联盟较易于适应多样化的市场需求。例如,2002 年海尔与三洋结成战略联盟关系,一方面,三洋充分利用海尔在中国的销售网络,在中国销售三洋品牌产品;另一方面,海尔产品进入日本市场要有销售渠道的支持,而在日本自建海尔销售渠道需要大量资金且风险太大,通过与三洋结成战略联盟,借用三洋的销售渠道,海尔产品可顺利进入日本市场。

(二) 按股权构成分类

1. 合资经营

合资经营指由两家或两家以上的跨国经营企业共同出资、共担风险、共享收益而形成独立企业。一般是由两家企业通过股权投资创办第三家企业,所创办的公司从法律上讲是独立的实体。合作各方将各自的优势资源投入合资企业,从而使其产生单独一家企业所不能产生的效益。

通过合资经营,跨国公司容易取得当地企业和政府的支持,获得地利、人和的优势,便于企业快速熟悉东道国的环境,迅速进入陌生的东道国市场。作为合资经营的当地企业,则可以利用跨国公司技术、品牌、管理等资源优势,提高自身的市场竞争力。例如,中国石化集团与德国巴斯夫股份公司、美国埃克森公司、沙特阿美公司等通过建立合资企业,发挥中外合作各方的优势和长处,具有投资少、见效快、效益好和自身产品替代进口产品等特点,取得了双赢的协同效应。

中国上汽集团与德国大众集团于 1985 年 3 月合资成立了上海大众,中德双方投资比例各占 50%,合同期限为 25 年。合资企业利用双方优势,实现了双赢,2002 年 4 月,投资双方将合营合同延长 20 年至 2030 年。经过合资各方多次追加投资,注册资本已从初期的 1.6 亿元人民币达到目前的 115 亿元。2010 年 12 月,上海大众年产销量双双突破百万大关，成为中国汽车工业史上首批跻身“百万辆俱乐部”的乘用车企业。

2. 相互持股

相互持股指跨国经营企业之间相互在对方企业中占有少数股权，其目的是促使合作各方加强相互联系，进行长久密切的合作。与合资企业不同的是，双方的资产和人员不必进行合并。其特点是合伙人各自继续以独立的实体开展经营活动，但同时各自都能享受到对方优势所提供的好处。例如，1999 年，法国雷诺公司和日本日产公司以相互持股模式结成联盟，在基于股权紧密合作的基础上，对雷诺、日产两个公司的品牌、企业文化充分尊重和信任，保证双方各自的独立经营地位，最终实现了双赢。又如，2009 年 12 月，日本铃木汽车同德国大众汽车宣布双方相互持股合作，大众以 2224 亿日元取得铃木 19.9%的股份，成为铃木最大股东，铃木也以最高 1000 亿日元取得大众约 2.5%的股份，双方结成战略联盟。在这一联盟中，铃木和大众是平等的合作关系，大众提供油电混合车和电力车灯环保技术给铃木，双方共同研发铃木的强项小型汽车，推进零部件通用化，削减成本，同时联手开发中国、印度等新兴市场，但双方在销售方面继续独立运行。

3. 契约式战略联盟

这是战略联盟伙伴最普遍的形式，既不涉及股权利益，也不涉及组织的单独设立，通常是一方在较长时间内为另一方供应、生产、销售商品或服务。其主要形式有联合市场协议、订单生产协议、单一采购、准时供应协议、相互资源协定、交叉特许、联合研究与开发。例如，星巴克通过与巴诺书店(书店中提供咖啡)、联合航空(航行中提供咖啡)、德莱耶(提供咖啡冰淇淋)、百事(提供咖啡星冰乐)、卡夫食品(通过食品店销售咖啡豆和咖啡粉)等公司结盟，使其品牌扩张到更多靠近顾客的地方。

(三) 按知识互补与创造分类

知识联盟是从企业的知识管理和组织学习的角度对战略联盟进行的一种阐释，是以学习和创造知识作为联盟的中心目标，有助于两公司的专业能力互补，促进企业之间知识资源共享、知识流动和知识创新的联盟形式。具体划分为以下两种：

1. 知识互补型的战略联盟

每一个企业都有自己独特的知识储备，但常常会碰到一些“知识瓶颈”。如果每一个瓶颈都依靠企业内部的努力来解决，不仅在创新资源分配上可能会存在困难，有时还会因创新周期长而错过市场机会。如果在企业外部已经存在自己所希望获得的知识，企业就会产生从外部获取的愿望。在不能直接用市场交易的手段有效获得这些知识，特别是隐性知识的情况下，企业就会考虑采取应用于市场和内部开发的战略联盟形式。当合作各方都有类似需求时，就可以建成知识互补型战略联盟，促使知识在不同的企业间转移。如果在激烈的竞争环境里，知识的转移和利用不能满足企业创新发展的需求，则企业就有可能寻求知识创造型的战略联盟。

2. 知识创造型的战略联盟

通过与外部知识源的结合，企业可以构筑创造知识的新平台。这一平台不同于原有的企业内部创新平台，它不过多受企业原有知识的影响，而是重新构筑知识结构，以更具革命性的创新为目标来进行知识的创造。比如，跨国公司之间建立的开发新技术和新产品的 R&D 战略联盟可以看成一种以创造知识为主要目标的联盟。

在知识爆炸的今天,跨国公司建立知识创新的战略联盟对其核心竞争力的形成有积极作用,许多跨国公司与竞争对手、消费者、供应商、配套产品生产商、科研机构、相关政府部门甚至科学家个人结成战略联盟,站在知识创新的角度对全球创新战略联盟进行系统管理,形成跨国公司全球创新的外部网络。它与跨国公司自身的全球内部创新网络互相渗透,建立起知识创造、转移和利用的新机制,从而确立跨国公司的全球竞争优势。

此外,美国国家研究委员会(National Research Council, NRC)在 1992 年的一份报告中,按研究开发、生产制造、销售服务等几个业务流程阶段,将战略联盟划分为 16 种具体形式,如表 7-1 所示。

表 7-1 战略联盟按业务流程的分类

战略联盟分类	联盟形式
研究开发战略联盟 R&D alliances	1. 许可证协议(licensing agreement)
	2. 交换许可证合同(cross-licensing agreement)
	3. 技术交换(technology exchange)
	4. 参观参与(visitation and research participation)
	5. 技术人员交流(personnel exchange)
	6. 共同研究开发(joint development)
	7. 技术获得型投资(technology acquisition investments)
生产制造战略联盟 manufacturing alliances	8. 贴牌生产(original equipment manufacturing, OEM)
	9. 来样加工(second sourcing)
	10. 辅助制造合同(fabrication agreement)
	11. 产品的组装及检验协议(assembly and testing agreement)
销售服务战略联盟 marketing and service alliances	12. 采购协议(procurement agreement)
	13. 销售代理协议(sales agency agreement)
	14. 售后服务合同(servicing contracts)
全面性的战略联盟 general-purpose tie-ups	15. 产品标准的协调(standards coordination)
	16. 合资企业(joint venture)

Source: National Research Council(1992):U. S. -Japan Strategic Alliances in the Semiconductor Industry.

三、跨国战略联盟网络

联盟网络(alliance networks)是战略联盟的扩大化,当战略联盟存在于两个以上的跨国经营企业之间时,便会形成跨国战略联盟网络。联盟网络一般是由一国或几国中的几家公司为了达到某一共同目标而组成的集团。集团各个成员公司在规模、经营重点上可能各不相同,但彼此都在联盟网络中为着同一目标而发挥自己的作用。也就是说,联盟网络是彼此相互关联,通过采取联盟关系的措施,来追求共同利益的一群战略联盟伙伴。广义上看,网络联盟包括协会(造船协会、会计协会等)、商会等,合作各方定期缴纳会费以维持一个独立管理机构的正常运行,该管理机构不受任何一方的单独控制,它为合作各方(会员)共同提供信息、技术、培训等服务。

联盟网络可以分为稳定联盟网络、动态联盟网络。稳定联盟网络通常出现在一些市场周期与需求具有稳定性和高度可预测性的成熟产业中，动态联盟网络则经常发生在技术创新较快的新兴产业中。无论是哪一种网络类型，这些联盟网络都存在着战略中心厂商，此战略中心厂商管理着整个网络。战略中心厂商一般具有某些核心竞争力，使其能够将某些重要的活动转移到其他公司，如果管理良好，网络中的成员厂商可以创造出更多的价值，网络成员彼此均可增加各自的利润。

联盟网络的出现说明企业合作由传统单边向多边发展，形成一种新的竞争方式——一个联盟集团同另一个联盟集团之间的竞争。这种竞争方式一出现就在全球经济中迅速发展起来，引起管理学者和专家的极大关注。比如，在汽车行业曾形成三大联盟集团：通用汽车、丰田、五十铃、铃木、沃尔沃联盟集团，福特、马自达、起亚、日产、菲亚特、大众联盟集团，克莱斯勒、三菱、戴姆勒—奔驰联盟集团。当然，联盟网络是动态的，随着竞争环境的变化，伙伴关系会解散或者重组。

第三节　跨国战略联盟的建立和管理

一、跨国战略联盟的建立

跨国战略联盟的建立是指在分析企业的外部环境和内部条件的基础上，根据企业的战略目标，确定国外的合作对象、合作方案及其应变措施的具体行动计划的过程。跨国战略联盟的建立主要包括以下五个阶段：

1．制定战略

通过优势、劣势、机会、挑战（SWOT）分析，明确来自于竞争对手的威胁和本企业所具有的机会，评估本企业在现有环境下的优势与劣势；然后在共同考虑本企业长期与短期目标的基础上确定本企业的战略，尤其要明确本企业的营销目标或前景，从长计议，特别注重于相对竞争优势的取得，而不拘泥于一时一地的得失。

在决定是否采用跨国战略联盟之前，企业需对各种方案进行评选。比如，是实行兼并战略还是收购方案，企业是自我发展还是参加战略联盟等。企业在评选这些备选方案时，除了要深刻而全面地研究这些战略方案，还应知道实施这些方案所需的资源及这些方案对本企业所产生的影响。具体来讲，如果企业拟采用战略联盟，则需明确如下问题：

（1）联盟是否必不可少？

（2）结成联盟后对公司的声誉有何影响？

（3）公司的高层管理者是否拥护联盟？

（4）联盟的建立是否会引起客户、供货方、目前的合伙方及金融部门的不利反应？

2．分析战略缺口

在制定战略的同时，要分析本企业的战略缺口。战略缺口（strategic gap）是指企业希望达到的战略目标与凭借自身的资源、能力所能实际达到的状况之间的差距。战略缺口主要表现在市场力量（对市场的控制和范围经济）、效率（成本优势和规模经济性）、核心能力方面，弥补战略缺口构成战略联盟的最大动因。一般来说，战略联盟可以使企业达到七个互相交叉的基本目标：减少风险、获得规模经济、获得互补性技术、减少竞争、克服政府的贸易限制或投资障碍、获得海外市场的经验或知识、增强同价值链上的互补性伙伴的联系。

3. 选择合作伙伴

联盟伙伴的选择是建立企业战略联盟的基础和关键环节,慎重地选择合适的合作伙伴是联盟成功的前提。一个好的合作者不仅应拥有所需的专业技术和能力,而且关于联盟目的还应持有相同的企业愿景,进行选择时应遵循3C原则,即兼容性、能力和承诺。

(1) 兼容性(compatibility)。兼容性高低表现在两个方面:一方面是软件因素,其中,最重要的当属相互之间的信任,在联盟中的相互信任有巨大的价值;公司文化是否融合也是决定联盟命运的一个关键因素。另一方面是硬件因素,包括战略、组织、生产、销售、财务和安全等几个方面。

从兼容性视角看,如果联盟双方的战略相互矛盾,则保持良好的合作伙伴关系是不可能的。企业在组建联盟时,要仔细研究潜在的合作者与本企业在组织结构上是否存在兼容性。在生产方面,应主要考察对方在原材料、零部件采购方面采用什么战略;在市场销售方面,应考察潜在合作伙伴的市场占有份额和销售增长率的情况怎样,双方对客户的服务政策是否接近,对方在不同地区市场上的形象如何,对方的产品质量、形象、价格如何;在财务方面,主要应考察双方在财务实力、风险政策、分配政策、再投资安排、资产/负债比率、现金管理等方面有何差异,潜在合作者能承受多大的不可预见的财务压力,合作伙伴的主要持股人是谁,合作伙伴是上市公司、个人持股公司还是国有公司;等等。

(2) 能力(capability)。合作者必须有能力与你进行知识性合作,这样联盟才有价值。在评价合作对象的能力时,主要应考察以下几个方面:第一,在拟合作的领域,你与合作伙伴谁更活跃?第二,对方的市场实力如何?第三,对方的技术水平、生产能力、销售网络如何?第四,对方是市场的主导者还是落后者?我国企业与国外公司联盟时,一般要求合作伙伴具有对联盟投入互补性知识资源的能力,能够带来本企业所渴望的技术、技能、知识和进入新市场的机会等。

(3) 承诺(commitment)。在考察对方是否有承诺意愿时,首先要考察联盟的业务是否属于合作对方的核心产品范围或核心业务范围。如果拟设立联盟的业务范围对于合作者的主要业务来讲微不足道,那么合作者很有可能不愿向合资企业投入必要的时间和资源,同时,在这种情况下,合作对象还有可能退出联盟而使你处在一种进退两难的境地。如果联盟涉及对方的主要业务或主要发展战略,这种风险便会大大减小。

其次要确定合作伙伴退出联盟的难度。联盟面临的危险之一就是合作一方把合作者纳入其全球战略中,并且投入大量的资源和精力,而其合作伙伴却突然要求退出联盟,使该合作方陷入进退维谷的境地。所以,公司在最终决定组建联盟前,必须测试这种可能性有多大,测试对方退出联盟的困难程度。

4. 确定联盟的类型

建立战略联盟采取什么样的形式,应当依据企业的不同情况,对每个可能的伙伴,考虑相应的联盟类型与构成方式。联盟的构成方式对联盟的运行和能否达到各方目的至关重要,高层经营管理者应在明确联盟目的的基础上,确定联盟的类型和组织架构;中层管理人员应参与筹划战略联盟过程,以便取得企业全体人员对联盟的支持和对联盟活动的协助。此外,应选择适合协调工作和具有丰富经营管理经验的人担当联盟的管理人员。

5. 谈判签约

正式联盟建立之前,要将加盟各方集中起来进行谈判,合作各方就目标、期望和义务等各抒己见,然后在取得一致意见的基础上制定出联盟的细则并签约实施,双方必须为联盟作出各自的承诺,以产生预期的效益。工作分配必须公正,双方获得的利益大小必须公平。

战略联盟各方由于相对独立,彼此之间组织结构、企业文化、管理风格有着很大的不同,尤其是跨国界的战略联盟在这一方面表现得更加突出。合作各方良好的沟通与协作对于战略联盟的成败至关重要。

二、跨国战略联盟的控制与管理

合作伙伴和合适的联盟形式确定之后,企业面临的任务就是使各方从联盟中的得益最大化。在跨国联盟运营过程中,除了要考虑各自的文化差异外,还必须在合作伙伴之间建立信任以及向合作伙伴学习。跨国战略联盟可能出现的种种问题都与管理中的失误有关,要么是忽视了对其内在因素或外在环境要素的分析管理,要么是疏忽了对联盟各环节的控制。而要根治这些问题,需要全方位、全过程对战略联盟进行控制管理。

战略联盟全方位管理是指不仅要对联盟双方缔结合约的核心要素(如经济利益、风险划定等)进行管理,也要对其外在要素(如组织结构、知识产权、企业文化等)进行综合协调和控制;战略联盟全过程管理则是对战略联盟的形成、运作以及信息反馈全过程所实施的组织、计划、监督和调节。具体而言,战略联盟管理应注意如下几个方面:

1. 满足联盟各方的需要

联盟成功的基础是使参与各方都能获益,往往正是由于某一方不能得到预期的结果或需要得不到满足,使得一些跨国联盟以失败告终。如果一方合作者不尊重另一方的需要,甚至企图损人利己,那么随之而来的摩擦很快会影响进一步的合作。为及时了解对方的需要,联盟各方应该共享信息,保持坦诚、信任的关系。

2. 建立合适的组织机构

从成功的跨国战略联盟看,组织结构应具有两个特征:(1) 新的组织结构必须对市场总需求和竞争条件的变化作出迅速而灵活的反应。(2) 新的组织结构必须具备广泛、健全的信息反馈网络,建立完善的决策制定机制,确保必要时可以采取敏捷的行动。在许多情况下,技术和竞争形势的快速变化要求组织必须同样快速地制定决策。如果双方在问题讨论或从上级获得内部批准上花费的时间太久,联盟计划就会延迟,甚至夭折。

3. 保护联盟各方的核心技术资产

战略联盟是竞争性合作的一种形式,在竞争层面,不应过于草率地把核心技术和独特技能转让给伙伴,使自己的相对竞争能力下降;在合作层面,要相互尊重和保护各自的知识产权,在协议范围内使用技术资产。一般而言,专有权(专利和注册商标)可以通过法律手段获得;对专有技术、企业诀窍等可以采取对等交换的方法,实行有分寸的让渡。

4. 适时调整联盟协议

在当今快速变化的市场中,很少有联盟仅仅通过坚持最初的计划便取得成功,取得长期成功的秘诀之一是学会适应变化。联盟的条款和目标必须根据需要进行调整,即随着时间推移,调整联盟协议,以适应新的环境。

5. 发展多方位的联盟合作关系

多边联盟的形式能最大限度地减少任意两方联盟解体带来的危机,能比单一联盟更广泛、更好地运用多国企业的综合优势,从而优化技术水平,开拓国际市场。

6. 沟通文化间的差异,创造新的企业文化

只有尊重当地文化和当地商业惯例,才能建立起富有成效的工作关系。在文化融合过程中,要注意三项基本要求:(1) 保持联盟成员间的地位平等;(2) 当发生分歧或矛盾时,要坚持求同存异的原则;(3) 保持高层管理人员间的接触与合作。

跨国联盟新的组织文化至少应包括三方面内容:(1) 根据各方的实力和意向,确定联盟的长期目标;(2) 联盟各方的关系应以求得在产品开发、生产和营销等领域各方贡献基本平衡为目标,为此,合作各方需要树立相互学习、相互依存的观念;(3) 在把战略目标集中于共同开发、共同生产某种产品或共同进入某个市场的整个过程中,跨国战略联盟各方应协调一致。

三、影响联盟成功的关键因素

影响跨国战略联盟成功的因素是多方面的,而提高联盟成功可能性的关键因素有五个方面:信任程度、学习能力、监测变化、衡量联盟业绩、建立联盟管理职能。前四个方面适用于任何规模的企业,也适用于国内或国际企业,最后一个方面通常适用于较大企业以及那些把联盟当作一种重要的战略执行工具的企业。[①]

1. 信任程度

信任是指在交换关系中一方对另一方具有信心,相信对方会履行承诺,同时不会利用自己的脆弱性。信任意味着尽管一方有能力监控或控制另一方,但他却愿意放弃这种权力,而相信另一方会自觉地做出对己方有利的事情。作为一种心理状态,相互信任对联盟内各个成员来说意味着对对方的行为持有一种肯定性的期望与信心。从古典经济学视角来看,信任和联盟是难解的问题。机会主义的假设意味着企业必定从市场和企业、自制和购买中进行选择,而不是选择联盟。但是,信任可以降低交易成本,如搜寻成本、签订契约的成本、监督成本、履行成本等。当双方存在信任时,企业能排除对方的行为可能对自己造成伤害或损失的心理障碍,从而相互依靠、相互协作去实现联盟战略目标。而当联盟出现信任危机时,伙伴间可能出现违反合作协议的保留行为,甚至冲突,导致联盟运行的瘫痪。因此,信任对联盟成败的影响是至关重要的。

当联盟伙伴彼此信任时,联盟业绩会更好。研究表明:值得信赖的联盟伙伴网络本身就是一种竞争优势,因为这能带来值得信赖的声誉。不幸的是,由于并非所有的联盟

---

① 参见〔美〕梅森·卡彭特、杰瑞德·桑德斯:《战略管理:动态观点》,王迎军等译,机械工业出版社 2009 年版,第 190—195 页。

伙伴都值得信赖，联盟的参与者常常必须依靠各种机制来保护自身的利益。像长期合同、股票所有权以及担保债券这样的正式机制，可算联盟伙伴可信的长期承诺。然而，这些机制并不能确保对联盟成功至关重要的信息的共享。联盟伙伴往往用可理解的和可预测的过程来培养组织间的信任。非正式机制，比如企业声誉以及管理者、高级职员之间的人际信任，对于创造长期价值也是至关重要的。

2. 学习能力

对于许多企业来讲，向联盟伙伴学习是其参与联盟的主要目标之一。除了表明信任外，联盟伙伴的学习能力还会增加源自联盟各个参与者的集体性收益。如果一个企业开发了特定的管理知识交换的组织流程，学习就可以得到强化。通过合作活动，企业能够从联盟中学习，在联盟中分享知识。

丰田是管理联盟网络学习最成功的几家企业之一。在研究丰田的美国联盟网络时，戴耶发现，丰田的美国供应商能够实现通用和福特的供应商所无法比拟的效率增长，其绝对业绩也迅速超过美国汽车企业的供应商。联盟企业的效率增长源自于联盟有较强的学习能力。这种学习不仅包括供应商与丰田之间的双向学习，还包括供应商之间的相互学习，而这种高效的学习能力依赖于汽车生产商的丰田供应商支持中心（TSSC），这个中心有 20 名顾问与美国供应商一起工作。

3. 监测变化

一项研究发现，接近 80%的合资企业最终以一方卖给另一方而终结。那些认识不到联盟过程中的曲折性的管理者可能会遭遇突如其来的剥离或收购。尽管有些联盟安排是到最后转移所有权，联盟终止，但绝大多数联盟并不会这样。未列入计划的出售可能会侵蚀股东价值，然而，操纵良好的、有计划的出售能够给企业带来优势。

联盟可以为企业提供针对可能收购对象的低成本、低风险的预先审视方法，能够推进企业的长期战略。同时，联盟伙伴之间的关系会随时间的变化而变化。如果一个联盟伙伴正在雄心勃勃地执行一个包括联盟在内的协同演化战略，这些变化应该被密切地监测，并且纳入联盟及其合作伙伴的现行战略中。

4. 衡量联盟业绩

造成联盟高失败率的一个重要原因是很少有企业具备监测联盟业绩的有效系统。从短期来看，缺少监测系统意味着对联盟负责的管理者必须依赖直觉而不是可靠的信息。这样长期下去，后果会更加严重。当问题真的浮出水面时，需要付出更大的代价来解决。同时，如果业绩迅速下降，那么一个或更多的联盟伙伴就会寻求退出联盟的机会。这种结果常常开始于一个螺旋式的下降，直至更多业绩问题出现，最后以联盟终止而告终。

因此，对于企业来讲，具有合适的监测系统是非常合乎逻辑的，但要做到这些至少面临三个障碍：(1) 联盟伙伴通常使用不同的信息和报告系统。(2) 难以监测、说明联盟各成员的投入。(3) 要精确地衡量联盟的产出很困难。联盟应寻求克服上述障碍的途径，正确评估和衡量联盟的业绩。

5. 建立联盟管理职能

研究显示，当企业设立了联盟管理职能时，合作战略更容易成功。联盟管理职能，即由一个经理来负责企业联盟的设立、监测和解散事宜。不过,这一职能通常由一个团队来实现,是为了满足管理信任、学习、演变和业绩的需要而得到的一种系统化的、结构性的解决方案。有些企业负担不起这种额外的管理职能,但它带来的好处值得企业去寻找某种方式来替代它。比如,一个企业可能指派一名首席联盟执行官来承担联盟管理的职责。

课后练习题

1. 什么是跨国战略联盟?它有什么特点?
2. 战略联盟可以采用哪些方式?
3. 合资经营与相互持股有什么区别和联系?
4. 企业为什么要加入跨国战略联盟?
5. 衡量成功联盟的标准是什么?

章末案例

雀巢和星巴克的全球咖啡联盟①

两大全球咖啡业巨头的一次联盟行动,表面上看是雀巢买下了星巴克旗下品牌的零售商品销售权,实际上星巴克也是在利用雀巢的销售网络宣传自身的产品,近几年来,两大巨头的销售增速放缓,加上 Jacobs Douwe Egberts 和 Lavazza 等咖啡品牌的猛烈冲击,两大巨头选择拥抱在一起,这似乎也是双方守住各自优势领域的唯一方法,那么此次联合背后有怎样的动机,联合后对双方乃至整个咖啡行业产生怎样的影响呢?

2017 年 5 月 7 号,两家看上去"有你无我"的公司——雀巢和星巴克,达成了一项协议,雀巢先期支付 71.5 亿美元(约合人民币 455 亿元),从星巴克手里买来部分商品的销售权,帮星巴克在全球销售咖啡。这在社交网络上引起巨大争论,同样也令人不解,这一结盟是"逼不得已"的,还是"天造地设"的呢?

一直以来,分属于不同国家的咖啡品牌的雀巢与星巴克都是彼此最大的竞争对手。雀巢,全球最大的咖啡企业,以速溶咖啡闻名;星巴克,全球最大的咖啡连锁店,代表了城市的生活方式。

在业务区域方面,由于雀巢公司历史悠久,经营时间较长,因此其产品几乎覆盖了世界上主要的国家和地区,根据雀巢 2017 年年报显示,雀巢在亚洲、欧洲、非洲、大洋洲以及美洲一共拥有 115 家办事处。星巴克作为后起之秀,经营上一直稳扎稳打,截至 2017 年,一共拥有 27339 个门店,遍布 6 大洲 75 个国家和地区,而在门店的铺设上,星巴克的发展总体上走的也是稳中有进的道路。与雀巢不同的是,星巴克的大部分产品都属于店内销售模式,而在店外销售的星巴克产品寥寥无几;同时,由于供应链销售网络的覆盖问

① 摘编自高贵富等:《雀巢和星巴克的全球咖啡联盟》,中国管理案例共享中心案例库。

题,星巴克产品的零售广泛性远远不及雀巢。

作为全球最大的咖啡公司,雀巢正试图巩固其在快速变化的市场上的地位,成立联盟意在"重振昔日的咖啡帝国"。目前,雀巢在美国销量下滑,市场份额已不到5%。《华尔街日报》报道,雀巢一直将包括咖啡、瓶装水、婴幼儿营养品在内的食品作为重点产品。和其他大型消费品公司一样,雀巢近来持续在与各地新贵竞争。随着消费者的口味不断变化,雀巢在提价方面遇到了麻烦。近几年,雀巢的有机增长率逐年下降,尤其是2016年的有机增长率仅为3.2%,为20年以来最低值。而对星巴克来说,其面临的处境也并不乐观。根据彭博社数据,以店铺见长的星巴克已经连续11个季度客流增长下滑。就在上一季度,即使是在星巴克的核心业务区——美国市场,客流量也未见增长。运营压力迫使星巴克精简业务,将重心倾斜至核心业务领域。

另一方面,竞争对手的各种小动作与"新晋玩家"德国控股公司JAB的介入,使整个咖啡行业的格局发生了天翻地覆的变化。JAB先收购了荷兰公司DE Master Blenders 1753及美国公司亿滋国际旗下咖啡业务,创造了全球第二大咖啡巨头Jacobs Douwe Egberts。接着又连续收购美国咖啡公司Keurig Green Mountain以及Peet's Coffee。现在的JAB在美国市场可谓如鱼得水,雀巢面临着被赶超的危机。不仅如此,意大利咖啡巨头Lavazza也在过去几年内进行了一系列收购,其中包括收购法国知名咖啡品牌Carte Noire,而此举也帮助该公司进入全球咖啡行业三甲。

在未来发展上,雀巢和星巴克还有一个相当一致的目标:开发中国市场。受益于消费升级,中国的消费增长极为威猛,而且由于中国的咖啡市场规模基数小,每年的咖啡市场规模增长幅度保持在25%以上。

雀巢公司宣布与咖啡连锁企业星巴克签署协议,正式收购星巴克旗下的零售和餐饮产品业务,雀巢向星巴克支付71.5亿美元,同时将永久拥有在全球咖啡店以外销售相关星巴克产品的权利。此项协议涉及星巴克咖啡店以外的产品和服务,包括在超市出售的包装型咖啡(咖啡豆、速溶咖啡等零售业务)和饮料业务,但不涉及星巴克在全球的2.8万家咖啡店内的产品销售,加速和扩大了星巴克品牌在消费包装商品(CPG)和餐饮服务方面的全球影响力。

作为联盟的一部分,雀巢的单杯胶囊咖啡机也将提供星巴克咖啡,而且大约500名星巴克员工将加入雀巢,帮助雀巢推动现有业务和全球扩张。为了保持现有业务的稳定,该业务的运营总部将继续放在西雅图。同时,雀巢和星巴克还将在产品创新和上市策略上展开合作,提供更好的咖啡产品。在生产方面,北美地区的咖啡产品将由星巴克继续生产,全球其他地区则由雀巢负责。此外,雀巢的名字将不会出现在星巴克产品上。

雀巢公司首席执行官马克·施奈德曾表示:"星巴克,再加上雀巢咖啡和奈斯派索,我们总共汇集了咖啡世界中的三个标志性品牌。对于世界各地的咖啡爱好者来说,这是一个美好的一天。"

星巴克总裁兼首席执行官凯文·约翰逊则表示:"通过雀巢的良好声誉与影响力,全球咖啡联盟将把星巴克体验带给全世界数百万家庭。这项具有历史意义的合作是我们不断努力的重点与发展方向,以满足不断变化的消费者需求。"

中国食品产业分析师朱丹蓬指出,雀巢作为全球最大的咖啡公司,此次结盟有利于其巩固在咖啡品类的话语权,同时也有利于其在冲调类做到巨无霸的地位。朱丹蓬也表示,星巴克通过此次结盟,剥离了部分业务,将更多的精力、财力、人力等资源集中在即饮市场和门店销售上,为消费者提供更加专业和聚焦的服务。

专家指出,此次联盟双方从竞争对手变成结盟兄弟,既能够形成精细化的分工,夯实行业的寡头效应,也能够加强新生代消费的捆绑作用,对双方都是利好消息。雀巢与星巴克作为咖啡界领跑者,能否从此次联盟中获得预期收益,我们拭目以待。

讨论题

1. 雀巢为何要和星巴克建立战略联盟?
2. 请分析雀巢与星巴克两大竞争对手结盟的利与弊?

本章参考文献

Teece, D.J., Competition, Cooperation, and Innovation: Organizational Arrangements for Regimes of Rapid Technological Progress, *Journal of Economic Behavior and Organization*, 1992, (18).

陈冰:《跨国战略联盟的文化因素影响研究》,经济管理出版社 2015 年版。

高杲、徐飞:《企业战略联盟的演化机制——基于自发性对称破缺视角》,上海交通大学出版社 2012 年版。

黄兆银:《新兴市场跨国公司的优势与战略》,载《中南大学学报(社会科学版)》2009 年第 3 期。

〔法〕卡洛斯·戈恩:《我的"双位一体"经验》,载《中国企业家》2009 年第 22 期。

林珏主编:《跨国并购和跨国战略联盟研究》,上海财经大学出版社 2011 年版。

隆湘成:《柯达:战略联盟的典范》,载《经营与管理》2002 年第 11 期。

〔美〕梅森·卡彭特、杰瑞德·桑德斯:《战略管理:动态观点》,王迎军等译,机械工业出版社 2009 年版。

孟卫东、张卫国、龙勇编著:《战略管理》,科学出版社 2004 年版。

潘思谕:《中国企业国际战略联盟的理论与实证》,经济管理出版社 2012 年版。

魏江、杨洋:《跨越身份的鸿沟:组织身份不对称与整合战略选择》,载《管理世界》2018 年第 6 期。

杨震宁、白春叶:《跨国技术战略联盟的信任、冲突与联盟稳定》,载《科研管理》2018 年第 7 期。

杨震宁、范黎波、曾丽华:《跨国技术战略联盟合作、战略动机与联盟稳定》,载《科学学研究》2015 年第 8 期。

曾德明、李宝霞、禹献云:《跨国战略联盟技术知识流失风险防范体系研究》,载《图书情报工作》2012 年第 6 期。

张化尧、高美兰、许佳荧:《跨国联盟中的组织学习与合法性获取:中小企业国际化的案例研究》,载《科研管理》2020 年第 10 期。

张化尧、吴梦园、陈晓玲:《资源互补与国际化中的合法性获取——基于跨国战略联盟的混合研究》,载《科学学研究》2018 年第 3 期。

文 化 篇

第八章 跨文化管理

【本章学习目的】

通过本章学习，你应该能够：

- 掌握文化和跨文化管理的基本概念
- 了解跨文化管理的基本方法
- 掌握国家文化模型各维度的内涵
- 了解文化架构理论各维度的内涵
- 运用六大价值取向理论分析不同国家文化的差异

引导案例

从 TCL 并购看企业海外文化整合①

2003 年 11 月 4 日，TCL 与汤姆逊签署彩电业务合并重组意向书，共同组建新公司 TTE，TCL 占六成以上的股份，处控股地位。根据合并重组意向书，双方共同出资 4.7 亿欧元，成立新公司 TTE。新公司将双方的彩电及 DVD 业务合并在一起，彩电产能达到 1800 万台，目标是全球彩电老大之位。2004 年 8 月 1 日，TTE 公司正式在我国香港注册，公司运营总部设在深圳，李东生出任新公司董事长，公司首席执行官则由 TCL 集团副总裁赵忠尧担任。新公司拥有员工 2.9 万余人，2003 年全年彩电共销售 1850 万台，居全球第一位。合并后净产值超过四亿欧元，也居全球第一，在全球有 10 个工厂，5 个研发中心。

TCL 本以为能够利用汤姆逊的技术增强自己的国际竞争力，然而 TCL 集团公告显示，2004 年 TCL 与汤姆逊的合资公司 TTE 亏损 1.43 亿元；2005 年亏损 8.2 亿元。与此同时，TCL 的手机业务也从辉煌的巅峰跌落，业绩大幅缩水，其国内市场份额由 11%

---

① 摘编自冯鹏程、马曼：《从 TCL 并购看企业海外并购文化整合》，载《中国外资》2010 年第 3 期。

降至5.8%，并在2005年继续下跌至3.7%。2004年，TCL集团的净利润下跌了56.9%，年终净利润仅为2.46亿元人民币。随后的两年里，亏损仍在继续，TCL一度深陷退市危机。2006年8月30日，TCL集团发布2006年半年度财报，指出TCL上半年净利润亏损7.38亿元人民币，亏损同比增加近6.5%。并购后的3年里，TCL损失40亿元。事实证明TCL并购汤姆逊遭遇了重挫。对此，李东生表示："主要是TCL多媒体(TMT)欧洲彩电业务和欧洲市场本身亏损所致。"

TCL在并购汤姆逊的初期，一次李东升周五的时候赶到法国，准备在周六召开董事局会议。但等他赶到法国，连一个董事会的法方人员都找不到，手机也全部关机。因为在法国人的文化中，周末就是休息的日子，工作永远不能打扰私生活。这就是文化的差异，这就是所谓的隔阂。李东生曾坦言："整合的成功主要取决于文化整合的成功。"对于TCL并购汤姆逊失败的结果，究其原因，有战略、营销、人员配置等方面的失误，但更重要的是文化方面的冲突。以下就TCL最为明显的两大文化即"诸侯分权"和"内部企业家制度"进行分析。

一、诸侯分权引争端

TCL文化的一大特色是"诸侯分权"。李东生向来习惯于分权，他看中业绩，很少过问各子公司的管理细节。这种"分权"文化造就了TCL昔日的繁荣，于是并购后的TCL也沿用了这一方法：在薪酬方面采用"底薪加提成"的方式，业绩上升奖励，做不好则换人。而在汤姆逊，员工注重生活品质，重视闲暇时间，认为该工作就工作，该休息就休息。再者，以销售业务为例，法国原定的薪酬水平比较稳定，与销售额并无太大关系。存在文化差异下的"诸侯分权"带来了两个后果：一是汤姆逊大量职位被调整，由TCL派人员担任主要职位，被下调的原法国管理人员高度不满；二是薪酬制度的变动导致法国基层员工满意度骤减。

二、内部企业家精神受质疑

TCL文化一向鼓励的内部企业家精神，在合资公司遭遇挑战。TCL高管的用人标准是具有企业家精神、敢于冒险。在TCL公司开会，业绩好的部门代表坐在前面，业绩不好的部门代表自动地坐在后排。而汤姆逊的员工认为，TCL指派的大量"内部企业家"独断专横，像个"土皇帝"。因此，带着明显的TCL文化特征的新领导层无法在法国员工面前树立权威。这样的后果是：一方面当中方管理者按照TCL的方式发号施令时，大量法国员工选择离职；另一方面，中方管理人员开展工作极其困难，导致忠诚度下降和离职率的上升。

商务部称，近6年来我国企业对外投资增长百倍，从2002年的2亿美元迅速增长到2008年的205亿美元，其中半数用于并购。在国家政策鼓励及自身实力不断增强壮大的前提下，我国一批批企业走出去，如海尔在美国佛罗里达州投资设厂，联想收购IBM的PC业务，上汽收购双龙，TCL收购汤姆逊，浙江吉利收购福特沃尔沃等。现阶段我国企业的海外并购有利于企业迅速做大做强，有利于增强企业的核心竞争力，还有利于提高上市公司质量、促进行业整合、推动产业结构调整和升级。用好并购这把利剑，将大大节省企业的时间成本，加快企业的发展速度，实现企业迅速扩张的目的。

然而，企业的并购并不是一帆风顺的。2009年10月28日，德勤发布了《中国企业并购后文化整合调查报告》,报告显示,尽管并购热潮促进了经济增长,但是60%的企业并购却没有实现期望的商业价值,其中2/3的失败源自于并购后的文化整合。

思考题

1. TCL并购汤姆逊彩电业务初期,遇到哪些文化冲突?
2. 文化整合在跨国并购中有什么作用?

跨文化管理是跨国经营企业不同于一般企业的特有的管理活动,是全球化环境下企业管理研究的一个新的分支。来自不同文化背景的人们因价值观念和行为方式不同而产生的文化误解和伦理摩擦,往往是一些企业跨国经营失败并使其全球战略的实施陷入困境的一个重要原因。为此,许多专家建立了分析框架或模型,帮助人们理解不同国家的文化特征、预测特定群体的行为和动机,为企业的跨文化管理提供指导。本章在介绍文化与跨文化管理基础知识的基础上,重点介绍以下几种跨文化管理理论:霍夫斯泰德的文化维度理论、特朗皮纳斯的文化架构理论、克拉克洪与斯乔贝克的六大价值取向理论以及舒华兹的十大需要导向理论。

第一节 文化与跨文化管理

一、文化的定义与特点

"文化"一词源于拉丁文"cultura",最初意为经过人类耕作、培养、教育、学习而发展的各种事物或方式,后来逐步演变为个人素质与整个社会的知识、思想、文艺等,并且引申为全部社会生活。由于研究者所处的地位和所观察的阶段不同,对文化概念的理解和体会也不同。文化定义问题既反映了文化的丰富内涵和复杂性,也反映了文化与个人、民族、国家和社会是紧密联系的。[①]

被称为"人类学之父"的英国人类学家泰勒(E. B. Tylor)认为:文化或文明,就其广泛的民族学意义来讲,是一复合整体,包括知识、信仰、艺术、道德、法律、习俗,以及作为一个社会成员的人所习得的其他一切能力和习惯。这个定义指出一切文化都凝结了人类的创造性,文化是社会发展过程中人类创造物的总称,包括物质层面、精神层面和制度层面。泰勒的文化定义具有经典性,为后人对文化概念的界定提供了基本的线索和引导。

萨皮尔(E. Sapir)认为,文化是被民族学家和文化史学家用来表达在人类生活中任何通过社会遗传下来的东西,包括物质和精神两方面。他从历史角度出发,选择了文化的一个特性——"文化遗传"或"文化传统"对文化进行阐述。

威廉斯(R. Williams)指出,"文化"一词是英语语言中最复杂的词语之一。他认为,文化一般有三种定义:首先是"理想的"文化定义,认为就某些绝对或普遍价值而言,文化

---

① 参见王朝晖主编:《跨文化管理》,北京大学出版社2009年版,第1—3页。

是人类完善的一种状态或过程。其次是"文献式"文化定义，认为文化是知性和想象作品的整体，这些作品以不同的方式详细地记录了人类的思想和经验。最后是文化的"社会"定义，认为文化是对一种特殊生活方式的描述，这种描述不仅表现艺术和学问中的某些意义和价值，而且也表现制度和日常行为中的某些意义和价值。威廉斯无疑是对各种文化定义观点进行了一个总结。

从人类学、社会学、心理学到哲学，专家和学者们对文化现象的多角度考察和定义，为人们展示了如何理解文化的开放性。总的来说，要给文化下一个完整而科学的定义，一般分两个层次：一是指广义的文化。按照《辞海》对"文化"的界定，文化是指人类在社会历史实践过程中所获得的物质、精神的生产能力和所创造的物质、精神财富的总和。二是指狭义的文化，表现为不同的类型和层次。从社会历史过程看，文化可分为传统文化、现代文化和未来文化；从文化的存在范围看，文化可分为世界文化、区域文化和民族国家文化；从社会关系层面看，文化可分为经济文化、政治文化和观念文化；从社会结构层面看，文化可分为物质文化、精神文化和制度文化。

综上所述，文化是在人类文明进程中，不断习得和积累的，并为自身所默认且潜在主导人的思想、行为及习惯等的一系列知识、经验、感受的总和。对于跨国经营管理者来说，如何把握文化的特征才合适？我们可以从以下 10 个方面来理解文化的特征。①

1. 自我意识与空间

各种文化所表达的自我舒适感不同。在某一个国家（地区），自我身份和自我评价可通过卑微谦逊表现出来，而在另一个国家可能通过张扬外露的行为表现出来；一些文化强调独立性和创造性，另一些文化则强调群体合作和协调；一些文化规矩多、正式，另一些文化则相对随便、不正式；一些文化对人限制严，很封闭，另一些文化则开放和多变。总之，每一种文化都以不同的方式确认自己。

2. 交流与语言

除了全球众多的语言外，一些国家本身就有 15 种以上的口语（在一种语言群体内，还有方言、口音、俚语、术语等）。非语言交流体系则包括身体语言及暗藏语言等，在各地的表现形式都有差异。如同样是用拇指和食指捏成圆，在美国表示 OK，在日本则代表钱，在阿拉伯人中这样的动作则常常伴以咬紧牙关，表示深恶痛绝。

3. 衣着打扮

这包括外衣、装饰品以及对身体本身的修饰等方面的差异。日本人的和服，中国妇女的旗袍，非洲人的发辫，爱尔兰男人的裙子，还有阿拉伯女人的面纱等都使其民族特色一目了然。在不同身份的人中，商人往往西服革履，全世界的青年人都喜欢牛仔，而军队则有特别的制服和装备。这些都是人类向同类传达自身信息的第二语言。

4. 食品与饮食习惯

食品的选择、加工及相关的饮食方式因文化的不同而异。牛肉在印度是禁食食品，穆斯林和犹太人不食猪肉。东方人惯用筷子，而西方人则用刀叉，甚至同样是使用叉子，

① 参见〔美〕菲利普・R.哈里斯、罗伯特・T.莫兰：《跨文化管理教程》，关世杰主译，新华出版社 2002 年版，第 6—9 页。

欧洲人与美国人的握法亦有所不同。

5. 时间与时间观念

有些文化有准确的时间观,而有些文化的时间观念相对松散。一般来说,德国人的时间观可准确至分秒,而拉丁美洲、中东地区的人对时间颇为随意,美洲印第安人对时间就更缺乏概念了,他们的语言中甚至没有时间、延迟等词汇。总的来说,工业发达国家具有更为严格的时间观念,而对具有农业传统的发展中国家来说,时间并不那么严格,这种差异性一定程度上也反映在合资及跨国经营企业的具体管理问题之中。

6. 人们的各种关系

文化确定了由年龄、性别、地位、辈分以及由财富、权利与智慧构成的人际和组织关系。以最普遍的家庭为例,在一些文化中,家庭的权威人士是男性,这种关系扩大到社会,就解释了为什么会出现男性独裁首领。有些文化实行的是一夫一妻制,有些则实行一夫多妻或一妻多夫制。在某些文化中,长者受尊重,而在另一些文化中长者则被忽视。一些文化中,妇女必须戴面纱,而在另一些文化中,女性与男性能平起平坐。

7. 价值观与规范

根据马斯洛的需要层次理论,在生存层上,人们认为吃穿住更有价值,而一旦上升到安全等高层次的需要,人们会对金钱、工作、法律秩序更为重视。如美国在1929年经济大萧条的时候产生的价值观早已为经济腾飞后的价值观所替代,即更关注生活质量、自我实现及人生经历。我国从中华人民共和国成立后至改革开放,价值观发生了极大的转变,人们开始尝试冒险;而改革开放后的40多年与其初期相比,价值观亦不断变化,风险意识增加,更强调平稳发展和物质与精神的并重。

一种生产力及经济状况必定衍生出相应的价值观,并推动产生新的价值观。如今,全球化进程和电子网络技术的发展,产生了跨国共享的价值观,人们更关注环境保护等全球性问题。这些衍生出来的价值观必定会产生一系列行为规范,成员是否遵从这些行为规范则决定了他是否为这个群体所接受。

8. 信仰和态度

在人类历史发展进程中,信仰一直存在并起了很大的作用。各个文化都有其对精神及灵魂的特定解释,它影响了人们对生死的态度。西方文化在很大程度上受犹太教、基督教、伊斯兰教的影响,而东方文化则更多地受佛教、印度教、儒家学说及道教的影响。

9. 思维过程与学习

由于不同的文化会强调大脑的某一种优势,因此,人们在思维和学习方法上存在明显差异。一些文化推崇抽象思维和概念思维,而另一些文化则喜欢死记硬背和形象思维。如近年来我国教育界一直在推行素质教育,进行中美教育比较,这无疑也是一场中西方文化的碰撞。

10. 工作习惯与实践

文化的差异会导致对工作的态度、工作的主导风格、分工,以及提拔和激励、奖酬制度等方面的差异。不同的文化会产生不同的工作伦理,从而使人决定哪种工作是有价值的。在某些文化中,工作的定义很宽,包括了对艺术、体育、公益的追求;在某些文化中,工作的价值则是由收益或工作地位来衡量的。如今,工作的定义已经发生了变化,工作不仅仅被看成谋生的手段，工作和游戏的界限正在模糊，工作也从生产物质向提供非物质（如信息和服务）转变，同时也更强调工作过程的质量。

每种文化对工作的影响还涉及完成工作的表扬方式，像涨工资、赞扬和宴请等，这也会影响工作中的文化倾向。现在，大部分工作正从一种个人化活动向团队、工作共享及其他新型的工作文化转变。

以上10种特征有助于我们从微观方面把握复杂的文化，每个方面都可能牵动文化的整体，它们之间是相互关联的。

二、跨文化管理的概念

跨国文化管理（cross-culture management）又称"交叉文化管理"，指的是企业在跨国经营中，对各种存在文化差异的人、事、物和产、供、销开展灵活变通的管理，包括在不同文化背景下设计出切实可行的组织结构和管理机制，妥善处理文化冲突、融合给企业造成的竞争劣势和优势，从而最大限度地挖掘员工的潜力和实现企业的战略目标。从跨文化管理角度看，文化可以划分为三个层次：国家文化、企业文化以及职业和群体文化。

1. 国家文化

国家文化是在一个国家政治边界内占主导地位的文化，是一个国家在社会历史实践中所创造的物质财富和精神财富的总和。国家的宗教信念、教育、政治、法律和经济都紧密相关，正规的教育和经营活动都采用主导文化的语言。

2. 企业文化

企业文化向人们指出在一个社会进行经营活动的正确的、可接受的方式。企业文化影响着工作和组织生活的各个方面，包括管理者怎样选拔与提升雇员、怎样领导和激励其下属、怎样构造组织，包括雇员到了下班时间的反应等。企业文化指导人们日常的商业交往。

3. 职业文化和群体文化

不同的职业群体有不同的文化，如医生、律师、会计师群体。从事相似工作的人们通常有非常相似的文化价值观，来自不同国家但相同职业的人们之间的差别，小于来自同一国家但不同职业的人们之间的差别。组织文化是一个团体的成员所共享的一系列重要的理解（通常未明确表述）。

跨文化管理是基于第一层次——国家文化的不同而展开的管理活动。由于跨国经营企业的投资主体来自不同国家，使得跨国经营企业面临不同国家的文化，使得企业文化、职业文化和群体文化出现不同于一般企业的特征。跨文化管理成为跨国经营企业重要的日常活动。

三、跨国经营企业文化的特点[①]

跨国经营企业具有独特的企业文化体系，它除了具备一般企业文化的特性外，还有自己独有的特点，主要体现在以下几个方面：

---

① 跨国经营企业文化的特点和跨文化管理方法参见王朝晖主编：《跨文化管理》，北京大学出版社2009年版，第151—152页。

1. 价值观和信念的多元性

跨国经营企业的员工往往拥有多元化的价值观念和复杂多样的信念结构。不同文化背景的员工拥有不同的价值观和信念,由此决定了他们具有不同的需要和期望,以及与此相一致的满足其需要和实现其期望的迥然不同的行为规范和行为表现;共享的跨国公司企业文化构建后,不同文化背景的员工仍然会保留着各自文化所特有的基本价值观和信念;全新的超越各自民族文化的跨国公司企业文化尽管可以共享,但其构建是在尊重、保留甚至张扬民族文化差异的前提下进行的,它并不是一个消除原有不同民族文化差异的过程。

2. 行为方式上的冲突性

员工价值观和信念的多元性使得同一个跨国公司内部存在着"大同而小异"的行为规范和习惯。无论在企业成员的目标期望、经营理念和管理协调的原则上,还是在管理人员的管理风格上,都大相径庭。这些差异使跨国公司的统一行动、决策及其执行变得困难重重,企业管理中的混乱和冲突时有发生。

3. 文化认同和融合的过程性

跨国公司企业文化的形成和建立所需的时间周期比国内企业长,花费的代价大,整个过程复杂曲折。来自不同文化背景的人们无论是心理世界还是外部行为系统都存在显著的差异,这些差异只有逐步被人们相互理解和认识,进而产生关心、同情和认同心理,大家才能逐渐取得共识,并建立起共同的全新的企业文化。这是一个漫长、曲折、反复的过程,一般遵循如下步骤:文化接触—局部了解—文化选择—文化冲突—文化沟通—进一步选择—文化认同—形成企业文化—进一步沟通—完善企业文化。因此,周期长、过程复杂、成本高是跨国公司建设自己特有的企业文化所必须付出的代价。

四、跨文化管理的方法

跨文化经营具有两面性,一方面,跨国经营企业中文化的多样性容易造成沟通的障碍、管理的困难,但另一方面,对文化的多样性的合理利用反而能为跨国经营企业提供新的竞争优势。良好的管理方法可以促进对文化差异性的合理利用。企业通常采取的跨文化管理方法主要有四种:文化适应方法、文化相容方法、文化变迁方法和文化规避方法。

1. 文化适应方法

文化适应方法是跨文化管理中最基础的方法,是开展国际化经营活动时通常采用的模式。所谓文化适应,是指企业通过对目标市场文化环境的了解和把握,在制定战略和决策时,充分考虑目标市场的文化特质,在进行管理活动时,尊重和适应当地的风俗习惯、文化传统和宗教信仰等,避免与其文化产生冲突,从而顺应目标市场上顾客的需求,将产品、服务、管理手段、管理人员等最大限度本地化的一种管理模式,即"入乡随俗"。该方法宜在目标市场所在国文化开放性较差、变动性较弱,且企业自身文化与目标国文化差别较大,以及企业本身较弱小的情况下采用。跨国公司实施文化适应策略,一方面有利于在新的国际市场上迅速站稳脚跟,巩固地位,拓展市场;另一方面也有利于与当地文化相融合,增强当地社会对外来资本的信任,减少敌对情绪,消除摩擦。

2. 文化相容方法

文化相容方法可以细分为两个层次：文化的平行相容和文化的和平相容。文化的平行相容又称为“文化互补”，指跨国经营企业在国外的子公司不以母国或东道国中任何一方的文化为主流文化，而是使两国文化相互补充，进而将其运用在公司的运营中。这样，母国文化与东道国文化之间虽然存在巨大差异，却不会相互排斥，反而互为补充，将文化差异造成的劣势转化为优势，不仅使一国文化的不足被另一国文化弥补，同时也可以改变单一文化造成的单调性。文化的和平相容是指在跨国公司日常经营中，管理者刻意忽视或模糊母国与东道国之间存在的巨大的文化差异，尽量隐去两国文化中最容易导致冲突的主体文化，而将其中较平淡和无足轻重的部分加以保留，从而使得不同文化背景的人员不再受其主体文化对自身的影响，不同国籍的人员能够在同一企业中合作共事，即使发生意见分歧，也容易通过双方共同的努力协调解决。

3. 文化变迁方法

文化变迁方法是指在母国文化具有强大优势的前提下，把握住东道国文化变迁的时机，使东道国的文化顺应自身的需要产生、发展和变迁，使自身文化在新的环境中成为主导文化，为在新的国际市场中拓展清除文化上的障碍。可口可乐、麦当劳和必胜客等美国企业之所以能够对中国快餐市场产生巨大的冲击，正是借助了文化变迁的力量。相对而言，开放性较强、亚文化类型较多或文化正处于重新形成阶段的国家较适于采用这种文化变迁的管理方法。采用这种方法要以母国文化具有较大优势且企业本身有较强的经济实力为前提。

4. 文化规避方法

文化规避方式是指在母国文化与东道国文化之间存在巨大差异的跨国经营企业中，当母国文化的地位不可撼动，同时也无法冷落或忽视东道国文化的存在时，母公司所派遣的管理人员在双方文化的重大冲突之处进行规避，或借助第三方的文化作为沟通的桥梁，不要在某些“敏感地带”造成彼此文化的严重冲突。这种方法适用于母国文化与东道国文化之间存在巨大差异，而短期内东道国又无法接受母国文化的情况。采用这种策略，可以避免母国文化与东道国文化发生正面冲突。

第二节　霍夫施泰德的国家文化模型

跨文化理论中具有较大影响力的理论是荷兰管理学家格尔特·霍夫斯泰德(Geert Hofstede)提出的国家文化模型(Hofstede model of national culture)，也称文化维度理论。[①] 他认为文化是一个环境中人的“共同的心理程序”，文化不是一种个体特征，而是具有相同的教育和生活经验的许多人所共有的心理程序。

霍夫斯泰德从 20 世纪 60 年代后期开始研究文化差异对管理的影响，通过对 IBM 公司在 40 个国家的 11.6 万名员工对管理方式和工作环境偏好的调查，最初归纳了四个随国家不同而不同的识别民族文化的维度：权力距离(power distance)、不确定性规避(un-

① See Hofstede, G., *Cultures and Organizations*, London: McGraw-Hill, 1991.

certainty avoidance)、集体主义对个人主义(collectivism-individualism),及女性化倾向对男性化倾向(femininity-masculinity)这四个考察指标。

20 世纪 80 年代后期,霍夫斯泰德又根据对 60 多个国家和地区的研究,包括对中国价值观的调查分析,提出了第五个指标,命名为长期取向对短期取向(long-term orientation-short-term orientation)。

下面我们介绍霍夫斯泰德国家文化模型各维度的内涵,同时从以下几个方面说明在跨国经营过程中,不同文化环境里,企业管理中所表现的组织行为特征:(1) 人力资源管理,包括管理者选拔(怎样挑选人才)、培训(工作培训的重点)、评价与晋升(提升时主要考虑的因素是什么)、报酬(什么因素导致报酬的不同);(2) 领导风格(领导是怎样行使职权的);(3) 激励假设(人们对工作的态度、采取的激励措施);(4) 决策与组织设计(经营者的决策特点、怎样设计组织结构);(5) 战略(选择和实施战略的文化影响)。[①]

一、权力距离

权力距离是测量一个社会对组织机构中权力分配不平等的期望和接受程度。在权力距离大的文化中,人们愿意接受权力集中在少数几个人手中的等级严明的组织。而权力距离小的文化中,人们期望更少的等级层次和权力分散化,个体有更多的机会参与组织各种活动,能更加发挥个体的积极性和主观能动性。

高权力距离的文化有如下观念或准则:

- 不平等从根本上讲是好的
- 每个人都有自己的位置,有人地位高,有人地位低
- 大多数人应该依赖一位领导
- 权力者被授予特权
- 权力者不应隐藏其权力

霍夫斯泰德经研究发现,墨西哥属于高权力距离的国家,百分制中得 92 分;而奥地利属于低权力距离的国家,只得 2 分。典型国家日本 32 分、美国 30 分、德国 21 分、英国 21 分,均低于中间值 50 分;而中国得分 89 分,属于高权力距离国家。低权力距离国家和高权力距离国家的管理特点如表 8-1 所示。

表 8-1 不同权力距离国家的管理特点

管理过程	低权力距离国家	高权力距离国家
人力资源管理		
管理者选拔	受教育的成绩	社会阶层;名校教育
培训	针对自主能力	为了一致/服从
评价/晋升	业绩	服从;值得依赖
报酬	管理者与工人工资差别小	管理者与工人工资差别大
领导风格	参与;直接监督较少	X 理论;权力主义、密切监视
激励假设	人们喜欢工作;固有的和额外的报酬	人们不喜欢工作;强制进行

① 参见〔美〕约翰·B. 库伦:《跨国管理:战略要径》,赵树峰译,机械工业出版社 2003 年版,第 40—49 页。

（续表）

管理过程	低权力距离国家	高权力距离国家
决策/组织设计	分权化；扁平金字塔结构；监督者所占比例小	高大的金字塔结构；监督者所占比例大
战略	多样的	支持掌权者或政府
典型国家评分	中 89，日 32，美 30，德 21，英 21（墨西哥 92，奥地利 2）	

资料来源：〔美〕约翰・B. 库伦：《跨国管理：战略要径》，赵树峰译，机械工业出版社 2003 年版，第 42 页。

二、不确定性规避

不确定性规避是衡量人们承受风险和非传统行为程度的指标，指一个社会中人们对未来不确定性的认识和所持的态度，人们对暧昧不清环境所感到的威胁程度，以及人们为了回避这些不确定性而制定的一些信条和制度，拒绝越轨的观点和行为的程度。在相对强的不确定规避文化里，组织会试图采取方法去联合和控制这种不确定性和风险性，以使情况更具可预测性。

高不确定性规避的国家有如下观念和准则：

- 避免冲突
- 不能容忍不正常的人和思想
- 法律非常重要，应被遵守
- 专家和权威通常是正确的
- 统一思想是重要的

根据霍夫斯泰德的研究测算，新加坡属于低不确定性规避国家，只得 2 分；希腊属于高不确定性规避国家，得 100 分；典型国家中，日本 89 分、德国 47 分、美国 21 分、英国 12 分，中国处于中间水平，44 分。高不确定性和低不确定性文化背景下的管理特点如表 8-2 所示。

表 8-2　高低程度不确定性规避国家的管理特点

管理过程	高不确定性规避国家	低不确定性规避国家
人力资源管理		
管理者选拔	资深者；期望忠诚	过去的工作表现；教育
培训	专业化	适应性培训
评价/晋升	资历、专长、忠诚	个人表现的客观资料
报酬	根据资历和专长	根据表现
领导风格	任务导向	人员取向，灵活
激励假设	人们寻求安全，避免竞争	自我激励，互相竞争
决策/组织设计	较大的组织；高等级关系；正规化，许多准则程序	较小的组织；扁平的层级结构；缺乏规范性，文件化程度低
战略	避免风险	承担风险
典型国家评分	中 44，日 89，美 21，德 47，英 12（希腊 100，新加坡 2）	

资料来源：〔美〕约翰・B. 库伦：《跨国管理：战略要径》，赵树峰译，机械工业出版社 2003 年版，第 44 页。

三、个人主义与集体主义

这一维度主要测量组织中对个体的重视程度。个人主义是指一个松散的社会结构，个人对于自己的事以及家庭的事优先考虑；而集体主义则是一个紧密的社会结构，人们期望自己所在的群体照顾自己，自己更加忠诚于群体或组织。

高个人主义的国家有如下准则、价值观和信念：

- 人们对自己负责
- 个人成就是理想
- 人们不必过多依靠组织和群体

相比之下，高集体主义的国家有如下准则、价值观和信念：

- 个人的身份以群体成员关系为基础
- 群体决策是最好的
- 群体保护个人来换取个人对群体的忠诚

根据霍夫斯泰德的研究测算，美国的个人主义得分最高，100 分；委内瑞拉得分最低，8 分；在典型国家中，英国 96 分、德国 74 分、日本 55 分，中国的得分在平均值以下，39 分。在个人主义和集体主义文化背景下，管理特点如表 8-3 所示。

表 8-3 个人主义与集体主义国家的管理特点

管理过程	低个人主义	高个人主义
人力资源管理		
管理者选拔	群体成员；中小学或大学	以个人特征为基础的公认的标准
培训	集中于公司需要的技能	取得个人成就所需的一般技能
评价/晋升	缓慢的；重群体；重资历	根据个人业绩
报酬	以群体成员身份与组织家长制为依据	以市场价值为基础的外部报酬(金钱、晋升)
领导风格	体现于职责和承诺	基于业绩的个人奖惩
激励假设	道德参与	精算的；个人的成本/收益
决策/组织设计	群体；缓慢的；偏好较大的组织	个人职责：偏好较小的组织
典型国家评分	英 96，德 74，日 55，中 39 (美 100，委内瑞拉 8)	

资料来源：〔美〕约翰·B. 库伦：《跨国管理：战略要径》，赵树峰译，机械工业出版社 2003 年版，第 45 页。

四、高男性主义与低男性主义

霍夫斯泰德认为，男性主义的文化特征表现为过分自信，而女性主义的文化特征则表现为对他人幸福表现出敏感和关心。这一维度是测定社会中主导价值观男性化或女性化的程度。社会中男性文化表现为权威、自信，更加追求物质的成功、不关心别人、重视个人生活质量；而女性文化倾向于照料和关心、服从、善良、友好和养育的天性。

高男性主义有如下准则、价值观和信念：

- 应该严格区别性别角色
- 男人是专断的，占支配地位

- 男性主义或男性中夸大男权是好事
- 人们，特别是男人应该是决策性的
- 工作优先于其他职责，如家庭
- 成就、成功和金钱都是重要的

根据霍夫斯泰德的研究测算，日本的男子主义得分最高，100 分，瑞典最低，2 分，其他典型国家中德国和英国均为 84 分、美国 74 分，中国接近平均水平(54 分)。具体来说，在男性导向的国家中，如日本、澳大利亚、墨西哥和阿根廷等国，男性通常控制着最重要的工作，女性一般留在家中照顾孩子。男性控制的企业组织具有独断性等特点，由此可以营造出竞争性较强的工作环境。此外，男性可以接受高水平的教育，进而担任重要的工作岗位，而女性只能做一些辅助性工作。而在女性导向的国家如葡萄牙和西班牙等，女性控制着管理和专业领域，其工作环境相对平和一些。与男权导向型企业相比较，这些国家的组织竞争没有那么明显，进而意味着对个人仅关心生产，增加对工时、效率等因素的强调，较少关心人际关系和激励因素。不同程度男性主义国家的管理特点如表 8-4 所示。

表 8-4　不同程度男性主义国家的管理特点

管理过程	低男性主义国家	高男性主义国家
人力资源管理		
管理者选拔	与性别无关；与学校的联系并不重要	工作依性别划分；学校的表现和联系重要
培训	工作取向	职业生涯取向
评价/晋升	工作表现；较少按性别指定	不断的性别跟踪
报酬	各种水平的薪金差别小；更多的闲暇时间	宁愿工作时间加长，而不放弃任何薪资收入
领导风格	更富有参与性	更富有 X 理论特征；权力主义
激励假设	强调生活质量、闲暇、休假；工作不是中心	强调业绩和增长；追求卓越；工作是中心；工作认同感重要
决策/组织设计	本能的、群体的；较小的组织	果断的、个人的；较大的组织
典型国家评分	德 84，英 84，美 74，中 54（日 100，瑞典 2）	

资料来源：〔美〕约翰·B. 库伦：《跨国管理：战略要径》，赵树峰译，机械工业出版社 2003 年版，第 46 页。

五、长期取向与短期取向

长期取向与短期取向也被称为传统儒家伦理的“新维度”，后被霍夫斯泰德接纳并重新命名为“第五个文化维度”。它表明一个民族持有的长期与近期利益的价值观。霍夫斯泰德试图在中国按照原来的设计重复进行调查研究时，发现存在着另外的文化尺度——“儒家传统文化”，中国人以儒家思想为基础，埋头苦干、勤俭节约、坚忍不拔以及深谋远虑。中国文化中长期导向十分明显，较注重对未来的考虑，对待事物以动态的观点去考察，做任何事均留有余地；相对中国文化，西方文化则倾向于短期取向，注重过去与现在，着重眼前的利益，在管理上注重当时的利润。

霍夫斯泰德认为，虽然不同公司之间的商业实务(公司行为)看起来很相近，然而深层次的国家价值观还是很不相同,国家文化之间的差异更多地存在于价值观而不是实务上。在短期取向的文化中,领导者采用以工资和快速晋升为主的短期奖励;在长期取向的文化中,雇员注重工作保障,并且领导者致力于发展社会义务。短期取向的西方文化在组织决策的方法上注重逻辑分析;长期取向的东方文化在组织决策中重视综合分析。

根据霍夫施泰德的研究测算,中国得 100 分,长期取向非常明显;加拿大得 19 分,属于短期取向;其他典型国家中,德国、美国、英国的得分依次为 48 分、35 分、27 分。长期取向和短期取向文化背景下的管理特点如表 8-5 所示。

表 8-5 长期取向和短期取向国家的管理特点

管理过程	短期取向	长期取向
人力资源管理		
管理者选拔	客观评价是否具有公司可以直接使用的技能	与个人及背景特征相适合
培训	限于公司的目前需要	投资与长期就业的技能
评价/晋升	快速的;基于技能贡献	缓慢的;培养技能和忠诚
报酬	工资;晋升	安全
领导风格	利用增加经济收入的刺激方式	建立社会责任
激励假设	必要的、直接的奖酬	当前的报酬次于个人和公司的长期目标
决策/组织设计	对问题进行逻辑分析;根据公司环境的要求进行设计	综合分析以达到协调一致;为社会关系而设计
战略	快速的;可计量的回报	长期利润与增长;渐进方式
典型国家评分	德 48,美 35,英 27 (中 100,加拿大 19)	

资料来源:〔美〕约翰·B. 库伦:《跨国管理:战略要径》,赵树峰译,机械工业出版社 2003 年版,第 47—48 页。

第三节 特朗皮纳斯的文化架构理论

荷兰经济学家特朗皮纳斯(Trompenaars) 围绕文化对经营管理的影响这一问题,历经 10 年对来自 50 多个国家的 1.5 万名经理进行了问卷调查,根据研究结果提出了七个文化维度。[①] 这七个体现国家与民族文化差异的维度包括:(1) 普遍主义对特殊主义(universalism v. particularism);(2) 个人主义对集体主义(individualism v. commnitarianism);(3) 情感内敛型对情感外露型(neutral v. affective);(4) 关系特定对关系扩散(specific v. diffuse);(5) 注重个人成就对注重社会等级(achievement v. ascription);(6) 序列时间对同步时间(sequential v. synchronous);(7) 主观能动对外部影响(inner-directed v. outer-directed)。在这七个文化维度中,前五个维度与人相关,对商务领域的影响更大,下面集中讨论这五个维度。

① See Trompenaars, F., Hampden-Turner, C., *Riding the Waves of Cultrue*, New York: McGaw-Hill, 1997.

一、普遍主义—特殊主义

所谓普遍主义，是指思维方式和实际行动喜欢按规则办事，不喜欢例外；所谓特殊主义，是指思考方式和行动倾向于根据情况的不同而采取相应的方式方法。一般来说，普遍主义比较注重合同关系，特殊主义比较注重人际关系。普遍主义的国家法律法规高于一切，而在特殊主义的国家，人们会更多地考虑特殊关系和例外。在普遍主义文化中，人们认为判断对和错有一定的客观标准，可以应用在任何人身上和任何时间、任何场合。特殊主义文化则认为，在判断对和错的时候，特殊情况和关系起到更重要的作用，而不是由抽象、刻板的条例决定。

这个维度体现在商务活动中，就是在不同文化中合同重要性的差异。在普遍主义文化中，合同的重要性体现在它已成为人们的一种生活方式；而在特殊主义文化中，人们更多地依赖与他人的关系达成和执行交易。商务活动中，当普遍主义者和特殊主义者碰到一起时，双方都会对对方的信用产生怀疑。普遍主义者会想："你怎么可以信任他们（特殊主义者），他们总是帮助他们的朋友！"特殊主义者则会想："你不能信任他们，他们连朋友都不愿帮！"

23 个国家在这个维度得分上的分布体现了东西方以及南北方的差异。美国、奥地利、德国、瑞士、英国等更趋向普遍主义，而委内瑞拉、苏联、印度尼西亚、中国等更趋向特殊主义。对于英语文化来说，客观的"事实"　关于真正发生的客观情况，比人际关系更为重要，人们相信规律和制度应该适用于每个人。在拉丁文化中，事实必须在不同关系和环境的实质下进行考虑，家人和朋友先于所有其他人被考虑。

在一个关于是否会为了一个发生事故被起诉的朋友而撒谎的调查中，拉丁语欧洲国家和英语国家的管理者所提供的答案有很大的区别。大约 9/10 的英语国家的管理者拒绝为救朋友而撒谎，而只有 2/3 的拉丁语欧洲国家的管理者会拒绝撒谎。表 8-6① 概括了在商务管理领域普遍主义者和特殊主义者的不同特点。

表 8-6　普遍主义者和特殊主义者的不同特点

普遍主义者	特殊主义者
注重规则而非关系	注重关系而非规则
法律合同一旦签订，不能随意改变	法律合同是可以随时修改的
可以信任的人是遵守诺言或合同的人	可以信任的人是能随情境而改变的人
只有一个事实或真相	相对于每一个人，事实有不同的角度
交易就是交易	能在交易中发展关系

二、个人主义—集体主义

此维度反映个人的利益还是集体的利益更应该受到关注。个人主义是指每个人都把自己的利益看得比较重，而集体主义则把自己看成某个团体的一部分。与霍夫斯泰德

① 本节中的表 8-6、8-7、8-8、8-9 均参见王朝晖主编：《跨文化管理》，北京大学出版社 2009 年版。

的研究结果相似,个人主义与集体主义这个维度关注群体如何解决问题:个体更看重他/她个人还是把自己看成群体中的一员?进一步讲,社会应该更重视个体对社会的贡献,还是应该首先考虑集体?

在强调集体主义的社会中,人们愿意归属的群体各不相同:工会、家庭、民族、公司、宗教、职业或政党组织。例如,日本人认同他们的国家和公司,法国人认同他们的国家、家庭和职位,爱尔兰人认同罗马天主教堂。

跨文化管理深深地受到不同国家中个人主义/集体主义倾向的影响,其中谈判、决策和激励又是受影响最关键的领域。在群体中,对成就的认可以及计件工资的发放必须根据各人的贡献区分开来,并且每个人对共同承担任务的贡献是可以区分的,贡献多的应该受到表扬或奖励,这是个人主义文化中的情形。在美国,将薪水和工作表现联系起来是合理的。他们强调只要不断努力,每个人都可能成功。如在苹果电脑公司,薪水是没有上限的,优秀的表现可以获得相当于基本工资两倍的月薪,无须考虑部门中是否平衡。

而在集体主义文化中,这是不可能的。在许多亚洲国家中,集体逻辑非常盛行。例如,一个跨国公司在推行为了提高生产率而为工人提供营养午餐时遇到阻力,因为当地的雇员要求把午餐费用直接支付给他们,从而使他们可以养活家人。这种态度就是:"我们在家人挨饿的时候怎么能够吃得下呢?"印度尼西亚人也是以群体方式处理他们的文化的,每个人都在群体中联系在一起。在一个群体中,以不同的标准发薪水是不妥当的,按表现分配也是不适合的。在日本也是如此,人们担心按业绩分配会破坏内部和谐,并可能同时引发追求短期效益的想法和做法。

另外,在一些集体观念更强的国家,裙带关系是相互依赖逻辑的自然产物。一个雇主选择一个雇员的时候,一种道德上的承诺就会被确立。这里的暗示是,雇主将要照顾雇员,甚至是雇员的家庭。家庭纽带在这里提供了一种社会控制,这种关系通常会比组织的等级制度更有力。个人主义者和集体主义者在商务领域的不同表现如表 8-7 所示。

表 8-7 受个人主义/集体主义影响的商务领域

个人主义	集体主义
人们更多地说"我"	人们更多地说"我们"
在谈判中,决策通常由代表当场作出	在谈判中,代表作决策通常要请示组织
人们独立完成任务,个人承担责任	群体一起完成任务,共同承担责任
通常两三个人甚至单独一个人度假	有组织的群体或大家庭一起度假

三、情感内敛型—情感外露型

情感内敛型是指比较压抑自己感情的文化倾向,而情感外露型是指能按自己的感情比较自然表达出来的文化倾向,即自己感情自然表露的程度。前者倡导谨言慎行、藏而不露、不动声色、自持不偏;后者则袒露情感、不掩爱憎、性情率直、喜怒外显等。这个文化维度关注不同文化选择表达情绪的不同内容和方式。在情感内敛型文化中,人们认为应该控制情绪以掩盖事实,人们倾向于认为在工作场合表现出诸如愤怒、高兴或紧张等情绪是"非职业化"的;相反,在情感外露型文化中,人们公开表达情绪很自然,他们会认为他们的情感内敛型同事是没有情绪的，或是把他们的真实感情掩藏在面具后。在情感内敛型文化里，人与人之间很少身体接触，人与人之间的沟通和交流也比较微妙；而在情感外露型文化里，人与人之间的身体接触比较自然公开，交流沟通时表情丰富，充满肢体语言。

这个维度决定两个基本问题：

（1）在商务关系中是否应该表露情绪？

（2）情绪是一种破坏客观性和理智的因素吗？

美国人通常会表达情绪，但是和客观理性决策区分开；欧洲南部国家人们通常会表露情绪，而且不分情绪和客观理性；荷兰、瑞典人通常不表露情绪，并把情绪和客观理性分开。这些差异没有好和坏之分，你可能会说不管你多努力做到理性，最终情绪还是会扭曲判断；或者你会说情绪使得任何人难以直截了当地思考。但是，理性思考和其他形式思考或情绪的区分只是特定文化的区别，客观性程度不能脱离特定文化情境。情感内敛型社会中的人和情感外露型社会中的人在商务领域的表现差异如表 8-8 所示。

表 8-8　受情感内敛型/情感外露型影响的商务领域

情感外露型	情感内敛型
通过言语或非言语形式立即作出反应	通常不显露情绪
通过脸部或身体姿态表达情绪	不会把他们的所想或感受表现出来
独立完成任务，个人承担责任	当众表现情绪会感到尴尬
对身体接触感到自在	对“私人”圈子外的身体接触感到不舒服
容易提高声音	言语和非言语表达很微妙

四、关系特定—关系扩散

关系特定—关系扩散这个维度表示个人在和他人交往中的投入程度。关系特定是指工作中的上下关系，即职位只限于工作的场所；关系扩散则指人们的地位和上下级关系除了工作以外还渗透在人们的个人生活中，也就是看工作中人与人之间的关系在多大程度影响工作以外个人之间的关系。关系特定文化中，工作是工作，私生活是私生活，人们作出判断的依据是事情本身而不是与之相关联的生活其他层面；在关系扩散文化中，一个人在生活中扮演的某种角色则会影响他生活的各个层面。在不同文化中，人们的公共空间和私人空间的相对大小是有差异的，而且愿意与他人共享这些空间的程度也是各不相同的。在关系特定的文化中，人们有更大的公共空间和更小的私人空间，他们会守卫自己的私人空间，把私人空间封闭起来。但是，在关系扩散的文化中，公共空间通常难以进入，而一旦进入公共空间，私人空间就比关系特定文化容易进入了。换句话说，在关系扩散文化中，人们倾向于对进入公共空间的所有人开放私人空间。

比如，关系特定的美国和关系扩散的德国表现有所不同。美国的特征是公共空间大，私人空间小，而且彼此隔绝。德国则相反，以相对小的公共空间和大的私人空间为特征。所以，德国企业中同事相处几年还以全名称呼不足为奇，而在美国企业中刚开始就以名字称呼。对美国人来说，德国人保守，而且难以熟识；同时，德国人会认为美国人唐突和不够尊重他人。

来自这两种不同文化的人在各自文化中生活时,因彼此熟知对方的人际交往方式,交往起来得心应手,较少发生冲突或碰撞。当两个人一个来自关系特定文化,另一个来自关系扩散文化时,就可能发生矛盾和冲突。因为他们彼此间存在着不解,容易产生挫折感和交往失败感。

来自关系特定文化的人在与来自关系扩散文化的人进行商务活动时会感到很费时间。在关系特定文化中,商务活动独立于个人生活的其他方面,专门有一部分留给商务或工作。在关系扩散文化中,所有一切都是连在一起的,你的商务伙伴可能想要知道你上的是哪个学校,你的朋友是谁,你对生活、政治、艺术、文学和音乐有什么想法等。他们认为这一切并不是浪费时间,因为这些想法、偏好会显露出个性并决定能否产生友谊。为建立关系而花费时间、精力是值得的,它们与交易本身一样重要,甚至更加重要。两者在商务领域行为的具体区别如表 8-9 所示。

表 8-9 受关系特定型/关系扩散型影响的商务领域

关系特定型	关系扩散型
更开放的公共空间,更封闭的私人空间	更封闭的公共空间,一旦进入就更开放的私人空间
表现出直接、开放和外倾	表现出非直接、封闭和内倾
直接说到正题	经常避开正题,旁敲侧击
高度流动性	低流动性
将工作和私人生活分开	工作和私人生活紧紧连在一起
在不同场合用不同称呼	在不同场合用同样的称呼或头衔

五、注重个人成就—注重社会等级

注重个人成就—注重社会等级这个维度是关于社会中的地位和权力是取决于成就还是某种优先权。注重个人成就的文化是指员工的地位多大程度上受其工作业绩影响。注重社会等级文化则指对人的评价主要根据年龄、工作年限、性别、学历等属性来决定。注重个人成就的文化中,人们对商人的评价取决于他们完成所分配任务的情况,相互之间的关系是工作职能上的和特定的。如果我是一个销售人员,我就要用销售业绩证明我自己,我和同事(另外的销售人员)之间的比较也是通过销售业绩进行比较,销售业绩高就意味着成功。我和制造、研发、计划等各部门的关系也只是工作上的。我要么销售他们所制造、开发和计划的东西,要么不销售,我只担当工作上的角色。

在注重社会等级的文化中,那些天生赢得别人尊重的人,如年长者、男性或者在某一特定领域有资格的人才有较高的地位,对权力的尊重要求这些人能实现社会赋予他们的期望。地位通常独立于任务或工作职能,每个人都是独特的,不能轻易与他人作比较。他/她的业绩部分取决于下属对他/她的忠心和爱戴,而这种忠心和爱戴来自他/她的个人魅力。在某种意义上,他/她(在以社会等级为中心的文化中,男性通常拥有地位)就是组织并且能行使权力。

在注重个人成就的组织中,处于高等级、高地位的人要为组织取得更多、更大的业绩,或者有更高的技能和知识,以此证明自己的地位。但是,在注重社会等级的组织中,人们以拥有完成工作所需要的权力,或者拥有比他人更多的权力,或者能对他人实施强制措施来证明自己的地位。在以社会等级为中心的文化中,拥有权力的形式各不相同,而不管采取何种形式,人们的地位等级可以使他们行使权力,并且人们期望权力能够帮助促进组织的有效性。

研究结果表明,美国、英国、瑞士等国更趋向于以成就为中心,而印度尼西亚、中国等更趋向于以社会等级为中心。例如,一个美国的石油公司准备在一个太平洋的小岛上钻井,因此雇用当地的劳动力。但是,不到一个星期,所有的工头都被发现倒在地上,他们遭到了身体上的伤害。公司管理层不明就里,也不知如何是好。直到很长一段时间以后,公司才明白,在当地社会里年龄代表着地位,因此用年轻人当工头管理年长的人是不被接受的。美国公司用自己的文化标准雇用工人,最终只能接受严重的后果。

在以上五个维度以外,还需考察两个维度,即序列时间—同步时间、主观能动—外部影响维度。序列时间—同步时间指对待时间的态度,主要通过两个方面来考察。首先,看人们对于时间感觉是顺序的(sequential)时间观还是同期化的(synchronous)时间观。一般来说,顺序的时间观表现为为了迅速处理有关工作,一件事一件事按步骤来进行,严格遵守约定时间,按计划来推进事情的发展。而具有同期化时间观的人们往往几件事齐头并进,约会时间、工作计划都有弹性。其次,对时间的态度通过对过去取向(past-oriented)、现在取向(present-oriented)、未来取向(future-oriented)加以区分。主观能动—外部影响维度主要考察对待环境的态度是取决于主观的努力还是外部影响,或者说人应该相信命运还是应该适应环境。对于环境的态度分成两种类型,一种是自己能够做的事完全由自己来控制(inner-directed),另一种是自己的人生及命运不是由自己来控制,而是由外界因素来支配(outer-directed)。也就是说,自己来控制自然还是自己是自然的一部分的思考方式。

特朗皮纳斯根据以上七项指标提出跨文化分析框架,他运用这个分析框架,对美国、英国、日本、法国、瑞典、荷兰、德国等国家的文化特征进行了详细分析。典型国家在这七个维度上的指标排序情况如表 8-10 所示。

表 8-10 一些国家按七维文化模型指标的排序

国家	通用主义	个人主义	中性	具体型	成就型	过去导向	未来导向	内因控制
英国	74	65	—	83	87	45	26	68
美国	—	77	54	77	97	14	21	66
德国	—	35	35	—	61	64	53	34
法国	63	—	25	53	71	77	74	90
瑞典	89	45	63	100	79	86	68	22
中国	26	26	85	3	58	82	89	2
日本	58	6	98	57	53	59	63	—
新加坡	32	23	69	47	68	73	5	10
印度	21	16	83	27	18	9	39	27

资料来源:〔美〕约翰·B. 库伦:《跨国管理:战略要径》,赵树峰译,机械工业出版社 2003 年版,第 55、56 页。

第四节　价值取向理论和需要导向理论

一、六大价值取向理论

克拉克洪与斯乔贝克认为,人类共同面对六大问题,而不同文化中的人群对这六大问题的观念、价值取向和解决方法都不尽相同。正是这种不同体现出这些群体的文化特征,从而可以描绘出各个文化群体的文化轮廓图,而将不同的文化区分开来。这六大基本问题是:(1) 对人性的看法;(2) 对自身与外部自然环境的看法;(3) 对自身与他人关系的看法;(4) 人的活动导向;(5) 人的空间观念;(6) 人的时间观念。不同民族和国家的人在这六大问题上有不同的观念,而在这六大问题上的不同观念则显著地影响了他们生活和工作的态度和行为。[①] 下面我们将通过对以美国为代表的欧美文化和以中国为代表的亚洲文化进行比较,看看不同民族和国家的人在这些问题上有哪些不同的观念,而这些文化差异又会如何影响他们在生活和工作中的态度和行为。

1. 对人性的看法

这一问题关注于文化把人视为善的、恶的还是两者的混合物,探讨人在本质上是善还是恶,人性可以改变还是不可以改变。

不同文化对人性的看法有很大差异。基督教的原罪说反映的是人性本恶的理念,人原本就是"罪人",只有通过一定的宗教信仰和行为,人的罪行才能被饶恕。人被认为是会犯罪的,需要坦白罪过、要求被饶恕,并且进行忏悔和行善,才可以洗脱罪孽、升上天堂,反映的就是人性可变的信念。

相反,虽然中国古代有性善论、性恶论、性不善不恶论、性有善有恶论之争,但是儒家"人之初,性本善"的说法,表现的是对人性的乐观态度,人们工作、生活,并由此充实或最大化人性的潜质。辛苦工作、对工作熟练掌握或取得工作上的成果被看成达到这些目的的途径。

这种对人本质认识的差异会影响管理者的领导风格。如果关注的是人的邪恶一面,则采用更为专制的风格规范人的行为;在强调信任价值观的文化中,参与甚至自由放任的领导风格占主流;在混合型文化中,领导风格可能会重视参与,同时拥有严格的控制手段以迅速识别违规行为。

2. 对自身与外部自然环境的看法

不同文化的人们在对自身与外部自然环境关系的看法上,有些倾向于屈从于环境,有些希望与环境保持和谐关系,有些希望能够控制环境,等等。在一些文化中自然是可以控制的,然而在另一些文化中它被当做恩赐而被迫接受,命运和宿命早有定数,人们不是试图改变命运或者主动使事情发生,而是被动地顺其自然、任其发生。

对待环境的不同看法会影响组织的实践活动。例如,有关组织的目标设置,在屈从环境的社会中,目标的设置并不普遍;在一个与环境保持和谐的社会中,可能会使用目

---

① See Kluckhohn, F., Strodtbeck, F., *Variations in Value Orientations*, Evanston, IL: Row, Peterson, 1961.

标，但人们预期到它会发生偏差，对未能达到目标的态度也比较宽容；而在一个控制环境的社会中，则广泛地使用着目标，人们希望实现这些目标，对未能达到目标的处罚也比较重，非常重视“目标管理”。

3. 对自身与他人关系的看法

不同文化中的人对自身与他人之间关系的看法有很大差异。文化必须以可预期的方式架构人与人之间的关系，这包括三个方面：个人、群体和等级关系。前两个方面强调的是个人还是群体主导社会关系，第三个方面强调对等级关系的考虑，或强调人们之间或群体之间的地位差别。

中国文化通常把个体看成群体的一员，个人不可以离开群体而存在，注重群体，看重群体的和谐、统一和忠诚，在个人利益与群体利益发生冲突时，强调个人应该牺牲自己的利益以保全群体的利益。在商务活动中，强调建立一种人与人之间的信赖关系；美国文化则强调每个人应该是独立的个体，有自己的独特之处，在商务活动中，他们强调“生意就是生意”，按合同和规则办事，避免个人之间的感情影响正确的判断；英国和法国文化则强调等级关系，这些国家中的群体分成不同的层次等级，每个群体的地位保持稳定，不随时间的改变而改变。文化的这一差异对于组织中的工作设计、决策方法、沟通类型、奖励系统和选拔活动均有重要影响。

4. 人的活动导向

这一维度主要考察一个文化中的个体是否倾向于不断行动。活动导向的差异表现为人们怎样对待工作和娱乐，以及人们的偏好是怎样的。在人们的做事方式上，文化可分为“实干型”和“存在型”两种活动导向。

“实干型”文化中，人们强调行动和通过努力工作把事情做完，他们重视做事或活动，强调成就，他们工作勤奋，并希望因为自己的成就而获得晋升、加薪以及其他方式的认可。“存在型”文化重视存在，人们对当前的情况作出自然的、富有感情的反应，有时候甚至提倡“以静制动”“以不变应万变”。

5. 人的空间观念

这一维度关注特定文化环境中对空间的拥有程度。一些文化非常开放，倾向于把空间看成公共的东西，没有太多隐私可言，并公开从事商业活动。另一些极端的文化则倾向于把空间看成个人的私密之处，极为重视让事情在私下进行。大多数社会文化是两个极端的混合物，并落在中间某一处位置上。

比如，日本公司经常是在敞开的大办公室里办公，那里几乎没有私人办公室，经理和普通职员在同一间屋子里，大家在中间不分隔的桌子上办公。一个小组的低级职员面对面坐在成行的桌子前，小组的领导在这一行端头的桌子前工作，而一个部门的领导会坐得稍微分离一点，可以观察到若干个小组。而德国企业很少集中在一个大办公室里办公。

6. 人的时间观念

文化对于时间有过去、现在和未来三种取向。这个问题关注的是一国的文化注重的是过去、现在还是将来。过去取向文化的人们强调传统，炫耀过去；现在取向文化的人们倾向于只争朝夕地生活，几乎不作明天的打算；未来取向文化的人们相信今天发生的一切将来会有回报。

关于时间的导向,中国文化更加关注过去和现在;而美国文化则更加着眼于现在和未来。这些观念从中美两国的文学、电影作品中可见端倪。中国的电视频道、电影院里,常常看到各种唐代、宋代、清代的古装电影、电视剧等;而美国是科幻电影大国,电视和电影里常常出现外星人入侵、星球大战等内容。

时间观念还涉及对时间的利用,即时间是"单向性"的,构建在一个有序和线性的形式上,应在同一时间里做一件事;时间还是"多向性"的,在同一时间里可以做多件事。美国人、德国人倾向于把时间看成线性的,一段时间内做一件事,做完一件事后再做另一件事,一个约会完了之后紧跟下一个约会,每一个约会在事先规定的时间内完成。相反,意大利人、中东人等其他一些国家的人则把时间看成非线性的,一段时间内可以做多件事,不必按部就班有板有眼地按时间表行动,而必须随机应变根据当时的情况及时调整时间安排,不让自己成为时间表的奴隶。因此,在谈生意的过程中,如果突然有朋友自远方来访,他们会让谈判停下去招待老友,或干脆让朋友坐在谈判的房间里一起参加。

另外,作出决策的速度也反映了人们普遍对待时间的态度。例如,北欧和美国的管理人员经常抱怨日本公司在作决策时速度"太慢",而日本的管理人员则经常抱怨美国和欧洲的管理人员用来贯彻执行决策的时间过长。在日本,尽管会用更长的时间达成决策,但是一旦决策开始被执行,就会被更为迅速地贯彻。日本管理人员认为,一个迅速作出的决策意味着这个决策本身是缺乏重要性的;否则,就应该花更多的时间考虑、深思并讨论,从而予以足够的保证。因此,在日本,快速作出决策并不一定被认为是一种有决断力并有极强领导力的特征,相反会被认为是一种不成熟、不负责任的表现。综上所述,用克拉克洪与斯乔贝克提出的六大价值取向理论来区分文化能够帮助我们理解许多平时观察到的文化差异现象,并对有些"异常"行为作出合理的解释。该理论没有探索更深层次的原因,即为什么不同国家和民族在这六大价值取向上会如此不同。

二、十大需要导向理论①

舒华兹(Shalom Schwartz)在1992年提出了十大需要导向理论,又称十大价值/需要导向理论,他开发了包括57个条目的测量这十种需要导向的工具,在60多个国家选取样本进行测试、分析。舒华兹是以色列耶路撒冷希伯来大学的教授,多年来一直从事跨文化的教学和研究,他认为以前的文化研究存在一些缺陷,比如霍夫斯泰德的文化维度理论完全是基于数据提出的,而这些数据并不是在有理论指导的基础上收集的,因此有可能遗漏了一些相当重要的价值观维度。他认为很有必要从人类行事动机的方方面面来全面思考对人类行为最有指导意义的价值观念,然后检验这些价值导向在不同文化中的主导程度,以此来说明文化之间的差异。

由于该理论与前面我们介绍过的理论有一些重合之处,下面只简要介绍十大需要导向理论的主要内容:

(1) 权利:社会地位和尊严,控制他人,控制资源(权威、社会权利、财富、公共形象);

① 参见陈晓萍:《跨文化管理》,清华大学出版社2009年版,第79—82页。

（2）成就：按照社会标准通过自己的能力取得个人成功（雄心、成功、才干、影响力）；

（3）享乐主义：自我享乐和感官满足（快乐、享受生活、自我沉醉）；

（4）刺激：激动、新奇、有挑战性（敢想敢干、有变化的生活、令人激动的生活）；

（5）自主导向：独立思考和行动——选择、创造、探索（创造力、自由、独立、自己选择目标、好奇）；

（6）普遍主义：理解、欣赏、容忍并保护所有人和环境的利益（平等、社会正义、智慧、胸襟宽阔、保护环境、与自然融为一体、美丽世界）；

（7）仁慈：对于自己亲近的人愿意保护和增强他们的利益（助人为乐、诚实、谅解、忠诚、负责）；

（8）传统：尊重、接受并承诺传统文化或宗教提倡的习俗和说教（奉献、尊重传统、谦逊、中和）；

（9）遵从：自我控制那些与社会规范和期望不符的，或者会使别人不安或受到伤害的行为、倾向和冲动（自我约束、礼貌、敬老、顺从）；

（10）安全：社会、人际关系和自我的安全、和谐与稳定（家庭安全、国家安全、社会秩序、整洁、报答别人的帮助）。

舒华兹认为，这十种价值导向可以汇总成以下两个维度：（1）开放—保守的维度：开放包括刺激、自主导向和享乐主义；保守包括安全、传统和遵从。（2）自我强化—自我超越的维度：自我强化包括成就、权力和享乐主义；自我超越包括普遍主义和仁慈。

课后练习题

1. 什么是文化？文化的特征有哪些？
2. 什么是跨文化管理？其常用的方法有哪些？
3. 跨国经营企业文化有什么特点？
4. 请说明国家文化模型各维度的内涵。
5. 文化构架理论中对商务领域影响较大的文化维度有哪几个？
6. 运用六大价值取向理论分析东西方文化的差异。

章末案例

中国港湾工程公司的跨文化管理[①]

作为一家在海外基建市场打拼30余年的企业，中国港湾工程有限责任公司（以下简称“中国港湾”）目前已在世界各地设有90多个分（子）公司和办事处，业务涵盖100多个国家和地区，所建项目覆盖了“21世纪海上丝绸之路”沿线的绝大多数国家及“丝绸之路

① 摘编自黄咏烨、叶笑阳：《“海上丝绸之路”的文化现象及跨文化管理——以中国港湾工程有限责任公司海外发展为例》，载《企业文明》2018年第10期。

经济带"沿线的部分国家。以海外发展为例,中国港湾通过对"21世纪海上丝绸之路"沿线11个国家的深入调研,梳理了沿线国家与我国的主要文化差异,总结了中国港湾在跨文化管理方面的实践模型,并在此基础上对"一带一路"倡议下中国企业跨文化管理与融合工作提出相关对策与建议,以期为其他已经参与或准备参与"一带一路"建设的中国企业在跨文化管理方面提供参考借鉴。

在有关学者关于跨文化研究理论指导的基础上,中国港湾对"21世纪海上丝绸之路"沿线国家与我国的主要文化差异进行了归纳梳理,认为主要表现在以下10个方面:

一、宗教文化的差异

"21世纪海上丝绸之路"沿线国家宗教形态各异,具体涉及东亚儒教、伊斯兰教、佛教、基督教等宗教。在我国与这些国家的文化差异中,宗教文化差异表现得最为直观,而且往往还与禁忌性的风俗习惯紧密相连(伊斯兰文化中居多),需要高度重视、小心处理。

二、安全文化的差异

在"21世纪海上丝绸之路"沿线的许多国家,安全风险极为突出,对"走出去"的中国企业和员工的人身财产安全造成严重威胁,其表现为战争动乱、疾病瘟疫、社会治安、恐怖袭击。妥善应对上述安全风险,对于保障"一带一路"倡议落地至关重要。

面对严峻的安全形势,中国港湾项目部在提高安全保卫硬件能力的基础上,高度重视安全文化建设,提高员工的安全意识,教育员工如何应对突发情况,同时制定系列措施,如外出必须两人以上、与当地雇员一起外出办事、出门携带20美元左右现金、编制当地语言交流手册、遭遇抢劫予以配合等,以确保生命安全为首要目标。

三、技术标准文化的差异

中国企业在"走出去"过程中,面临着技术标准文化差异带来的巨大挑战,英标、美标、德标、日标等不同技术标准不但对企业造成障碍,也对中国标准"走出去"形成夹击之势。在某种程度上讲,谁掌握了技术标准话语权,谁就掌握了发展主动权。

马来西亚工程技术界的管理精英多数毕业于英国的高等院校,比较崇尚英国工程技术标准,尽管中国工程行业的相关标准和技术与西方标准类似,甚至某些方面标准更高,但是他们在实际应用上还是有些不放心,采用不积极,甚至有人曾拿着国内"豆腐渣工程"的相关报道,来指责和污蔑中国标准。中国港湾承建的马来西亚槟城二桥项目2006年启动,到2008年11月才正式开工兴建。中间长达约两年的时间,争论焦点就是标准问题——采用英国标准还是中国标准。当时中方施工人员和相关装备已经进场,尽管双方经过谈判作出了妥协,但是对工程建设进度仍产生了一定影响,这就是标准文化差异带来的影响。

四、对待外部自然环境的差异

我国文化强调人对外部自然环境的主观能动性,主张通过人的活动去主动改造自然、战胜自然。而"21世纪海上丝绸之路"沿线的许多国家受民族历史、宗教习惯等多方因素影响,对待外部自然环境的态度与我国存在着较大差异。这种差异影响着人的世界观、价值观,因而对于两个国家间人与人的交往交流具有很大影响。

五、对待工作态度的差异

在霍夫斯泰德的文化维度理论中,人们是更追求事业的成功,还是更看重生活质量,是体现不同社会文化差异的重要维度。在我国与“21世纪海上丝绸之路”沿线国家的文化差异中，这一维度表现得非常明显，也给中国企业在管理当地员工、提升员工积极性方面带来了挑战。

在中国港湾苏丹公司，苏丹籍员工A曾在一个月中由于交通拥堵等原因频繁迟到，严重影响正常工作。中方主管小勉找A谈话，告诉他可以早点起床出门，否则会影响月底全勤奖金的发放。对此，A表现得很不理解。在他看来，造成迟到是因为交通拥堵而非其个人原因，如果早起会影响睡眠，他不愿意这样做，公司也不能完全扣除他的全勤奖金。对于这个问题，中方管理人员向A解释了很长时间，A才勉强表示接受。

六、对未来不确定性容忍度的差异

中国文化崇尚提前计划、未雨绸缪，对未来的不确定性容忍度较低，习惯通过各种超前安排尽量减少不确定性产生的风险。但在与“21世纪海上丝绸之路”沿线国家的交往中，这种对未来不确定性容忍度方面的文化差异，也给中国企业的管理带来了相应的挑战。

中国人习惯储蓄，中国文化主张未雨绸缪。但大部分缅甸人却没有储蓄的观念，经常是今天还有吃的就不会想着去工作，明天没吃的了明天再说。这种文化差异，给项目施工带来了不小的困扰。

七、等级观念的差异

权力距离，即人们对社会中权力分配不平均的接受程度，一直是跨文化理论中识别文化差异的重要指标。中国的企业等级观念较重，领导要求下属、下属服从领导被视为天经地义。然而，就是这种在中国员工看来再也正常不过的事情，在苏丹员工那里却遇到了挑战。

中国港湾东部非洲区域管理中心部门经理安排中方员工小张和苏方员工M去办理车辆保险手续。小张的工作方式是先询价对比，了解保险公司的优惠政策及后续服务后汇报给领导，经领导指示后才确定怎么做。而M的工作方式则是，哪家优惠多就选择哪家合作，直接向领导告知选择的结果，不会等领导作出指示。这种工作方式的差异背后，就是等级观念方面的文化差异。这两种文化及其衍生的工作方式其实并无优劣之分，只是各有优缺点，在管理中要趋利避害、综合利用。

八、对待个人隐私的差异

在不同的社会中，人们对公共空间和私人空间范围的界定各不相同，这就形成了在隐私文化方面的差异。以我国社会为例，此前大家的隐私意识并不是特别强，随着近些年互联网世界侵犯个人隐私事件的频频出现，社会对个人隐私的重视度才逐步提升。但是，我们当前对待个人隐私的态度，与“21世纪海上丝绸之路”沿线的一些国家仍然存在差异。

通常来说，打卡上班是一种约定俗成的“规定”。因此，在中国港湾南太平洋区域管理中心搬入新办公室后，综合部就安装了指纹打卡机，让所有员工上下班打卡。但是，这个规定却遭到了一定的阻力。原因是一名属地员工说指纹打卡容易导致个人信息泄露，这名员工主动提出改指纹打卡为刷员工卡，既能保证管理的有效性，也能保护员工隐私。最终，中方接受了这个建议，并在以后的管理中更加注意保护员工的个人隐私。

九、对待制度规范态度的差异

制度规范是一个社会的行为准则基础,然而在不同社会,人们对制度规范的态度也各不相同。这种差异在我国与"21世纪海上丝绸之路"沿线的一些国家中也有体现。

对于一个企业员工而言,职责范围之外的事情应不应该干?在中国,员工干职责之外的事情比较普遍,究其原因,可能是被迫的,也可能是自愿的,甚至可能是功利的。

但是在苏丹,情况则大有不同。让苏丹员工做其职责范围外的工作,他基本会拒绝执行,如果让他干也可以,必须支付额外的补偿和奖励。在中国港湾苏丹办事处,中方主管M让苏丹籍员工A多次预订酒店并检查酒店房间内的物品是否摆放齐全。但是A认为,预订酒店不在自己的职责范围,属于另一名文秘职员B的职责,如果要求自己协助,月底就应该支付额外的报酬。

十、谈判风格的差异

谈判是一个企业最常见的商务活动形式之一。在"21世纪海上丝绸之路"沿线的不同国家,谈判风格也不尽相同,谈判中的禁忌也各式各样,可以说是一个文化差异的集中体现点。在沙特,正式商务会谈之前会谈论一些毫不相关的话题,譬如询问个人健康情况或旅途情况等。沙特人作出决策需要较长时间,前几次谈判很少得到承诺,所以在准备这次谈判的同时就应该着手确定下一次谈判的时间。

面对与"21世纪海上丝绸之路"沿线国家的多种文化差异,中国港湾在实际工作中摸索总结出一套跨文化管理与融合的方法,具体可以概括为"识别—尊重—沟通—移植—维权—融合"。即识别文化差异是跨文化管理与融合的基础性工作;尊重文化差异;不同文化背景的人相互之间进行信息交流,以达到弥合文化差异的目的;面对文化差异,中国企业可以将自己文化中一些比较好的东西特别是管理文化向外籍员工推广普及,通过文化移植来提升企业的管理;对于直接危害企业发展的核心利益的部分文化差异与冲突,企业应该敢于维护自己的合法权益,实现文化融合。

讨论题

1. 中国港湾公司跨文化管理有什么特点?
2. 在海外管理东道国员工时,应注意哪些跨文化管理问题?

本章参考文献

Hofstede, G., *Cultures and Organizations: Software of the Mind*, London: McGraw-Hill, 2004.

Kluckhohn, F., Strodtbeck, F., *Variations in Value Orientations*, Evanston, IL: Row, Peterson, 1961.

Trompenaars, F., Hampden-Turner, C., *Riding the Waves of Culture*, New York: McGaw-Hill, 1997.

陈晓萍:《跨文化管理》,清华大学出版社2009年版。

〔美〕菲利普·R.哈里斯、罗伯特·T.莫兰:《跨文化管理教程》,关世杰主译,新华出版社2002年版。

冯鹏程、马曼:《从TCL并购看企业海外并购文化整合》,载《中国外资》2010年第3期。

〔美〕弗雷德·卢森斯、〔美〕乔纳森P.多:《国际企业管理:文化、战略与行为》,周路路等译,机械工业出版社2015年版。

侯书生、余伯刚编著:《激荡国际商海(企业的国际化经营)》,四川大学出版社2016年版。

雷小苗:《正视文化差异 发展文化认同——跨国公司经营中的跨文化管理研究》,载《商业研究》2017年第1期。

〔英〕特朗皮纳斯、〔英〕伍尔莱姆斯:《跨文化企业》,陈永倬译,经济管理出版社2011年版。

田志龙等:《跨国公司中中国员工面临的跨文化沟通挑战与应对策略》,载《管理学报》2013年第7期。

王朝晖主编:《跨文化管理》,北京大学出版社2009年版。

王利峰、朱晋伟:《在华跨国公司内部语言状况调查》,载《语言文字应用》2013年第1期。

熊名宁、汪涛、赵鹏、王魁、刘秀君:《文化距离如何影响跨国战略联盟的形成——基于交易成本视角的解释》,载《南开管理评论》2020年第5期。

〔美〕约翰·B.库伦:《跨国管理:战略要径》,赵树峰译,机械工业出版社2003年版。

张祺:《国际商务中的跨文化管理》,载《现代商业》2015年第3期。

章劢闻:《海尔的跨国探险》,http://www.fortunechina.com/magazine/c/2010-06/14/content_36650_2.htm,2010年6月14日访问。

赵卫宏、谢升成、苏晨汀:《母国文化定位策略让品牌走进东道国消费者心智——文化认同视角》,载《管理评论》2020年第10期。

仲理峰、孟杰、高蕾:《道德领导对员工创新绩效的影响:社会交换的中介作用和权力距离取向的调节作用》,载《管理世界》2019年第5期。

第九章　跨文化沟通

【本章学习目的】

通过本章学习，你应该能够：

- 掌握跨文化沟通的基本概念
- 了解文化差异对跨文化沟通的影响
- 理解影响跨文化沟通的因素
- 掌握跨文化沟通的技巧

引导案例

新联想的跨文化沟通挑战①

在 2005 年之前，联想仅仅是一个在中国国内占据主导地位的计算机生产商，而在收购美国 IBM PC 事业部之后，联想蜕变成为国际 PC 市场举足轻重的生产商。但是联想的国际化也有其挑战和困境。

兼并之后的联想面临着文化冲突。按照美国人的标准，联想公司文化是半军事化的。联想设在北京的总部位于一个工业园区内，公司的很多政策都是通过高音喇叭宣布，迟到的员工被要求在所在公司领导面前罚站。在收购美国公司后，联想主动改变了自己的公司文化，将公司的语言变成英语。同时，杨元庆主动将公司总经理的职位让给了美国人——原来负责 IBM PC 事业部的高级副总裁史蒂芬·沃德，以培养国际化的公司文化。即便这样，双方在跨文化沟通中仍然面临巨大挑战。

跨文化沟通的障碍来自高层管理人员之间、中层管理人员之间和普通员工之间的沟通。联想的员工大部分在中国工作，原 IBM PC 事业部中有一万名员工加入新联想，但是这些员工中有 40%已经在中国工作，实际在美国的只有不足 25%。启用英语作为官方语言之后，所有母语不是英语的员工立即感受到沟通的困难，增加了沟通的成本和障碍，造成工作延误及同事之间的误解等。从语言本身来看，如果每个人讲话、写报告都要经过翻译这个过程，那么一旦翻译不到位，就会引起很多的误解，这是沟通的障碍之一。

跨文化沟通的障碍还表现在沟通风格上。在公司的会议上，经常是美国员工滔滔不绝地长篇大论，而中国员工通常只是礼貌地倾听对方的发言；中国员工抱怨美国员工太喜欢空谈，而美国员工则抱怨中国的管理人员不愿意参与对方的讨论，只是一个劲地说“对”而不提出更好的办法。在两年的合作之后，联想决定将美国管理人员的发言时间规定为 5 分钟，而将中国管理人员的发言时间规定为 10 分钟，以保证双方有基本相同的发

① 摘编自郑兴山：《跨文化管理》，中国人民大学出版社 2010 年版，第 65—66 页。

言时间。此外，中国员工在不同意某个问题的时候，倾向于保持沉默，而美国员工就会错认中国员工的沉默是同意，因此，联想规定，倘若有不同的看法，必须公开地表达出来。

在中国的企业行为中，还包括愿意向上司报告同事和同行的问题，以避免面对面冲突时不必要的尴尬和紧张关系。而美国人通常认为这样的行为是“背后捅刀子”的表现，是不道德的。因此，联想又作出公开决定，禁止这种背后打报告的做法。同时，增加双方管理人员的互动和社交活动，以保证跨文化沟通的舒畅。

思考题

1. 新联想在跨文化沟通过程中遇到了哪些挑战？
2. 影响新联想跨文化沟通的主要因素有哪些？

沟通是跨国经营与管理中的重要问题，涉及人际关系的处理、团队协调和商务谈判等事宜。文化是沟通的基础，管理者只有深刻了解文化，才能驾驭沟通。沟通是管理者角色的核心，占据了管理者日常的大部分时间。当员工来自不同的文化背景，讲着不同的语言时，管理者会遇到跨文化沟通的挑战。因此，管理者跨文化沟通的能力与效率很大程度上将决定国际商务活动是否成功，以及跨文化环境下的工作是否成功。本章将介绍跨文化沟通的概念、文化差异对跨文化沟通的影响，阐述跨文化沟通的模型，探讨影响跨文化沟通的因素以及跨文化沟通的手段，并分析如何有效地进行跨文化沟通。

第一节 文化与沟通

一、文化与沟通的关系

文化与沟通是紧密联系的。沟通分为语言沟通和非语言沟通，都是文化的产物，和文化错综复杂地交织在一起。就语言沟通而言，语言和文化是密不可分的。首先，一般来说，一种文化对于那些自身认为重要的事物或过程，会用丰富的、细致的词汇予以描述。文化环境中那些重要的事物被取以具体的名称；那些不太重要的事物则被取以比较一般化的名称，必须通过附加词才能成为具体名称。其次，语言结构通常反映文化的主题。日本文化中等级地位的主导作用就鲜明地反映在日本语言当中——运用语法结构给会话伙伴界定出各种社会地位来。最后，语言也使我们能够对思想、思维和情感作出处理。就非语言沟通而言，非语言既与文化融为一体，又显示出各种文化类型的非语言特征。通过对某种文化中非语言表达的基本类型的了解，就能够得出构成该种文化观点的基础。同时，非语言行为方式也能为我们提供关于某种文化的价值系统信息。可见，不管是语言沟通还是非言语沟通，都与文化有非常紧密的联系。

文化与沟通是有区别的。跨文化沟通与组织实践研究的发起者霍夫施泰德将文化比作“思想的软件”。文化是支持软件程序运行的“操作环境”，就像 DOS 或者 Windows 操作系统一样，它帮助我们在各种各样的特殊使用环境中处理信息。文化不仅影响我们的外在行为,包括握手、鞠躬、在见面时亲吻对方、庆祝节日的传统风俗、饮食、舞蹈、服装和音乐等,还决定着我们特定的信仰、行为方式和待人处事方式的内在原因。外在文化很容易识别,但是内在文化却不易捉摸。人们行为的内在缘由通常是无意识的,行为者并没有意识到自己是按照某种文化所指使的方式来行动的。沟通仅仅是一种很容易识别的外在文化。要理解文化,特别是我们自己的文化,只通过语言和非语言沟通是不够的。一是除了沟通之外,还存在其他外在文化行为;二是内在文化,包括人们作决策的方式、对做事最后期限的反应方式、按重要性对事物排序的方式等也值得我们深究。所以,沟通仅仅是文化的工具,理解沟通能够帮助我们理解文化,但是沟通≠文化,它们是彼此不同的两种现象。

二、跨文化沟通的定义

沟通(communication)有很多种定义。《韦氏词典》认为,沟通就是“文字、文句或消息的交流,思想或意见之交换”。西蒙认为,沟通“可视为任何一种程序,借此程序,组织中的某一成员,将其所决定意见或前提,传送给其他成员”。《大英百科全书》认为,沟通就是“用任何方法,彼此交换信息。即指一个人与另一个人之间用视觉、符号、电话、电报、收音机、电视或其他工具为媒介,所从事的交换消息的方法”。一般认为,沟通是个人、群体或组织(发送者)为了设定的目标,凭借一定的符号载体,给另一个人、群体或组织(接收者)传达思想、交流情感与互通信息的过程。在组织中,管理者利用沟通来协调活动、发布信息、激励员工、协商公司未来规划,员工利用沟通释放情感,满足自身的社会需求。

沟通发生之前,必然存在一个目标,就是将在发送者与接收者之间传递的信息。这个信息先被编码(转化为信号形式),然后通过某种媒介(渠道)传送给接收者,由接收者将收到的信息解码。沟通的过程看起来很简单,在现实生活中却很难完美地进行,许多潜在的因素阻碍着沟通的有效性,这些扭曲信息清晰度的因素称为噪声。(如图 9-1 所示)

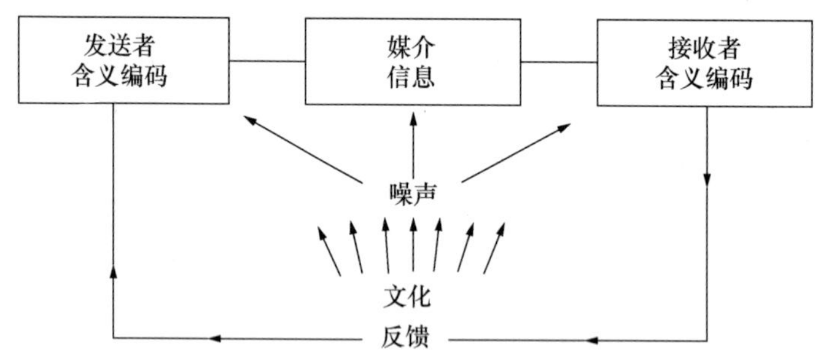

图 9-1 跨文化沟通的过程

资料来源:〔美〕海伦·德雷斯凯:《国际管理:跨国与跨文化管理》,宋丕丞译,清华大学出版社 2011 年版。

噪声产生的主要原因在于信息发布者与接收者分别处于相互独立、私密、不同的生活思想空间,这个空间建立在不同的文化、经验、关系、价值观等背景基础之上,影响着对信息的沟通与理解。人们通常会过滤或有选择地理解与其个人期望、现实中价值感知、行为准则相符的那些信息。沟通过程中文化差异越大，信息被误解的可能性就越大。文化不仅影响谈话对象、谈话主题以及谈话过程，还决定着人们如何对信息进行编码，信息要传递的含义，以及发送信息、接收信息、解读信息的背景环境。人们所有的沟通行为都建立在各自的文化背景之上。文化是沟通的基础，文化差异是沟通中最关键的噪声之一。

当具有一种文化背景的人向具有另一种文化背景的人发送消息时，就产生了跨文化沟通。跨文化沟通（cross-cultural communication）是指信息的发送者在一种文化环境中编码，而信息的接收者在另一种文化环境中解码的沟通。编码和解码都要受到文化的深刻影响和严重制约，因为地域不同、种族不同等均会导致文化差异，因此，跨文化沟通可能发生在国际，也可能发生在不同的文化群体中。①

三、文化差异对跨文化沟通的影响②

跨文化沟通与一般沟通的最大区别在于，信息的发送者与接收者具有文化差异，这种文化差异加剧了沟通的困难，影响了跨文化沟通实践。具体而言，文化差异对跨文化沟通的影响主要有以下三点：

1. 文化差异影响跨文化沟通的形式

文化差异使得跨文化沟通的表现形式多种多样。西方文化中，人们更倾向于个体的独立性、独特性、自主性，强调今生今世，注重理性，看重成效等，而在东方文化中，人们更注重“我们”，强调群体利益和关系和谐，注重个人对群体的义务和职责、个人在群体中的角色等。强调个性的西方文化起源于基督教，兴盛于文艺复兴、启蒙运动；强调和谐共处的东方文化则受有几千年积淀的儒、释、道思想的影响。

在姓氏排列中，中国传统姓氏先是宗姓、辈分，然后才是自己的名字，突出的是氏族整体，有的姓氏甚至还有厚重详细的族谱流传至今；西方国家则先是自己的名字，再是父名，然后才是族姓，突出的是自己。在西方国家，子女结婚以后一般不会和父母同住；按中国的传统，三代同堂、四世同堂共享天伦则是家庭幸福和睦的象征。

在集体主义文化中，沟通多以征询、参与的形式进行；在个人主义文化中，沟通多以叙说、说服的形式进行。在独裁文化中，沟通的形式表现为单向沟通；在民主文化中，沟通的形式表现为双向沟通。在日本公司，课长的办公桌位于所有员工的后面，这样他就可以观察到所有员工的状态；而在美国，员工的办公桌是隔开的。如果忽视这种沟通形式的国别差异，容易导致跨文化沟通过程中的冲突。

2. 文化差异影响跨文化沟通的信息策略

根据文化的差异，在跨文化沟通中应采取不同的信息策略。在快节奏文化中，可直接切入主题；在慢节奏文化中，只可间接切入主题。在权威文化中，沟通自上而下进行；在开放文化中，沟通则自下而上进行。

---

① 参见晏雄主编：《跨文化管理》，北京大学出版社 2016 年版，第 89 页。

② 参见王朝晖主编：《跨文化管理》，北京大学出版社 2009 年版，第 169—171 页。

中国人有“压轴”这一说法,即最重要的事情一般放在最后,这体现了中国文化中做事情的顺序偏好;西方文化则与之相反,倾向于开门见山,重要的事情最先做。这一习惯,也体现在语言上,中国人对于重要的信息往往在阐述问题或者意义之后过渡出来,而西方人则习惯先给出重要的信息,不太按重要的内容会放在句末。又比如在时间、地址的书写表达顺序上,对于时间,中文习惯按年、月、日排序,地址按省、市、县到门牌号码排序,英文则与中文的顺序恰好相反。

在集体主义文化中,明确且直接的沟通并不重要。间接、含糊的信息的含义通常是含蓄的、推断的、通过字里行间表达出来的。即使是需要给出明确信息的时候(如解决某个问题),也会是微妙的、相当间接的或含糊其辞的。其基本信念为:沟通不应被仅仅用于传递内容,它应当被用来培养关系、维持和谐,并且可以通过分散个人责任防止丢面子(个人的身份或尊严)。在迂回式的逻辑中,由于现实被认为是复杂的,人们所用的逻辑极少会是直线式的或因果关系型的,情况或问题都是被放在某个巨大的情境下全盘托出的。因此,来自集体主义文化的沟通者可能更倾向于漫无边际地说话,或者使用隐喻式的话语。

3. 文化差异影响跨文化沟通中的听众偏好

由于文化的差异,在沟通过程中,听众的立场、传统、准则等各不相同,这些因素直接影响着听众对待沟通方式、沟通内容等方面的态度。因此,在跨文化沟通前,应深入研究听众的价值观和偏好,以便采取灵活的沟通机制。

语言的信息可以折射出人们的生活环境。人们用语言描述周围的事物,表达其物质生活。例如,阿拉伯语中有众多对不同种类和特征骆驼的描述;汉语中有大量关于亲属关系的表达;英语中对体育项目的表述不胜枚举;爱斯基摩人用各式各样的语言文字来描述“雪”等。此外,德语中的“香肠”,西班牙语中的“斗牛”等都是包含着独特而丰富含义的语言文字表述。而在法国,你点一杯葡萄酒,服务员会详细询问你关于酒的类型、年份以及产酒的葡萄园等,因为“葡萄酒”在他们的生活中占据重要地位。

文化差异也使跨文化沟通过程中听众对不同的沟通者表现出各不相同的信任度。例如,在重人际关系的文化中,听众容易相信沟通者的良好意愿;而在重事实的文化中,听众更容易相信专家的意见。在人治文化中,听众确信传统权威;在法治文化中,听众确信技术和法定权威。在跨文化沟通过程中,沟通者应充分研究这种听众的信任度,采取不同的沟通策略以达到最佳效果。

第二节 跨文化沟通的原理和影响因素

一、一般沟通原理

跨文化沟通是沟通的一种特殊形式,因此,要理解跨文化沟通,首先要理解一般沟通。尽管跨文化沟通的双方具有不同的文化背景,但他们交往的基本途径和方式,还是与文化背景相同的人们交往的途径和方式一致的。将沟通的过程进行因素分解,了解沟通的原因、过程和结果,有利于理解跨文化沟通的差异、控制跨文化沟通的过程、增加跨文化沟通的效率。

沟通包括感知、解释和评价他人的任何行为，它是对沟通双方意思的理解。沟通包括传递语言信息和非语言信息（语调、面部表情、体语、时间、空间、行为等），包括有意识和无意识两种传递方式。无论个人说什么或做什么，都是一种沟通和交往活动。因为沟通与交往是一个复杂、多层次、动态的过程，通过人们交换“意思”，实现相互间的了解和理解。任何沟通与交往都有信息发送者和信息接收者，发出的信息从来不同于接收到的信息。（如图 9-2 所示）因为沟通具有间接性，是某种符号化的行为，所以，在沟通前必须被外部化和符号化，这就要通过编码来实现。编码使意义、信息变成可以传递的符号；译码则使接收到的符号转化为意义和信息。信息的发送者必须将其“意思”传给接收者，接收者再将这些语言或行为编译为符号，才能了解对方发送信息的含义。

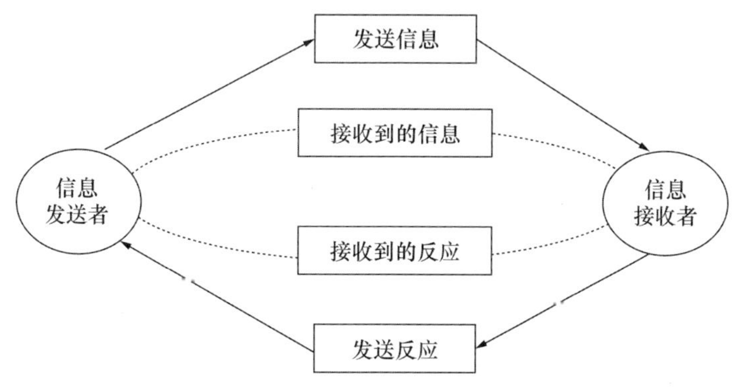

图 9-2　沟通原理模型

资料来源：朱筠笙编著：《跨文化管理：碰撞中的协调》，广东经济出版社 2001 年版。

二、文化差异与信息接收原理①

将发送的信息含义译成语言和行为（符号）还原为原义，是以一个人的文化背景为基础的。每个人的文化背景不同，沟通的效果就不一样。信息发送者和信息接收者差异越大，对特定的语言和行为的意思辨析差异就越大。

具有相同文化背景的人们之间的交往有利于他们在感知领域的高度一致和他们的信息符号的一致。相反，属于不同文化背景的个人之间的交流会因信息发送者和接收者之间的文化差异派生出来的表达/接收间距而产生误解。文化差异越大，这种间距就越大。由于存在文化差异，信息发送者可能以为他成功地进行了沟通，而实际并没有；信息接收者也可能以为他理解了某信息，而实际上也没有。

人们用以表达或接收信息的本民族语言不仅仅交流了思想，也深深反映了他们的世界观和价值观。正是由于这个原因，表达/接收间距不仅仅表现为用以表达和接收信息的语言的不同，而且还表现为不同文化下人们的世界观、价值观的不同。这样克服表达/接收间距的最直接的途径是交往双方学习对方的语言。事实上，在某些时候沟通者不能也不应该依赖翻译，因为再好的翻译也只能部分地弥补使用者（信息发送与接收方）对对

① 参见蔡建生：《跨文化生存：在外企的成功之路》，南方日报出版社 2004 年版。

方文化的无知。

图 9-3 描述了不同文化距离的沟通双方的感知范围和表达/接收间距。间距越小，重合度越高，沟通中文化误解的可能性越低。当信息发送方和接收方属于同一种文化时，沟通双方的感知领域重合，无文化差异存在。在不完全一致的情况下，沟通双方由于较小的文化差异而分离，但是使用同样的语言时，重合仍然是主要的，如美国人和英国人，埃及人和沙特人，阿根廷人和哥伦比亚人。当沟通双方使用不同的语言时，双方的文化差异显著扩大，重合度显著缩小。例如，拥有同样的西方宏观文化的美国人和西欧人，拥有同样的东方宏观文化的中国人和日本人就属于这种情况。文化差异很大时，沟通双方不仅使用完全不同的语言，而且有着不同的价值观和行为规范，此时，重合度变成边线相交，如东方文化、西方文化、阿拉伯文化之间就是这种状况。

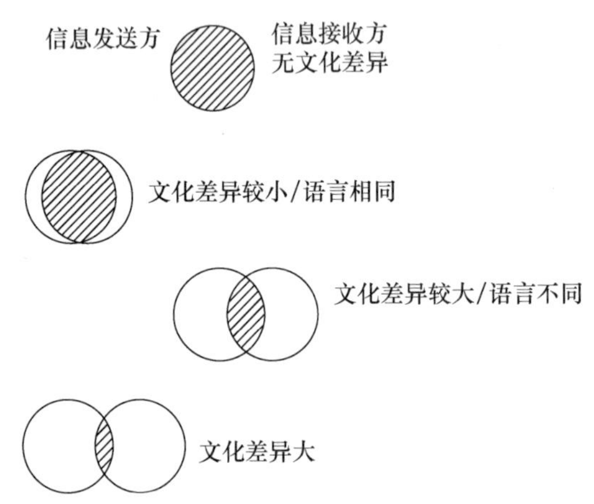

图 9-3　文化差异与信息接收模型

资料来源：朱筠笙：《跨文化管理：碰撞中的协调》，广东经济出版社 2001 版。

三、跨文化沟通模型[①]

按照萨姆瓦等人的解释，跨文化沟通的原理可以用图 9-4 的模型加以说明。

（1）在模型中，三种文化由三种不同的几何图形表示。文化 A 和文化 B 是比较相近的文化，而文化 C 与文化 A 和文化 B 有较大的差异。这种较大的差异由文化 C 的圆形及其与文化 A 和文化 B 的较大差距来表示。

（2）在每一种文化图形的内部，各有一个与文化图形相似的另一个图形，它表示受到该文化影响的个人。代表个人的图形与影响它的文化的图形稍有不同，这说明：首先，在文化之外，还有一些其他因素影响个体的形成；其次，尽管文化对每个人来说都具有主导性影响的力量，但对每个人的影响程度不同。

（3）跨文化的编码和解码由连接几个图形的箭头来说明。箭头表示文化之间的信息传递。当一个信息离开它被编码的那个文化时，这个信息内含着编码者所要表达的意

① See Samovar, L. A., Poter, R. E., Jain, N. C., *Understanding International Communication*, Belmont, CA: Wadsworth, 1981, p. 29.

图。这在图表中由箭头内的图案与代表编码者个人的图案的一致性来表示。当一个信息到达它将被编码的文化时，发生了一个变化的过程，解码文化的影响变成信息含义的一部分。在跨文化沟通的解码过程中，原始信息所包含的意义就被修改了。由于文化的差异，编码者和解码者所拥有的沟通行为及其意义在概念和内容上也存在差异。

(4) 文化对跨文化沟通环节的影响程度是由文化差异的程度决定的。图 9-4 中，用箭头里面的图案变化程度来表示文化差异。文化 A 和文化 B 之间发生的变化远比 A 与 C、B 与 C 之间小。所以，两者之间的沟通行为更相似，解码的结果与原始信息解码时包含的意义就更加接近。在文化 C 方面，由于它与文化 A、B 之间有相当大的差异，解码结果也就与原始信息有着较大的差异。

(5) 从图 9-4 中可以看出，在跨文化沟通中，文化间的差异是很大的。这在很大程度上是由于环境与沟通方式造成的。跨文化沟通可以在许多不同的情境下发生，可以在文化差异极大的人之间，也可以在同一主流文化的不同亚文化群体的成员之间发生。可以有跨人种的沟通，也可以有跨民族和国际沟通。

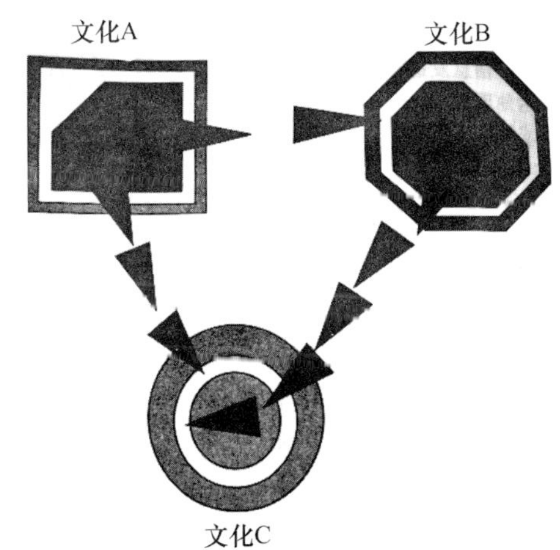

图 9-4　跨文化沟通模型

Source: Samovar, L. A., Poter, R. E., Jain, N. C., *Understanding International Communication*, Belmont, CA: Wadsworth, 1981, p. 29.

四、影响跨文化沟通的主要因素

跨文化沟通的主要特点是沟通主体之间的差异性，来自不同文化背景的人们把各自不同的感知、价值观、规范、信仰和心态带入沟通过程。我们在解释从一种文化传来的信息时，总是按照自己的文化背景，再以由这种文化背景所决定的解码方式加以理解。因此，要提高在跨文化条件下的沟通效果，必须首先了解影响跨文化沟通的几个主要的因素：感知、成见、种族中心主义和缺乏共感，[①]以及商业文化类型的差异和跨文化沟通中的

① 参见胡军编著：《跨文化管理》，暨南大学出版社 1995 年版，第 78—87 页。

法律因素、政府因素。[①]

1. 感知

感知是个人对外部世界的刺激通过特定方式选择、组织和转译感觉数据的过程，是人们认识自然界和社会的方式。通过感知，人们可以将外部世界的自然变化过程转化为有意义的内部经验。感知与文化密切相关，一方面，感知是文化赋予的，文化决定了对外部刺激的反应，对外部环境的倾向性、接受的优先次序。另一方面，当感知形成后，个人的信仰、价值观、心态体系、世界观等又会对文化的发展及跨文化沟通产生影响。不同的感知影响了人们的判断和决策，从而影响了人际沟通。因此，了解来自不同文化背景人们的感知对于跨文化沟通至关重要。萨姆瓦等人认为，有五种主要的社会文化因素对感知的发展有重要的影响：信仰、价值观、心态系统、世界观和社会组织。

(1) 信仰。信仰是"某种客观或事件与其他客体或事件或某种价值观、概念及其属性相联系"这样一种独特的主观可能性。信仰可分为三种，第一种是经验性的信仰。通过直接的感觉和经验，我们懂得并进而相信了一定的事物具有某些特征。经验性的信仰是很少受到文化的影响的。第二种是信息性的信仰，是由我们所依赖的某外部信息源提供的信息而形成的，如我们所景仰的人，权威的书籍、杂志、新闻媒介等。由于这些外部信息源深受文化影响，因此这些信息源所提供的信息赋予信仰文化的特征，进而影响人们的感知。第三种是推理性的信仰，它的形成过程涉及内部逻辑体系的运用。这种信仰的典型事例是通过对行为的观察而推断出来的。内部逻辑体系在同一种文化中都是因人而异的，在不同文化之间其差别就更大了。

(2) 价值观。价值观是人基于一定的思维感官而作出的认知、理解、判断或抉择，也就是人认定事物、辩别是非的一种思维或取向，从而体现出人、事、物一定的价值或作用。价值观具有稳定性和持久性、历史性和选择性、主观性和习得性等特点。文化价值观则是从文化背景中衍生出来的，同一文化背景的人们往往具有相同的行为准则。来自不同文化背景的人们，其价值观不同，行为方式和态度也不同，容易造成一定的冲突。例如，在年龄观念上，东方倾向于尊重长者，而西方倾向于重视青年；在自我观念上，东方往往主张"无我"，从众心理严重，而西方往往强调"自我"，竞争欲望强烈；在成就观念上，东方侧重守业，强调对国家的"忠"和对朋友的"义"，而西方侧重追求创业，更重视个人的自我价值实现；等等。因此，只有发现、理解不同文化背景下的价值观念，才能在跨文化沟通中更好地与来自另一文化背景的人进行无障碍的沟通。

不同的民族有着不同的价值观。K. S. 西特朗和罗伊 · T. 科格戴尔曾经对西方文化(W)、东方文化(E)、美国黑人文化(B)、非洲文化(A)和穆斯林文化(M)的价值观做过比较研究，其结果如表 9-1 所示。

---

① 参见〔美〕琳达 · 比默、艾里斯 · 瓦尔纳：《跨文化沟通(第 4 版)》，孙悦劲译，东北财经大学出版社 2011 年版，第 235—264 页。

表 9-1　文化价值观分类比较

价值	首要的	第二等的	第三等的	可忽略的
个性	W	B	E	M
母性	B,E	M,W	—	—
社会等级	WEMA	B	—	—
男子汉气概	BMEWA	—	—	—
感恩戴德	EA	MB	W	—
和睦	E	B	WA	M
金钱	WBA	M	E	
谦逊	E	BAM	—	W
守时	W	B	ME	A
灵魂拯救	W	M	—	EBA
命定劫数	E	—	—	MWBA
争先	W	B	—	EAM
外侵性	WB	M	AE	
集体责任感	EAM	B	—	W
敬重老年	EAM	B	—	W
尊重青年	W	MABE	—	—
殷勤好客	EA	B	MW	—
财产继承	E	—	MWAB	—
环境保护	E	BA	W	M
肤色	EWB	M	—	A
耕地崇拜	E	A	—	BMW
男女平权	W	EB	A	M
人的尊严	WB	EAM	—	—
效率	W	B	EM	—
爱国主义	BMAE	W	—	—
宗教	WBMAE	—	—	—
权威主义	EMA	WB	—	—
教育	WB	EMA	—	—
率直	W	BEMA	—	—

Source: Sitaram, K. S., Cogdell, R. T., *Foundations of Intercultural Communication*, Columbus,OH: Charles E. Merrill Publishing Co.,1976.

(3) 心态系统。心态是以一贯的方式对特定的取向作出反应的一种习惯倾向，主要包含三个组成部分：认知或信仰的成分，感情或评价的成分，强度或期望的成分。这三个部分相辅相成、相互作用，产生了我们对外界作出反应时的心态。心态同样具有习得性，是在文化环境中后天学习到的，文化环境会影响我们心态的形成以及对外界作出反应的状态和行为。

(4) 世界观。世界观是一种文化对于诸如上帝、人、自然、宇宙及其他与存在概念有关的哲学问题的取向。世界观对文化产生极其深刻的影响，弥漫于整个文化之中，并渗透在各个方面,世界观影响着信念、价值观、心态和其他许多文化侧面,以各种微妙而并不明显的方式在跨文化沟通中发挥强大的影响。

(5)社会组织。文化及其机构组织同样影响着本文化成员如何去感知世界和从事沟通。与跨文化沟通相联系的社会组织形式有两种:其一,地理性文化,即由地理界域所限定的国家、部落、种姓和宗教派别之类;其二,角色文化,这种文化中各成员的社会地位是区别分明的,人们在沟通中有特定行为举止的具体规范。

2. 成见

成见即所谓的刻板印象,是一种武断的、懈怠的,具有破坏性的理解他人的方式,是影响跨文化沟通的另一种重要因素。人们习惯性地会将复杂的感知简单化,其中一个方法就是以偏概全,即武断、随性地用一组特性去表示整个群体的特征,并认定整个群体的成员都具有这些特性。

成见在跨文化沟通中十分普遍,人们以极少的知识和接触去评价和认识他人,比如,"所有的犹太人都……""他是日本人,他一定……"等等。这在交往中是一种非常懒惰的方法,虽然可以减少我们在交往中对未知的焦虑和不安,但常常是极其不利的——它僵化了我们对他人的看法,不愿意了解不同境遇中的人,就不能在同个体交往时有所区别,从而影响双方沟通的质量,甚至阻碍沟通的发生。因此,我们在跨文化沟通中,必须意识到成见的种种弊端,努力消除成见。

3. 种族中心主义

种族中心主义是人们作为某一特定文化中的成员所表现出来的优越感,它存在于每种文化中,每个人都有不同程度的种族中心主义倾向。文化建构了社会的基本状况,不同的文化会构建出不同的人与人之间的交往原则;不同的文化会对道德和行为准则有着不同的影响。因此,人们往往站在各自的文化信仰、价值观和态度的立场上来批评他人;对其他文化的习惯和传统作出正确或错误、好或坏的判断;认为自己民族的道德准则和行为规范更加合理、自然,更加实事求是等。这种思想是一种文化偏见,它使得人们在与文化差异很大的人沟通时抱有否定甚至敌对的态度。

另外,由于种族中心主义通常是无意习得的,并且总是在意识层面反映出来,很难从根本上克服,因此,是对跨文化沟通影响最大和最直接的一种心理因素。跨文化沟通是我们这个时代最鲜明的特征,为了能和那些与我们文化背景不同的人进行有效的沟通,我们必须意识到种族中心主义的危害。但是,这并不意味着我们要彻底消除种族中心主义,而是应秉承相互理解、相互尊重的原则,在充分考虑自己文化的同时,包容和尊重其他文化。

4. 缺乏共感

所谓共感就是设身处地地体会别人的苦乐和遭遇,从而产生情感上共鸣的能力。事实上,人们经常是站在自己的立场上而不是他人的立场上理解、认识和评价事物。缺乏共感是由许多原因造成的:首先,在正常情况下,站在他人立场上设身处地地想象他人的境地是十分不容易的,尤其是加上文化因素之后,这个过程就更加复杂了。其次,显示优越感的沟通态度,也阻碍了共感的产生。如果一个人总是强调自己管理方法的科学性,固执己见,那么就很难与之产生共感。再次,缺乏先前对于某个群体、阶级或个人的了解也会阻碍共感的发展。如果从来没有在国外的企业工作过或从事过管理，也就没有机会深入了解他人的文化，就很容易误解他人的行为。这种知识的缺乏，可能导致我们从某些不完全与行为背后的真正动机相联系的行为中得出结论。最后，我们头脑中所具有的与人种和文化相关的成见也是达到共感的潜在的抑制因素。

5. 商业文化类型的差异

比较明显的商业文化类型有两类：生意导向型文化和关系导向型文化。生意导向型文化的商人注重直接评价，使用坦率、直接的语言，而关系导向型文化的商人常常会采用一种间接、微妙的迂回方式。这种交流差异是关系导向型商人和生意导向型商人间产生误解的最重要的原因。因为这两种文化期望通过沟通获得的结果不同，所以容易产生混乱。

生意导向型的商人主要以任务为导向，而关系导向型的商人则以人为导向。生意导向型的商人比较直率，开门见山地表明自己的意图，而关系型导向型的商人则比较注重协调、和谐的人际关系。因此，关系导向型的商人发现生意导向型的人们有进取心、好胜心并且个性率直，而生意导向型的商人会觉得他们的关系导向型伙伴办事拖拉、态度暧昧、难以理解。阿拉伯世界和非洲大部、拉丁美洲和亚太地区的商人大多属于关系导向型，他们往往通过错综复杂的个人关系网获得生意，而德国、荷兰、英国、澳大利亚、新西兰以及北欧和北美等地的商人则大多属于典型的生意导向型。

6. 跨文化沟通中的法律因素和政府因素

在跨文化沟通中，来自不同文化的沟通主体还必须适应不同国家的法律和规章要求。有几种情况应该考虑到：

(1) 法律及对法律条文的解释是受文化影响的。一个国家认为是合法的事物在另一个国家可能是非法的。例如，在美国，因种族、性别、国籍及年龄歧视他人是违法的，而在日本、拉丁美洲和欧洲的许多招聘广告中，则有可能明确写出期望招聘的员工的年龄和性别。

(2) 特定的法律制度。目前，全世界最常见的法律制度有大陆法系、英美法系和伊斯兰法系。对于同类案件，这些法系的规定各有不同。

(3) 争端解决。文化直接影响着管理者对于对峙、仲裁、与代理商的沟通、商标和知识产权等问题的处理方式。美国人之间发生矛盾，往往告诉对方“法庭上见”；日本人往往不到万不得已，不会选择法律方式解决争端。日本人认为，通过法庭解决争端即使赢了，也很丢面子。

(4) 市场营销沟通中的法律问题。多数国家对企业的市场行为制定了法律或规制，不同国家的规定会有所差异。例如，在大多数欧洲国家的广告中，儿童的角色是受到严格管制的；俄罗斯、波兰等国家的广告语必须是本国的语言；美国的市场营销中夸张的广告会带来很好的销量，而德国则严格限制卓越性能方面的描述；等等。跨国公司的管理者需要对相关的规章制度有所了解，才能避免在广告中出现不适宜的或者违法的信息。

第三节 跨文化沟通管理

一、语言沟通的跨文化差异

语言是一种有组织结构的、约定俗成的习得符号系统,用于表达一定地域社群和文化社群的经验,如中文(单字——表意体系)和西文(符号——音节体系)。各种文化都给词语符号打上了自己本身独特的印记。语言是一种传达信仰、价值观念和规范的基本文化手段。它提供给人们与本文化其他成员进行交往和思维的工具。

每个民族都有自己独特的语言,有独特的发音、拼写规则、符号、语法规则等。这更使得跨文化信息交流发生了巨大的障碍——语言符号、发音和规则的不同使得人们无法通过语言交流,理解对方的意思。

为了使不同语言的人们能够相互交流,必须借由新的媒介,使两种语言在含义上能够相互对等,这就是翻译过程。然而,在跨文化的沟通中,将一种语言翻译成另一种语言,远不像多数人所想象的那么简单,直接翻译在许多情况下是难以进行的。因为首先,很多单词不止一种含意;其次,许多词语受文化限制无法直译;最后,文化观念可使直接翻译产生出荒谬的结果来。

因此,想通过语言翻译达到跨文化沟通是不现实的,实际上语言符号沟通存在跨文化差异,概括起来主要有以下四种:高语境与低语境、直接与婉转、插嘴与沉默、倾听与对话。

1. 高语境与低语境

"语境"这个概念是爱德华·霍尔(Edward T. Hall)在其 1977 年出版的《超越文化》一书中首先提出来的,是指两个人在进行有效沟通之前所需要了解和共享的知识背景,所需要具备的共同点。语境共享的背景知识和共同点越多,语境越高,反之越低。他通过把文化的社会框架区分为低语境和高语境,为我们了解文化建立了一种有效的方法。低语境的文化不太强调沟通的情境(如隐含的含义或是非言语的信息),所依赖的是明确的言语沟通;与此相反,高语境的文化强调沟通所在的情境,非常注意含糊的、非言语的信息。

亚洲、阿拉伯和地中海地区的文化都位于连续体的高语境一端,而美国、德国、瑞士等地区的文化都位于低语境的一端。在美国这样一个更大范围的文化中,在沟通的偏好方面也存在地区差异。北方人和中西部地区的人倾向于更书面化的、更明确的沟通方式,而南方人则倾向于不太明确和不太直接的方式。从美国的一个地区到另一个地区,可能也会产生沟通的挑战。

在高语境文化中,沟通过程的信息发出者和接受者对情境所包含的意思都很明白,都利用情境传达信息。低语境文化中的成员把自己的想法用文字表达出来,他们认为如果思想不用文字表达,就不能正确、完整地被理解。信息如果以明明白白的文字表达出来,那么信息的接收者就可以据此作出判断或决策了。高语境文化则较少依赖文字沟通,而是利用情境澄清和补充信息。

多层面的信息也会在低语境文化中出现,但是这样的文化更倾向于用文字对信息进行编码,并且认为话意模糊会增大误解的风险。高语境文化认为,仅仅停留在文字层面的信息是浅薄的、幼稚的和粗鲁的。来自高语境文化的人们更喜欢用传统的方式沟通——引经据典、使用寓言和谚语、轻描淡写、用反话引人联想等,如果沟通者不精于此道,就会产生误解。

例如,在泰国、日本、中国以及亚洲其他地方的文化中,表现自己的能力时使用自谦语是一种礼貌行为。一位世界闻名的数学家在描述花费自己一生心血的研究成果时可能会说:"对此,我有一点小小的体会"。来自低语境文化的人们(如德国人和英国人)听到这样的表述,可能就会忽视具体的情境,认为既然是"小小的体会",就不值得深究了。

低语境文化与高语境文化的沟通特点如表 9-2 所示。

表 9-2　低语境文化与高语境文化的沟通特点

沟通特点	低语境	高语境
一般方式	直接/详尽	间接/复杂
精确度	字面的/精确的	大致/相对
文字依赖程度	高	低
对非语言行为的依赖程度	低	高
对沉默的看法	消极的;差劲的沟通	积极的;不错的沟通
对细节的关注	高	低
对意图的重视程度	低	高

Source: Victor, A., *International Business Communication*, New York: Harper Collins, 1992.

O'Hara-Deveraux 和 Johansen 根据他们的研究,对民族文化就语境的高低进行了排序,如图 9-5 所示。

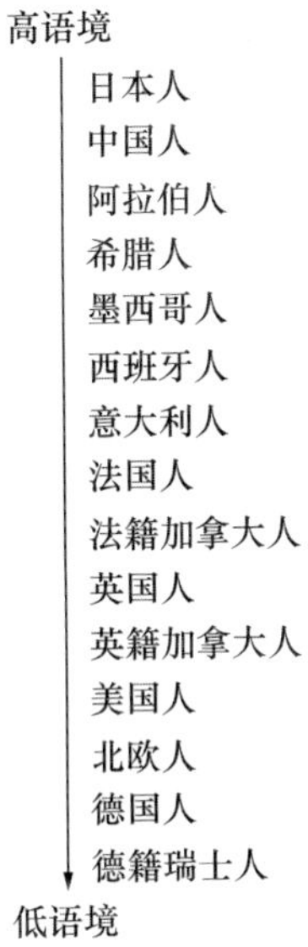

高语境
日本人
中国人
阿拉伯人
希腊人
墨西哥人
西班牙人
意大利人
法国人
法籍加拿大人
英国人
英籍加拿大人
美国人
北欧人
德国人
德籍瑞士人
低语境

图 9-5　不同民族的文化语境

资料来源:陈晓萍:《跨文化管理》,清华大学出版社 2016 年版,第 129 页。

由此可见,中国文化处于高语境一端,而美国、北欧国家文化处于低语境一端。越来越多的中国企业走向欧美乃至世界,他们在语言沟通上遇到的挑战不可低估。

2. 直接与婉转

说话的直接与婉转是语言沟通跨文化差异中较显著的表现。通常,美国人说话直截了当,而日本人则委婉含蓄。例如,拒绝别人的要求,美国人如果不喜欢,一般就直接说"不";而日本人可能会说"让我考虑考虑"。美国人若不了解日本人的说话方式,会以为那人是真的去考虑了,过两天说不定又会回来问:"考虑得怎么样了?"在谈生意的时候,也常常见到这样的风格差别。日本人谈具体的生意之前总要把自己公司的背景等情况详细介绍清楚,一两个小时后也许才谈及真正要谈的生意;美国人则很可能一上来就直奔主题,所以常常会产生误解。

二、非语言沟通的跨文化差异

非语言沟通包括沟通情境中除语言刺激之外的一切由人类和环境所产生的刺激,这些刺激对于信息发出者和信息接收者来说具有潜在信息价值。分析比较不同文化类型的非语言表达方式,有利于接近和掌握各种信息的实质,在实际沟通时往往收到较好的效果。这些非语言沟通包括语音语调、面部表情、身体接触、空间距离等。不同文化中的非语言习惯,也在深刻影响着沟通的结果。

1. 语音语调

特朗皮纳斯和汉普顿·特纳曾在他们的书中分析:盎格鲁—撒克逊人、拉美人和东方人在说话的语音语调上有相当鲜明的不同。其中,盎格鲁—撒克逊人说话抑扬顿挫,跌宕有致;拉美人说话语调很高,而且保持亢奋状态,情绪激昂;东方人则语调平缓单一,不紧不慢。语音语调平和还是夸张,当然与一个文化的价值理念是联系在一起的。东方文化求静,讲求含蓄深沉,追求"不以物喜,不以己悲",讲话不露声色就是这种境界的表现。拉美文化注重个人情感,情感丰富,乐于表现个性,热爱生活,讲话当然眉飞色舞、语调夸张。

图 9-6 三类人语音语调对比

资料来源:陈晓萍:《跨文化管理》,清华大学出版社 2016 年版,第 148 页。

在说话时,有的文化崇尚小声说话,有的文化却崇尚大声说话。在英国,人们常常抱怨美国人说话声太大。在很多场合,美国人都不在意其他人听到他们的谈话;相反,他们意在表示自己没什么可隐瞒的。英国人却完全不同,他们忌讳干扰别人,在与人谈话时,在声音大小与和其余人站开的距离方面都十分注意,从而使谈话的内容只让谈话的伙伴听得到。这样的行为在美国人看来简直像在搞秘密策划。

2. 面部表情

(1) 目光接触[①]

眼神交流是沟通中一个非常重要的组成部分。在美国和其他盎格鲁—撒克逊文化中,没有眼光接触的沟通几乎是不可能的事。跟对方讲话或听对方讲话时,一定要看着对方,否则会被视为对话题没兴趣,或心里有鬼,或性格过于羞怯,总之是负向的评价。

当旅行者在某种文化中做客时,如果不能很快地适应直接或间接使用目光接触,就会招来很多不必要的麻烦。例如,"眼睛是心灵的窗户"是一句阿拉伯格言,它指来自阿拉伯文化的人们重视直接的、保持不变的目光接触,并将其看作良好沟通的基础。

在更大范围的文化中,各种子文化在眼神定位方面的不同可能导致很多误解。在美国本土和亚洲文化里,小孩被教育,当倾听师长或长辈说话时,眼神应该是往下的。眼神往下不仅是一种很适宜的倾听行为,也表示了对长辈的尊敬。直视长者会被认为没有礼貌、挑衅,甚至是敌意的。而很多北欧的孩子受到的教育是倾听长辈说话时要直视对方的眼睛,这是尊敬长辈的表现,也是比较合适的倾听行为。对于欧裔美国人来说,一个小孩子要是一直盯着地板看,就是一种不礼貌行为,甚至会让人觉得他(她)是心有羞愧或者怀有敌意。

此外,社会阶级或阶层还会影响选择直接的还是间接的目的定位。通常,直接的目光接触表明沟通发生在平等的人员之间;间接的目光接触则表现出对处在层级中较高位置的某人的尊重,这种现象在具有清晰定义的权利结构文化中表现得更为显著。在东方文化中,目光接触并不一定需要。当两个地位不等的人对话时,地位低的那个一般都不看对方,因为直视会被认为不尊敬。

(2) 微笑

微笑是另一种典型的具有不同含义的非语言沟通行为。依据不同的文化,微笑可能有多种意义。在一些文化中,微笑可以表示友好;而在另一些文化中,微笑可能代表紧张。在美国文化中,微笑有很多种意思,具体包括愉快、友好、快乐。这一点与很多亚洲文化中以微笑代表尴尬的做法是不一样的。

(3) 伸舌头

在由于自己的言行不合适或出现失误而感到尴尬,不好意思时,一些人常常吐吐舌头,伴之以脖子一缩,此动作多见于小孩和年轻姑娘。中国的藏族人"伸舌头"表示对客人的尊敬和礼貌。而英美人尴尬时绝不伸舌头,他们认为那是一种粗鲁的表现,带有藐视、贬斥、戏谑的色彩。

3. 空间距离

人与人之间保持多远的距离,不同文化之间也有很大的差别。距离最近的要数拉美人和阿拉伯人,最远的是日本人,而欧美处于两者之间。对于美国人来说,最合适的距离是三英尺左右,一臂之长,否则就太近或太远;阿拉伯人则不同,他们彼此的对话距离近得多;而日本人却要远得多,否则就会感觉不自在。

美国人和来自中东或南美的人进行沟通时最常遇到的一个问题是:亲密的或私人的

---

① 参见王朝晖主编:《跨文化管理》,北京大学出版社 2009 版,第 183 页。

空间被侵犯。美国人在与对方的交谈中通常倾向于与中东或拉美的同行保持距离，而后者则尽力缩短物理距离。美国人不明白为什么对方要站得那么近，而后者不明白为什么美国人这么保守和站得那么远，结果沟通是中断的。①

办公室布局是空间关系学的另一个例子。在美国，管理者越重要，办公室越大，且通常有一个秘书审查来往的人流，将管理者不想见的人拒之门外。在日本，大多数管理者没有很大的办公室，即使有也会花大量的时间在办公室外和员工待在一起，可以说，下属和主管在沟通上不存在问题。待在办公室里的日本管理者会被看成对群体不信任或怀有敌意。

办公室的空间距离也是影响沟通的一种方式，在欧洲的许多公司，高层管理者和其下属的办公室之间通常没有墙隔开，所有人都在一间大的办公室里工作。这样的工作环境对美国人而言是令人困窘的，他们喜欢更多的私人空间。

4. 手势、触碰、身体方向

(1) 手势

同样的手势在不同的文化中有时会有不同的含义。不同于手语，很多手势是某个地区的人们约定俗成的，这导致在与身处其他文化中的人们沟通时，彼此会感觉各自的动作仿佛不太自然。

当我们谈到自己便指着胸口时，日本人会觉得很奇怪。因为在日本，表示同样的意思是用手指指自己的鼻子。在一些文化中，使用大幅手势表示这个人是个大人物；而在另一些文化中，使用大幅手势则表明这个人举止不文雅。如果我们以自己所在的文化立场揣摩使用或者不使用某种动作的重要性，这样的做法是很危险的。例如，在沟通的时候，亚洲人通常更倾向于采用小幅手势，因为使用大幅手势很可能令人讨厌、愤怒或者心烦意乱；在拉美或地中海文化中，人们则可能会因为没有看到大幅手势而感到迷惑，因此怀疑说话者的信心。

(2) 触碰

触觉的重要性没有视觉和听觉那么大，但是，它的感知和体验作用比我们日常所意识到的要大得多。同样，触觉受文化影响的程度也比人们起初预料的要强得多。② 在某些文化中，没有触碰到他人的行为，想要进行一对一的沟通是不可能的。例如，在拉丁美洲的文化中，每一次对话都有很多的接触，触碰行为是任何沟通行为中很自然的一部分。中国人则会尽量避免与陌生人的身体接触，他们不喜欢紧紧地握手，也不喜欢欧美人作为“良好愿望”表示的拍拍肩膀。印度人和巴基斯坦人是推崇“身体接触文化”的民族，在这两个国家，人们的身体接触非常多，他们总是很紧密地站在一起。在北欧，类似的身体接触是很少的。

(3) 身体方向

交谈时身体的方向也是沟通中的一个重要线索。身体的方向可以从完全面对面到两个人并排站着。相对美国人而言，阿拉伯人、拉美人、南欧人之间交谈时更愿意面向对

---

① 参见〔美〕弗雷德·卢森斯、乔纳森·P. 多：《国际企业管理：文化战略与行为》，周路路等译，机械工业出版社2015年版，第154页。

② 参见〔德〕马勒茨克：《跨文化交流》，潘亚玲译，北京大学出版社2001年版，第49页。

方，距离站得更近，触碰对方更频繁，保持目光接触，而且语音更高；亚洲人、印巴人和北欧人之间交谈时则更倾向于不面朝对方，彼此之间的空间距离更大，更不愿意触碰对方，少有目光接触，而且更轻声细语。

三、实现有效的沟通[①]

1. 提供跨文化培训，增强文化智力

在跨文化沟通中，人们并不能立即适应所处的文化环境，而是根据自己的生活和社会结构中的信息过滤系统有选择性地接受信息，只接受已经认同的信息，导致沟通无法有效进行。因此，增加跨文化培训，增强文化智力是实现有效的跨文化沟通的第一步。文化智力是一个人成功地适应新的文化环境的能力。文化智力高的人不管是扮演信息发送者或是接收者的角色，都能很好地理解对方，认可文化差异，欣赏这种差异甚至有效地利用这种差异。

跨文化培训应包括两方面的内容：首先，了解自己的文化背景和文化本质；其次，培养对东道国文化特征的理解和感性分析能力。后者尤为重要，具体介绍时应包括以下内容：东道国的自然、社会环境，东道国的政治、经济、商业、法律环境，气候、生活环境，以及风俗、交通状况、住房状况等。对女性还要专门培训，使她们了解长驻海外会遇到的一些与性别有关的问题，以减少在国外工作可能遇到的麻烦。文化智力的提高并不是一蹴而就的，因此跨国公司必须根据企业国际化战略的发展需要和员工自身职业生涯的发展需要，有计划地选拔、培训和开发外派人员这一重要资源。

2. 选择合适的语言，谨慎编码

要将试图传递的信息翻译成跨文化沟通的符号，发送者必须使用与接收者参照物相似的词语、图画或姿势。当然，语言培训是非常重要的，由于英语已经变成商务中的国际语言，非英语国家的人应该学好英语以使面对面的交谈、电话交谈和电子邮件的沟通成为可能。但发送者也应避免使用俚语和地方话，甚至不要对一个对英语知之甚少的非英语国家的人讲英语。

进行字面直译只能部分解决语言的差异问题。即使是对那些说英语的国家的人来说，词的意义也是多样的。避免此类问题的方法是，说话时应尽量慢一些，清楚一些，避免使用长句子和口语表达，如果可能的话，用不同的方式、不同的媒介解释所说的话。尽管世界商业交易中普遍使用英语，但是管理者如果使用当地的语言将极大地改善谈话气氛。

语言翻译仅仅是编码过程的一部分，信息同样也通过非语言方式进行传递。在编码过程中，必须尽可能客观，不要依赖于个人的解释。为了进一步阐明自己发出的信息，管理者可以发出一些关于言语陈述的书面总结并结合一些视觉辅助的信息，如图表、图片等。一个好的方式是使交流缓慢地进行，等待并观察信息接收者的反应。

---

① 参见〔美〕海伦·德雷斯凯：《国际管理：跨国与跨文化管理》，宋丕丞译，清华大学出版社2011年版，第146—149页。

3. 选择合适的信息传递媒介

信息传递所选的媒介取决于信息的性质、信息的重要性、信息产生的语境、接收者的期望值、传递所需的时间、个人关系的需要以及一些其他因素。媒介选择的有效性取决于所发送信息与媒介之间的匹配程度。典型的沟通媒介包括电话、电子邮件、信件、短消息、微信等。对于非常规性或者模糊性信息,口头媒介(如电话、会议)比书面媒介(如笔记、备忘录)更有效,因为信息不够清晰,需要这些口头媒介加以补充。相比之下,书面媒介更能有效地传递明确的信息,账单、订单、地址等信息需要非常具体明确,因此,采用书面媒介(如电子邮件、信函等)更有效,能避免错误的产生。结合对方的语境、文化背景等信息将发送信息的种类与沟通媒介进行匹配能很大地提升跨文化沟通的效率,避免误差。例如,刚建立关系的跨文化沟通的双方,面对面的交流最能够拉近彼此的距离,使双方及时获得言语和视觉上的反馈,以便在沟通的过程中不断作出调整。

跨国界的沟通一般是长距离、跨时区的交流,这限制了双方面对面交流的机会,但是信息技术的迅速发展,使得同步通信如视频媒介通信等普及开来。人们身处异地却一起工作,虽然借助计算机视频开会不能体验真实的情景,但是比传统的电话、传真、邮件等沟通方式,还是更能有效地联系身处异地的人们,打破远程沟通中的障碍。

4. 对反馈信息谨慎解码

反馈能够帮助公司评估在商务活动中的效果,但是在反馈的过程中,常常会出现一些问题,如接收者误解信息、解码不当,或是发送者误解反馈信息等。因而,及时有效的反馈尤为重要。而在跨文化沟通中,能够获得精确反馈的最好方式就是面对面的交流。

倾听技巧也是反馈的一个重要方面,应通过个人的倾听能力来谨慎解码。一个好的倾听者不仅应做到不打断对方的话,试着发现话语和非言语暗示背后隐含的感情、理解对方的立场,而且还应在交流中积极反映理解程度、尽量解释他们的发言,这样不仅能够提供反馈,还能够给对方提供进一步阐述观点的机会。

在跨国公司层面,母公司和子公司之间的交流和反馈可以通过电话、例行会议和视察、报告以及方案等形式保持,这些形式有助于双方的合作、绩效控制以及公司的平稳运转。对于远途沟通,最好建立相应的沟通与反馈体系,或者设置联络人员。同时,总部管理者也应该给予地方管理者足够的管理弹性空间,让管理者视当地环境自行处理一些事务。

5. 适当的跟踪控制

管理者进行沟通时可以采取行动也可以不采取行动。因此,管理者需要保持沟通、反馈渠道的畅通,以及相互的信任,并对讨论的内容进行跟踪管理,尤其是合同(或契约)。合同是最重要、最正式的商务沟通形式,但合同也是一种基于文化的产物,对于合同的形成(握手表示合同的成立,或者法律文书表示合同的成立)以及合同的履行,在不同文化背景下有不同的理解。互信以及今后的沟通与合作均建立在这样的基础上,因此管理者需要有所了解,并遵循相应的规范。

课后练习题

1. 影响跨文化沟通的主要因素有哪些?

2. 语言沟通中的文化差异有哪些表现形式?
3. 高语境和低语境文化各有什么特点?
4. 非语言沟通中的文化差异有哪些表现形式?
5. 如何开展有效的跨文化沟通?

章末案例

一位高管的跨文化沟通之旅[①]

伊丽莎白·莫雷诺(Elizabeth Moreno)从商务舱的窗口望向窗外,下面是浩瀚的印度洋。她刚刚结束在菲律宾为期一周的会议,并处理了环球制药公司分公司的许多问题,正乘坐泰国航班从菲律宾飞往巴黎。

环球制药公司在世界处方药市场上占据相当大的份额,公司在加拿大、波多黎各、澳大利亚、菲律宾、巴西、英格兰、法国设有分公司或分支机构。由于公司分支机构分布在世界各地,环球制药的主要科研人员与管理人员每年要飞行数千英里到各个办公部门与生产线视察。他们的顶级科学家与核心管理人员通常使用多区域视频或电话会议,并通过电子邮件、传真、调制解调器或者传统邮件同公司各部门的关键人员保持联系。

尽管有这些先进的设备可以利用,面对面的讨论以及现场视察仍被广泛使用。法国管理者对于预算表上的数字、电话内容、下属的传达、各种从报纸上读到的消息以及美国人让他们相信的说法,均表示怀疑。这就是环球制药需要经常派科学家与管理人员去法国的原因。

伊丽莎白·莫雷诺是环球制药的核心专家之一,专长是制药工艺,不仅在公司内,在世界制药行业都非常知名。伊丽莎白自从在中西部一所大学获得化学高级学位后,就一直就职于环球制药公司,已经有12年了。在环球制药公司工作期间,她作为药品开发与生产部门的副总裁承担了越来越多的管理责任。

匆忙地结束了菲律宾的访问后,她的下一个目的地是法国分公司的生产线,在那里将进行一周的工作,主要是关于公司一种新的抗过敏胶囊的保质期问题。这种药物中的活性物质似乎比保质期规定的时间失效得更快。在她驻留期间将要培训化学人员相关的测试工艺与技术,并培训当地管理人员关于产品质量控制的统计方法,这些技术或方法目前已经在环球制药的许多分公司中使用了。

为更好地完成这次任务,伊丽莎白参加了由公司人力资源部门组织的一个3小时课程,主要涉及跨文化的沟通与交流。同时,她也回想起了曾经读到的一本关于法国管理方面的书,其中提到法国商务活动受个人因素影响较小,这与她在菲律宾所处的商业环境完全不同。法国人倾向于认为权威是一种角色,而非个人,法国管理者通过其职位的权力开展工作。基于这种认识,伊丽莎白觉得以她副总裁的身份以及技术方面的专长,

---

① 摘编自〔美〕海伦·德雷斯凯:《国际管理:跨国与跨文化管理》,宋丕丞译,清华大学出版社2011年版,第153—154页。

在巴黎的这几天工作将会比较顺利。

法国管理者将自己的工作视为一种智力的挑战,需要调动自己的各种能力。他们看重能够展示个人能力以处理复杂问题、分析问题、寻找方法、评估结果的机会。这项任务对伊丽莎白有一个小小的挑战,那就是她的法语不太流利。她仅仅同她的丈夫几年前在巴黎度了两周假期,这是她仅有的在法语环境中生活的经历。当然,在涉及技术领域问题时她还是使用英语。因此,她认为同法国管理者完成这次任务并没有太大的障碍。

在美国,通常认为管理领域有基本的原则,这些原则可以被应用,并且被学习和掌握。然而,在法国,人们通常倾向于依靠个人的特质或智力来应对各种情况,人们认为专业技巧或智慧是个人内在的一种能力,是无法经过简单的学习或培训就能掌握的。

伊丽莎白似乎将在法国要面对一种截然不同的商务氛围。正当她思索将要面临的挑战时,飞机在巴黎的国际机场降落了。她毫无耽搁地快速通过了海关与移民检查口,没有豪华轿车在出口等着她,她上了去往巴黎市中心的轻轨,然后登记入住提前为她预定好的酒店。

在巴黎工作一周后,伊丽莎白期待着返回她的办公室,并精心准备着她此次国外之行的管理报告。

讨论题

1. 伊丽莎白在法国完成任务过程中,会遇到哪些跨文化沟通障碍?应该如何克服?

2. 伊丽莎白应该了解欧洲高语境文化与低语境文化的哪些方面?这些知识如何帮助她成功完成任务?

本章参考文献

Badawy, M. K., Styles of Mideastern Managers, *California Management Review*, 1980, 22(3).

Eric, J. R., Latin American Leadership: El Patrón & El Líder Moderno, *Cross Cultural Management: An International Journal*, 2004, 11(3).

Mason, H., Edwin, E. G., Lyman W. P., *Managerial Thinking: An International Study*, New York: John Wiley and Sons, 1966.

O'Hara-Deveraux, M., Johansen, R., *Globalwork: Briding Distance, Culture, and Time*, San Francisco: Jossey-Bass, 1994.

Sitaram, K. S., Cogdell, R. T., *Foundations of Intercultural Communication*, Columbus,OH: Charles E. Merrill Publishing Co.,1976.

Trompenaars, F., and Turner, C. H., *Riding the Waves of Culture: Understanding Cultural Diversity in Business*, London: Nicholas Brealey Publishing Ltd., 1997.

陈晓萍:《跨文化管理》,清华大学出版社 2016 年版。

〔美〕弗雷德·卢森斯、乔纳森·P. 多:《国际企业管理:文化、战略与行为》,周路路等译,机械工业出版社 2015 年版。

〔美〕海伦·德雷斯凯:《国际管理:跨国与跨文化管理》,宋丕丞译,清华大学出版社 2011 年版。

何蓓婷、安然:《中方外派管理者的跨文化适应压力及应对机理》,载《管理案例研究与评论》2019 年第 1 期。

〔美〕加里·尤克尔:《组织领导学》,丰俊功译,中国人民大学出版社 2015 年版。

〔美〕杰拉尔德·格林伯格、罗伯特·A. 巴伦:《组织行为学》,毛蕴诗等译,中国人民大学出版社 2011 年版。

刘建军:《领导学原理:科学与艺术》,复旦大学出版社 2013 年版。

〔德〕马勒茨克:《跨文化交流》,潘亚玲译,北京大学出版社 2001 年版。

王朝晖主编:《跨文化管理》,北京大学出版社 2009 版。

熊名宁、汪涛:《文化多样性会影响跨国企业的经营绩效吗?——基于动态能力理论的视角》,载《经济管理》2020 年第 6 期。

许晖、王亚君、单宇:《"化繁为简":跨文化情境下中国企业海外项目团队如何管控冲突?》,载《管理世界》2020 年第 9 期。

郑兴山主编:《跨文化管理》,中国人民大学出版社 2010 年版。

第十章　跨文化领导

【本章学习目的】

通过本章学习，你应该能够：

- 理解跨文化领导的含义
- 了解不同国家的领导风格
- 了解跨文化领导的关键行为
- 掌握跨文化领导的特质

引导案例

领导方式面临的跨文化挑战[①]

汉娜·兹万是北欧制造公司总部的一名项目经理，主要负责新产品的研发和市场销售。除了母语，她还会说英语、德语和法语。在公司工作满10年时，汉娜加入一个工作组，负责将公司的一个机构从总部搬到捷克。作为搬迁的项目经理，她不仅要负责在捷克地区增加产量，还要负责拍卖总部的机器设备。之后，她又负责一家公司供应链环节的物流管理，这家公司拥有上千名的员工。她在捷克整整工作了两年半的时间。

汉娜将她最初的领导风格定义为一种典型的北欧平等式领导，即乐于参加开放民主的讨论，和同事们一起作决定。她给予员工很大的自由度，同时也要求他们承担更多的责任。刚搬到捷克时，汉娜很低调，她告诉雇员任务是什么，然后花时间去看他们的表现。"当你在那边生活了一到两个月时，你会找到谁是掌舵者并弄明白游戏规则。最初的观察会给你很多启示。你要跳出固有的思维模式，学会换位思考。自己的行事方式只是众多办法中的一种"，汉娜说。

尽管最初的察言观色比较有用，但汉娜很快发现，要想提高效率，必须尽快转变自己的领导方式。她发现捷克的员工都不愿意主动工作，而且倾向于停滞不前，等待命令。他们期待从领导者身上获得信息的数量和质量，这些都跟公司总部的情况有着极大的不同。"这对我来说难以想象。在我们国家，人们很乐意接受公司告知一些事情。但是在捷克，最初我告诉他们时，他们非常厌烦，在开会时竟然呼呼大睡。我习惯于民主的管理方式，可这在捷克压根行不通。最大的挑战是要对80个不会说英语的蓝领工人负责。刚开始时还有一个仓储经理，他离开后，就只能靠我自己和员工们打交道。我不得不亲自到仓库，拿出一个箱子，跟他们展示怎么去打包，并告知他们要在下午3:00前完成。

---

① 参见〔美〕欧内斯特·贡德林、特里·霍根、卡伦·茨维特科维奇：《全球领导力：全球领导者的10项关键行为》，应洪斌等译，机械工业出版社2014年版，第56—59页。

这一切跟军营中类似,必须给出明确的指示。他们很快对我产生了认同,并按我告诉他们的那样去做。由于文化的不同,我不得不改变我的领导方式,变得更严格、更直接,并且给出更明确的截止期限。”汉娜还发现对生产经理和蓝领工人要区别对待,在领导方式中要使用不同的指示命令。“为了取得想要的结果,你要学会灵活转变。”

这样下来,汉娜终于艰难地学会如何跨文化跟人打交道。“我有很多来自总部的同事在捷克参加培训。他们总说捷克人很不一样,对此,我回答:‘从他们的立场来看,你也是个异类。因为你是在他们的国家,所以你会显得与众不同。’”

汉娜作为一名领导,遭遇了方方面面的挑战,包括如何应付公司外部的商家。“你必须非常强硬。我是第一位女性总经理。我必须和当地那些不合作的经理打交道。他们认为我是女流之辈,试图延缓进程、压低预算。你必须非常强硬,不能任凭这些人欺骗和愚弄你。”她也不停地和捷克语“作斗争”。“最终,我混杂着英语和捷克语同人们交流,我也想过学好捷克语,可是它非常难。所以,我只学会了我需要用的部分,获得了人们的尊敬。所以说,语言也是不容忽视的一部分。”

回到公司总部后,在汉娜的所有直接下属中,有 6 个分别来自 6 个不同国家的管理者。在捷克的经历让她对领导有了更整体性的把握。在全盘负责一个项目时,她自始至终都能乐在其中。“有时,我会用捷克的思维去看待热点问题,并思考那些老生常谈的事情。我在捷克的经历充实了我的阅历,这让我的领导方式与众不同。”

思考题

1. 汉娜的领导方式在捷克遇到了哪些阻力?
2. 为什么说在捷克的经历让汉娜的领导方式与众不同?

随着经济全球化的发展,逐渐出现了一种独特的领导现象——跨文化领导。领导权变理论认为,没有一种领导风格可以适用于所有情境,有效的领导风格应该考虑下属特征、工作特点和组织特性等多重变量。跨国经营过程中,需要加入一个情境因素——国家的文化特征。近年来,“文化权变”(cultural contingency)已经被大多数学者和跨国公司的领导者所接受,并被引入对领导学的研究和实践应用中,国际化的领导者应审慎分析所面临的跨文化背景,根据特定国家的社会情境、规范、态度及其他变量来修正其领导行为。

第一节　跨文化领导概述

一、定义

领导既可以被视为一个专业角色,也可以被视为一个社会影响过程。[①] 即从名词角

---

① 参见〔美〕加里·尤克尔:《组织领导学》,丰俊功译,中国人民大学出版社 2015 年版,第 7—9 页。

度来看，领导即领导者，是一个发挥领导职能的专业角色；从动词角度来看，领导是指对他人施加影响，从而使他人理解需要完成的任务以及如何完成任务，并就此达成共识的过程，同时也是促进个体和集体努力实现共同目标的过程。

领导与管理两者密切相关，领导是管理的职能活动之一，是从管理中分化而来的，但也具有管理所不具备的特点，主要体现在：第一，领导具有战略性，追求组织乃至社会的整体效益；管理具有战术性，着眼于某些具体事项的效益。第二，领导重在决策，主要从原则上、根本上决定组织的方向；管理则重在执行，主要调控人、财、物、信息、时间等具体问题。第三，领导具有艺术性，强调效果，常常通过开拓创新实现组织目标；管理则关注流程，强调效率，表现为按照组织制度和规程实现任务目标。

在跨文化领导产生之前，人们关注的往往是某单一文化体系中的领导现象。传统的领导理论中，有一个前提，就是在某一特定的文化体系之内，对领导方式和领导方法的研究，往往具有特定的文化含义。随着跨文化领导的出现，人们要从多种文化交融的背景来考量领导方式和方法。当不同的文化在一个跨国组织中相遇的时候，文化之间的碰撞与交融是不可避免的。在单一文化体系中非常有效的领导方式和领导方法，在多元文化的碰撞中就可能丧失它原来的有效性。因此，对于那些想要在多元文化共存的格局中取得成功的领导者来说，了解跨文化领导，就显得非常重要了。

那么，什么是跨文化领导呢？跨文化领导就是领导者在由不同国籍、不同价值观念和不同文化背景的员工构成的组织中所实施的一种统领和协调的行为。跨文化领导存在于跨国经营企业和跨国组织之中，从文化交流和文化变迁的视角看，跨文化领导是适应全球化浪潮的一种新型领导活动，是考验领导者驾驭和适应文化挑战能力的一种独特现象。

领导者能否担负起推动一个组织乃至一个国家变革的责任，关键不仅在于其能否提出一个被员工和社会接受的远景目标，还在于其能否提出一个适应文化变迁的价值目标。在许多情况下，价值目标比笼统的远景目标更能创造奇迹和释放人们自身的能量。显然，这一价值目标的提出越来越与文化的交流和经济的全球化联系在一起。同样，一个地区、一个国家的竞争力提高了，则会迫切需要领导者在文化交流与碰撞的过程中拓展和更新对领导活动的理解。在全球化浪潮中诞生的跨文化领导者，不仅是驾驭新型文化环境的能手，而且还是吸收先进领导理念和黏合各种文化资源的巧匠。

二、跨文化领导模式

1. 跨文化领导模式[①]

戴维·C. 托马斯(David C. Thomas)提出了跨文化领导模式(如图 10-1 所示)。其基本假设是，领导者影响他人的能力取决于领导者展现出来的形象与下属对领导者期望的一致性。该理论的主要变量是：领导者的形象、下属与群体的特征以及替代领导，它们全部是由文化因素决定的。例如，文化差异性影响人们对理想领导者的观念，这种由文化决定的领导形象，也决定了不同文化的下属对领导行为的期望与接受程度。

① 参见刘建军：《领导学原理：科学与艺术》，复旦大学出版社 2013 年版，第 312 页。

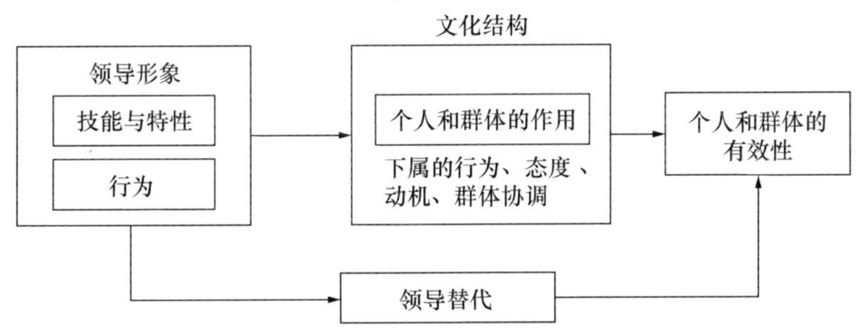

图 10-1　跨文化领导模式

资料来源：刘建军：《领导学原理：科学与艺术》，复旦大学出版社 2013 年版，第 312 页。

在高权力距离的国家中，理想的领导者应当给予下属明确的指令，为下属制定严格的规范和规则，专制式领导方式是容易被接受的。在低权力距离的盎格鲁—撒克逊文化中，这种领导是难以被接受的。文化因素也决定有效的领导的替代品起作用的情景。在拉丁文化中，理想的下属是尊重与忠诚上级的；在美国文化中，下属被要求要有良好的专业技能。不同文化对领导结果的期望不同，评价领导有效性的标准也有所区别。例如，在集体主义文化中，如果领导者破坏了群体和谐或降低了群体凝聚力，他就不能被称为一个有效的领导者；相反，在个人主义文化中，对领导有效性的评估主要是基于其个人的绩效水平和工作业绩。

2. 跨文化领导综合模型①

除了上述托马斯提出的跨文化领导模式，还有一些研究揭示了文化差异对领导行为的影响。图 10-2 描述了一个领导过程的综合模型，它将研究中的文化、领导阶层和激励等因素作为各种变量进行考虑。文化对于领导角色的影响具有很大的偶然性。管理者面临不同的工作环境，他们必须根据工作和任务的环境以及一些人为因素对领导方式进行必要的调整。文化变量（价值观、工作标准、控制的焦点等）影响着每一个人，包括领导者、下属、工作团队。

通过领导者所采用的领导方式（独裁型、参与型等）和雇员对领导的态度以及动机，下属的交互作用就体现出来。动机的效果在各种努力、成绩和满意程度的相互作用过程中产生，这种效果决定了公司的产出（产量和质量）和员工的成果（满意、积极的趋势），这些成果中产生的结果和报酬又作为（积极的或者消极的）反馈进入动机和管理过程的循环过程。很显然，跨文化领导者应当将文化变量融入领导理论之中，根据社会的环境、标准、态度和其他一些不确定因素来调整其领导方式。当面临全球性的领导工作时，能够在很多层面适应具有当地特色的领导方式是十分重要的。

三、典型国家的领导风格

1. 美国领导风格

到目前为止，无论是从心理学角度还是企业管理角度对领导行为与风格的研究，大

---

① 参见〔美〕海伦·德雷斯凯：《国际管理：跨国与跨文化管理》，宋丕丞译，清华大学出版社 2011 年版，第 479—480 页。

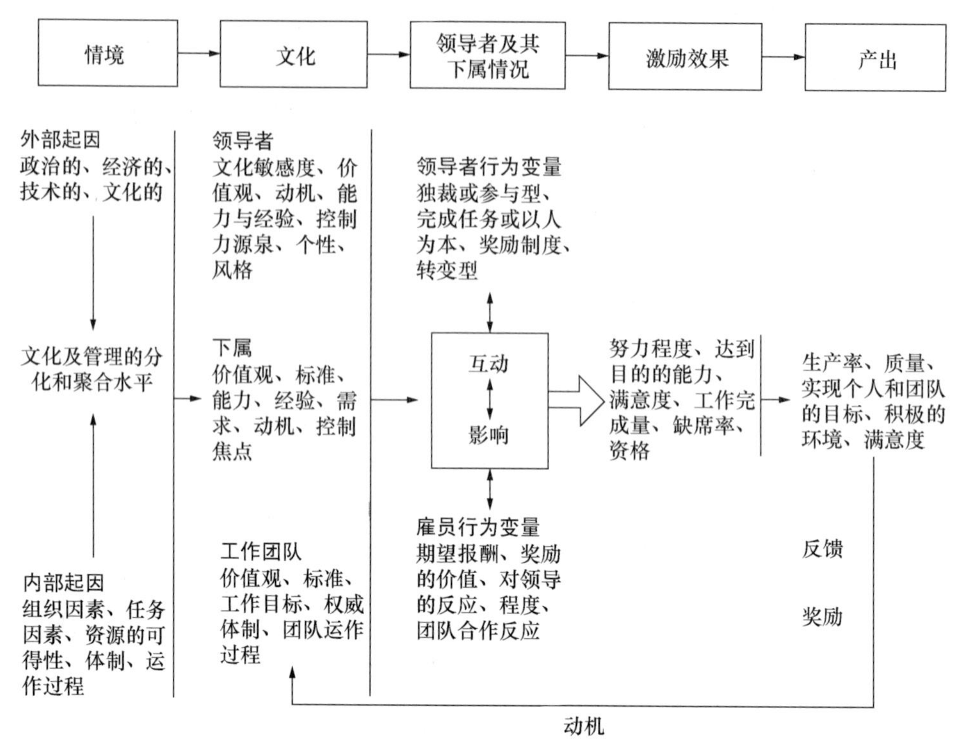

图 10-2 跨文化领导综合模型

资料来源:〔美〕海伦·德雷斯凯:《国际管理:跨国与跨文化管理》,宋丕丞译,清华大学出版社2011年版,第480页。

都出自美国人的手笔。因此,对美国企业的领导风格不会陌生。尽管美国成功的企业领导也是各有千秋,但他们都在一定程度上体现出了美国社会文化的烙印。美国的文化强调个人主义,强调个体责任的参与式;权力距离较低,重视下行沟通;工作描述具体清晰,强调外部控制;在激励方面,以成就为导向。

在上述文化背景下,美国的领导风格更多表现出大权在握、直来直去、态度强硬、幽默健谈、雷厉风行、魄力非凡、赏罚分明等特征。他们善于在直来直去的沟通中,用最简洁的方式表明自己的态度,并尽可能快速作出决定,而不追求每个成员对最终决策的完全接受。

2. 日本领导风格

苏姆(J. Misumu)和彼得森(F. Peterson)在总结日本的领导方式时,提出了 PM 领导模式。P 代表绩效(performance)维度,即领导者必须以建立和达成群体目标为标准;M 代表维护(maintenance)维度,即领导者必须维护群体及社会稳定。绩效维度包括压力型和计划型两种领导行为。压力型行为描述的是领导者严格遵循各种规章及对生产施加压力;计划型行为则关心工作的计划和过程。

按照 PM 领导理论的解释,日本人的领导风格既是工作任务取向的,也是人际关系取向的。在日本的领导者看来,关心工作与关心人是两种相互补充、不可分割的领导行为,有效的领导者必须既强调工作取向,也强调人际关系取向。一方面,日本企业的核心是忠诚于公司的终身雇用制，领导激励下属的重要手段是保证长期雇用，并根据雇员资历提薪或提职；下属对公司的忠诚常常从其服务企业的年限和参与群体活动的积极性方面体现出来。另一方面，绝大多数研究者认为，尊重权威是日本社会的核心。日本人的领导风格具有明显的家长制特征，最高管理者借助仁慈的独裁手段，控制着公司内部的关系；下属保持对公司的绝对忠诚，为公司努力工作，以获得自身利益的满足，特别是长期雇用的保障。

3. 欧洲领导风格

在国际管理学研究领域，欧洲仅仅是一个地理或经济概念，而不是一个文化概念。尽管欧洲目前正处于内部整合的历史进程，特别是欧盟国家内部进行着以统一货币、统一商业法规（主要是公司法、税法和劳工法）为主要内容的经济整合，但绝大多数国际管理学家仍然认为，欧洲不同国家的文化价值理念的差异性如此之大，以至于任何想将欧洲不同国家的管理实践和领导风格进行“统一”的努力都是难以奏效的。

20 世纪 90 年代中期，梅森·海尔等人（Mason Haire, Edwin E. Ghiselli and Lyman W. Porter）对 14 个国家的 3641 名公司的领导者进行了一项大规模实证性研究，以比较不同国家的领导风格的差异性。在他们的研究样本中，包括丹麦、德国、挪威、瑞典等日耳曼国家，比利时、法国、意大利、西班牙等欧洲拉丁系国家及英国这个欧洲盎格鲁—撒克逊国家。他们的研究发现，与其他国家相比，法国的领导风格具有明显的专制主义倾向，德国的领导风格较少专制主义但以工作为取向，西班牙和意大利的领导风格表现为一种仁慈的独裁式，英国人和荷兰人采取的是咨询式领导风格，而斯堪的纳维亚国家（丹麦、挪威、瑞典）则表现为高度参与式的领导风格。

4. 中东领导风格

中东地区的领导风格主要受到宗教和部落文化的影响，强调雇员对企业忠诚，同时企业需要为雇员提供稳定的雇佣条件，使雇员具有归属感和安全感，表现为家长式领导风格，在领导过程中喜欢采用生硬的指示和过多的管理指令。20 世纪 70 年代末，巴达维（M. K. Badawy）在《中东管理者的风格》一文中，总结了其多年来对中东伊斯兰国家管理者的研究成果，概括了中东国家管理者的领导风格特征。他指出，中东国家的领导者在信息与目标共享、参与管理与决策等方面，明显弱于欧洲国家和拉丁国家。他们具有等级森严的命令链、高耸的组织等级结构、过度集中化的决策、模糊的人际关系网络，以及强烈的风险回避态度和非正式的控制机制等特征。海尔等人的研究也证实了这个观点，他们在对来自阿拉伯地区的中层管理者进行的调查研究中，发现他们在分享信息和目标、员工参与管理和内部控制方面较其他国家的程度要低，独裁出现得更多，一家成功的公司必定有能够作所有决定的管理者，且很少被质疑。他们通过社会联系、家庭影响和命令执行指令，将更多的重点放在如何行使权力上。

随着这个盛产石油的地区与西方国家联系越来越密切，最近的研究发现，中东管理者与西方管理者渐渐存在较多的共性，西方的管理模式在该地区运用得非常普遍，尤其在年轻的阿拉伯中层管理者和受教育程度较高的管理者中，有一种采用员工参与领导的趋势。

5. 拉丁美洲领导风格

关于拉丁美洲的领导风格的研究指出，随着全球化的加快，这一地区的管理者也在转变。一项对过去的研究所作的对比显示，拉美的领导风格有一种共同点。例如，在墨西哥，领导者趋向于采用独裁式和员工参与式结合的领导行为，而在智利、玻利维亚表现为独裁式训导。原则上，在墨西哥，一个接受下属思想的管理者被认为是软弱、没有竞争力的，这也许就是在墨西哥和智利，管理者会与其下属保持一定的社会距离的原因。诺曼诺发现，与美国较近的国家的管理者，表现出强烈的员工参与式领导风格，并且这种趋势随着全球化加快而提高，而其他拉美国家仍然延续着传统领导风格。然而，另一项研究发现，秘鲁的领导风格也比较接近于美国。斯蒂芬斯曾在秘鲁市区的三家大纺织企业中调研，他发现两国管理者的领导风格十分相似，秘鲁管理者甚至比美国管理理者更愿意与员工分享信息和目标。

这些在南美进行的研究表明，国际领导问题可能比原先所认为的有更多的趋同性，此外，在一个国家经济不断发展的过程中，员工参与式管理会变得日益重要。

第二节 跨文化领导的特质

一、领导者的特质

优秀的领导看起来通常都具有与众不同的特质，对于领导研究的这种认识被称为伟大人物论。这一理论强调，优秀的领导者具有与众不同的关键素质，这些素质长期保持稳定，且跨越不同的群体。于是，这一理论认为，所有优秀的领导者都具有这些素质，无论他们生活在何时何地，也无论他们在历史上完成了何种具体的使命。

1. 领导特质论①

优秀的领导者具有哪些特质？有些人成为领导者是因为他们具有哪些与众不同的特质？领导者和一般人区分开来的要素有哪些？有关研究人员确定了这样一些特质，包括品德高尚(廉洁、诚实、自信等)、领导动机、创造力、灵活性以及多个领域的智慧。

(1) 品德高尚。成功的领导者非常注重道德和情操。这种对道德和情操的注重与诚信领导权的内涵是一致的。在工作中，他们充满信心和希望，诚实守信，乐观豁达，适应能力强；他们深知自己的使命，具有极强的洞察力，在领导员工和提升组织绩效方面起到关键作用。

(2) 领导动机，即充当领导的愿望。领导动机(leadership motivation)是指领导者渴望影响其他人，本质上就是领导其他人。领导动机可以表现为两种不同的形式，一种可能导致领导者把追求权力作为目的。具有这种个人化权力动机(personalized power motivation)的领导者希望统治其他人，他们通常表现出过分地关心地位。另一种是领导者把追求权力作为实现愿望、分享目标的手段。具有这种社会化权力动机(socialized motivation)的领导者善于与他人合作，发展工作网络和联盟，和下属一起工作，而不是试图统

---

① 参见〔美〕杰拉尔德·格林伯格、罗伯特·A. 巴伦：《组织行为学》，毛蕴诗译，中国人民大学出版社2011年版，第461—462页。

治或控制他们。不言而喻，社会化权力动机远比个人化权力动机更适合组织的需要。

（3）创造力。领导创造力是指领导者在领导工作和决策实践中所表现出的开拓、创新、创造的能力。领导不仅是一门科学，还是一门艺术，这意味着在领导过程中不应该泥于掌故，而应该充分发挥创造性思维。

（4）灵活性。成功的领导者还具有灵活性。灵活性是指领导者不拘泥于在任何情况下都采取相同的行动，而是根据环境调整他们的行为方式。领导常常根据所面临的形势和自身条件的变化，来确定并实施行动方案。

（5）多个领域的智慧。科研人员认为，领导者必须在许多不同的方面都很"聪明"。换言之，他们不仅要具有产业和技术方面的专业知识，还必须具有多个领域的智慧（multiple domains of intelligence）。具体而言，领导者必须具备以下三个方面的特殊能力：

① 认知能力。领导者必须具有整合和诠释大量信息的能力，但是，他们似乎并不必是智力上的天才。虽然最好的领导者肯定是聪明的，但往往不是天才。然而，有关研究表明，领导者应当显得很聪明。毕竟，人们不愿意接受智力有问题的领导者。

② 情感能力。情感能力是指人们对情感敏锐感知的能力。正如你可能想象的，成功的领导者具有高度的情感能力。的确，有效的领导者都很想知道人们的情感状态，并希望能够与他人进行情感上的交流。

③ 文化能力。领导者的行为通常受到他们所处文化背景的影响，因此，对于不同国家的领导需要作出不同的解释。对于文化背景的敏感性称为文化能力（cultural intelligence）。在今天的全球化经济中，文化能力显示出前所未有的重要性。

2. 领导力21法则[①]

约翰·C. 麦克斯维尔（John C. Maxwell）通过对领导者的品质进行研究，归纳出优秀的领导者共同具有的21项品质。

（1）品格（character）：品格是优秀领导力的基石。品格可以带来持久和成功的人际关系，领导者需要认识到内在品格胜于外在品格，不惜一切地保证信用，在逆境中坚守品格，并远离品格的灰色地带。

（2）魅力（charisma）：锻炼能影响大局的个人魅力。一个深具个人魅力的人主要表现为：热爱生命、极力肯定每个人、给人以希望以及分享自己。以别人为重、能够先想到别人、先顾全别人需要的领袖，才是最具有魅力的领袖。

（3）全力以赴（commitment）：全力以赴可以创造任何奇迹。世界上没有一个伟大的领袖不是彻底全力以赴的，全力以赴可以开启成功的大门，一个想要扮演领导角色的人，首先要确定自己的内心是否全力以赴，并能够接受行动的考验。

（4）沟通（communication）：练就卓越的沟通能力。有效的沟通能力，在工作生活中有巨大的作用。有效沟通的核心在于简洁，能够了解沟通的对象，在沟通过程中传递真实性的内容，并寻求沟通对象的回应。

（5）干练（competence）：让平凡的人拥有不平凡的成就。干练使人在工作中脱颖而出，发挥出强大的影响力。在任务面前他们出动全副精力，并不断精益求精，追求卓越，

① 参见〔美〕约翰·C. 麦克斯维尔：《领导力21法则：如何培养领袖气质》，路卫军等译，文汇出版社2017年版。

不断超越期望,特别地,在这个过程中他们总是鼓舞激励着工作伙伴。

(6) 勇气(courage):勇气使你比大部分人更卓越。勇敢能够鼓舞追随者全力相随,鞭策人们做正确的事。勇气的考验始于内心敢于做自己有所畏惧的事,并勇敢地追求真理,坚持立场,决不妥协。

(7) 辨析能力(discernment):不可或缺的领导品质。拥有辨析能力可以使人找出事情的根源,扩大机会。卓有成效的领导者需要这样的洞察力,依据直觉和理性的思考,找出问题的根源所在,加强对问题的解决能力,评估各种选择以获得最有利的局势。

(8) 专注(focus):使领导更能发挥效果。拥有更好的专注力,使领导效果发挥更好。卓有成效的领导者往往专注并开发自己做得好的领域,将弱点带来的影响最小化,并不断改变,勇于涉足新的领域,寻求进步。

(9) 慷慨(generosity):蜡烛照亮他人的同时也闪亮自己。慷慨能让人受益匪浅,让人愿意追随左右。慷慨的领导者对自己拥有的心怀感恩,时刻将他人放在第一位,不会被占有欲控制,并仅把金钱视为一种资源。

(10) 主动性(initiative):机会是自己主动寻找来的。主动寻找机会使得领导者推动事情完成。卓有成效的领导者首先知道自己想要什么,并立即付诸行动,积极主动,甘愿冒险,即使犯很多错误,也不会给他们带来困扰。

(11) 倾听(listening):用耳朵与他人的心灵相连。愿意倾听了解人们的想法是领导者赢得人心的前提。倾听有两个目的:与人沟通、向人学习。需要倾听的对象主要包括:追随者、客户、竞争对手以及你的导师。

(12) 激情(passion):炽热,方能成功。激情使得看起来平庸的人创造出伟大的事业,是成功的重要因素。要提升你的激情就需要客观地评估你的激情,并回归最初的挚爱,和那些能用激情感染你的人多打交道。

(13) 积极的心态(positive attitude):积极的心态是一切成功的前提。积极的心态对成为一名卓有成效的领导者来说是必需的。不管在什么情况下,都需要选择积极的心态,并将自己的好心态传递给其他人。

(14) 解决问题的能力(problem solving):面对挑战性的问题时,要挺身而出。拥有解决问题的能力使得领导者更加出色,这样的领导常常表现出:能够预知问题的出现,并且直面现实,始终从大局出发,尽力去解决问题。

(15) 人际关系(relationships):如果你易于相处,人们就愿意追随你左右。对于卓有成效的领导者来说,与人一起工作并建立良好的人际关系是必不可少的。了解他人、帮助他人以及关爱他人是培养人际关系的三大法宝。

(16) 责任感(responsibility):如果不带球,就永远无法带领球队。优秀的领导者时刻保持着自己的责任心,他们不仅能够完成工作,还愿意"多走一公里路",不管客观环境如何,始终追求卓越。

(17) 安全感(security):不安是能力永远无法掩盖的。担任领导的人始终充满自我安全感,这是领袖们的共同品质。他们是给予者,能够向他人传递安全感,肯定优秀的下属,并且充分激发组织的潜力。

(18) 自律(self-discipline):做领导者之前,先学会自律。自律,让领导者不断攀登高峰，也是不断维持领导力的关键所在。自律的领导者通常在做事情前订好计划，并敢于向借口挑战，他们关注结果并执行下去。

(19) 仆人精神(servanthood)：欲站人前，先居人后。最好的领导者都希望服务他人而不是自己。拥有仆人精神的领导者会优先考虑他人，具有服务他人的自信，不在乎地位高低，主动地本着爱心去服务他人。

(20) 求知欲(teach ability)：领导到老，学习到老。充满求知欲使得个人和组织不断进步。保持求知欲，首先要突破已取得的成功，拒绝走捷径，能够放下骄傲，保持好学的姿态，并且学会从错误中吸取教训。

(21) 远见(vision)：目光所及，方是收获之所。远见是领导者的一切，它绝对不可或缺。远见源于领导者的内心——自身的天赋和欲望；另外，过去所遇到的关键事件对远见的形成也是很有帮助的。

二、跨文化领导者的特质①

1. 跨文化领导者的能力

随着经济交流和市场扩展的不断加深，跨国经营企业必须时刻关注全球市场提出的新要求，研究和预测未来可能会出现的新挑战，提高企业核心竞争力，以使企业在经济全球化的浪潮中处于不败地位。艾德·科恩在《跨文化领导：世界级领导者的成功战略》一书中提出了全球化时代的企业领导者应具备四种能力(如图10-3所示)，按其重要性排序：第一，全球化的战略思维，包括俯瞰世界的眼光、对环球经济事务的敏感性、无限伸展的网络化沟通、革新与改进的技巧，这些是取得成功的基础能力；第二，企业功能和市场应变能力，包括为市场提供服务和制造产品所必需的技能；第三，地理学方面的能力，包括所在地域的文化差异、商务礼节和相关政策法规；第四，对企业运行的操控能力，包括对企业内部文化、内部制度规章和资本运作的控制。

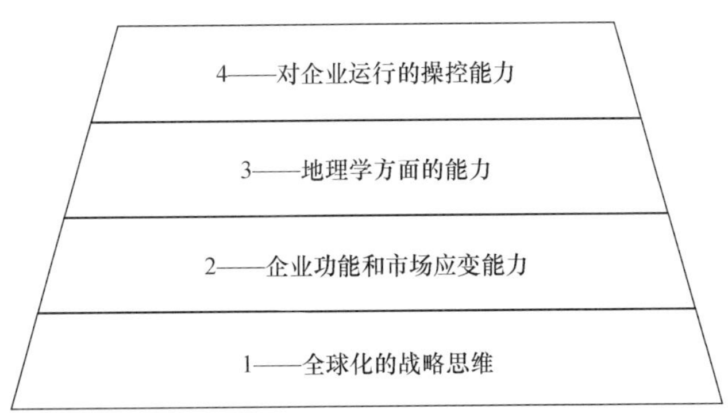

图10-3　经济全球化时代领导能力的优先顺序

资料来源：〔美〕艾德·科恩：《跨文化领导：世界级领导者的成功战略》，毛学军译，东方出版社2009年版，第10页。

① 参见〔美〕艾德·科恩：《跨文化领导：世界级领导者的成功战略》，毛学军译，东方出版社2009年版，第10—29页。

2. 跨文化领导者的素质

无论是跨国事业的领导者还是本土业务的领导者,本质上是一样的,两者的基本差异主要在视野范围。作为一国的领导者只需要集中精力考虑一个国家内的形式和有限的文化现象,一个政治体制提出的要求和一套劳动法律作出的规定;身为跨文化领导者则需要拓展思维,必须在世界上百个国家的文化和经济环境中因势利导,决策才能游刃有余。也就是说,跨文化领导者不仅仅需要一般领导者的素质,还需要具有更广范围的领导素质。这些素质主要有以下几个方面:

(1) 关注新鲜事物,虚怀若谷。若想成为有影响力的领导者就必须培养自己开放的意识,这样才能不断挑战自己固有的趣味和倾向,学习掌握多方面的能力,并从中获益。另外,懂得去接纳合作对象国家的商业惯例和当地文化,用包容的心态去面对异国文化。

(2) 承认未知世界,好奇尚异。大部分功成名就的跨国组织领导者一般都是在成长过程中一直保持着好奇心。不同国家中的文化是有所区别的,领导力在每种文化中也具有不同的定义,要认识到某种行为在不同文化中的区别,切忌以自身文化的标准和价值观去衡量和理解他人的行为。如果做到这些,周围的人就会对你大加赞赏。

(3) 保持高度热情,精力充沛。作为一个领导者,必须要保持高度的热情和充沛的精力,在意识到要投入工作时会意兴盎然,不仅自己能够保证超高的工作效率,还能因为以身作则而支持和鼓舞员工对事业的追求。

(4) 乐于倾听学习,闻过则喜。优秀的跨国领导者无不强调倾听能力,认为这是追求成功的基本要素。倾听,试着接纳不同的文化、听取不同的意见和观点,有时候智慧就在你左右,集思广益才能把好的经验和方法应用到企业管理中去。

(5) 适应客观变化,与时俱进。静止是相对而短暂的,变化是世间的常态。适应客观变化是跨文化领导者的客观要求。保持一颗开放的心态,抱着欣赏他国文化的心态,入乡随俗,做到适应整个文化体系。

(6) 勤于咨询求知,深思巧问。在跨国领导中,巧妙的沟通也是极其重要的。在沟通中,明确自己的要求,即自己把问题提得准确,然后耐心等待自己所需的答案。换言之,问得巧,别人才会答得准。

(7) 勇敢创新革命,不拘一格。雄才大略的人天生就富有革新精神和创造意识,他们不满足于成功,在追求确保成功的前提下不断前进。在这个过程中他们不拘一格,并且勇于承担前进的风险。

(8) 相信谋事在己,从容自如。自信是所有品德的基础,自信意味着清楚自己是谁,相信自己能够解决问题。干练的跨文化领导者在作出判断时相当自信,同时知道解决问题的方法不止一种,并选择最适合当地文化情境的解决方法。

(9) 注重成绩效果,敦本务实。跨文化领导者以结果为导向,脚踏实地,一步一步将目标落到实处,他们对自己的话极为负责,为人言而有信,言必行,行必果。

三、跨文化领导的培养①

从跨文化领导的特质来看,可以从两个角度来培养跨文化领导:一是从领导者本身

① 参见陈晓萍:《跨文化管理》,清华大学出版社 2009 年版,第 277—279 页。

出发，二是从企业角度出发。

1. 领导者自身的准备

跨文化领导能力是需要通过长期的培养和实践才能获得的，想成为一名优秀的跨文化领导者，需要有意识地、积极主动地提高自身的跨文化领导能力，在做职业生涯发展规划时将跨文化领导能力放在重要位置。跨文化领导者角色的变化主要分为五个阶段（如图 10-4 所示）。

第一个阶段是成为文化探险者。在这个阶段，培养自己对自身文化环境以外的文化的兴趣，愿意去国外旅行，尝试异国的食物，了解异国的风土人情。第二个阶段是成为文化敏觉者，尝试从不同的角度去观察事物，戴上其他文化的眼镜去看待和评价事务。第三个阶段则是成为文化知情者，即不仅熟知自己土生土长的文化环境和价值体系，而且对异国文化也了如指掌，能够在那个文化中如鱼得水地生活，对那个文化中潜在的社会规范和文化细节非常熟悉。然后就发展到了第四阶段，变成文化裁判的角色，能够同时对两种文化进行有效的比较，并总结出最具实质性的差异和相似之处。在这个基础上，最后成为文化综合者，能够融合两种或多种文化，并创造出被不同文化中的大多数人接受的“第三种文化”，推动各种文化的共同发展，有效解决跨文化问题。

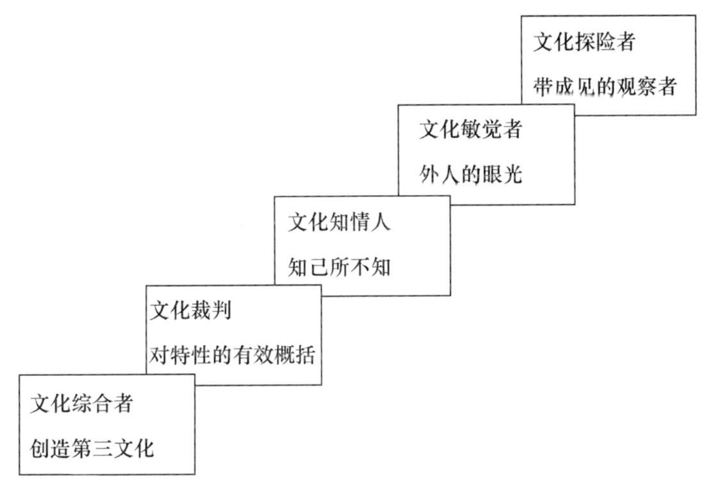

图 10-4　跨文化领导者角色的变化

资料来源：陈晓萍：《跨文化管理》，清华大学出版社 2009 年版，第 277 页。

2. 企业的系统培养

跨文化领导特质中有几条是与个人原先具有的个性特征和知识背景紧密相关的，但更多的是可以从成长过程中习得的。因此，企业对这个过程负有重大的责任。企业可以从以下两个方面着手培养跨文化领导者：

首先，从制定企业战略开始，就把培养跨文化领导作为一个重要的目标来抓。区分跨文化领导者和单一文化领导者的最重要的差别在于公司的战略和结构，这两个因素会影响全球化管理岗位的数量，所在地区需要了解的文化，经理人需要具备的知识，以及什么样的经历能帮助他们学到这些知识等。如果公司本身还对这些问题感到困惑的话，就很难设计一套培养领导者的合理规划。

其次,培养跨文化领导者适应文化的能力,公司应该针对每个领导者的特点和经历,设计相对应的"文化体验"。不同地区之间的文化存在差异,领导者所面临的文化体验也不尽相同,企业只有在了解领导者基本情况的前提下,设计精准的文化体验项目,才能满足需求,使得领导者拥有适应文化的能力。

第三节　跨文化领导的关键行为①

在本章第二节中,已经介绍了有关跨文化领导的特质,上述研究都集中在把有效的领导者与其他人区分开来的各种特质的分析上,即强调领导者是谁。而对于跨文化领导者进行研究的另一个角度是,把跨文化领导者与其他人区分开来的行为方式。换言之,可以通过考察跨文化领导行为来补充对于跨文化领导特质的研究,也就是考察跨文化领导者做什么。行为研究之所以必要,是因为它为跨文化领导过程提供一种最佳的解释。毕竟,不是人人生来就是担任跨文化领导者的"恰当的材料",但是,可以努力去做"恰当的事情",即去做那些有助于成为跨文化领导者的事情。基于行为研究的一般问题是非常简单的:做什么能使他们成为有效的跨文化领导者?

欧内斯特·贡德林、特里·霍根、卡伦·茨维特科维奇通过对能源、卫生保健、信息技术、制造、生物制药、零售、半导体和通信等行业来自 26 个国家大约 70 位全球领导者进行了深入的调查和访谈,发现要在全球性跨文化这种复杂的环境下进行有效的领导,需要重视文化自觉、借助关系、扩大共同性、适应和增加价值、跨界影响力、拥抱未知、框架转换、培养未来领导者、核心价值观和灵活性、第三种解决方案等 10 种领导行为的养成。同时,这 10 种领导行为又可以分成连续的五个阶段,即发现差异(seeing differences)、弥合差异(closing the gap)、开放系统(opening the system)、保持平衡(preserving balance)和构建解决方案(establishing solutions),这个五阶段模型被形象地命名为"SCOPE 模型"。

一、发现差异

具有发现差异的能力是成为有效的跨文化领导者的必备条件。如果企业领导者没有注意到或未能充分认识到全球不同环境的真正差异性,就会采用在母国行之有效却不符合东道国情境的解决方案。在跨文化环境中,领导者会面临各种熟悉或不熟悉的情境,他们必须要拥有敏锐的眼光,发现各种因素之间的真正差异,能在特定的文化环境下灵活运用之前积累的领导经验,处理好对实现目标有重要影响的问题。

1. 文化自觉

文化自觉(cultural self-awareness)是发现差异的第一步。文化自觉是指能认识到领导实践是由我们所处的环境塑造的,不同的地方有不同的领导方式,这些其他领导方式同样甚至更有效。作为跨文化领导者,他们所处的全球角色第一次使得他们将其自身以

---

① 资料来源:〔美〕欧内斯特·贡德林、特里·霍根、卡伦·茨维特科维奇:《全球领导力:全球领导者的 10 项关键行为》,应洪斌等译,机械工业出版社 2014 年版。

及他们的领导风格视为特定文化环境下的产物，并且这种想法进一步地成为他们质疑自身的行为和相应的行为的依据；全球经历有助于他们形成对自己的“全景图”，这使得他们有能力从更客观的角度来看自己的观点和想法。多元化的环境要求领导者经常性地检查相似性和差异性，并据此调整自己的期望。在一个熟悉的环境中，人们有时会产生类似“事情就应该这样”的想法，但在多元化的环境中，不再会有这种理所当然的感觉。

2. 拥抱未知

发现差异还要求领导者学会拥抱未知的事情。文化自觉的一个好处就是有助于形成一种学习型的姿态：对新的信息和体验保持开放心态。当一种“新的完成任务的方式”被视为某种特定环境下的产物的时候，自然而然地，人们就会对其他类型的领导风格以及那些与有效领导有关的商务实践感到好奇。在跨文化领导过程中，需要直面意料之外的甚至不想面对的事情，做好时刻准备学习的准备。

二、弥合差异

通常而言，“全球环境”和那些领导者早已习惯了的“母国环境”之间存在很多异同。一旦领导者弄明白了它们之间的真正差异以及相似之处，他们就必须学会建设性地处理这些差异，以更好地完成他们的组织目标。识别差异后，首先要考虑的就是找到弥合差异的办法——跨文化领导者需要弥合“他们自身”和“来自其他文化的其他人”之间的鸿沟。领导者可以通过建立强大的人际关系以及借助于框架转换（frame-shifting），如改变自己的沟通风格、领导风格和战略等，来弥合这种差异。无论对那些在母国的领导者，还是那些生活在海外的领导者而言，这都是非常重要的。

1. 借助关系

对于任何领导位置，利用人际关系都是非常重要的，但是应该注意到，全球领导者必须更加注意依靠别人。这是因为，如果在他们自己的国家，他们具备很多相关的知识和技能，但在国外这个陌生的环境中，他们则缺乏很多当地的相关知识和技能。“借助关系得到你想要的”，这样一种领导行为强调了以下事实：在全球环境中，强大的、值得信任的关系几乎是做好任何事情的敲门砖。在不同的文化环境下，领导者需要考虑行为的各个方面以及细微差异。领导者如果注重关系构建，通常还会核对以下这些要点：将关系放在事情之前，更多地依靠关系解决工作上的问题，更好地利用关系网络找到那些能给自己提供有价值建议、能帮助自己找到新路径的文化向导。在某些特定的文化中，关系构建行为受到大家的认可。

2. 框架转换

当主要的差异已经被识别以后，弥合国家间和文化间差距的另一种方法就是启动“框架转换”。一旦领导者认识到他们自己是特定文化环境的产物，并且已经与他们的当地伙伴建立起牢固的关系，为更好地适应不同的环境，他们就必须学会切换他们的视角和领导方法。框架转换需要认知上和行为上的敏捷性，以调整一个人的领导风格以及策略方法。成功的全球领导者能足够灵活地呈现出新的观点，并且调整他们的方法以适应各种各样的环境，同时还始终记住他们的主要商业目标。

三、开放系统

为了更好地发展跨国业务,领导者一旦识别出不同的市场和商业实践之间存在重要差异,通常就有必要处理系统性的问题。在有效弥合与当地文化的差异之后,还必须找到企业走向全球化所需要配备的系统性方法,扩大共同性,消除系统性障碍,并适度地给予员工一定的自主权,从而帮助那些背景和风格不同、具有潜力的未来领导者的发展。

1. 扩大共同性

扩大共同性(expand ownership)这种全球领导行为是指,借助于共享的流程以及在设定和达成那些具有全球和地方重要性的目标中承担共同的责任,进而创造出一种敬业感,能够扩大涉及领导和决策的人的范围,将那些原先由于社会和组织障碍等原因而通常被排除在外的人也囊括进来。在任何一种变革努力中,无论是在国内还是国外,扩大共同性都是很常见的部分。将那些消息灵通且能对决策做出贡献,同时也对有效实施起到至关重要作用的人纳入进来,是非常重要的事情。但是,这种跨文化环境下的工作带来了一些新的有时甚至是隐藏的障碍。比如,领导者的某些习惯,这些习惯根深蒂固,以致他们很难被领导者意识到。

2. 培养未来领导者

除了扩大员工对特定项目或行动的共同性感知外,开放整个系统也意味着,随着时间推移,那些来自全球组织任何地方的有能力的人都能进入领导位置。对于一个在全球市场持续发展的企业来说,培养当地人才是至关重要的。跨国经营企业需要进行必要的知识转移,通过培训、实习、项目合作、共同工作等方式,将母公司的重要技术和管理知识转移到当地的高潜力员工身上。为了更有效地与总部进行沟通,需要向当地员工传授更多的企业管理经验和技能;为了培养未来的领导者,当前企业领导者必须识别和培养来自不同文化背景的高潜力员工,使他们成为推动企业在全球市场不断壮大的重要力量。

四、保持平衡

前六种行为聚集于跨文化领导者如何才能认识到差异之处,并且针对这些差异进行相应的调整。具体地,可以通过改变自身的行为或者通过设计一个更具包容性的组织系统来进行相应的调整。实际上,几十年来,关于跨界工作的研究已经强调了柔性(flexibility)和调整(adaptation)的重要性。然而在一个陌生的环境中,调整是最重要的,领导者都非常清楚,他们必须在调整和不调整之间保持某种平衡,他们必须清楚地知道什么时候需要调整,什么时候又不需要调整。他们发现有必要在适应当地环境的同时选择适当的时刻贡献他们自己的专长、运用权力,或者站在某种特定的价值立场。领导者非常看重这种平衡,他们会采取适当的行为来对此进行平衡。领导者采取的行为可用适应和增加价值(adapt and add value)与核心价值观和灵活性(core values and flexibility)这两个词来描述。

1. 适应和增加价值

适应和增加价值这一行为意味着要进行一些平衡,即对"调整以适应当地的惯例"和"寻找最恰当的时机去宣布一种不同的观点或者作为一个建设性的变革主角"这两样东西进行平衡。驱动变革是领导者所从事的重要任务之一，领导者需要不断设定一个新方向和引入一系列新目标。作为跨文化领导者，在变革的过程中，需要学会通过谨慎的自我意识、更强的判断力和自制力以及对当地环境的适应力去推行新的举措。在这一过程中，由于文化差异，当地员工可能对领导者的能力产生怀疑，那么领导者必须展示自己的才华，证明自己有能力管理跨文化企业、帮助员工提高工作效率，进而提升企业的价值。在领导员工的过程中，一方面，领导者要通过教育的方式告诉员工如何行事，注重教学相长，互相促进；另一方面，领导者要通过推动的方式促进员工成长，注重指挥技巧、把握好平衡。驱动变革过程中要注意不能急于求成、不切合实际地提出过高的目标，同时要注意不能不顾当地文化环境照搬母公司的做法。如果不能适应当地环境而追求过高的价值增值，领导者会逐渐发现自己犹如生活在一座孤岛上，所有的本地同事都躲着他们。

2. 核心价值和灵活性

学习不同文化下的价值观是构建有意义关系的重要组成部分。领导者必须发现新文化中的价值观，只有这样才能受到尊重。同时，当领导者与下属构建关系时，也能利用这些知识。与学习有关的另外一个方式是风格切换（style-switch）或者是更好地适应当地环境而切实地改变你的行为。然而，跨文化领导者们做的远不止风格切换，因为这个词意味着他所做的只是一个战术性的调整：从一个人最根本的价值观上看，他实际上并没有做真正的切换。事实上，领导者都应将其他文化中看待世界的方式融入自己的个人信念体系之中。从一种长期的视角来看，如果某些领导者将更为节俭地使用资源或者避免一些不必要的信息交换和讨论视为已经拓展过的价值观和行为信条的一个组成部分，那么，当这些领导者换到一个其他地方的新的领导位置上时，这些价值观仍将被他们保留。这种柔性，也就是说，领导者不但要发现那些曾经陌生的价值观的优点，而且要保持足够开放的心态，进而接受这些价值观，这帮助他们获得了成功。

五、构建解决方案

不管跨文化领导者面对的母国环境与全球商业环境之间的差距有多大，领导者都面临共同的问题：如何使全球各地的员工发挥其最大的作用。领导者应该根据不同的文化情境采取行动和发挥作用。上述四个阶段八种跨文化领导行为提供了解决这类问题的一个重要途径。这八种跨文化领导行为从个人和系统的角度阐述了跨文化领导的关键行为。那么，如何有效地运用跨文化领导行为，构建出问题的解决方案？跨界影响力（influence across boundaries）和第三种方案（third-way solutions）则代表了构建解决方案过程中的最重要部分。

1. 跨界影响力

在跨文化环境下，无论是一个团队的领导者还是整个业务单元的领导者，相对于只有单一文化的领导者，面对的环境更加复杂。当领导者进入跨文化情境时，其领导角色会扩张，承担跨文化责任，特别是领导一个分部或者某区域的跨国任务时，他要扮演多重角色，即跨文化领导者的责任范围要显著大于与其处于同一组织层级的一国之内的领导者。

跨文化角色扩张不仅仅限于官方责任上，跨文化领导者必须经常与一个缺乏支持系统的局部抗争,而在国内,一般都拥有这种支持系统。跨文化领导者必须在不利条件和压力下努力跨越内部和外部边界以完成任务。他们必须在没有直接权威的情况下想出解决办法。为了得到真正的解决方案,他们必须有能力驱动跨职能或跨部门的协作,学会各项技能(包括人际关系管理、跨国业务、战略等)。一个跨文化领导者必须跨越职能边界,并精心策划解决方案的产生过程。

2. 第三种解决方案

第三种解决方案就是指综合利用前面已经强调过的各种行为,即文化自觉、借助关系、扩大共同性、适应和增加价值、跨界影响力、拥抱未知、框架转换、培养未来领导者、核心价值观和灵活性等领导行为。本质上,它指的是将所有东西都整合起来以产生真正的解决方法。跨文化领导者在每天的工作中都能利用这十种行为,进而产生建设性的解决办法,最大化地调动全球各国雇员的工作积极性。

课后练习题

1. 什么是跨文化领导,它与传统领导有什么区别?
2. 比较中美、中日、中欧等国家(地区)的领导风格。
3. 跨文化领导特质包括哪些内容?
4. 跨文化领导行为包括哪些内容?

章末案例

塔塔集团的跨文化领导力[①]

塔塔家族的掌舵人拉丹·塔塔于 2012 年 12 月 28 日以塔塔之子(Tata Sons)董事长的身份正式退休。塔塔之子在塔塔旗下几乎每个企业都占有一定股份,算是塔塔集团的大脑。

塔塔家族经营着印度私营部门规模最大的企业,总市值占整个印度股票市场的 7%;其支付的企业税占印度全国企业税收的 3%,消费税占 5%。在印度,大到房子、车子、空调、冰箱,小到油、盐、酱、醋,从穿的戴的鞋子、衣服,到用的手机、手表,这些与生活息息相关的"实物"都可以买到"塔塔牌"产品。那些看不见的保险、投资理财产品,也能找到"塔塔牌"。塔塔集团拥有超过一百家公司,涉及信息技术、钢铁、汽车、机械、电力、纺织、化学、食品、家用电器、电子设备、计算机、石油开采、渔业、银行、投资公司、印刷出版、原子能研究等领域,在全球 80 个国家有分支机构,产品和服务出口到 85 个国家。

拉丹·塔塔在过去的 20 多年里管理着这样一家庞大的企业。因为塔塔集团太"强大"了,在印度的地位太高,所以领导塔塔集团的拉丹·塔塔可以说也在领导着印度的企业界,是印度的"商业之王"。他在印度的地位如同菲亚特之父阿涅利·吉亚尼之于意大

① 摘编自林静:《拉丹·塔塔 印度商业之王》,载《中国新时代》2013 年第 5 期。

利的意义，或者约翰·皮尔鹏·摩根(J. P. Morgan)之于美国人的意义。

拉丹·塔塔领导之下的塔塔集团在过去20多年的发展历程可以总结为一个成长故事，促进了生产力和效率提高，全球化扩张以及不断创新。塔塔集团很幸运，在J. R. D塔塔之后，又选出了拉丹·塔塔。“拉丹·塔塔在正确的时间出现在正确的地方，他能够看到周围发生了什么事，并作出相应的反应”，商业历史学家和作家Gita Piramal这样评价。

塔塔集团1869年成立，至今已有100多年的历史，拉丹·塔塔是企业的第五代接班人。他花了半生的时间从底层做起，最终在知天命之年走到了最高位置。

从某些方面来看，拉丹·塔塔如此德高望重有些不合常理。作为一位超大企业的领导者，他没有那种让人一眼就能认出的个性印记，也没有“零失败”的成功光环。拉丹·塔塔出身世家，或许因此他是一个比较传统的人。即便是后来，他成功地把塔塔集团扩张到全世界，一些批评家仍指责他过于严肃、城府太深，还抨击他对集团经营最成功的科技部门TCS漠不关心。

拉丹·塔塔也不能算是企业投资管理的榜样。在过去10年间，塔塔并购了一系列公司，可这一波收购的投资回报并不高。因为拉丹·塔塔膝下无子，塔塔集团的新总裁塞勒斯·密斯特里(Cyrus Mistry)不是家族内部的成员。新老板接手的这个超级企业就是一盘“大杂烩”，各式各样的业务都有，所以他必须进行重组和改进。塔塔集团旗下既有像TCS、路虎这样的知名公司，也有一大串效率低下、周身负债的企业。

尽管如此，拉丹·塔塔的职业生涯还是为封闭的、腐败的印度上了一节必不可少的重要课程：外面的世界给印度带来的收获远比损失要多。

拉丹·塔塔曾在美国学习过建筑，因此他并不排斥全球化概念，也不是一个墨守成规的老古董。很多时候，他更愿意与青年工程师们讨论汽车设计，而不是看报告书。留学教育背景，以及追求完美的个性，让拉丹·塔塔很早就洞悉到，在印度开始对外开放的20世纪90年代，企业必须提高自身水平，用最高标准要求自己，必要的话，还应收购竞争对手。在这一思想的指导下，他收购了多家国外公司。

塔塔茶叶在20世纪90年代中期，曾尝试收购英国泰特利茶叶公司，以失败告终。在2000年，再次尝试，终于取得了成功。此次收购是为了利用塔塔茶叶和泰特利茶叶的协同效应。泰特利茶叶在美国、欧洲、加拿大市场有完善的分销网络，而塔塔茶叶则在印度和中东国家有市场。两者的合并让新的塔塔饮料集团被西方国家所认识。

另一项成功案例是收购捷豹路虎。此次收购为塔塔集团抓住了高端汽车品牌。收购之后，捷豹路虎的销量一直上升，2013年1月13日，捷豹路虎宣布其2012年全球销量达到35.8万辆新高，同比增长约3成。

成功的案例不少，巨大的失败也有。2007年，塔塔钢铁公司收购英国钢铁生产商Corus集团，这次收购被认为是拉丹·塔塔的一次大失败。Corus公司是欧洲第二大钢铁制造商，收购后新公司一跃成为全球第七大钢铁生产商，不过，它一直没有带来经济回报，成了一场金融灾难。

无论成败，都表明了一个事实：印度的公司，或者其他新兴经济体的企业，都有足够的实力在全球商业的最顶层占据一席之位。

之于全球化，米塔尔和印孚瑟也认真地学习并且吸收了经验，所以这两个品牌如今也在全球遍地开花。然而,购物、煤矿、纸媒以及印度国内很多行业仍在封闭之中。从这一点来看,拉丹·塔塔知道怎样"走出去",但却似乎并不热衷于"引进来"。

此外,塔塔认为正直地经营尤为重要。"诚信对我很重要。我努力让塔塔集团的经营建立在诚信和价值体系的基础上。我希望后面的经营者也如此,把正直经营当成塔塔集团的优势和与众不同的特质。我们现在有诚信,也必须有,我们应该培育它,珍惜它,并为它奋斗下去。"拉丹·塔塔在一次采访中这样说。拉丹·塔塔教给印度的另一节课是正直的作风。他一直在告诫所有人应该"干净"地经营企业。"今天有很多不规范的商业操作,但我要把正直、诚实的传统坚持下去。"

讨论题

1. 拉丹·塔塔的跨文化领导力体现在哪些方面?
2. 结合本案例,谈谈如何才能成为一个合格的跨文化领导者。

本章参考文献

Badawy, M. K., Styles of Mid-Eastern Managers, *California Management Review*, 1980.

Eric, J. R., Latin American Leadership: El Patron & El LiderModerno, Cross Cultural Management, 2004.

Mason, H., Edwin, E. G., Porter, L. W., *Managerial Thinking: An International Study*, New York: John Wiley and Sons, 1966.

House, R. J., Hanges, P. J., Ruiz-Quintanilla, S. A., *et al*. Cultural Influences on Leadership and Organizations: Project GLOBE, *Advances in Global Leadership*, 1999, 1.

〔美〕艾德·科恩:《跨文化领导:世界级领导者的成功战略》,毛学军译,东方出版社2009年版。

〔美〕安弗莎妮·娜哈雯蒂:《领导学》,刘永强、程德俊译,中国人民大学出版社2016年版。

陈晓萍:《跨文化管理》,清华大学出版社2009年版。

崔文霞、黄志成:《全球化视域下跨文化领导力发展阶段与模式探究》,载《比较教育研究》2014年第6期。

〔美〕弗雷德·卢森斯、乔纳森·P. 多:《国际企业管理:文化、战略与行为》,周路路等译,机械工业出版社2015年版。

〔美〕海伦·德雷斯凯:《国际管理:跨国与跨文化管理》,宋丕丞译,清华大学出版社2011年版。

〔美〕加里·尤克尔:《组织领导学》,丰俊功译,中国人民大学出版社2015年版。

〔美〕杰拉尔德・格林伯格、罗伯特・A. 巴伦:《组织行为学(第 9 版)》,毛嘉诗译,中国人民大学出版社 2011 年版。

刘冰、魏鑫、蔡地、朱乃馨:《基于扎根理论的外派项目经理跨文化领导力结构维度研究》,载《中国软科学》2020 年第 4 期。

刘畅唱、贾良定、杨椅伊:《不仅是"入乡随俗":外派经理的跨文化"三环学习"》,载《外国经济与管理》2020 年第 3 期。

刘建军:《领导学原理:科学与艺术》,复旦大学出版社 2013 年版。

买热巴・买买提、李野、王辉:《谦卑型和自恋型领导:跨文化组织管理的视角》,载《心理科学进展》2017 年第 8 期。

〔美〕欧内斯特・贡德林、特里・霍根、卡伦・茨维特科维奇:《全球领导力:全球领导者的 10 项关键行为》,应洪斌等译,机械工业出版社 2014 年版。

舒绍福:《跨文化领导的兴起、挑战与应对》,载《教学与研究》2014 年第 10 期。

〔美〕约翰・C. 麦克斯维尔:《领导力 21 法则:如何培养领袖气质》,路卫军译,时代出版传媒股份有限公司 2016 年版。

管　理　篇

第十一章　跨国人力资源管理

【本章学习目的】

通过本章学习，你应该能够：

- 掌握跨国人力资源管理的基本概念
- 熟悉跨国人力资源管理的策略
- 分析跨国人力资源管理的主要职能
- 了解外派人员管理的主要内容

引导案例

在华跨国公司的人力资源管理模式[①]

我们以进入中国多年的10家《财富》五百强企业为研究对象，通过对公司的CEO或人力资源总监的访谈，归纳出以下管理模式：

1. 基于成本考虑的本土化模式

有些跨国公司出于成本考虑采取了本土化的高管人员设置模式，这些跨国公司的本土化程度比较高。如联合利华公司在高管人员设置上遵循中国子公司本地的人力资源管理习惯，公司主要雇用或选拔当地人作为高级管理人员（如表11-1所示），公司60%的高管人员是由当地人来担任的。不过联合利华公司认为，为了更好地贯彻公司的发展战略和管理模式，子公司的总裁应由母国管理者承担，当地管理人员不应染指这一层次的管理职位，所以中国区的总裁还是由欧洲的本土人员来担任。此外，通用电气（GE）公司也属于该种情况。

---

① 摘编自陈慧、关丽丹：《走出国门如何选择人力资源管理模式》，载《中外管理》2006年第12期。

表 11-1　联合利华高管人员结构表(2006 年)

高管人员	中国区总裁	销售总监	人力资源总监	市场部总监	供应链	研发总监	生产总监
国家或地区	欧洲	中国大陆	中国大陆	中国台湾	法国	欧洲	中国香港

2. 出于战略考虑的全球中心模式

出于战略考虑,可口可乐公司在中国采取了全球中心的策略,目前的中国区总裁是英国人,各部门的高级管理人员基本上来自世界各地。(如表 11-2 所示)

表 11-2　可口可乐高管人员结构表(2006 年)

高管人员	中国区总裁	北区总裁	南区总裁	市场总监	人力资源总监	财务总监	信息总监	供应链总监	生产总监	法律	原材料采购
国家或地区	英国	新加坡	英国	澳大利亚	中国香港	菲律宾	中国大陆	英国	中国香港	新加坡	中国大陆

可口可乐公司的全球中心模式是指在世界范围内招聘和选拔雇员,满足当地高管人员的需求,同时在全球范围内培养和配备人才。可口可乐公司将人力资源管理的重点放在协调全球目标与当地反应能力上,将文化差异转化为企业经营的机会,使用不同国家的高管人员来提高企业的创造力和灵活性,并为有潜质的管理人员提供成长的机会。爱立信公司采取的也是全球化的人才设置策略。

3. 基于地区合作的地区中心模式

并购企业沿用母公司原来的高管人员设置模式,没有完全本土化。2000 年 3 月,法国的达能集团收购了乐百氏公司 54.2%的股份。新收购的乐百氏公司在中国设置的高管职位遵循原来的母国模式——按照地区配备,从整个东亚地区来设置,即由来自中国香港地区、中国台湾地区、马来西亚、新加坡、印度的人员组成,中国子公司的高管人员也可以在整个东亚地区任职。各子公司的经理人员在本地区的流动,可以加强地区内部各子公司的合作,而且有利于逐渐向全球中心的人力资源管理模式过渡。(如表 11-3 所示)

表 11-3　乐百氏公司高管人员结构表(2006 年)

高管人员	中国区总裁	销售总监	财务总监	供应链	市场部总监	人力资源总监	采购总监	研发总监
国家或地区	印度	中国台湾	中国香港	中国大陆	新加坡	中国台湾	马来西亚	新加坡

4. 基于文化考虑的民族中心模式

与以往的研究结论类似,在华日本公司东芝采取了民族中心的人力资源管理模式——其高管人员都是从日本公司本部派来的。所以在这家公司,中层以下的本土管理人员流动性都极高,很少有在公司连续工作两年以上的。这是中日文化差异、理念差异以及职业上的差异造成的。

民族中心型的模式指以来自母国的管理手段与文化主宰子公司的运营,只有母国的管理人员才是公司高级经理人员的首选。母公司对子公司员工严格控制,中国子公司的关键岗位(如总裁、财务总监)均由母公司直接派遣,聘请的中国高级管理人员仅限于人力资源和信息服务部门,中国雇员普遍从事次要或辅助性的工作。员工的评价和晋升也采用母国标准。

很多跨国公司进入中国多年,在经营发展过程中高级管理人员的设置不断发生变化。如英国的利洁时公司,其高管人员的构成变化如表 11-4 所示。

表 11-4 利洁时公司高管人员构成变化

时间	中国区总裁	财务总监	信息系统	人力资源总监	销售总监	供应链	市场总监
2003 年前	英国	英国	中国大陆	中国大陆	德国	英国	中国香港
2003—2006 年	中国香港	英国	中国大陆	中国大陆	中国大陆	中国大陆	中国香港

利洁时公司是快速消费品行业的跨国经营企业,公司刚刚进入中国市场时高管人员以来自母国的管理人员为主,属于民族中心的模式。随着利洁时公司在中国的发展壮大,从 2003 年开始,人力资源的组织架构发生了较大的变化。高管人员的设置逐步过渡到本土化模式。这不仅可以节约成本,而且本土的销售和供应部门也更熟悉中国的政策,了解如何与政府部门打交道,更利于经营业务的开展。

在华跨国公司人力资源管理模式的选择受多方面因素的影响:

首先,公司的经营价值观会影响人力资源管理模式的选择。如雀巢公司在中国投资已经 20 余年,仍然采取民族中心的人力资源管理模式,这与欧洲公司本身的保守投资理念有关。

其次,跨国公司的发展战略,以及中国子公司在其战略中所扮演的角色,也会影响人力资源管理模式的选择。如利洁时公司目前采取的是本土化模式,管理人员以中国大陆员工为主,中国子公司是该跨国经营企业主要的生产基地,专注于生产。由于生产型企业的管理比较容易规范化,所以公司授权给中国大陆的管理人员进行管理。

再次,跨国公司的人才战略也会影响其人力资源管理模式的选择。国内和海外的竞争会迫使跨国公司将自己在世界各地的业务看作一个整体,有些跨国公司就采取了全球视野的人才战略,如可口可乐公司。

最后,当地是否具有跨国公司所需要的人才,也是跨国公司在人力资源管理模式选择时需要考虑的问题。如本研究的 10 家企业均未选择中国大陆本土员工担任中国区总裁的职位,是由于这些跨国公司没有找到合适的担任中国区总裁职位的中国大陆本土员工。

思考题

1. 在华跨国经营企业一般采用哪些人力资源管理模式?为什么要采取这些模式?
2. 外资企业采用的人力资源管理模式对走出去的中国企业有什么借鉴意义?

未来的国际竞争,将主要是科学技术的竞争和人才的竞争。谁能拥有国际竞争能力强的人才,谁就能掌握未来国际竞争的主动权。人力资源是企业所有资源中最宝贵的资源,因为人是生产力诸因素中最积极、最活跃的因素,企业的各项经营活动和管理工作都是靠人去完成的。人力资源管理成为当代管理科学中最重要的组成部分。跨国经营企业拥有具有不同国籍和文化的员工，他们是企业最重要的资源，是企业经营成败的关键，如何开展好跨国经营人力资源管理已经成为企业国际化经营的核心问题。

第一节　跨国人力资源管理的概念

一、跨国人力资源管理的定义

一般说来，人力资源管理是对人力这一特殊的资源进行有效开发、合理利用和科学管理，是招人、育人、管人和留人的过程。随着经济全球化进程的加快，跨国经营活动中必然要面对不同国籍的员工，并要对员工实行跨国管理。跨国人力资源管理是跨国经营企业为实现企业既定目标而开展的招聘、选拔、考核、工资薪酬、培训与开发、个人生涯发展与组织发展以及劳动关系等活动。其实质是对来自不同国家的人力资源进行有效开发、合理利用和科学管理。

跨国人力资源管理是人力资源管理在国际化条件下的新发展。当人力资源管理跨越国界，其在母国行之有效的人力资源管理理念、策略、方法如何适应跨国环境的变化和需要，是值得研究和探讨的。为适应跨国经营的需要，人力资源管理的职能会增加新的内容，甚至会发展新的职能领域，以满足不同国家和地区更为复杂多变环境下企业顺利运作的需要。一般的人力资源管理主要开展人力资源规划、组织设计与工作分析、员工招聘与选拔、培训与开发、绩效管理、薪酬管理、劳动关系管理等活动，而跨国人力资源管理还要适应国际化战略的需要，分析不同国家和地区的人力资源管理的法规、政策和惯例，制定相应的国际人力资源政策，加强对外派人员的管理等。跨国人力资源管理在企业跨国经营中一般扮演战略伙伴、人力资源专家、员工代言人和变革推动者四个主要角色。

二、跨国人力资源管理的特点

在企业国际化经营中，跨文化的文化、企业国际化的运营特征和不同国籍人员的态度，对跨国人力资源管理产生重大影响，使跨国人力资源管理表现出不同的特点，主要有以下几个方面：

(1) 跨国人力资源管理面对更为复杂多样的人事决策环境。跨国经营企业在进行人力资源决策时，一方面受不同国家的政治和法律等因素的制约，一方面要考虑不同国家的文化差异，其表现为不同国家员工的价值观、个人需要、行为方式、经验等的差异。跨国经营企业人力资源管理必须适应这种跨界和跨文化的环境。

(2) 跨国经营企业面临管理人员来源国的选择。对于国内企业来说，管理人员选聘主要有两个途径，即企业内部晋升和企业外部招聘，而对于跨国经营企业而言，管理人员选聘的途径要更为广泛和复杂，其管理人员的来源主要包括本国、东道国和第三国。在选聘管理人员尤其是高层管理人员时，从什么渠道选择哪一国籍的人才成为跨国经营企业面临的重要抉择。

(3) 外派管理人员是跨国经营企业人力资源管理的重要组成部分。外派管理人员是指具有公司母国国籍、外派到海外工作的公民。跨国界的人力资源配备常常要求企业从母公司外派管理人员到国外子公司,外派人员的选聘、培训、考核和回国安置等有其特殊性,成为跨国人力资源管理特有的职能活动。

(4)国际劳动关系管理是跨国人力资源管理的重要任务之一。国内企业的劳动关系面对的是相同的法律、文化背景,而跨国经营企业由于国家之间在劳动关系、劳工文化背景等方面存在着差异,要求管理人员在东道国具有处理劳动关系的能力,根据不同国家的法律制度、惯例,形成各自的管理方法及模式。

三、战略性国际人力资源管理①

近年来,人们发现人力资源逐渐成为企业持久竞争优势的重要来源,从企业竞争力角度对人力资源管理展开研究,形成战略性人力资源管理理论。伴随着越来越激烈的企业全球化竞争,又进一步形成战略性国际人力资源管理的理论分支。

战略性人力资源管理是指一种有计划的人力资源配置和活动模式,这个模式能够使企业有效地完成其经营目标。这里"有计划"的模式主要包含两层含义:首先,人力资源配置及其活动必须是与企业的总体战略相匹配的,即垂直匹配;其次,人力资源配置与企业各种活动之间也必须实现匹配,即横向匹配。而衡量各种匹配效果的标准是考察企业人力资源管理政策及其实践能否有效、明显地促进企业绩效的提高。所以,战略性人力资源管理是为了使企业能够达到目标,对人力资源各种部署和活动进行计划的模式。

战略性国际人力资源管理实际上是国际人力资源管理和跨国公司战略的一种结合。舒勒(Schuler)和道林(Dowling)等认为,所谓的战略性国际人力资源管理,实际上就是在考虑了企业多国战略活动以及企业国际经营目标以后有关企业人力资源管理职能、政策、实践等相关问题的企业人力资源管理理论。当然,企业国际人力资源管理本身也是企业战略决策的必要组成要素,同时也对企业国际战略的实施产生关键性影响。基于上述认识,舒勒等综合其他学者的研究成果,提出了如图 11-1 所示的战略性国际人力资源管理的整体框架模型。②

该模型紧紧抓住了国际企业有别于国内企业这个核心问题,即考虑了企业全球战略条件下的海外子公司的当地适应性问题,并认为各子公司间的联结及其内部运作,是影响跨国公司人力资源管理的最重要的战略构件。这里子公司间联结问题的战略实质就是控制与多样化,而内部运作的战略本质上是当地敏感性和战略适应性问题,并由此决定了国际企业人力资源管理的职能、政策与实践的决策和选择。最终企业人力资源管理决策的优劣,应该由其对企业实现国际战略目标的影响来决定。该模型表明,除了上述主线以外,还有一些"外生"和"内生"影响因素也对国际企业人力资源管理策略的形成具有重要的影响,并发挥修正作用。

---

① 参见陶向南、赵曙明:《国际企业人力资源管理研究评述》,载《外国经济与管理》2005 年第 2 期。

② See Schuler, R. S., Dowling, P., and DeCieri, H., An Integrative Framework of Strategic International Human Resource Management, *International Journal of Human Resource Management*, December, 1993.

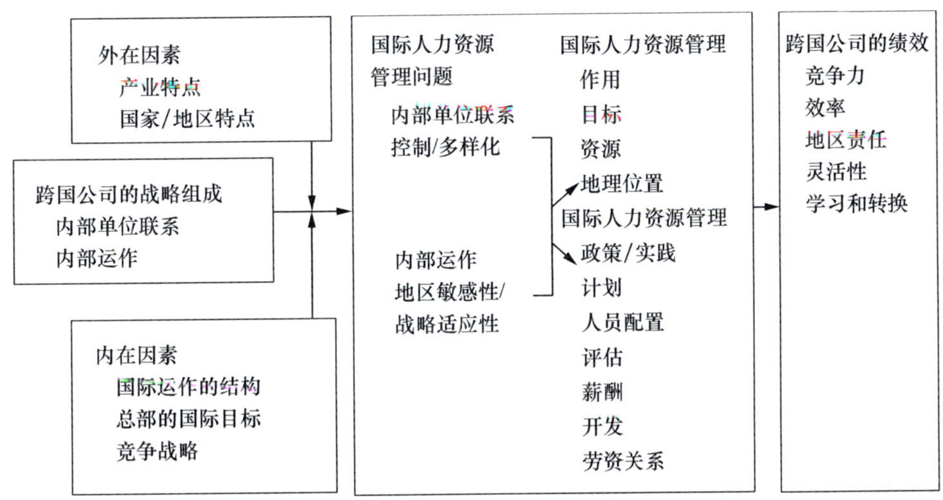

图 11-1　跨国公司国际人力资源管理的整体结构

资料来源：赵曙明：《人力资源管理研究》，中国人民大学出版社 2001 年版，第 36 页。

第二节　跨国人力资源管理的策略

跨国经营企业不但应该在全球范围内合理地调配和利用自然资源、财政资源和技术资源，也应该在全球范围内合理地调配和利用人力资源。如何把公司国际经营所需的必要的人力资源组织起来，是国际人力资源管理首要解决的问题。国际经营中，人力资源管理包括对普通劳动力和管理人员两方面的管理，普通劳动力往往就地取材，而管理人员，尤其是高级管理人员的管理是跨国经营中需要特别关注的，因此，这里所指的人力资源策略是相对于中高层管理者而言的。

人力资源策略是公司如何选择和录用人才的政策，其核心是把具有高度潜力和专业能力的人才吸引到企业中来。一般说来，跨国经营企业在人力资源策略上有几种选择：一是企业在世界各地公司中的重要职务都由母国人员担任；二是任用东道国的人员管理当地的公司，而总公司则由母国人员管理；三是在整个企业中任用最适当的人选担任最重要的职务，而不考虑其国籍。每一种策略均有其利弊，应根据跨国公司的经营目标和战略，分析企业所处内外部环境，作出合理的选择。

一、母国化人力资源策略

母国化人力资源策略指一般从母公司选拔或在母公司公开招聘人员，经过必要的培训后派往海外公司担任经理或其他重要管理岗位，来自总部的经理负责关键决策，并占据子公司中的重要管理职位。采用这种策略的公司遵循如下假设：本国的模式是最好的，所有的子公司都可以并应当通用。实施该策略的企业，往往在本国的文化、价值观和商业活动上占主导地位，企业由总部制定出一套管理和安置员工的制度并在全世界范围内统一推广。在国际化经营早期阶段的企业，往往采用这一策略。

母国化策略的人力资源管理模式主要包括以下几个方面的优点：

(1) 有利于母公司与子公司之间的有效沟通。一般而言，母公司派出的管理人员理解母公司的经营理念，了解母公司的战略、目标和政策，熟悉母公司的人员、习惯和做法，所以较容易与母公司进行有效的沟通。

(2) 有利于母公司对海外子公司的控制。母公司员工未来的职业生涯与母公司发展之间的关系更为紧密，委派母公司员工担任海外子公司的高层管理人员，可使子公司与母公司保持紧密联系，忠于母公司，从而强化母公司对子公司的控制。

(3) 有利于母公司的新技术导入海外子公司。多数跨国经营企业具有技术优势，而其生产技术是由母公司发展起来的，母公司人员必然比东道国人员更了解母公司的生产技术，这就有利于新产品、新技术引入海外子公司。

(4) 有利于保护海外母公司的利益。当海外子公司的利益同东道国的利益发生冲突时，如果东道国公民担任子公司经理，他可能会把自己的民族利益放在首位，而母国人员在同样情况下则倾向于母公司的利益。

(5) 有利于母公司培养自己的国际经营管理人才。通过向海外子公司派遣管理人员，可以扩大自身国际经营管理人才队伍，提高管理人员的素质，为母公司培养和储备一批具有国际视野和跨国管理经验的人才。

母国化策略的人力资源管理模式也有许多不足，主要存在以下几方面的问题：

(1) 若被派遣人员不了解所在国的语言、文化、政治、经济和法律制度，就会遇到很多障碍或感到极不适应，因而驻外经理适应所在国的环境需要很长一段时间。在此期间，母国人员在子公司的日常经营活动中可能会作出错误或不当的决策。

(2) 由母国经理经营海外子公司，他们往往会忽视所在国环境条件的重要性，盲目将本国的管理方法搬到海外的子公司去实践。而母国员工同子公司的当地员工之间，由于彼此价值观念和处事态度的差异以及语言上的障碍，将很难进行沟通与合作。

(3) 当母国人员和所在国人员的待遇差距过大时，所在国人员会认为待遇不公平；同时，由于母国化策略限制了所在国人员的晋升机会，可能引起士气下降和人员流动频繁。

(4) 与东道国政府关于管理人员本土化的希望相矛盾，不利于改善同当地政府的关系，母国人员与所在国政府的各部门之间难以进行有效的沟通。

(5) 派遣母国人员的费用可能大大高于雇用本地人员的费用。跨国公司不但要承担较高的选择培训海外子公司经理的费用，而且要负担这些经理及其家属海外生活的费用，造成人力资源成本过高。

二、本地化人力资源策略

本地化人力资源策略是指雇用当地人员、委派当地人员为经营决策者和重要职务的管理者，开发当地人力资源的政策。雇用当地人员具有许多优点，主要包括：

(1) 聘用所在国人员可以消除语言障碍，避免驻外管理人员及其家庭的不适应问题，并可免除昂贵的文化适应等培训开支。

(2) 避免一些敏感的政治风险。

(3) 聘用所在国人员费用不高，可降低人力资源成本，用有限的代价吸引高质量的人才。

(4) 聘用所在国人员可以保持子公司管理的连续性,减少重要经理人员的离职。

本地化人力资源策略也有其弊端,主要表现在:

(1) 不利于母公司对子公司的控制。由于文化的差异,当地管理人员同母公司之间容易产生语言障碍,会出现忠于企业与忠于国家的心理矛盾,从而拉大子公司与母公司之间的距离,严重的会加深母公司与子公司的隔阂,这样可能会导致出现总部难以控制子公司的局面。

(2) 不利于培养母公司的国际经营人才。在经理人员职业生涯发展方面,一方面,子公司的经理难有机会到国外获得国际经验,也难以晋升至子公司之上的更高层;另一方面,母国的经理只能很有限地获得国际经验,不利于公司总部的管理人员到母国以外的地区工作,以获得跨国经营所必需的工作经验和知识。

(3) 不利于母公司与子公司的沟通。大量任用东道国人才不利于母公司与海外子公司间的人员流动,导致母公司的高级管理人员只能由跨国公司母国人员担任,这使得母公司的高级管理人员缺乏跨国经营管理的经验,而他们却负责向那些由当地人主管的子公司发号施令,结果会使得海外子公司管理人员不易接受这些指令,缺少主动性和创造性。

人才本地化已成为许多跨国公司海外发展的重要战略手段,为充分发挥本地化经营的优势,使企业在海外顺利发展,跨国经营企业应注意以下几个问题:

(1) 制定适合企业发展的人力资源发展规划。人力资源规划是整个人力资源活动的导向和目标,企业人力资源活动都应围绕它进行。跨国经营企业应根据公司总体发展战略和面临的问题做好人力资源规划,注意如何充分发挥东道国人才积极性的问题,在人力资源规划中落实人才本地化策略。

(2) 吸引东道国的优秀人才。在激烈的国际竞争环境下,跨国公司和本土公司都将争夺优秀人才作为企业发展的关键,这就要求跨国经营企业不能坐等优秀人才上门,应该主动出击并采用更多的、更适应本土文化的措施,以吸引当地优秀人才加盟。

(3) 重视东道国人才的培训开发工作。吸引激励东道国员工的主要因素不仅仅是高薪,还包括完备的职业生涯开发管理。为了使东道国员工更好地接受母公司的文化、更透彻地理解母公司的战略,可以多选拔一些本土员工到公司总部进行培训,感受母公司的企业文化和企业价值观,从而更好地将母公司的企业文化和东道国的文化融合起来。

三、全球化人力资源策略

全球化人力资源策略是指在全球范围内配置母国人员、东道国人员和第三国人员,即在整个组织中选择最佳人选来担任关键职位而不考虑其国别。采用这种人力资源管理模式是基于如下五种相关假设:

(1) 无论总部还是子公司都应获得高素质的员工。

(2) 国际经验是高层管理者成功的必要条件。

(3) 有很强的潜在能力和晋升愿望的经理可以随时从一个国家调到另一个国家。

(4) 高素质和流动性强的人具有开放的思维和很强的适应能力。

(5) 那些原来不具备开放和适应能力的人到国外工作后可以积累国际经验。

全球化人力资源策略的主要优点是:

跨国公司能组建一支国际高层管理人员队伍,他们精通外语,了解其他国家的文化,因此他们从一个国家到另一个国家工作不受多少影响,可以强化不同文化间的融合,减少文化差异带来的副作用,激发文化差异对组织效率的促进;能克服企业内过分注重经理人员国籍的现象,避免近亲繁殖和高层管理者的狭隘,从而使公司更好地挖掘其跨国经营的潜能。

全球化人力资源策略的主要缺点是:

(1) 这种策略要求总公司在人力资源管理上实施较高程度的中央控制,因而限制了各地区经理在用人方面的自主权。

(2) 管理人员全球化往往招致人力资源成本的提高,因为必须给予雇员高昂的工薪待遇,此模式的政策实施起来成本较高。

(3) 大量的母国人员、其他国人员和所在国人员需被派遣至国外以建立和维持国际管理人员队伍,管理人员及其下属在不同国家间的流动也造成了成本的增加。

(4) 不利于同东道国政府改善关系。东道国政府一般希望使本国居民被聘用,即使没有足够的拥有技能的人可录用,政府也将使用移民限制以促使本国人员被聘用。

对于选择什么样的人力资源管理策略,很难找到唯一的答案。每一种人力资源管理策略,都是一定的组织或者管理者群体在长期实践中形成的,跨国人力资源管理策略同企业的管理理念、原则、政策、目标、管理过程、管理内容与管理方法相关,没有哪一个跨国经营企业有一个统一规定或具体的人员配备比例,一般都根据具体情况来决定。

第三节 跨国人力资源管理的主要职能

跨国人力资源管理的主要职能包括招聘与选择、培训和提高、派遣和调动等,涉及需求分析、计划制订、员工来源、工薪待遇、在职教育、跨国文化差异、劳动关系等许多问题。

一、招聘与选择

人力资源的招聘渠道很多,如利用主动登门的求职者、做各种广告、在组织内部发布招聘启事、通过教育机构和雇员推荐、寻求职业介绍服务等。对于跨国经营企业而言,招聘渠道主要包括:

(1) 在国内录用管理人员。

(2) 通过兼并收购外国和本国公司、建立合资企业而得到一些管理人才,充实自己的国际商务管理力量。

(3) 通过广告、职业介绍所和公共关系等来吸收优秀人才。

(4) 在国际人才市场上招聘职业的国外供职人员,即一些大部分时间在国外工作的职业人士等。

(5) 到国内外大学招收拥有高学历的青年学生。这些学生由于受到良好的国际管理方面的系统教育,了解国际文化,拥有语言交际能力,精力充沛,富于积极性和创造性,经过培训就可以很快胜任工作。

招聘主要分四个步骤：明确职位空缺，确定求职者的条件，实施招聘，接受求职申请。首先，管理者要明确工作空缺，这些空缺可能来自预计拓展经营的需要，或有员工离开组织；其次，管理者要确定所需的人员类型以及从事该项工作的必需技能；再次，选择招聘渠道，建立一个申请该职位求职者的资料库；最后，接受求职申请。

一般，跨国经营企业的录用手续包括：发放录用通知；索要身份证明材料；发放要求提前阅读的资料；召开新员工欢迎会；新员工准备性学习；举行进场仪式；发放必要证件、服饰等物品；进行法定体检；对本人呈报进行调查核实；上岗前组织新员工学习跨国经营企业人员的标准。

要遴选到合格的国际管理人员，公司要用正式的职务来说明对工作人员的需求，这种说明必须兼顾公司目前的需要和长远的需要。除对每个国际职位作解释外，还应针对不同的国家对所需人员提出不同的特别要求。跨国经营企业的人事选择标准一般涉及五个方面，即个性、技能、态度、动机和行为。①

所谓个性，即创造性、韧性、耐性以及灵活性；技能主要指熟练的工作技巧，也包括信息沟通能力（口头的和书面的）、人际交往能力、承受压力和不同文化冲击带来的困难以及面对挫折、忧虑和孤独的能力等；所谓态度，即对待他人的方式，一个人要在海外跨国公司工作中获得成功，就得宽宏大量，以容忍的态度对待那些在种族、血统、肤色、价值观、个人习惯以及社会风俗习惯等方面与自己迥然不同的人们；所谓动机，即人们从事某一种工作的原动力，公司在挑选跨国经营企业人员时，应选拔那些动机纯，能为公司在国外扩大市场，增强竞争力的人；所谓行为，即关心他人、尊重他人以及一些不属于个人判断力方面的行为。

在挑选跨国公司人员时，除了注意以上五方面的标准外，还需特别注意各国不同的文化背景因素，有些国家只注意一个人的能力，而有些国家优先考虑部族和家庭成员，而不是应聘者本人的技术水平等。如美国很注意雇员的技术能力；非洲的经理常常雇用他们的亲戚和部族成员；在印度、韩国、拉丁美洲等国家和地区经常出现重裙带关系轻技术的现象。当代跨国公司在挑选海外高层经理时，越来越重视海外工作经验和跨国经营管理的才能。现在，跨国公司往往把有培养前途的年轻经理人员派遣到国外工作，使他们及时获得跨文化的管理经验，以便他们在年富力强时就能担任需要这种经验的高级管理职务。跨国公司总部的高级经理人员中有国外工作经历的人越来越多，例如，美国化学公司有 25 位高层经理，其中 20 位有海外工作的经历；福特汽车公司的 7 名高层经理中有 5 人在海外工作过，多数人能流利地讲一门以上的外语。

二、培训与开发②

在经济全球化的时代，大多数企业在日常经营中都应提供国际人力资源培训，人力资源培训的主要内容包括基本技能（know-what）、高级技能（know-how）、系统的理解及

① 参见赵曙明：《国际企业：人力资源管理》，南京大学出版社 2005 年版，第 278—281 页。

② 参见林新奇：《跨国公司人力资源管理》，首都经济贸易大学出版社 2008 年版，第 228—234 页。

训练有素的直觉(know-why)和自我激发的创造力(care-why)。对于跨国经营企业而言,还应包括对文化的认识,如敏感性训练、语言学习、跨文化沟通及冲突处理、地区环境模拟等。在具体培训的过程中,企业可针对具体情况提出不同的培训方案。如果东道国与本国的语言差异较大,就应该偏重语言培训;如果文化差异较大,就应该加深对国外文化的了解。

按照是否使用了信息技术,培训方法可以分为传统培训法和新技术培训法,其中传统培训法又包括演示法、传递法、团队建设法等。

(1) 演示法。演示法是指将受训者作为信息的被动接受者的培训方法,包括讲座法和视听法。讲座法是指培训者用语言向受训者表达传授内容,主要是从培训者向受训者单向的沟通。讲座法虽然是最常用的方法,但存在单调、单向的缺陷,对启发学员创新思维作用有限。视听法采用投影、视频等手段进行培训,也是最常用的方法之一,该方法很少单独使用,通常与讲座配合。视听法与讲座法相比,形式要活泼一些,但作用仍局限于一般知识的传递。

(2) 传递法。传递法是要求受训者积极参与学习的培训方法,包括在职培训、自我指导、仿真模拟、案例研究、商业游戏、角色扮演和行为示范。这些方法强调参与和互动,有利于开发特定技能,理解技能和行为在工作中的应用,可使受训者亲身经历一次任务的完成过程,或学会处理工作中发生的人际关系问题。

(3) 团队建设法。现代化企业的发展往往立足于团队,而不是依赖于某一个人的智慧,越来越多的企业把培养“创新人”“合作人”和“复合人”作为重中之重。团队建设法让受训者共享各种观点和经历,建立群体统一性,了解人际关系的力量,审视自身及同事的优缺点,强调合作,是用来提高团队绩效的培训方法。在组织日益团队化的今天,团体建设培训法对培养团队精神、强化团队组织和提高团队绩效是非常重要的。团体建设法包括探险学习(野外培训)、团队培训和行动学习。

(4) 新技术培训法。新技术培训法包括运用电视、多媒体、网络、卫星、全球教室等各种培训手段和方法,通过信息技术来提供、管理及传递信息、数据、知识等。在电脑普及率高的地区,网络培训益处极大,方便、效率高、可满足多种行业要求,通过跨地区、跨国联网,可较为容易地获取各种新的知识和信息,降低培训费用。全球教室也是网络培训的一种方式,它的优点是扩大范围、强调互动和即时性。

学习平台有三个层次:第一层次是内部网,内容包括人力资源信息、财务信息、产品设计计划文件等;第二层次是外部网,主要是与有关的客户、经销商等连在一起的网络,内容有产品目录、销售工具等;第三层次是公众网,主要内容有新闻、职业生涯等。原来培训者与学员同步,现在可以不同步;原来培训与工作彼此是独立的,现在通过学习管理系统结合在一起;原来以教室培训为主,现在是与网上教学相结合。

应当说,新技术培训只是学习手段和形式有了革命性的改变,培训方法仍遵循传统方法,但它迎合了快速、多变的时代要求,成本低廉、时效快,是越来越多的企业鼓励采取的方式。

各种培训方法各有优劣(如表 11-5 所示)。在企业内部培训方法中,对师资要求最高的是课堂讲授法,要求企业投入最多的是程序化教授法和经营演习法,而互动性最好的培训方法则是程序化教授法、模拟培训法、现场培训法等。同样的培训内容，工作轮换所需的时间最长；程序化教授法所需的时间最短。除现场培训法和行为模仿法对受训者无特别要求外，其他方法都对受训者有一定的要求。从培训效果来看，相同的培训内容下程序化教授法、模拟培训法和参与管理法好一些。

表 11-5　企业内部培训方法比较

培训方法	师资要求	培训投入	交互性	培训时间	对受训者的要求	培训效果
课堂讲授法	高	较少	一般	可长可短	水平较一般要好	较好
程序化教授法	不高	多	好	短	有一定工作经验或技巧	好
案例研究法	较高	较少	较好	较长	有较高的管理决策水平	不易见效
模拟培训法	不高	较多	好	较长	无或有初步工作经验	好
影视培训法	低	较少	差	可长可短	对培训内容有一定基础	较好
现场培训法	较高	少	好	较长	无特别要求	较好
角色培训法	不高	少	好	较长	积极参与，有创新意识	一般
工作轮换法	低	较少	一般	长	有较多工作经验	较好
参与管理法	较低	较少	较好	可长可短	有较高的管理决策水平	好
经营演习法	低	多	较好	较短	有一定的经营决策水平	较好
行为模仿法	较高	较少	好	较长	无特别要求	较好
参观访问法	低	少	较差	较短	有一定工作技能和经验	较好

资料来源：林新奇：《跨国公司人力资源管理》，首都经济贸易大学出版社 2008 年版，第 234 页。

随着知识经济的发展和员工的多样化，企业越来越倾向于使用交互性好、利于培养创新和团队精神、适应快速多变等时代要求的培训方法，如案例教学法、仿真模拟法等。

三、薪酬管理

从狭义的角度看，薪酬是指个人获得的经济性报酬，一般分为基础工资、绩效薪酬、奖金、福利和股权期权等，又称外在薪酬。广义的薪酬除了经济性的报酬外，还包括非经济性报酬（或非货币薪酬），即个人对企业及工作本身在心理上的一种感受，又称为内在薪酬。薪酬管理没有统一的模式，不同的跨国经营企业会根据各自的实际情况作出不同安排，对母国人员、东道国人员提供的薪酬体系有很大的差别。

（一）基础工资

基础工资是企业按照一定的时间周期，定期向员工发放的固定报酬。基础工资主要反映员工所承担的职位的价值或者员工所具备的技能或能力的价值，即分别是以职位为基础的基础工资和以能力为基础的基础工资。在几种不同的薪酬设计模式中，以职位为基础和以能力为基础的薪酬体系是最为基本的薪酬体系，而以市场为基础和以绩效为基础的薪酬体系的应用范围则相对较窄，并且往往依附于前两种基本薪酬模式使用。

（1）基于职位的薪酬体系是各国企业使用最多的薪酬体系，这种薪酬体系是对每个职位所要求的知识、技能及职责等因素的价值进行评估，根据评估结果将所有职位归入不同的薪酬等级，每个薪酬等级包含若干综合价值相近的一组职位。然后根据市场上同类职位的薪酬水平确定每个薪酬等级的工资率，并在此基础上设定每个薪酬等级的薪酬范围。

(2) 基于任职者能力的薪酬体系不是根据职位的价值大小来确定员工的报酬,而是抛开职位因素,完全按照员工具备的与工作相关的能力的高低来确定其报酬水平。基于任职者能力的薪酬体系仅仅适合于以知识为主要竞争力的企业,同时,它适用的职位类别相对较少,更多地适用于研发类和技术类人员;对于管理人员和一般操作人员,采用以职位为基础的工资体系更为适宜。

跨国经营企业为获取当地的优秀人才,往往采取较高的基础工资来增加薪酬的竞争力和吸引力。有些公司实行谈判工资制,每个员工的薪水都不同,没有统一的工资标准。

(二) 绩效薪酬

绩效薪酬是根据对员工的绩效评价而确定的薪酬增加部分,是对员工的优良工作绩效的一种奖励。因此,绩效薪酬必须与绩效管理相挂钩,建立在系统、合理的绩效管理基础之上。其具体的形式多种多样,或称为浮动薪酬,或称为风险性薪酬。

(三) 奖金

奖金根据员工或组织的工作绩效进行浮动,一次性发放,是薪酬中十分重要的组成部分。奖金管理是企业开展的一项管理计划,或者说是一种薪酬激励项目,在实际实施中,有以下几种类型:

(1) 个人激励型:基于个人对企业的贡献发放的类似红利、额外奖金等形式。

(2) 团队激励型:基于团队对企业的特殊贡献而发放奖金的奖励形式。

(3) 收益分享型:基于企业整体效益而向员工提供的额外收入。

(4) 特殊分享型:基于员工对企业的特殊贡献,如对企业经营与管理提出合理化建议等,而对员工实施的嘉奖。

(四) 福利管理

按企业中福利项目内容的不同,可将福利项目分为以下几类:

(1) 经济性福利项目:指除了工资和奖金外,对员工提供其他经济性补助的福利项目,如住房补贴和结婚礼金等。经济性福利项目可以减轻员工的负担或增加额外收入,进而提高士气和工作效率。

(2) 设施性福利项目:指从员工的日常需要出发,向员工提供设施性服务的福利项目,如员工免费宿舍、阅览室和健身房等。设施性福利项目是从关怀员工的日常生活出发,进而提供相关的硬件服务设施。

(3) 娱乐性福利项目:指为了增进员工的社交和康乐活动,促进员工的身心健康及增进员工的合作意识,提供娱乐性的福利项目,如旅行和免费电影等。此类福利项目的设计是基于重视员工的管理理念,以满足员工参与感、被接纳、被认同的社会性需求。

(4) 员工服务福利项目:指为员工提供各类生活、职业发展等方面服务的福利项目,如员工的身体健康检查和外派进修等。

(5) 其他福利项目:指以上所列福利项目未包含的其他福利项目,如以本企业员工的名义向大学捐助专用奖学金等荣誉性福利。

现在的福利管理多采用灵活的福利提供方式,也被称为“自助餐式”福利管理方式,即员工可以在多种福利项目中根据自己的需要进行选择。相对于企业提供给员工的工资、奖金等直接报酬而言，福利属于间接报酬，它在整个薪酬管理中发挥着与直接报酬不同的功能，主要包括：传递企业文化和价值观、提升企业的竞争力、吸引和保留所需要的员工、激发员工的积极性和主动性、提高员工工作满意度进而提高工作绩效、设计良好的福利制度以鼓励员工之间的合作等。

（五）股权激励

股票期权主要包括员工持股计划和股票期权计划。员工持股计划主要针对企业中的中基层员工，而股票期权计划则主要针对中高层管理人员、核心业务和技术人才。

（六）内在薪酬

跨国公司由于其特殊的地位和知识型人力资源的发展，薪酬与激励管理具有一定的复杂性。一般而言，跨国公司的经济效益和成长性都比较好，外在薪酬的水平往往是业界领先的，具有很大的吸引力和竞争性；同时，随着知识经济的发展和员工素质的提高，内在薪酬的重要性越来越大，长期激励的内容越来越多。具体而言，跨国公司是如何发挥内在薪酬的作用，并通过它激发员工的最大潜力而给企业带来最大效益的呢？

(1) 跨国公司十分注重企业文化的构建。跨国公司一般都具有本企业特色的、无法模仿和替代的企业文化。跨国公司努力融合员工与企业的价值观，让每一个员工都看到自己的成长方向和发展空间，从而使每一个员工都能够与企业融为一体，调动员工的内在积极性。

(2) 跨国公司十分注意发掘员工的个性需求。除了高额的薪水外，员工选择跨国公司并为之效力通常还有别的需求。例如，一位职业经理人至今仍十分留恋当年在一家跨国公司的经历，经常回忆起与同事愉快轻松地用餐，大家围在一张圆桌旁激烈而认真、诚恳地讨论，虽然严格但是规范而有序的管理制度等。对于员工这种需求的了解，企业管理者必须深入调研。要在工作过程中营造让员工彼此尊重、融洽的氛围，并让员工在彼此沟通和交流中相互信任，这不仅需要日常性的管理工作，更需要制度与体制的保障。

(3) 跨国公司十分注意引导员工的需求。如在员工的学习环境上，让员工能够方便、快捷地获取他们工作中需要的信息，如建立电子网络、信息资料库等。同时还设立相应的员工培训机制，根据企业的发展规划制定相应的员工培训课程，有针对性地对员工的薄弱点进行培训完善，帮助员工应对工作中的问题。通过建立"学习型组织"，满足员工在成长过程中的学习需求。

当然，跨国公司重视内在薪酬对员工的激励作用，更表现在"以人为本"的管理理念上。跨国公司特别是世界500强企业一般都注重从企业员工出发，以人性化的管理方式，为员工提供渗透着企业文化的融洽的工作环境、良好的培训机会、合理的晋升制度、公平的奖惩机制、挑战能力的机会和广阔的发展空间。用具有本企业特色的内在薪酬占领人才市场，吸引人才，留住人才，激发人才，发挥人才的最大潜力，充分满足人才的自我实现感和成就感，为企业创造最大利润，这就是跨国公司的核心竞争力。

四、当地雇员劳动关系①

世界各国均对国际移民作了详细的规定，包括暂时移居和永久居住，公司外派人员

① 参见庞中英：《跨国经营与人力资源管理》，载《世界经济》1993年第11期。

受到了限制,加之东道国为了解决就业问题也千方百计地确保其本国公民被外国投资公司雇用。比如,有的东道国限制外国公司雇用母国人员,迫使外国公司服从东道国的安排,在管理、雇工、培训、晋升和解雇等方面受当地政策的限制。公司除了在生产领域雇用当地工人外,还不得不雇用当地人进入管理部门或走上技术岗位。对于解雇、暂停使用等行为,不少国家援引劳工法,使外国公司付出了较高的代价。不过,随着国际化和全球化的发展,外国公司广泛地雇用、培训和提升当地人员的政策,从经济和管理的角度来看,还是极为可取的。

为建立良好的劳动关系,跨国经营企业常常面临如何处理好集体谈判、职工参与、劳动安全等问题,而最主要的是处理好与各国工会的关系。工会既是经济组织,又是社会组织,各个国家虽然都存在,但实质上却有很大不同,一些国家法律规定:

(1) 雇主不得干涉工人参加工会的自由并不得因此解雇工人(日本、丹麦、委内瑞拉、菲律宾),不得干涉工会的活动(日本、委内瑞拉)。

(2) 工会就职工的工资、工时、劳动条件、劳保、福利等问题与资方进行谈判,代表职工与雇主签订集体合同(英国、美国、法国、日本、德国、加拿大、瑞典、丹麦、奥地利、比利时、墨西哥、委内瑞拉、玻利维亚、哥伦比亚、菲律宾)。

(3) 工会参与企业的经营管理,维护职工的经济和社会利益(英国、美国、法国、日本、德国、意大利、奥地利、瑞典、丹麦、挪威、荷兰)。工会在企业里通过委员会(法国、德国)、劳动委员会(日本)或合作委员会(丹麦)开展工作。

(4) 工会参与劳资纠纷的仲裁、调解(美国、法国、日本)。

经济全球化促进了国际和区域工会组织的发展,世界工会联合会、阿拉伯工联、非洲工会统一组织、拉美工人中央工会等在维护员工权益方面起着越来越重要的作用,一些工会组织研究和传播个别跨国公司的信息,为成员处理争执提供咨询,为工会领导举办研讨会,在宣传报道、提供信息和交流以及国际行动方面相互支持和配合。跨国经营企业要善于同工会打交道,一些跨国公司的经验表明,处理劳动关系要注意以下几个方面:

子公司对劳动关系的最终确定负有责任,由于子公司更了解当地情况,在与工会谈判时,应有最终决定权。当然,子公司的经理要受过专门处理劳资纠纷问题的训练;总公司要认真了解各国劳工管理方式和不断收集这方面的情报。总公司对劳动关系状况的预测,将指导分公司的行动,同时,总公司要直接面对各国工会联合起来一致行动的挑战;公司应该吸收工人参与管理,建立工业民主制度,尽可能地实现劳动关系的正常化和合法化。

第四节 外派人员的管理

外派人员管理是跨国经营人力资源管理中的一个特有的现象,其选拔、培训、薪金标准同国内人力资源管理具有不同的特点。

一、外派人员选拔标准[①]

制定外派人员选拔标准十分重要，它是外派人员海外工作能否成功的基础。制定科学合理的标准，选拔优秀的外派人员不但对企业具有积极的意义，也有利于外派人员获得重要的国际企业工作经验，使自己的职业生涯更加丰富。

外派人员选拔标准除了要考虑公司国际化过程和企业人力资源策略外，还要考虑人员自身的特征，一般而言，选择外派人员的主要标准包括专业能力、交际能力、工作成就感、家庭状况及语言技巧五个方面。

(1) 专业能力。专业能力主要包括完成外派工作任务应具有的技能与知识。外派人员不但应该具有相应的技术技能、特定管理技能、行政管理能力等，还应该熟悉东道国和母国各自的工作特点，具备相应的跨国经营常识。

(2) 交际能力。具有较强的交际能力是选拔外派人员的重要标准，主要体现在：对差异和模糊的容忍性、文化移情、低种族优越感、对东道国文化感兴趣。

(3) 工作成就感。在国际化动机方面，外派人员的成就使命感和职业道路一致，对海外工作有兴趣，对东道国文化有兴趣，愿意理解和学习新伙伴的行为和态度，对当地社会符号具有深刻的理解力等都是体现工作成就感的重要方面。国际环境较之国内环境更加复杂，不确定性因素更多，因此更具有挑战性。富于工作成就感的人，对在国际环境下工作更加有激情，对未来的困难更有面对的勇气和心理准备。

(4) 家庭状况。对于有家庭的外派人员而言，要求其配偶积极配合，尤其是长期外派人员，更需要家人愿意居住海外，并对外派人员的工作给予理解与支持。外派人员的配偶和家属自身也应该具有环境适应力，能在跨文化环境里保持稳定的家庭和婚姻状态，具有融入当地社会文化环境(外派人员圈和当地人员圈)的能力。

(5) 语言能力。在跨文化的环境中工作需要强大的有效的沟通能力，语言技巧作为沟通交际能力的基础是选拔外派人员的重要标准。特别是如果能够较好地掌握东道国语言，并具有非语言交流技巧，将会大大增加海外工作的成功概率。

表 11-6 中展示的五条选拔标准和跨国公司人力资源战略互相关联，是最重要的选拔指标。此外，外派人员的出国动机和个性特征，也是需要考虑的因素，主要包括外派人员的出国意愿是否强烈、外派人员的个性特征，如对不确定性的容忍、具有幽默感、不怕失败、自信、强烈的自我成功感等都是成功的外派人员必不可少的个性特征；性别、年龄与婚姻状况也是考虑因素。传统外派人员的性别主要是男性，随着女性知识文化能力和社会地位的提高，越来越多的女性加入国际企业外派人员的队伍。

---

① 参见余建年编著：《跨文化人力资源管理》，武汉大学出版社 2007 年版，第 67—71 页。

表 11-6 成功外派人员的因素

专业能力	交际能力	工作成就感	家庭状况	语言能力
相应的技术技能; 熟悉东道国和母国工作特点; 特定管理技能; 行政管理能力	对模糊的容忍性; 行为具有弹性; 非审判和武断的; 较高的文化移情和较低的自我中心民族优越感; 较高的人际关系技巧	具有成就使命感; 和职业发展道路一致; 对海外工作有兴趣; 对东道国的文化有兴趣; 愿意理解模仿新伙伴的行为和态度	愿意居住海外; 对配偶的工作理解支持; 具有环境适应性; 稳定的婚姻状态	掌握东道国语言; 高超的非言语交流技巧; 强大有效的沟通能力

Source: Ronen, S., Training the International Assingee, San Francisco: Goldstein, 1989.

跨国公司选拔人员的标准多样,外派人员选拔标准既包括个体自身因素,也包括家庭因素;既包括能力因素,也包括情感价值观、信念等因素。外派人员选拔标准是综合性的,应全面考察、不可偏颇。

二、外派人员薪酬确定

应确定外派人员的报酬组合。一般来说,外派人员的总体报酬由四个方面组成:一是基本薪酬,包括以本国为基础、以所在国为基础、以总部为基础和以全球为基础等确定方式;二是对于税收等的补贴,因为在不同的国家之间,税制是不同的,所以应对税收进行补贴;三是相关福利部分,由于各国的福利计划通常不一样,外派人员除了享受驻外的福利以外,还可以要求继续享有母国的福利,以便为以后回国作准备;四是企业还常常需要提供一定的补贴以增加外派工作的吸引力,如生活成本补贴、住房补贴、教育补贴和安置补贴等。外派人员薪酬确定的方法主要有以下几种:

(1) 平衡表法。这是目前较为流行的决定外派人员薪酬的方法,其背后的理念是,不能让外派人员因为工作转移而蒙受损失,是为了使外派人员能够享受到与国内同事一样的生活水平而设置的。

平衡表基于以下假设:雇员调到其他国家时,要支付比在母国或多或少的收入用于购买房屋、其他必要的商品和服务以及缴纳所得税。实际差别将随雇员收入水平、两国的相对通货膨胀率、汇率以及东道国商品和劳务的价格及供应情况而变动。这些差别定期通过比较费用开支和研究价格加以计算。平衡表法把外派人员的相关成本分为四大类,即基本工资、住房、所得税、产品/服务以及临时支付部分。

(2) 谈判工资法。谈判工资常在一些小公司里或者特殊雇员身上应用,这种方式的主要优点是简单易行;主要不足之处在于,如果外派人员和公司双方都不缺乏特定国家的背景知识(如税收、生活成本等),也许公司能够与雇员把成本谈妥,但是,实际上外派人员可能很快发现,薪酬(全部或部分)可能不足或者跟其他人不一样。这样,外派人员可能会提前终止海外工作。

在跨国公司里,谈判意味着雇员和雇主之间达成一个工资与业绩之间的协议。这种协议相对而言成本会比较高,对于雇主来说,雇员可能完不成任务,而对于雇员来说,国外多变的环境会使他们有许多顾虑,这些顾虑要用很高的协议工资来打消。

(3) 当地化法。这种方法指基本上按照东道国同样职位的薪酬水平对外派人员进行同等支付。如果外派人员想成为一名职业生涯国际化的雇员，则这种方式比较有用，因为长期外派人员不太喜欢按照母国的标准来评估自己的薪酬。这种方法也适用于其他典型的外派人员。然而，当地化法只有在外派人员被派遣到生活水平更高的国家时才比较容易实施，如果美国人被派遣到墨西哥，这种方法是无法实施的。

(4) 母国标准法。所有外派人员，无论在哪一国分公司工作，均按其本国的薪酬标准拿工资。这可以使外派人员用本国的标准去衡量自己薪酬的高低，使他们在回国时不至于感到差别太大。这种方法可适用于高薪国家跨国公司人员，而对低薪酬国家的跨国公司人员就很难做到，因为按照本国的薪酬水平到海外根本无法生活。因此，跨国公司必须根据所派人员要去的国家的工资福利水平来考虑工资福利制度。

三、外派人员培训与回国安置

对于所选拔的人员，在外派之前需要进行培训。大多数企业在对外派人员提供跨文化培训时采用"四点"培训方法，即出发前培训、到任后培训、归国前培训和归国后培训。在这四点以及各点之间的任何时间点上，组织均可以对所有成员提供课堂培训、在线培训，及以现场指导为基础的支持、评估和咨询等活动。

有计划地安排外派人员回国，是公司国际人力资源政策不可忽视的组成部分。许多公司往往重视选派人员到国外任职，却忽视外派人员的回国问题。由于对回国问题缺少具体的安排计划，将导致外派人员回国问题上的一系列不良后果，主要体现在：

(1) 不愿意回国。外派人员不愿意回国的原因多种多样，有的与家属有关，有的则与工作有关。与家属有关的问题往往涉及经济条件和生活方式的改变，与工作有关的是回来后新工作有可能不如出国前的好，产生失落感。

(2) 流失。外派人员的流失是公司的重大损失。接受公司的指令回到国内，外派人员很可能不久就流失了，有的是另谋高职，到那些需要外派人员的公司并重新出国；有的不甘心重当一名中等级别经理或"明升暗降"而辞职。

为避免在外派人员回国安置上出现问题，要充分考虑在国外任职人员回国后的前途，把回国安置作为跨国人力资源管理的有机组成部分，建立回国工作制度，将其纳入企业人力资源管理体系，使外派人员清楚回国时间、新的工作和为什么升降等。

课后练习题

1. 什么是跨国人力资源管理？其特点是什么？
2. 试分析母国化人力资源策略的优点和缺点。
3. 试分析本地化人力资源策略的优点和缺点。
4. 对跨国经营企业而言，招聘渠道主要有哪些？
5. 简述跨国公司人力资源薪酬管理与激励的特殊内容。
6. 跨国经营企业如何处理好同东道国雇员的劳动关系？
7. 选择外派人员的主要标准是什么？

章末案例

中国国际工程公司的人力资源本地化①

中国国际工程公司对外承包项目的人力资源管理主要采取大规模劳务输出的模式。截至2012年7月底,在外各类劳务人员共计85.2万人。大规模的劳务输出在为中国国际工程公司的对外承包项目提供必要的人力支持的同时,也产生了众多问题。

首先,大规模的劳务输出大幅增加了公司的人工成本,进而使得各公司的经营成本不断上升,利润空间不断缩小。其次,大量的中国员工在海外工作,不可避免地会引起各种纠纷。中国员工之间、当地员工之间以及中国员工和当地员工之间,因为沟通不足和管理缺失,都有可能产生纠纷。纠纷的出现不仅会提高成本、拖延工期,而且还会损害公司形象甚至国家形象,影响品牌推广,阻碍海外市场的开发与维护。再次,由于历史、地缘、语言、风俗文化、教育程度等各方面的差异,各公司都面临跨文化管理的问题。对外承包项目中,各层管理人员大多为中国员工,在与当地员工、当地企业和当地政府部门沟通时存在很多障碍,极大地影响了项目的进展。最后,大规模的劳务输出也带来了巨大的安全和财产风险。海外项目环境复杂、人员多变,适用的也是当地的法律法规,容易产生各种人身和财产的意外事件,而且处理程序复杂、难度较大,最终也会对项目造成不利影响。

中国国际工程公司人力资源本地化的工作正在不断展开,但与世界发达国家的国际工程公司相比,中国公司的人力资源本地化程度仍然较低。目前,中国公司的人力资源本地化大多还停留在普通工人本地化阶段,有关管理人员本地化的问题,尤其是中、高级管理人员本地化的问题仍普遍存在。人力资源本地化的障碍主要表现在:

(1) 文化理念存在差异。在国际工程项目中,项目人员来自不同国家,受不同文化的影响,具有不同的宗教信仰、生活习惯和价值观。中国国际工程公司对外承包项目主要集中在亚洲、非洲和拉丁美洲等地区。当地居民多信仰伊斯兰教、基督教、天主教等,有特殊的宗教习惯,有的还有定期朝拜的习俗,这势必会在工作和人际交往中产生一些摩擦,甚至带来冲突。

(2) 当地人员聘用困难。中国国际工程公司在项目所在地招聘当地人员,由于使用的母语、文化背景、民族习惯等不同,导致语言文字的内涵及表达方式不同,在招聘过程中容易造成信息传递上的误差和人际沟通上的误会,为针对性的招聘和选拔不同专业的当地项目人员带来障碍。尤其是在地广人稀、民族众多、存在多种地方方言土语、沟通极为不便的国家和地区,本地化用工招聘及培训工作较为困难,结果导致当地人员的工作能力和素质无法保证,工作效率不稳定且不易管理。除此之外,对项目所在国的用工习惯、劳工政策等不熟悉、不了解,也对招聘时确定招聘人数和聘用条件带来了困难。

(3) 当地人员工作效率低。中国国际工程公司的大部分项目都集中在亚洲、非洲和拉丁美洲等地区,项目所在国经济相对落后,当地人员的工作效率普遍较低。在大多数

① 摘编自卓瑞、王明皓:《中国国际工程公司的人力资源属地化》,载《国际经济合作》2012年第9期。

项目所在国，项目人员受教育程度不高，大多没有接受过职业教育培训和高等学府的教育，专业技术水平和管理能力较低，学习和适应能力较弱。有的当地人员工作随意性较强，纪律观念和自我约束力差，加之语言不通、交流上存在困难，导致工作效率通常比较低，在某种程度上会对项目进度和工程管理带来影响。

（4）当地缺乏专业技术人员和管理人员。现阶段，中国国际工程公司聘用的当地人员中，普通工人和后勤人员所占比例很大，专业技术人员和管理人员较为缺乏。一方面，中方专业技术人员对当地的气候、地质、环境等专业情报的缺乏为加快工程进度带来一定的障碍。另一方面，缺乏当地管理人员，特别是中高级管理人员，不利于项目团队化解文化冲突，较快地融入项目所在国的文化环境，在与当地政府及咨询公司等沟通的过程中容易产生交流障碍，耽误项目进度，甚至带来不必要的争端。

（5）不熟悉当地法律法规。中国国际工程公司对当地人员的招聘、薪酬管理、解聘等都受到项目所在国相关法律法规的限制，对当地法律法规和制度不熟悉，可能为公司带来许多劳资纠纷，甚至面临法律风险。不同的国家在劳动保障方面的法律规定和执行力度上都有较大的区别，中国国际工程公司对各国法律法规不熟悉，没有深入比较分析其差别，势必对国际工程人力资源本地化管理带来影响。例如，乍得虽然是一个生产力落后、经济发展水平低下的国家，但该国曾是法国殖民地，其政治、法律、社会保障体系等深受法国的影响，拥有比较健全甚至较苛刻的劳动保障法规。当地劳工法律意识强、罢工频繁、管理难度较大。

讨论题

1. 中国国际工程公司人力资源本地化的主要障碍有哪些？
2. 针对面临的障碍，中国国际工程公司应该制定怎样的人力资源策略。

本章参考文献

Ronen, S., *Training the International Assingee*, San Francisco: Goldstein, 1989.

Schuler, R. S., Dowling, P., DeCieri, H., An Integrative Framework of Strategic International Human Resource Management, *International Journal of Human Resource Management*, December, 1993.

〔美〕迪恩·B. 麦克法林等：《国际管理》，黄磊译，中国市场出版社 2009 年版。

丁一兵、刘紫薇：《中国人力资本的全球流动与企业“走出去”微观绩效》，载《中国工业经济》2020 年第 3 期。

何永强：《国际贸易型企业中人力资源绩效管理探究——评〈跨国公司与全球经济〉》，载《国际贸易》2019 年第 8 期。

林新奇：《跨国公司人力资源管理》，首都经济贸易大学出版社 2008 年版。

林肇宏、张锐：《中国跨国企业人力资源管理模式及实践研究——基于深圳 5 家高科技企业的案例分析》,载《宏观经济研究》2013 第 2 期。

林肇宏等:《企业跨国经营中的人力资源管理模式选择及原因分析》,载《管理学报》2015 年第 5 期。

刘海洲:《跨国公司是怎样管人的》,载《中国证券报》2007 年 2 月 16 日。

刘燕、李锐:《中国跨国公司外派人员多目标主动行为的前因与后果——挑战性—阻碍性压力视角》,载《心理科学进展》2018 年第 9 期。

庞中英:《跨国经营与人力资源管理》,载《世界经济》1993 年第 11 期。

陶向南、赵曙明:《国际企业人力资源管理研究述评》,载《外国经济与管理》2005 年第 2 期。

王玉梅、何燕珍:《跨国外派管理实践对外派人员跨文化适应的影响——基于中国企业的实证研究》,载《经济管理》2014 年第 5 期。

〔美〕韦恩·蒙迪:《人力资源管理》,谢晓非等译,人民邮电出版社 2011 年版。

杨茜:《我国跨国企业不同战略下的人力资源外包策略研究》,载《经营管理者》2014 第 12 期。

佘建年编著:《跨文化人力资源管理》,武汉大学出版社 2007 年版。

赵曙明、高素英、耿春杰:《战略国际人力资源管理与企业绩效关系研究——基于在华跨国企业的经验证据》,载《南开管理评论》2011 第 1 期。

赵曙明:《国际企业:人力资源管理》,南京大学出版社 2005 年版。

朱晋伟:《跨国公司管理本地化的理论探索》,载《求索》2005 年第 1 期。

朱晋伟:《跨国经营人力资源管理模式的选择》,载《商业经济与管理》2010 年第 9 期。

第十二章　跨国经营的组织管理

【本章学习目的】

通过本章学习，你应该能够：

- 了解跨国经营企业组织结构含义、演变以及发展趋势
- 熟悉跨国经营企业组织结构形式
- 熟练掌握全球性组织结构的类型以及优缺点
- 了解跨国经营企业结构设计原则与选择的影响因素

引导案例

联合利华公司组织结构的改进①

一、公司基本情况

联合利华公司是由荷兰 Margrine Unie 人造奶油公司和英国 Lever Brothers 香皂公司于 1929 年合并而成。经过 80 年的发展，联合利华已经成为世界上最大的日用消费品公司之一。目前，公司的业务主要有三类：食品类、家用及个人护理产品和饮食策划。联合利华历史上曾经历三次组织结构的变革。在 1996 年以前，联合利华采用的是"一个集团，两套班子"的联席董事长制结构，有两家母公司、两个总部（英国和荷兰）、两个董事长，母公司股票分别单独上市，公司管理权力主要由集团的特别委员会行使。伴随全球化的发展需要，1996 年新任董事长尼尔菲茨杰拉德推出了杰出绩效塑造计划。该计划废除了特别委员会和地区经理这一层级，代之以董事会，由董事长加上职能和大类产品的经理组成。到了 20 世纪末，联合利华再次启动重组。改革后，联合利华分为两大全球业务部，即食品业务部、家庭用品及个人护理用品业务部。2005 年 2 月，全球 CEO 帕特里克·塞斯考上任，对联合利华的组织结构进行了大规模调整，形成了联合利华的现有组织结构。

二、现有组织结构分析

1. 现有组织结构介绍

现有模式最大的改进就是废除了 75 年来的联席董事长制度，由原任联席董事长的塞斯考改任集团 CEO，他也是集团历史上第一位独立负责公司经营的 CEO。在新任 CEO 的带领下，联合利华开始精简总部管理层机构。全球 11 个业务集团重新划分为亚非、欧洲、美洲三大板块，全球管理层的构成变为食品、家庭及个人护理产品以及人力资源和财务等四个部分。可以说联合利华现有模式是一种混合的组织结构，包括了按地区

---

① 摘编自王晓洋：《关于联合利华公司组织结构的研究报告》，载《知识经济》2017 年第 17 期，第 93—95 页。

和业务种类划分的事业部制和职能制。

2. 现有组织结构优点

(1) 打破联席董事长制,加强中央集权。现有模式解决了传统联席董事长制度职责不清、决策缓慢、效率低下等问题。设置独立的CEO,减少管理的重复,有利于公司决策。整合业务部门,结束长期以来三大业务部门各自为政的局面,强调了公司统一的概念,进行统一的人事管理、办公以及财务运营。

(2) 分权与集权相结合,提高管理效率。打破传统的联席董事长制度,将公司大权集中到CEO的手中,这是一种集权,有利于公司的整体运作和决策下达。同时设立三个地区分部、两个业务分部和两个职能组织作为总部管理层进行经营管理,这是一种分权,减轻公司总部压力的同时,能够保证各分部的自主独立。

(3) 降低协调成本,提高资源利用率。打破一个集团、两家总部的格局,并通过取消业务部门精简管理层机构,改变了联合利华原有的复杂结构,代之以简单明晰的组织架构,必定能够在很大程度上节约各个分部的协调成本,实现实质性的成本节约。将庞大的业务范围统一划分为三个地区,由地区管辖各国的业务,不仅减少了总部管理层的事务,更使得地区分部内各国资源的统一调配和充分利用。

3. 现有组织机构局限性

(1) 横向协调较为困难。由于各地区业务集团利益的独立性,容易使地区分部过度强调地区特点和地区利益,产生本位主义,各地区集团各自为政,不顾其他地区集团的发展。各地区之间竞争激烈,不仅产生内耗,更给公司总部带来了大量不必要的协调工作,最终将导致忽视公司长远发展和整体利益,影响公司全球竞争优势的发挥。

(2) 总部授权难以把握。三个地区业务集团每一个都是一个自负盈亏的相对独立的单位,地区经理的职权很大,这样的分权可能架空公司总部领导,导致"天高皇帝远",总部容易对其失控。但是总部若是过分集权,又不利于地区业务的开展,会降低地区业务经理的工作积极性。如果总部的权利分配拿捏不准,就会导致不是过于集权就是太过松散的尴尬局面。

(3) 各管理层职能部门重复。除了财务和人事两大职能部门外,两大业务部门和三大地区业务集团都要设立单独的配送、IT、财务、人事等职能部门,这样导致管理部门重复、管理费用增加。虽然设置了财务和人事两大部门,但远远没有包含所有的共有职能部门,且将这两个部门作为独立的职能部门,不能很好地统一公司整体运行。

(4) 缺少专门的研发部门。相对宝洁,联合利华的产品细分不够,品牌定位不准确,这是联合利华的一个劣势。从组织结构上看,联合利华缺少专门负责市场开发和产品创新的部门或者说是此类部门的竞争能力不够。

思考题

1. 联合利华现有组织结构有什么特点?
2. 你认为联合利华现有组织结构有哪些需要改进的地方?

跨国经营企业的组织管理不同于国内公司。由于跨国经营企业的经营活动跨越国内外,所面临的经营环境要比仅在国内经营的公司复杂得多。因此,从某种意义上说,跨国经营企业只有在组织和管理上比国内的公司更加严格,更加完善,才能适应跨国业务经营活动的需要。

第一节 跨国经营企业组织结构概述

一、跨国经营企业组织结构的含义

跨国经营企业的组织结构大致有两方面的含义:一是法律组织形式;二是管理组织形式。

跨国经营企业的法律组织形式主要涉及母公司与国外各分支机构的法律和所有权关系、分支机构在国外的法律地位、财务税收的管理等方面。主要涉及的是企业的资产所有形式。法律组织形式一般有三种,即个人企业、合伙企业和公司。而公司常见的类型有无限责任公司、有限责任公司、股份有限公司等。在跨国经营企业中,最常见的法律组织形式是股份有限公司。此类跨国经营企业一般通过在海外建立分公司或者子公司的形式开展业务,从而形成跨国经营的母公司、子公司、分公司法律组织结构模式。

企业的管理组织形式是为了提高企业的管理效率、改善企业的资源配置和利用,以实现经营目标,按照企业的权力主线确定企业内部各层次、各部门的权力与职责范围,从而更好地进行企业内部的分工与协作。所谓权力主线就是企业内部设置机构,划分权力的依据和标准。常见的主线有三条:职能、产品和地区,从而形成企业的三种组织结构,即职能结构、产品和地区结构,以及职能、产品、地区相结合的矩阵结构。

二、跨国经营企业组织结构的特性

跨国经营企业的组织结构由于其特定的经营环境和特定的组织关系而对组织理论提出了新的挑战。高绍尔和威斯尼曾指出:现有组织理论敏锐意识到国家之间的差别,并把国家或文化的差异作为跨国经营企业组织的主要特征。随着国际经济、技术、政治环境的变迁,已经使跨国经营企业面临一种独特的经营环境,其组织结构在复杂多样甚至矛盾的环境中,呈现出复杂的特性。

1. 全球化与当地化

跨国经营企业,一方面要以全球范围内利润最大化为目标,为此进行生产的专业化分工、追求规模经济,在全球范围内与公司内各实体共享管理、技术、知识和信息资源;另一方面又必须在其经营的市场上实现当地化。为此,跨国经营企业应根据不同市场的特点开发、生产和销售产品,利用当地优秀的管理、技术人才,适应当地文化并与当地政府部门打交道。

2. 大与小

跨国经营企业往往规模巨大、层级分明。同时,在企业组织中的员工又分处不同的小单位中。从高层管理者的角度看,企业是巨大而又复杂的;然而从基层的角度看,每一种工作都应该是落实的、清晰的。一方面,经理人员应有明确的责任,及相应的最大限度的自由管理的权力;另一方面,应知道怎样才能维护企业的整体利益,甚至有时不惜牺牲本部门的业务业绩保证企业的整体利益。

3. 集权与分权

随着企业进入的外国市场越来越多,越来越多的国外子公司在经营环境存在重大差异的国别市场中进行竞争,总部的集中控制逐渐显得力不从心。由于总部管理人员没有能力详细地了解和掌握为数众多的国际市场的经营环境和特点,一部分决策权开始向国外子公司下放。国外子公司的独立性随之增强,大部分经营活动需要自负其责。国外子公司可以大量发展与当地供应商和分包商的联系,自行雇用当地工人和管理者,通过当地金融中介进行借贷,并从事对其他国家的贸易活动。

20 世纪 90 年代以来,随着跨国经营企业经营范围和职能分布的扩展,战略与组织结构对跨国经营企业的发展具有突出的作用。也有更多的人从组织的角度研究跨国经营企业,把跨国经营企业的组织特征总结为以下几个方面:(1) 多维性。这是跨国经营企业组织的本质特征。企业在不同的国家或地区生产和经营,具有多样化的产品线,进行多职能的经营活动,如营销、研究和开发、生产和服务等。多维性意味着:对跨国经营企业而言将不存在任何简单的单维层级组织形式可以适用。(2) 异质性。企业所从事的活动因不同的业务、不同的国家、不同的职能和不同的任务而不同。(3) 内在联系性。跨国经营企业这些不同而又多样的活动之间存在着广泛的内在联系,并且只有通过这些联系,才能使跨国经营企业达到经营业绩目标。(4) 连续动态性。组织结构管理必须是因应环境和特定要求而形成的模式。

三、跨国经营企业组织结构的演变

跨国经营企业规模在不断扩大,市场、竞争环境也在不断发生变化,跨国经营企业在发展的不同阶段均采取与之相适应的组织结构形式。一般来说,跨国经营企业组织结构的演变大体经历了以下三个阶段:

1. 出口部阶段

在间接或被动出口阶段,出口业务只是国内业务的有限补充,一般企业指派专职人员负责与出口代理机构接洽,管理有限的出口业务。在组织结构上,企业仍然维持着原来的国内组织结构。在直接或主动出口阶段,由于国际市场业务比重增加,企业往往设立单独的出口部,专门处理出口业务,并逐步在国外建立自己的销售、服务和仓储机构。

仅依靠出口开拓国际市场,具有很大局限性。东道国的关税、限额和其他进口壁垒会限制出口业务的发展。在这个阶段,跨国经营企业在国外设立的子公司数目不多、规模不大,子公司与母公司之间的关系比较松散,子公司的决策往往只着眼于局部的利益,而不能兼顾整个公司的发展。

2. 国际部阶段

在开始直接投资这个阶段,海外子公司或者分支机构的建立,使企业组织结构发生重大变化。同时,为了协调管理这些海外子公司或者分支机构,母公司往往设立国际部,作为统领海外机构、协调海外机构与母公司运作的部门。这是跨国经营企业组织结构的基本形态。

设立国际业务部的组织结构存在的缺点是，人为地把国际业务和国内业务分开，既不利于两大业务部门的互相支持和协调，也不利于在统一的战略目标下，进行公司资源的优化配置。

3. 全球性结构阶段

随着跨国经营企业的发展，其国内业务所占的比重越来越小，国际业务成为公司的主要业务。公司管理的重点自然由国内业务转向国际业务，开始从全球角度协调整个企业的生产和销售，统一安排资金和分配利润。它打破了将企业经营分割为国内经营和国外经营，把企业组织结构分裂为国内结构和国外结构的格局，视世界市场为一个整体。

20 世纪 60 年代中期，那些处于国际部阶段的美国企业发现，在企业内部建立国际部，国内、国外市场不能很好地协调，于是一些企业纷纷放弃这种组织形式，而采用全球性组织形式。

四、跨国经营企业组织结构的发展趋势

20 世纪 90 年代以来，以信息产业为代表的“新经济”的突显和经济全球化潮流的迅猛发展成为世界经济的两大趋势。伴随这两大趋势，以跨国公司为代表的发达国家的大企业为在全球竞争环境中保持领先优势，率先进行了一场意义深刻的组织结构改革。

1. 组织结构向扁平化、柔性化发展

由于信息和网络技术的快速发展，信息交流变得很便捷，因而跨国经营企业组织中形形色色的纵向结构被拆除，中间管理层被迅速削减，管理跨度扩大，组织结构呈现扁平化趋势。扁平化的组织结构彻底改变了原来由上而下的纵向信息传递方式，大大加强了横向联系，使组织更具弹性和灵活性，可以根据实际情况随时调整组织结构，因而呈现柔性化趋势。伴随着组织结构重构的进程，现代跨国经营企业的母子关系也在发生变化，主要表现为两种倾向：一是母公司与子公司关系更加密切，已形成统一的战略系统；二是跨国经营企业倾向于只紧密控制关键的功能公司，如研发与销售机构。

2. 组织结构呈现网络化

随着经济全球化进程的加快，许多企业纷纷寻找跨企业、跨行业、跨国界的组织之间的兼并与联合。这种通过联合和兼并等途径所形成的跨国经营企业组织结构变革模式的大量出现，使跨国经营企业组织结构呈现出明显的以横向一体化为特征的网络化趋势。组织结构的网络化，使企业打破了地区之间、国家之间的边界限制，将触角伸向世界的各个角落，在自发的市场机制的作用下，在全球范围内寻找合作伙伴，共同开发新的市场、新的产品、新的业务项目。

例如，日本丰田汽车和日本其他汽车生产商在亚洲组成生产网络，由核心企业（丰田）负责向网络内其他企业传递先进技术和革新方法，要求非核心企业生产的零部件必须符合核心公司的标准，核心企业协调所有活动，以保证高度的一致性。

3. 地区总部制度盛行

所谓地区总部制度，是指在总部制定的全球经营战略的框架下，从区域级层面对区域内数个国家的子公司的各项活动（生产、销售、物流、研发等）进行统筹管理和协调，并

负责制定公司区域性经营战略的组织形式。随着跨国经营企业经营的全球化,其组织形式也发生了重大变革,引入地区总部制度,并在世界主要投资区域设立地区总部成了这一变革的主流。

4. 组织结构向非正式化发展

工作的开展往往以作业小组或项目团队的形式进行,小组或团队内的成员可以由不同部门甚至不同国家的专家所组成,小组内成员自主决策,最大限度地发挥自身潜能。成员无须在固定的时间、固定的场所完成固定的工作,也无须面对面地进行工作协商和工作汇报,只要能在规定的期限内完成规定的任务即可。

由于任务随市场需求而变动,因此团队成员之间没有长期的、稳定的协作关系,他们之间的结合是短期的、可变的,结合方式也由层级制组织结构模式中的紧密型转向松散型。正是这种临时的、短期的、可变的小组或团队,才具有随时适应市场变化的巨大应变能力。

第二节 跨国经营企业组织结构形式

如上节所述,跨国经营企业的组织结构包括法律组织形式和管理组织形式。下面分别介绍跨国经营企业的法律组织形式和管理组织形式。

一、法律组织形式

跨国经营企业法律组织形式通常采用股份有限责任公司形式,层次划分为设立在母国的母公司,设立在海外的分公司、子公司等。

1. 母公司

母公司是指通过拥有其他公司一定数量的股份,或通过协议方式能够实际上控制其他公司的经营管理决策,并使其他公司成为自己附属公司的公司。母公司对子公司要能实际有效地控制需掌握一定的股权比例。美国要求有表决权的股票占10%以上;德国为拥有控制多数表决权;法国为50%以上;意大利除了规定一公司持有另一公司享有表决权的多数股份,可以构成母、子公司关系外,还规定由于某种特殊的契约关系而使一公司处于另一公司控制之下时,也可构成母、子公司关系。

母公司的主要法律特征是实际控制公司经营管理权,以股权或非股权安排控制子公司,对公司承担有限责任。

2. 分公司

分公司是指跨国经营企业的分公司,是企业的分支机构,不具有独立法人资格。分公司不能独立承担责任,其一切行为后果及责任均由总公司承担。分公司与总公司同属一个法律实体,设立在东道国的分公司被视为“外国公司”,不受当地法律保护,但受母国外交保护。它从东道国撤出时,只能出售资产,而不能转让股权。

3. 子公司

子公司是指一定比例的股份被另一家公司拥有或通过协议方式被另一家公司实际控制的公司。子公司的主要法律特征是独立法人,经济上受母公司控制,法律上独立。

母公司通过控制董事会、执行委员会等方式对子公司实施实际控制。

在跨国经营中,为了某种特定目的而设立的子公司,其名称和形式很多,较为常见的如车间子公司或分厂子公司、中转子公司、避税地公司等。

二、管理组织形式

跨国经营企业在其成长和发展的不同阶段,国外业务的比重和内容都在发生变化,因而组织结构也应作相应的调整和改变。同时,不同的跨国经营企业所从事的行业不同,所面临的经营环境不同,在管理中的侧重点也就各不相同。以下所介绍的跨国经营企业的几种组织形态,正体现出由于管理上的侧重点和发展阶段的不同而对其组织结构所造成的影响。

1. 出口部组织结构

出口部是跨国经营企业早期出现的业务经营机构。由于企业初涉国际市场,只有一部分出口业务,但企业已经认识到了出口工作的特殊性质,便组成一个专门从事出口业务的适当规模的出口部。所谓适当规模,是指出口部的规模大小要与出口业务量的大小相适应。有的企业,出口业务量少,出口部的规模就小,可能只有经理、秘书和一两个专职人员。有的企业,出口业务量大,出口部的规模就大,于是可能还下设推销处、调研处、运输处、单证处和广告宣传处等。此时,通常在营销部下设立出口部,如图 12-1 所示。

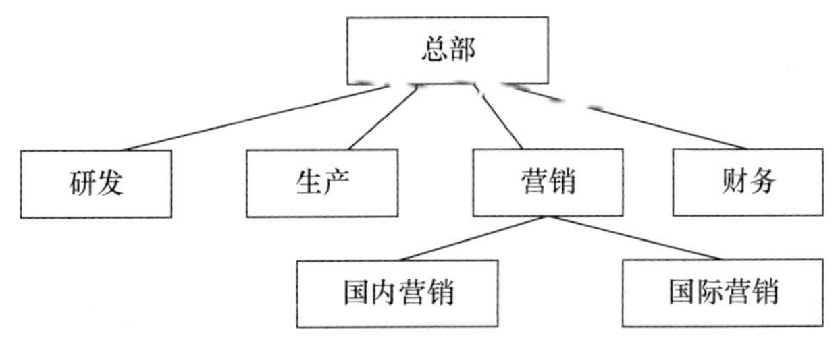

图 12-1　出口部组织结构图(1)

这种组织结构的优点在于结构简单,节省管理费用,便于统一协调和处理产品和劳务的出口;缺点在于,出口部的经营业务范围十分有限,当企业开始对外直接投资或与他国企业合资经营时,出口部显然不能再适应企业发展的要求。

随着出口业务的扩大,出口对于企业的重要性提高,企业有可能将出口分部从营销部下独立出来,变成一个专门的职能部门,如图 12-2 所示。

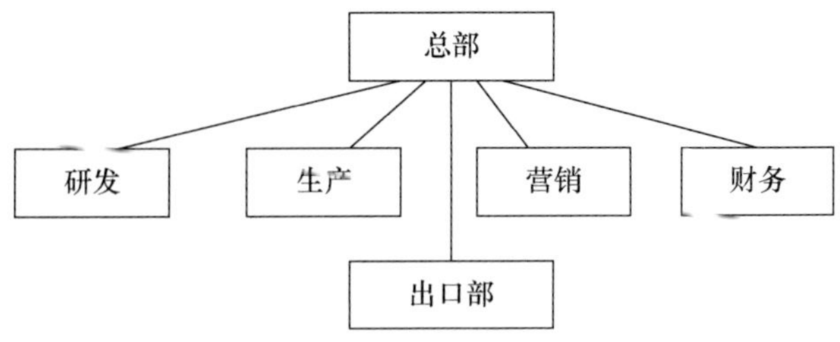

图 12-2　出口部结构组织图(2)

2. 自主子公司结构

自主子公司结构是国内企业走向跨国公司时在组织方面的一种过渡形式。在这种组织结构中,国内母公司与海外子公司之间只存在松散的联系,母公司的组织结构同以前的国内企业组织结构并无多大区别,没有设立专门负责跨国经营活动的机构。同时,海外子公司拥有很大的自主权,基本上是独立活动,只是定期向母公司汇缴股利。因此,也有人将这种结构称为母女结构。组织结构如图 12-3 所示。

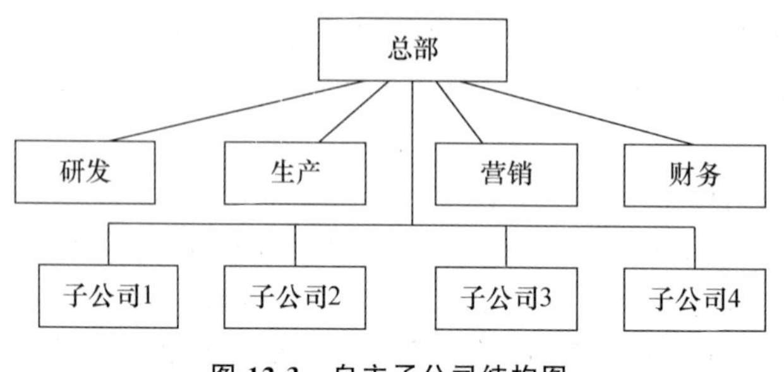

图 12-3 自主子公司结构图

自主子公司结构最适用于母企业规模不大、海外子公司数目较少且分布在邻近国家的情形。随着海外业务地域分布扩大和经营多样化,这种结构的局限性就会暴露出来。原先,企业主要是通过派员去到海外子公司视察,或子公司经理回总部汇报进行业务联系。海外业务扩大后,这种靠人员往返联系的方法越来越不现实。同时在越来越多的国家设立子公司后,各国经营环境的多样化会使总部经理难以深入了解不同国家环境状况,容易根据国内经营观点作出不恰当的估计,发出不适宜的指令。这时,企业须进行新的组织结构调整。

3. 国际业务部结构

随着国际业务活动的开拓,业务从单一出口转为包括出口、许可证贸易和国外生产在内的综合业务。这时,企业就将原来的出口部扩展为国际业务部,全面组织各种国际业务活动。国际业务部结构是适应跨国公司初步发展阶段的一种组织结构。它是在母公司国内结构中增设一个"国际业务部",该部设有与总部各职能部门基本对口的职能部门,由国际经营管理专家和其他人员组成,通常由一名副总经理领导,代表总部管理、协调本企业所有的国际业务。国际业务部的组织结构如图 12-4 所示。

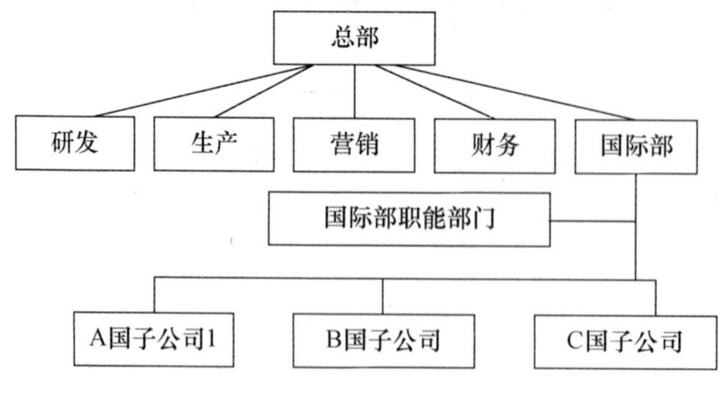

图 12-4 国际业务部结构图

国际业务部结构的优点有：有效协调国外子公司的经营活动，有助于实现整个企业的利润最大化；通过国际业务部统筹资金，减少各子公司筹集资金时需要付出的利息；在各个子公司交易时制定内部转移价格，降低整个企业的税收负担。

缺点是：国际业务部不可能拥有大量有关子公司所在国环境条件的资料信息，在这种情况下，由它来统一制定有关决策可能会对子公司的发展产生阻碍；国际业务部还不是子公司的最高决策机构，情报信息需要经过上下反复的传递过程，容易造成决策不及时，给子公司的经营带来损失；国际业务部通常没有自己的研究与开发机构，不得不依赖国内各产品部，容易使跨国公司国内外业务发生矛盾。

4. 全球性组织结构

全球性结构不同于母、子公司结构和国际业务部结构的设计，它根据全球范围的经营一体化要求，重新划分部门。全球性结构可分为全球职能部门结构、全球区域部门结构、全球产品部门结构、全球矩阵结构和全球性混合结构等形式。

（1）全球职能部门结构

全球职能部门结构是欧洲跨国公司广泛采用的一种传统的组织形式。这种结构是根据各种不同的职能，在母公司总部下设立若干分部，各分部之间相互依存度较高，是一种决策高度集中于母公司的组织形式。它通常按研究与开发、生产、营销、财务等职能划分来管理企业的全球业务。全球职能部门结构如图 12-5 所示。

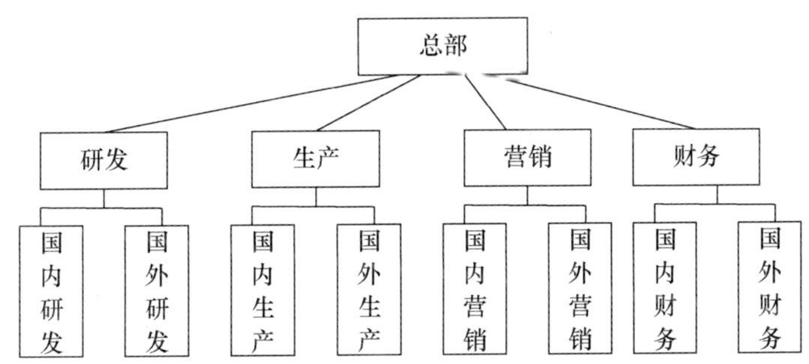

图 12-5　全球职能部门结构图

该组织结构能发挥总部职能部门的专业化水平，具有节省管理成本，便于总公司集中化控制的特点，但仅适合于规模较小、产品系列不大复杂、顾客需求特征大致相同的跨国公司。全球职能部门结构的优点是：① 各种职能业务专业化，有利于增强企业在全球范围内的竞争力；② 强调集中控制，成本核算、利润获取均集中在母公司总部，便于协调各部门的利益关系，避免产品部门结构下以利润为中心的各部门之间的冲突。

其缺点主要有：① 不易管理，总部权力过于集中，不利于调动国外各分支机构的积极性；② 部门之间缺乏联系，难于进行地域协调或产品协调；③ 各职能部门业务范围狭小，不利于开展多样化经营等；④ 管理人员的知识和能力有限，使得企业难以开展产品的多样化经营；⑤ 在同一职能部门中，地区间协作困难；⑥ 在缺乏必要的信息沟通情况下，各职能分部的工作相互脱节，生产目标和销售目标会产生差异和矛盾。

(2) 全球区域部门结构

全球区域部门结构是指公司在全球性总体战略的指导下,按区域组织本地区各种产品的生产经营活动以及各项职能工作。这种组织形式是按照地区设立分部,由母公司副总经理担任各地区分部经理,负责企业在某一特定地区的生产、销售、财务等业务活动,而总公司负责制定全球性经营目标和战略,监督各地区分部执行。全球区域部门结构如图 12-6 所示。

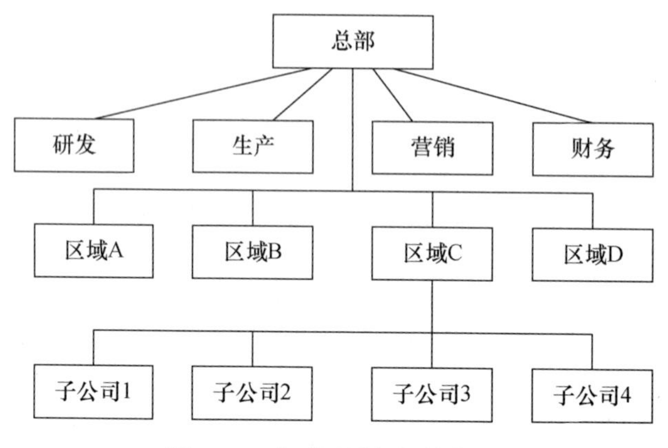

图 12-6 全球区域部门结构图

该组织结构的优点是:① 重视各地区各单位利润中心的地位,有利于各地区根据本地实际情况灵活开展业务,发挥区域单位的积极性;② 缩减了企业高层对全球经营的管理,使他们从繁重的日常业务中解放出来,有更多的时间与精力解决企业的战略性问题。缺点是:① 各地公司专业活动的复制往往会带来成本的上升;② 各区域的地区本位主义会导致忽视全球战略;③ 各区域不能在全球基础上交流信息、相互学习和资源共享,或者没有利用低成本制造的机会。

全球区域部门结构组织形式,一般适用于产品系列较少,各个系列的产品市场销售条件和生产的技术基础比较接近,子公司分布广泛,地区专门知识比较重要的公司,如汽车、食品、饮料等生产企业。可口可乐公司的组织结构形式就是这样的,该公司对饮料的经营按地区分设三个分部:美洲分部、欧洲和非洲分部、太平洋地区分部。每一个地区分部又按实际需要下设若干小分部负责该地区的经营活动。每个地区分部都设计划、销售、财务、法律、生产等职能机构,并委任一名经理人员负责。

(3) 全球产品部门结构

全球产品部门结构是以跨国公司的产品系列为基础的组织结构设计。这种组织形式由美国通用汽车公司副总经理 P. 斯隆首创,故也称为“斯隆模型”。在全球产品部门结构模式下,使用相同技术以及具有相似消费者的产品被归为同一类,不同部门为公司的全球市场提供不同的产品系列。每一个部门都是一个相对独立的战略业务单位和利润中心,是一个职能专业化的集生产、营销、财务于一身的相对独立的公司,部门经理负责本部门产品的生产、销售、人事以及财务等工作。其结构如图 12-7 所示。

全球产品部门结构组织形式的优点在于:① 有利于跨国公司在世界范围内进行同类

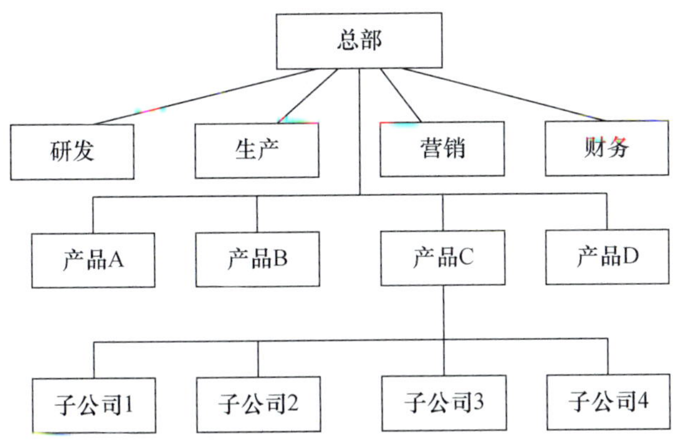

图 12-7　全球产品部门结构图

产品的标准化生产，有利于同一产品的生产技术在不同地区间进行内部转移，也有利于产品对市场变化作出快速反应；② 保证了全球活动的一致性。缺点是：① 各部门自成体系，协调各部门之间的关系存在一定的难度，这有可能导致组织结构的不稳定；② 各部门均有自己的一套职能机构，会造成地域机构重叠，人员庞杂。比如壳牌在勘探与生产公司、天然气与电力公司这两个专业化公司内设有亚太地区总部；道达尔集团也在其勘探与开发公司、炼制与销售公司设有亚洲部，这些都造成地区机构重叠、人员庞杂。

全球产品部门结构组织形式适用于公司规模庞大、产品系列复杂和技术要求较高的跨国公司，尤其是那些产品多样化的跨国公司。在采用这种组织结构时，需要结合公司特点，权衡利弊，扬长避短，谨慎实施。

（4）全球矩阵结构

全球矩阵结构是一种具有高度适应性、能灵活应对市场变化的"方格"式组织结构，它给职能区域、地理区域和产品组三维因素中的两维甚至三维以同等的权力，对公司的全部业务进行纵横交叉甚至立体式的控制与管理。处于结合点位置上的子公司要接受双重，甚至是多重领导。矩阵结构是一种十分复杂的结构，并具有很高的管理成本，但其潜在的收益往往使这些成本的付出是值得的。全球矩阵结构如图 12-8 所示。

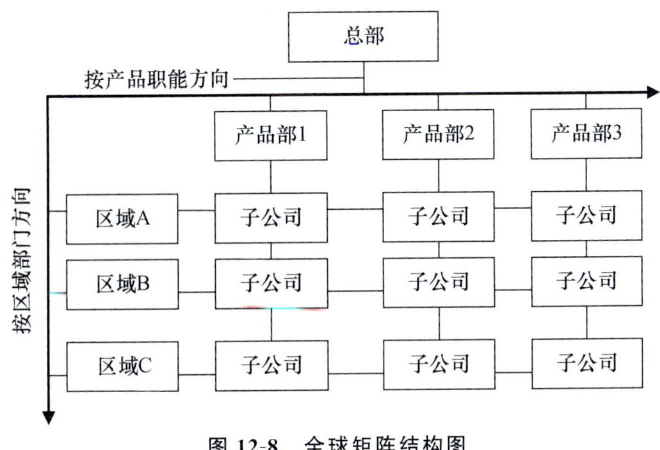

图 12-8　全球矩阵结构图

矩阵组织结构的优点是：① 有利于跨国公司全球战略一体化的实施；② 有利于企业在全球范围内配置资源，提高整体运作的绩效；③ 有利于综合考虑跨国公司在各地区的生产经营环境与产品生产销售状况，促进各个系统、各个部门之间的合作与协调，充分发挥企业在产品、地区和职能等方面的长处，使企业有更强的应变能力和较大的稳定性；④ 可以根据跨国公司的特殊需要，灵活地调整组织结构，弥补单项结构造成的经营管理上的不足。

缺点是：① 结构比较复杂，双重主线管理带来双重领导，一个下级要同时对两个上级负责，这与管理的基本要求相冲突；② 由于矩阵组织强调灵活性，公司需要为此付出巨大的管理成本，因为它常常需要增加额外的管理人员；③ 由于矩阵结构放弃了统一指挥原则，从而增加了组织的模糊性。

矩阵结构组织形式适合于产品多样化、地区分散化的大型跨国公司，特别是那些既受到产品竞争压力又受到要求适应各国目标的强大压力的跨国公司。在这种双重压力之下，公司业务仅按区域组织难以保持产品竞争地位，而只按产品组织划分又会失去市场。就实际情况来看，尽管这种组织结构形式有弊端，但可为许多有名的跨国公司在设计其全球组织结构时所灵活利用。

在现实中，采用纯粹全球职能、全球区域、全球产品或全球矩阵结构组织形式的跨国公司并不多，一些大型跨国公司采用了混合的结构。例如，一些以产品结构为基本组织形式的跨国公司，在具有显著地区差异性的区域又设立部分地区协调机构；而另一些以地区结构为主的跨国公司则针对某些重要产品设立产品协调机构，以有效地进行新产品的开发和销售。

(5) 全球性混合结构

全球性混合结构是指把全球产品结构、全球地区结构和全球职能结构加以组合的又一种组织结构类型。尽管全球性混合结构和矩阵结构都试图把二维或多维因素的优势结合起来，在一个企业内部按混合因素设立部门，但它们也存在重要区别。矩阵结构是二维或多维因素在企业组织结构中的全面组合，企业各部门之间有着全面广泛的联系；全球性混合结构则只是企业的部分部门按混合因素进行组合，部门之间的联系也只发生在有组合关系的部门中。全球混合结构分为两种情况：一是跨国公司总部之下的二级部门是按产品、地区和职能混合设立的；二是企业的两个二级部门混合对下属子公司进行管理，形成一个企业的局部矩阵结构。图 12-9 所示是简化了的宝洁公司全球性混合组织结构。

全球性混合结构的优点是：可以根据企业的特殊需要，灵活调整组织结构，弥补单项结构造成的经营管理上的不足。缺点是：组织结构不规范，容易产生双重管辖的矛盾，部门之间差异过大，难以协调与管理，增加了企业总部协调的复杂性。

全球混合结构一般适用于公司规模庞大、经营产品种类多且经营地域宽广、公司成长快、兼并或新建了分布于不同国家或经营不同产品的公司的企业。

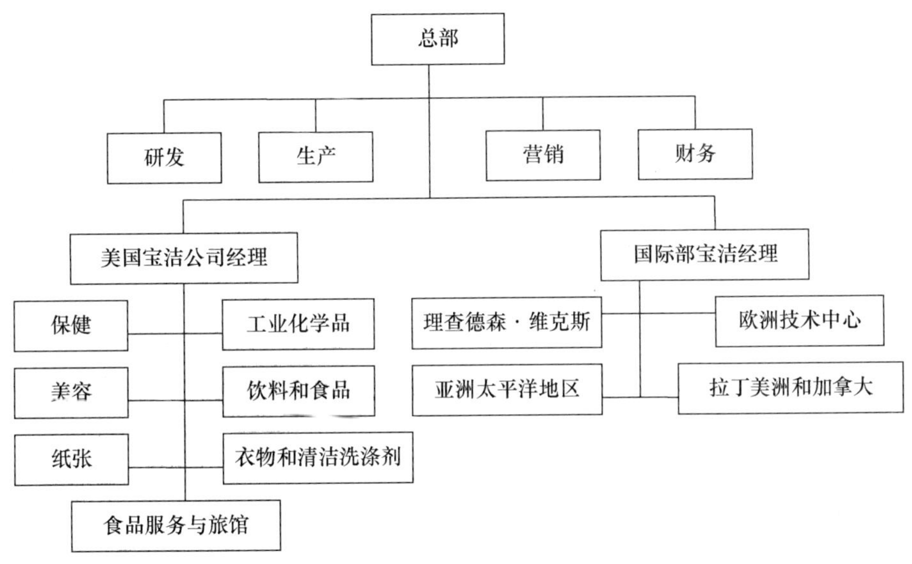

图 12-9　宝洁公司全球性混合组织结构图

三、管理组织结构的新发展[①]

跨国公司的组织结构随着环境的不断变化也在不断发展。近年来出现了一些新型的组织结构，如控股公司结构、国际网络结构和虚拟企业结构等。

（一）控股公司结构

控股公司结构是由国际核心控股公司和若干个法律及组织上独立的子公司组成的组织结构。核心控股公司为该组织结构的战略领导核心，各子公司独立处理各自的经营业务活动。子公司可以是跨国公司原有的国外子公司，也可以是跨国公司后来并购的外国企业。控股公司结构如图 12-10 所示。

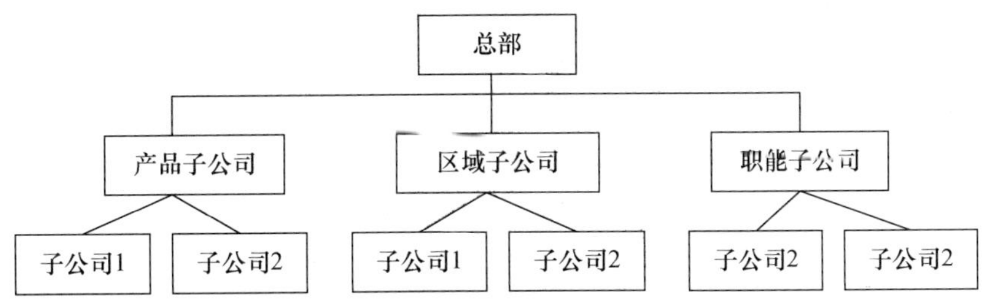

图 12-10　控股公司结构示意图

核心控股公司通过参股、吸收子公司管理人员参与高层管理机构、签订合同以及建立企业文化和有效沟通等方式来协调和控制与子公司之间的关系。

控股公司结构包括两种主要形式：财务控股和管理控股。前者主要限于对子公司的

① 参见关雪凌、罗来军等编：《跨国公司经营与管理》，中国人民大学出版社 2012 年版，第 122—124 页。

财务资金进行管理;后者承担控股公司总的战略管理任务,而具体经营任务由各子公司独立实施完成。

与传统组织结构相比,控股公司结构的优点是:(1) 采用控股结构,核心控股公司与子公司的合作协调关系直接、简单;(2) 使跨国公司具有高度灵活性,子公司具有高度自主权,提高决策效率;(3) 企业可以通过并购参股新的国外公司而得到快速扩张;(4) 便于发挥优势,实施企业总体战略;(5) 由于企业的管理宽度大,核心控股公司不需要直接参与子公司的经营管理活动,从而能够减少跨国公司的管理费用支出;(6) 还能通过年度财务报表等形式增加母、子公司之间关系的透明度,可以享受一些国家税率方面的优惠待遇等。

其缺点是:(1) 子公司之间缺少正式的沟通协调机制,导致子公司之间协调困难;(2) 存在子公司完全独立化的风险;(3) 当子公司与母公司利益产生矛盾或冲突时,会限制公司总体战略的有效实施;(4) 控股公司核心管理层的确定以及企业文化建设等方面存在困难。

(二) 国际网络结构

国际网络型组织结构是目前正流行的一种新形式的组织设计,是依靠现代信息技术实施管理,以横向扁平网络组织逐步取代"金字塔"形层级组织的全球性组织结构,它使管理当局对于新技术、时尚,或者来自海外的低成本竞争具有更大的适应性和应变能力。

国际网络结构借用的是计算机科学中网络的概念,是基于 IT 应用而发展起来的一种新型组织形式。网络组织是一个以 IT 为工作平台,以在跨国公司与社会组织之间以及企业内部各功能单元之间的跨边界资源整合过程中所形成的各种经济性联结为纽带,由网络连成的协助系统。网络结构的中心组织很小,是一种依靠其他组织以合同为基础进行制造、分销、营销或其他关键业务的经营活动的结构。网络结构如图 12-11 所示。

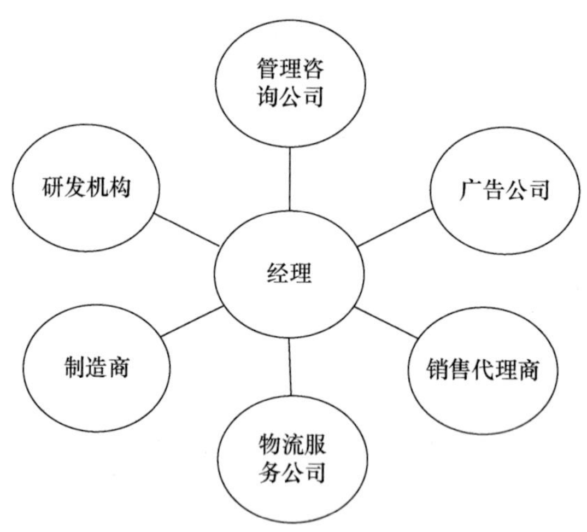

图 12-11 国际网络结构图

在网络型组织结构中,组织的大部分职能从组织外"购买",这使得管理当局具有高度的灵活性,能集中精力做它们最擅长的事。

国际网络结构的核心是追求在当地市场的快速反应能力，同时利用全球规模经济，寻找有特色的资源来整合地方优势。与上述各种组织结构不同，国际网络结构往往不在意三个维度（即组织、产品、地区）之间的平衡，而在意行业关键性资源在全球的分布及优势的取得和发挥。

雀巢公司是个典型的例子。雀巢公司的模块组合营销造就网络型组织结构，也使雀巢公司具有了网络化的特点：一是用特殊的市场手段代替行政手段来联络各个经营单位之间及其与公司总部之间的关系。网络制组织结构中的市场关系是一种以资本投放为基础的包含产权转移、人员流动和较为稳定的商品买卖关系在内的全方位的市场关系。二是在组织结构网络的基础上形成强大的虚拟功能。处于网络制组织结构中的每一个独立的经营实体都能以各种方式借用外部的资源，并对其进行重新组合，创造出巨大的竞争优势。

国际网络结构的优点是有利于解决全球化与分权化、地区化与多样化的矛盾，因为它能把大企业与小企业各自的优势有机结合起来，具有高度的灵活性；缺点是协调难度大、成本高。

（三）虚拟企业结构

虚拟企业是依托不同的独立企业的能力，按价值链建立起来的松散型一体化联合体。虚拟企业的特征表现在以下四方面：一是虚拟企业的成员可以共享对方的核心能力，相互支持补充；二是虚拟企业掌握现代信息和通信技术，通过网络连接运作；三是虚拟企业不必设立职能部门，也不必设立专门的协调机构，而只需以程序为导向，根据企业合作发展进程对组织结构进行调整；四是虚拟企业以顾客为导向，根据顾客消费需求组建相应的虚拟联合体。

虚拟企业的优点包括：(1) 表现出高度的适应性和灵活性；(2) 企业能够更迅速地进入新的市场；(3) 可以节省设立组织机构和协调机构的费用以及管理费用。缺点是：(1) 难以形成和实施企业总的发展战略；(2) 难以形成企业总的价值观和进行企业文化建设；(3) 存在企业核心技术扩散或虚拟企业成员单方面获取和利用其他合作伙伴的核心技术而设法保护自己核心技术的风险。

（四）无边界企业结构

无边界组织是指其横向的、纵向的或外部的边界不由某种预先设定的结构所限定或定义的这样一种组织设计。在今天的环境中要最有效地运营，就必须保持灵活性和非结构化。无边界组织力图取缔指挥链，保持合适的管理跨度，以授权的团队取代部门。无边界企业又称无缝组织，它是建立在打破组织内外部边界基础上的一种合作型组织结构。

与传统组织结构不同，无边界企业致力于淡化和消除企业边界的限制。这类组织结构以团队为基本单位，企业内部部门之间和员工之间的团队合作方式得到肯定和发展，这种团队还跨越企业本身的界限与企业外部的其他团队组成联合体。

无边界企业结构的优点是：(1) 具有极大的灵活性，可以更好地适应企业国际业务多样化发展的需要；(2) 可以利用企业外不同团队的各自优势，加快新产品研究与开拓市场的速度；(3) 可以通过加强企业内外部人际沟通与交往，促进劳动效率的提高；(4) 可以减少管理层次,降低管理成本。缺点是:目前还缺乏有效的跨企业团队的管理方法,这种组织结构通常更适用于以产品和市场为导向的企业,而难以形成企业的全球战略和实行全球一体经营。

第三节 跨国经营企业组织结构的设计与选择

组织结构是跨国经营企业实施经营战略、完成战略目标的组织保证。科学、合理的组织结构可以使跨国经营企业在全球化的运作中获得主动,保证企业高效运作并实现其目标。

一、设计原则

跨国经营企业作为社会化大生产、大流通的产物,在对其组织结构进行设计时要遵循一定的原则,这些原则有:

1. 与企业内外部环境相适应的原则

任何企业都是在一个特定的环境中运营的,它必然要受到环境的影响和约束。企业的环境分为外部环境和内部环境。与企业内外部环境相适应的原则,是跨国经营企业组织结构设计的前提。

企业的外部环境由社会环境和经营环境组成,社会环境主要指社会现状、政府法律法规、宏观经济状况等,经营环境指公司所处行业特点、市场销售、原材料供应、人力资源等方面。企业内部环境主要指企业规模、企业生命周期和企业战略。跨国经营企业应根据公司内部的经营条件和外部经营环境,确定它的组织结构,并随着企业发展状况的变化,及时加以调整。如企业在不同发展阶段,会有不同的发展战略,不同的发展战略往往需要不同的企业组织结构来支撑。

2. 精干、讲求实效的原则

岗位的设计、定员定编要与企业经营管理的任务相适应,避免因人设事、因人设岗;要有利于提高工作效率、降低费用,使每一个职员都有足够的工作量。同时,还要有利于上下级之间、各部门之间纵向和横向的信息沟通,以保证信息传递的速度和质量,这是实现公司科学决策的必要的前提条件。跨国经营企业的经营跨越各个部门和行业,跨越各个国家和地区,组织结构如果不能满足信息流通的需要,就不能对错综复杂的经营环境作出迅速而灵敏的反应,经营活动就会迷失方向。

3. 集权与分权相结合的原则

正确处理好母公司与子公司的关系,既要保证企业总部对跨国经营企业重大问题的决策权和控制权,又要避免陷入行政事务;既要发挥各子公司的积极性和经营管理的灵活性,又要有利于企业总目标的实现。

4. 更好地服务顾客的原则

顾客满意原则是企业组织结构设计的核心原则。组织结构的设计要始于顾客需求,终于顾客满意。产品质量、服务质量、产品价格和响应时间是顾客满意的四个指标,也是组织结构设计质量的评价标准。

5. 稳定性和适应性相结合的原则

稳定性和适应性相结合的原则要求组织设计时，既要保证组织在外部环境和企业任务发生变化时，能够继续有序地正常运转；同时又要保证组织在运转过程中，能够根据变化了的情况作出相应的变更，组织应具有一定的弹性和适应性。为此，既需要在组织中建立明确的指挥系统、责权关系及规章制度，同时要求选用一些具有较好适应性的组织形式和措施，使组织在变动的环境中，具有一种内在的自动调节机制。

二、跨国经营企业组织结构的设计

1. 跨国经营企业组织结构的三度线

组织结构设计是指建立或改造一个组织的过程，即对组织活动和组织结构的设计和再设计，是把任务、流程、权力和责任进行有效组合和协调的活动。

跨国经营企业的组织设计要适应各方面的要求，其中有三个方面是最基本的，即技术与产品的要求、职能与专业的要求、地区与环境的要求。这三个方面的关系，可以用三维坐标表示，称为三度线。（如图 12-12 所示）所谓跨国经营企业的组织设计或组织结构选择，其实就是对这三个方面进行最优组合。

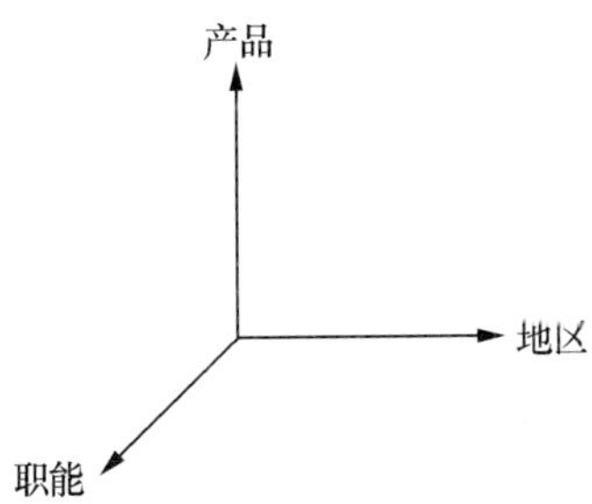

图 12-12　跨国经营企业组织结构的三度线图

组织结构设计影响着组织如何运作，即资源、权力、信息以及决策过程如何在一个组织内流动。在确定最满意的组织结构时，必须要回答以下问题：一是公司是否利用国内分部有效经营？是否要划分为国内部分和国外部分？二是公司应采用何种组织结构？三是如何最有效地实现必要的协调与合作？

从前面对跨国经营企业各种组织结构形式的介绍，我们能发现，没有哪种组织结构能把跨国经营企业各方面的活动完美无缺地组织起来。成功的企业，往往善于根据企业的特点和实际，选择适合需要的组织结构。

2. 跨国经营企业组织结构设计内容

参考一般企业组织结构设计，跨国经营企业组织结构设计主要包括：

（1）职能设计

职能设计是指对公司的经营职能和管理职能的设计。跨国经营企业作为一个经营单位，要根据其战略任务设计经营、管理职能。如果公司的有些职能不合理，那就需要进行调整，对其弱化或取消。

(2) 框架设计

框架设计是组织设计的主要部分,运用较多。其内容简单来说就是纵向的分层次、横向的分部门。

(3) 协调设计

协调设计是指协调方式的设计。框架设计主要研究分工,有分工就必须要有协作。协调方式的设计就是研究分工的各个层次、各个部门之间如何进行合理的协调、联系、配合,以保证高效率的配合,发挥管理系统的整体效应。

(4) 规范设计

规范设计就是管理规范的设计。管理规范就是企业的规章制度,它是管理的规范和准则。结构本身的设计最后要落实、体现为规章制度。管理规范确保各个层次、部门和岗位,按照统一的要求和标准进行配合和行动。

(5) 人员设计

人员设计就是管理人员的设计。企业结构本身的设计和规范设计,都要以管理者为依托,并由管理者执行。因此,按照组织设计的要求,必须进行人员设计,配备相应数量和质量的人员。

(6) 激励设计

激励设计就是设计激励制度,对管理人员进行激励,其中包括正激励和负激励。正激励包括工资、福利等,负激励包括各种约束机制,也就是所谓的奖惩制度。激励制度既有利于调动管理人员的积极性,也有利于防止一些不正当和不规范的行为。

三、影响跨国经营企业组织结构选择的因素

影响跨国经营企业组织结构的因素很多,归纳起来包括两个方面:一是企业内部因素,二是企业外部因素。

1. 企业内部因素

(1) 跨国经营战略

钱德勒认为组织结构跟随企业战略,企业战略必将决定其结构。因此,企业选择的组织结构形式必须与其制定的跨国经营战略一致,保证战略目标的实现。

如实行多国战略的跨国公司,由于其海外子公司数量多,区域分散,在不同东道国生产的产品要根据当地的市场需求情况,进行适应性调整。因此,区域组织结构比较适合。而实行全球化战略的跨国公司,海外子公司数量多、规模大,且产品品种多,部分产品属于全球性产品,部分产品则需要根据不同东道国的市场需求进行适应性调整。那么,混合组织结构适合于该公司。

(2) 企业的跨国经营程度

企业的跨国经营程度可以用两个具有代表性的指标衡量,它们是:国外销售占销售额的百分比和跨国经营的产品品种的数量。一般来说,企业的跨国经营程度不同,所采用的组织结构形式也不同。约翰·斯托普福德(John Storpford)对 20 世纪 60 年代后期 187 家美国最大的跨国经营企业进行研究后,得出了一个有关跨国经营企业组织结构的"阶段模型"(如图 12-13 所示),该模型成为大部分后续研究人员的研究基准。

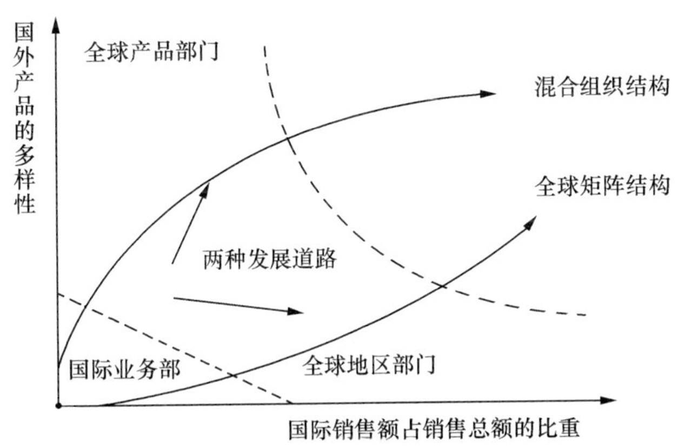

图 12-13 斯托普福德的阶段模型

(3) 企业的历史和经验

很显然,那些已经在国际市场上经营多年并已拥有一个熟悉跨国经营业务的管理层的企业,在进行组织结构选择时,肯定会与那些刚刚进入国际市场的企业所进行的选择不同。在企业向国外进行业务扩张的初期,往往通过把国内业务和国际业务分开的办法加强对国际市场机会的开发,而这种倾向会直接影响企业对组织结构的决策。当企业在国外的经营趋于成熟时,管理层对于组织结构作出的选择,将更多地考虑在整个跨国经营活动中企业应如何协调内部各部门之间的工作以获取更高的收益。

(4) 企业资源

企业资源包括人力、物力、财力、技术管理能力等,资源的数量和构成代表了企业所拥有的实力。这种实力的强弱决定了企业跨国经营活动的内容、方向和方式,是影响企业组织结构选择的重要因素之一。当企业实力较弱的时候,商品出口是进入国际市场的主要方式,相应地,企业应选择建立出口部的组织结构形式。如果企业实力雄厚,特别是在资本和管理技能、专有技术等方面具有优势,则企业往往选择跨国直接投资。如果一个企业缺乏所需资本、经验和信心,一个合乎逻辑的选择便是合资经营。很显然,企业资源不同,选择的跨国经营的内容不同,进入国际市场的方式也不同,就应有不同的组织结构形式与之相适应。

(5) 产品和经营业务的复杂程度

产品与经营业务相对简单的企业,其组织结构选择的余地较大。这是因为,对简单的产品和经营业务可以有很多种不同的组织形式相适应,而当生产过程、产品本身、最终消费市场或销售渠道非常复杂时,企业为了减少潜在的问题,必须选择最能适应的组织形式,其选择的余地甚小。例如,对于生产过程相对复杂的企业,产品结构组织形式最适宜。一般来说,如果产品单一,市场差异不大,则选择职能结构组织形式;如果产品系列不多,营销技术和销售渠道大同小异,但地区专门知识特别重要,则适宜选择地区结构组织形式;如果产品系列繁多,技术复杂,则宜采用产品结构组织形式。

(6) 管理哲学与经营思想

管理哲学与经营思想对人们的影响是深刻的、潜移默化的。奉行不同管理哲学与经营思想的人,所选择的企业组织结构往往不同。一方面,富有冒险精神的管理思想往往选择灵活易变的组织结构,谨小慎微的管理哲学则偏爱长远稳定的组织形式。欧洲企业一般推崇集中管理,大多选择职能结构组织形式;美国企业推崇分权经营方式,一般采用产品结构、地区结构的组织形式。另一方面,公司对外国人及其思想的态度也影响组织结构的选择。这种态度一般可分为四类:母国导向、东道国导向、地区导向和全球导向。持东道国导向态度的企业,乐于采用与子公司保持松散联系的控股公司结构;持全球导向态度的企业,则更倾向于采用全球结构,因为这种结构可以使总公司和各子公司有效地实施全球经营战略。

2. 企业外部因素

(1) 国际市场环境

国际市场的需求结构、潜力和竞争情况等影响着跨国经营企业的多样化经营,进而影响其组织结构,竞争对手的行为也会影响跨国经营企业组织结构的选择。跨国经营企业的成败,往往会对其竞争对手产生组织结构方面的效仿与借鉴作用。如果某跨国经营企业采取某种组织结构导致失败,其竞争对手可能就会吸取教训,另谋出路。

(2) 国家政策及法律

母国和东道国鼓励或限制某些跨国经营活动的政策和法律,将影响企业组织结构的选择。例如,有些东道国在吸收外国投资时坚持要投资方采用合资经营的方式。在这种情况下,企业就排除了采用职能结构组织形式的可能。又如,在地区联合、实行集团一体化的环境中,如在欧洲共同体等,就会促使企业采用地区结构组织形式。

(3) 语言及文化环境

文化相近与否、语言相同与否,也会影响企业组织结构的选择。例如,英国产品输往加拿大和澳洲,墨西哥产品在美国的墨西哥人所在社区受到欢迎,这样,不需要变动主要的组织结构,也能够适应最终用户的需要。反之,在文化差异很大、语言完全不同的市场经营,企业组织结构选择的余地就要小一些。

(4) 技术的发展

技术的发展是影响组织结构设计的一种重要环境变量。网络时代的到来、电子商务的广泛运用,改变了人类经济活动的方式,使跨国经营企业可以适时地对其在全球范围内的经营活动进行全面监控,也使跨国经营企业的组织结构不断创新。

课后练习题

1. 跨国公司组织结构是如何演变的?
2. 跨国公司组织结构发展趋势如何?
3. 全球性组织结构有哪些类型? 矩阵结构存在哪些优缺点?
4. 影响跨国公司组织结构选择的因素有哪些?
5. 试列举一具体开展跨国经营的公司,描述其组织结构状况。

章末案例

海尔组织结构调整的历程[①]

海尔集团的历史可以追溯到1984年组建的青岛电冰箱厂，经过20多年的发展，目前已成为中国家电第一品牌，并且在世界范围内生产和销售其家电产品。海尔成功的一个关键因素是能够根据企业的规模、发展目标，及时地调整组织结构，使组织结构更好地为企业的发展服务。海尔的组织结构调整大致分为四个阶段：

一、直线职能制阶段

青岛电冰箱厂刚成立时采用直线职能型组织结构形式，如图12-14所示。

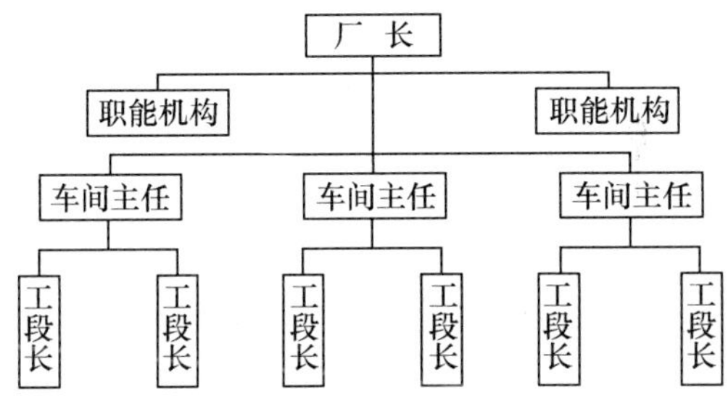

图12-14　直线职能阶段组织结构图

二、事业部制阶段

1993年，海尔冰箱股份有限公司在上海挂牌上市，并在海尔集团内部逐步推行了事业部制。集团主要是资本运营和战略决策中心，各事业部独立核算，自负盈亏，是利润中心，事业部下的企业是成本中心。实行事业部制给集团增强了活力，集团急剧扩张，其销售额1994年为25亿元，1995年达到43亿元，1996年达到62亿元，1997年达到108亿元。此阶段组织结构如图12-15所示。

三、本部制阶段

由于海尔事业部内仍实行直线制管理，导致各分部缺乏相应的分权，而且整个系统快速反应能力差，甚至出现了十几个生产厂共用一套职能部门的现象。有鉴于此，迫切需要对现有组织结构进行调整。1997年年初，海尔在借鉴日本松下电器公司经验的基础上，改进为本部制组织结构。本部制组织结构的特点是分层利润中心制。实践证明，改组是成功的。本部由集权的直线职能制转变为相对分权的扁平型，同时形成两级利润中心，职能部门的职责更为明晰，企业也更贴近市场。此阶段组织结构如图12-16所示。

四、跨国经营的组织结构调整阶段

在1998年以前，海尔将主要精力用在国内市场上，随着海尔国际业务的不断开展，现有组织结构不能体现对国际业务管理的重视。为了快速实现国际化经营的效果，海尔在保持基本组织结构形式不变的基础上，在各产品本部根据各自的国际市场情况设立了

---

① 摘编自李红琨：《浅谈跨国公司组织结构》，载《中国外资》2010年第2期。

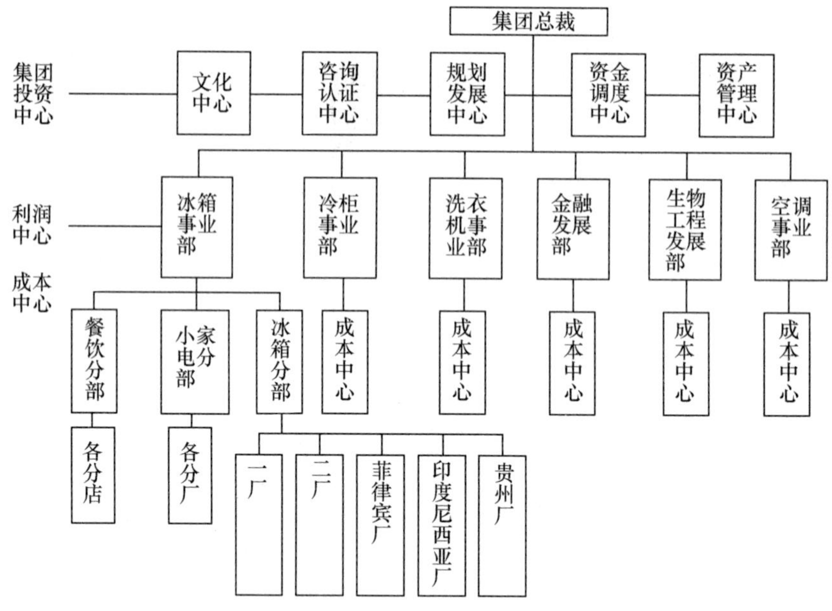

图 12-15 事业部制阶段组织结构图

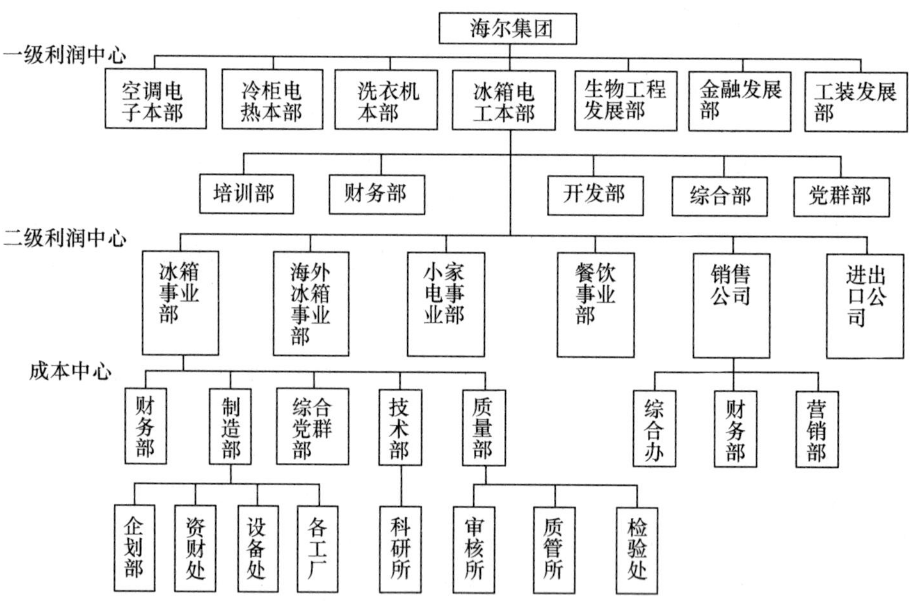

图 12-16 本部制阶段组织结构图

相应的机构。这个结构只是一个过渡形式,1999 年 8 月,海尔对组织结构进行了战略性调整,形成了扁平化、信息化的组织结构。这次调整是按照业务流程实施组织结构的改造,特别成立了物流和商流本部,最大限度地整合了市场资源,大幅度降低了运营成本。2009 年,海尔海外销售拓展到 60 个以上国家(地区)市场,尤其是在收购新西兰著名家电制造商斐雪派克之后，海尔在澳洲、北美地区市场的品牌影响力和产品优势进一步突显。在此情况下，不排除今后海尔继续收购海外市场当地品牌、工厂，扩大其海外市场竞争优势的可能。调整后的组织结构特点主要体现在以下两方面：(1) 物流与供应商方面的整合。这种整合采用全球集中采购的形式，发挥规模优势，对物资统一管理，统一运输，推行零库存资金占用概念。(2) 商流与销售渠道的整合。整合后，首先，对业务流程进行标准化改造，从订单执行到安全收汇分为 26 个标准步骤进行规范。其次，将各进出口公司进行整合，搭建商务操作平台，提高了成功率。最后，推出“市场链”整合机制，即围绕集团的战略目标，把企业内部上、下流程和岗位之间的业务关系由原来的行政机制转变为平等的买卖关系、服务关系和契约关系，形成以订单为驱动力，上下工序和岗位之间互相咬合、自行调节运行的业务链，以提高员工的积极性，明确个人的指标和激励标准。组织结构如图 12-17 所示。

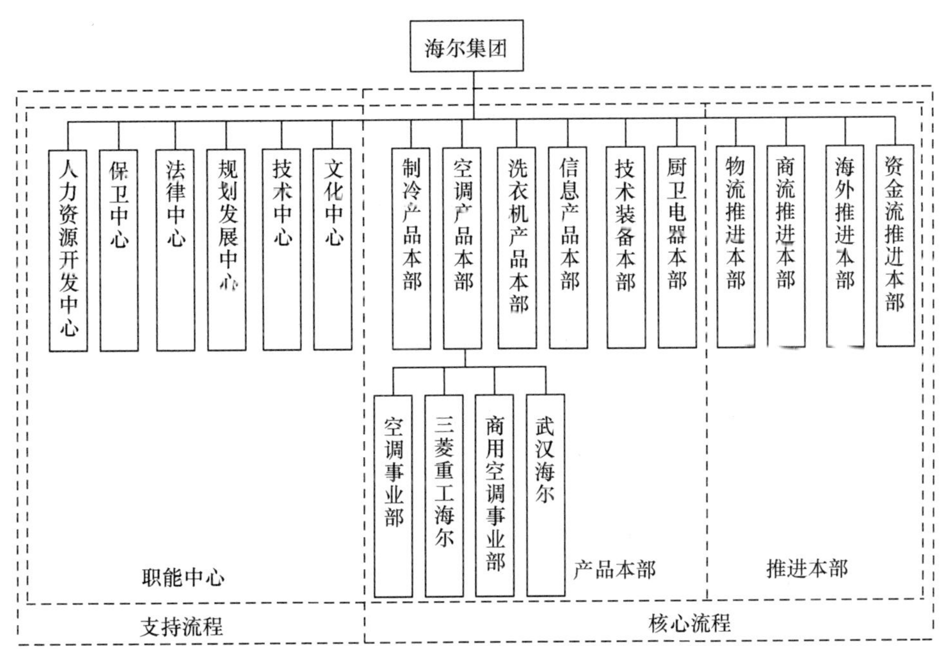

图 12-17 跨国经营阶段组织结构图

为了更好地适应全球化的环境，开拓新的市场，海尔组织结构的调整一直没有停止过。

讨论题

1. 海尔本部制阶段组织结构与事业部制阶段组织结构比较，有什么变化？你认为这样的变化有什么好处？

2. 在跨国经营阶段，你认为海尔组织结构属于哪种类型？这样的组织结构有什么优势、劣势？

本章参考文献

白万纲、何曼青:《跨国公司母子组织结构酝酿新变化》,载《中国石化报》2009年第5期。

毕红毅主编:《跨国公司经营理论与实务》,经济科学出版社2014年版。

曹洲涛、宋一晓:《知识链视角的跨国公司研发组织结构研究》,载《科技管理研究》2013年第9期。

程聪:《中国企业跨国并购后组织整合制度逻辑变革研究:混合逻辑的视角》,载《管理世界》2020年第12期。

黄建康:《跨国公司竞争优势范式变迁与我国企业的策略选择——基于网络组织的视角》,载《求实》2011年第7期。

黄妮:《跨国公司组织结构变革与发展趋势研究》,载《现代商贸工业》2009年第18期。

李红琨:《浅谈跨国公司组织结构》,载《中国外资》2010年第2期。

刘明霞、于飞:《中国跨国公司逆向知识转移组织机制的实证研究》,载《科学学研究》2013年第8期。

刘文纲:《跨国并购中的无形资源优势转移》,经济科学出版社2009年版。

卢进勇、刘恩专编著:《跨国公司经营与管理》,机械工业出版社2013年版。

时秀梅,李毅:《跨国公司管理——理论·实务·案例》,经济管理出版社2014年版。

徐斌:《跨国公司研发组织形式选择的影响因素与模型研究》,载《科学学与科学技术管理》2011年第6期。

杨国亮编著:《跨国公司经营与管理》,中国人民大学出版社2016年版。

姚建峰:《跨国公司组织结构的变革与发展》,载《经济问题探索》2005年第2期。

张立文:《美国通用电气公司组织结构及其变革研究》,载《商场现代化》2010年3月。

赵云辉、李亚慧、郭毅:《社会网络结构对跨国公司知识转移的影响研究——看门人角色的中介作用》,载《中国软科学》2018年第5期。

周伟、吴先明、Adel Ben Youssef:《企业国际化初期的组织结构选择——欧美日跨国公司的比较研究及其启示》,载《管理评论》2017年第12期。

第十三章 跨国经营的财务管理

【本章学习目的】

通过本章学习，你应该能够：

- 掌握跨国经营财务管理的基本概念
- 了解跨国经营财务管理的模式
- 熟悉跨国经营财务管理的融资方式
- 掌握跨国经营现金管理的目标和方法
- 熟悉外汇风险的分类、技术和管理策略

引导案例

中信泰富外汇衍生品投资遇到的风险①

中信泰富在澳洲有一个磁铁矿项目，项目每年产量巨大，开采期长，约为25年，公司公告称该计划于在2009年或2010年生产的铁矿石可以供应给中信泰富下属的特钢厂。然而，该项目的资本支出很大，截至2010年的资本支出为16亿澳元。由于随后的大规模投资将以澳元支付并且运营费用巨大，每年约10亿澳元，中信泰富后续将对澳元持有大量稳定的需求。为了降低汇率波动造成的货币风险，防止澳元未来上涨带来的汇兑损益，中信泰富计划签订外汇远期合约。2006—2007年，公司投资了澳元累计目标可赎回远期合约、每日累计澳元远期合约，还有其他两种类型的杠杆式外汇合约，包括双币累计目标可赎回远期合约和人民币累计目标可赎回远期合约。此外，公司还与其他13家银行签订了24份外汇累计期权合约。然而签订合同时，对于未来市场走势情况只考虑了澳元的升值，并没有防止澳元跌价的风险。2008年10月20日，中信泰富召开新闻发布会表示由于澳元贬值，之前签署的为对冲澳大利亚铁矿石项目汇兑风险的杠杆外汇交易合约产生巨大损失，且未来损失仍会继续增加，按目前的市值计算，损失金额将达到18.8亿美元。第二天，中信泰富股价暴跌55%，公司市值暴跌。截至2008年12月5日，中信泰富股价收于5.80港元，市值在1个月内萎缩超过210亿港元。

远期合约是指各方同意在未来某个时间以指定价格买入或卖出指定数量的某些金融资产的合约。通过远期合约，投资者能够确定金融资产未来的买卖价格，消除价格风险，但并不能保证从中获利。远期外汇合约是以某种形式进行的外汇交易，是指双方在未来某个时间以约定的汇率同意买卖某些外汇的合约。远期外汇合约起源于国际贸易，

---

① 摘编自王琦:《浅谈企业如何规避金融衍生工具风险——以中信泰富外汇合约巨亏案为例》，载《全国流通经济》2019年第6期。

在国际贸易中,出口商卖出商品后,卖方可能延期付款,但从成交到未来买家付款的时间内,汇率可能波动,造成汇兑损失。所以通过外汇远期合约可以确定,当出口商在未来收到货币时,卖出外汇的价格可以避免汇率变化造成的损失。

中信泰富签订外汇合约则是由于未来有持续的澳元支出,担心澳元不断升值带来损失,想通过合约避免未来澳元上涨带来的损失。但中信泰富涉及的外汇远期是较为复杂的品种,是累股证的一种变种金融产品,但交易对象是外汇而非股票。累股证也被称为累计股票期权,英文名称为 knock out discount accumulator,简称 KODA,也被称为 Accumulator。"累积股票"由于其杠杆效应,放大了牛市的涨幅,相应的熊市涨幅也被扩大,香港投行界根据谐音,戏谑地称之为"I kill you later"(我迟些杀你)。投资银行为客户提供的行权价比当前价格低 5%—10%,当股价升过现价 3%—5%时,合约自动终止,因此客户所得收益是有上限的。但是,当股票价格低于执行价格时,投资者必须履行合同并继续以合同价格购买股票,因此客户的损失没有下限。例如,公司股票的当前价格为 100 元,KOTA 合约规定了行权价格的 10%折扣,合约停止股价为高于当前价格 3%。这就意味着,在今后 1 年中,KOTA 购买者能够以 90 元人民币购买该公司股票,但是如果股票价格超过 103 元,合同自动终止;股票价格低于 90 元,就要继续不断收购股份。根据合约来看,如果市场为牛市,股票价格不断上涨,投资者获益,但也是有限的,超过 103 元合约终止;如果是熊市,投资者亏损巨大。

中信泰富主要签署了四份杠杆式外汇合约,这些合约远比介绍的基本合约复杂得多。根据合同,中信泰富必须每月以固定价格美元兑澳元,直至合约到期。如果澳元汇率高于 0.87,中信泰富将受益于差价,但如果澳元下跌,中信泰富不仅会承受汇率差距之间的损失,同时根据合同,澳元购买量将翻倍,损失会成倍增加。不巧的是,2008 年金融危机到来,澳元大跌,中信泰富也因此承担巨额损失。除了澳元合约外,中信泰富还签订了双币合约,这意味着该公司必须以 0.87 的澳元兑美元汇率或 1.44 的欧元兑美元汇率,接盘澳元或欧元中市场表现更弱的一方,合同有效期直到 2010 年 7 月。

思考题

1. 如何评价中信泰富外汇衍生品投资亏损事件?
2. 如何控制衍生金融工具投资风险?

跨国经营企业在全球范围内的生产经营活动需要大量的资金。跨国经营的成败与企业财务管理活动息息相关,财务管理是关于资产购置、资本融通、资金流动、利润分配的管理。与国内企业的财务管理相比,跨国经营企业的财务管理更为迫切和重要,做好财务管理能够使企业在多项业务活动中拥有更多的自主权,因此如何强化财务管理是跨国经营企业需要关注的重点所在。

第一节　跨国经营的财务管理体制

为实现跨国经营企业总体财务目标而设计并运行的财务管理体制存在于企业总体

管理框架之内，主要涉及如何配置和划分重大财务管理和决策权限。关系明晰的财务管理体制是跨国经营企业正常运行的基础，下面分别介绍跨国经营财务管理体制的发展过程、主要内容及组织模式。

一、跨国经营财务管理体制的发展[①]

企业财务管理大约起源于15世纪末16世纪初，直到20世纪70年代末，企业财务管理才进入发展的新时期，并且逐渐朝着国际化、精确化、电算化和网络化的方向发展。[②]

跨国经营企业的诞生促进了跨国经营财务管理的发展。在国际市场扩大之时，跨国经营增多之时，财务管理活动也变得更加复杂，跨国经营财务管理体制也得到进一步完善。跨国经营企业的组织形式和经营活动的多样化使其财务管理体制呈现出多元的特点。在跨国经营企业中，一般由董事会直接任命财务总监，或者由总经理提名财务经理，进而由董事会聘任，各类组织制度都在适应时代的变化和经济的发展中得到重新设计与应用，最先感受到国际经济形势新变化的跨国经营企业也将在"互联网＋"数字化经济时代创造出更好的财务管理体制。

二、跨国经营财务管理的内容

财务管理的对象是货币资金，其流转方式和方向是管理的重点。跨国经营财务管理主要分为三个部分：资金的筹措、资金的运用、资金的保护。这三部分不是孤立存在的，而是紧密联系在一起，通过公司业务活动为企业集团创造出最大的财富。

1. 资金的筹措

跨国经营企业财务管理的主要任务是以尽可能低的融资成本，从各方面来源筹集资金，以保障跨国经营企业正常经营过程和投资过程。这一内容通常被称为资金供应智能或融资决策。资金的筹措是跨国经营企业财务管理的起点，是其为了在全球范围内实现发展目标、保持竞争力而大规模筹集和使用业务所需资金的一种财务管理活动，是事关跨国经营企业未来发展的重要因素。

2. 资金的运用

跨国经营企业面临不同的外部环境，包括国内金融市场和国际资本市场，其资金的运用主要包括三个程序：投资管理、营运资金管理和分配管理。

(1) 投资管理

跨国经营企业的投资管理需以投资者利益为出发点，通过一系列资产的购建与处置活动，以实现投资收益最大化，包括股票管理、利率管理、多样化管理等活动。

(2) 营运资金管理

营运资金是流动资产和流动负债之间的差额，是企业可随时灵活运用的资本，其一般管理目的在于保证企业正常经营活动，包括购买原料、生产制造、发放薪酬等。跨国经营企业的营运资金管理涉及不同的国家和货币，其主要管理目标是追踪国际市场变化，

---

① 参见H. David Sherman、S. David Young：《财务管理的六大雷区》，载《中外管理》2003年第5期。

② 参见薛崇梅：《企业财务管理的地位及加强企业财务管理的方法》，载《财经界（学术版）》2015年第9期。

通过多边净额结算等手段使企业集团内部资金转移速度加快,转移成本降低,使分布于各国的各种收支往来能够有效运转,防止外汇风险损失,提高资金报酬率,最终使整个企业集团获得最佳的经营结果。

(3) 分配管理

企业的资金分配活动指根据国家规定和自身经营需要将从业务活动中收回的资金分割于不同方面的活动。跨国经营企业与国内企业面临不同的商业和政治背景,其税收政策和股息红利分配制度有所不同。如何符合公司总部所在母国和子公司所在东道国本地的税收政策,以及满足各国利益相关者的投资回报需求,是跨国经营企业分配管理的核心内容。

3. 资金的保护

各国政府设置的关税和非关税壁垒、税制税率的差别所形成的市场不完全性,给跨国经营企业的管理提出了新的课题。跨国经营企业一般都设有跨国经营财务体系,用来进行税收和外汇管制风险等方面的管理,这是跨国经营企业财务管理所特有的内容。

在风险方面,尽管从事进出口贸易的国内企业在经营过程中也面临着交易风险,但有些风险是跨国经营企业所独有的。例如,跨国经营企业自始至终都面临着东道国政治经济体制和政策发生各种不同程度变化的可能性,因此跨国经营企业应重点考虑如何规避外汇风险和政治风险。

三、跨国经营财务管理的模式及选择

(一) 跨国经营财务管理的模式

跨国经营财务管理模式是跨国经营企业对其内部财务活动的决策权限、组织形式、控制与监督等方面加以规范,从而确定内部各方面财务关系的基本财务管理制度。一般来说,跨国经营企业在进行财务管理活动时,主要有以下三种模式:

1. 集权式管理①

集权式管理指跨国经营企业重大财务决策均集中在总部,各子公司或分支机构只负责短期财务规划和日常经营管理,并且必须严格按照总部的财务政策和财务制度进行财务活动。跨国经营企业在总部设立财务控制和会计部门,总体负责对外会计报告、金融风险控制、系统管理和内部控制等工作,总部的国际财务主管几乎负责所有国际财务事项,例如审查投资建议、制定借款政策等。随着跨国经营规模的扩大,总部财务人员逐渐增加,跨国经营企业日益趋向于中央集权式财务管理模式,从而得以实现企业集团财务最优配置。

2. 分权式管理

分权式管理指跨国经营企业各子公司或分支机构在资金吸收、投出、运用,财务收支,财务人员选聘和解聘,职工工资、奖金及福利等方面有充足的决策权,能够自主根据本地市场环境变化和公司自身情况作出更为适合的安排,即有权进行独立决策、独立经营、独立核算等。在跨国经营企业创建初期,公司规模较小且业务活动较少,公司总部财

① 参见杨建新:《如何加强企业集团财务控制》,载《财政监督》2007 年第 8 期。

务管理人员有限,分权式管理模式较为适当。

3. 混合式管理

混合式管理是集权式与分权式的结合,跨国经营企业总部对一些重大事项进行抉择并就重大财务问题作最后批准,如大额贷款投资项目,并且强制各子公司或分支机构实行,从而使企业集团总体利益最大化。但是对于一些不重要的决策,跨国经营企业总部以间接管理为主,不采用指令性计划方式过度干预子公司的财务管理活动。当跨国经营企业步入成熟期,一方面公司需要维持严密的中央集权,但是繁杂琐碎的财务事项使集权式管理效率低下,因此另一方面公司也需要将部分决策权交由子公司作出,这便构成了集权分权混合式管理模式。

(二) 跨国经营财务管理模式的选择

理想的企业集团财务管理体制应当是集权分权相结合、多级分层分口的控制系统。从纵向看,企业集团中存在着"母公司—子公司—孙公司"的多级控制关系,在每个企业内部又存在着"董事会—总经理—各部门—各车间或团队"的分层控制关系;从横向看,在每层控制关系中不同团队和事业部门有不同的责任权限,独立完成各自任务,进而相互交流,交叉合作。跨国经营企业总部也正是通过对不同层级的组织成员进行相应的权力或资源配置,从而推行集团的整体财务战略。

跨国经营财务管理模式的选择取决于多种因素,决定性因素主要有公司规模、地区惯例、行业类型等。跨国经营企业可以根据三种模式的优点与缺点作出合适的选择,三种模式的优缺点如表 13-1 所示。

表 13-1　跨国经营财务管理模式优缺点

	集权式管理	分权式管理	混合式管理
优点	· 集中决策效率高 · 统一标准保证质量 · 便于集中管理掉配资金	· 子公司积极性高 · 总部决策压力减轻 · 因地制宜效果好	· 可根据不同政策制定决策 · 灵活性较高 · 整体风险较低
缺点	· 权力集中,子公司积极性不高 · 决策一旦失误造成的损失大 · 统一管理灵活性不高	· 财务总控功能被弱化 · 子公司可能忽略集团整体利益 · 各子公司经验难以统一借鉴	· 集权与分权的程度难以把控 · 各子公司间平等性可能不同 · 管理层决策挑战大

最终无论选择哪种模式,跨国经营企业都应当注意以下几点:(1) 集权分权适度结合。若跨国经营企业母公司财务总部集权过多,会影响子公司财务部门的工作士气,但分权过度容易造成效率低下,管理混乱。因此,首先应保证总部享有重大财务管理决策权,其次,适当授权与放权。(2) 权责利均衡。管理过程中的权利、责任、利益需要既结合又统一。若权力大而责任小,容易出现滥用权力的现象;反之,权力小而责任大,不利于调动其积极性,因此权责匹配是关键。(3) 组织机构的设置与模式选择相适应。设立的财务管理机构以及在机构内设置的职能部门应当与跨国经营财务管理模式保持一致。

第二节　跨国经营的融资管理

跨国经营企业往往会面临较大的融资压力,如何通过多种融资渠道降低融资费用、规避融资风险、优化财务结构是跨国经营企业急需考虑的问题。

一、跨国经营融资管理基本概念及目标

跨国经营融资管理指跨国经营企业为了实现自身的财务目标和满足自身业务发展的需要,在全球范围内筹集其所需资金的财务管理活动。[①] 具体而言,跨国经营融资管理的目标在于以下几方面:

(一) 融资成本的最小化

不同市场的融资成本可能不同,跨国经营企业可以利用融资成本差异进一步降低融资费用。主要有以下三种途径降低融资成本:(1) 通过减少纳税负担降低融资成本。各国税率不同,跨国经营可以转移利润至避税天堂从而减少税负;(2) 尽可能利用子公司所在地补助。融资活动并非都在公司总部进行,当子公司所在东道国有融资优惠政策时,适当利用子公司筹资也是一种融资管理方式;(3) 争取进入不同资本市场,争取更多信贷资源。

(二) 融资风险的规避

不同跨国经营企业有不同的风险态度,主要分为三种:风险厌恶(risk averse)、风险中性(risk neutral)和风险偏好(risk preference)。风险可能带给企业损失,也可能带来利益。若跨国经营企业是风险厌恶的,会尽量避免融资风险。若跨国经营企业的风险态度是风险中性的,会尽可能降低融资风险。

融资风险因融资方式的不同而不同,若跨国经营企业融资中涉及外汇融资,应当考虑外汇风险;在选择融资地时,跨国经营企业应当避开政治风险较大的地区。与此同时,跨国经营企业应当维护融资渠道的畅通,例如,超量借款,借入超出当前需求的资金,多余资金再转存其他银行,虽然损失了部分利息,但可以保持与各金融市场和交易对手的联系。

(三) 财务结构的优化

财务结构主要描述了公司长期债务和股东权益的比例构成。跨国经营企业应当根据其行业分类、业务活动确定一个相对最佳的财务结构。另外还应当单独考虑子公司的财务结构问题,其财务结构确定方法有三种:(1) 融资成本最低化。相较于权益融资,债务融资代价较小,期限较短,更为灵活。(2) 与母公司财务结构保持一致。母公司处于集团运营的统领位置,其财务结构经过综合考量、缜密设计、利弊权衡而确定下来,子公司独创自己的财务结构风险较大,因而采用母公司财务结构是保守安全的做法。(3) 与当地企业财务结构保持一致。各地财政扶持和优惠政策不同,当地企业能较好地利用资金政策以实现利益最大化,因而借鉴当地企业财务结构不失为可取的方法。

二、跨国经营融资方式

企业融资方式有多种分类方法,一般来说,跨国经营企业融资方式的分类从两方面考虑:融资期限和融资来源。

---

① 参见吴宇等:《跨国公司融资的来源及策略》,载《国际金融研究》1992 年第 3 期。

(一) 按融资期限分类

融资期限是企业融入所需资金后的使用时长。根据融资期限,跨国经营企业融资方式分为长期融资、中期融资和短期融资。

1. 长期融资

长期融资主要为了满足跨国经营企业扩大规模、战略发展等长期资金需求,包括发行股票、发行公司债券和长期借款。

(1) 发行股票

股票是企业的股份,是一种有价证券。跨国经营企业在国际市场上发行股票需要符合本地交易所的上市规定,包括业绩要求以及信息披露等。最初跨国经营企业的股东以母公司所在国投资人为主,后来全球投资者越来越多,使跨国经营企业在股权结构上发生了巨大变化。

(2) 发行公司债券

债券是在约定时间内还本付息的融资方式。鉴于跨国经营企业向全球公众发行公司债券,发行者和购买者可能隶属于不同国家,该情况下的公司债券称为国际债券。国际债券又划分为外国债券(foreign bond)和欧洲债券(euro bond)。外国债券是指筹资方与债券发行市场处于不同国家,且债券面值以发行市场所在国货币表示。不同于外国债券,欧洲债券票面金额并非发行市场所在国货币,而是可以自由兑换的第三国货币。

(3) 长期借款

长期借款的一般来源有银团贷款和会员国担保。银团贷款是指由一家跨国银行牵头,若干国家的银行参与,组成的贷款银团。会员国担保是指在会员国政府的保护下,跨国经营企业获得世界银行或其附属的国际金融公司的长期低息贷款。

2. 中期融资

中期融资是为满足跨国经营企业购置资产,进行项目投资等中期资金需求采取的融资方式,包括中期贷款、出口信贷和国际租赁融资。

(1) 中期贷款

中期贷款一般用于为跨国经营企业增添固定资产或补充长期运营资金的不足。一般提供中期贷款的机构有各国的商业银行、金融公司和人寿保险公司。

(2) 出口信贷(export credit)

出口信贷的目的在于鼓励产品在全球市场上的流通,主要分为卖方信贷和买方信贷。卖方信贷是指出口国银行提供给出口商的信贷,买方信贷是指出口国银行直接提供给进口商的信贷。

(3) 国际租赁融资(international leasing finance)

国际租赁是指不同国籍当事人之间的租赁。具体操作程序是,在不同国籍的跨国经营企业间,由租赁公司或银行出资购进或租入机器设备,然后承租给承租公司,并按合同收取租赁费。

3. 短期融资

短期融资一般指一年以内的融资,与一般企业的融资目的基本相同,主要用来满足流动资产周转运作的资金需求,包括短期贷款和商业信用融资。

(1) 短期贷款

相较于中长期借款,短期贷款利率较低,币种多样。当跨国经营企业在购买存货、支付利息方面出现资金短缺现象,灵活的临时贷款是较好的选择。

(2) 商业信用融资

商业信用融资最常见的形式是应付账款融资,其实质是利用商品的赊销赊购融通资金,即跨国经营企业在采购过程中先提货却无法立即支付货款,利用企业信用进行商品买卖的行为。

(二) 按融资来源分类①

跨国经营企业主要有两种资金模式:内源资金和外源资金,其对应的融资方式为内部融资和外部融资。

1. 内部融资

(1) 企业内部积累

企业内部积累的主要构成是保留盈余和折旧提成。跨国经营企业需要保留一定的利润来应对一些突发的情况。当企业盈利时,股东要求增加股息,而股息来源于留存收益,跨国经营企业需保证股息增加幅度小于利润上涨幅度,这必须同时考虑东道国本地的股票市场环境。折旧提成一般在企业来源中占40%左右的比重。跨国经营企业需要时刻关注东道国本地的政策变化,如有些国家采取加速折旧的政策等。

(2) 母公司对子公司的股权投资

母公司对子公司也可以提供股权资本,主要是将未分配利润投资入股,以增加对子公司的控制权。当子公司无力偿还母公司借款时,母公司也可以将对子公司的债权转换为股权,子公司的债务也因此转变为资本。

(3) 公司内部贷款

公司内部贷款可以减少用款公司在东道国的税负,因为有些国家会将利息的支出记作成本。公司内部贷款的方式包括母公司直接向子公司贷款,或者姊妹公司间相互贷款。

(4) 管理费、提成费和授权费

母公司会要求子公司定期上缴管理费,子公司间的技术或知识产权的转让也会产生一些提成费和授权费。但是为了避免产生逃避税收或转移资金的嫌疑,跨国经营企业内的财务管理人员需要谨慎考虑制定费用标准,并且不要轻易变更。

2. 外部融资

跨国经营企业外部融资的来源分为母国资金来源、本地资金来源和第三国资金来源。

母国资金来源渠道有:(1) 在本国金融市场上发行的股票和债券;(2) 从母国的政府机构、商业银行或其他金融机构获取的贷款;(3) 利用鼓励母国对外投资和商品出口等优惠政策获得的专项资金。

本地资金来源渠道有:(1) 证券资金;(2) 从东道国本地的政府机构、商业银行或其

① 参见杨增熊等:《国际企业管理》,科学出版社第2017版,第191—192页。

他金融机构获取的贷款;(3) 本地居民或组织合资经营;(4) 母国对本地的援助项目。

第三国资金来源的渠道比较广泛,渠道多、规模大、机会多。比较典型的来源渠道有:欧洲货币市场、国际债券市场和国际金融机构资金。

三、跨国经营融资策略

1. 合理确定权益融资和债务融资比例

外部环境因素或企业内部条件对债务融资水平造成的影响各不相同,且各企业合理的融资比例因其行业和发展阶段等情况的不同而没有统一的标准。如果企业经营活动回报较高,企业尚能支持利息支付与本金偿还;如果收益有限或波动较大,企业将面临财务危机甚至濒临破产。

2. 采用多元化的融资方式

跨国经营企业选择多个资本市场以及多种融资方式可以防止资本供应失衡,降低隐藏财务风险,减少融资成本。因此在跨国经营的过程中,应当选择多渠道、多元化的融资方式。

3. 针对不同国情的融资决策

各国融资特点与政策不同,跨国经营企业可以充分利用母国和东道国本地的融资优惠筹集资金。政府的扶持资金也是企业筹资的有效途径。另外在欧美等国家,为支持高新技术型中小企业创新活动设立了高风险、高回报同在的风险投资基金,跨国经营企业可以进一步考虑该融资方式。①

第三节 跨国经营的现金管理

现金是企业存活的根本所在。跨国经营企业在国际市场上除了应对日常活动,还需要关注国际投资商机,偿还国际债务等,因此加强跨国经营企业现金管理具有重要的现实意义。

一、跨国经营现金管理的目标

由于各国在外汇管制、税法等方面有所不同,跨国经营现金管理难度大大增加,但汇率、税率、利率差异为跨国经营企业提供了减少财务费用、增加投资收益的机会。

在跨国经营的背景下,跨国经营企业现金管理的目标主要有:

1. 高效控制

对现金资源的高效控制,跨国经营企业需要建立可靠、准确、及时的报告和预测系统,以提高现金收付能力,减少资金在子公司或分支机构之间的流动成本。

2. 最优使用

通过最优化使用现金资源获取最大回报。跨国经营企业应当确定最佳现金持有量,该持有量既能满足日常活动对现金的需求,又能在一定程度上应对意外情况,同时还能

① 参见李东艳:《关于中小企业融资难问题的探讨》,载《北方经济》2008年第9期。

在闲置时有所收益。

3. 交易目的

交易目的,即持有现金以应付预期的日常需求。现金是跨国经营企业持续经营的基本保障,如果现金环节在交易循环的过程中受到阻碍,就会影响企业的各项经营生产活动。

4. 谨慎动机

谨慎动机,即持有现金以防无法预期的现金流量变化。跨国经营企业面对的是更为复杂的国际环境,受国际关系和政策的影响,有时可能会面临无法预测的障碍,此时企业需要有足够的现金来支撑和对冲风险。

5. 投机动机

投机动机,即持有现金以便及时抓住盈利机会。跨国经营企业管理者需要把握内部的现金情况,准确预测日常现金的变动规模,了解各投资机会所需现金量,对比现金流入与流出数量,以作出最佳投机决策。

二、跨国经营现金管理的方法①

跨国经营企业主要通过设立资金总库、短期现金预算、多边净额结算、再开票中心、多国现金调度系统和短期投资组合管理进行现金管理。

1. 资金总库

设立资金总库的目的在于实现企业集团现金的集中管理。鉴于跨国经营企业业务众多,现金收支频繁,资金账户和管理活动复杂,设立资金总库有利于提高现金管理效率,形成现金管理规模效应,进而降低管理费用。

资金总库的运行机制是:各子公司在资金总库设立账户,母公司为各子公司设定最佳现金持有量以满足其日常经营开支和投融资需求,超过最佳现金持有量的数额需交由资金总库统一管理。企业集团聘请专业人员分析各子公司所在国汇率和利率波动情况,并根据东道国本地的支付习惯和金融状况预计现金盈余或短缺的时间和数量,同时利用资金总库中的闲置资金进行投资以获得最大收益。

2. 短期现金预算

企业短期预算一般指年度预算、季度预算或月度预算。而现金预算期更短,可以精确至周预算,编制现金预算的目的在于精准掌握企业集团现金持有量以及现金流入和流出动态情况。跨国经营企业面对时刻变化的利率、汇率和市场,需要在短时间内制定应对措施并作出反应,因此作为企业命脉的现金流预测与分析至关重要。

3. 多边净额结算

多边净额结算是指,如果多家公司相互间有贸易,那么可以利用某种固定汇率,用多方之间的交易额抵消结算,以降低外汇风险和资本转移成本。跨国经营企业的母公司与子公司之间或者子公司与子公司之间的贸易很繁杂,可以通过多边净额结算在全球范围内对企业集团内部的收付款进行统一处理,进而降低交易金额,减少交易次数和交易

① 参见关雪凌、罗来军等编:《跨国公司经营与管理》,中国人民大学出版社第2012年版,第228页。

费用。

多边净额结算的运行机制是：跨国经营企业设立专门机构处理企业集团内部的交易。当处于不同国家的母公司与子公司或者子公司之间存在未结算的应收账款和应付账款，该机构首先按照结算期平均汇率将应收应付款换算成相同货币，再对应收应付款进行抵消，最终只针对应收净额或应付净额进行处理。这样应收交易与应付交易将缩减为一笔小金额的收付款业务。

4. 再开票中心

再开票中心是专门为跨国经营企业设立的财务子公司，一般位于避税中心，其任务是为企业集团内部交易处理发票并进行结算。大型跨国经营企业集团一般同时具有生产制造和销售子公司，当生产制造子公司将产成品转移给销售子公司时，再开票中心会全权负责该过程中涉及的会计处理和资金流转，各子公司只需传递实物，无须分别进行财务处理。因此，再开票中心提高了企业集团内部交易效率，降低了交易成本。

5. 多国现金调度系统

鉴于跨国经营企业母公司和各子公司分布在不同国家，企业集团可以通过现金管理中心进行多国现金调度。该系统的运行机制是：现金管理中心比较各子公司每日现金余额与核定的最低现金余额，确定现金短缺数量，利用现金管理中心的备用资金补充各子公司现金持有量以达到最低现金余额。通过多国现金调度系统，跨国经营企业的资金能实现灵活流转，得到最充分的使用。

6. 短期投资组合管理

跨国经营企业处于国际市场上，面临更多投资机会，针对闲置资金通常有以下三种可能的选择：(1) 不投资。跨国经营企业各子公司将剩余资金汇总至母公司，母公司偿还短期债务后不进行任何投资活动，将留存资金保存为缓冲资金以备不时之需；(2) 集中投资。跨国经营企业各子公司将剩余资金汇总至母公司后，由母公司权衡之后统一作出最优投资决策；(3) 灵活投资。该选择以投资收益最大化为目标，母公司和子公司均可根据其市场情况作出不同的投资决策。

三、跨国经营现金管理的模式

1. 统收统支

该模式是指跨国经营企业的现金收付活动都集中在母公司，由母公司财务部门统筹规划，集中授权，以实现现金账户合并处理，提高现金管理效率，做到资金收支平衡。但是该模式下母公司财务部门业务压力较大，且财务风险集中。

2. 拨付备用金

该模式是指跨国经营企业母公司财务部门根据各子公司的经营状况和发展计划拨付一定金额的备用金供其使用，各子公司产生现金支出后，依据相关凭证到母公司财务部门报销，一定金额以内的报销经审核流程即可，超过一定金额的报销须经批准后进行。该模式严格控制各子公司的开支，以防资金滥用和舞弊案件发生。

3. 内部银行

该模式是指将商业银行的运行方式引入跨国经营企业内部，以实现企业集团内部结算和信贷融资。当生产制造子公司向销售子公司转移产成品或半成品时，内部银行以内部结算价格为子公司进行内部核算处理。当子公司有多余资金时，内部银行引入信贷机制，将多余资金划拨给资金短缺的子公司，减少对外贷款，降低贷款利息。

4．结算中心

结算中心的职能是代表集团企业统一筹措、管理、调配和结算资金。对内，结算中心集中管理所有分部资金和银行账户，稽核资金往来业务，结算各子公司库存现金；对外，结算中心集中纳税和投资融资，负责对外存贷业务和投资组合。

5．财务公司

跨国经营企业的财务公司主要担负着跨国理财任务，即对企业集团的资产和债务进行管理，以实现跨国资产的保值增值。跨国理财不仅特指现金流量管理，还包括相关风险管理，尤其是利率风险和汇率风险。通过调解内部交易纠纷，进行不动产抵押，提供投资咨询等业务，财务公司为跨国经营企业所面临的机遇与挑战提供全方位服务。

第四节　跨国经营的外汇风险管理①

外汇风险加重了跨国经营企业对未来经营成果和现金流量预测的不确定性。为了防范外汇风险，避免外汇损失，跨国经营企业应当选择合适的外汇风险管理方式，构建完善的外汇风险管理制度。

一、跨国经营外汇风险的分类

跨国经营企业面临着很多独特的风险。根据外汇风险产生缘由，将其划分为交易风险、折算风险和经营风险。

1．交易风险(transaction exposure)②

交易风险是指跨国经营企业以外币交易时，结算时汇率不同于签订合同时汇率而导致损失的风险。具体而言，最常见的外汇风险可能发生在以下两种情况中：(1) 已经装运货物或提供劳务，但是货款或劳务费用尚未收付，在这种情况下外汇汇率波动导致的风险；(2) 以外币计价的债权债务尚未清偿，在偿还期间外汇汇率波动导致的风险。

2．折算风险(translation exposure)

折算风险是指企业资产负债表和利润表中外汇项目金额因汇率波动而变动的风险。年末，海外子公司需使用母公司所在国货币和会计政策，将其报表并入企业集团的合并财务报表。在重新表述的过程中，外汇项目发生账面上的收益与亏损，而非实际现金流入与流出。

3．经营风险(operating exposure)

经营风险是指因为汇率波动导致企业未来收益发生变化，进而影响企业市场价值的风险。当海外子公司所在国货币升值或贬值时，跨国经营企业的生产制造、销售定价、借

① 参见陈瀚宇：《浅谈我国跨国公司的外汇风险管理》，载《中国商论》2019 年第 6 期。

② 参见周传丽：《跨国公司风险管理新走势》，载《理财杂志》2005 年第 6 期。

贷规模都会发生变化，这将对企业集团未来一段时期内的收益或现金流量产生巨大影响，进而影响跨国经营企业的资产结构和资产总量等。

二、跨国经营外汇风险管理技术

外汇风险管理是通过一系列技术方法预防、规避、转移或者消除外汇业务活动中的风险，以降低或避免损失，甚至利用汇率差异增加收益。在跨国经营外汇风险管理过程中，主要有以下几种技术方法：

1. 运用金融工具

在防范外汇风险方面，跨国经营企业可以选择适当的金融工具，主要包括：(1) 即期合同(spot contract)：有近期外汇债权或债务的跨国经营企业可以与银行签订卖出或买进外汇的即期合同以消除外汇风险；(2) 远期合同(forward contract)：远期合同是外汇买卖双方都同意在将来某个时点，按照现在约定的汇率、交割日、货币种类和数量，进行一种货币对另一种货币的兑换而签订的合约；(3) 期货合同(future contract)：期货合同规定买卖双方将按照特定的价格在未来某一特定的时间，对数量标准化的商品或金融工具进行交货和付款；(4) 期权合同 (option contract)：期权合同的买方有权利但是没有义务一定要履行合约，损失是可控的；(5) 掉期合同(swap contract)：掉期合同是交易双方约定在未来交换等价现金流的合约，如果双方交换币种相同，称为利率掉期；如果币种不同，称为货币掉期。

2. 提前或延期结汇

跨国经营企业管理者通过预测汇率波动，提前或延期收付外币款项。若母公司预期其所在国的货币将贬值，可以要求子公司适当增加本地借款，并提前偿付母公司或其他地区子公司的应付款。同时，母公司和其他子公司对货币可能贬值的子公司的应付款则推迟交付。这样可以减少在弱币国家的外汇风险。

3. 货币互换

由于跨国经营企业在许多不同的国家都设有分支机构，因此可以通过货币互换的形式来进行套期保值。一般货币互换的形式是先将两种货币进行互换后，经过一定时期再重新换回。无论是最初的货币互换，还是最终的货币再互换，都采用相同的汇率进行，因此货币互换可以完全消除外汇风险。

4. 外汇储备

跨国经营企业应保留一定的外汇储备，之后在面临外汇市场出现的突发问题时利用储备进行合理应对。外汇储备指利用本企业的资金进行的自我保护，以缓和因外汇波动带来的不利影响。外汇储备在某些国家的作用较大，当这些国家没有发达的金融市场，缺少金融工具时，跨国经营企业的外汇储备可以起到一定作用。

三、跨国经营外汇风险管理策略

1. 经营风险管理策略

跨国经营企业可以探索多元化经营模式，从原料供应、生产制造到销售服务，更为分散地在全球分布其子公司，这在一定程度上可以减轻外汇风险对企业集团的冲击。当一些子公司因为汇率波动遭受损失时,其他国际市场可能因此而获得收益,如果跨国经营企业在那些国际市场上也拥有部分子公司,其损失与收益可以相互抵消,整体不利影响将减小。

2. 财务风险管理策略

跨国经营企业可以通过投融资多元化、赊账买卖多元化、货币组合多元化、提前或推迟收付、外汇买卖合同或借款等来防范外汇财务风险。鉴于跨国经营企业处于国际化的财务环境中,与世界各地的金融机构保持密切联系,有丰富多样的金融工具,有前沿创新的技术手段,有及时准确的信息渠道,这些都将为跨国经营企业争取到低成本的资金和低风险的机会。

3. 外币风险管理策略①

应对外币风险的策略如下:可以通过不以外币计价结算,来彻底消除外汇风险;还可以通过自主选择计价结算的外币种类,来减少外汇风险;或者使同一种外币所表示的流向相反的资金数额相等,来实现完全抵消。

4. 时间风险管理策略

外汇也会存在一些由时间造成的风险。为了彻底消除外汇风险,可以将未来的货币兑换提至现在进行,也可以通过预测汇率波动,锁定一段期间以进行外币收付,在一定程度上减少外汇风险。

除了以上外汇风险管理策略外,跨国经营企业应当建立完善、成熟、高效的外汇风险管理体系,建设外汇风险管理部门或小组专门负责海外子公司的财务事项,调整外汇风险管理人员的招聘制度,加强相关专业人员的培训方案,使其同时具备财务会计、风险管理、内部控制、信息技术等能力,从而全面提高跨国经营企业应对外汇风险的能力。②

跨国经营企业可以考虑从以下三方面提高外汇风险管理能力:(1) 高度重视:时刻关注海外子公司经济业务与交易往来,一旦发现可能存在的外汇损失,立即召集外汇风险管理团队制定应对措施,通过选择恰当的风险管理技术及时止损;(2) 多种方法:可供选择的外汇风险管理技术较多,但未必每种方法都适合所有的跨国经营企业,根据企业集团所处行业、发展阶段以及所在的金融市场发达程度,灵活选择并组合多种外汇风险管理方法;(3) 最大收益:准确计算外汇风险管理技术的成本与收益,以净收益最大化为目标,力求做到避险效果相等时成本最小或者成本相同时避险效果最大。

课后练习题

1. 跨国经营财务管理的内容有哪些?
2. 跨国经营财务管理的模式有哪些?分别存在哪些优点和缺点?
3. 跨国经营融资方式有哪些分类?
4. 跨国经营现金管理的目标有哪些?方法有哪几种?

① 参见黄伟如:《出口业务的汇率风险防范》,载《金融与经济》2006年第1期。

② 参见赵运章:《跨国公司外汇风险管理初探》,载《国际经贸探索》1992年第12期。

5. 外汇风险可以分为哪几种？简要介绍几种防范外汇风险的管理技术。

6. 跨国经营外汇风险管理策略有哪些？

章末案例

中集集团的信用融资①

中国国际海运集装箱(集团)股份有限公司(简称中集集团),是世界领先的物流装备和能源装备供应商,总部位于中国深圳。公司致力于在如下主要业务领域:集装箱、道路运输车辆、能源和化工装备、海洋工程、物流服务、空港设备等,提供高品质与可信赖的装备和服务。支持这些业务蓬勃发展的有:提供专业资金管理的财务公司,以及提供融资服务的融资租赁公司。就市场占有率而言,中集有10多个产品持续多年保持全球第一。

作为一家为全球市场服务的跨国经营集团,中集在亚洲、北美、欧洲、澳洲等地区拥有200余家成员企业,客户和销售网络分布在全球100多个国家和地区。2013年,6.4万优秀的中集员工,创造了578.7亿元的销售业绩,净利润21.1亿元。2016年8月,中集集团在"2016中国企业500强"中排名第232位。2018年10月11日,福布斯发布2018年全球最佳雇主榜单,中集集团位列第367位。2019年9月,中国制造业企业500强榜单发布,中集集团位列第89位。

2000年3月,中集集团完成一项耗时一年半的大工程:与荷兰银行合作,成功达成3年期8000万美元的应收账款证券化融资项目,从而开创了国内企业通过资产证券化途径进入国际资本市场的先河。

资产证券化(简称ABCP)于20世纪70年代末兴起,是一种国际流行的融资方式。应收账款因其流动性好,较易被证券化。除了已经发生的账款外,一些未发生的、可预期的现金收入也可以证券化,比如民航公司可预期的机票收入等。中集财务管理部经理助理张力介绍说,在使用应收账款证券化这种融资方式之前,中集主要采用商业票据进行国际融资,于1996年和1997年分别发行了5000万美元和8000万美元的1年期商业票据,但是这种方式的稳定性直接受到国际经济和金融市场的影响。在1998年,由于亚洲金融危机的影响,部分外资银行收缩了在亚洲的业务。经过多方努力,中集虽然成为金融危机后国内第一家成功续发商业票据的公司,但规模降为5700万美元。为保持资金结构的稳定性并进一步降低融资成本,中集集团希望寻找一种好的办法替代商业票据。这时一些国外银行向他们推荐应收账款证券化,经过双向选择,中集决定与荷兰银行合作,采用以优质应收账款作支持来发行商业票据的ABCP方案。

为此,中集首先要对上亿美元的应收账款进行设计安排,结合荷兰银行提出选优良的应收账款组合成一个资金池,然后交给信用评级公司评级。中集委托两家国际知名的评级机构:标准普尔和穆迪,得到了A1+(标准普尔指标)和P1(穆迪指标)的分数,这是

① 摘编自张建:《企业资产证券化融资相关财务风险——基于中集集团的案例分析》,载《会计之友》2011年第20期。

短期融资信用最高的级别。凭着优秀的级别,这笔资产得以注入荷兰银行旗下的资产购买公司 TAPCO 建立的大资金池。TAPCO 公司是国际票据市场上享有良好声誉的公司,其大资金池汇集的几千亿美元的资产,更是经过严格评级的优良资产。由 TAPCO 公司在商业票据(CP)市场上向投资者发行 CP,获得资金后,再间接付至中集的专用账户。项目完成后,中集只需花两周时间就可获得本应 138 天才能收回的现金,而作为服务方的荷兰银行则可收取 200 多万美元的费用。

中集之所以成功,首先是因为 20 多年来没有出现过一笔坏账。中集有一批高质量的国际化客户群,客户 90%以上属于国际经合组织成员国,不少客户本身又是荷兰银行等投资机构的合作伙伴。其次,应收账款的期限也是一个重要因素。一般来说,半年之内的应收账款,银行较为接受,此次中集的应收账款基本上是 120 多天的期限。另外,银行对应收账款涉及的国家也有要求,发达国家的客户应收账款,较易证券化。最后是企业内部管理良好,国外银行非常重视这一点。企业能否在较快的时间内拿出完整的、细致的应收账款数据,其实从一个侧面反映了一个企业的内部管理水平。中集此次卖出的 8000 万美元应收账款,涉及几千张订单,对中集的内部管理是一次考验。过去中集的应收账款都是由各子公司分别登记,集团总部根本不能一下说出整体的情况。通过这次融资,中集利用电子网络对集团每一笔应收账款进行及时的登记、更新、报送、出售,将原有分散于各子公司的应收账款管理集中并加以规范,从而从总体上提高了集团的管理水平。

讨论题

1. 中集集团信用融资的优点是什么?
2. 中集集团是如何利用信誉融资的?
3. 中集集团该如何对可能发生的财务风险进行规范?

本章参考文献

Sherman, H. D. , Young, S. D. , 财务管理的六大雷区,载《中外管理》2003 年第 5 期。

〔美〕艾伦·C. 夏皮罗、奥图亚·沙林:《跨国公司财务管理基础》,蒋屏译,中国人民大学出版社 2010 年 1 版。

查志焕:《中国农业银行 S 分行房地产开发贷款风险管理研究》,载《吉林大学》2015 年第 6 期。

陈瀚宇:《浅谈我国跨国公司的外汇风险管理》,载《中国商论》2019 年第 6 期。

池国华:《华润集团的 6S 管理体系》,载《经济管理》2006 年第 11 期。

储海林等:《浅谈跨国公司的营运资金管理》,载《财金贸易》1996 年第 4 期。

冯建玲:《企业集团财务组织设置及管理体制设想》,载《中小企业管理与科技》2008

年第5期。

韩震主编：《国际企业管理》，东北财经大学出版社2018年版。

黄伟如：《出口业务的汇率风险防范》，载《金融与经济》2006年第1期。

蒋冠宏、曾靓：《融资约束与中国企业对外直接投资模式：跨国并购还是绿地投资》，载《财贸经济》2020年第2期。

孔淑红、梁明编著：《国际投资学》，对外经济贸易大学出版社2001年版。

李朝民：《利率互换案例分析》，载《经济经纬》2003年第11期。

李东艳：《关于中小企业融资难问题的探讨》，载《北方经济》2008年第9期。

李尔华编著：《跨国公司经营与管理》，首都经济贸易大学出版社2001年版。

李洪辉、史丹：《跨国公司财务管理》，经济科学出版社1996年版。

李慧敏：《集团公司财务管理模式探讨》，载《当代经济》2011年第9期。

李志刚：《如何利用国际融资性租赁》，载《决策探索》1991年第6期。

刘昌阳、尹玉刚、刘亚辉：《海外经营、东道国风险与债券发行利差——来自中国公司债券市场的经验证据》，载《经济与管理研究》2020年第2期。

刘建强：《外汇风险管理方法》，载《中国期货业协会第十届中国期货分析师暨场外衍生品论坛论文集》2016年。

卢进勇、郜志雄、刘恩专编著：《跨国公司经营与管理》，机械工业出版社2017年版。

毛付根、林涛主编：《跨国公司财务管理》，东北财经大学出版社2008年版。

裴平编著：《跨国公司经营学》，南京大学出版社1992年版。

秦世勇：《跨国公司现金管理研究》，载《合作经济与科技》2004年第1期。

吴宇等：《跨国公司融资的来源及策略》，载《国际金融研究》1992年第3期。

薛崇梅：《企业财务管理的地位及加强企业财务管理的方法》，载《财经界(学术版)》2015年第9期。

杨国亮编著：《跨国公司经营与管理》，中国人民大学出版社2008年版。

杨建新：《如何加强企业集团财务控制》，载《财政监督》2007年第8期。

张冬梅：《浅谈企业营运资金管理》，载《现代商业》2012年第4期。

赵运章：《跨国公司外汇风险管理初探》，载《国际经贸探索》1992年第12期。

中南：《国际企业的投资风险及其管理》，载《国际商务研究》1994年第10期。

周传丽：《跨国公司风险管理新走势》，载《理财杂志》2005年第6期。

周浩明、龚治国：《国际金融理论与实务》，电子工业出版社2013年版。

第十四章　全球运营与国际采购

【本章学习目的】

通过本章学习，你应该能够：

- 理解全球运营管理的主要内容
- 掌握全球制造的含义
- 了解全球制造的类型
- 分析全球供应链的特点
- 把握国际采购的发展趋势

引导案例

小米公司的全球运营与国际采购①

小米公司成立于2010年，是一家专注于智能硬件和电子产品研发的全球化移动互联网企业，同时也是一家专注于高端智能手机、互联网电视及智能家居生态链建设的创新型科技企业。小米公司创造了用互联网模式开发手机操作系统、发烧友参与开发改进的模式。小米还是继苹果、三星、华为之后第四家拥有手机芯片自研能力的科技公司。

小米在全球化起步阶段，首先选择了在东南亚地区的部分国家发展尝试。2014年2月，小米首先进入新加坡市场，与当地运营商SingTel、StartHub和M1达成相关协议进行分销。同年，小米于5月、6月、7月和9月先后进入马来西亚、菲律宾、印度和印度尼西亚市场，进一步扩大了自己的国际竞争力和影响力。2015年7月，在雨果·巴拉的国际市场团队带领下，小米尝试进入巴西市场，但由于种种消极影响，又不得不退出新市场。2016年6月，小米与当地经销商达成合作进入俄罗斯市场。此后，小米的海外市场进入在2017年迎来兴盛的转机，完成了拉美市场以墨西哥为起点和欧洲市场以西班牙为起点的全新进入尝试。

对于小米公司本身来说，国内市场同行业竞争激烈，能够占领的市场份额有限。同时从国家层面来看，我国经济在飞速发展，总量也达到了一个非常可观的程度；与此同时，经济增速在逐渐放缓，仅依靠国内市场已经不能满足经济增长的需求。开拓国际市场可以为小米争取到更多的客户群体和消费有生力量，而且国际市场为小米的增长提供更多的土壤，更多新的机遇。小米进入海外市场之后，可以合理运用所在国的资源及东道国的可取资源，为自己争取更大的优势。同时，小米以国内市场为根据地，开拓好国外市场，在其他发展中国家和发达国家也建立起中枢机构，从而可以优劣势自身形成互补。

---

① 摘编自邓晓诗：《国际化战略下小米公司的海外市场进入浅析》，载《现代商业》2018年第17期。

在供应链模式上，小米采用饥饿营销、缩短供应链的方式，依靠专业的代工厂为其代工，减少中间代理商和流转环节，直接对接生产商与用户。其生产营销模式为：(1) 戴尔模式的供应链管理：实现零库存，按需定制。(2) 用户自定义手机：发烧友可以随时跟踪小米手机的开发过程，提出对产品的修改意见，确认正确的意见会被小米开发团队采纳。(3) 类 PC 生产：智能手机产业也会跟目前的 PC 产业一样，供应链会标准化。

2015 年，小米宣布开启印度本土生产，同年与富士康合作，开设第一家工厂。之后，又于 2017 年设立第二家手机工厂和首家移动电源工厂。迄今为止，小米在印度销售的 95%以上的手机都是印度本土生产。小米还与富士康合作，在印开设首个用于 PCB 板组装的表面贴装工厂。小米手机部代工厂管理负责人乔童虎也曾称小米 9 的摄像头由多个工厂配合完成制造，其中任何一个环节出现问题，都会导致生产速度下降。“比如说，我们会从越南生产零件，再运到三星(的工厂)，三星把它们的光学模组合在一起，再运到富士康。”

小米创始人雷军对于小米帝国的供应商管理高度重视，从 2014 年开始每年召开供应商大会与供应商深入互动，力保小米手机的供应环节畅通无阻。小米的供应链版图覆盖全球，并且以互联网“预售”所形成的规模效应为纽带，将顶级的电子零部件供应商捆绑在一起，包括代工的富士康和英业达、芯片制造商高通和联发科、面板提供商友达，还有开发驱动 IC 方案的联咏、相机镜头厂大立光等。据统计，仅仅国内与小米长期合作的供应商就超过 100 家，其中上市企业 12 家，为小米提供不同的芯片、结构件等手机零配件。与供应商长期而深入地捆绑在一起，小米才有了将供应链成本“压榨”到极致的资本——通常通过谈判的模式，以小米生态中积累的海量用户带来的规模效益为筹码。

小米的供应链相对于同行来说较为简单，所以供应链领域的深度是其弱点。对于供应商即将发生或已经发生的供应问题，小米往往缺乏必要的前瞻性和预测性以及妥善的处理，导致了小米手机在订购和供应环节常常处于停滞的情况。想要摆脱供应商的束缚，就必须改变对某一个供应商的过度依赖，建立与供应商之间稳定的合作伙伴关系，拥有更强的整合供应链的管理能力。

受供应链模式及生产营销模式的限制，小米的生产运营以库存最小化且保证供应链的流畅运转为目标，并根据产品不同的特性制定自己的产品迭代计划。小米的供应链简单，使得小米对供应链领域了解不足，一旦供应商出现问题，那么对小米整条供应链的影响是非常大的。

思考题

1. 小米公司全球运营管理有什么特点？
2. 小米公司对企业的全球运营有什么启示？

20 世纪八九十年代以后，经济全球化和一体化席卷世界每一个角落，有人提出“世界是平的”,世界正日益变成一个地球村。① 经济全球化带来国际分工的进一步深化,生产过程的不断细分化与复杂化,一件产品的生产可能要经过十几道加工环节,其中要转厂好几次,其生产过程甚至会涉及几个国家;经济全球化使大多数制造企业面临前所未有的竞争,竞争压力加剧;经济全球化引发制造企业不断走出国门开发全球市场。为了更好地迎接经济全球化的挑战,并充分利用其带来的机遇,许多企业正竞相实施全球运营管理战略。

第一节 全球运营管理

近年来,现代企业的生产经营规模不断扩大,产品本身的技术和知识密集程度不断提高,产品的生产和服务过程日趋复杂,市场需求日益多样化、多元化,世界范围内的竞争日益激烈,全球运营管理成为现代企业的重要课题。企业运营管理要控制的主要目标是质量、成本、时间和柔性,它们是企业竞争力的根本源泉。

一、运营管理的含义

运营管理(operations management)是对运营过程的计划、组织、实施和控制,是与产品生产和服务创造密切相关的各项管理工作的总称,是对生产和提供公司主要产品和服务的系统进行设计、运行、评价和改进。美国运营管理协会(APICS)对运营管理的定义是:运营管理是应用设计工程、工业工程、管理信息系统、质量管理、生产管理、库存管理、会计以及影响机构运作的其他职能,对生产或服务机构进行有效的规划、利用和控制。运营管理目标是在需要的时候,以适宜的价格,向顾客提供具有适当质量的产品和服务。

“运营管理”这一术语是由“生产管理”演变而来的,近20年来,学界对于生产的理解逐渐深化:生产不仅指对有形产品的制造,同时还包含对无形产品——服务的提供;它是指将生产要素投入转换为有形产品和无形服务产出,通过创造效用而增加附加价值的过程。近些年来,学术界对产品概念的最新定义又突破了有形产品与无形产品的界限,认为还应包括在观念、思想等指导下的社会行为。

传统上的生产管理,关注制造业企业产品生产过程管理,如美国运营管理协会之前名称为“美国生产与库存控制学会”,它有明显的生产、库存管理痕迹。现代运营管理还包括众多企业服务提供过程的管理。生产力的不断发展使得大量生产要素转移到商业、交通运输、房地产、通信、公共事业、保险、金融和其他服务性行业及领域,生产概念扩展为不仅包括有形产品制造,而且包括无形服务提供。随着服务业的兴起,生产的概念进一步扩展,逐步容纳了非制造的服务业领域,即不仅包括有形产品的制造,而且包括无形服务的提供,实施有效的运营管理越来越重要。

二、全球运营管理内容

近年来,许多跨国经营企业逐渐发展成为“空壳子公司”,全球化采购,集中化生产,

① 参见〔美〕托马斯·弗里德曼:《世界是平的》,何帆等译,湖南科学技术出版社2006年版。

全球化销售，大部分的任务都交由世界各地的分公司解决，总部只起指挥管理决策的作用。它们遍布世界各地的供应商、制造商以及零售商们联系密切，反应敏捷，为企业共同谋取更高的经济效益。

传统的运营管理覆盖三大领域：采购与供应管理、生产运营管理、物流管理。运营管理不仅是对主要商业活动的管理，其价值更体现在对这些系统的设计、运作和改进上。

随着全球经济一体化趋势的加剧，越来越多的企业开展了全球化运营，使全球运营成为现代企业运营的一个重要分支，全球运营管理成为运营学的一个重要组成部分。对跨国经营企业而言，全球运营管理的核心价值观是满足全球顾客需求。在全球化和本地化的两重压力下生存和发展，全球管理面临的运营环境更加复杂，管理内容更加广泛和富有挑战性，包括全球运营规划、全球运营管理布局、全球供应链管理、全球客户与供应商关系、全球附属机构的协调和管理等。全球运营管理具体内容则包括：运营与服务战略、生产流程再造、精益生产、生产目标和计划管理、品质管理、供应链管理（供应链优化与库存管理、战略联盟与外包、全球物流）以及运筹系统的分析和系统模拟等。

三、全球运营管理模式要素

2009 年，埃森哲管理咨询公司提出全球化运营模式的五个要素，即领导力、人员素质、组织结构、流程与技术和考核标准。一般，发达国家企业倚重组织结构、流程与技术、考核标准等硬性要素，而新兴市场国家企业往往强调员工和领导力等软性要素。全球运营模式要想获得成功，需要五大要素彼此协同运作，并与东道国环境和本国环境相符；全球运营模式架构还需要在软性要素和硬性要素之间取得平衡。

在组织架构方面，新兴市场跨国公司一般缺少正式的横向组织结构调整国际业务，当它们逐渐拓展全球化领域时，仅靠非正式的联系越来越不能满足要求。相较之下，发达市场跨国公司主要依靠其正式的组织架构调整其国际业务：采用详尽的财务和预算控制机制支持的多部门架构已融入发达国家的透明和问责文化。许多致力于宽广多极区域的跨国公司正努力采取一种基于网络关系的架构，代替其多部门架构。

在流程及技术方面，正式的管理流程和技术非常重要，许多新兴市场公司的成功运营模式在于能够坚持以员工和领导力为重点的同时，加强建立组织结构、技术与流程。例如，华为公司采用国际化的全球同步研发体系，聚集全球最先进的技术、经验和人才进行产品的研究开发，使得公司产品一上市，技术就能做到与全球同步。

在考核标准方面，对于人才管理和激励、奖励和晋升来说，新兴市场跨国公司似乎更加重视忠诚度、亲属关系及政治联系，而较少重视正规的个人绩效指标；发达国家跨国公司则非常强调考核的标准化。

在领导能力和人员素质方面，新兴市场企业往往强调员工和领导力等软性因素，在人员素质方面，新兴市场跨国公司的全球运营模式主要依赖于人际沟通技巧；对于发达国家的跨国公司来说，广泛、正规的国际人力资源管理流程是管理重点。走出国门以后，往往面临着运营模式的新融合，如对位于发达市场的业务部门，中国跨国公司往往会融合更多发达市场的惯例，但在其国内业务部门则仍然保留地方特色。

第二节 全球化制造

全球化制造是跨国经营企业优化资源配置、产业结构调整的需要,是规模经济的需要,生产在全球组织,竞争也在全球展开,经济全球化的发展为企业的全球化制造提供了条件。

一、全球化制造内涵[①]

全球化制造与产品价值链的分工紧密相关。"价值链"(value chain)这一概念是由哈佛大学著名战略管理专家迈克尔·波特首先提出来的,他指出公司的价值创造过程主要由基本活动(含生产、营销、运输和售后服务等)和支持性活动(含原材料供应、技术、人力资源和财务等)两部分完成,这些活动在公司价值创造过程中是相互联系的,由此构成公司价值创造的行为链条,这一链条就称为价值链。[②] 他当时讨论的价值链只是企业内部的劳动分工,是企业内部的价值链生产和经营。

20世纪90年代中期以来,越来越多的企业走出国门,把生产经营活动扩展到全世界范围,一些经济学家把波特的价值链理论应用于研究全球不同的企业在价值链中的分工,认为不仅公司内部存在价值链,一个公司价值链与其他经济单位的价值链也是相连的,任何公司的价值链都存在于一个由许多价值链组成的价值体系中,当该体系中各价值链的分工跨越国界时,就形成全球化制造。

所谓全球化制造,指的是某一产品价值链由不同国家的不同企业共同生产完成。这时,生产的国家边界被突破,生产的企业边界也被突破,企业内部的生产经营行为延伸到其他企业。在生产经营分工的基础上,企业之间的关系体现在各自从事同一产品价值链不同部分的生产。全球化制造是从事制造业的企业积极参与国际分工,充分利用国际资源,开展国际合作与竞争,由国内企业发展成为跨国经营企业的过程。全球化制造的基本思想是利用全球资源,开发全球市场,追求全球效率,以及获得全球化的附加价值。

多数企业拥有自己的生产制造设施与技术,产品完全由自己制造;也有一些企业自己负责价值链中的设计开发和销售环节,而把制造外包给海外公司。全球化制造包括两层含义:

一是业务的跨国界扩展,即单个企业(主要指跨国公司)的全球化制造向纵深推进,其跨国经营的分支机构在数量和地域上极大地扩展,在组织安排和管理体制上跨国延伸。例如,某一产品的价值链由设计开发、加工制造和营销三个部分组成,其中设计开发在A国完成,加工制造在B国和C国完成,营销则在D国完成。

二是业务跨国界外包,指建立以价值增值链为纽带的跨国生产体系,跨国经营企业只负责企业间价值链的某几个环节,其他环节由位于不同国家的其他企业完成。目前,进行全球化制造的跨国经营企业相当多数是只负责产品的设计开发与营销,而不进行加

---

① 参见周宝根:《全球化生产的含义、方式与意义》,载《求实》2005年第6期。

② 参见〔美〕迈克尔·波特:《竞争优势》,陈小悦译,华夏出版社1997年版,第32—53页。

工制造。例如，作为经营运动鞋的著名企业，耐克公司并不生产运动鞋，只负责鞋的设计开发与营销，其产品全部由供应商加工制造。

二、全球化制造方式

全球化制造的常见方式是在不同国家或地区建立工厂，以接近市场、获得资源、节约成本、降低风险，发挥跨区域生产的优势。例如，欧洲空中客车公司生产的A300和A310宽体客机，由德国负责生产机身，英国负责生产机翼，西班牙负责生产尾翼，而在法国总装，把欧洲各国飞机制造的优势结合在一起，取得了成功。根据海外工厂所起作用的不同，可以将其分为七种类型：①

（1）境外型工厂。这类工厂中基本上没有真正的有关产品或工艺的“工程活动”，主要功能是利用当地廉价的土地、能源、劳动力等生产要素为本国工厂提供零件或半成品。

（2）资源型工厂。这类工厂比境外型工厂多一个更重要的功能，即在获取廉价生产要素的同时，负责实施为公司提供特定零件、产品或工艺过程的关键环节。一般而言，这类工厂有较多的技术人员和管理人员，且在原材料采购、生产、计划、工艺变化及销售等方面具有较大的自主权。

（3）服务型工厂。这类工厂与境外型工厂类似，对其投资维持在能正常运转的最低水平，但是，它们在材料流及信息流的管理上有更大的自主权。这类工厂的功能主要是为特定国家或地区的市场服务。

（4）贡献型工厂。这类工厂与资源型工厂类似，是最新工艺技术、最新计算机系统测试和新产品的推广基地，是整个公司活动范围内的重要环节，甚至可以与公司在本国的工厂竞争。这类工厂的主要功能是服务于特定国家和地区的市场，为公司开发服务和提供知识服务。

（5）前哨型工厂。这类工厂通常位于具有先进技术的供应商、竞争对手、顾客或研究基地的所在地区，设有收集信息的专门机构。主要功能是收集信息，掌握先进科技，把握市场动态。

（6）接近市场型工厂。迫于东道国或第三国的进口政策压力，公司在海外设立组装工厂，其作用在于避开贸易壁垒，使产品顺利进入东道国或第三国市场。

（7）领导型工厂。这类工厂是企业满足全球市场需要的某些产品唯一的生产者或主要的生产者。作为总部的伙伴，这类工厂为企业开发特定的产品，具有特定的生产能力，所开发的技术不仅提供给总部，而且可以为自己所用。

全球化制造的另一种常见方式是业务跨国界外包，从承接方视角看，承包内容和程度各不相同，企业间的合作方式呈现多种状态，主要合作方式有原始设备制造、原始设计制造、原始品牌制造。

（1）原始设备制造商（original equipment manufacturer，OEM），简称“代工生产”，是指加工制造企业按照采购者提供的设计方案生产并以采购者的品牌销售产品。这种模式对经销商、品牌商品制造商来说就是将生产过程转给其他单位的生产外包。例如，摩

① 参见符正平主编：《公司国际化经营》，中国人民大学出版社2004年版，第183、184页。

托罗拉(Motorola)公司将其设计开发的通信产品以 OEM 方式交给在中国的企业生产(这些从事加工制造的企业被称为原始设备制造商),耐克公司将其设计开发的运动鞋以 OEM 方式交给中国、韩国的企业生产。

(2) 原始设计制造商(original design manufacturer, ODM),简称“设计外包”,指的是委托企业(品牌企业)提出产品的大致要求后,受委托企业通过自己后期的研究开发,最终生产出成品,该受委托企业被称为原始设计制造商。OEM 和 ODM 两者的相同点在于,它们都是贴牌生产,即加工制造出来的产品贴的是委托企业的品牌;不同点在于,原始设备制造商完全只是按单生产,而原始设计制造商则加入自己的设计开发。ODM 可以减少卖主推出产品的时间,降低产品研发费用,提高市场反应速度。

(3) 原始品牌制造商(original brand manufacturer, OBM),是指加工制造企业在具备生产能力之后,生产自有品牌的产品,该企业被称为原始品牌制造商。例如,中国台湾宏基(Acer)电脑早先专门为 IBM 这样的大公司做 OEM 业务,后来逐渐发展成为拥有自有知名品牌的原始品牌制造商。目前,不少原始品牌制造商同时也从事 OEM 业务。

三、国际新型生产方式

1. 精益生产

精益生产(lean production, LP)又称精良生产,是麻省理工学院在一项名为“国际汽车计划”的研究项目中提出来的。他们在做了大量的调查和对比后,认为日本丰田汽车公司的生产方式是最适用于现代制造企业的一种生产组织管理方式,称为精益生产,以针对美国大量生产方式过于臃肿的弊病。

精益生产是通过系统结构、人员组织、运行方式和市场供求等方面的变革,使生产系统能很快适应用户需求的不断变化,并能使生产过程中一切无用、多余的东西被精简,最终达到包括市场供销在内的生产的各方面最好的结果。其中,“精”表示精良、精确、精美;“益”表示利益、效益等,其核心是消除一切无效劳动和浪费。它把目标确定在尽善尽美上,通过不断地降低成本、提高质量、增强生产灵活性、实现无废品和零库存等手段确保企业在市场竞争中的优势,同时,精益生产把责任下放到组织结构的各个层次,采用小组工作法,充分调动全体职工的积极性和聪明才智,把缺陷和浪费及时地消灭在每一个岗位。

精益生产的特征体现在工厂组织、产品设计、供货、顾客和企业管理五个方面。对外以用户为“上帝”,对内以人为中心,在组织机构上以精简为手段,在工作方法上采用“team work”和“并行设计”,在供货方式上采用“JIT”(准时生产),在最终目标方面为“零缺陷”。精益生产方式生产出来的产品品种能尽量满足顾客的要求,而且通过对各个环节采用的杜绝一切浪费(人力、物力、时间、空间)的方法与手段满足顾客对价格的要求。精益生产方式要求消除一切浪费,追求精益求精和不断改善,去掉生产环节中一切无用的东西,每个工人及其岗位的安排原则是必须增值,撤除一切不增值的岗位;精简产品开发设计、生产、管理中一切不产生附加值的工作。其目的是以最优品质、最低成本和最高效率对市场需求作出最迅速的响应。

2. 柔性制造系统

柔性制造系统(flexible manufacturing system, FMS)是由计算机集成管理和控制的,用于高效率地制造中小批量多品种零部件的自动化机械制造系统。一般由数字控制加工设备、物料储运系统和信息控制系统组成。

传统的“刚性”自动化生产线主要实现单一品种的大批量生产。随着批量生产时代正逐渐被适应市场动态变化的生产所替换,一个自动化制造系统的“柔性”占有相当重要的位置,其柔性表现在以下方面:

(1) 可同时加工具有相似形体特征和加工工艺的多种零件;

(2) 能自动更换刀具和工件;

(3) 能方便地联网,易与其他系统集成;

(4) 能进行动态调度,局部故障时,可动态重组物流路径。

柔性制造技术是对各种不同形状加工对象实现程序化柔性制造加工的各种技术的总和。目前,FMS规模趋于小型化、低成本,演变成柔性制造单元FMC,它可能只有一台加工中心,但具有独立自动加工能力。

3. 计算机集成制造系统

1973年,约瑟夫·哈林顿(Joseph Harrington)博士首次提出了计算机集成制造系统(computer integrated manufacturing system, CIMS)的概念,即通过计算机软件和硬件,综合运用现代管理技术、制造技术、信息技术、自动化技术、系统工程技术,将企业生产全部过程中有关的人、技术、经营管理三要素及其信息与物流有机集成并优化运行的复杂的大型系统。其基本思想出发点是:(1) 从产品研制到售后服务的生产周期的全部活动,是一个不可分割的整体,每个组成过程应紧密连接安排,不能单独考虑;(2) 整个生产制造过程实质上是信息的采集、传递和加工处理的过程。

从功能上看,CIMS包括了一个制造企业的设计、制造、经营管理三种主要功能,要使这三者集成起来,还需要一个支撑环境,即分布式数据库和计算机网络以及指导集成运行的系统技术。CIMS的特点可以归纳为以下四个方面:

(1) 从科学技术、创造发明来说,CIMS是高科技密集型技术,是系统工程、管理科学、计算技术、通信网络技术、软件工程和制造技术等高科技的高度综合体。

(2) 从制造业的生产管理和经营管理看,CIMS是一个大型的一体化的管理系统。由于CIMS将市场分析、预测、经营决策、产品设计、工艺设计、加工制造和销售、经营集成为一个良性循环系统,大大增强了企业的应变和竞争能力。

(3) 从数据的共享看,CIMS将物流、技术信息流和管理信息流集成为一体,使企业中的数据共享达到一个崭新的水平。

(4) 从管理技术和方法看,CIMS是多个自动化程度不同的子系统的集成,如管理信息系统(MIS)、制造资源计划系统(MRPII)、计算机辅助设计系统(CAD)、计算机辅助工艺设计系统(CAPP)、计算机辅助制造系统(CAM)、柔性制造系统(FMS),以及数控机床(NC,CNC)、机器人等。

制造业的发展历史表明,从人的手工劳动变为采用机械的、自动化的设备,并进而采用计算机是一个大的飞跃,而从计算机单机运行到集成运行是一个更大的飞跃,作为制造自动化技术的最新发展、工业自动化的革命性成果,CIMS已成为现代企业发展的一个方向。

4. 敏捷制造

敏捷制造(agile manufacturing, AM)是20世纪90年代为应对21世纪制造业的变革而首先提出来的一个概念。敏捷制造是指制造企业采用现代通信手段,通过快速配置各种资源(包括技术、管理和人),以有效和协调的方式响应用户需求,实现制造的敏捷性。敏捷性指企业在不断变化、不可预测的经营环境中善于应变的能力,是企业在市场中生存和领先能力的综合表现。

敏捷制造是在具有创新精神的组织和管理结构、先进制造技术(以信息技术和柔性智能技术为主导)、有技术有知识的管理人员三大类资源支柱支撑下得以实施的,也就是将柔性生产技术、有技术有知识的劳动力与能够促进企业内部和企业之间合作的灵活管理集中在一起,通过所建立的共同基础结构,对迅速改变的市场需求和市场进度作出快速响应。敏捷制造比起其他制造方式的优点是:生产更快,成本更低,劳动生产率更高,机器生产率加快,质量提高,生产系统可靠性提高,库存减少,适用于CAD/CAM操作。

敏捷制造依赖于各种现代技术和方法,而最具代表性的是敏捷虚拟企业(简称虚拟企业)的组织方式和虚拟制造的开发手段。虚拟企业也称动态联盟,是为抓住一定的市场机遇而由地理上分散的不同合作伙伴按照资源、技术和人员的最优配置,快速组成临时性的同盟,以便共享资源,迅速完成既定目标。组成虚拟企业,利用各方的资源优势,迅速响应用户需求是21世纪生产方式社会集成的具体表现。

虚拟制造也称拟实产品开发,它综合运用仿真、建模、虚拟现实等技术,提供三维可视交互环境,对从产品概念产生、设计到制造全过程进行模拟实现,以期在真实制造之前,预估产品的功能及可制造性,获取产品的实现方法,从而大大缩短产品上市时间,降低产品开发、制造成本。

敏捷制造促进了制造业的全球化。近年来,全球化经营已不单是跨国公司的经营策略,中小规模企业也以全球化经营作为企业能否取得成功的主要因素来考虑。敏捷制造着眼于小规模、模块化组合和企业间合作生产,发挥众多特长企业的优势以适应变化多端的市场需求,及时抓住机遇,以极高的灵敏度响应市场,推动了制造工业的敏捷化和全球化。

第三节 全球供应链

一、供应链与供应链管理

供应链(supply chain)最早来源于彼得·德鲁克提出的"经济链",而后经由迈克尔·波特发展成为"价值链",再逐渐演变为"供应链",是生产流通过程中,涉及将产品或服务提供给最终用户的上游企业所形成的网链结构。具体而言,供应链是围绕核心企业,通过对信息流、物流、资金流的控制,从采购原材料开始,制成中间产品及最终产品,最后由销售网络把产品送到消费者手中,是将供应商、制造商、分销商、零售商,直到最终用户连成一个整体的功能网链模式。一条完整的供应链应包括供应商(原材料供应商或零配件供应商)、制造商(加工厂或装配厂)、分销商(代理商或批发商)、零售商(大卖场、百货商店、超市、专卖店、便利店和杂货店)以及消费者。

供应链管理(supply chain management, SCM)是一种集成的管理思想和方法。狭义上看,是利用计算机网络技术全面规划供应链中的商流、物流、信息流、资金流等,并进行计划、组织、协调与控制等;广义上讲,是对整个供应链系统进行计划、协调、操作、控制和优化的各种活动和过程,其目标是能够将顾客所需的正确的产品(right product)在正确的时间(right time)、按照正确的数量(right quantity)、正确的质量(right quality)和正确的状态(right status)送到正确的地点(right place),并使总成本达到最佳化。

供应链管理以市场需求为驱动,以同步化、集成化生产计划为指导,以各种技术为支持,控制和组织从原料供应到生产制造、产品销售等一体化过程。供应链管理活动主要包括:供应链设计与构造、供应链集成和战略伙伴的选择、供应链库存控制、供应链配送、供应链信息控制与支持、供应链生产计划与控制、供应链采购管理、供应链组织结构与业务流程重构、供应链绩效评价与激励机制。

二、全球供应链概念

面临市场竞争的全球化,单个企业难以在产品的所有生产和流通环节都有最强的竞争能力。未来的市场高端竞争,将是供应链与供应链之间的竞争,全球供应链(global supply chain)将成为未来企业的重要发展方向。

从广义上看,全球供应链就是在全球范围内组合供应链,它要求以全球化的视野,将供应链系统延伸至整个世界范围,根据企业的需要在世界各地选取最有竞争力的合作伙伴。全球供应链管理强调在全面、迅速地了解世界各地消费者需求的同时,对其进行计划、协调、操作、控制和优化,在供应链中的核心企业与其供应商以及供应商的供应商、核心企业与其销售商乃至最终消费者之间,依靠现代网络信息技术支撑,实现供应链的一体化和快速反应,达到商流、物流、资金流和信息流的协调通畅,以满足全球消费者需求。全球供应链是实现一系列分散在全球各地的相互关联的商业活动,包括采购原料和零件、处理并得到最终产品、产品增值、对零售商和消费者的配送、在各个商业主体之间交换信息等,主要目的是降低成本、扩大收益。

从狭义上看,全球供应链是指特定企业面向全球的供应市场、需求市场和物流服务市场,在全球范围内选择合适的供货商、销售商和物流服务商予以组建和整合企业的供应链,将企业的供应网络或分销网络不断向国外延伸,以覆盖全球供应市场获取资源或提高全球需求市场的响应速度等方式增加销售。

全球化供应链管理范畴较宽,是一种综合性的、跨国界的集成化管理模式,也是适应全球化环境的企业跨国经营的管理模式。

三、全球供应链特点

(1) 物流的国际性。国际性是指全球供应链网络跨越国界,涉及多个国家,网络覆盖的地理范围大,在不同国家或地区间进行物流活动。国际物流活动不但跨越不同国家和地区,甚至跨越海洋和大陆。因此,供应链物流系统范围更广,物流成本更高,风险也更大。

(2) 关系的复杂性。由于各国社会制度、自然环境、经营方法、生产技术和民族习惯不同,物流环境存在差异,环境适应性要求高,供应链结点企业之间的关系复杂,合作难度大。

(3) 运营高风险性。全球供应链涉及的风险主要包括运输风险、财务风险和政治风险。国际运输一般要跨越地区、海洋和大陆,存在远洋、航空、联运等多种运输方式,由于运输时间长、运转困难、装卸频繁、基础设施差异等,造成较高的运输风险。运输风险又可分为自然灾害和意外事故。财务风险又可分为汇率风险和利率风险,主要指全球供应链运营中有关的资金由于汇率和利率的变动以及通货膨胀而产生的风险,全球供应链的财务风险一般较高。政治风险是特殊外来风险,因军事、政治、国家政策法令以及行政措施等特殊外来原因所造成的风险,主要指由于链中结点企业所在国或产品运输所经过国家的政局动荡,如罢工、战争、货物被有关当局拒绝进口或没收、船舶被扣导致交货不到等原因造成的经营损失。

(4) 标准化要求高。国际物流信息具有分布广、数量多、品种多、时效性强、双向反馈、动态追踪等特征,信息技术应用涉及条码技术、数据仓库、自动分拣、自动配货、优化配送、自动收费、动态监控、全球卫星定位、因特网信息网络等物流领域,物流和信息技术含量高。要保证跨国物流的畅通性,提高整个链条运行的效率,必须要有先进且兼容的国际化信息系统以及规格标准化的物流工具和设施。

四、全球供应链体系构建

在构建全球供应链体系过程中,我们应主要处理好以下几个问题:

(1) 集中化生产问题。集中化生产主要是找到合适的工厂和产品,生产能够满足整个市场需要的产品。解决这个问题需要经过大量的调查和详细的系统分析,一般而言,集中化生产主要安排在劳动力成本低的国家,但我们应根据产品的特性安排设计、组装、运输及其库存问题,集中生产并不是所有的生产流程都在一个国家。

(2) 结构的管理问题。全球供应链使得企业结构系统更加复杂,给管理者带来了更具挑战性的问题。企业的核心竞争力在什么地方、哪些部分需要外包、哪些地方需要设立配送中心、库存需要如何控制、应设立怎样的全球化信息系统等,都需要管理者拿出更新颖、灵活的解决方案。

(3) 解决本土化问题。不同国家(地区)的文化、消费习惯等有很大的差别,许多产品不都是标准化的大批量生产,这就需要我们在集中化生产的基础上,运用延迟处理和本土化改造相结合的策略解决这些后顾之忧。

五、业务外包

业务外包(outsourcing),也称外部委托,是指随着专业分工的细化,企业为维持其核心竞争力,将组织的非核心业务委派给外部的专业公司,以降低营运成本,提高品质,集中人力资源,提高顾客满意度。业务外包是新近兴起的企业运营方式,其本质是把自己做不了、做不好或别人做得更好、更全面的事交由别人去做，是某一公司（称为发包方），通过与外部其他企业（称承包方、承接方）签订契约，将一些传统上由公司内部人员负责的业务或机能外包给专业、高效的服务提供商的经营形式。

外包根据供应商的地理分布状况划分为两种类型：境内外包和离岸外包。境内外包是指外包商与其外包供应商来自同一个国家，因而外包工作在国内完成。离岸外包是指外包商与其供应商来自不同国家，外包工作跨国完成。由于劳动力成本的差异，发包方通常来自劳动力成本较高的国家或地区，如美国、西欧和日本，承接方则来自劳动力成本较低的国家或地区，如印度、菲律宾和中国。

根据外包的内容和范围，外包可以分为加工外包和业务流程外包。加工外包（industrial subcontracting），即加工制造企业利用采购者提供的原材料从事加工生产，在我国称为来料加工。加工外包又分为两种形式：一种是原料和成品不计价，加工制造企业收取约定的加工费；另一种是原料和成品分别计价，加工制造企业通过对开信用证或付款交单的方式收取费用。加工外包是全球化制造比较原始的方式。

业务流程外包（business process outsourcing，BPO），又称商业业务流程外包、服务外包，是指提供商向客户提供特定服务业务的全面解决方案，以帮助客户减少或消除在该业务方面的费用和管理成本，从而使客户将全部精力集中于核心能力的一种服务提供方式。其本质是企业以价值链管理为基础，将其非核心业务通过合同方式发包、分包或转包给本企业之外的服务提供者，以提高生产要素和资源配置效率的跨国生产组织模式。业务流程外包将国外客户某一部分的业务内容通过互联网转移到其他国家进行处理，以降低成本，获取更高的利润，是一种新型的服务贸易形式，常见于金融、资产管理、保健、客服、人力资源、营销以及与互联网有关的其他服务中。

第四节　国际采购

个人或组织从其他人或组织购买所需的商品（有形的或无形的）以满足生产或生活需要的活动称为采购。广义的国际采购是指将采购活动扩大到国际范围内进行，这种形式早在公元 7—8 世纪就已经开始，如来自非洲的象牙、中国的丝绸、远东的香料等商品，通过跨境贸易满足不同国家人们的需要。随着 20 世纪资本主义的兴起，国际航运技术日趋成熟，英国、美国、德国、法国等国家纷纷在国际范围内采购原材料，满足机械化大生产的需要。①

一、国际采购的特点

国际采购是指超越国界的、在一个或几个市场中购买产品或服务的过程。国际采购范围涵盖了有形的物品和无形的劳务，有形的物品包括原料、辅料、机具及设备、事务用品，无形的劳务包括技术、服务和工程发包。

国际采购可以使公司以有竞争力的方式进行管理，在国际市场上成功地运营。采用

① 参见胡军、傅培华主编：《国际采购理论与实务》，中国物资出版社 2008 年版，第 32—37、130—134 页。

国际供应商而不采用本国供应商,主要依据是有利于提高产品或服务对消费者、购买者的附加值,同时也与产品的生命周期、价格、质量、技术、可用性、创新、标准、设计或样式等因素相关。国际采购从原先单一企业里的流程进化成为国际供应网链中决定供应链效率的关键环节之一。

国际采购与国内采购相比有其特殊性。国际采购主要有以下特点:

(1) 采购地距离遥远。因国际市场采购一般距离比较远,所以对货源地市场情况不易了解清楚,给选择供应商造成一定困难,供应物流过程也比较复杂。

(2) 采购的程序比较复杂。国际采购在采购前的准备,采购合同磋商、签订和履行以及争议的处理等各个方面都较国内采购复杂得多,需要了解许多国际贸易的专业知识,才能顺利完成采购任务。

(3) 采购的风险比较大。由于国际采购时间长、距离远,又涉及外汇汇率的变化,因此在运输、收货和结算等方面都面临着较大的风险。

二、国际采购的类型

根据采购主体的不同,国际采购活动可以分为以下几种类型:

(1) 以制造企业为核心的国际采购活动。例如,通用电气、通用汽车等一些技术密集型或者具有国际品牌或很大资金优势的跨国公司,作为采购龙头主导采购体系和采购市场。

(2) 以贸易企业为核心的国际采购活动。在国际上很多大的企业或者是有竞争力的企业,由于要把自身资源集中在一些核心领域,因此这些企业的很多采购活动目前都采取外包的方式。承担这种采购外包的市场主体,往往是那些在国际市场上非常活跃的贸易企业。

(3) 以大型零售集团为核心的国际采购活动。服装、鞋帽、食品等快速消费品和劳动密集型商品,往往通过跨国零售巨头进入国际市场的主流渠道。中国企业自行出口往往不能进入一些主流渠道,而跨国零售巨头却能使中国很多企业的商品进入这些渠道。

(4) 以专业采购组织和经纪人为核心的跨国采购活动。中小企业为了获得最佳商品供应和最佳零售品供应,一般委托经纪人或者是专业的采购组织为其进行服务。目前,在国际上更为流行的运作方式是这些经纪人和采购组织通过网上采购,特别是集合众多中小企业的采购要求,到中国或者是到一些低成本的国家进行采购。

三、国际采购的流程

公司在进行国际采购时,通常遵循一定的步骤,尽管各公司进行国际采购时执行的流程顺序可能会有所差异,但一般包括以下步骤:

1. 识别适合于国际采购的物品

首先要确定是否需要国际采购、什么产品需要国际采购。对于建立海外子公司的跨国经营企业而言,一般能在东道国采购到的产品都通过国际采购获得,尤其是基本的日用品、标准化产品。

2. 获取有关国际采购的信息

公司要收集关于潜在供应商的信息，确定候选供应商或者能够承担该任务的中介。主要信息来源包括：国际工业厂商名录、贸易展销会、贸易公司、驻外代理机构、贸易咨询机构、国外的合作伙伴等。

3. 评价供应商

公司应制定评价供应商的标准，有时可以用少量或试验性订货建立供应商的绩效跟踪记录。在对国外供应商进行评价时，要考虑下述问题：

(1) 国内资源获取与国外资源获取之间是否存在显著的成本差别？

(2) 国外供应商能够长期保持这些差别吗？

(3) 国外供应商提供的价格稳定性如何？

(4) 供应渠道增长以及平均存货增加所带来的影响如何？

(5) 供应商的技术和质量能力怎样？

(6) 供应商能否协助进行新的设计开发？

(7) 供应商是否应用严格的质量控制技术？

(8) 供应商是否具备稳定的装运进度？

(9) 供应商要求多长的前置期？

(10) 能否与供应商建立长期的合作关系？

(11) 与供应商合作是否能够保证技术专利和所有权的安全？

(12) 供应商是否值得信赖？

(13) 国外供应商如何影响企业与国内供应商的关系？

4. 签订购买合同

确定了合格的供应商之后，买方就要征求供应商的建议书。如果外国供应商并不具备竞争力(通过评价建议书确定)，那么采购员则会选择国内供应商。如果外国供应商能够满足买方的评价标准，那么买方就可以与供应商磋商合同条款了。合同条款一般包括质量、价格、批量、交货期、包装、支付货币、支付条款、技术支持等。无论与哪个供应商合作，买方都要在合同的整个有效期内对供应商进行持续的绩效考察。

四、国际采购的发展趋势

经济的全球化，使企业在一个快速变化的新世界和新经济秩序中生存与发展，采购行为已成为企业的重大战略。国际采购目前的发展趋势有：从为库存而采购到为订单而采购，从对采购商品的管理到对供应商资源和能力的管理，从传统采购到电子商务采购，采购方式从单元化到多元化，并开始普遍注重供应商的质量保证能力、履行企业社会责任的状况等。

1. 越来越重视减少库存

在商品短缺的状态下，为了保证生产，必然形成为库存而采购，但在如今供大于求的状态下，为订单而采购则成了一条铁的规律，零库存或少库存成了企业的必然选择。制造订单是在用户需求订单的驱动下产生的，然后制造订单驱动采购订单，采购订单再驱动供应商。这种准时化的订单驱动模式可以准时响应用户的需求，从而降低库存成本，提高物流的速度和库存周转率。

2. 越来越重视供应商拥有的资源

在选择供应商时,从对采购商品的管理发展到对供应商拥有资源的管理,不仅考查所采购的商品,也考核供应商所拥有的资源和能力。跨国采购一般考察四个基本要素,即价值流、服务流、信息流与资金流。价值流代表产品和服务从资源基地到最终消费者整个过程中的价值增值性流动,包括供应商对产品和服务的修改、包装、个别定制、服务支援等增值性活动;服务流主要指基于客户需求的物流服务和售后服务系统,即产品和服务在多级供应、核心企业以及客户之间高速有效的流动以及产品的逆向流动,如退货、维修、回收、产品召回等;信息流指建立交易信息平台,保证供应链成员间关于交易资料、库存动态等信息的双流动;资金流主要是现金流动的速度以及物流资产的利用率。

3. 越来越重视电子商务

传统的采购模式将重点放在如何与供应商进行商业交易的活动上,特点是比较重视交易过程中供应商的价格比较,通过供应商的多头竞争,从中选择价格最低的作为合作者。其特点是:验收检查是采购部门一个重要的事后把关工作,质量控制的难度大;供需关系是临时或短时期的合作关系,且竞争多于合作;响应用户需求能力迟钝。

电子商务采购系统目前主要包括网上市场信息发布与采购系统、电子银行结算与支付壳、进出口贸易大通关系统以及现代物流系统。随着信息技术的发展,全球制造商积极采用基于 IT 系统的采购流程,如在线询价和在线拍卖变得越来越普遍。在线采购给跨国公司带来的主要利益是:由于供应商彼此竞争,跨国公司能够快速识别和评估供应商,从而加速采购流程并获得巨大节约空间。

4. 采购方式越来越多元化

传统的采购方式与渠道比较单一,随着全球化进程的加快和技术的发展,现在逐渐向多元化方向发展,具体反映在以下几个方面:

第一是全球化采购与本土化采购相结合。跨国公司生产活动的区域布局更加符合各个国家的区位比较优势,而其采购活动也表现为全球化的采购,即企业以全球市场为选择范围,寻找最合适的供货商,而不是局限于某一地区。

第二是集中采购与分散采购相结合。采用集中采购还是分散采购,要看实际情况,不能一概而论。目前,集中采购趋势非常明显。许多全球制造商想方设法提高采购批量,以充分发挥其价格谈判的能力。实现这一目标通常有三个途径:(1) 集中一个公司不同事业部或不同地区的某些特定类型元器件的采购数量;(2) 通过一家供应商采购;(3) 尽可能使各产品的元器件标准化,以实现标准化器件更高的采购批量。但这一做法受到新产品设计阶段元器件选择的限制。

第三是多供应商采购与单一供应商采购相结合。在一般情况下,跨国公司均采用多源供应即多供应商战略,也就是在一个供应商那里的采购订单不会超过总需求量的25%,这主要是为了防止风险。但也不是供应商越多越好,许多跨国公司整合供应商以获得成本优势,将供应资源集中起来,只与少数几家供应商打交道。

第四是制造商采购与分销商采购相结合。大型企业因为需求量大,往往从制造商处直接采购,而一揽子供应合同或准时采购模式(JIT 采购)往往依赖实力很强的分销商对大量小额订单的集中处理。此外，一些企业还采用自营采购与外包采购相结合的方式。

5. 越来越重视质量保证体系的国际标准

国际采购非常重视质量和安全性，跨国公司在采购过程中不仅注重产品规格和产品质量的标准化，而且注重质量保证体系。跨国公司在选择供应厂商时往往要求厂商取得第三方质量认证，如ISO9000、QS9000等，如果厂商能够获得这些认证，它们进入国际采购系统的进度会大大加快，会在很大程度上增加跨国公司对其信任度。

6. 越来越重视供应商履行企业社会责任状况

伴随着企业社会责任理念在全球的推广，绝大多数跨国公司制定并推行公司社会责任守则，要求供应商和合约工厂遵守劳工标准，安排公司职员或委托独立审核机构对其合约工厂定期进行现场评估，即通常所说的工厂认证或验厂。例如，家乐福、耐克、锐步、阿迪达斯、迪士尼、美泰、雅芳、通用电气等跨国公司已经在中国开展社会责任审核，有些公司还在中国设立了劳工和社会责任事务部门，出口到欧美国家的服装、玩具、鞋类、家具、运动器材及日用五金等产品，必须满足劳工标准、环境保护标准的要求。

课后练习题

1. 什么是运营管理？全球运营管理的主要内容是什么？
2. 试说明全球化制造的内涵。
3. 什么是OEM？请分析OEM的优缺点。
4. 请比较几种新型国际生产方式的特点。
5. 什么是全球供应链？它有什么特点？
6. 国际采购一般包括哪几个步骤？
7. 说明国际采购的发展趋势。

章末案例

由OEM到ODM再到OBM的自主创新与国际化路径[①]

格兰仕在1978年建立之初只是广东顺德一个生产羽绒制品的小型工厂，1992年转入微波炉制造业。之后，格兰仕自主创新与国际化路径可以分为四个明显的阶段：

一、引进技术，快速扩张国内市场

1992年，格兰仕通过考察决定放弃原先利润丰厚的羽绒制品业务，转而进入微波炉制造业。总裁梁庆德多次登门拜访，聘请了上海无线电十八厂的5位微波炉专家为公司的高级工程师，建立了第一支技术队伍，奠定了企业和外国进行技术引进与合作的基础。同年，格兰仕投资400万美元从日本东芝公司引进20世纪90年代最先进的微波炉生产线及相关技术。次年，格兰仕又聘请日本的管理人员从事生产线的管理工作。通过引进

① 摘编自汪建成、毛蕴诗等：《由OEM到ODM再到OBM的自主创新与国际化路径》，载《管理世界》2008年第6期。

国外先进技术,格兰仕在劳动力低成本的基础上,迅速将其转变为高效率的产能。1993年批量生产微波炉1万台,1994年产销量达到10万台,1995年格兰仕微波炉的产销量升至25万台并获得国内微波炉25%的市场份额,占据了中国微波炉市场第一的位置。

变压器是微波炉的重要零部件,当时日本产品的价格是20多美元,而欧美企业单单成本就要30多美元。格兰仕利用自己的成本优势,从美国和日本引入最先进的生产线,帮助它们生产,以每件5—8美元的成本价向外国企业供货。但格兰仕保存设备的使用权,就是说,在保证外国企业的需求之外,余下的生产时间归格兰仕自己所有。实际上,在格兰仕24小时三班倒一周六天半的工作制度下,仅用一天时间就可以完成欧美和日本企业一周的产量,余下的时间都在生产自己的产品,节省了大笔引进设备所需的外汇,又及时扩充了产能。之后,格兰仕把这一战术反复克隆,用在微波炉其他零部件乃至整机上,先后与近200家跨国公司合作,不断地引进国外先进的生产线。这一阶段格兰仕扩张的重点是国内市场,并从成立一开始就以自有品牌,即OBM的方式进行扩展,迅速在国内建立了强大的市场地位。

二、消化吸收,基于OEM的国际化

1996年,格兰仕微波炉的年产量增至60万台,1997年快速提高至200万台。随着1996年8月和1997年10月两次幅度达到40%以上的大规模降价,格兰仕在1997年已获得了国内47.6%的市场占有率。此外,由于从引进东芝生产线时起,格兰仕就在企业内部建立了严格的质量管理制度,严把产品质量,其微波炉在1996年获得ISO9001国际质量体系认证,成为中国第一家获此认证的民族品牌产品。随后,格兰仕微波炉又先后获得德国GS、欧盟CE、美国UL、丹麦DEMKL、挪威NEMIKO等多国质量认证,这些条件促使格兰仕提出构建“世界工厂”的战略,开始进行基于OEM的国际化扩张。

1997年,当时在国内微波炉市场同样享有较高声誉的蚬华公司为了与急于在中国市场扩张的惠而浦合资,不得不放弃为其他跨国公司贴牌生产,与法国大客户翡罗利公司分手。翡罗利公司找到了正在国内迅速崛起的格兰仕,两家公司的合作从1000台订单开始。由于试用期表现良好,1998年,格兰仕获得了翡罗利10万台的大订单。自此,格兰仕微波炉开始大规模进入国际市场,并借着当时欧洲各国对LG等韩国微波炉品牌实施反倾销制裁的态势,大举进入欧洲市场,迅速填补了韩国企业退出所留下的市场空缺,进入被韩日企业垄断多年的国际微波炉制造市场。

当年,格兰仕欧洲分公司随着业务扩展的需要而成立,成为其海外市场开拓的桥头堡。格兰仕微波炉的国际市场占有率在1998年达到15%。1999年,格兰仕建成生产能力为1200万台、全世界最大的微波炉生产基地。随后,格兰仕以英、法、德三个市场为基础,逐步与欧洲大型家电生产企业联合,将产品扩展到非洲、拉美及北美市场,并和法国家乐福、德国麦德龙、法国欧尚等世界级大型连锁超市建立合作关系。格兰仕开始通过OEM的方式,基于出口战略迈出了国际化经营的第一步。

三、技术突破,OEM、ODM并存的国际化

到2000年为止,格兰仕已经在研发方面投入2亿元人民币,开发出近200项专利技术,并于2000年提出了由“世界工厂”向“全球名牌家电制造中心”转变的战略,强调“世界名牌格兰仕造”。这一战略的提出旨在弱化“工厂”所产生的低附加值的印象,用含有“研发设计”含义的“制造”一词来强化格兰仕的新形象。在2000—2003年短短4年间,

格兰仕研发投入超过10亿元人民币，其每年的技术投入保持在全年销售额3%的水平。其间，格兰仕出口的中高档微波炉设计全部采用自有专利技术，实现了OEM向ODM的转化，有效地提升了企业的价值链。

2001年7月，格兰仕美国家电研发中心成功研制出世界首台数码光波微波组合炉。这是格兰仕集团首个具有自主知识产权的专利技术，将整个微波炉行业带入数码光波时代。数码光波与微波炉的结合，产生了破坏式的创新效应，为微波炉行业设定了新的标准。产品批量上市之前，格兰仕光波炉就已赢得欧洲采购商200万美元的订单。2002年，格兰仕把在欧洲试销成功的光波炉带到国内市场，当年销售120万台。此后，微波炉便被光波微波组合炉代替，不具有光波效果的微波炉的市场价格从此一落千丈。之后，格兰仕又相继研发出球体光波、数码光波一键通等相关技术与产品，全方位开发利用光波技术，在一定时期获得了在光波领域的垄断地位。

四、自主创新，OEM、ODM、OBM并存的国际化

磁控管是微波炉加热原理的基础，相当于微波炉的心脏。作为产业的核心部件，其制造技术一直被外国企业牢牢把持。虽然在1999年已垄断国内市场并成功打入国际市场，但格兰仕并没有掌握微波炉核心技术——磁控管制造，每年需要的磁控管都由松下、三洋、东芝、三星四家公司提供，而且购买价格长期居高不下。由于2001—2004年格兰仕正在以二级、三级市场为目标扩张国内市场，降低成本迫在眉睫。为了全面掌握微波炉生产技术以降低成本，增加利润，格兰仕于2000年年底正式启动了磁控管的开发项目，并于2001年年底初步研制成功，2004年形成制造规模。2005年，集团下属的格兰仕磁控管制造有限公司正式成立，年产量1300万支。至此，格兰仕已经完全掌握了微波炉所有相关的核心制造技术。

自主创新能力的形成，为格兰仕大规模的国际化奠定了基础。格兰仕品牌的微波炉在中国早已突破70%的市场占有率，相对于单纯进行代工业务、产品仅限出口的OEM厂商来讲，在国内早已是具有垄断地位的品牌。在国际市场上，以格兰仕自主品牌销售且具有其自主专利技术的微波炉，在其2004年的出口总量中也占到了20%，与OEM和ODM形式销售的产品之间的比例达到1∶4。格兰仕并不急于大批量在国际市场上推出格兰仕牌的微波炉，而是OEM、ODM、OBM形式兼顾，逐渐完成企业的整体升级。在新产品研发方面，格兰仕在2005年推出创新的蒸汽光波、球体光波、数码光波一键通等技术和产品，2006年又推出钛晶平板光波炉，并被国家知识产权局确定为“全国企事业知识产权试点单位”。2006年年底，格兰仕提出从“世界工厂”向“世界品牌”转变，全面加强自主品牌在国际市场的推广，从而进一步明确并完善了企业的升级路径。截至目前，格兰仕的国际化已经进入基于自主创新能力的OEM、ODM、OBM并存的新阶段。

讨论题

1. 格兰仕通过OEM取得了成功，为什么还要走ODM之路？
2. 格兰仕走OBM之路会遇到哪些困难？应该如何克服？

本章参考文献

段文奇、景光正:《贸易便利化、全球价值链嵌入与供应链效率——基于出口企业库存的视角》,载《中国工业经济》2021 年第 2 期。

符正平主编:《公司国际化经营》,中国人民大学出版社 2004 年版。

甘梅霞、杨小勇:《全球产品内分工模式的演进、资本流动特征及其影响》,载《财贸研究》2015 年第 4 期。

韩明华、陈汝丹:《我国中小制造企业全球价值链升级的影响因素研究——基于浙江的实证分析》,载《华东经济管理》2014 年第 9 期。

胡国衡:《全球生产网络的经济分析:分工、组织与利益博弈》,中国经济出版社 2013 年版。

胡军、傅培华主编:《国际采购理论与实务》,中国物资出版社 2008 年版。

华小瑜:《"丰田门"对跨国经营的启示》,载《中国新时代》2010 年第 3 期。

加里·格里菲、李俊求、宋阳旨:《世界为何突然关注全球供应链》,载《国外理论动态》2014 年第 12 期。

〔美〕凯特奥拉、吉利、雷厄姆:《国际市场营销学》,赵银德、沈辉、张华译,机械工业出版社 2012 年版。

刘斌、崔文田、辛春林:《海外市场的在线生产策略选择及其竞争策略》,载《管理科学学报》2010 年第 3 期。

刘琳、蓝天:《东道国金融发展与跨国公司生产组织方式选择》,载《现代管理科学》2015 年第 6 期。

马志刚:《全球制造竞争形势新变化》,载《经济日报》2014 年 7 月 10 日。

〔美〕迈克尔·波特:《竞争优势》,陈小悦译,华夏出版社 1997 年版。

〔美〕托马斯·弗里德曼:《世界是平的》,何帆等译,湖南科学技术出版社 2006 年版。

王佳芥编著:《国际商务》,中国市场出版社 2010 年版。

吴小清、庄文琪:《我国企业在国际采购中存在的问题和策略分析》,载《经营管理者》2014 年第 16 期。

谢家平、魏航:《跨国公司全球供应链运营模式》,上海财经大学出版社 2010 年版。

阎海峰:《跨国公司网络组织》,复旦大学出版社 2007 年版。

杨长春、顾永才主编:《国际物流》,首都经济贸易大学出版社 2015 年版。

张松林、武鹏:《全球价值链的"空间逻辑"及其区域政策含义——基于制造组装环节与品牌营销环节空间分离的视角》,载《中国工业经济》2012 年第 7 期。

张勇:《拉美价值链和生产一体化的发展与中拉产能合作》,载《国际经济合作》2016 年第 11 期。

朱晓乐、黄汉权:《全球供应链的演变及其对中国产业发展的影响》,载《改革》2021 年第 4 期。

经 营 篇

第十五章　跨国经营企业的内部贸易

【本章学习目的】

通过本章学习，你应该能够：

- 了解跨国经营企业内部贸易和转移定价的含义
- 掌握跨国经营企业转移定价的方法
- 熟悉应对在华外资企业转移定价的基本策略

引导案例

葛兰素史克公司转移定价分析[①]

葛兰素史克公司（GlaxoSmithKline，GSK）是全球最大的以研究开发为基础的制药企业之一，在新药开发技术方面居世界领先地位。葛兰素公司的总部设在英国，以美国为业务营运中心。葛兰素公司在世界39个国家拥有99个生产基地，产品远销191个国家和地区，在全球拥有10万余名掌握专业技能的员工。

葛兰素公司是由葛兰素威康（Glaxo Wellcom）和史克必成（SmithKline Beecham）两家公司强强联合，于2000年12月成立的。葛兰素威康公司和史克必成公司均在英国。从功能上分析，葛兰素英国母公司承担了研发职能，拥有葛兰素公司的传统医药产品的商标及专利权。在20世纪70年代，葛兰素公司的前身葛兰素威康公司在美国成立子公司GSK，主要负责装药、成品工作以及在美国市场上营销、分销传统医药产品的功能。GSK从英国母公司处得到许可证，并向英国母公司支付特许权使用费。一开始为了使GSK盈利，特许权使用费率较低，1987年才根据独立交易原则提高了特许权使用费率。GSK做了一些和产品有关的临床试验，费用都从英国母公司处得到了补偿。所有的营销方案及计划都是由英国母公司制定并且在其他市场使用过，然后才引入美国市场的。合

---

① 摘编自贺连堂等：《美国葛兰素史可公司转让定价案分析》，载《涉外税务》2007年第10期。

并前后葛兰素母子公司各自的功能没有发生大的变化。

1994年,GSK向美国联邦税务局(Internal Revenue Service, IRS)提出预约定价(APA)申请,但未获得批准。APA涉及母子公司之间利润的分割,同样也涉及英、美两国税收利益的划分。1999年12月,英、美两国税务当局就葛兰素威康公司进行双边磋商。2000年,葛兰素威康公司和史克必成公司合并。合并后,GSK发现IRS在拒绝自己提出的APA申请的同时,却接受了当时的竞争对手史克必成美国子公司的APA申请,并达成协议。GSK认为相对竞争对手而言自己多缴纳了税,并多承担了风险,在竞争中处于不利地位,受到了不公平待遇。2004年1月,英、美双方税务当局谈判破裂。IRS认为GSK与其英国母公司之间存在转移定价问题,把大部分利润转移到了英国,因此,向GSK发出了欠税追缴通知单,涉税调整年度为1989—2005年。同年4月,GSK向法院提起第一次诉讼,2005年4月又提起第二次诉讼。经过激烈的争论,2006年9月11日,IRS与GSK达成庭外和解。

2006年9月11日,美国联邦税务局宣布成功地解决了巨头葛兰素史克公司的转移定价税务争端,葛兰素史克公司向美国联邦税务局支付34亿美元的税金,还放弃了18亿美元的应得退税款。作为回应,美国联邦税务局撤销对该公司的逃税指控。

思考题

1. 葛兰素史克公司如何实施转移定价?其目的是什么?
2. 葛兰素史克公司实施转移定价对国家会产生什么影响?

跨国经营企业的全球化目标要求企业在全球范围内组织生产,以全球利益为目标,相互配合,相互依存,这不仅促进了传统的国际贸易,而且使国际贸易产生了新内容,即跨国经营企业的内部贸易常常成为国际贸易的一部分。

第一节 跨国经营企业内部贸易的概念

一、跨国经营企业内部贸易的含义与特征

内部贸易(intra-corporation trade, intra-transaction),又称内部交易,是指单个独立法人企业的内部贸易,企业将外部市场交易内部化,或将由外部市场完成的外部采购转化为企业内部组织生产并供应内部消费。狭义的内部贸易通常指跨国经营企业的内部贸易,又称内部国际贸易,是指跨国经营企业母公司与海外子公司之间,以及子公司与子公司之间跨国界的贸易关系,是跨国经营企业组织内部的产品、原材料、技术与服务等的国际流动。

对公司内部贸易范围的确定目前尚有争议。有的认为跨国经营企业母公司通过管理、生产技术和销售协定控制着子公司的经营活动,双方具有长期的"主顾关系",两者之间进行的交易,应该看作公司内部贸易;有的认为应该以母公司与其拥有多数股权的子

公司之间的贸易确定，但母公司在子公司的股权是变动的，所以也难以确定；而比较一致的观点是，母公司与其拥有全部股权或拥有50%以上股权的子公司之间的贸易属于公司内部贸易。

需要注意的是，内部贸易不同于内幕交易(insider trading)，后者又称知情证券交易、内部人交易，是指上市公司高管人员、控股股东、实际控制人和行政审批部门等证券交易内幕信息的知情人员，利用工作之便，在公司并购、业绩增长等重大信息公布之前，泄露信息或者利用内幕信息买卖证券谋取私利的行为；是证券交易过程中违反证券市场"公开、公平、公正"的原则，侵犯投资公众的平等知情权和财产权益的行为。

1. 内部贸易产品的界定

一般说来，内部贸易的产品可分为中间产品、最终产品与知识产品。中间产品指不供应外部市场消费，只在公司内部其他工厂进一步深度加工的半成品。最终产品指无须再进一步加工，而直接供应外部市场的物质产品。中间产品和最终产品统称为物质产品，物质产品的内部贸易称为有形内部贸易。中间产品和最终产品只是相对于跨国经营企业生产链而言，与平常所说的半成品和终极消费品不同，内部贸易的最终产品也可以是半成品。如一家公司在国外投资矿山，并冶炼成钢坯，而后通过内部贸易的方式进口到国内工厂加工成钢板直接销售，此时钢坯是中间产品，钢板是最终产品。但如果该跨国经营企业又将钢板继续深加工为汽车外壳，则钢板由最终产品转变为中间产品。知识产品包括专有技术、专利技术和商标等知识产权，以及研发管理、生产组织、资产管理、人力资源开发、销售渠道、融资渠道等方面。非物质资产的内部贸易称为无形内部贸易。

2. 内部贸易在国际贸易中的地位

内部贸易是战后国际直接投资迅猛发展在流通领域的一个层面，是国际分工和企业生产国际化相结合的产物。这种跨国经营企业内部之间进行的交易，虽然跨越了国界，但交易行为的主体实际上是同一所有者，它既具有国际贸易的特征，又具有公司内部商品调拨的特征，是一种特殊形式的国际贸易。尽管公司内部贸易仍然小于公司外部贸易，但导致传统国际贸易的变化，而这种在封闭市场内进行的跨国界贸易，对当代国际贸易有相当大的影响。

联合国贸发会议(UNCTAD)根据对美国、日本和瑞典的年度统计数据以及其他国家的零散数据对全球跨国公司内部贸易的数据进行了估算：跨国公司在全球对外贸易中占有绝对份额，跨国公司的出口占全球出口总量的份额已经超过了2/3，其中一半是内部出口，也就是内部贸易出口已经占全球出口的1/3；2002年跨国公司国外子公司的销售额达176850亿美元，跨国公司的商品和非要素服务出口为52253亿美元，其中公司内部的商品和非要素服务出口达到26126亿美元，而同期全球商品和非要素服务出口为78380亿美元。

3. 跨国经营企业内部贸易的结构

内部贸易的重要性不仅表现于它在国际贸易中占据的比重，还表现在结构特征上。

(1) 部门结构。内部贸易一般来说在高技术产业中的比例较高。因为跨国经营企业在海外的经营活动，主要是利用生产技术、管理技术和销售技术上的优势在当地取得地位。这种优势的获得需要花费巨大的研究与发展费用。为了保持技术的独占性与垄断性，防止技术被模仿或被盗用，同时补偿高额的研究与发展成本，跨国经营企业大都在母公司与子公司之间以公司内部交易方式转移技术产品。西方学者经过抽样调查发现，研究密集程度与公司内部贸易程度呈正相关关系。产品研究密集程度最高的跨国公司，出口额中的公司内部贸易方式所占的比例达到一半以上；而研究密集度最低的跨国公司，其比例只占 1/5。

(2) 产品结构。内部贸易的产品主要结构是待售的最终产品和有待于加工或组装的中间产品，其主流是最终产品。据统计，1977 年美国制造业公司内部出口贸易中，最终产品占 63.1%，中间产品占 34.1%。资料表明产品的内部化率随其加工程度的提高而上升，即内部化率与产品的加工程度成正相关关系。制成品内部化率一般要高于初级产品内部化率，主要是由于初级产品流动通常是一次到位，而半制成品在转换为制成品前可能还要经过多道工序，进而在公司内部各子公司之间多次流动。

最终产品的内部化率较高，一是实行全球生产国际化的结果，为了充分利用各地生产要素的优势，按全球战略在世界各地安排最佳的产品生产点。一些发达国家鼓励本国公司在一些发展中国家的出口加工区开展加工组装业务，然后将部分最终产品返销母国。二是关税贸易壁垒的存在也使最终产品内部化率提高，将一些最终产品出口内部化可在一定程度上绕过贸易壁垒。三是最终产品出口内部化，可由自己的国外销售机构提供更好的售后服务，增强产品竞争能力，有利市场信息反馈及产品的调整和改进，扩大国外市场。

(3) 地区结构。一国经济发展水平越高，其对外贸易的内部化率越高。首先表现为发达国家的对外贸易内部化率(主要是最终产品和半制成品)高于发展中国家，其次表现为新兴工业化国家和地区的对外贸易内部化率高于发展中国家对外贸易的平均内部化率。以上这些地区的结构特征基本上与国际直接投资地区分布结构相吻合。跨国经营企业国际直接投资主体的地区分布特点决定了公司内部贸易的地区特征，在跨国经营企业国际直接投资集中的地区，公司内部贸易在这些国家对外贸易中所占的比重也比较大。

4. 跨国经营企业内部贸易的渠道

跨国经营企业内部贸易主要通过以下三种渠道进行：(1) 母公司向其分布在国外的各子公司出口，主要出口的是关键设备，用于组装的零部件、技术专利和专门服务；(2) 国外子公司向母公司出口，主要是向母公司提供廉价的原料、半成品或用于返销的制成品；(3) 国外各子公司之间的进出口，主要是相互提供原料、半成品或用于当地销售的制成品。

5. 跨国经营企业内部贸易的特点

内部贸易实际上是跨国经营企业内部经营活动的方式之一，是它们有效地利用各地资源和机会，获得最大经营效益的手段。内部贸易是在同一公司内部的不同单位间进行的，是公司自身内部商品的调拨转移，所以在交易方式和动机上有许多不同于一般国际贸易的特点。

(1) 公司内部贸易的利益原则和获利动机一般是以综合交易为基础。跨国经营企业的内部交易把国际贸易市场通过自己的跨国组织机构内部化，这种内部化的市场克服了国别限制所造成的障碍，为公司的国际生产专业化分工、资金运筹调拨、技术的转移及资源的利用提供了有利条件。

(2) 公司内部贸易的交易机制是转移价格。这种内部的不同经营单位之间完成交易的内部结算价格，不以交易双方的“互利”为条件，也不受外部市场价格影响，而是以达到一系列目的，取得整个公司的最大利润为基础。因此，它不仅是跨国经营企业利润最大化的手段，也是发挥内部贸易经营优势，增强公司竞争能力的手段。

(3) 公司内部贸易很大程度上改变了传统国际贸易方式，它创造了一个内部一体化的市场。在其中，传统国际贸易中的国别市场界限逐步缩小，即传统的“自由市场”缩小，“封闭市场”日益扩大，这是一种真正的国际一体化市场。

(4) 跨国经营企业的内部一体化市场并不是完全封闭的。商品的内部流转和外向扩散，使公司母国与子公司所在国之间建立起直接的联系机制，与当地经济也不是截然分开的，它们在原料、劳动力、资金和市场等方面都与所在国有着密切联系。

(5) 在公司内部贸易条件下，主权国往往缺乏对各种经济发展变动及影响的制约权，起支配作用的是跨国公司。

二、内部贸易对国际经济与贸易的影响

1. 内部贸易的积极影响

(1) 内部贸易有力地促进了国际贸易的发展。跨国经营企业是推动国际贸易持续发展的重要力量。二战以来，全球贸易迅速增加，跨国经营企业对此发挥了重要作用。大型跨国经营企业为获取全球竞争优势，将生产设施向全球转移，生产能力不断提高，在获取规模经济的同时，也为大规模的国际贸易奠定了雄厚的物质基础。跨国经营企业在国外通过兼并和收购国外企业，不断新建扩建子公司，并向国外子公司提供相应的设备、原材料和半成品，极大地带动了国内相关产品和技术的出口。同时，跨国经营企业母公司与子公司、子公司与子公司之间生产专业化和协作化程度不断提高，形成越来越多的公司内部贸易。内部贸易的发展不仅加强了国际经济技术的合作与交流，扩大了世界贸易规模，而且丰富了国际贸易的品种及贸易方式。1948—1997 年，国际贸易量以年均 7% 的速度增长，大大快于同期世界经济和工业生产增长速度。这些不仅与各国的经济发展和产业结构的调整以及开放的经济政策密切相关，也与跨国经营企业的内部贸易有密切的关系。

(2) 内部贸易促进了国际贸易的自由化。二战以来跨国公司在全球的扩张，不断改变着国际经济关系，推动生产、消费向全球一体化发展，全球化的标准化生产、标准化产品使全球经济更加融合。尽管目前国际贸易还在一定程度上采取贸易保护措施，但贸易自由化依然是国际贸易总的发展趋势。在跨国经营企业内部贸易日益发展的情况下，公司内部贸易导致国际贸易数量增加，跨国经营企业必然会要求尽可能减少贸易障碍。

(3) 内部贸易促进了全球范围内的国际分工。国际分工指世界上各国(地区)之间的劳动分工，是国际贸易和各国(地区)经济联系的基础。它是社会生产力发展到一定阶段的产物，是社会分工超越国界的结果，是生产社会化向国际化发展的趋势。公司内部贸易的兴起，使当代国际分工出现了新的特征，传统依靠市场调节机制的国际分工逐渐让

位于以跨国经营企业内部管理手段为调节形式的国际分工。这种新型的国际分工一方面促使生产分工更加精细,使得某个国家和某个企业只负责某个产品的某一个零部件的生产或者只是某一个工业阶段甚至工序;另一方面促使协作的范围更加广泛。

跨国经营企业为了寻求资源的最佳配置,在全球不同地区设立生产点。这种国际性的生产方式加速了国际生产专业化和协作化的发展,扩大和加深了国际分工,从而带动跨国经营企业内部贸易、跨国经营企业之间贸易以及跨国经营企业与其他企业之间的多层次国际贸易的新发展。

(4) 内部贸易影响国际贸易商品构成和流向。国际贸易的商品结构不断发生变化,其基本趋势是初级产品的贸易比重逐渐减小,工业制成品的比重日益增加。国际贸易商品结构的这种变动是与跨国经营企业对外直接投资及内部贸易的部门和行业密切相关的。在发达国家,跨国经营企业的投资集中在资本密集型的新兴产业部门;在发展中国家,东道国政府维护自然资源主权的要求迫使跨国经营企业退出某些初级产品的生产和加工部门,并增加对部分劳动和资源密集型制造业部门的投资。跨国经营企业的这种投资形式与内部贸易内容的改变,加深了产业部门内部、产业部门之间的国际分工与协作,增加了工业制成品和中间产品的贸易。

(5) 内部贸易促进了国际技术贸易的发展。随着国际竞争的日趋激烈,保持技术优势和技术含量较高的产品在公司内部流动的比率提高。据统计,目前,跨国公司控制了约90%以上的技术贸易,这其中70%—80%属于公司内部贸易。据联合国公布的资料:1965—1975年间国际技术贸易年均增长率为37%,1975—1985年间为41%,远超过世界经济和世界商品贸易发展速度。跨国经营企业内部转让技术,既不会使核心技术泄漏,又可获得巨大的利润,增强在国际市场上的竞争优势。跨国经营企业内部技术贸易创造的巨额利润,一方面激发了跨国经营企业进行研究和开发的热情,另一方面为跨国经营企业从事研发提供了大量资金。

2. 内部贸易的消极影响

(1) 内部贸易削弱了国际市场价格机制。跨国经营企业在母公司与子公司或子公司与子公司之间转移产品、服务、资金时,为了达到整体利润最大化的目的,会人为地调高或调低价格与收费,从而削弱全球市场价格机制的作用,破坏了国际市场价格与供求关系之间的联系,扰乱了原本以市场价格为基础的贸易秩序。

(2) 内部贸易改变了市场结构,扭曲了外部市场。公司内部贸易创造了一个内部一体化市场,使传统国际贸易中的国别市场界限在很大程度上消失,即前文所述传统的"自由市场"缩小,"封闭市场"日益扩大。跨国公司通过内部贸易,采用歧视性定价策略,排挤竞争对手,垄断国际市场。跨国公司在许多重要制成品和原料贸易中均处于控制地位。例如,在拉美地区,以美国为主的跨国公司操纵了这一地区小麦贸易的90%、糖料贸易的60%、咖啡贸易的85%、玉米贸易的80%、茶叶贸易的80%。另外,几家大的跨国公司控制了全球汽车贸易。总之,出于避开外部市场原因的公司内部贸易容易扭曲外部市场。

(3) 内部贸易使东道国国际贸易政策的制定更加困难。很多东道国,特别是发展中国家,引进外资的目的之一就是希望通过跨国经营企业的投资带动上游产业或下游产业的发展。然而，跨国经营企业从全球战略出发，有时宁可高价进口国外关联公司的原材料、半成品，因而降低了跨国经营企业在东道国直接投资的关联效应。跨国经营企业内部贸易的逃税、利润转移等“特殊功能”，使得东道国在制定对外贸易政策时左右为难：一方面为吸引外资和技术以发展本国经济，必须有鼓励和优惠的引资政策；另一方面为了减少跨国经营企业内部贸易给本国带来的损害，又不得不对外资加以限制。

(4) 内部贸易削弱了国家政策的效力，损害了东道国的利益。跨国经营企业生产经营的目的是在全球范围内实现“个体利益”最大化，其“个体利益”经常与国家的“整体利益”并不完全一致。公司内部贸易的双方都处于共同所有权之下，进行交换的市场是跨国经营企业内部市场，并不完全受东道国和母国的管辖，绝大多数时候也无须国家作为中介进行。跨国经营企业利用内部贸易的灵活性避开不利于自身利益的国家政策，削弱了国家财政、金融、贸易等政策效力。

内部贸易还会采用转移价格手段，达到跨国经营企业的特定目标，如将资金调出东道国，规避东道国的税收，绕过东道国的关税壁垒等。有关部门的数据表明，我国境内的外资企业亏损高达40%以上，有些地区甚至达到75%，因此许多合资、合作企业的中方无利可分，甚至连年亏损。令人深思的是这些企业的外方却不断增资，合理的解释只可能是这些企业的外方通过高进低出的转移价格侵吞了中方的收益，实现了虚亏实盈、中亏外盈。可见，跨国经营企业通过转移价格侵吞了东道国合资方的利润，减少了东道国的税收收入，降低了东道国引进外资的关联效应。

(5) 内部贸易使国际关系复杂化。国际贸易利益关系是买卖双方在国际贸易中形成的利益关系，反映到各国的国际收支中则意味着买方所在国的进口增加了，卖方所在国的出口增加了，传统国际贸易中的这种利益关系非常明了，跨国经营企业内部贸易产生以后，国际贸易利益关系就变得模糊起来。

由于跨国经营企业内部贸易经常运用转移价格的手段，达到跨国经营企业全球利益最大化的目的，而使母国或东道国的利益受到损害，跨国经营企业的得与母国或东道国的失在很多时候构成因果关系，因而跨国经营企业与母国或东道国的国际贸易利益关系变得模糊起来。通过内部贸易进行的由子公司向母公司的产品返销使跨国经营企业母国的进出口国地位发生了改变，由原来的该产品的出口国变为进口国，而使东道国由原来的进口国变为出口国。这种改变会影响各国的国际收支情况，从而使各国之间的国际贸易利益关系日益模糊。

第二节　跨国经营企业的转移定价

一、跨国经营企业转移定价的概念

转移定价(transfer pricing)是指跨国经营企业内部，在母公司与子公司、子公司与子公司之间销售产品，提供商务、转让技术和资金借贷等活动所确定的企业集团内部价格。这种价格不由交易双方按市场供求关系变化和独立竞争原则确定，而是根据跨国经营企业或集团公司的战略目标和整体利益最大化原则由总公司上层决策者人为确定。转移定价既可以发生在一国之内,也可以发生在国与国之间。后一种情况是指跨国经营企业集团内部分设在两个国家但隶属同一法人企业的两个机构(总公司与分公司、分公司与分公司)或同属一个公司集团的两家关联企业进行交易时的内部作价。它不受国际市场供求关系的影响,而只服从于跨国经营企业的全球战略目标。

在跨国经营过程中,如果刻意将商品、劳务或无形资产定价过低,则买方的获利能力就会增强,而卖方的获利能力相应减弱;反之,如果定价过高,则卖方的获利能力就会增强,买方相应受到损失。但就跨国经营企业整体而言,获利能力并未受到影响。简单地说,跨国经营企业转移定价指跨国经营企业中关联企业间转移货物、无形财产或提供服务所使用的价格。

二、跨国经营企业转移定价的动机

转移定价最初是作为跨国经营企业管理层提高企业内部效率、评价下属各公司业绩的工具而出现的。20 世纪 60 年代,国际竞争日趋激烈,生产和资本国际化进程加快,特别是各国开始对跨国集团征税,使得转移定价肩负起应对各种复杂的非市场环境因素(如税制差异、汇率风险等)的责任,成为跨国经营企业实施全球战略的重要策略和工具。

1. 资金配置优化动机

跨国经营企业可以利用转移定价工具,结合全球战略目标,在全球资本市场以最低的成本筹集资金,合理配置给其他各国的子公司,以达到资金的最优配置。例如,母公司为了回收资金,通过转移定价方式,高价供货给子公司,达到回收资金的目的;同样,跨国经营企业也可以通过降低价格的方式为子公司提供货物。

2. 避税动机

(1) 减少公司所得税税负。各东道国政府一般根据公司的利润额计算应课征的税额。跨国经营过程中,企业可以利用转移定价提高高税率国家或地区子公司的成本,将其利润转移到低税率国家或地区的子公司中去,从而减少跨国经营企业向所在各主权国缴纳的总税额。例如,A 国的跨国公司欲将原材料销售给 B 国的子公司,A 国的所得税率较 B 国低,则 A 国的母公司以高价出口,从而增加 B 国子公司的生产成本,降低其利润,减少其所在东道国 B 国的所得税。

(2) 规避预提税。各国通常会对外国公司或个人在本国境内取得的股息、利息、租金和特许权使用费等收入征收预提税。在两国间没有税收协定相互降低预提税税率的情况下,税率大都在 20%以上(如荷兰、日本、德国等国的预提税税率为 25%,美国为 30%,法国对股息征收的预提税税率为 25%,对贷款、债券证券、利息征收的预提税税率为 45%),当 B 国的子公司向 A 国的母公司支付股息时,以低价向母公司供货或者用高价向母公司购货,将股息含在转让价款之中,替代消极所得支付,以减少计征预提税范畴的收入,进而规避预提税。

(3) 逃避关税。关税多为从价比例计税,价格越高,缴纳关税越多。跨国经营企业的内部交易定价可减少缴纳关税的基数,或者利用区域性关税同盟或有关协定的优惠规定逃避关税。例如,欧洲自由贸易区规定:如果货物是在自由贸易区外生产的,区内会员国把该货物运至另一会员国时,需缴纳关税;但如果该产品 50%以上的价值是在贸易区内增值的，则在区内运销时可免缴关税。跨国经营企业利用这一规定，通过转让价格，压低在贸易区外产品的价格，提高该产品进入自由贸易区后在区内增值部分的比例，使该产品能够免缴关税。

3. 规避东道国的各种管制

（1）价格管制。东道国的价格管制主要有两类：一类是反倾销的法律规制，另一类是政策性的限制价格。为了避免倾销指控，跨国经营企业通过转移定价提高产品的成本，则在提高产品售价的同时子公司的销售利润并没有相应上升。为避开东道国的最终产品价格管制，跨国经营企业将产品或生产该产品的中间产品以高价转嫁给子公司，形成子公司的高成本，进而提高产品售价，赚取高额利润。

（2）外汇管制。有些国家为了平衡国际收支，对外汇实行管制，对跨国经营企业汇出的利润加以限制。跨国经营企业为了逃避东道国的外汇管制，通过价格转移的方式增加成本，压低税后利润，将利润以成本费用的形式转移出来。

（3）经营限制。一般而言，东道国鼓励跨国经营企业把在本国获取的利润和股息留在本国进行再投资，如我国就有外国投资者将从企业分回的利润进行再投资的税收优惠政策。对利润和股息汇出境外则实施一定的限制，如征收利润汇出税，这样跨国经营企业为了减少税负，利用转移定价，转移子公司的利润，减少损失。

4. 规避国际金融风险

金融风险是跨国经营企业面临的最大风险之一。例如，当东道国出现通货膨胀时，公司名义收入的增加会使其面临更高的税率档次。跨国经营企业为尽可能减少这种损失，会抬高转让价格，并改变货款结算期，提前将资金从发生通货膨胀的东道国转出，减少货币贬值的损失。再如，外汇风险，跨国经营企业若发现汇率变动趋势，可利用转移定价指定以某种货币结算，把部分货币性资产转到别的子公司；同时还可利用高低不同的转移价格，适当配合提前或延迟结汇的方法，提前支付将要贬值的软通货或推迟支付将要升值的硬通货，减少汇率波动导致的损失或获取汇率波动所带来的收益。

5. 争夺、控制市场

跨国经营企业利用转移定价，低价向东道国的子公司供应原材料、零部件、劳务和技术等，使该子公司的生产成本大大降低，从而拥有价格优势，得以抢占东道国的市场份额。20 世纪 90 年代初期，国内市场流通的洋酒绝大多数都是走私进口，故市场价格偏低。上海一些洋酒公司从正规渠道进口洋酒时，出于保持市场份额的目的，往往通过操纵（压低）洋酒的进口成交价格以确保国内市场价格的平稳。此外，子公司的突出业绩会逐渐得到东道国政府的重视，为跨国经营企业争取政府的支持，谋取后期更大的经济利益作铺垫。

三、跨国经营企业转移价格的计算方法

比较常用的转移价格的计算方法，主要有成本基础转移定价法、市场基础转移定价法和协议转移定价法。在实践中，约 50％的企业使用成本基础转移定价法，约 30％的企业使用市场基础转移定价法，20％左右的企业使用协议转移定价法。

1. 成本基础转移定价法

成本基础转移定价法即以产品或劳务的成本为基础制定内部转移价格。它主要有完全成本法、标准成本法、变动成本法与机会成本法四种形式。

(1) 完全成本法,指以提供产品的公司的全部成本作为转移价格的方法。其优点在于具有一定的客观性,容易理解、简便易行;缺点是交易双方的责任不易划分清楚,卖方的低效率造成的高成本会转移给买方。以完全成本作为转移价格,卖方的成本都转移给买方,买方承担了不受其控制的成本,将使卖方(制造方)缺乏降低成本的动力,也会削弱买方的市场竞争力。

(2) 标准成本法,指以标准成本作为转移价格的方法。其优点是:将管理和核算工作结合起来,可以鼓励上游子公司控制成本,改善经营业绩,同时符合业绩评价时的公平原则;难点在于标准成本的制定。

(3) 变动成本法,指以变动成本作为内部转移价格的方法。其优点是可以避免下游子公司的采购成本因上游子公司的生产能力、效率等因素而变化;缺点是:由于不考虑固定成本,不能采用投资回报率和其他盈余指标进行业绩评价,不利于卖方(制造方)降低成本,也会削弱买方的市场竞争力。此外,区分某些费用是固定成本或变动成本比较困难,而且变动成本仅对短期决策有用,对长期决策必须使用完全成本。

(4) 机会成本法,指因中间产品的内部转移而放弃对外销售所牺牲的利益。机会成本法下,转移价格等于每单位变动成本与整个公司的每单位机会成本之和。机会成本法与市场机制和企业部分的自主权紧密联系,没有这两个前提此法无法应用。实务中往往并不完全以成本作为转移价格,而要在完全成本、标准成本等基础上做一定的加成,也就是:转移价格=成本基数×(1+成本加成率)。

2. 市场基础转移定价法

市场基础转移定价法是以产品或劳务的市场价格作为基价的转移价格。这种价格使得部门盈利接近于该子公司对整个集团的真实的经济贡献,可以使企业集团内各个成员企业都可以用利润、投资收益或其他类似指标衡量业绩,避免了成本基础下各个子公司业绩衡量标准不一致的弊端。如果存在激烈的市场竞争价格且部门间相互独立,则有助于实现整个公司的利润最大化。市场价格基础的转移定价是以子公司自主的利润最大化为前提,但是对于跨国经营企业而言,往往并非如此。同时,使用市场价格作为转移价格也不利于集团管理当局灵活地调整利润和现金流量,以实现各种战略目标。

3. 协议转移定价法

这是以正常的市场价格为上限,下限是单位变动成本,具体价格由交易双方共同协商,确定双方所接受的价格的方法。即母公司下属的各子公司是相互独立的利益主体,子公司之间的交易价格应在双方公平的基础上通过谈判达成。协议价格适用于某种产品或劳务没有现成的市场价格或有不止一种市场价格的情况,且双方要有讨价还价的能力和完全自主权。

4. 其他转移定价方法

(1) 双重定价法,指当单一转移定价方法不能满足各方的目标时,通过对上游子公司和下游子公司实施不同的转出价和转入价以保证各主体利益的协调一致。

（2）两部定价法，指双方交易时，下游子公司转入中间产品时，除了缴纳变动成本或边际成本外，每个会计期还需要交付一笔固定费用以弥补总成本与变动成本之间的差额。这种定价方法主要是为了实现上下游子公司间的风险分担，以及增加企业集团的整体利润。

（3）三度歧视定价法，指如果上游子公司对中间产品具有完全的垄断能力，则可以针对中间产品的内部各部门以及外部市场需求的不同分别采用三度价格歧视，这样可以增加企业集团和各下属子公司的利润。这种定价方法主要是通过实行差别定价达到各子公司和集团公司"双赢"的目的。

四、跨国经营企业转移定价的决策

跨国经营企业转移定价的决策基本上体现为两个过程：一是管理过程，体现在转移定价是跨国经营企业管理内部市场、实施资源配置的必要工具；二是战略过程，体现在转移定价也是跨国经营企业利用国际税收差异及其他政策差异，追求全球利润最大化的一种手段。

跨国经营企业制定转移价格的程序一般由五个步骤组成：（1）确定采用转移价格所要达到的目的，如规避税负、规避各种管制、转移资金和获得市场竞争优势等。（2）根据所要达到的目的，提出转移价格体系的初步方案，如在公司内部确定什么样的价格水平、哪些子公司参与等。（3）对初步方案进行审查和研究，并在此基础上确定转移价格。确定转移价格的文件内容应包括：转移价格体系的目的、内部调拨的产品、定价的标准和依据、参与的内部成员单位、公司仲裁委员会的组成和职责、成员之间矛盾的处理方法等。（4）公司内部的仲裁委员会协调和解决由转移价格引起的成员单位之间的矛盾。（5）根据外部经营环境和内部要素的变化，定期对转移价格体系进行检查和修订。

跨国经营企业转移定价是一个复杂的过程，在这一过程中，企业的税负效应是重点考虑的事项。转移价格的变动常常引起企业税负的变化，现举一个例子加以说明。

假定子公司 A 和 B 位于不同的国家，子公司 A 的税率是毛利的 30%，子公司 B 的税率是毛利的 50%，子公司 B 在进口时必须按值缴纳关税，税率是 10%。子公司 A 生产玩具 10 万件，单位成本是 10 美元/件，这些玩具以内部转移价格卖给子公司 B，子公司 B 再以单价 22 美元/件销售给不相关的客户，A 和 B 公司的其他费用均为 10 万美元。假如内部转移价格可以以低成本加成政策定为 15 美元/件，也可以以高成本加成政策定为 18 美元/件，转移价格的不同将对缴纳所得税和关税产生影响，进而影响 A 和 B 加总起来的公司纯收入。

如表 15-1 所示，在低成本加成政策下，公司总的纯收入为 50.5 万美元，而在高成本加成政策下，公司总的纯收入为 55 万美元，两者纯收入的差异为 4.5 万美元。所以，从财务角度看，这个例子中高成本政策对公司有利。

跨国经营企业转移定价的决策是跨国经营企业经营战略的重要组成部分，它是一项经济活动，但体现的远非仅仅是经济关系，许多相关的考虑已远远超出了经济领域。一般需要反复权衡所得税差别、关税壁垒竞争、通货膨胀率、对资金转移的限制、政治风险以及合资企业各合股人的权益等因素。转移价格的制定直接影响着跨国经营企业的经营策略和投资流向,也决定着整个跨国经营企业的净利润水平。因此,没有一成不变的法则指导转移定价的决策。

表 15-1 子公司 A 和 B 的相关数据 (单位:万美元)

	子公司 A	子公司 B	子公司 A+B
低成本加成政策			
收入	150	220	220
商品成本	100	150	100
进口税(税率 10%)	—	15	15
毛利	50	55	105
其他费用	10	10	20
税前收入	40	45	85
税负(A30%,B50%)	12	22.5	34.5
纯收入	28	22.5	50.5
高成本加成政策			
收入	180	220	220
商品成本	100	180	100
进口税(税率 10%)	—	18	18
毛利	80	22	102
其他费用	10	10	20
税前收入	70	12	82
税负(A30%,B50%)	21	6	27
纯收入	49	6	55

五、跨国公司转移定价的原则

转移定价虽然能给企业带来收益,但是却容易造成一个国家税收收入的流失。因此,各个国家都采取了相应的政策和法律手段来防止企业采取不正当的手段转移利润、逃避税收。依据我国《企业所得税法》,企业向境外关联方支付费用,应当符合独立交易原则,未按照独立交易原则向境外关联方支付的费用,税务机关可以进行调整。企业向境外关联方支付费用,主管税务机关可以要求企业提供其与关联方签订的合同或者协议,以及证明交易真实发生并符合独立交易原则的相关资料备案。

独立交易原则,又称公平独立原则、公平交易原则、正常交易原则,是指完全独立的无关联关系的企业或个人,依据市场条件下所采用的计价标准或价格来处理其相互之间的收入和费用分配的原则。独立交易原则目前已被世界大多数国家接受和采纳,成为税务当局处理关联企业间收入和费用分配的指导原则。

1995 年以来,经济合作与发展组织(OECD)对各自的转移定价规则进行了一系列的补充修订,增加了更加科学有效的关于约束机制的内容。主要有以下四个方面:

1. 预约定价协议(advance pricing agreement, APA)

按照正常交易原则对转移定价事后进行调整已有近 80 年的历史,但事实证明它并不是一种十分理想的方法。对于税务当局而言，有种种执行方面的困难。跨国纳税人亦认为事后税务处理的不确定性影响了企业的经营决策，并有可能使企业处于被双重征税的危险之下。预约定价协议制度正是在这一背景下产生的。

1995 年《OECD 转让定价指南》规定："预约定价协议（APA）是这样一份协议：它在受控交易发生之前，为这些交易的转移定价预先确定一系列恰当的标准（如方法、可比性数据等），且规定该标准将在一个确定的时期内有效。"

预约定价制的核心在于税务机关对跨国公司内部交易的定价事先加以确认。其一般程序是：跨国公司在开始内部交易之前，向税务机关提交有关申请，并报送必要的材料。税务机关经过认真审查，确定内部交易的价格。跨国公司应遵照此价格进行交易，税务机关亦不再调整。与事后调整的做法相比，预约定价具有减少转移定价调整的不确定性、避免重复征税、减少征纳纠纷、提高工作效率和降低成本等优点，而且由于相关国家税务机关共同参与税收事宜，便于达成国际共识。预约定价制因而受到各国税务部门的重视。

2. 纳税人举证制度

由于信息的不对称，在避税与反避税的博弈中，跨国公司总是居于主动地位，于是美国在 1991 年公布的《收入程序法规》中正式列入纳税人举证责任制度，规定转让定价或预约定价应由跨国公司负举证责任，即纳税人有义务提出证明其内部交易定价正常的确凿证据。如若不能，则依税务机关的裁定执行。

3. 有关资本金弱化问题的专门条款

在关联企业之间通过人为的内部金融操作，在某一企业减少自有资本数量、增加贷款数量，可增加利息扣除，造成关联企业间的利润转移和相关税收问题，因为不同国家对债务利息和红利的征税政策是不同的。企业的债务规模远大于与资本金对应的正常水平的状况被称为"资本金弱化"（thin capitalization）。

资本金弱化实际上是一种特殊形式的转移定价行为。对付资本金弱化，OECD 提倡两种方法：一是正常交易法，即由税务机关确定关联方的贷款条件是否与非关联方相同，如果不同，则关联方的贷款可能被视为隐蔽的募股，要按资本金弱化法规处理，对利息征税；二是固定比率法，即如果公司资本结构超过特定的负债权益比，超过的利息不允许税前扣除，并视同股息征税。目前，澳大利亚、加拿大、新西兰、美国等大多数国家采用固定比率法，英国等少数国家采用正常交易法。

4. 对转移定价违规的处罚措施

美国从 1996 年就对转让定价违法问题增加了处罚规定，根据违反规定程度的不同，处罚措施分为两等：如果净利润调整金额达到或超过 500 万美元、达到或超过调整后总收入 100%，或者转移价格等于或高于正常交易价格的 2 倍、等于或低于正常交易价格的 1/2，处以所逃避税额 20%的罚款；如果净利润调整金额达到或超过 2000 万美元、达到或超过调整后总收入的 20%，或者转移价格等于或高于正常交易价格的 4 倍、等于或低于正常交易价格的 1/4，处以所逃避税额 40%的罚款。

第三节　应对在华外资企业转移定价的策略

通过转移定价,跨国经营企业达到转移公司利润和资金、减轻税负、规避政治和外汇风险等目的,实现企业整体利益的最大化,但其运用容易损害东道国(尤其是发展中国家)的经济利益。随着中国向世界资本敞开大门,中国也成为FDI(外商直接投资)的首选目的地。外资企业在中国获取了极其丰厚的利润的同时,利用转移定价的手段,将在中国获取的利润转移到外国,以达到逃避税收的目的,实现公司集团全球利益的最大化。

相当数量的外资企业通过与海外母公司或关联企业进行关联交易,向母公司或关联企业支付巨额特许权使用费,运用"资本弱化"支付巨额利息或费用,支付劳务费、管理费或者服务费等费用,采用避税港避税等转移定价手段,把利润转移到国外,进而将高额利润收入囊中,对中方合资、合作者的利益和我国利益造成严重的损害,必须采取措施,对其进行有效的控制。

一、健全转移定价税制

首先,健全税收制度,有效防范避税。参考国际惯例中所认可的交易利润法,即将利润分割法和交易净利润率法作为现有方法的补充,完善转移定价调整方法体制;进一步阐明劳务收费正常标准;对无形资产转移定价予以特别规定;明确规定纳税人的举证责任;对税法所规定的调整方法在适用范围和计算方法方面作详细的补充与完善。

其次,加强税收征管,建立健全征管手段,通过征管现代化获取所需要的有关纳税人的真实资料和准确情况。加强税务检查是反避税的根本保证,提高检查人员的素质和业务水平更是反避税的前提。此外,还须重视税务专项审计和调查。定期的专项税务审计可扩大对滥用转移定价问题的控制范围,也能够通过对资料的审查分析发现转移定价问题。对举证材料的核实应采取多种形式,比如对重大项目的举证材料,可委托境外的会计公司对境外企业提供的举证材料进行审核公证。

最后,加强税务队伍建设,提高税务机关级别。从转移定价反避税调查的国际经验看,该项工作对于税务人员的素质和能力要求较高,而且鉴于关联交易总是发生在不同地区、不同国家之间,需要一国国内的各地区税务机关之间,乃至各国或地区税务机关之间能够做到相当程度的配合与协调。而这两个方面,恰恰正是我国反避税体制目前的弱点所在。我国目前从事这方面工作的税务人员人数很少,且能力上有所欠缺。所以,应该扩充税务队伍,提高税务人员的素质与能力。

二、完善预约定价协议制度

预约定价被认为是解决转移定价反避税最有效的方式。预约定价制的核心在于税务机关对跨国经营企业内部交易的定价事先加以确认,将转移定价的事后税务审计变为事前约定。跨国经营企业在内部交易前必须向税务机关提出申请,并报送材料,在税务机关审查确定后,按照认定的价格再进行交易。我国已引入预约定价制度,但这种方法执行起来非常复杂,必须考虑到执法目标设定的现实性和税收征管的效率,这要求设计更加简单、便宜、有创造性的、适合中国国情的解决方式。

三、加强对重点企业的监管

由于在华外商投资企业数量众多，对每一家外商投资企业都进行税收监控难度比较大，因此，对企业监管的重点应放到母公司在避税港（地）的企业、在中国经营长亏不倒的企业以及经营利润明显低于同行业平均盈利水平的企业。这三种类型企业在我国的数量不少，而我国监管力量薄弱，创新监管方式、提高监管效率尤为重要。可通过建立关联企业数据库锁定跨国经营企业转移定价行为，通过提高计算机应用软件技术加快转移定价认定与调查速度；也可以借鉴跨国经营企业在进行转移定价时求助会计师事务所转移定价专家的做法，利用中介服务机构对跨国经营企业价格进行调查，逐步将尽可能多的跨国经营企业纳入监管范围。新闻监督也是对企业进行监管的一种方式，因为大多数跨国经营企业希望在市场上树立诚信、守法的形象，并希望通过良好的社会形象获得消费者的青睐。对于上市公司，舆论监管的效果会更好，因为股东对于上市公司的避税行为非常反感，转移定价如果被曝光，可能会影响公司的股票价格。这样，可以使跨国经营企业在实施转移定价时有所顾忌。

四、明确不符合独立交易原则的范围

《国家税务总局关于企业向境外关联方支付费用有关企业所得税问题的公告》中明确指出：企业向未履行功能、承担风险，无实质性经营活动的境外关联方支付的费用，在计算企业应纳税所得额时不得扣除。企业因接受境外关联方提供劳务而支付费用，该劳务应当能够使企业获得直接或者间接经济利益。企业因接受下列劳务而向境外关联方支付的费用，在计算企业应纳税所得额时不得扣除。

（1）与企业承担功能风险或者经营无关的劳务活动；

（2）关联方为保障企业直接或者间接投资方的投资利益，对企业实施的控制、管理和监督等劳务活动；

（3）关联方提供的，企业已经向第三方购买或者已经自行实施的劳务活动；

（4）企业虽由于附属于某个集团而获得额外收益，但并未接受集团内关联方实施的针对该企业的具体劳务活动；

（5）已经在其他关联交易中获得补偿的劳务活动；

（6）其他不能为企业带来直接或者间接经济利益的劳务活动。

企业使用境外关联方提供的无形资产需支付特许权使用费的，应当考虑关联各方对该无形资产价值创造的贡献程度，确定各自应当享有的经济利益。企业向仅拥有无形资产法律所有权而未对其价值创造做出贡献的关联方支付特许权使用费，不符合独立交易原则的，在计算企业应纳税所得额时不得扣除。企业向境外关联方支付费用不符合独立交易原则的，税务机关可以在该业务发生的纳税年度起10年内，实施特别纳税调整。

此外，在合资企业中，应增强中方投资者的话语权，在与国外关联公司的内部交易过程中，转移定价公平合理，以保证在华合资企业的正当利益不受侵害。从策略上看，可以吸引外方加大投资，因为外方为了保护其投资收益，会作出有利于合资企业的转移定价。

五、加强国际合作

在国际合作方面,我国应积极参加国际协调组织,加强国际相互合作,建立情报信息网络共同控制转移价格。限制跨国经营企业的价格转移是一个国际性难题,一个国家的单边反价格转移法难以彻底防范跨国经营企业的价格转移风险。所以,各国间应采取双边和多边合作,对跨国经营企业的价格转移采取共同行动,有效地防范和打击跨国经营企业的价格转移行为。我国应积极参加国际性协调处理转移定价问题的机构,这样不但能交流信息,学习其他国家的经验,而且可以联合行动共同管制转移价格,将损失降到最低程度。

课后练习题

1. 什么是跨国经营企业的内部贸易?它与外部贸易有什么区别?
2. 跨国经营企业转移定价的目的是什么?
3. 如何规制跨国经营企业在我国的转移定价行为?

章末案例

欧盟对苹果、星巴克发起避税调查[①]

布鲁塞尔时间2014年6月11日,欧盟委员会宣布,已启动三项深入调查,分别核查爱尔兰、荷兰和卢森堡是否向苹果、星巴克和菲亚特金融及贸易有限公司提供了不适当的税收优惠。

当天苹果随即声明,自从2007年推出iPhone以来,在爱尔兰的税负增加了9倍,“我们没有受到爱尔兰官员的任何区别对待。苹果和其他在爱尔兰开展业务的国际性公司一样,遵守税法”。

1. 欧盟发起的调查

欧盟委员会竞争事务专员华金·阿尔穆尼亚强调,此次调查仅是第一步,这张网可能会继续拉大,追查那些“打擦边球”避税的公司。“在当前公共预算紧张的背景下,大型跨国公司缴纳合理税收尤为重要。”欧盟委员会正在严查这几家公司的“转移定价”安排,这种安排确定它们的应税利润如何在各国之间分配。该委员会指出,之前有报告称一些公司通过成员国税务机构的税务裁定获得了大幅减税。阿尔穆尼亚表示,欧盟认为目前调查的三个案例都涉及“可能低估应税利润”。若调查属实,欧盟可要求成员国关闭赋税漏洞,以及要求企业返还资金、补缴税款。苹果被控在爱尔兰、星巴克被控在荷兰、菲亚特金融及贸易有限公司被控在卢森堡利用当地注册的企业避税。爱尔兰、荷兰政府表示,并未违反欧盟的国家补贴规定。

① 摘编自《欧盟对苹果公司发起避税调查》,载《东方早报》2014年6月13日。

2. 苹果的避税方式

苹果公司的“逃税”问题不是个新话题，去年就被美国立法机构调查，苹果首席执行长库克当时曾赴美国参议院听证，声称缴了所有该缴的税，1美元也不差。苹果公司年报显示，截至2012年9月底的2012财年，苹果全年税前收入557.6亿美元，缴纳了140亿美元税款，其中，122.6亿美元支付美国联邦税，10.6亿美元支付美国的各州州税，海外税款仅支付7.1亿美元。综合计算，苹果总税率仅为22%，远低于美国联邦税率。

按照美国税法的规定，对于苹果这种年营收规模超过1833.33万美元的大公司，其大部分营收应适用35%的联邦税率。之所以大大低于这个比率，秘密在于，苹果税前收入中的2/3被算在海外分公司账上。这部分收入只要不汇回美国，就不需要在美国纳税。据测算，苹果海外收入的税率只有3.3%，大大拉低了整体税率。

5月21日，美国参议院常设调查委员会发布报告，披露了苹果公司设计的避税方式。报告称，通过种种途径，苹果每天可避税1700万美元。据调查，苹果宣称其在爱尔兰免税城科克市注册的公司拥有不属于任何国家的“税籍”，从而得以少缴纳数10亿美元的税款。

具体操作路径是，苹果美国总公司与旗下爱尔兰分公司达成多项协议，借此让爱尔兰分公司获得特定知识产权，随后将其授权给集团内其他公司，确保该公司几乎不用向英国及法国等国家报税。年度财报显示，前一年这项纳税安排帮助苹果在非美地区缴纳的实际所得税税率仅为3.7%。路透社称，本次调查的重点放在让苹果等企业获益的税制方面。通过在爱尔兰注册分公司，并将这些分公司的“税籍”归为百慕大群岛，谷歌和微软等科技公司也将海外税率降至个位数。

有关爱尔兰对外国公司税收的争议由来已久。爱尔兰的低税率吸引了许多跨国公司的大量投资和劳动力。爱尔兰政府在去年否认其包庇大型跨国公司逃税，并称其存在已久的企业低税率政策完全透明，不能证明爱尔兰是“避税天堂”。该国政府此前也否认它曾跟苹果或任何其他公司协商过“任何优惠的”协定，并称在当今国际规定下，该国没有，也不能对苹果等公司从位于爱尔兰的分公司转向其他海外分公司的数十亿美元进行征税。

3. 星巴克的避税方式

星巴克公司此次在荷兰遭到欧盟调查也并非空穴来风。据媒体之前的曝光，在英国已苦心经营了十几年的星巴克拥有多达700家门店，但纳税甚微。英国一家独立调研机构进行的一项为期四年的调查显示，星巴克在英国的14年中，营业额近50亿美元，累计只缴纳了1376万美元税款，纳税额低于营业额的1%。2011年，星巴克在英国的营业额为6.37亿美元，未缴纳一分钱税款。

英国税务专家分析，星巴克财务主管的“演技”非常高超，他们采用了复杂的避税工具组合——包括收取专利和版权费、资本弱化、转移定价等避税工具的组合运用，把在英国获得的利润搞得无影无踪。星巴克坦承，星巴克英国的店铺确实“按公司规定”进行了会计处理，其中就包括向星巴克位于荷兰的欧洲总部支付商标使用权在内的专利费，抵消了部分英国税收。

讨论题

1. 如何看待欧盟对苹果、星巴克等公司发起的避税调查?
2. 苹果和星巴克在避税方式上有何异同?

本章参考文献

曹越、王琼琼:《东道国税率、企业避税与跨国企业创新》,载《财经研究》2021 年第 6 期。

陈绍刚、王浩先:《跨国公司中间产品转移定价方法研究——基于税率差异性的分析》,载《价格理论与实践》2018 年第 5 期。

陈艳利:《企业集团内交易与转移定价——东北制药集团案例分析》,载《东北财经大学学报》2008 年第 6 期。

顾磊:《产品内贸易、市场结构与福利效应:跨国公司海外扩张模式的解读》,载《国际贸易问题》2013 年第 3 期。

管强主编:《关联交易内幕》,中华工商联合出版社 2003 年版。

郭飞:《外汇风险对冲和公司价值:基于中国跨国公司的实证研究》,载《经济研究》2012 年第 9 期。

霍忻、刘黎明:《跨国公司国际转移定价问题研究——基于古诺博弈模型的策略分析》,载《数理统计与管理》2019 年第 1 期。

李传喜:《跨国公司转移定价避税——分析与治理》,经济科学出版社 2007 年版。

李尔华编著:《跨国公司经营与管理》,清华大学出版社、北京交通大学出版社 2005 年版。

李岩玉、朱振:《跨国公司转移定价的影响及对策探讨》,载《价格理论与实践》2010 年第 6 期。

罗钰:《贸易保护与跨国公司转移定价》,载《经济体改革》2014 年第 1 期。

王静波:《外商投资企业转让定价的税收问题研究》,经济科学出版社 2008 年版。

王顺林:《外商投资企业转让定价研究》,复旦大学出版社 2002 年版。

张辑:《跨国公司规避风险的转移定价策略——兼论我国企业跨国经营转移定价规避风险的策略》,载《价格理论与实践》2012 年第 12 期。

张辑:《跨国公司转移定价避税的应对策略》,载《统计与决策》2012 年第 1 期。

第十六章　国际市场营销

【本章学习目的】

通过本章学习，你应该能够：

- 了解跨国经营企业的全球标准化营销与本土差别化营销
- 了解跨国经营企业如何细分市场
- 掌握跨国经营企业的产品战略
- 掌握跨国经营企业渠道的特征与管理
- 分析跨国经营企业在国际市场上如何定价
- 熟悉跨国经营企业的促销策略

引导案例

牛仔裤如何进入马来西亚穆斯林女性市场①

专营牛仔服饰的李维斯公司在美洲、拉丁美洲、欧洲、亚洲、中东、非洲110多个国家(地区)拥有零售商店。1989年，李维斯在马来西亚开设了首个专营商店，通过一系列的跨文化营销策略，牛仔裤已在马来西亚穆斯林女性服饰市场占据了一定的位置。截至2017年，李维斯在马来西亚13个州和3个联邦直辖区共设有49家加盟经销店。

李维斯为牛仔裤找到合适的文化中介。从电视广告方面来看，李维斯常将著名音乐人、乐曲与自身产品结合，达到较好的广告效果。除影视广告以外，服饰设计师、时尚艺人以及杂志作为“文化中介”，也成为李维斯的合作对象，联合推广品牌产品。在李维斯公司2014年于吉隆坡举办的为期6天的商业活动中，马来西亚著名青年时尚服饰设计师雪莉·欧恩受邀每天现场为马来西亚女性消费者提供免费的时尚搭配建议。同时，李维斯在马来西亚开展各种全球主题商业活动，向消费者赠送免费的环保袋、购物券等，吸引了当地穆斯林女性消费者的参与。

李维斯善于将自己本身的一些普适的企业文化与当地本土价值观契合起来。公司发起的“Ladies in Levi's”全球系列活动鼓励女性在社交网络上传自己与李维斯公司牛仔裤的故事与图片，并选出优秀的故事、图片以及互动消费者，在公司主页上进行宣传。马来西亚穆斯林女性在李维斯公司的主页上积极参与该活动，在选取的四组优秀作品中，就有一组穆斯林少女。这种商业评奖的评选规则和奖项设置充分考虑到穆斯林女性消费者的社会心理，西方牛仔裤尤其是女性牛仔裤符号化内涵中始终包括“自然”“个性”

---

①　摘编自邵红峦：《牛仔裤如何进入马来西亚穆斯林女性市场——以李维斯公司的跨文化营销为例》，载《东南亚研究》2018年第1期。

的文化内涵,而题为"Ladies in Levi's"的商业活动则倡导女性消费者的"自我"与"个性化"发展,强调普通穆斯林女性消费者也可以通过牛仔裤展示自我和个性。李维斯在全球营销过程中实行当地化策略,根据东道国的文化而选择较为恰当的营销方式,使其商品更能被东道国消费者接受。在马来西亚,公司注重对当地马来女性歌手商业活动的赞助,对马来传统风格的音乐及商业活动都有一定程度的赞助,以此间接地促进歌手的追捧群体对其所穿牛仔裤的亲切感与喜爱。

如今,女性牛仔裤已被马来西亚穆斯林女性消费群体普遍接受,无论是伊斯兰文化占主导地位的较为保守的乡村,还是城市化进程较快的经济发达地区,女性牛仔裤都普遍存在。另外,经济发达地区或者经济条件较好的人群,相对更能接受紧身牛仔裤,搭配风格更为开放。总的来看,李维斯进入新的文化环境,首先以经济较发达、消费市场较大的都市为立足点,当品牌商品产生一定受众后,将被当地服装品牌模仿,而这些品牌一般造价较低,更容易被普通消费者接受,由此便形成一种新产品进入异质文化市场的发展模式。从马来西亚女性牛仔裤从城市到乡村的普及和不同的发展状况来看,跨国公司的营销策略起到关键的推动作用。

思考题

1. 李维斯进入马来西亚穆斯林女性市场的成功因素有哪些?
2. 李维斯在美国女性市场和马来西亚女性市场的营销策略有何异同?

国际市场营销是指跨国经营企业的商品或服务进入其他国家的消费者或用户手中的过程,是企业通过计划,定价促销和引导,创造产品和价值并在国际市场上进行交换,以满足多国消费者的需要和获取利润的活动。与跨国经营企业国内营销相比,国际营销所面临的环境更加复杂,营销难度更大。因此,跨国经营企业对于国际市场营销的重视程度往往更大,而且受国际市场多方面因素影响,跨国经营企业必须更加注重各种营销策略的灵活运用。跨国经营企业在进入国际市场进行跨国经营时,采用全球化营销战略还是本土化营销战略是一个两难的战略选择。因此,要了解跨国经营营销策略首先要了解全球化营销策略与本土化营销策略。

第一节 全球化营销与本土化营销

在经济日益全球化趋势之下,全球化营销成为一种新的营销趋势。全球化营销是指将全球看成一个统一市场,对这个全球大市场化进程中的市场竞争具有体制创新的先发优势;对市场进行细分并选择自己的目标市场,在全球范围内寻求竞争优势和最佳市场;强调在营销策略上淡化国家和地区的界限,通过标准化的营销策略(包括营销过程的标准化和营销内容的标准化)服务于全球目标顾客。这种营销方式又称"标准化营销",其理论假设是国际市场"同质化"和各国消费者偏好"一致化",通过实施标准化营销,为全球提供标准产品和服务,可以降低成本。

而“本土化营销”或称“适应性营销”，是指从各个国家和地区消费者的需求差异性出发，通过营销策略的差异化和本土化来满足目标消费者的多样化需求。因此，本土化战略强调的是适应性观点，这是相对于全球化战略中强调一致性特点的标准化战略而言的。这种观点把全球市场看作异质的，因此可以通过差别定价获得准垄断地位并进一步获得垄断利润。

一、全球化营销的内涵与动因

1. 全球化营销的内涵

跨国经营企业全球化营销的内涵主要有以下几点：

(1) 追求品牌全球性传播效果。跨国经营企业为适应全球化营销的需要，在给企业和产品命名时，都要考虑全球各个国家和地区的社会风俗习惯，以便选定的名称能为世界上各种语言所接受，增强传播效果。品牌名称也应包含与产品或企业相关的寓意，让消费者能从中得到有关品牌的正面联想，进而产生对品牌的认知或偏好。例如，埃克森(Exxon)公司在改名时就曾聘请 70 多位语言学家、社会学家来分析各国和各地的语言特点和风俗习惯。如果品牌命名不当，就容易引起人们的反感，甚至引起法律纠纷。如金利来(Goldlion)公司，起先它的中文译名为“金狮”，而“金狮”在粤语中音同“甘输”，很不吉利，因此其产品销路一直不好。

(2) 全球范围内配置资源。传统的企业营销方式是产销一体化，而全球化营销则是将价值链中采购、生产、研发等各项具体环节根据比较优势在全球范围内进行配置和整合，并且通过规模效应、范围经济和知识积累取得协同效应，构筑跨国经营企业的持久竞争优势。例如，大众汽车的某款汽车，其设计可能在美国产生，在德国完成工程制造，在中国利用其在全球的主要零部件厂商提供的零部件完成组装，并在中国以及其他市场进行销售。跨国经营企业各项职能全面分离，实现全球化的研发、生产和销售。

(3) 开发全球性产品。随着传媒的发展和交通工具的现代化，信息流动日益加快，促使全球消费出现同质化的趋势，世界上不同国家和地区的消费者对相同产品表现出相同的偏好和需求倾向。因此，跨国经营企业在产品开发方面注意开发人类的共同需求，通过开发“世界标准产品”，以较低的成本赢得最大量、最有价值的顾客。比如，苹果手机，其产品的设计与生产完全同质化，为全球提供一致的标准化智能手机，满足全球智能手机的同质化需求。

(4) 营销标准化。营销标准化包括营销流程标准化和营销要素标准化，营销流程标准化是手段和工具，是执行和完成营销要素标准化的前提和基础；而营销要素标准化是内容和结果，是营销流程标准化服务的对象和领域。营销标准化表现为跨国经营企业为全球顾客开发出一整套的营销策略，既可以是对产品、价格、促销和渠道结构等因素施行标准化，也可以是在营销计划等管理程序上执行全球统一标准。通过营销标准化，可以在产品生产、包装和广告等方面取得规模经济效应，同时还有助于树立统一的企业产品形象，吸引更多的消费者成为忠实顾客，从而为跨国经营企业带来竞争优势。

(5) 全球整合。全球化营销的关键在于跨国经营企业在同时进入世界各国市场时，必须在以全球为基础的市场上对企业活动进行有效整合。具体而言，跨国经营企业在全球各市场的运作是相互联系的,有时需要利用在某些国家市场上获得的资源去支援另一些国家的市场活动。譬如,公司可能在某国市场上并不赚钱,但公司在该市场的经营却可以起到牵制其主要竞争对手的作用。这样,跨国经营企业对每个国家市场机会的取舍并不只是单纯考虑在该国市场的盈利能力,而是根据其在公司实现整体目标过程中所发挥作用的大小来决定。如韩国三星就利用其在亚洲和南美市场上的经营利润对其在欧洲市场上的业务进行补贴,以维持竞争力;英国航空公司利用其跨大西洋的远洋航线业务的丰厚利润对国内和欧洲大陆的市场进行交叉补贴,将竞争对手限制在短线航线上。

2. 跨国经营企业全球化营销的动因

很多跨国经营企业将全球化营销作为公司战略的重要组成部分,力求在全球竞争中站稳脚跟。推动跨国经营企业进行全球化营销的主要因素有:

(1) 同质化的消费者偏好。在全球化趋势之下,消费者的偏好在媒体影响下出现趋同,趋同的偏好产生全球同质化需求。需求是企业经营行为的决定因素,跨国经营企业为获得全球市场必然抓住这一趋势,实时进行全球化营销。现在,许多国家消费者的消费需求有很多相似之处,他们穿同样的衣服,吃同样的快餐,住同样的房子,开同样的车子。这些类似的偏好与需求推动跨国经营企业开发出全球标准化产品与服务,并实施全球化营销。肯德基与麦当劳的全球扩张就是典型的案例。

(2) 降低成本。全球化营销的最大优势就是降低成本,跨国经营企业通过对企业价值链优化的方式重新布置企业的各项经营活动,充分利用资源全球化配置的成本差异和国际生产体系的全球性分工优化提高企业资源整合能力,从而形成覆盖全球的价值链,达到降低成本的目的。为降低成本,跨国经营企业可以将研发活动集中在研发能力强、工资合理的英国,而将资本密集型的制造放在美国、日本,对于劳动力密集型的组装与生产则集中在劳动力成本较低的亚洲或东欧等发展中国家或地区。

(3) 增强全球竞争力。经济全球化使得跨国经营企业走出国门,在全球范围内展开竞争,谁率先占领市场,谁就赢得了市场主动,就能在激烈的全球竞争中取胜。同时,跨国经营企业的竞争力是全球性的,而不是某个单一的市场,这就要求跨国经营企业必须有全局观念,在全球范围内搜寻每一个市场机会,进行全球化营销。可以说,激烈的竞争迫使跨国经营企业不能局限于跨国营销,而必须有全球观点,通过全球一盘棋的全球化营销巩固和增强其全球竞争力。

(4) 技术进步的推动。技术进步是促使企业进行跨国经营的重要因素。技术进步速度的加快迫使跨国经营企业放弃传统的"产品生命周期"跨国模式,转而采用全球同步营销模式。而信息技术的飞速发展则更进一步推动跨国经营企业开展全球化营销。随着计算机技术和通信技术的进步,特别是互联网技术的飞速发展,跨国经营企业通过国际互联网、局域网和内部网,可以针对世界上任何一地的客户组建动态联盟企业,从而在全球大市场中实现异地设计、异地制造和异地销售。

二、本土化营销的内涵与动因

1. 本土化营销的内涵

跨国经营企业本土化营销的内涵主要体现在以下六个方面:

(1) 重新细分市场和定位。由于不同市场存在种种差异，跨国经营企业一般都在认真研究目标市场特点的基础上，重新细分市场和重新定位。一般来说，发达国家的产品和品牌在发展中国家的定位都比在本国的定位要高。这主要是因为：一是跨国经营企业的产品或品牌比本土产品具有较高的附加价值和品牌优势；二是本土消费者崇尚进口品牌，愿意付高价得到额外的心理感觉。通过市场细分和对产品重新进行定位，跨国经营企业可以获得更好的利润回报和发展机会。比如，中国的消费者对于日本马桶盖的喜好，以及智能手机苹果和三星产品在中国消费者心目中的高地位等。

(2) 产品的本土化。尽管存在全球标准化的趋势，但是不同国家和地区的消费者由于需求偏好、风俗习惯、文化等差异，与产品标准化相悖的一种新的趋势也悄然产生，即差别化。任何产品在不同的目标市场都必须具有不同的特点，才能适应特定消费群体的需求，才会使得产品具有竞争力，赢得消费者的青睐。例如，肯德基在新鲜鸡翅中加入八角、桂皮和芝麻等中国传统调料；同时，为进一步迎合中国消费者的偏好，还在早餐中加入中国早餐的传统饮食粥、油条和豆浆等产品。另外，在产品品牌和包装等方面，迎合当地文化习俗的特征，使产品具有明显的本土色彩，这样能从心理上赢得当地消费者的认同，有利于产品的销售。比如，中华牙膏等传统老字号品牌在被收购后仍然采用原先品牌就是出于这一目的。

(3) 定价的本土化。定价是跨国经营企业海外运营中最为复杂和敏感的基本决策。跨国经营企业除了考虑成本之外，还应考虑以下三个因素：① 企业目标。目前，许多跨国经营企业都从新兴市场、成长性市场的视角来认识进入中国市场的重要性，具有长远的战略眼光，因此更注重长期的利益。这样的目标决定了跨国经营企业定价不是为了当前的利润水平，而是为了企业在本土市场的长期发展或坚定品牌价值。② 市场需求。对于跨国经营企业产品或品牌的市场需求越大，企业的价格决定权越大；市场需求越小，企业的价格决定权越小。比如，国外奢侈品牌在中国需求较大，导致国外进口奢侈品牌在中国的定价远高于欧洲和北美地区的定价。③ 竞争者行为。跨国经营企业的产品与东道国企业的产品相比有一定的质量和品牌优势，所以从价格竞争的角度看，跨国经营企业面对的更多是其他外国公司产品品牌的竞争。跨国经营企业在海外市场上不应当一味采取高价位的定价策略，而应采取竞争性定价和适应性定价，根据市场上跨国经营企业竞争者和本地竞争者竞争实力的变化以及定价策略的变化调整本公司产品的定价。以保洁公司来说，在进入中国市场后，宝洁公司实行全国统一的零售价格体系，以充分保证各级经销商的利润，宽广的产品线也保证在各个价位段都有公司的产品存在，从而拓展了消费人群，极大地促进了销售。

(4) 分销渠道的本土化。分销渠道是指商品从生产者流转到消费者手中的通道。对于跨国经营企业来说，最大的困扰在于难以获得本土的分销渠道。跨国经营企业分销渠道的本土化表现在两个方面：一是在渠道长短、宽窄的选择上适合当地的社会环境和当地消费者的购买习惯；二是尽可能运用本地经销商原有的营销资源，建立本地化的营销网络。本土化的分销渠道可以最方便、最快捷地将商品输送给消费者。如宝洁公司进入中国大陆市场以来，在渠道管理上经历三个发展阶段：1988—1992 年，宝洁公司对分销商采取的是典型的“推压式”管理方式，即将产品直接销售给分销机构，以分销商交纳货款为分水岭来确认产品所有权的转移;从1992年起,宝洁开始帮分销商销售自己的产品,同时对市场覆盖进行规划,一定程度上解决了市场覆盖问题;1995年以后,宝洁开始推行严格的数字化管理,为分销商转型作准备,并于1999年7月推出“宝洁分销商2005计划”,指明分销商的发展定位和发展方向,详细介绍宝洁公司帮助分销商向新的生意定位和发展方向过渡的措施。总体而言,宝洁公司是根据中国市场的特殊分销结构,根据规模、客户分布、资金实力、销售额、储运能力、市场信誉等情况精心挑选中间商、批发及零售商的,并培养其成为宝洁公司稳定的长期团队式合作伙伴,以构建其符合中国国情的分销体系。

(5) 促销的本土化。广告促销是激发消费者购买、开拓国际市场的重要手段。不同国家和地区的消费者,在语言、爱好、信仰、习俗和媒体接触方式等方面均存在差异。广告促销活动要被当地消费者接受,才能最大限度地促进消费者购买欲望。宝洁的促销策略注重贴近当地消费者进行营销沟通,1998年,宝洁公司向中国广大顾客作出支持“熊猫爱心工程”的承诺,即任何中国顾客只要购买一袋“熊猫”洗衣粉,宝洁公司就向中国野生动物保护协会捐赠1元。

2. 营销本土化的动因

促使跨国经营企业进行本土化营销的因素有很多,最根本的原因在于国别之间差异性的存在。其中主要的影响因素有:

(1) 市场差异。虽然经济全球化步伐在加快,产品市场日益开放,甚至出现类似欧盟的高度一体化的经济组织,但在区域一体化之外的众多经济体之间仍然存在各种壁垒,包括商品和资本在进入他国市场时仍存在各种困难。同时,消费者偏好在全球标准化产品的趋势之下,仍存在较大的差异。通过本土化营销,一方面可以解决市场进入问题,另一方面也可为本土市场的消费者提供差异化产品,以满足偏好独特的消费者需求以获取更大的收益。

(2) 成本差异。全球化最大的益处在于跨国经营企业能够在全球范围内配置资源,通过在全球范围内进行布置,还能极大地降低其产品成本,这也是早期促使其进行跨国经营的最主要的动力。在跨国经营的同时实施国别市场的差别化、本土化同样也能降低其经营成本。对于母国是经济发达国家的跨国经营企业来说,其劳动力成本相对较高,在选择输出资本时,主要目的是借助资本输入国的低劳动力成本,提高最终产品的竞争力,从而提升企业的全球竞争力。跨国公司通过本土化的营销,可以使营销成本大大低于产品在母国生产后输出及人才外派等传统方式下形成的成本。

(3) 竞争因素。在经济全球化的现有格局下,全球市场呈现“国内市场国际化”和“国际市场国内化”的双重趋势,没有一个市场能够游离于全球化竞争之外。跨国公司不但要和本地的公司相竞争,夺取东道国市场份额,还要同其他跨国公司进行激烈的竞争。在这种情况下,跨国公司为了在激烈的市场竞争中取胜,就必须在细分市场、产品和促销等方面迎合不同社会和文化的消费者对产品的不同需求,开发出满足当地消费者需求的产品,以获得更高的市场占有率。

(4) 营销基础差异。营销基础建设包含用来创造、发展及服务需求所需的机构与功能,包含零售商、大盘商、销售代理、仓储、货运、信用、媒体等。国别之间的营销基础设施因受经济发展程度等因素的影响差别很大，这一差异也会导致企业实施差别化的本土营销策略。比如，很多国家没有商业电视台，如瑞典；而在许多国家，如瑞士，电视中的商业节目只限制在很小的范围内。同样地，基于国家的自然情况（气候、地形、资源等）可能需要本土化的营销。如在中东，诸如汽车与空调系统必须要有附加的功能。电话系统、公路网、邮政等的差异均可能需要营销上的调整。

（5）文化差异。文化差异是导致本土差别化营销的重要因素。不同国别之间的宗教、民族甚至法律都会存在差异，如果不加区别地进行标准化营销策略，不仅不会收到预期效果，还会起到相反的作用。例如，对于世界范围内最基本的饮料“茶”来说，不同的文化下，对茶的需求存在较大的差别。英国人喝茶可能会添加牛奶，美国人喝茶则添加冰块，而阿拉伯人喝茶则很浓很热。因此，跨国经营企业必须对不同文化进行甄别，开发出差别化的产品，采取适应本土的差别化营销策略。

第二节　国际市场细分

国际市场细分（international market segmentation）是在市场细分的基础上建立起来的，是市场细分概念在国际营销中的运用。与传统国内市场相比，国际市场购买者更多，分布范围更广，差异化程度更大，跨国经营企业由于自身能力限制，很难满足全球范围内顾客的需要。为此，就需要对国际市场按照特定标准进行细分，使公司能满足还没有得到满足的顾客的需求，同时使跨国经营企业得到发展。

一、市场细分的类型

在跨国经营企业的国际营销中，市场细分可基于语言、宗教、政治经济制度、发达程度、气候或地理区位等因素，将相近国家加以归类。例如，冰箱和制冷设备制造商可基于国家的发达程度来细分市场，高档大冰室冰箱可重点营销于发达程度高的那些国家，而小冰箱和小制冷设备则重点看好发展中国家。将小冰箱销往发展中国家的另一原因是这些国家的购物习惯与发达国家不同，他们购买食品较勤，因而不需要有过大的冰箱。

对特定国家的市场细分可选用以下标准：传统标准，即该国市场内消费者的地理分布特点、人口统计特点或社会经济特点；心理标准，即该国市场内消费者的生活方式、个人特性和态度；行为标准，即该国市场内消费者所寻求的效用，使用背景，对品牌的偏好，选择渠道，对价格、产品、质量或促销变化的敏感性。

对特定国家的市场细分对于市场营销十分重要。例如，日本市场曾长期被认为是同质市场，不可细分。其依据是日本民族单一，宗教和文化一元化程度高，且在调查中，大多数日本人都认为自己是中产阶级。但是，一些外国企业的市场研究者通过深入研究发现，日本人的收入水平和生活方式存在很大差异，这些为日本市场细分和不同产品销售对象的定位提供了可能。

全球市场细分是一种跨国观念或全球观念。当消费者有相似的喜好时，产品就可以按这些喜好而不是以宗教或民族一类的共同性加以划分。例如，世界各地都有某些人喜欢香水、苏格兰威士忌或英文报纸，因而在这类产品世界范围内的行销中就可以运用相似的营销组合方法。

在全球市场细分中,工业品一般可按下述标准加以细分:

(1) 用户性质。一种工业品往往可用于多种行业。例如,电视机,几乎所有生产行业都需要,但各个行业又有其特殊要求。根据用户性质加以细分,可使电视机产品更符合目标市场的需要。

(2) 用户规模。即以用户资产和购买量作为细分的标准。这种细分的意义在于确定适当的销售策略。若产品购买主要集中在少数大企业,可采用直销方式;若用户分散且每一用户购买量小,则可通过间接销售途径。

(3) 用户要求。用户的要求一般可分为质量型、经济型和方便型三种。军用品买主最重视产品质量,要求绝对可靠,价格不是主要考虑因素。工业买主对质量有不同要求,往往还希望提供各种售后服务。商业用户除注意质量外,还重视价格与交货期。此外,国际消费者还可分为进口产品为自身使用的工业用户和通过中间商购买产品的工业用户等。

二、市场细分的原则

市场细分既要求进行市场分析,又要求富有想象力,特别是要求企业决策者能够对市场结构、潜在顾客的需求、企业在能力上与众不同的特点等具有独到的见解和概括力。良好和准确的市场细分,可以使企业的市场营销资源最有效地运用于市场机会上。为了认识市场,充分发掘新的市场机会,市场细分应遵循可衡量、可进入、规模恰当和稳定原则。

(1) 可衡量性。即细分的市场必须具有明显的特征,细分出的各子市场之间要有明显的区别,以表现出各种消费群体独特的购买行为,即“组与组之间的差别愈大愈好,组内的差别愈小愈好”,这样,跨国经营企业营销者就能够衡量每个细分市场的规模与购买力。

(2) 可进入性。即保证跨国经营企业能够通过可资利用的分销渠道和中介进入每一个细分的市场。为此,细分出的市场必须使企业和消费者都能接受。即一方面,企业以某子市场作为目标市场,能有效地集中营销资源,开展营销活动;另一方面,目标市场的消费者乐于接受本企业所提供的商品,并能通过一定的渠道买到这些商品。

(3) 规模恰当。即所细分出来的市场应具有足够的规模,以便能为进入这些细分市场而改变或调整营销方法。在工业品市场中,有时一家顾客的订货量就相当大,可以作为一个单独的市场看待。相反,不宜细分的市场则不能再划小。否则,如果细分出的子市场购买力过小,就会造成企业亏损,反而于企业不利。

(4) 稳定性。细分市场必须在一定时间内保持相对稳定的状态,以便企业制定长期的营销战略,对该市场加以有效的开拓。如果市场变化过快,则必定要企业快速调整营销策略和资源分配,这加大了企业的经营风险。

三、国际目标市场的选择

企业在选择国际目标市场时,应从分析企业自身竞争优势和国际市场机会两个方面入手综合考虑。

1. 企业自身竞争优势分析

(1) 企业规模。企业规模的大小是企业经济实力的体现,是能否进行跨国经营的重要条件。

(2) 企业产品分析。企业产品分析主要包括:本企业产品与同类竞争产品相比,产品品质如何?价格是否存在优势?产品的信誉和服务是否到位?产品的市场占有率是否高?企业的生产能力是否大?是否有独创的开发能力?产品生产所需的资源是否有充足稳定的供应?产品生产经营的经济效益如何?只有回答好这些问题,一个企业才可从容地进行跨国经营。

(3) 企业总体竞争实力分析。企业全体员工的凝聚力如何?企业领导决策层的开拓精神和创新意识如何?企业是否有先进的技术储备和高素质的职工队伍?企业是否具有极高的劳动生产率和相对低的生产成本?企业是否具有能满足国际目标市场特殊要求的高度灵活性、变动性与适应能力?企业是否有良好的市场信息开发、反馈、处理能力?等等。

2. 国际市场分析

由于当今世界上国家和地区数量很多,情况复杂,企业在选择国际目标市场时,不可能对众多的国外市场一一作出具体的评估。可行的方法是在对企业自身优势进行分析以及对市场进行细分的基础上,选择有开发潜力的国际目标市场。为此,企业需进行市场分析,主要包括以下几点:

(1) 市场机会分析。一般来说,当市场供求矛盾突出或当一种新的需求已经形成时,市场机会将会增大;企业应抓住这一机会,努力引导新需求,开拓新市场。同时,企业还应通过市场分析发现新的市场空白点,并且研究其是否有形成新的消费热点的机会。最后,伴随技术、经济、社会的发展,市场需求产生显著变化,企业必须提前抓住这一市场机遇,才能在激烈的世界市场竞争中获取优势地位。

(2) 市场竞争优势分析。市场竞争优势分析主要是在企业既定的产品竞争优势下,对其在国际市场中的竞争状况作出分析,确定企业在国际市场中的机会所在。企业要开拓海外市场,仅有具有竞争优势的产品和服务还不足以在国际市场上取得成功,必须要考虑在目标市场上的竞争状况,即该企业的产品在竞争激烈的目标市场上是否具有优势。如在计算机领域,IBM 公司的产品具有垄断技术优势,从产品角度来说在全世界市场上都占据竞争优势,但是 IBM 公司在欧洲却选择英国为目标市场,更主要是考虑到英美在语言、习俗、文化上的相似性,其产品的竞争优势在英国更为明显。

在明确了产品竞争优势后,还要从宏观上对国际市场的竞争状况进行分析,主要是分析市场竞争的激烈程度以及市场竞争结构。应通过分析比较,明确本企业在市场上的竞争优势和劣势,确定正确的市场定位。对于从事跨国经营的企业来说,除了分析当前市场的竞争态势,还要着眼于对未来市场竞争态势的分析与预测。

(3) 目标市场环境分析。目标市场的环境分析主要是对目标市场的经济发展状况、基础设施、制度条件等方面进行分析,以确定本企业是否适合目标市场,是否有进入该市场并获得成功的机会。

① 目标市场体制是否完善,即市场流通体制是否健全,本土的商品流通渠道是否畅通。只有在市场发达、商品流通顺畅的国家,跨国经营活动才能较顺利地展开。

② 目标市场营销服务设施是否完善,即市场营销方式与流通工具是否健全,市场通信系统是否先进,市场传播媒介是否发达等。这些条件的满足与否,关系到企业市场开拓战略能否实施。

③ 目标市场上金融服务是否健全与发达,企业能否充分利用当地的金融机构与设施进行信用借贷、融资以及结算。

④ 目标市场上是否存在不平等竞争、恶性竞争或者市场垄断。如果目标市场上不存在公平竞争,是混乱、无序的市场或者是垄断的市场,则不利于企业的海外开拓。

在对上述企业自身优势和国际市场机会的综合有机分析后,企业应选择那些市场吸引力大、前景广阔、风险较小,而自身具有明显竞争优势的国际市场作为目标国际市场。初选确定后,还需进行详尽的财务分析,测算出该初选国际目标市场的投资与经营成本、销售利润、投资报酬率等。

第三节 跨国经营企业的市场营销组合

跨国经营企业在明确了细分目标市场,确定市场定位后,接着就是根据目标市场的特点、综合企业目标、市场竞争程度和自身产品或服务,建立和发展针对目标市场的营销组合策略。市场营销组合是指将企业可控的基本营销措施组成一个整体性活动,以满足消费者的需求,而消费者的需求很多,满足消费者需求所应采取的措施也很多。因此,企业在开展市场营销活动时,要把握住那些基本性措施,合理组合,充分发挥出整体优势和效果。市场营销组合不是某一个具体的营销策略,而是一系列营销策略的组合,一般来说有“4Ps”和“6Ps”之分。

“4Ps”由麦卡锡在1960年提出。“4Ps”,即产品(product)、地点(place)、价格(price)、促销(promotion)。在这里,产品就是为目标市场开发适当的产品;价格就是考虑制订适当的价格;地点就是通过适当的渠道安排运输、储藏等,把产品送到目标市场;促销就是考虑如何将适当的产品,按适当的价格,在适当的地点通知目标市场,包括销售推广、广告、培养推销员等。

“6Ps”由科特勒提出,是在原“4Ps”的基础上再加上政治(politics)和公共关系(public relations)。“6Ps”组合主要应用于实行贸易保护主义的特定市场。之后,科特勒把已有的“6Ps”称为战术性营销组合,新提出“4Ps”:研究(probing)、划分(partitioning)即细分(segmentation)、优先(prioritizing)即目标选定(targeting)、定位(positioning),并将这新“4Ps”称为战略营销。他认为,战略营销计划过程必须先于战术性营销组合的制订,只有在搞好战略营销计划过程的基础上,战术性营销组合的制订才能顺利进行。本书限于篇幅,仅对原“4Ps”包含的基本营销策略作一介绍。

一、跨国经营产品策略

国际市场上的竞争,主要体现在产品的竞争上,具体而言就是体现在产品的品种、质量、功能、效用上。一个完整的产品包括核心产品、实体产品和附加产品三个层次。核心产品是产品的重心和关键，是指该产品为消费者带来的利益和效用，满足消费者某个方面的需求。实体产品是核心产品的实物体现，就是具有某种外观形状和内部结构的实物，具有特定的功能和使用价值。实体产品要依据某种科技理论和工艺技术方法才能研制和生产出来。附加产品是指产品到达消费者手中以后，在使用过程中为消费者带来的附加价值，如荣誉感、信誉感、安全感、保证、保险、服务和满足等。

跨国经营的产品战略，就是要正确地确定和选择产品向国际市场的扩张方向，对新产品开发进行决策，对产品结构进行部署，对一国产品、多国产品和全球产品进行正确的选择和安排，目的就是更好地开拓国际市场，在现有目标市场的基础上不断提高市场占有率，不断开发新的目标市场。

（一）国际新产品开发

当代世界的新产品，无论是生产资料产品还是消费资料产品，在考虑开发方向时，都是从用户角度出发，为用户利益着想的。如果仅仅从企业自身角度和自身利益出发考虑，就不能正确把握新产品的开发方向。因此，企业在进行新产品开发方向选择时，必须以该新产品能为用户带来更大利益和效用为基准。新产品开发的方向应向多能化、节能化、高效化、简单化和多样化发展。

1. 新产品开发方式

开发适合国际市场需求的新产品，本身就是一项冒风险的事业。因为新产品的成功率并非百分之百，特别在国际市场竞争激烈条件下，为了提高新产品成功率，降低风险，很有必要对新产品开发方式进行慎重决策。主要有以下几种方式：

（1）国外引进，就是通过引进国外的先进技术来实现新产品的研制和生产。企业采用国外引进方式，能较快掌握新产品开发的全套技术，还能节省新产品研制费用。当企业希望较快推出新产品，缩短与国际先进企业在产品上的差距时，通常采用引进方式。缺点是会受制于先进技术的转让方。具有技术垄断优势的发达国家企业往往在转让技术时有苛刻要求，或者转让的并非真正先进、成熟、适用的技术，而且还有可能使引进技术的企业始终跟随在技术拥有方企业身后，难以超越。

（2）自主研发，主要用自身的力量完成新产品的研发、设计、制造的全过程。它又分为两种：一种是企业本身具有应用技术创新能力，独立进行产品开发研究；一种是企业利用本国科技界应用研究成果，集中精力进行产品开发研究。自主研发方式的应用取决于本国科技界和企业本身的商业化技术水平。只要在该产品领域具备世界领先或先进创新技术能力，就应该采用独创方式。虽然在时间和资源的耗费上可能多一点，但毕竟是独立自主开发新产品，不受制和跟随任何外国企业，既有主动权，又有广阔的发展前景。

（3）引进与创新相结合。这种方式是上述两种方式的有机结合，既能避免引进和独创方式各自的缺点，又能拥有它们各自的优点，所以是一种适用性强、节约高效，被广泛应用的开发方式。在引进国外先进技术的基础上，通过学习、消化、吸收，企业不仅完全掌握该先进技术，而且通过自主创新进一步改进和完善该先进技术，增强了技术创新能力。如我国的三一重工所采用的技术、高铁技术都是典型的例子。

2. 产品扩张

跨国经营企业的产品方向就是其服务方向，即满足各国哪一个部门、地区、领域、层次的消费者和用户需要并为他们带来利益。产品方向可按产业和行业来划分，也可以按洲际地域和国别来划分，还可以按不同消费者阶层来划分，如按消费者年龄层次、性别、职业、收入水平等因素来确定产品的方向。

企业在进行跨国经营之前，往往在母国是有产品方向的。随着跨国经营的逐步展开，企业在其他国家就存在产品方向的重新确定和选择问题了。主要有以下几种情况：

(1) 坚持原有产品的服务方向。考虑到东道国市场条件和市场容量都比较理想，可以把服务于母国的产品方向转移到东道国，满足东道国消费者的需求。采用原产品方向的扩张战略，可以更好地发挥企业已具有的优势，进一步取得规模经济效益，同时保证在较短时间内占领东道国市场，减少经营的风险。坚持原有产品方向，并不排除实体产品和附加产品需要适应不同东道国市场条件的差异而有所改变。

(2) 在保留原有产品服务方向的基础上，不断扩大产品的服务范围和增加新的产品服务方向。当原有产品在某些东道国消费者中还有广泛的需求，而且远期的需求量和潜在的需求量还十分可观时，企业应该保留原有产品方向，而不应轻易变更方向。但是为了充分发挥自己的优势和潜力，在更大的世界市场上满足更多消费者的不同需求，企业应该不断扩大和增加新的产品服务方向。

(3) 完全改变产品方向。当企业在东道国跨国经营遇到以下情况之一时，就会采取完全改变原产品方向的战略：一是跨国经营企业收购东道国本土企业而组建生产基地时，本土企业的产品方向与跨国经营企业产品方向完全不同，且跨国经营企业想继续发挥本土企业的产品优势，实行产品多样化战略。二是东道国市场对跨国经营企业原有产品方向的需求有限。三是该产品方向在东道国市场上将面临众多的竞争者，而跨国经营企业自感竞争力较弱。四是按原有产品方向在东道国内生产经营，会遇到原材料及能源供应的某些限制，就近就地销售会遇到某些困难。

3. 产品结构战略

产品结构是指不同类型产品在质和量方面的组合关系，具体包括：国别和地区方向结构，就是为不同国家和地区提供不同的产品所形成的产品结构；行业和部门方向结构，即按企业的产品为不同行业和不同部门服务所形成的结构，如为农业、轻纺工业部门服务的产品所占比重大的轻型结构，为采掘业、制造业、建筑业、运输业服务的重型结构；用途结构，是指不同用途产品组合所形成的结构，如当通用产品比重大时，则为通用型产品结构，当专用产品比重大时，则为专用型产品结构；档次结构，即按不同技术水平和质量等级的产品组合形成的产品结构，分为高档产品结构、中低档产品结构；品种结构，即按企业不同种类、不同系列、不同规格型号所形成的产品结构。

产品结构战略是形成企业产品结构的指导思想、期望目标和对策措施的总称。产品结构战略是一个动态的、相对的概念。不存在固定不变和千篇一律的产品结构战略。因为企业各不相同，面对的外部环境也变化不定，只有随着国际市场的发展变化及时调整产品结构战略，才能顺应市场经济发展规律的要求。可供选择的产品结构战略，一般有以下几种：

(1) 特色产品结构战略，即充分利用所拥有的区位优势，形成具有特色的产品结构。例如，具有独特的地方资源，包括优良水质，特殊地质地貌环境所生长的水果等，就可以形成誉满全球、具有特色的饮料产品和酒类、罐头产品结构。

(2) 高、精、尖产品结构战略，即企业要充分利用所具有的技术垄断优势，形成以高技术产品、精品和尖端产品为主的产品结构。以钢铁工业企业为例，以宝钢为代表的大型钢铁企业就可以凭借具有的一流技术优势，形成高技术、高质量、高档次、高附加值的各类钢材产品结构，以满足国内外技术密集行业对高档优质钢材的需求。

(3) 适销对路的产品结构战略，即根据各东道国经济发展状况和居民消费水平，形成适销对路的产品结构。例如，对于计算机厂商，如其跨国经营的市场主要在北美和西欧地区，则形成大型、快速和家用计算机系列产品结构是合适的；而在非洲和南亚地区，这种产品结构就会失败，必须形成适应本土经济发展水平和居民消费能力的小型、中速计算机系列产品结构。

(4) 主辅导向的产品结构战略，即企业产品的主导方向和辅助方向相结合的产品结构战略。例如，企业的产品是通用机械产品，既可以为重工业服务，也可以为轻工业服务，则可形成“轻重结合，以轻为主”的产品结构战略，也可形成“轻重结合，以重为主”的产品结构战略。

(二) 跨国经营产品生命周期策略

不同的产品寿命周期不同，但所有的产品在正常情况下，其寿命周期都可分成投入期、成长期、成熟期、衰退期四个阶段。产品寿命周期战略是指同一产品在其不同时期结构内的战略。

例如，在产品的投入期，应采取积极支持产品的战略，就是舍得花钱、花精力去宣传产品特点和优点，建立、培育国际营销渠道。对用户提出的任何意见，都认真听取，不断改进产品和完善服务，使产品在广大用户中留下完美的印象。

对于处在成长期的产品，应采取大力扩充的策略。一方面增加生产批量，使产品成本降低，以略低于投入期的价格，不断扩大市场占有面，提高市场占有率。另一方面又要不断开拓市场，使那些想购买和准备购买的潜在用户变成现实购买者。

对处在成熟期的产品，应采取巩固延伸战略。成熟期是产品获利的黄金时期，这一时期销售增长率虽放慢，但总体上还有一定的增长率，所以要尽可能巩固成果，延长成熟期的时间跨度。为此要改进产品功能，提高质量，扩大产品使用范围，增强产品的竞争力。

对处在衰退期的产品，应采取撤退或逐步减产的淘汰战略。衰退期产品至多只有少数用户购买，市场需求量极有限，不值得，也不应该长期维持，逐渐淘汰和果断淘汰应是明智之举。

(三) 跨国经营产品标准化与差异化策略

在对采取何种跨国经营企业产品策略作决策时，还应考虑这样一个问题：向东道国的消费者提供标准化的全球产品，还是符合本土市场特点的改进型产品？一般来说，跨国经营企业在国际市场中推出产品的策略有四种：

(1) 在东道国市场中提供现有的产品；

(2) 根据不同国家的市场差异性对现有产品进行修改;

(3) 专门为东道国市场设计全新产品;

(4) 专门设计全球性产品。

跨国经营企业的经验表明,原封不动将母国市场的产品直接引进东道国市场,可能导致更高的失败率、更低的市场份额和更低的市场增长,而专门为全球市场设计的产品,无论在国内、国外获得成功的可能性都要高得多。标准化的优点是能够大幅度降低成本,有助于树立全球统一的品牌和形象,但其前提是全球市场对标准化产品有足够大的需求,否则降低成本就无从谈起。可口可乐就是一个典型的成功案例。而根据本土市场需求,对产品进行差异化调整、提供为本土市场量体裁衣的个性化产品的企业能够获得更好的回报和发展机会。

向东道国市场提供标准化还是差别化产品决定着跨国经营企业在全球市场中的发展潜力。跨国经营企业在决定提供何种产品时要考虑到以下三个方面的影响因素:

(1) 消费者偏好。营销者在制定产品策略时,应该考虑东道国消费者的需求偏好、传统文化等差别化因素的影响,否则会在东道国市场陷入危机。

(2) 成本因素。标准化产品可通过规模化研发、生产获得规模经济优势,集中采购与物流配送可带来成本的节约。而差别化产品的设计和生产都会带来成本的提高,优势是可以获得更好的收益回报。因此,跨国经营企业在决策时必须权衡不同的产品设计所带来的成本变动。

(3) 技术因素。技术因素既包括各国技术标准的差异,也包括政府对产品的各种规定。有关电压、频率等技术标准,跨国经营企业在向东道国提供产品时必须予以考虑,生产出符合技术标准的产品。各国政府对于产品也有不同的规定,比如日本政府禁止在食品中加入防腐剂和色素,那么进入日本市场的食品产品必须进行特别设计,以符合这项要求。

二、跨国经营渠道策略

跨国经营企业要使自己的产品转移到消费者手中,往往需要经过若干中间环节。这些中间环节的不同组合就构成各种流通渠道。在现代国际市场上,跨国经营企业几乎不可能将自己生产的产品直接转移到消费者手中,而通常需要大量的中间机构,如批发商、经纪人、代理商、零售商,并经过各种中间环节。这些中间环节就构成跨国经营企业的流通渠道。

产品在从生产者流向最终消费者或用户的过程中,每经过一个对产品拥有所有权或负有销售责任的机构,就称一个“层次”,层次越多,渠道就越长,中间商类型就越多;反之,经过的层次越少,中间商类型就越少,渠道就越短。通常将层次多的渠道叫做长渠道,层次少的渠道叫做短渠道。一个渠道的每个层次中,使用同种类型中间商的数量称为渠道的宽度,使用同类中间商数量多的称为宽渠道;反之,称为窄渠道。

传统的跨国营销渠道是生产企业→批发商→零售商→最终消费者。这种渠道上的每个成员都完全独立,各自为政。而现代大型跨国经营企业,往往采取垂直一体化的营销渠道系统,以利于集中经营和控制。垂直一体化营销渠道系统通常通过三类系统来建立：其一，公司内部系统，即一家公司以所有权为基础拥有和统一管理若干工厂、批发机构、零售机构等从上到下的网络；其二，外部合同系统，即不同层次的独立生产单位和销售单位以合同为纽带组成一个联合销售系统，这类合同通常有授权专营合同、批发商倡办的自愿连锁经营合同以及零售商合作化组织合同等；其三，管理系统，即生产企业参与零售商有关促销、供应、定价、展销等业务的管理与协作，这时，生产企业所控制的是本企业的产品线，而不是整个销售机构。

企业采用哪种渠道进入国际市场，是受多种因素制约的。在设计与选择渠道时，要充分认识诸多制约因素，综合分析、比较研究，最重要的是确定渠道目标，然后在此基础上选择最佳渠道方案。这对于企业成功进入国际市场，实现国际化经营十分重要。

（一）渠道选择的因素

企业跨国经营的渠道战略是企业总体战略的组成部分，其最终目标与企业的总目标一致，将直接决定企业选择哪种进入国际市场。渠道因素包含费用、资本、控制、市场覆盖面、特征和连续性等。

（1）费用。渠道费用包括建立渠道所需要的费用和维持渠道所需要的费用。一般情况下，在保持货物畅通和费用成本不是很大的情况下，企业总是倾向于尽可能节省渠道建设费用和维持费用。

（2）资本。渠道所涉及的资本因素主要是利用某个中间商所需要的资金和现金流转形式。如果企业要在国外市场建立自己内部的销售渠道或建立子公司，往往需要大规模投资，而使用独立的中间环节，可减少现金投资，但往往又需要提供贷款等。

（3）控制。对于不同的渠道，企业的控制程度也不同。一般来说，企业在其跨国经营的渠道运转中卷入越深，渠道越短，对渠道的控制越大；渠道越长，宽度越宽，企业对商品的控制能力越低。

（4）市场覆盖面。市场覆盖面是指企业在国外销售产品的市场区域。要获得充分的市场覆盖面，企业应在不同国家或不同时间对渠道结构作出相应的调整，积极地进入人口密集、购买力强的中心区域，一旦在这样的市场上占有一定的市场覆盖面，就会给企业带来极大效益。

（5）特点。企业在挑选渠道时，必须考虑到渠道系统的特征要符合产品及目标市场的特点和要求。容易腐烂的食品、笨重的设备、高价值的产品等都需要采取相应的渠道。此外，企业还应清醒地认识到渠道模式在不断变化，除了对企业自身特点和产品特点充分了解外，还要更多地掌握市场和渠道特点，中间商和合作者的特点，甚至要了解竞争产品的渠道情况。

（6）连续性。保持渠道的持续稳定运行，是企业长期发展的需要。一方面，由于中小规模的中间商自身实力有限，常常更换其经营品种，甚至破产、倒闭，导致企业失去该渠道；另一方面，渠道中间商以利润为基础，缺少忠诚度。因此，对有可能退出渠道系统的中间商或合作者应预先作出估计，培养新的潜在替代者以保持渠道的连续性。

在设计渠道目标时，上述六个具体因素必须要统筹考虑，平衡协调，使所设计的渠道目标体现出全面性、综合性、经济性、效益性，保证所选渠道达成最佳目标。

（二）选择国际营销渠道的原则

渠道的选择应遵循以下四个原则：

(1) 经济原则,即跨国经营企业能够通过它所选择的渠道完成产品的销售任务,且销售渠道本身具有经济性,后一方面主要表现为所营销的产品或劳务向消费者转移的流向合理;渠道环节尽可能少,渠道组合合理;渠道能以最少的费用、最合理的时间和里程来实现商品实体和所有权的转移,渠道具有相对稳定性。

(2) 市场原则,即所选择的渠道能使跨国经营企业的产品有效地进入和占领目标国家市场,在竞争对手面前树立优势。

(3) 时间原则,即要求所选择的渠道能保证跨国经营企业在占领市场的时间上具有主动性,并利于企业开发新产品和新市场。

(4) 应变原则,即企业选择渠道时,不能只考虑眼前,还要考虑到未来有可能对渠道进行调整和改变。

(三) 营销渠道的选择与管理

跨国经营企业实现其设计的营销渠道的长度和宽度的途径有三:一是充分利用自己的营销力量与条件;二是借用原有的中间商和零售商;三是启用新的中间商和零售商来建立新渠道。

跨国经营企业在外国市场上会遇到一些特殊问题,如在其他国家采用的渠道在这一国家根本不存在,或者现有的渠道已成为对手的独家经销商而不能利用,因而要作出一些选择:

(1) 兼并本土经销商;

(2) 通过提供高价或其他资金方面的优惠条件来"购买分销";

(3) 重新建立另一套与之并行的中间商网络;

(4) 从头建立另一套完全不同的渠道,如直销;

(5) 运用独创性来首创一些分销方法,或把在其他国家中使用的一些方法转移到该国。

对各种营销渠道(包括已有渠道和新渠道)的最后选择,取决于对下列两方面因素的综合评估:一是预期的分销成本;二是维持控制、覆盖面和持续性。

预期的分销成本由两大部分构成:一是建立或开发营销渠道的投资成本;二是确保营销渠道正常运转的运营成本,如公司自己雇用推销员的成本,或付给中间商的佣金、利润等。覆盖面在总体上取决于营销渠道的宽度。就一般情况而言,只要经济上可能,就选择广泛分配方式,使产品在尽可能多的渠道上进行销售。事实上,企业在很多情况下很难选择广泛分配渠道,往往只能在城区取得满意的覆盖面,这时就应该力保覆盖效果,并尽量利用少数中间商扩大对城区外市场的占领。在只用少数中间商的情况下,需要注意的问题是中间商可能只经销一个产品线中的盈利部分而不经销或忽视其他部分,还有,不同国家对产品系列的划分也不尽相同,须对销售渠道作相应调整。

维持对销售渠道的控制对任何企业都十分重要,许多企业在这方面陷入困难。就一般情况而言,营销覆盖面越大,控制越难,因为这需要企业投入大量的人力、物力与财力,对中小企业造成很大的困难。为此,企业一方面可通过对最终用户的广告等形式来实施"拉"的战略,另一方面可考虑减少中间商数目。

同样重要的是,要仔细评估分销渠道的持续性。发展中国家的许多经销商都是小规模的组织，生存能力较差，主要创始人的离去往往就意味着企业的关闭。还有许多中间商惯于见风使舵，对货主缺乏忠诚。为了保证营销渠道的正常运转，需要加强营销渠道管理。

三、跨国经营定价策略

定价策略是跨国经营企业市场营销组合中一个十分关键的组成部分。价格是影响交易成败的重要因素，同时又是市场营销组合中最难确定的因素。企业定价的目标是促进产品销售，获取利润最大化。对于跨国经营企业而言，价格策略不仅要考虑利润最大化的问题，还必须考虑全球市场竞争，获取全球竞争力的问题。这要求跨国经营企业在定价时不仅要考虑成本的补偿和消费者的接受能力，还必须考虑竞争对手的反应。

（一）跨国定价目标

所谓企业的定价目标，是以企业战略目标和销售目标为基础，确定和实施定价策略所要达到的基本目的。它既是实现企业经营总目标的保证和手段，又是确定定价方法和定价策略的依据。定价目标必须与企业的整个经营目标相一致，企业往往根据自身产品和生产经营特点及不同时期的经营重点，制订不同的定价目标。目前，世界各国企业在跨国经营的定价中，主要有利润最大化、增加投资收益率和扩大市场占有率等传统定价目标。

对跨国经营企业而言，不仅要实现以上定价目标，其所处国际市场的激烈竞争使得应付和防止竞争也成为跨国经营企业定价的主要目标。在跨国市场上，多数企业，无论其规模大小，对竞争者的价格都是很敏感的。它们在定价之前，广泛收集资料，将本企业商品的品质、规格与竞争者类似产品的品质、规格作比较，然后作出可能的几种决策：一是以低于竞争者的价格出售；二是与竞争者同等价格出售；三是以高于竞争者的价格出售。

企业在市场上已占有有利地位时，为阻止其他竞争对手介入市场，一般会采取低价出售的方式。当企业竞争能力较弱，难以击败对手时，为了生存往往会采取相同或略低于竞争者的价格出售商品。但如果企业规模大，经营效率高，资金雄厚，为了在市场上取得独占地位，赶走现存的竞争对手，往往大幅度降价，有时甚至短时期内以低于成本的价格出售，迫使竞争对手破产或转产，从而达到独占市场的目标。之后，再提高价格，甚至以高于降价前的价格，垄断价格出售，摄取垄断利润。

（二）影响跨国定价的因素

企业从事跨国经营活动，商品价格的确定不仅要考虑国内因素，还要考虑国外因素。综合国内外两方面的诸多因素，影响企业定价的因素主要有：商品成本因素、国际市场供求因素、竞争因素以及政策因素等。

1. 国际成本因素

在商品价格构成中，产品制造成本是定价的主要依据和最低经济界限，主要包括原材料、辅助材料、燃料、动力、工资及工资附加费、车间经费、管理费、销售费用、储运费用等，这与内销产品的定价基本一致，但国际经营中的产品定价还应考虑其独特的成本项目，如关税、外销中间商毛利、融资和风险成本等。

2. 国际市场因素

国际市场状况纷繁复杂,剧烈动荡,是影响企业定价最重要的因素之一,是跨国经营企业定价的重要基础与主要依据,主要包括国际商品供需状况和国际市场竞争状况。国际市场上的供求关系,一方面表现为供给数量和需求数量的对比关系;另一方面是指供给和需求在价格机制作用下互相适应的关系。在完全竞争的市场条件下,由于生产厂商和用户众多,产品同质,单个企业不足以影响市场供应,它们只是价格接受者而不是决定者,如国际市场上的一些原料、粮油棉农产品和大宗货物;在寡头垄断市场中,由于价格高低常取决于少数几个垄断集团,他们占有大部分市场份额,一个垄断企业的定价行为必须正确地估计到别的垄断企业可能会采取的行动,单独提价或降价往往会失败,因此,少数几个垄断集团间往往会达成某种协议和默契。在垄断竞争市场中,各企业的产品有差异性,消费者对特殊企业生产的产品有着特殊的偏好,企业虽然有着某种程度的定价自由,但由于存在大量的竞争者和替代品,实质上给企业定价划了一个界限,在定价的同时应考虑价格竞争策略。

3. 全球资金和原材料来源状况

在资金方面,当跨国经营企业的资金不足,以致影响扩大经营、再创利润的机会时,常需要对不畅销产品实行低价策略;反之,不仅可对畅销产品采取高价政策,而且对不畅销产品也不急于削价快销。在原材料资源方面,对于资源丰富的产品,扩大再生产潜力大,定价宜低;反之,定价宜高。

4. 东道国及母国政府干预措施与法规

跨国经营企业在各国市场上进行经营活动时,会遇到各国政府控制价格的各种措施和法规,如限制价格变动、限制边际利润、政府补贴等,这些都会不同程度地影响定价。比如,实行最高限价、最低限价、对价格冻结、增加税赋等。跨国经营企业进行定价时,必须考虑这些政策因素。

(三) 定价策略

企业定价策略是指企业根据定价目标而对产品制定售价采取的决策手段,是市场营销组合策略的一个重要组成部分。它要求企业在综合考虑影响定价的基本因素和市场营销组合其他要素的基础上,灵活选择,巧妙运用多种定价方法,制定最有利的营销价格。除了传统的成本导向定价法、需求导向定价法外,对于跨国经营企业而言,更注重竞争性定价策略与转移定价策略。

竞争性定价策略是指当一个公司在制定价格时,主要以竞争对手的价格为基础,与竞争产品价格保持一致。这种策略的明显特征是,在价格与成本或需求之间并不保持一个固定不变的对应关系,主要应考虑竞争对手的产品价格。如果竞争对手的价格变了,本企业产品成本与需求量没有发生变化,也要随之改变产品价格;如果竞争对手的价格没有变,本企业产品成本与需求量发生了变化,也不应改变产品价格。竞争导向定价并不是要制定同竞争对手相同的价格,而是要以提高产品的市场占有率为目的,制定有利于企业获胜的竞争价格。

(1) 跟随定价。这种方法是跨国经营企业将本企业产品与同业现行价格水平保持一致。作为一种随大流的方法,它的适用范围很广。例如,在小麦、咖啡、茶叶、棉花等初级产品市场上，一般都有统一的国际市场价格，即交易所价格。如果企业产品价格高于国际市场通行价格，则其原有市场份额就会被竞争对手夺走。

使用跟随定价法需注意产品的差别状况和目标市场国家有关法律。在本企业产品与同类产品存在较大优势差异的情况下，本企业就可以不受现行价格的束缚，而把价格定得高一些。当然，这个产品必须具备一定的特色与功能，让消费者感到价格高些也值得。

(2) 相关产品定价。这是企业在同一市场中，根据各商品在生产特点、功能差异或市场状况等方面的相互联系而确定配合性的价格，其特点是不拘泥于单一产品的价格目标，而是寻求总体利润市场或竞争目标的实现。例如，某公司有主体产品 A 和配套产品 B 在某外国市场上出售，两产品在使用中相互配合、缺一不可。主体产品的功能与价值大于配套产品的功能与价值，市场上供求双方对其价格变化就十分敏感，而配套产品的功能与价值虽较低，但具有易耗的特点。据此，该公司就可将 A 产品的价格定得较低，以期通过销量增加来部分抵消因降价而带来的损失，并成倍地增加顾客对 B 产品的需求。

相关产品定价方法尤其适合于开发发展中国家市场或运用于技术含量较高的产品上。当成长中的发展中国家市场主要由少数几家外国企业供应时，各企业产品自我配套特征和非自由竞争的市场结构，使得利用这种定价方法能有效地扩大市场，打击竞争者。

(3) 倾销价格。倾销是以低于目标市场上公认的价格，甚至低于公司平均成本的价格，向市场大量推销产品的行为，这是一种以排除竞争对手，从而最终取得竞争市场份额为目的的定价策略。采用此法，初期往往会出现亏损现象，但随着市场份额的扩大，在将其他竞争对手逐出市场后，可再调高价格。

倾销价格的使用条件有三：一是本国市场受到严密保护，能有效地防止或阻止外国竞争对手把公司的产品返销回来；二是产品在国内市场上能维持高价，以补贴或支持在外国倾销而蒙受的利润降低损失，与之相应的是通常要求公司有较大的生产规模和较强的实力；三是目标市场国家价格管理较松，特别是没有严格的反倾销法规与措施。

(4) 内部转移价格。内部转移价格通常不受市场供求关系变动的影响，根本目标是获取企业长期整体的最大利润。转移定价主要有以成本为基础、以市价为基准和协议定价三种定价方法。具体定价策略参考本书相关内容。

转移价格的确定除了要考虑上述定价方式外，还要考虑跨国经营产生的有形和无形的障碍，以及企业试图通过转移定价来实现的目标。近年来，各国税务当局对跨国经营企业运用转移价格的情况普遍给予特殊的关注，除了广泛收集市场价格资料外，还加强了各国税务资料的相互查证，有些国家的政府甚至为此修改了税法。在这种情况下，企业当然难以随心所欲地制定转移价格，但尚有不少余地可利用，以达到企业特定的跨国经营目标。

四、跨国经营促销策略

促销的主要任务是要在卖主与买主之间进行信息沟通，国际促销也不例外，它也是通过广告宣传、人员推销、营业推广和公共关系活动来完成其任务的。

(一) 跨国广告宣传

广告的功能是介绍和宣传商品，激发和诱导购买，引导消费，以及树立企业的形象和声誉。但是,由于各国对媒体的投入和管制不同,跨国经营企业在东道国进行广告投入时要注意其差异,依不同市场制定不同的广告策略。国际促销中的广告策略一般有两种,即国际标准化广告和国际差异化广告。

1. 国际标准化广告

国际标准化广告是指企业在不同国家进行广告宣传时,采用相同的广告策略、广告构思和信息,以及尽可能使用相同的广告媒体。这种策略有利于企业树立统一的形象,提高产品在消费者心中的品牌形象,扩大影响力,提高销售量;同时也能节省费用开支,降低广告的总成本。但是,这种策略也可能由于忽略了各国消费者的差异,产生与本土文化习俗不符或违背本土国家有关广告的法律限制等问题。

2. 国际差异化广告

国际差异化广告是指企业针对各个国家的差异性,采取灵活多变、因地制宜的广告宣传方式。这种策略克服了标准化广告的不足,能满足不同国家在文化、法律等方面的差异,增加市场份额。但是该策略费用高,也不利于树立全球统一形象。目前,跨国经营企业为了控制成本,大多采取以标准化广告为主、差异化广告为辅的办法。

(二) 跨国人员推销

人员推销往往因其选择性强、灵活性高、能传送复杂信息、能有效激发顾客购买欲望、及时获取市场反馈等优点而成为国际营销中不可或缺的促销手段。然而,国际营销中使用人员推销往往面临费用高、培训难等问题,所以要有效利用这一促销方式,还需招募到富有潜力的优秀人才,并加以严格培训。

推销人员不仅可以从母国企业中选拔,也可从第三国招聘,作为海外推销人员,他们在东道国应表现出很强的文化适应能力,包括语言能力,较强的市场调研能力和果断决策的能力。若面对一个潜力可观、意欲长期占领的市场,国际企业应以招募、培训东道国人才作为优秀推销员的最主要来源。

(三) 跨国营业推广

营业推广手段非常丰富,如赠券、品尝、有奖购物、打折捆绑销售、分期付款等,其在不同的国家运用时会受到不同的法律或文化习俗方面的限制,如法国的法律规定,禁止抽奖的做法,免费提供给顾客的商品价值不得高于其购买总价值的5%等。当新产品准备上市时,向消费者免费赠送样品的做法在欧美各国都非常流行。这一做法在中国登陆之初,不少消费者却因感到“受之有愧”而予以拒绝。

在国际营销中,还有几种重要的营业推广形式往往对介绍一些企业产品进入海外市场很有帮助,如博览会、交易会、巡回展览、贸易代表团等。值得一提的是,这些活动往往因为有政府的参与而增加其促销力量。

(四) 国际公共关系

国际公共关系是一种独特的管理职能,它并非直接向社会公众推销自己企业的产品,而是通过多种方式加强本企业与各类社会公众之间的关系,从而在公众心目中树立起良好的形象,并以此为基础得到社会公众对本企业的支持和合作,获得共同利益。该策略可以采取不同的形式来实现,比如宣传性公关、社会性公关、服务性公关、征询性公关等。

由于广告宣传、营业推广、人员推销和公共关系等促销形式各有利弊,因此跨国经营企业在开展促销活动时,往往会考虑多方面的措施。

课后练习题

1. 跨国经营企业营销战略的类型有哪些?
2. 跨国经营企业如何进行市场细分?
3. 在产品不同生命周期阶段应采取什么样的策略?
4. 在进行跨国经营企业的渠道选择时,应遵从哪些原则?
5. 跨国经营企业定价的目标是什么?

章末案例

宝洁公司在华营销策略分析[①]

一、宝洁简介

宝洁公司(Procter & Gamble),简称P&G,是一家消费日用品生产商,也是目前全球最大的日用品公司之一。总部位于美国俄亥俄州辛辛那提,全球员工近11万人。1988年,宝洁在广州设立第一家分公司,目前在广州、北京、上海、成都、天津、东莞及南平等地设有多家分公司及工厂,员工总数超过7000人,在华投资总额超过17亿美元。宝洁在500多个城市建立了合资企业、分公司、工厂和分销商网络,其品牌和产品已在中国家喻户晓。

二、宝洁的营销策略

1. 产品策略

Philip Kotler认为,产品是营销组合中最重要的要素。产品策略是指企业使自己的产品及构成顺应市场的需求动态变化的市场开发策略。宝洁公司是日化企业的巨头,其旗下拥有众多产品,产品策略可分为以下两个部分:

(1) 多品牌策略

宝洁在中国拥有9个种类和15个品牌,包括头发护理产品、个人清洁用品、皮肤护理用品等。宝洁的多品牌策略不是把一种产品简单地贴上几种商标,而是追求同类产品不同品牌之间的差异,包括功能、包装、广告等多方面,从而形成每个品牌的鲜明特性,这样每个产品都有自己的发展空间,不会重叠。

(2) 新产品开发策略

作为一个创新型企业,宝洁公司一贯奉行“生产和提供世界一流产品,美化消费者的生活”的宗旨,为全世界消费者生产出品质一流的产品。其对新产品的开发主要注重两

① 摘编自李敏:《跨国公司在华营销策略研究——以宝洁公司为例》,载《湖北经济学院学报(人文社会科学版)》2013年第5期。

点:① 不断进行科技创新。宝洁公司自成立以来,就非常重视产品的研发,每年科研经费的投入在17亿美元以上,遥遥领先于同类企业。宝洁不仅投入大量的研发经费,吸引顶尖人才为其研发产品。同时,还构建以"研发官"为首的强大的研发组织及完善的内部研发网络,为研发提供全方位的支持。② 深入进行市场调研。宝洁一直以"消费者优先"为研发理念。宝洁所有的研发计划都是基于大量的市场调研。研发人员必须实际了解消费者使用产品的状况,深入调查消费者的使用习惯,以此作为研发依据。

2. 价格策略

宝洁自进入中国以来一直采取的是市场"撇脂"的价格策略,也就是高价策略,这对宝洁迅速实现在中国的盈利以及高速发展很重要。但是进入20世纪90年代后期,日化品市场出现供过于求的局面。宝洁的高端市场也进入饱和状态,很难进一步发展。这一时期宝洁的价格调整主要是降低生产成本,实行低价策略。在残酷的市场竞争中,价格是宝洁策略的转折点。从2001年起,宝洁采取更灵活的价格策略。2003年11月,宝洁推出了零售价9.9元的200毫升的飘柔洗发水,之前市场正常价格是13.5元。飘柔正是以低价占领低端市场。2003年,宝洁发动了多轮降价战,舒肤佳、玉兰油沐浴液纷纷开始降价,2003年全年,玉兰油平均降价20%,舒肤佳平均降价25%。宝洁对价格的调整实行低价策略无疑弥补了其在低端市场的空白,低价给宝洁带来了更大的利润。

3. 促销策略

在充满竞争的市场上,灵活多变的促销手段对产品的销售有着非常重要的作用。宝洁根据各地不同的文化背景和市场需求来定制自己的促销策略,设计合理的促销方法,从而促进销售。正是宝洁公司采取了有效的促销方式,使得其整体销售额不断增长,在市场竞争中占据有利地位。

(1) 实地促销

实地促销包括两种方法:一种是路演促销;一种是派送促销。路演促销是指企业在路边搭建舞台,通过歌舞等一定形式的表演吸引观众,然后通过有奖问答、打折销售、赠送礼品等方式宣传产品和企业形象。在活动中,宝洁将自己产品的特性、优势及给消费者带来的利益等多方面信息通过广告伞、反复播放录像、现场POP、音乐等方式传递给大众。同时,配合现场解说与演示进行有说服力的介绍。派送促销是指企业为达到一定的营销目标,在指定的时间和区域内,派人向一定数量的潜在目标顾客免费发送企业产品或试用品的商业行为。派送是宝洁经常使用的一种促销方式,它每推出一种新产品,就要搞一系列的派送活动。派送使宝洁的知名度、品牌形象、营销效果得到了提高,而且花费很小,直接让利于顾客和经销商。

(2) 非专柜促销

非专柜促销就是指商家在商场或者超市内临时搭建的促销台,借助于海报和宣传手册等促销工具对产品进行的一种促销活动。一般包括有奖销售、打折销售、赠送礼品等形式。宝洁公司之所以赢得顾客忠诚度,非专柜促销在其中所起的作用不可忽视。例如,2001年,为了配合玉兰油的全面升级,宝洁曾开展了一个名为"惊喜你自己"的玉兰油非专柜促销活动。宝洁通过有买就有赠送的活动来吸引消费者,在增加销量的同时也提高了产品知名度,让玉兰油时尚、专业、高档的形象深入人心。

(3) 广告促销

宝洁公司在产品销售上取得巨大的成功与广告是分不开的。正是由于广告对消费者具有强大的号召力,使得宝洁在日化市场上长久不衰。其广告攻势可以分为三个方面:① 巨额的资金投入。宝洁每年在广告资金方面的投入是非常巨大的,在激烈的市场竞争中,宝洁的产品深入各个领域,宝洁的广告费用从 2009 年的 75.19 亿美元升至 2012 年的 93.15 亿美元,在其领域内,其他企业无法企及。② 突出销售卖点。宝洁公司认为,每个消费者对品牌的偏爱各不相同,因此,在进行广告宣传时,宝洁紧紧抓住消费者的需求心理,把产品的特性展示给消费者,以达成增进销售的目的。例如,海飞丝就是突出去头屑;潘婷就是头发的营养专家,等等。③ 采用多媒体表现形式。在媒体的选择上,宝洁就是运用消费者关注的多媒体,使其传播效果达到最大化。目前,宝洁公司已经拥有 72 个网站,覆盖旗下 300 多个产品。宝洁紧紧抓住时代的脉搏和潮流,选择网络媒介作为广告宣传方式,对宝洁产品的销售起到了很好的作用。

4. 渠道策略

2003 年至今,根据中国加入 WTO 的规定,外资零售企业在中国的经营限制完全取消,外资零售企业全面进入中国。宝洁对中国分销商的要求更加严格,分销商数量从 400 多个减至 100 多个,二三线城市和农村成为宝洁的新战场。宝洁主要通过"分销商""批发商""主要零售商和大型连锁超市""沃尔玛"四个渠道销售产品。

讨论题

1. 在本案例中,宝洁公司在中国主要采取了哪些营销策略?

2. 在这些策略中,你认为哪些比较突出?如果让你负责宝洁公司在中国市场的开拓,你会怎么做?

本章参考文献

薄启亮、陆如泉:《跨国经营战略管理体系的构建与实施》,载《企业管理》2013 年第 3 期。

戴万稳编著:《国际市场营销学》,北京大学出版社 2015 年版。

范黎波、宋志红编著:《跨国经营理论与实务》,北京师范大学出版社 2009 年版。

符平、段新星:《国际市场上中国企业的地位危机及其化解——以鞋企抗辩欧盟"反倾销"为个案》,载《社会学研究》2015 年第 1 期。

高勇强编著:《跨国公司管理》,清华大学出版社、北京交通大学出版社 2010 年版。

高振、江若尘:《跨国公司国际市场建立模式研究综述》,载《经济管理》2014 年第 7 期。

〔美〕加里·阿姆斯特朗、菲利普·科特勒:《市场营销学》,吕一林等译,中国人民大学出版社 2010 年版。

〔美〕凯特奥拉等:《国际市场营销学》,赵银德等译,机械工业出版社 2012 年版。

林康、林在志:《跨国公司经营与管理》,对外经济贸易出版社 2014 年版。

刘建丽、刘瑞明:《来源国形象、消费者偏见与中国品牌跨国营销——中国电子产品在美国的品牌来源国效应检验》,载《经济管理》2020 年第 3 期。

熊勇清、李鑫、黄健柏、贺正楚:《战略性新兴产业市场需求的培育方向:国际市场抑或国内市场——基于"现实环境"与"实际贡献"双视角分析》,载《中国软科学》2015 年第 5 期。

徐娜娜、彭正银:《本土产品开发能力、创新网络与后发企业逆向创新的案例研究》,载《研究与发展管理》2017 年第 5 期。

许晖主编:《国际企业管理》,中国人民大学出版社 2011 年版。

闫国庆主编:《国际市场营销学》,清华大学出版社 2013 年版。

姚宏、关媛元、高英:《跨国企业的转让定价策略——基于价值链的案例研究》,载《管理案例研究与评论》2020 年第 2 期。

第十七章　研发国际化与技术转让

【本章学习目的】

通过本章学习，你应该能够：

- 分析研发国际化的动因
- 理解技术溢出效应和技术挤出效应
- 掌握研发国际化的模型选择策略
- 分析研发国际化的趋势
- 掌握技术转让的定义
- 掌握技术定价的方法和支付方式

引导案例

比亚迪汽车的研发国际化之路[①]

比亚迪(BYD)创立于1995年，现主要有IT、汽车和新能源这三大产业，它的IT及电子零部件产业已经覆盖了手机所有的核心零部件及组装等业务，而其镍电池、手机用锂电池、手机按键业务的市场份额均已达到全球第一位。

比亚迪在建立之初就与当时的国际一流品牌如摩托罗拉、诺基亚等合作，建立了良好的国际网络关系，推动了电池技术的研发进度。比亚迪建立了庞大的产品研发团队，投入大量资金研究全球的专利技术，大量使用非专利技术，并在它们的基础上进行组合集成和创新。

2003年，比亚迪收购西安秦川汽车有限责任公司后，正式宣布进入汽车制造与销售领域，开始了它的饱受争议却发展良好的民族自主品牌汽车的发展征程。2008年10月6日，比亚迪收购了半导体制造企业宁波中纬，花费近2亿，整合了它的电动汽车产业的上游产业链，加速了电动汽车业务的商业化步伐。正是这次收购之后，比亚迪拥有了电动汽车驱动电机整体的研发和生产能力，而后成为电动汽车领域的领跑者和全球二次电池产业的领先者，能制造利用清洁能源的汽车产品。

从1995年至今，比亚迪快速成长为一家大型跨国公司，拥有逾18万名员工。比亚迪创始人王传福强大的人格魅力对比亚迪的公司文化有很大的影响，他始终坚持自主开发研制产品，在工艺、原料和质量成本控制等方面也投入巨大，他的工科背景和研究所的工作经历影响着他的行事风格。作为公司董事长，他十分关心新型技术，倡导“自己动手，丰衣足食”，公司很多高层都是当年毕业就进入比亚迪的大学生。比亚迪的工程师文

① 摘编自杨震宁等:《跨国技术战略联盟合作、动机与联盟稳定：跨案例研究》，载《经济管理》2016年第7期。

化深远,理念是"以技术为王、创新为本"。比亚迪自2004年进入汽车行业以来,招聘了大约1.5万名工程师,现在还有1万多名留在公司中。比亚迪文化对工程师十分尊重,给工程师技能分享、学习和上升的空间,鼓励创意和创新。

2010年3月,比亚迪与德国戴姆勒公司在几次谈判后,宣布就联手研发新型电动汽车达成谅解备忘录,前期建立一个技术研发中心,主要展开电池技术研发;后期推出新品牌和以50:50的股份成立新的技术合资公司——比亚迪戴姆勒新技术有限公司(BYD Daimler New Technology Co. Ltd.,BDNT),该公司于7月正式成立。这是德国戴姆勒公司第一次在德国以外设立研发中心,两家共同投资6亿元人民币成立的新公司用于开发专门在中国销售的电动汽车。虽然舆论一致认为"戴姆勒与比亚迪联盟,将破坏自己的全球豪华汽车厂商形象",但这没有阻止此次联盟。在此次战略联盟中,比亚迪也是技术输出方之一,不再走传统国内车企"以市场换技术"的路径——比亚迪主要负责电池和驱动技术,奔驰承担整车的开发。戴姆勒公司声称,比亚迪的磷酸铁锂电池比戴姆勒之前采用的锂电池更为先进。

2012年3月30日,两家联合发布新车品牌"TENZA腾势"。腾势的实际产品享受政策补贴优惠后的价格为25.5万至28.5万元,处于低端到中高端之间,匀速续航里程约为300公里,日常行驶续航里程在250公里左右,是国内目前除特斯拉Model S之外续航里程最长的,快速充电模式下仅需1小时可充满80%的电,时速可达150公里每小时,同时与iPhone可以实现智能无缝对接。这次战略联盟合作,是中国本土汽车民营企业的第一次跨国技术战略联盟合作,打破了以往世界巨头看不上中国民营企业的旧观点,也是中国车企第一次在与国际巨头合作中有计划、有影响力地输出技术。

思考题

1. 戴姆勒公司为什么会选择和比亚迪合作?
2. 比亚迪汽车的研发国际化有什么特点?

研究与开发是跨国经营企业的核心职能之一,也是全球竞争优势的主要来源。20世纪80年代以来,跨国经营企业在其他国家设置的研究机构,无论在项目数量方面还是在研究质量方面都有了突飞猛进的发展。伴随着研究成果的增加,企业跨国技术转让活动日益频繁,技术转让的内涵和形式不断丰富,成为企业跨国经营管理活动的重要组成部分。

第一节 研发国际化的动因与效应

一、研发国际化的概念

研发是研究与开发(research and development, R&D)的简称,指各种研究机构、企业为获得科学技术新知识,创造性地运用科学技术新知识,或实质性改进技术、产品和服务而持续进行的具有明确目标的系统活动。一般指产品、科技的研究和开发。研发是一种创新性活动,一种创造性的工作。

为了适应各国市场的复杂性、产品的多样性和消费者偏好的差异性,支持公司产品在当地市场的拓展,同时也为了了解竞争对手的产品技术发展动态,在全球范围内优化配置资源,跨国经营企业一改以往只在母国进行技术研发的模式,根据东道国的市场和科研实力情况,直接在当地建立研发机构。随着研发全球化的深入,发达国家的跨国经营企业在海外的技术投资力度不断加强,发展中国家也开始到国外设立研发中心。目前,我国也有一些企业到国外设立研发机构,如华为、海尔、中兴和万向等公司。

研发国际化,又称全球研发,是指跨国经营企业从全球战略出发,根据自身的科技实力与战略目标,在全球范围内配置研发资源,构建全球研发网络体系,最大限度地利用企业自身技术优势和东道国的科技资源,并通过与其他组织开展广泛的外部合作,获得长期、稳定的全球科技领先优势。研发国际化是企业在全球范围内对知识和技术的整合,是知识经济时代企业技术创新、知识创造的重要形式。其组织形式主要包括两种:一是通过新建、并购等方式,建立海外研发机构;二是通过组建研发联盟等方式,与海外的企业、大学、研究机构开展广泛的研发合作。

二、研发国际化的动因

公司全球研发活动的兴起和发展,一方面与当今公司经营国际化紧密相关,另一方面也与现代世界科学技术的发展和特点有着内在的联系。公司进行全球研发的驱动因素主要体现在以下五个方面:

1. 使产品满足全球不同市场的需要

随着知识经济的兴起、消费者的成熟和全球竞争的加剧,跨国经营企业在创新上面临的不是知识外部性的风险,而主要是创新速度上的风险。跨国经营企业要想保持和不断开辟全球市场份额,就必须以比竞争对手更快的速度用新的技术和产品来满足全球不同市场消费者的需求,必须敏锐地捕捉到全球不同消费市场的需求动向。很多跨国经营企业最初在东道国建立技术研发机构就是为了支持产品在当地市场的竞争,它们通过研发机构吸收和利用母公司现有的技术,根据东道国市场的需求对产品和工艺进行调整,提供更加良好的服务,有效地支持子公司的生产和营销活动。

2. 吸收国外最新技术研发成果

跨国经营企业在国外建立的研发机构往往具有技术信息窗口的作用,是监测行业技术发展、了解竞争对手技术动态的平台。研发机构若位于行业技术发展的前沿地区,则获得技术信息的速度快,对技术的了解更加全面,有助于公司作出准确的技术研发决策。我国学者在调查中发现,我国企业参与技术创新国际化有两个重要的方式和动机:其一是与国外企业或研究机构进行 R&D 项目的合作,从国外对中国的技术转移中学习;其二是自己在国外设立技术监测点,判断技术发展趋势。应对竞争,拓展和增强公司潜在的技术能力,接近国外的 R&D 环境,R&D 成果溢出等,是跨国经营企业到国外建立研发机构的主要动机。

3. 利用东道国的科技资源与环境设施

知识的全球分布在量和质上呈现多极化的趋势。一些东道主国家聚集的知识开始成为跨国经营企业创新的源泉,相应地,一些子公司的知识存量及其知识创造能力对跨国经营企业的创新越来越具有战略意义。同时,全球知识的多极化趋势也促使跨国经营企业加大对子公司的 R&D 投资,以健全子公司创造、吸收和转移知识的功能,从而最大可能地从母国以外学习和吸收知识资源。

由于现代科学技术领域繁多,每个国家都只是偏重于其中的一部分,没有哪个国家能够囊括世界所有领域的高科技技术,如美国领先于计算机、半导体、制药、医疗检测仪器行业,德国擅长于机械制造,生物技术研究是英国的强项,意大利的设计闻名于世,日本则精于电子产品开发制造等。因此,各个国家在其所专长的技术领域资源相对丰富,在这些领域的知识积累、专家、研发人员及专业基础设施等也显得更加完备。利用这套现存的全球技术创新网络,公司可以获得更好的研发环境,而到国外争夺高素质研发人才成为跨国经营企业到东道国建立研发中心的一个驱动因素。

4. 东道国政府吸引外国 R&D 的政策影响

随着经济全球化的深入,发达国家到发展中国家的直接投资越来越多,但很多时候只是局限于资金方面的注入,利用发展中国家低廉的劳动力为其进行“代加工”服务,这并不能提高发展中国家的技术实力,这样也就意味着发展中国家的持续国际竞争力得不到实质性的提升。发展中国家已逐渐认识到这个问题。为了吸引国外科技资源的进入,促进外国投资者在本国进行技术投资,越来越多的发展中国家制定了相应的政策措施,包括改善国内投资环境、税收优惠、补贴以及提高人员教育水平等。我国还专门创建了高科技园吸引外国高新技术的进驻,这些对于促进外国在本国建立研发机构具有积极的影响。另外,有些国家还可能制定措施和施加压力来要求外国公司进行技术投资,如要求以外国公司在当地从事研究与开发作为进入该国市场的前提,按销售额的一定比例投资技术研发,以及可能会采取限制利润汇回、规定额定技术开发费用等措施。

5. 关于研发国际化动机的新理论

一些学者针对跨国经营企业研发国际化现象,提出一些新的理论,试图补充原有理论的不足,其中典型的有战略性研发投资理论、需求—资源关系理论、辅助资产理论等。

(1) 战略性研发投资理论。即战略性对外投资理论在跨国经营企业海外研发投资方面的应用。该理论认为,在全球化时代,跨国经营企业对外投资已经不再局限于以获取当期最大化利润为目的,而更多是以建立企业长期的战略优势为目的。跨国经营企业进行海外研发投资不再只是为了获取即期的最大利润,而是从全球战略竞争的角度,在充分考虑竞争对手的战略反应的情况下作出的战略性投资选择。

(2) 需求—资源关系理论。该理论认为,企业进行技术开发时,首先有对某种技术的外部市场需求(N),然后根据外部需求利用自己拥有的资源(R)满足需求,进行技术创新活动,N 和 R 是企业进行技术创新必不可少的两个因素。技术变革的加快和日益多样化的创新需求对跨国经营企业的创新提出了更高的要求,但跨国经营企业母国的资源供给出现“瓶颈”,而科技创新的复杂性、综合性和风险性又给跨国经营企业的研发活动带来更大的压力,跨国经营企业研发活动正是在以上因素的综合作用下,逐步走向国际化的。

(3) 辅助资产理论。该理论认为,一些跨国经营企业进行海外 R&D 投资主要是为了保证公司内部关键性资产的安全,而另一些跨国经营企业在海外进行研发是为了取得关键性的辅助技术。辅助技术对跨国经营企业海外生产和经营活动至关重要。跨国经营企业海外经营或者技术转移,常常需要公司根据当地市场情况进行适应性技术开发,部分产品要求重新设计或工艺改造,这就需要跨国经营企业在海外建立研发机构以支持海外生产或经营。

三、技术溢出效应与技术挤出效应

研发国际化对东道国的技术发展会产生两种完全相反的影响效果:既可能因技术外在性而产生促进当地技术资源发展的技术溢出效应,也可能因投资方的技术优势而产生针对东道国企业的技术挤出效应。

1. 技术溢出效应

溢出效应或称外溢效应(technology spillovers effects)通常指技术领先者对同行业企业及其他企业的技术进步产生的积极影响,是跨国经营企业所具有的产品技术、管理技术和研发能力从外商投资企业内部向东道国企业扩散的效应。其与技术转让的不同之处在于,技术转让是一种商业行为,而技术溢出则是经济学意义上的外部效应,是技术领先者带来的,但却难以从中获得相应的回报,因而这种效应通常是在非情愿或无意识状态下完成的。技术溢出的渠道多种多样,一般分五种:

(1) 示范—模仿渠道。由于跨国经营企业总是向其子公司转移新的产品与更为先进的技术,而且通常优于外售的技术,因而对当地企业产生示范作用;外资企业不仅将新设备、新产品或新的加工方法引入东道国国内市场,还带来了产品选择、销售策略以及管理理念等非物化技术。

(2) 竞争效应渠道。跨国经营企业与东道国企业之间存在一种水平联系,这一效应多发生于产业内各厂商之间,取决于市场环境、跨国经营企业子公司与当地厂商的相互影响。一般而言,随着时间的流逝,外国和本地的公司会相互竞争,在相同的市场上,用相同的规模生产类似的产品,而在这一过程中本地公司渐渐采取类似于外国公司的技术。

(3) 关联效应渠道,又称联系效应,是一种产业间溢出。跨国经营企业子公司会以供应商、顾客、合作伙伴等身份与当地企业建立起业务联系网络。跨国经营企业与当地企业的联系可分为前向联系(forward linkage)、后向联系(backward linkage)。前向联系指跨国经营企业因向东道国企业出售产品而产生的联系;后向联系指跨国经营企业因向东道国企业采购产品而产生的效应。

(4) 培训渠道,又称人力资本流动渠道。国外资本所具有的竞争优势是无法脱离其人力资源而完全物化在设备和技术上的。当跨国经营企业培训了当地管理人员、技术人员,而这些员工后来为当地企业雇用或者自办企业时,可能把由此获得的技术、营销、管理知识扩散出去。跨国经营企业设立海外研发机构,除了少数核心技术人员外,要在当地招募大量的专业技术人员。东道国的技术人员在跨国经营企业研发机构工作不仅有助于提高自身的研究能力,还会增加技术组织与管理能力等一些隐性知识,提高本地雇员的科技管理水平。这些技术人员在东道国的流动,将会间接地提高东道国企业的研发效率。

(5) 技术外包与合作。跨国经营企业的海外研发机构往往与东道国企业、大学和研究机构进行多种形式的研发合作与交流,或将一些研发任务外包给东道国企业。通过与跨国经营企业研发机构的合作,东道国企业将会获得一些最新的技术信息,锻炼一支具有国际视野的研发力量,进而提升自身的研发实力。同时,这种合作还将有效提高研发组织的能力和技术创新的管理水平。当然,跨国经营企业选择发展中东道国合作伙伴、外包研发任务时,主要是从其全球经营目标考虑,外包的技术往往是一些非核心的、层次较低的技术项目。尽管如此,技术合作与外包为发展中的东道国企业提供了一条有效的技术学习途径,帮助东道国企业缩短与跨国经营企业之间的技术差距。

2. 技术反向溢出效应

研发国际化使技术转移存在两种潜在发展方向:一是投资国企业向东道国企业的技术转移;二是东道国当地的合资或独资企业向投资母公司的技术转移。随着研发国际化的深入,后一种效应也逐渐显现,即外国企业获得东道国的知识与技术创新成果,使企业自身更加有可能从潜在的溢出效应中获益。第二种技术溢出称为反向溢出,得到反向溢出效应,获得国外知识是跨国经营企业非常注重的战略之一。反向溢出效应是发达国家企业到发展中国家设立研发中心的动机之一,当然,这一效应在由技术处于弱势的国家到技术较强的国家时作用更为明显。

3. 技术挤出效应

技术转移对东道国本土企业技术进步存在两种完全相反的影响效果:一是可能因技术外在性而产生促进当地技术资源发展的效果,即技术溢出效应;二是可能因投资方的技术优势而产生针对东道国企业的技术挤出效应(crowd-out effects)。东道国企业在享受到技术溢出好处的同时,也可能形成对跨国经营企业技术资源的依赖,挤出效应表现为跨国经营企业对物质、人力资本等稀缺资源的争夺,其凭借技术优势挤占当地企业市场份额,抑制竞争。跨国经营企业甚至会采取直截了当的措施抑制东道国地区的技术创新。

第二节 研发国际化的类型及趋势

一、研发国际化的类型

跨国经营企业国际化研发是一个多方面的活动,海外研发活动的类型根据企业全球战略以及海外活动的职能和动机的不同而不同。根据海外子公司研发活动的性质或职能,可以将跨国经营企业研发国际化分为以下四种类型:[①]

1. 当地适应性研发机构

该机构的主要职能是将母公司的技术创新成果转移到当地的子公司,为外国子公司

① 参见刘云主编:《跨国公司技术创新:研发国际化的组织模式及影响》,科学出版社 2007 年版,第 62、63 页。

的生产和经营活动提供技术支持。其研发活动的特点是吸收母公司先进技术和针对当地应用的适应性进行改进，重点支持当地产品和工程部门在新环境中更有效地利用已有的技术，也被称为“技术支持机构”“技术转移机构”或“市场寻求型的研发机构”。

2. 当地综合实验室

该机构的主要职能是针对当地或区域市场开展自主创新，这类机构与当地生产保持密切联系，通常是适应性研发活动的自然演进和发展，又称“本土技术机构”和“国际性独立实验室”。

3. 国际研发中心

这类机构着眼于母公司的长期发展目标，从事竞争性技术基础和应用基础研究，同时，从事应用于母公司全球市场的产品或工艺开发，为母公司的全球性技术发展战略提供支持。它们可能由当地综合实验室发展而来，与东道国的生产仍保持密切联系，或可能独立于当地生产而建立，与当地的创新资源和创新网络相连接，与母公司的核心创新中心处于同等水平，又称为“国际性的相互支持的实验室”或“全球技术机构”。

4. 技术跟踪与监测机构

这类机构主要跟踪当地的技术发展和市场变化。在没有独立研发机构的情况下，跨国经营企业就可以开展技术跟踪与监测，承担信息收集和技术窗口的职能。

二、研发国际化的模型选择策略①

根据对母国与东道国在特定技术领域优势与劣势的比较，跨国经营企业可以选择适用的国际化研发模型，以整合各方面资源，发挥母公司和海外子公司各自的优势，充分利用好技术溢出效应和反向溢出效应，取得良好的国际化研发活动效果。表 17-1 列出了四种模型选择的战略技术优势指数。

表 17-1　研发国际化的四种区位选择的战略技术优势指数(RTA)

公司在母国的科技活动	在东道国的科技活动	
	强	弱
弱	类型 1:技术寻求型 Home RTA<1,Host RTA>1	类型 4:市场寻求型 Host RTA<1,Home RTA<1
强	类型 3:基于母国的技术增长型 Home RTA>1,Host RTA>1 学习为导向的研发 FDI	类型 2:基于母国的技术开发型 Host RTA<1,Home RTA>1 效率为导向的研发 FDI

Source: P. Patel, & M. Vega, Patterns of Internationalization of Corporate Technology: Location vs. Home Country Advantages, Research Policy 1999(28).

1. 技术寻求(technology-seeking)型

本策略指为弥补母国在特定技术领域不足而选择在该领域有较强实力的国家。在寻求东道国科技资源优势的同时，跨国经营企业试图减轻母国在特定科技领域上的劣

① 参见陈向东编著:《国际技术转移的理论与实践》，北京航空航天大学出版社 2008 年版，第 233—235 页。

势。技术寻求型有两种实施途径:第一种表现为在母国技术劣势领域有较强优势的东道国建立研发机构以提升公司的科技能力;第二种是兼并国外研究与开发机构,这常常是占主导地位的一种模式,是研发国际化最初所采取的典型策略。

2. 以母国为基础的技术开发(home based exploiting)型

本策略与技术寻求型研发策略相反。通常,在母国拥有竞争优势的公司会选择在此领域技术能力较弱的国家开发该技术。在此策略中,国外的研发机构为跨国经营企业国外分支机构提供技术支持,主要是将已有产品或技术工艺进行本地化开发,以适用于特定环境或者帮助当地子公司和合资公司来应用此技术。这一类型实际上对应上述技术适应性活动,主要功能是对母公司的技术进行吸收和适应性的技术转移,以使跨国公司更有效地开发其技术资产。

3. 以母国为基础的技术增长(home-based augmenting)型

本策略是跨国经营企业在其母国和东道国都具有优势的技术领域开展研发活动,又称跨国公司的"策略性资本寻求型研发",如此不仅可以获得国外的技术资产,而且可以有效利用东道国技术创新的外在性。这一类型研发活动的目的在于控制和获得那些对于公司现有技术的补充资源。该类策略突出东道国当地机构和公司所创造的技术的外部性。此策略理论要求跨国经营企业将相应的复杂技术研发机构设立在有相似竞争力的国家。

4. 市场寻求(market-seeking)型

本策略适用于在目标技术领域投资公司母国和东道国都相对较弱的情况。这一类型研发的国际化投资属于某种兼并,且这种兼并不是为了获得研发实验室的技术资源及其竞争力,而是为了依靠外部增长来实现国际化扩张,往往市场准入是主要因素。尽管投资公司可以选择关闭兼并所得到的研发机构,但是出于开发当地市场的考虑,投资公司会保留一定程度的研发机构。

三、研发国际化的趋势

1. 跨国经营企业研发机构的设立呈现海外分散化趋势

为配合子公司有效参与当地市场的竞争,更好地利用全球科学技术资源,跨国公司从20世纪70年代起就逐渐将越来越多的研发机构配置到海外。根据对世界500强的母公司的调查,欧洲国家如英国、德国、意大利、荷兰和瑞士的跨国经营企业的实验室超过50%设在母国外,位于加拿大、英国、意大利、荷兰和其他欧洲国家的实验室,有超过50%的实验室属外国所有。大多数的海外技术投资都是发生在发达国家之间的,但是随着发展中国家经济的快速发展,为了扩大市场,跨国经营企业也逐渐在发展中国家设立研究机构,中国、新加坡、印度和韩国等均吸收了不少的技术投资。

2. 国外研发投资在研发总投资中所占比例不断上升

进入20世纪80年代后期以来,跨国经营企业在海外设立研发机构已是大势所趋,在跨国经营企业海外研发机构增多的同时,其海外的研发投入也不断加大。以拥有跨国经营企业最多的美、欧、日"三极"地区为例,1994—1997年跨国经营企业在海外的研发支出保持了相当高的比例,美国跨国经营企业国外研发支出占国内研发支出的33%,欧盟为42%，日本为57%。

除了资金的投入，现代通信技术特别是基于计算机的通信网络的发展为研发国际化提供了技术保障。通信技术能使企业创新团队在全球范围内低成本地及时交流和沟通，使得创新团队在创新过程中得到适时的控制和协调，有利于提高创新过程中显性知识和隐性知识的创造、转移和利用效率。

3. 科技人才的聘用日益本土化

跨国经营企业在东道国进行技术研发活动时，通常会招聘大量当地高素质的科技人员、工程师、管理人员。这一方面可以减少地区文化差别引起的沟通问题，更好地融入当地市场开展研发工作；另一方面也可以利用当地研发人力资源。发达国家到发展中国家建立研发中心，招聘技术研发人员的成本一般低于母国，从而减少技术研发成本。全球研发过程中相应地逐渐出现高科技人才本土化的趋势。

4. 跨国研发战略联盟日益兴起

在科学技术日益发展的今天，某些项目对技术知识所要求的深度和广度都比以前增强了。一方面，技术的复杂性限制了单个公司从事研发活动的可能性；另一方面，为了更有效地利用外部资源，弥补公司各自的“技术战略缺口”，达到合作“双赢”目的，扩大彼此的生存发展空间，近年来，跨国经营企业纷纷建立了不同形式的研发战略联盟。

5. 发展中国家的公司到国外建立研发机构

随着发展中国家经济的崛起及其国内企业的不断壮大，发展中国家的公司开始走向国际市场，其技术研发也逐渐融入全球化。如我国海尔公司在美国洛杉矶建立了“海尔设计中心”，同时在欧盟、日本设立了多个联合技术开发研究所；韩国三星公司在全球范围内建立了11个研发中心；等等。

第三节　国际技术转让的内容与方式

一、技术

对技术的理解，有宏观科技发展的规律认识，区域或国家经济发展政策，以及政府、企业发展战略和企业工程与商务经营操作若干层面的含义。根据《辞海》的定义，技术泛指根据生产实践经验和自然科学原理而发展成的各种工艺操作方法与技能，如电工技术、焊接技术、木工技术、激光技术、农作物栽培技术、育种技术等。除操作技能外，广义的技术还包括相应的生产工具和其他物资设备，以及生产工艺过程或作业程序方法。

技术的概念包含三个最重要的组成要素：目的性、知识性、操作性。

第一，技术概念的目的性突出了技术是一种解决方案。技术区别于科学的重要之处在于这一概念强调依照并结合对于自然规律的认识，是最终解决客观生产活动中的实际问题的一种可行方案，而绝不能局限于仅对客观现象作出的某种解释。

第二，技术概念的知识性强调了技术是一种对于客观世界的认识的积累。这些认识的积累相对于那类单纯解释客观世界自然规律的知识而言有其特殊性，即解决方案的知识，往往是人类对以往认识的加工组合以及创造，具有所谓第二自然的特点。

第三,技术概念的操作性则表现为技术是一种更多赋予人类自身经验和技能形态的知识,因此,其载体不仅见于文图形式,而且可能物化于设备或生产设施中,还可能蕴藏于特别的人力资源中,技术转移的过程因此不能离开实际操作的现场环节。

二、技术转让

技术转让是指关于制造产品、应用生产方法或提供服务的系统知识的转让,但不包括货物的单纯买卖或租赁。①

这一定义首先规定了技术转让的标的应是"系统知识",但人们对"系统知识"有着不同的理解。与索洛"技术进步"的概念相适应,"技术转让"中的标的应该只包括智能形态的技术(人们常称之为"软技术"),事实上,西方发达国家统计技术转让费用也只计算智能形态转让这一部分。

由于技术转让大多以物质形态技术(人们常称之为"硬技术")作为智能形态技术的载体,二者很难分开,因而随同智能形态技术一起转让的机器设备也是技术转让的标的。特别是发展中国家的技术引进,单纯的软件技术引进很难使引进方在短期内将其转化为生产力,所以从这一角度出发,技术转让的标的应包括随同"软技术"一起转让的"硬技术"。

如果着眼于技术转让的"转让"这一含义,除了上述两种技术的移动以外,还应该包括随技术知识转让所需的管理过程。一些学者认为,技术转让是指技术在与其起源不同的环境中被人获得、开发和利用。哈尔·梅森等认为:"技术转让包括传递、吸收和消化。这表明只有当接受国的公司能够利用本地人员使用、保养和修理一套为完成某个事先规定的目标而设计的有形资产时,才算完成了一次完整的技术转让。"②

技术转让的标的既包括智能形态的技术,也包括作为智能形态技术载体的物质形态技术;技术转让的全部过程不仅包括上述两种形态技术的空间移动,同时还包括对上述两种形态技术的使用与管理过程。在实践中,人们对技术转让事实上已运用了这一相当包容的概念。例如,在计算技术价格时,不取决于"技术本身固定值",而是取决于受让方使用技术所制造的产品量、市场销售额及所得利润。因而,可以使技术转让双方接受的技术价格或技术交换价值的确定依据,是双方从技术的使用中,对成本节约或利润提高的分享,即所谓利益分享原则。从技术转让获得的"成本节约或利润提高"既来自智能形态的技术,也来自物质形态的技术,另外还来自技术使用中管理工作的功效。

国际技术转让是指转让方将自己所有的技术跨越国界地转移给受让方的活动。其特点是技术转让的超越国界性,一般是不同国籍的自然人、法人之间的技术转让,按技术流向不同,分为技术引进与技术输出。

三、国际技术转让的客体

按照受法律保护的方式,技术转让的客体主要有两大类:一是专利技术,二是专有

① 参见《联合国国际技术转让行动守则(草案)》第1.1条。

② 参见邹昭晞:《跨国公司战略管理》,首都经济贸易大学出版社2004年版,第269—271页。

技术。

1. 专利技术

专利技术，指受国家认可并在公开的基础上进行法律保护的发明创造，即专利技术是依照法律规定取得专利权的技术。一项发明创造向国家审批机关提出专利申请，经依法审查合格后，专利申请人在该国规定的时间内对该项发明创造享有专有权，并需要定时缴纳年费来维持这种国家的保护状态。专利技术有三种类型：发明专利技术、实用新型专利技术和外观设计专利技术。

专利权指国家依法在一定时期内授予发明创造者或者其权利继受者独占使用其发明创造的权利。专利权人对发明创造享有的专利权是一种专有权，非专利权人要想使用他人的专利技术，必须依法征得专利权人的授权或许可。专利权具有如下特点：

(1) 排他性。同一发明在一定的区域范围内，其他任何人未经许可都不能对其进行制造、使用和销售等，否则属于侵权行为。

(2) 区域性。专利权是一种有区域范围限制的权利，它只有在法律管辖区域内有效。除了在有些情况下，依据保护知识产权的国际公约，以及个别国家承认另一国批准的专利权有效以外，技术发明在哪个国家申请专利，就由哪个国家授予专利权，而且只在专利授予国的范围内有效，对其他国家则不具有法律约束力，其他国家不承担任何保护义务。但是，同一发明可以同时在两个或两个以上的国家申请专利，获得批准后其发明可以在所有申请国获得法律保护。

(3) 时间性。专利只有在法律规定的期限内才有效。专利权的有效保护期限结束以后，专利权人所享有的专利权便自动丧失，一般不能续展。发明随着保护期限的结束成为社会公有的财富，其他人此时可以自由地使用该发明来创造产品。专利受法律保护的期限长短由有关国家的专利法或有关国际公约规定。目前，世界各国的专利法对专利的保护期限规定不一。

2. 专有技术

专有技术又称技术诀窍(know-how)，是指一种在长期生产实践中形成和积累起来的，为从事生产活动所必需的，从未公开过并可转让，但未取得专利权保护的专门技术知识、工艺程序、经验、设计和技能。

专有技术和专利技术无论是在法律上还是在技术范围上都不相同，专有技术有如下特点：

(1) 秘密性。专有技术是不向社会公开的技术，它是一种以保密性为条件的事实上的独占权。

(2) 自我保护。专有技术是没有取得工业产权保护的技术，其保护主要依靠技术所有者的自我保护、自行保密。

(3) 长期性。只要专有技术所有者自己不泄密，就可以长期地使用该专有技术并从中长期受益。

四、国际技术转让的内容

《联合国国际技术转让行动守则(草案)》对技术转让的内容列明如下：

(1) 一切形式的工业产权的让与、出售和许可。这里的工业产权特指专利权,不包括单纯的商标、服务标记和商号名称这三种工业产权的转让和使用许可。

(2) 提供可行性报告、计划书、设计图、模型、说明书、指南、配方、基本的或具体的工程设计、技术规范和培训设备,以及提供技术咨询和技术管理人员的服务、员工培训等技术知识和专家知识。

(3) 提供工厂设备的安装、操作及运行所必需的技术知识和交钥匙工程。

(4) 提供获取、安装及使用已经以购买、租赁或其他方式取得的机器、设备、中间产品(半成品)和原材料所必需的技术知识。

(5) 提供工业与技术合作协议的技术内容。

通过《专利合作条约》(PCT)进行国际专利申请是各国在世界范围内进行知识产权布局、抢占创新制高点的重要手段。世界知识产权组织(WIPO)官方网站公布的数据显示,中国专利申请量增长势头强劲,2020 年跻身为 PCT 申请的第三大来源国,华为、中兴在申请量排名中分列第一位、第三位。表 17-2 和表 17-3 分别列出了 2020 年 PCT 国际专利申请量位居前列的十个主要国家和十家企业的情况。

表 17-2 2016—2020 年 PCT 申请十大来源国

2020 年排名	国家	2016 年申请量(件)	2017 年申请量(件)	2018 年申请量(件)	2019 年申请量(件)	2020 年申请量(件)
1	中国	43168	48905	53345	59193	68720
2	美国	56595	56676	56142	57499	59230
3	日本	45293	48205	49702	52693	50520
4	韩国	15560	15751	17014	19073	20060
5	德国	18315	18951	19883	19358	18643
6	法国	8208	8014	7914	7906	7904
7	英国	5496	5568	5641	5773	5912
8	瑞士	4365	4488	4568	4627	4883
9	瑞典	3720	3975	4162	4202	4356
10	荷兰	4679	4430	4138	4055	4035

资料来源:http://www.wipo.int/pressroom/en/articles/2011/article_0004.html,2021 年 8 月 10 日访问。

表 17-3 2020 年 PCT 申请量最多的十家企业

2020 年排名	公司中文名称	公司英文名称	来源国	申请量(件)
1	华为	Huawei Technologies Co., Ltd.	中国	5464
2	三星电子	Samsung Electronics Co., Ltd.	韩国	3093
3	三菱电机	Mitsubishi Electric Corporation	日本	2810
4	LG 电子	LG Electronics	韩国	2759
5	高通	Qualcomm Incorporated	美国	2173

（续表）

2020年排名	公司中文名称	公司英文名称	来源国	申请量(件)
6	爱立信	Telefonaktiebolaget LM Ericsson(publ)	瑞典	1989
7	京东方	BOE Technology Group Co., Ltd.	中国	1892
8	广东欧珀	Guang Dong OPPO Mobile Telecommunications Corp., Ltd.	中国	1801
9	索尼	Sony Corporation	日本	1793
10	松下	Panasonic Intellectual Property Management Co., Ltd.	日本	1611
9	西门子	Siemens Aktiengesellschaft	德国	1399
10	菲利浦	Royal Dutch Philips Electronics N. V.	荷兰	1391

资料来源：同上表。

五、国际技术转让的方式

国际技术转让的方式多种多样，最基本的有两种：一种是非商业性的技术转让，是无偿的；另一种是商业性的技术转让，是通过商业交易按商业条件进行的有偿技术转让。国际上商业性的有偿技术转让又有两种主要方式：一是技术贸易，二是技术投资。与国际技术转让方式的多样性相适应，国际技术转让合同也是多种多样的，各国法律对此有不同规定。我国的国际技术转让合同分五种：

（1）工业产权的转让或者许可合同（仅涉及商标权转让的合同除外）；

（2）专有技术许可合同；

（3）技术服务合同；

（4）含工业产权的转让或者许可、专有技术许可或者技术服务任何一项内容的合作生产合同和合作设计合同；

（5）含工业产权的转让或者许可、专有技术许可或者技术服务任何一项内容的成套设备、生产线、关键设备进口合同。

第四节 国际技术转让定价

技术转让绝大多数是有偿的，这里需要对技术合理定价。适当的技术定价战略有利于技术转让顺利地进行，有利于企业取得良好的经济效益。然而在技术转让过程中，由于技术商品具有的某些独特性，其价格难以准确量化。

一、技术价格的特性

技术研究开发过程有特殊性。新技术的开发通常是非"批量生产"，具有非重复性，即便是同类技术，其开发所采用的研制手段和研究条件不同，所耗费的成本也是不同的。技术商品的价值往往是由它的个别劳动时间决定的，这决定了技术商品价格难以统一规定，只能由买卖双方协商议价解决。

技术商品价格具有单一性。研究开发是一种创造性的劳动,新技术通常是最先开发成功的,可以得到社会的承认,而其他单位的重复研究成果,则得不到社会的承认。技术商品在价值决定上呈现单一性,这使得技术价格在市场交易中具有很大的随意性。技术产品还具有多次转让的特点,这导致技术价格难以准确地量化。

二、技术价格的构成

一般来说,技术价格的构成包括以下三个要素:

(1) 技术研究开发费用的分摊,即技术开发所耗费的人、财、物等方面的成本。由于技术通常是技术占有者自己先使用,而且可以多次转让,供方往往首先要求受方对技术的研究开成本提供一定比例的补偿。

(2) 增值成本,即供方为转让技术而花费的费用,包括派出谈判人员、复印资料、提供样品、培训人员等有关的劳务和管理费用。

(3) 利润补偿或分享。利润补偿是指对由于转让技术使供方在受方市场或第三国市场上失去推销技术产品的份额所蒙受利润损失的补偿。在国际市场上,若把一项新技术转让给别人使用,就意味着让别人分享自己的利益,而自己则受到损失。因此,供方要从受方使用该技术所取得的收益中分享到部分好处,以补偿损失。利润分享,是指一项转让技术的采用,能大量节约原材料、能源,成倍地提高劳动生产率。该技术使用范围越广,经济效益越高,受方得益就越大,因此,供方要从受方的得益中分享利润。由此可见,技术的价格往往与技术的推广应用成正比。

技术价格的三个要素中,利润补偿或分享已成为技术价格的主体。利用该技术所产生的经济效益越大,其利润补偿或分享就越高,反之亦然。所以,技术价格的高低是以利用该技术所能带来的经济效益的大小为转移的。

三、技术的价格模型

技术价格的确定往往受多方面因素的影响和制约,如供需双方相互的讨价还价能力、技术市场的竞争结构、技术所处生命周期阶段、签订技术转让合同的条件等。一般而言,影响技术商品价格的变量要素至少包括研究开发成本、技术商品的商业寿命和技术垄断程度。我们用下面的函数来表示技术商品的价格模型:

$$P=I\times[(C+D)+S\times L\times E]$$

上式中,P 表示技术商品的价格,I 表示货币的年贴现率,C 表示直接研究开发成本,D 表示间接开发研究成本,S 表示技术商品商业寿命当量值,L 表示技术商品垄断程度系数,E 表示商品的正常利润。其中,C、D、E 可以用货币定额绝对金额来表示,而技术商品的商业寿命、垄断程度和买方对技术的接受能力只能用相对的当量来表示。

(1) 寿命当量值的确定。商品商业寿命当量值 S= 预测商业寿命年限/标准当量值。其中,标准当量值为 15 年。

(2) 预测寿命年限的确定。该确定主要是靠技术专家和经济专家的预测。在技术贸易活动中,无论是买方、卖方或者中介方,都必须在正式的洽谈过程中,聘请有关的技术专家和经济专家对该项技术进行技术与经济的全面评价。

(3) 技术商品垄断程度系数 L 的定值方法。L 的大小，由买卖双方在洽谈中确定。L 的值可以大于 1，也可以小于 1，其值域波动很大。

四、技术转让的支付方式

1. 一次总算支付

一次总算支付是将技术转让的一切费用，在交易双方签订合同时一次算清，并在合同中加以规定。一次总算支付通常有两种形式，即一次付清和分期支付。

(1) 一次付清方式的付款，通常是在许可方转让的技术资料交付完毕，经引进方核对验收后进行的。这种支付方式比较简便，但由于它在引进方还没有获得实际的经济收益之前就完成，因此对于引进方来说，将承担很大的风险。

(2) 总算计价、分期支付的方式，是国际技术转让中的一种折中方案，即一次总算计价，然后分期付清。这种方式的支付原则是与许可方完成合同的工作量结合起来的，即许可方完成多少工作量，引进方支付多少合同价款，通常分几次付款。

一般而言，第一次付款是在合同签订以后进行，引进方先支付一笔约为合同总价 5%—20% 的款项；第二次付款一般在技术资料交付后进行，付款比例通常为合同总价的 35%—50%；第三次付款一般在按合同正式投产以后进行，付款比例一般为合同总价的 20%—30%；最后剩下 5%—10% 的合同价款，可作为合同的“风险”保险，在成功地实现技术效果，生产出合格的产品后再付清。

2. 分年提成支付

分年提成支付，是指技术转让项目先不作价，待引进方使用转让技术生产出产品，而且已经销售出去以后，按年产量、销售额、利润或其他双方商定的基数，每年提取一定的比例，逐年偿付给许可方，连续支付若干年。

分年提成支付是技术转让双方容易接受的支付方式，因为这种支付是在引进方已有收益之后进行的，在安排支付上不会有太大的财务困难；对于许可方来说，由于技术的边际成本为零，提成费即为其纯利润，当然也会接受。通常，提成费的估算方法为：

$$F=Q\times R\times Y\times R$$

式中：F 表示提成费；Q 表示引进方使用转让技术后每年生产产品的数量；P 表示单位合同产品的净销售价或利润；Y 表示提成年限；R 表示提成率。

3. 综合计价支付

综合计价支付是引进方在同许可方签订合同后或在收到交付的技术资料后，先支付一笔约定的金额，然后再按提成比例逐年支付。先支付的一笔费用通常称为“技术入门费”，具有定金的性质。一般来说，入门费最低也要能补偿许可方在技术转让过程中和执行合同时的全部费用，它包括资料准备、报价、设计、差旅费和技术指导费等。但入门费也不应定得过高，一般占技术总价的 10%—20%；提成部分占技术总价的 80%—90%。这种“入门费”加“提成费”的综合计价支付方式在实际技术转让中采用较多。

国际技术转让定价不仅取决于技术本身的性质、技术所能创造的潜在利润，而且还受到国际技术市场竞争、供需双方的战略等诸多因素的影响，技术价格的合理制定和支付方式的正确选择与灵活运用可以直接影响供需双方的经济利益。

课后练习题

1. 企业为什么要开展国际化研发活动?
2. 什么是技术溢出效应和技术挤出效应?
3. 目前研发国际化有什么新趋势?
4. 技术转让价格的影响因素有哪些?
5. 技术转让支付的方式有哪些?
6. 技术输出方和技术引进方对技术转让价格的判断标准有何不同?

章末案例

华为研发国际化过程中的技术知识流动①

近年来,新兴经济体跨国企业(Emerging Economy Multinationals,EMNEs)在国际商务领域的作用日益突显并逐渐成为全球贸易发展的新引擎,随着全球化进程的加快以及知识经济的兴起,跨国企业之间的竞争开始转向技术密集型行业,通过研发国际化提高创新能力逐渐成为EMNEs获取竞争优势的主要来源,研发国际化是技术知识的动态流动过程,技术知识的有效流动是跨国企业研发国际化战略得以顺利执行的重要保障。

研发领域的知识流动表现为不同知识主体之间技术知识的搜索、学习和整合,通过购买、学习等方式,提高企业自身的创新能力。对跨国企业而言,知识唯有流动才能增强企业的核心能力,跨国企业通过对流动知识的吸收、整合和应用,达到增加自身知识存量的目的。

一、华为研发国际化不同阶段下的技术知识流动

第一阶段——技术追赶阶段。在研发国际化初期,华为公司技术研发体系尚不成熟,与发达经济体技术领先企业相比差距非常大,为了增强自身的技术水平和研发能力、能够在海内外市场立足,华为公司急需汲取海外研发综合体的先进技术知识,以扩大自身的技术知识储备。因此,在这一阶段华为公司研发国际化可以说正处于技术追赶时期。

技术知识流动由两方面组成:一方面为技术知识流入,另一方面为技术知识流出。华为在此阶段更多表现出来的为技术知识流入。华为公司技术知识流入主要通过以下三种方式实现:第一,直接购买海外研发综合体技术和专利。华为公司在研发国际化初期就开始组织公司内部骨干研发人员到海外参加科技展,通过外派研发人员到发达国家,搜寻先进的技术、进行购买、再带回母国进行研发。第二,在海外建立研发机构获取海外研发综合体技术知识。华为公司先后在印度班加罗尔、美国硅谷和达拉斯、瑞典斯德哥尔摩等地建立海外研究所和研发中心,这一时期华为公司海外研发机构的目标主要

① 摘编自许晖、单宇、冯永春:《新兴经济体跨国企业研发国际化过程中技术知识如何流动?——基于华为公司的案例研究》,载《管理案例研究与评论》2017年第5期。

聚焦于两个方面：技术开发和技术转移。第三，与海外研发综合体成立联合实验室。华为公司与英特尔以及德州仪器等高科技公司在中国成立联合实验室，联合实验室为引进和学习发达经济体高科技公司的技术知识提供了一个平台。

第二阶段——技术竞争阶段。进入21世纪以后，西方发达经济体众多企业陷入成长困境，业绩出现下滑，欧美市场运营商纷纷收缩开支，以减弱互联网泡沫所带来的冲击，西方通信设备巨头的短暂性衰退，为华为公司进入欧美市场提供了契机。

经过前5年的技术学习和积累，华为公司研发国际化主要处于一种技术竞争状态即技术竞争阶段。此阶段的技术知识流入可以看作第一阶段的扩大升级，注重集成创新。而此阶段开始出现比较显著的技术知识流出，在华为面对思科的专利侵权诉讼时，华为通过有效的技术知识流出与海外企业成立合资公司进而保护了其在美国正当的市场利益。

第三阶段——技术引领阶段。在此阶段，华为技术知识流入逻辑发生改变，注重将自身的技术知识流入海外研发综合体，以实现技术升级，同时搭建技术创新平台，与海外研发综合体进行协同创新，吸引海内外高科技公司进驻平台，使原来单一的知识流入路径向多元的流入路径转变。技术知识流出方面，华为公司战略布局已经不仅仅是聚焦于某一市场，而是上升到全球化运营层面，技术知识由华为公司母公司向全球市场进行流动。华为公司的海外研发子公司不仅仅是作为研发单位获取和开拓技术，还要承担开发适应性技术以满足当地市场需求的任务。

二、华为研发国际化发展阶段流动知识的类型

在技术追赶阶段，EMNEs母国研发机构急需获取成熟的技术知识，在成熟的技术知识的基础上进行模仿式创新；同时，由于研发体系不健全，不能对基础型技术知识或者尚不成熟试验型技术知识进行有效的消化和吸收，流入知识以应用型知识为主。在知识流出方面，EMNEs缺乏国际市场运营经验，技术在海外市场适应性有待检验，因此，母国研发机构流入海外市场的知识主要以试验型技术知识为主。

在技术竞争阶段，华为不仅能够针对发达经济体成熟技术进行模仿式创新，而且已经具备对尚不成熟的技术知识进行延展性创新的能力，因此，技术知识流入涵盖应用型技术知识和试验型技术知识两种类型。技术知识流出方面，华为技术追赶阶段对海外市场技术适应性的探索，积累了海外技术推广经验，已经能够准确把握已知市场的技术需求，流出的技术知识由试验型技术知识逐渐转变为应用型技术知识，但是对于市场经验匮乏的区域知识流入仍以试验型技术知识为主。

在技术引领阶段，华为知识探索进入技术空白区，为应对未来技术竞争的不确定性，必须进行突破式创新。知识流入方面更注重基础型技术知识的探索延展，且分量越来越重。知识流出方面，当技术在海外市场的适应性较低时，流出的技术知识主要为试验型技术知识，当技术在海外市场适应性较高时，流出的技术知识则以应用型技术知识为主。

讨论题

1. 华为公司在研发国际化各发展阶段的技术流动有哪些特点？

2. 企业如何通过研发国际化实现从技术追赶到技术引领的飞跃?

本章参考文献

Birkinshaw, J., Hood, N., Jonsson, S., Building Firm-specific Advantages in Multinational Corporations: The Role of Subsidiary Initiative, *Strategic Management Journal*, 1998, 19(3).

Patel, P., Vega, M., Patterns of Internationalization of Corporate Technology: Location vs, Home Country Advantages, Research Policy, 1999, (28).

陈向东编著:《国际技术转移的理论与实践》,北京航空航天大学出版社2008年版。

陈衍泰、齐超、厉婧、李欠强:《"一带一路"倡议是否促进了中国对沿线新兴市场国家的技术转移?——基于DID模型的分析》,载《管理评论》2021年第2期。

范建亭、汪立:《出口导向、技术类型与跨国公司内部技术转移——基于在华日资企业的实证分析》,载《财经研究》2015年第10期。

李尔华编著:《跨国公司经营与管理》,清华大学出版社、北京交通大学出版社2005年版。

李梅、余天骄:《研发国际化和母公司创新绩效:文献评述和未来研究展望》,载《管理评论》2020年第10期。

《联合国国际技术转让行动守则》。

刘凤朝、马逸群:《华为、三星研发国际化模式演化比较研究——基于USPTO专利数据的分析》,载《科研管理》2015年第10期。

刘强、张晓芬、杨威、王艳杰:《跨国公司R&D投资技术溢出对区域企业生态技术创新的纾缓化解机制》,载《科研管理》2015年第1期。

刘云主编:《跨国公司技术创新:研发国际化的组织模式及影响》,科学出版社2007年版。

盛维:《跨国公司研发的国际化扩张:动因、进程及区位》,载《科学发展》2012年第3期。

隋俊、毕克新、杨朝均、刘刚:《跨国公司技术转移对我国制造业绿色创新系统绿色创新绩效的影响机理研究》,载《中国软科学》2015年第1期。

王承云:《日本企业的技术创新模式及在华研发活动研究》,上海人民出版社2009年版。

肖鹏、胡许萍、刘金培、李林:《环境规制差异对我国跨国企业技术创新的影响——基于海尔的探索性案例研究》,载《经济经纬》2015年第1期。

徐磊、刘怡:《发展中国家吸收能力与跨国公司技术溢出效应》,载《财经论丛》2014年第2期。

曾德明、刘珊珊、李健:《企业研发国际化及网络位置对创新绩效影响研究——基于中国汽车产业上市公司的分析》,载《软科学》2014年第12期。

曾德明、张磊生、禹献云、邹思明:《高新技术企业研发国际化进入模式选择研究》,载《软科学》2013 年第 10 期。

周明、于渤、元利兴:《松下电器的全球研发管理》,载《企业管理》2008 年第 7 期。

周霄雪、王永进:《跨国零售企业如何影响了中国制造业企业的技术创新?》,载《南开经济研究》2015 年第 6 期。

邹昭晞:《论技术转让的成效》,载《数量经济技术经济研究》1998 年第 1 期。

探 索 篇

第十八章 国际新创企业

【本章学习目的】

通过本章学习,你应该能够:

- 掌握国际新创企业的概念
- 了解国际新创企业的特征
- 了解分析国际创业的基本模型
- 掌握国际新创企业出现的成因
- 掌握国际新创企业的驱动因素

引导案例

青岛金王的国际化创业之路[①]

青岛金王1993年创立,是亚洲最大的蜡烛制品商,主要做海外生意,95%的蜡烛及相关产品出口欧美,并多年占据沃尔玛等大卖场在欧美的头牌供应商地位,销售收入是国内行业第二名至第六名的总和。

在大多数中国人的印象中,蜡烛只是在停电时才会用到的日用品,但创业者陈索斌早在美国留学期间就惊叹于西方国家蜡烛消费普及率之高。他通过调查发现,全世界每年蕴藏着120多亿美元的蜡烛制品需求量,仅欧美等国就占75%以上的份额。而围绕蜡烛衍生出的装饰配套烛台、花等产业也“井水很深”,单以为蜡烛配套的玻璃烛台为例,每年就产生不低于30亿美元的贸易额。

1995年,金王获得了第一笔出口美国的订单。为了打开美国市场,公司在洛杉矶的繁华商业街租下一个柜台,开设了一个“kingking”品牌的蜡烛、玻璃、时尚礼品专柜,这个专柜紧挨着沃尔玛的卖场。借助地理优势,1999年,金王产品进入沃尔玛,逐渐成为沃尔

① 摘编自陈姗姗:《青岛金王:用蜡烛点亮全球性之光》,载《第一财经日报》2008年10月17日。

玛全球最大的蜡烛供应商。之后,金王很快又挺进德国麦德龙、法国家乐福。此外,万宝路、三星等企业的礼品订单,瑞典宜家家居、法国家乐福代工订单也纷至沓来。

从 2003 年下半年起,金王先后在美国、韩国和中国香港成立分支机构,根据不同市场的特点设立研发中心,开展境外加工贸易,并设立贸易公司使研发、制造、销售逐步与国际接轨。金王已在美、德、韩设立海外研发中心、营销中心和制造基地,成为一家集研发、设计、生产、销售于一体的高新技术企业。金王的产品行销全球六大洲的 50 多个国家和地区,主要产品全部贴着金王的自有品牌"kingking"。

运营这样一个拥有全球营销网络的国际化企业,当然不会永远顺风顺水。员工们还清楚地记得,2005 年时,美国商务部宣布对中国出口的含石蜡成分的蜡烛制品征收 108.30%的反倾销税,这对国内出口额最大的金王来说显然是沉重的一击。

之后,欧盟委员会也发布立案公告,对原产于中国的一般蜡烛、锥形蜡烛等产品进行反倾销调查。因此,在布局全球营销网络后,为了规避欧美可能提起的反倾销调查,金王又开始把生产基地"外移"。

2005 年美国进行反倾销调查之际,金王投资 1500 万元人民币在韩国釜山设立了工厂,将青岛做好的半成品运到那里加工后再出口。当金王拿到"MADE IN KOREA"的原产地证明后,韩国工厂成了金王规避美国反倾销调查的"避风港",不仅美国订单没有丧失,国际市场的销售收入反而同比增长了 26%。

2006 年 9 月,金王公司又开始在人力成本更低的越南投资建设越南生产基地,越南生产基地生产的产品全部出口。金王计划将越南工厂变成金王主要的海外加工和生产基地,规模将占到公司总产量的 50%。由于这里的劳动力成本仅仅相当于国内的一半,而且越南盾与美元实行的是固定汇率,只要不与人民币结算,就可以暂时规避汇率风险。另外,欧美国家对越南实施的贸易壁垒几乎没有,在越南投建生产基地还可以帮助企业躲避欧盟新一轮反倾销调查。

金王在美国、欧洲、越南等地设立了 24 家分支机构,制造部门主要分布在美国、越南和中国:美国生产"交货时间短、附加值高、数量少"的产品;越南生产以石蜡为主的高附加值产品,规避反倾销;中国生产以非石蜡为主的新型聚合物产品。

随着中国消费层次和意识的提高,金王的全球化路径又在逆向而行,从国外市场攻入国内。根据当时的计划,金王将在国内开设 20 家专卖店,到 2001 年年底,相继在北京、上海、大连、青岛等地开设近 30 家专卖店,初步建立起国内的物流及零售网络系统,培育高档蜡烛礼品消费,创造新的利润增长点。

思考题

1. 青岛金王为什么在创业初期开展跨国经营活动?
2. 哪些外界因素促使青岛金王到海外设立生产基地?

伴随着信息通信技术的快速发展、物流的日益便捷、投资壁垒的全面降低,国际商务活动的成本大幅度减少,跨国经营不再是大型跨国公司特有的现象,许多规模有限、资源不足的新创企业可以走出国门,开展跨国经营活动。

第一节 国际新创企业的概念

提到跨国经营,人们往往会想到沃尔玛、壳牌石油、丰田汽车、三星电子等大型跨国公司,然而,世界各地近年来出现了一些中小企业,甚至是微型企业,在刚刚创建的时候便从事跨国经营活动。麦肯锡公司 1993 年的调研报告显示,澳大利亚新兴出口企业中有 20%—25%是在公司创立阶段就开始国际化了。许多企业成立之初便将国际化纳入企业战略,整合不同国家的资源,面向国际市场开展经营活动,虽然新创企业受到财力、人力等方面资源的限制,但是企业国际化的速度快、程度高,成为进入 21 世纪以来新的经济现象。

一、国际新创企业的定义

随着规模有限的新创企业开展跨国经营实践日益频繁,人们开始关注这一现象,并从不同的理论视角对其进行研究。学者们把快速国际化的新创企业称为国际新创企业(international new ventures)、天生全球化企业(born global firm)、国际化公司创业(global start-ups)、国际创业(international entrepreneurship)、微型多国企业(micro-multinational)。其中国际新创企业和天生全球化企业这两个提法在文献中使用得最多。

关于国际新创企业的定义,学者们有不同的表述,其中 Oviatt 和 McDougall 作出的定义影响较为广泛。他们从国际商务和创业理论的视角分析新创企业快速国际化现象,认为国际新创企业是从创立伊始就走出国门,在多个国家开展从资源利用到产品销售等一系列经营活动,并旨在据此构建具有重要竞争优势的商业组织。2005 年,他们又进一步明确了国际创业的含义,指出国际创业是发现、设定、评估和利用跨国界的商业机会创造未来的商品及服务。此外,Knight 和 Cavusgil 将企业从事高技术活动纳入研究视野,认为国际新创企业特指那些在成立早期就在国际市场范围内经营的技术密集型公司,认为天生全球化企业从一开始就具有清晰的全球视野,依靠创新性技术、产品设计、接近顾客、灵活性以及快速适应性等竞争优势,为国际市场用户提供高附加值的产品和服务。国际新创企业、天生全球化企业等概念的提出到现在才短短的十几年时间,这一方面的研究有待进一步深化。

这里,我们把那些刚成立或成立不久就快速开展国际化经营活动的企业称为国际新创企业。总体上看,我们至少可以从两个核心维度来衡量企业是否为国际新创企业:一个是企业的年龄,另一个是企业的活动范围。从企业的年龄看,是新创企业而不是成熟企业,是指创业者新筹建的企业;地理维度指企业跨越国界开展经营活动,可以是企业的人、财、物等生产要素的跨国境流动,资源的跨国配置和全球整合,企业的目标市场瞄准国外,参与国际竞争,市场高度国际化。

如图 18-1 所示,类型Ⅱ可以称为国际新创企业。

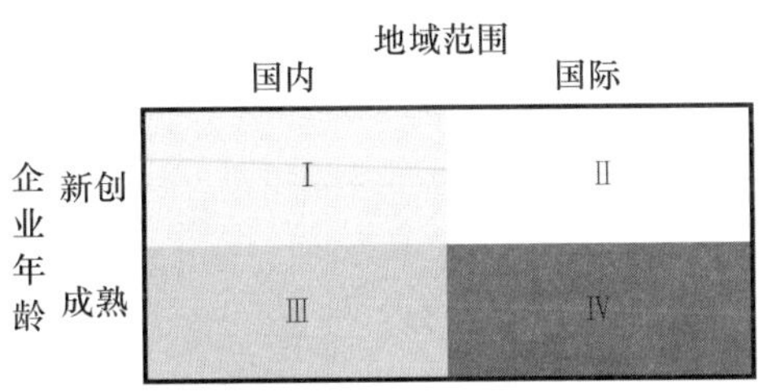

图 18-1 国际新创企业理论的研究范畴

Source: Oviatt, B. M., McDougall, P. P., Brush, C., A Symposiumon Global Start-Ups: Entrepreneurial Firms That are Born International, Presentation at the Annual Academy of Management Meeting, Miami, August, 1991.

国际新创企业的出现打破了我们以往对跨国经营路径的认识。我们往往把企业规模和企业年龄当作判断是否是跨国公司的两个重要变量,认为企业规模体现了企业拥有的资源总量,而企业的年龄意味着更多的市场知识的积累,规模大、历史久的企业意味着企业具有承受进入国际市场所带来的更大风险的能力。

企业"天生全球化"现象的出现极大地削弱了传统跨国公司理论的现实解释力。与传统意义上的跨国公司及其国际化路径迥然不同的是,国际新创企业往往在创建过程中就明确了跨国经营战略,多数以国际市场为导向,有的企业甚至根本没有国内业务。国际新创企业不同于一般的新创企业,其自刚刚成立起就快速从事国际商务活动;国际新创企业不像传统企业那样走渐进式国际化之路,而是在创业之初就开始国际化。

二、国际新创企业类型

从不同的视角可对国际新创企业作不同的分类。根据成熟跨国公司国际化战略的分析框架,以企业从事的价值链活动数量和涉及的国家数量为坐标轴,可把国际新创企业划分为四种类型,如图 18-2 所示。

1. 创造新国际市场型

创造新国际市场型企业(图 18-2 中象限 I&II)是一种以从事国际贸易为特征的企业。企业通过进出口将一个国家的物品转移到另一个有需求的国家。这种新创企业的优势在于能够发现跨国资源的不平衡性,并在资源增值大的国家创造市场。这类企业的可持续竞争优势在于:(1) 能够发现并利用新机会,避开竞争激烈国家的市场,到另一个国家开辟新市场;(2) 拥有不同国家的市场知识和供应商信息;(3) 能够吸引和维持忠诚的商业伙伴。创造新国际市场的企业又可以分为进出口型和多国贸易型。进出口型企业主要针对几个较熟悉的国家提供服务;而多国贸易型企业可以服务于许多国家,并能够在已有的或者是快速建立的商业网络里寻找贸易机会。

2. 地域集中型

地域集中型企业(图 18-2 中象限Ⅲ)是将国外资源服务于有专业需要的世界某一特定地域的企业。这种企业不同于多国贸易型企业,它们的地理位置局限于有专业需要的位置,而不仅仅是协调进出口的贸易活动。这类企业在某几个特定区域开展跨国经营,协调技术开发、人力资源、生产、销售等多种价值链活动,而成功协调各类活动涉及复杂的显性知识或隐性知识,从而形成自身的竞争优势,这种优势可以通过紧密的地域联盟网络进一步得到深化。

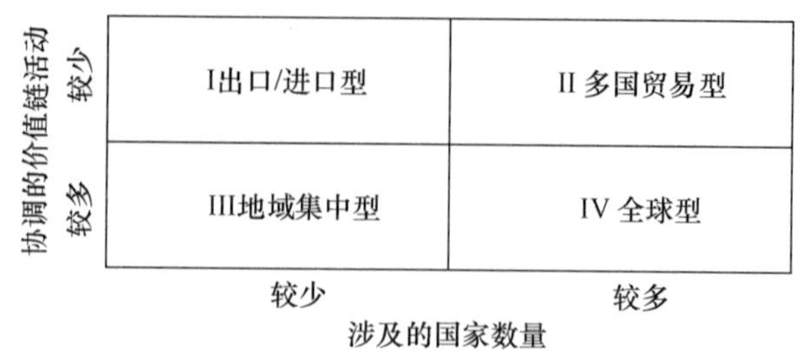

图 18-2 国际新创企业的类型

Source: Oviatt, B. M., McDougall, P. P., Toward a Theory of International New Ventures, *Journal of International Business Studies*, 1994, 25(1): 45—64.

3. 全球型

全球型企业(图 18-2 中象限 IV)是国际新创企业的极端类型,通过协调多种组织活动、跨越不同的地理位置从而获取重要的竞争优势。这种企业不仅仅面向全球市场,同时积极利用机会获取资源并将产品出售到世界上附加价值最高的地区。

全球型企业是国际新创企业的最高境界,因为创立全球型企业需要有较强的协调地理位置与国际商务活动的能力。全球型企业在多个国家建立关系紧密的网络联盟,往往拥有复杂的国际经营知识和能力,具有独特的、难以模仿、不可复制的竞争优势,成为全球化公司的企业将会拥有最可持续的竞争优势。

图 18-2 显示了几种维度极端上的特殊企业类型,两种维度中间是混合类型企业。随着时间的推移,新创企业可以通过变动价值链活动或者国家地区范围,进而改变企业类型。

三、国际新创企业的特征

从国际新创企业的定义可以看出,这类企业具有新创性、国际性的基本特点。除此以外,相对于其他类型的企业,它还有一些明显的特征。麦肯锡的一项研究表明,与传统类型的公司相比,国际新创企业有以下特点:在成立之初就将世界视为一个完整的市场,而不仅仅是国内市场的简单延伸;在成立不到两年的时间里就有出口业务,并且很快出口额超过总销售额的 25%;由活跃着的企业家成立,并且往往是流程或技术获得重大突破的结果;能够发展独特的产品创意或者使用新的方式开展业务;产品包含较多的价值增值。可见,除了新创性、国际性的基本特点外,国际新创企业还具有创新性、高风险性、高价值性等特点。

总体上看,同传统的跨国经营企业相比,国际新创企业在国际化进程、国际化程度、企业规模、企业年龄、创新性等方面具有不同的特征。

(1) 从国际化的进程看。国际新创企业的国际化经营速度非常快,往往在创立之初(如两年或三年内)便开展跨国经营活动,是“激进式”或“跳跃式”的国际化。激进式国际化可以分为横向激进式和纵向激进式。横向激进式反映在国际化范围上,即企业国际化并未遵循心理距离由近到远的扩张顺序，可能一开始就进入心理距离较远的国家市场，市场进入的选择问题与国家无关；纵向激进式反映在国际化速度上，企业成立后很快就进行国际化，跨越国内经营阶段，从企业创建到国际化之间的时间差很短。

而传统意义上的跨国公司和中小企业国际化是“渐进式”的国际化。国际化的速度相对较慢，往往是在国内开展经营活动，由被动出口再到主动进入国际市场，市场开拓逐步从心理距离接近的国家到心理距离远的国家，企业在具有所有权优势和内部化优势以后，才会考虑区位优势，开展跨国经营。

(2) 从国际化的程度看。国际新创企业海外业务的绝对值不高，而相对值较高；传统意义上的跨国公司海外业务的绝对值和相对值均较高。衡量国际化程度可以从国外产品销售额、国外雇员人数、国外资产数等几个指标来分析，国际新创企业的国际化程度一般用企业国际营收在总营收中的占比来度量，学者将之界定为25%以上，也有学者界定为70%以上，个别学者认为5%即可，目前尚无统一标准。而多数传统意义上的跨国公司的国际化程度由国际组织(如联合国贸发会议)进行排名，排名对象为世界大型跨国公司。

(3) 从企业规模看。国际新创企业是指创业者第一次创业时所创办的企业，而非大型跨国集团公司为扩大国际经营业务而开设的子公司。所以，国际新创企业是指创业者白手起家建立的企业，其规模一般会小于传统的中小企业，更无法与传统的巨型跨国公司相比。

(4) 从企业年龄看。国际新创企业最基本的特点是其新创性，在创办阶段，企业的人、财、物、技术、信息等要素均具有国际化基因，企业创立之初即开展国际化经营活动；而传统意义上的跨国公司和国际化中小企业往往具有一定的积累过程，企业历史较长。

(5) 从创新性看。跨越国界的创业活动往往跨越国界创造价值，以创新性为特征，企业围绕利基市场，在产品创新、国际市场开拓、跨国界组织变革等方面先行先试。狭义的国际新创企业特指那些从成立的早期阶段就在国际市场范围内经营的小型技术导向型公司，这些公司使用领先技术，所生产的高技术产品能够满足特殊利基市场的需求。总体而言，同传统意义上的跨国公司相比，这类企业面对国际市场的竞争，具有更高的创新性。

表 18-1　传统企业与国际新创企业特征比较

比较维度	传统企业	国际新创企业
理论基础	行为理论、经济学理论	创业理论、网络理论、企业知识观
国际化发起	应对性的，对出口订单的被动反应	积极、主动寻求海外市场成长机会
海外市场进入标准	可管理性：公司现有业务领域与要进入的海外新市场的差异最小	机会：选择最具增长潜力的市场以实现潜在市场规模的最大化
海外市场进入模式	从低控制模式到高控制模式的渐进过程	没有固定的次序，但企业倾向于联合治理机制，如联盟等
国际化特征	国际化步伐较小，缓慢、渐进式，逐步实现更复杂的模式和更远的市场	国际化步伐较大，迅速、跳跃式
价值创造逻辑	价值创造性资产集中于国内	基于跨国界资源整合的价值创造

(续表)

比较维度	传统企业	国际新创企业
资源禀赋	企业资源和经验性知识是在国内市场形成的,具有国内市场的烙印	经验性知识是国内和海外市场共同创造的,具有国际市场的烙印
个人经历与企业知识的关系	个人经历不重要,企业知识比个人经历重要	国际化是由个人经历和企业家远见推动的
对企业生产、成长的意义	国际化是企业成长与发展到一定阶段的选择	国际化是经济全球化时代企业生存和成长的必要方式

资料来源:朱吉庆、薛求知:《"天生全球化"企业创业机理与成长模式研究——基于中国企业的跨案例研究》,载《研究与发展管理》2010 年第 5 期。

第二节 国际新创企业的创立机理

传统的垄断优势理论、产品生命周期理论、国际化阶段理论和内部化理论都无法对天生全球化现象作出合理的解释。近年来,学术界对此展开了大量研究,从不同的视角对该现象进行解释。

一、国际新创企业出现的成因

国际新创企业拥有的资源有限,在不完全具备所有权优势、区位优势、内部化优势的情况下开展国际化经营。既然国际新创企业存在天然的不利因素,为什么近年来会出现大量的天生全球化企业呢?这类企业为何能够在创始阶段就走上国际化道路?可以从三个层面进行解释。

(1) 从创业者个体层面看,国际新创企业的创业者具有全球化视野。创业者一般具有国外学习和工作经历,具有国际化态度倾向。与传统渐进式国际化企业中的经理人相比较,国际新创企业的创立者具备更高的全球导向、更丰富的国际经验以及更高的风险容忍度。同时,一个国家如果拥有大量的移民,也会导致产生较多的天生全球化企业。

(2) 从企业层面看,国际新创企业具有高度的创新文化和应对全球市场的快速反应的灵活性。国际新创企业多为知识密集型企业,这类企业更能适应新环境、灵活地利用国际市场的机会,企业从创始起就注意开发国际化经营所需要的能力,以国际市场为战略导向。

(3) 从外部环境因素看,经济全球化的深入、国际利基市场的存在、全球化网络的形成、国际化工具的易得性为国际新创企业的出现及成长提供了良好的外部环境。

① 经济全球化的深入发展、国际分工的不断加深,以及投资壁垒的降低均为国际新创企业开展跨国经营创造了发展空间;

② 国际利基市场为国际新创企业提供了生存空间。利基市场是一个规模很小且尚未被完全开放的市场,面对大企业、大型跨国公司的世界性竞争,新创企业可以专门为某一较为狭窄的全球性利基市场提供产品,由于单一国家的狭小利基市场难以满足其弥补成本的需要,新创企业可以跨越国界寻找利基市场;

③ 数字技术和网络技术的迅猛发展,加快了信息传播的速度,有利于创业者高效地

获取知识，降低了知识创造的成本。信息通信领域的技术进步，尤其是互联网的出现使得企业能够更为容易地在全世界范围内找客户、分销商和供应商，一个世界性的社会化大生产的网络正在形成；

④ 传统的以自然资源和产品为基础的分工格局被打破，国际化的障碍和成本比以前大大减少，这样，即使是资源较为有限的新创企业也可以很容易就获得外国市场的信息，开展国际贸易活动，突破投资壁垒，进入国外市场。

当然，外部环境的变化只是天生全球化现象产生的催化剂，对国际新创企业出现具有决定作用的是创业者层面的因素。

二、国际新创企业的分析模型

近年来，理论界从不同的视角和层面对国际新创企业展开研究，主要包括：

(1) 基于国际商务理论的研究。运用纵列数据研究方法探讨天生全球化企业的可持续国际化成长问题，提出了天生全球化企业成长的二阶段、三阶段模型和关键驱动因素的动态演变模型。

(2) 基于创业学的研究。把重点放在跨文化创业能力、知识类型和网络等因素对国际创业机会的识别和利用的影响上，并引入制度理论和行为科学理论等来解释国际新创企业的行为和绩效，进一步拓宽国际新创企业的内涵和研究领域。

(3) 基于组织理论的研究。由于从任何一个单独的视角对国际创业现象进行研究都是不充分的，一些学者开始通过整合组织学习理论、知识资源观、动态能力理论等理论基础来解释国际新创企业。

此外，一些学者引入社会资本理论来构建理论模型，探讨国际创业的机理。

国际新创企业并不具备所有权优势、区位优势和内部化优势，没有传统跨国公司的各种资源，为了分析国际新创企业的机理，人们从影响国际新创企业的因素及其创业绩效等视角出发，建立了不同的概念模型，展开了实证研究。比较有代表性的是国际新创企业整合模型、基于机会的国际创业分析框架、基于创业者的国际新创企业分析框架。

(1) 基于组织战略的国际新创企业整合模型。Zahra 和 George 在回顾现有研究成果的基础上，提出了国际新创企业整合模型，如图 18-3 所示。这一模型反映了影响国际创业的各种因素及其相互关系，并探讨了其对企业竞争优势的影响。

这一模型通过国际化程度、速度与范围三个维度考察企业的国际化水平。具体而言，国际化程度以企业对国际收入的依赖性或企业进入国外新市场的数量来度量，国际化速度指企业从创办到获得第一笔海外销售收入之间的时间间隔，国际化范围包括地理范围和产品范围。

该模型把影响国际创业的主要因素分为组织因素、环境因素和战略因素三类。组织因素包括高管团队特征、企业资源和企业变量（如历史、规模、财务实力、区位、起源）等。战略和环境因素是调节变量，会导致组织因素和国际创业之间的关系发生变化。该模型采用多维指标来衡量国际创业绩效，不仅包括财务绩效，还包括非财务绩效，以反映国际创业的效果，这里的非财务绩效主要包括技术学习、新知识获取等。

Zahra 和 George 的研究模型，以组织为中心，综合考虑企业战略和环境的影响，在一个一般性框架下把各种知识和方法有机地结合起来,界定了研究边界,指明了国际创业的主要研究变量。

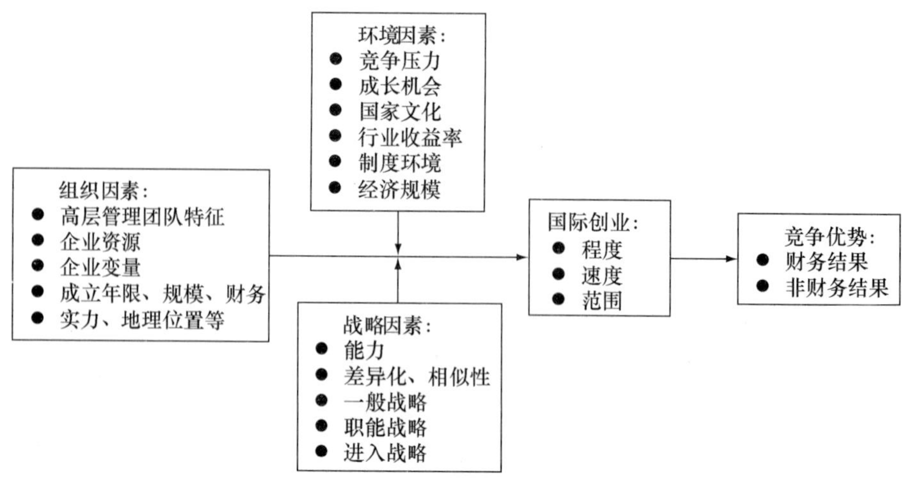

图 18-3 基于组织战略的国际创业整合模型

Source: Zahra, S. A., George, G., International Entrepreneurship: The Current Status of the Fieldand Future Research Agenda, *Strategic Entrepreneurship Greating a New Mindset*, UK: Blackwell Publishers, 2002.

(2) 基于机会的国际新创企业分析模型。Chandra 等构建了一个基于机会的国际创业分析框架,如图 18-4 所示。这个分析框架立足于机会并肯定知识、资源、关系网络、创业意图等因素在机会识别与开发中发挥的积极作用,把考察的时间区间上溯到企业创立之前,并后移至初次进入国际市场之后,强调积累、学习与反馈效应的重要作用。这一分析框架,从动态视角出发,展现了新创企业国际化进程的全貌。

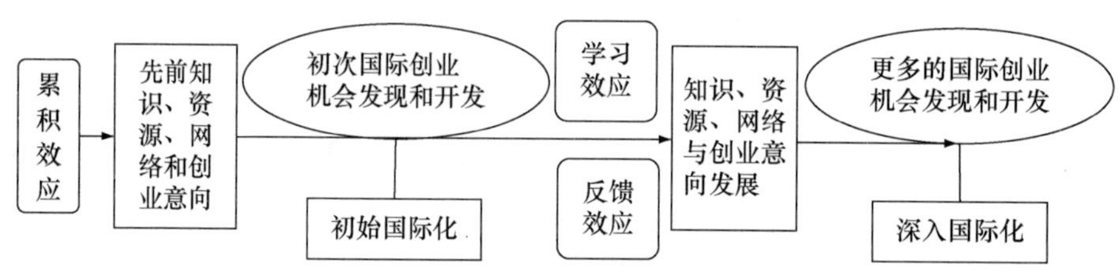

图 18-4 基于机会的国际创业分析模型

Source: Chandra, Y., Styles, C. & Wilkinson, I. F., An Opportunity-based View of Rapid Internationalization, *Journal of International Marketing*, 2012, 20(1): 74—102.

(3) 基于创业者的国际新创企业分析模型。Peiris 等以创业者为中心,综合国际商务、创业、战略管理、社会网络与市场营销等理论构建了一个国际创业研究整合分析框架,如图 18-5 所示。该分析框架以创业者的创业意向为起点,围绕国际机会开发这个核心,在分析了创业者或企业家个人、企业和网络三个层面的多种前因变量对机会开发的作用之后,进一步阐释了企业家如何通过开发国际机会来构建竞争优势,进而实现国际市场绩效，以及国际市场绩效又如何循环作用于创业意向等前因变量等。此外，该分析框架中考虑了环境因素的调节作用。

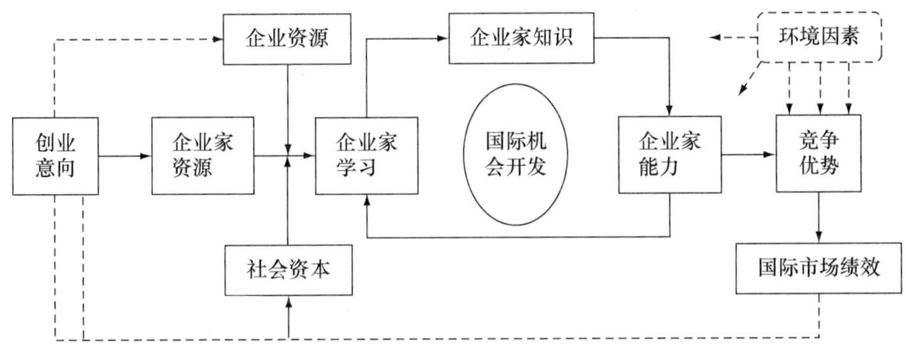

图 18-5　基于创业者的国际创业整合分析框架

Source：Peiris，I. K.，Akoorie，M. E.，Sinha，P.，International Entrepreneurship：A Critical Analysis of Studies in the Past Two Decades and Future Directions for Research，*Journal of International Entrepreneurship*，2012，10(4)：279—324.

在分析国际新创企业的过程中，初步的理论体系已经形成，但是，国际创业实践方兴未艾，其发展还处在起步阶段，对国际创业的研究有待深入。

三、新创企业国际化的条件

新创企业国际化存在一些不利因素，这些不利因素会增加新创企业在国际市场上的失败风险。Zahra 指出，国际新创企业历史短、规模小的特点决定了这类企业在国际市场上面临三大劣势：

(1) 规模劣势。新创企业通常不具备成熟公司所拥有的资金、人员和技术等资源，抵御国际化挑战和风险的能力较弱。

(2) 国外经营劣势。从事国际化经营的企业可能对东道国的法律、语言、消费者偏好和商业惯例等缺乏充分的了解，导致在与东道国企业的竞争中处于某种劣势。

(3) 新企业劣势。由于成立时间不长，企业对顾客、供应商、政府等外部利益相关者的影响力通常比较有限，从而会制约其发展速度和生存能力。

由于新创企业的产品数量和服务内容有限，同时受到企业资源的限制，不是所有企业都适合于国际创业。企业只有具备一定条件，才能够开展跨国经营活动。新创企业开展跨国经营活动时，应考虑以下问题：

(1) 企业拥有满足国际利基市场的产品或服务吗？如果能满足国际利基市场的需求，就会有更大的国际化机会。

(2) 国际利基市场可否带来高附加价值？如果发现国际利基市场有利可图，可以带来比本国市场更大的商业利益，可以考虑开展跨国经营活动。

(3) 企业拥有难以被其他企业仿制的独特的产品或服务吗？企业要拥有自己的特点如新产品、高质量、低成本等，且特点难以替代、不可复制，才有可能在国际竞争中取得优势。

(4) 企业拥有跨国经营所需的管理、组织和财务资源吗？如果有明确的目标、国际销售经验、跨文化管理知识、开放的组织结构、充足的资金投入，那么就更有可能开展国际化经营。

(5) 企业能够面对国际化带来的风险吗？跨国经营可以给企业带来附加价值的上升，同时国际化的风险也随之而来，企业只有在充分权衡风险之后，国际化才是理性的。

企业在开展跨国经营之前，要进行全面的战略分析，评估企业是否具备国际化的条件，然后作出相应的决策。

第三节　国际新创企业的驱动因素

国际创业过程是为寻求竞争优势而创造性地发现和利用本国市场以外机会的过程，是为创造未来商品和服务而跨越国界发现或创造、评价与开发机会的过程。蒂蒙斯提出的创业过程模型在创业学中具有广泛的影响。该模型认为创业是一个高度动态的过程，机会、资源、创业团队是创业过程中三个最重要的内在驱动因素。这里，我们借助蒂蒙斯提出的创业过程模型，分析国际新创企业在创业机会、创业资源和创业团队等方面的特点。

一、国际创业机会

商业机会是创业过程最重要的因素，是创业过程的起始点。在机会转瞬即逝的动态市场环境中，国际新创企业的生存法则是敏锐地感知海外市场机会并快速、有效地采取行动。国际新创企业应该考虑什么是商业机会、为什么要寻求国际商业机会、为什么我能够发现和利用这些机会而其他人不能，以及如何评估这些商业机会、如何开发商业机会。

一般而言，国际商业机会主要来源于不同国家社会经济状况的差异与变化，创业者正是洞察并充分利用了这种差异与变化所导致的市场不完全而产生的商业机会，创办国际新创企业的。国际新创企业的机会主要包括技术机会、市场机会和政策机会。

(1) 技术机会：不同国家技术水平的差异或技术变化带来的创业机会，主要源自新的科技突破和科技进步。技术上的任何变化或多种技术的组合，都可能给创业者带来某种商业机会。具体表现在三方面：① 新技术替代旧技术。新的科技突破尤其是新技术产业化之后，会替代某些旧技术，这时会产生新的创业机会。② 新技术带来的新问题。新技术在给人类带来新的利益的同时，也会给人类带来某些新的弊端。通过消除新技术的某些缺陷，开发新技术并使其商业化，可以带来新的创业机会。③ 利用新技术实现新功能。新技术会使一些产品实现旧技术无法实现的功能，这些新功能的开发，会给创业者带来新的商机。如本书中药明康德的案例，就是企业通过医药技术的创新，获得了创业机会。

(2) 市场机会：不同国家市场需求的差异和变化中产生的机会。与一般创业不同的是，国际创业机会主要来源于不同国家间知识资源、市场需求和政府政策的差异与变化。知识、跨文化创业能力和网络可以影响对国际创业机会的识别和利用。市场机会主要有以下三类：① 不同国家的市场需求差异带来的创业机会。不同国家的市场会出现与经济发展阶段相匹配的差异需求，创业者可以根据这些不同国家的差异需求，创造新的商业机会。② 先进国家（或地区）产业转移带来的市场机会。世界各国各地的发展进程是有快有慢的，在先进国家或地区与落后国家或地区之间存在技术上的差距，加之土地、劳动力等要素成本的不同，以及对环保要求严格程度的差异，先进国家或地区往往会将某些产业向外转移，为落后国家或地区的创业者提供创业的商业机会。③ 在资源、产品或文化等方面的差异中寻找机会。各国在资源供给、生活习惯、文化特征等方面存在差异，这些差异中往往隐含着某种商机。如本书中青岛金王的案例，就是利用发达国家对蜡烛的特殊需求，寻找到了创业机会。

（3）政策机会：随着经济发展、技术的进步，各国政府会不断调整自己的政策，而不同国家政府政策的差异和变化可能给创业者带来新的商业机会。如 21 世纪初中国光伏产业在国际市场上异军突起，实现了原材料、产品两头在外的跨越式发展，正是一批创业者抓住了以德国为代表的欧洲各国推行对太阳能发电的补贴政策而带来的市场机会。近年来，越来越多的高科技新创企业到海外上市，就是利用了不同国家（地方）融资政策的差异而带来的融资机会。

二、国际创业资源

创业离不开资源的支撑，从资源角度看，创业活动就是不断地投入资源以连续提供产品与服务的过程。国际创业资源是指新创企业成长过程中所需要的国内外各种生产要素和支撑条件，包括物质、资金、人力、声誉、技术等。资源能使企业获得持续竞争优势，为企业带来附加价值。

在全球化时代，企业必须考虑如何有效地获取和整合全球资源以应对全球竞争的需要。随着信息和经济的全球化，企业成长和构建优势所需要的资源越来越不被某一个区位所独有，而是分散在全球各个区位。企业需要在全球范围搜寻、获取其成长所需要的资源，只有具备全球资源整合能力，才能在运营管理、技术、市场与渠道、资本、人才等各个方面领先主要竞争对手。许多高科技新创企业在知识和资源集中的地方设立分支机构或研发中心，不单单是为了开拓新市场，更是为了在全球范围内搜寻和获取那些有价值的、差异化的资源，使其成为竞争优势的重要来源。从不同的视角看，资源有不同的分类。

（1）按照资源对企业的直接作用关系，资源可以分为要素资源和环境资源。

要素资源主要有以下五种：

① 场地资源，指的是国际新创企业用于研发、生产、经营的场所。良好的场地资源能够为企业提供便利的生产经营环境，有效改善企业的生产运作管理。

② 资金资源，对于任何一个企业都非常重要。对于国际新创企业来说，无论是进行产品研发还是生产销售，都需要资金投入，如何有效地吸收资金资源是每个创业者都极为关注的问题。

③ 人才资源。高素质人才的获取和开发，是现代企业可持续发展的关键，对于国际新创技企业来说，具有全球视野、海外经历、国际化运营经验的人才资源更为重要。

④ 管理资源。国际新创企业在高科技行业更为常见,创业者大多具有技术专业背景,他们拥有着较强的科研能力,但往往缺乏经营管理知识和经验。很多高科技新创企业的经营困境都源自经营管理不善,拥有一批经营管理人才和一套科学高效的管理制度是新创企业宝贵的资源。

⑤ 科技资源。技术的发展使得新创企业能够较为经济地、小规模多批量地生产高复杂度的产品,面向国际市场销售。对于国际新创企业来说,除了自主研发、积极引进有商业价值的科研成果,还应加强与科研院所的产学研合作,加强与业界同行的合作开发,如此才能加快产品研发速度,提高企业的核心竞争力,进而在市场上形成竞争优势。

环境资源是指高科技企业成长过程中所需要的支撑条件。对于国际新创企业来说,在创业过程中,所需要的环境资源主要有以下几种:

① 政策资源。从国际新创企业的政策环境看,中国制订了针对海外高端人才的"千人计划",鼓励领军型海外人才回国创业。从整体上看,国家对高新技术企业有许多扶持政策。国际新创企业应立足创新,积极了解国家的鼓励政策,以获得更多的国内外人才、贷款和投资、各种服务与优惠等。

② 信息资源。由于跨越国内和国外两个市场,国际新创企业面临的竞争十分激烈,对于国际新创企业来说,需要丰富、及时、准确的国内和国外市场信息,以应对瞬息万变的市场。由于初创企业规模较小,独自获取资源的能力有限,可以考虑借助专业人士和专业机构获取信息资源,为创业者制定研发、生产、采购和销售的决策提供依据。

③ 文化资源。硅谷成功的一个很重要的原因就是那里有浓厚的创业文化,如鼓励冒险、容忍失败等。文化是一种无形的资源,创业文化对于创业者有着极大的精神激励作用,是吸引国家新创企业落地生根的重要因素。良好的文化氛围可以促使国际新创企业有效组织生产要素,创造更高的附加价值。

④ 品牌资源。国际新创企业的创业载体和创业环境具有一定的品牌效应。例如,各级各类的创业园成为吸引留学归国人员的重要载体,优秀的科技园、创业孵化器为落户于其中的企业提供一种品牌上的保证。充分利用好具有品牌效应的创业载体,可以提高政府、投资者和其他企业对该企业信誉度的估价,有助于国际新创企业获取资金、人才、科技、管理等资源。

(2) 从资本角度看,一般可分为人力资本资源、物质资本资源和组织资本资源,这一分类有助于理解一般企业发展中资源的分布和整合。

人力资本,是体现在人身上的资本,即对生产者进行教育、职业培训等的支出及其在接受教育时的机会成本等的总和,表现为蕴含于人身上的各种生产知识、劳动与管理技能以及健康素质的存量总和。物质资本指物质产品上的资本,包括厂房、机器、设备、原材料、土地、货币和其他有价证券等。组织资本是指由企业内部管理经验的积累而形成的资本,是组织内部通过不断学习而形成的一种资本,主要来源于企业的一般管理经验、产业特殊性的管理经验,包括企业正式的报告、正式的和非正式的规划、控制和协调系统以及企业内部的非正式关系、企业和环境的非正式关系。

此外,近年来社会资本的作用引起学界的关注。社会资本是一种社会资源,是人们之间相互认知和认可的持续社会关系网络,能够给拥有这种关系的人带来好处或便利,并且在特定条件下给企业带来利益。社会资本包括结构性社会资本、关系性社会资本和认知性社会资本。在形式上表现为社会关系网络,但这是一种特殊的社会关系网络,社员从中可以获利。社会关系网络是创业者获取机会所需相关知识和信息的主要来源,通过社会交往,能帮助个体深刻洞察、领悟并获取有关市场需求、技术应用、顾客问题等方面的专门化知识,从而为个体带来高度私密性和专门化的信息、知识与诀窍。社会资本有助于知识获取和知识创造,从而加快新创企业的国际化进程,进而提高国际创业绩效。

(3) 从形态上看,创业资源可以分为有形资源和无形资源。有形资源主要包括厂房、设备、资金等,无形资源则包括商标、专利、版权、声誉、诀窍等。国际新创企业一般都缺少资金、人力资源、设备和其他一些有形资源;相对而言,往往在高新技术、国外市场知识等方面,无形资源有一定优势。当然,创业者的知识、技能、经验等一般是通过学校学习、工作经验而积累的,创业后是否持续学习、不断创新是决定能否成功的关键。

(4) 按照对资源的拥有情况,可以分为自有资源和外部资源。自有资源是自己拥有所有权的资源,而外部资源是自己没有所有权的资源。大型企业往往通过对资源的所有权实现对资源的控制和使用,而对于新创企业而言,拥有对资源的使用权、能够影响资源配置至关重要。外部资源要通过企业自身或创业者等内部因素才能对国际新创企业绩效产生影响,多数创业者在缺少资金时,可以从亲戚、朋友、商业伙伴或投资者处得到投资或借到资金,还可以在创业园区获得廉价或者免费的办公室、测试设备、培训等。要善于发现和使用他人的资源,通过外部资源整合,实现与资源所有者的利益共享,从而实现企业价值的增值。

资源的分类是多种多样的,在创业过程中,需要对各类资源进行整合。资源在未整合之前大多是零碎的、未经系统化的,要发挥这些资源的最大使用价值,产生最佳商业效益,为企业带来利润,就必须运用科学方法对各种类型的资源进行综合、集成和激活,实施再建构,并将有价值的资源有机地整合起来,使之具有较强的柔性、条理性、系统性和价值性。

在参与国际市场竞争过程中,新创企业应科学而有效地整合全球资源,实现企业的快速成长。资源整合过程可以分为资源识别、资源获取、资源配置以及资源利用四个阶段,首先要明确创业所需的资源,对资源进行识别,在此基础上在国内外获取企业所需的资源,然后对各类资源进行合理配置,使得各类资源产生乘数效应,最后充分利用已获得的各类资源,将其转化为顾客需要的产品或服务,使企业生存、发展、壮大。国际新创企业应充分发挥全球资源整合的国际化经营优势,在创业伊始就积极寻求区位优势,利用多国资源赢得生存和成长空间,从而形成自己独特的竞争优势。

三、国际创业团队

越来越多的证据表明,成功的创业多基于一个创业团队而非一个单独的创业个体。创业团队是联合起来创立一个企业的两个或两个以上的个体,这些个体有着共同的愿景和财务利益。

1. 团队成员

创业团队成员是指全身心投入公司创立过程,共同克服创业困难和分享创业乐趣的全体成员。一般而言,创业团队成员是占有一定股权并对企业战略选择产生直接影响的人。是否有共同的财务目标,是否对公司的运营有影响及其影响程度,是否在公司任重要职位等是判断成员是否是创业团队成员的主要指标。律师、会计师和顾问等外部专家,由于只参与公司创立的部分工作,不能算作创业团队成员。没有公司股权的一般雇员由于不共同承担风险和分享利润,也不能算作创业团队成员。

国际新创企业的创建者多数具备技术背景而缺乏管理经验,因此他们在高层团队的管理专业方面不足。创业团队大多是在干中学或以直接从外部招募所需人才的方式来弥补创业团队所缺的能力。团队成员应该具有正直、诚实的品质,具备学习能力、创新能力、领导能力、沟通能力等,还应具有协同性、应变性和灵活性,能够适应市场环境的变化。在创业团队中,成员职能分工必须明晰,即成员在管理技能、决策制定风格,以及经验等方面应达到互补,这样才能保证团队与企业的健康运行。

创业团队成员不宜太多。一些学者认为,如果创业团队成员超过 7 人,会增加成员之间的矛盾与冲突,增加协调管理成本。创业团队成员之间的共同意愿使他们走到一起创业,在创业团队成员的关系结构中,有两类重要的连接因素:一是亲情,一是友谊,很多创业团队是由亲戚、朋友、原先的同事或同学所组成的。

创业团队成员关系具有动态性,在企业从创立、成长到衰退的历程中,一个团队所需要的技能可能会改变,在初创企业中,技术和运营专家比例要大一些,而管理、营销和财务控制专家比例要小一些。随着企业的发展,会增加和辞退团队成员,几乎每一个新公司在 5 年期过后都会失去至少一个创建者。

2. 团队的领导者

团队的领导者往往被称为企业家,企业家是指能抓住机会引进新产品和新技术、改进企业的组织和管理方式、勇于承担风险的企业所有者或经营者。企业家要明晰企业的愿景、提出战略让团队其他成员去实现。企业家的作用在于引入新产品、新生产方法,开辟新的市场、争夺或寻求原材料的来源、创立新的组织形式。

企业国际化的过程涉及国际化的速度和程度、跨国进入的模式等一系列战略选择,要对稀缺资源的配置作出决策。这些战略决策受到企业家个体特征的影响,个体特征主要包括:成就动机、内控倾向、风险承担倾向、不确定性容忍、自信和创新意识。

3. 企业家精神

国际新创企业的优势主要来源于创业者及其团队的企业家精神。企业家精神理论通常把企业家精神与冒险精神、机会利用、新创企业相关联。熊彼特(Schumpeter)指出,企业家精神就是做别人没做的事或者采用别人没用的方法,把企业家精神定义成一种经济开拓精神,其特点是创新。奈特(Knight)认为,企业家精神是在不可预测的环境中,通过最具能动性、最富创造性的行为去开拓道路的创造精神和风险承担精神。柯兹纳(Kirzner)指出,企业家是那些有敏锐的洞察力,并能警觉地发现市场机会的人。此外,德鲁克(Drucker)认为,企业家精神包括冒险性、创新精神、信任和责任感等。一般而言,企业家精神是以创新精神为核心,包括冒险、竞争性、进取性和自制力等的一种综合精神品质，常常指企业家愿意承担企业相关风险，通过改变和创新来取得竞争优势的精神。企业家精神是有别于资本、土地和普通劳动的第四种生产要素投入，包括创新性、先动性和冒险性三个维度。

在国际创业领域，企业家精神特指积极识别、评价和开发跨国界的商机以创造未来的产品和服务的倾向。国际企业家精神体现在为了创造未来的产品和服务而跨越国界进行机会的识别、评价、开发和利用。企业家精神会影响企业国际化扩展的计划，企业家精神较强的企业往往具有较高的跨国经营倾向，反映在国外市场的范围和国外活动的强度等方面。

企业家精神往往表现在对以前未被认识到的机会的警觉性，市场机会往往由追逐利润的企业家在非均衡状态下凭借其警觉素质而先于他人发现。由于企业对存在于国际市场中的机会进行开发和利用意味着面临更大的不确定性，因此只有具有较强企业家精神的企业家才愿意承担此种风险决策。

4. 国际化经验和社会网络

国际化经验可以使创业者及其团队更易于在全球范围内发现商业机会，国际市场知识的增加可以降低企业国际化的成本。国际化经验有助于创业者及其团队获得国外的战略合作伙伴，有助于企业在国外发现市场机会，规避跨国经营风险，加快国际化进程。同时，知识是企业的关键性资产，国际化经验可以促进创业者及其团体深入领会国外的市场知识，帮助其积累跨国经营的知识。创业者及其团体成员在国外的学习经历、工作经历和生活经历可以缩短与该国市场的心理距离，有助于其在国外发现利基市场。

国际化社会网络有助于创业者及其团队识别商业机会、进入国际市场。社会网络成员可以提供国际市场信息，有助于企业国际化运营的决策；社会网络成员间的合作与支持，可以为进入国际市场提供便利条件；社会网络成员提供的国际化经验，可以降低国外运营的不确定性；通过社会网络内企业间研发、生产、销售等环节的整合，可以使企业更有效地进行国际创业。创业者及其团队可以从社会网络中获得有关国际化的默会性知识与能力，帮助企业与当地的供应商、销售商等建立联系，帮助新创企业在国外获得最初的信任。

在国际新创企业中，移民创业者群体日益活跃，对移民国以及来源国的经济增长和全球竞争力均可以做出重大贡献。全球创业观察(GEM)组织的研究结果表明，移民创业者有更高的发展期望，可以创造就业机会，提高全球竞争力，影响资源、信息和技术的转移。移民创业者兼有母国和东道国的国际化经验，拥有相应的社会网络，为其国际创业奠定了基础。

综上所述，商业机会是创业过程的核心要素，发现和开发机会、利用机会实施国际创业是核心；资源是创业过程的必要支持，合理利用和控制国际资源对新创企业极为重要；创业团队是新创企业的关键组织要素，成功的创业往往不是由一个人而是由一个团队来完成。成功的国际新创企业能够对国际创业过程中的机会、资源、团队等因素进行适当的匹配，并随着事业的发展而作出动态的平衡。

章末案例

药明康德一直在路上①

成立于2000年的药明康德新药开发有限公司(简称药明康德)是一家集化学制药、医疗器械研发、生物制药服务于一体的开放式技术平台和服务公司。20年来,药明康德通过打造"端到端、一体化"新药研发服务平台,成为国内医药研发和服务领域的龙头企业,为全球生物医药行业提供"全方位、一体化"的新药研发和生产服务。

一、药明康德初心不移

随着全球经济回暖,药明康德于2014年开启并购扩张模式,并开始布局大健康产业,其间经历了2015年于美国纽交所私有化退市、业务分拆后的新三板上市,2018年5月在上交所主板上市以及2018年12月登陆港股,成为第一家A+H股独角兽药企,一步步打通药物靶点发现、临床前开发、早期临床开发、后期临床开发及商业化生产的全产业链,向着"端到端、一体化"新药研发赋能平台目标迈进。

截至2018年年底,药明康德在全球已拥有54.9万平方米实验室、工厂和办公室,每天进行着超过7000个化学反应试验,为包括全球前20大制药企业在内的30多个国家的3700多个客户提供服务。20年很长,药明康德发生了巨大的变化,而不变的是它从一开始便坚持的"不做新药研究,只为客户做新药服务"的理念。它还是那个最初碰壁无数的创始人李革与三个"土鳖"一起建立的药明康德。正如2019年12月31日药明康德官方微博所言:"从2000年创立伊始,药明康德始终坚持做一件事,那就是打造一个全球化的赋能平台,通过不断降低医药研发门槛,助力合作伙伴更多新药、好药早日上市,造福病患。"20年又很短,药明康德仍然在平台化的路上,依然奔跑在其国际新创时的初心使命里。

二、药明康德国际新创之路径——平台赋能

目前,药明康德旗下有70多家子公司,分别担任临床前CRO、临床CRO、CMO、投资业务等不同角色,其"端到端、一体化"研发赋能平台包括业务赋能与资本赋能两大功能。其中,业务赋能覆盖药品研发的全产业链,将药明康德与客户的一次性合作关系延展为长久的合作伙伴关系;资本服务功能主要由成立于2011年的药明康德一期基金及2015年成立的毓承资本(药明康德健康管理有限公司)承担,通过资本经营活动实现全产业链布局。

(1) 业务赋能促内涵式增长。与多数本土CRO企业仅提供部分业务环节服务不同,药明康德打通了药品研发全产业链,对客户业务赋能覆盖化合物研究、临床前研究、临床研究、商业化生产等多个环节。为深度挖掘客户价值,药明康德提出"跟随药物分子发展阶段扩大服务"的战略,生产服务团队在新药研发早期阶段即介入其中,使串行工作并行化,为临床前项目或早期临床项目提供生产工艺设计等服务,从而降低客户在后期项目中的沟通成本与时间成本,促进更多临床前项目进入临床试验阶段,甚至跟踪至生产服

① 摘编自刘凯、张朋朋:《药明康德——打造新药研发赋能平台》,载《企业管理》2020年第2期。

务阶段。

(2) 资本赋能帮助小微企业。药明康德于2013年开始实施"长尾战略",即选择中小型药企进行资本投入。2015年11月起,药品上市许可持有人制度开始试点,药明康德为缺乏研发设备与资金的客户提供相关硬件服务与资本投入,降低小微企业的研发门槛,真正实现"一张纸、一支笔、一张信用卡,就可以做新药研发"。

根据Frost & Sullivan报告,到2022年,小型制药公司数量将占药企总数的80%。药明康德的客户中有很大一部分是"长尾客户",它们通过资本赋能将潜在竞争对手转变为"药明系"企业,形成短、中、长期的技术储备,赋予平台更高的变现潜力与长久的生命力。

三、药明康德筑起核心竞争力的保护罩

药品研发具有周期长、资金投入大且成功率较低的特点,因此,实验数据是药企重点保护对象。药明康德构建了"四道防线",以加强知识产权保护。

防线一:知识产权培训与考试。药明康德在核心业务部门均设置了至少一名知识产权工作人员,并须经专业专利工作人员培训合格后方可上岗。同时建立了"人人培训,部部监督"的知识产权管理体系,对知识产权泄露等问题防患于未然。

防线二:对研究数据文件进行公证。为保证研究数据文件的完整性,药明康德早在2002年就开始与上海市公证处合作,所有客户资料均经公证处独立公证并存档,从而有效化解用户对于研究数据泄露的担心。

防线三:对工作空间、研究数据、组织结构进行分割,杜绝研究数据泄露的物理条件。同时,科研实施人员仅负责相关板块的研究与实验,并不了解该项目所服务的客户等情况。

防线四:笔记本数据电子化。药明康德定期将科研人员的笔记本扫描存入电子磁盘,进行归类整理并长期留存。一方面,可以形成对相关科研人员的震慑力;另一方面,当面临知识产权争端时,能够提供有力证据来保护委托方的知识产权。

讨论题

1. 药明康德是如何在创立时便成为国际化企业的?
2. 在承接跨国公司的研发服务外包业务时,新创企业有什么优势和劣势?

本章参考文献

Drucker, P., *Entrepreneurship and Innovation: Practice and Principles*, NY: Harper Business, 1985.

Gartner, W. V., A Conceptual Framework for Describing the Phenomenon of New Venture Creation, *The Academy of Management Review*, 1985,(4).

Knight, G. A., Cavusgil, S. T., The Born Global Firm: A Challenge to Traditional Internationalization Theory, *Advances in International Marketing*, 1996,(8).

Madsen, T. K., Servais, P., The Internationalization of Born Globals: An Evolutionary Process?, *International Business Review*, 1997,(6).

Oviatt, B. M., McDougall, P. P., Brush, C., A Symposiumon Global Start-Ups: Entrepreneurial Firms That are Born International, Presentation at the Annual Academy of Management Meeting, Miami, August, 1991.

Oviatt, B. M., McDougall, P. P., Toward a Theory of International New Ventures, *Journal of International Business Studies*, 1994,(1).

Peiris, I. K., Akoorie, M. E., Sinha, P., International Entrepreneurship: A Critical Analysis of Studies in the Past Two Decades and Future Directions for Research, *Journal of International Entrepreneurship*, 2012,(4).

Schumpeter, J. A., *The Theory of Economic Development: An Inquiry into Profits, Capital, Credit, Interest, and the Business Cycle*, New York: Routledge, 2017.

Timmons, J. A., *New Venture Creation*, 5th ed., Singapore: McGraw-Hill, 1999.

Zahra, S. A., A Theory of International New Ventures: A Decade of Research, *Journal of International Business Studies*, 2005,(1).

蔡宁、黎常:《企业国际化理论的新发展:国际新企业理论》,载《国际贸易问题》2007年第3期。

蔡宁宁:《基于知识管理视角的新创企业联盟管理模式研究》,载《情报科学》2012年第5期。

何霞、苏晓华:《环境动态性下新创企业战略联盟与组织合法性研究——基于组织学习视角》,载《科研管理》2016年第2期。

苏晓华、吴琼珠、诸周成:《战略联盟有助于新创企业获取合法性吗?——一个有调节的中介模型》,载《科学学与科学技术管理》2015年第11期。

苏郁锋、罗顺均、冉佳森:《双重劣势情境国际新创企业制度拼凑策略研究——以中国在非洲新创企业为例》,载《南开管理评论》2020年第6期。

田毕飞、戴露露:《基于跨境电商的中国新创企业国际创业路径》,载《科研管理》2019年第9期。

薛求知、朱吉庆:《国际创业研究述评》,载《外国经济与管理》2006年第7期。

周海军、邹奕杰、史敏:《"天生全球化"研究文献综述——基于企业家视角的梳理》,载《科技管理研究》2010年第2期。

第十九章　跨国商业伦理与企业社会责任

【本章学习目的】

通过本章学习，你应该能够：

- 理解商业伦理的含义
- 掌握伦理学的基本范式
- 了解处理跨国伦理冲突的方法
- 理解企业社会责任的含义
- 了解跨国公司的行为准则
- 把握国际企业社会责任规则体系

引导案例

博帕尔毒气泄漏事件①

1984年12月3日，一股毒气弥漫在位于印度博帕尔市的联合碳化(Union Carbide)工厂上空。这次毒气泄漏，夺去了三千多人的生命，使两万多人受伤。这是工业史上最惨痛的悲剧，它发生在不发达国家，却是由于美国一家跨国化学公司分公司采用的现代技术所造成的。由此产生了这样一个问题，跨国公司在较不发达国家从事跨国经营时应该承担哪些责任？

博帕尔事件相当复杂，而且悲剧是由诸多原因酿成的。博帕尔工厂生产一种叫"沙文"(Sevin)的广泛使用的农用杀虫剂。该工厂是印度政府为了提供更多就业机会而邀请美国 Union Carbide 公司建立的。作为优惠条件，印度政府允许《印度1973年外汇管理法》不适用于该公司。该法规定，外国公司在印度只能拥有不超过40%的股份，而印度政府却允许 Union Carbide 公司拥有合资工厂的50.9%股份，剩下的49.1%股份由印度政府和印度公司持有。工厂生产的杀虫剂仅在印度国内销售。该杀虫剂的使用，使印度粮食增产10%，解决了七千多万人的粮食问题。在合资工厂成立之前，Union Carbide 公司是通过出口向印度提供该杀虫剂的。

博帕尔工厂为许多印度人提供了就业机会，并且还吸引了大量印度人聚居在工厂周围，形成了一个小镇。"沙文"的原料之一是甲基异氰酸(MIC)，在加工成杀虫剂之前，原料都是以液体形态存放在密封的大罐中。由于各种原因，那晚一个大罐中的甲基异氰酸挥发并蔓延开来，这些致命的毒气飘到小镇上空，终酿惨剧。

就在1984年，博帕尔工厂发生亏损，有2/3的生产设备闲置。工厂是完全由印度本

① 摘编自〔美〕理查德·T.德·乔治：《经济伦理学》，李布译，北京大学出版社2002年版，第561—563页。

地人管理和经营的。Union Carbide 公司只在 1982 年 5 月对其进行了一次安全视察,发现大量安全隐患,而印度分公司却汇报说这些安全隐患已经成功被排除。然而,1984 年 12 月 3 日晚,有 5 套安全装置被有误操作,或失灵或关闭。其中,有一个洗刷器,是专用于清除泄漏物的,正在检修。用于冷却 MIC 的冷冻机组已经关闭 6 个多月了,尽管工厂其他部分的冷冻设备仍正常运转。用于盛水,以防其漏入 MIC 液体的大金属桶也早已搬走,并且再没有搬回来。另外,应该每日检测的三氯甲烷浓度,已有近 6 周没人检测,已经超过标准 32 倍。在这样的作业环境下,液体挥发成气体,造成泄露。当泄漏刚开始的时候,两名低级雇员并没有及时采取行动。后来某个工人组长发现了,开始用冷水冷却这个大罐。45 分钟之后,泄漏才被止住。

对于这一场意外事故,Union Carbide 公司认为是有人蓄意所为;有人则认为是由于 Union Carbide 公司没有将其美国工厂的自动安全系统安装到印度的工厂,同时对印度工厂的运作关心甚少;还有人归咎于印度经理人员管理不善,印度工人素质低下、没有经过必要的培训,印度政府疏于制定相关的安全标准等。

究竟谁应该对这场惨剧负责呢?死难者的家属及受伤者又应该得到怎样的赔偿?

1992 年,在悲剧发生 8 年后,赔偿问题才最终得以解决。事故发生后,就有许多美国律师立即涌向博帕尔,寻求为那些受害者及其家属代理诉讼。诉讼立案都是在美国进行的,因为 Union Carbide 是美国公司,在美国的赔偿金额会远比在印度高,而且美国法律允许判处惩罚金,而印度法律没有相关规定。印度人提出共计达 150 亿美元的索赔。而当年 Union Carbide 公司的总资产才 100 亿美元,当然公司还有 2 亿美元的保险金。

起初,Union Carbide 公司愿意支付 5000 万美元作为赔偿。出于印度政府该负的责任,印度政府也向每位家属赔偿了 794 美元。同时,印度时任总理拉吉夫·甘地拒绝了 Union Canbide 公司提出的赔偿金额,并宣称印度人的生命和美国人的一样宝贵,政府会争取获得美国普遍的赔偿标准,就是为每位死者赔偿 50 万美元。所有申诉都由印度政府联合提交至美国特区大法官 John F. Keenan。美国法庭拒绝受理此案,并将诉讼转至印度,因为印度博帕尔才是案发地点。Keenan 大法官建议双方争取庭外和解。因为如果这一案件诉诸法庭,一旦 Union Carbide 公司提供相应证据证明是有人蓄意所为,则该公司不会作出任何赔偿。当 Union Carbide 公司和印度政府争执不休时,受害者和死者家属仅收到来自公司和政府的赔偿共计:死者家属 550 美元,伤者每人 83 美元。最终双方于 1992 年达成庭外和解,共计赔偿金额 4.7 亿美元。博帕尔工厂从此关闭。

思考题

1. 从商业伦理视角看,究竟谁应该对博帕尔毒气泄漏事件负责?

2. 如果毒气泄漏事件确实是有人蓄意所为,那么 Union Carbide 公司应承担责任吗?

跨国经营企业成为经济全球化的主要承载者和受益者,对全球经济、政治、社会生活的影响力不断增大。与此同时,跨国经营企业在扩大市场、提高盈利水平时,应该遵循什么样的商业伦理、承担怎样的社会责任，即跨国经营中的商业伦理问题和企业社会责任问题，这些逐渐成为当今世界各国关注的焦点之一。

第一节　跨国经营中的商业伦理

一、商业伦理的定义

"伦理"(ethics)一词指的是规范个人、职业群体和组织行为的公认的是非准则。伦理牵涉个人对事物的是与非、对与错、善与恶、好与坏、应该与不应该等价值判断。商业伦理，又称企业伦理，将判断人类行为举止是与非的伦理正义标准加以扩充，使其包含社会期望、公平竞争、广告审美、人际关系应用等，是指以企业为主体所构成的伦理关系和法则，用以规范企业内部员工及企业与外部公众的关系。卡罗尔界定出商业伦理的范围，包括个人的伦理标准、组织的政策与规定、团体的规章、社会的规范与国际文化等层面。

商业伦理具有以下特点：

(1) 商业伦理是关于企业及其成员行为的规范。虽然企业是由个人组成的，但企业的行为却不能简单地表述为单个成员的行为之和，企业具有自己的目标、利益和行为方式，这些行为都要在商业伦理允许的范围之内。

(2) 商业伦理是关于企业经营活动的善与恶、应该与不应该的规范。商业伦理告诉人们哪些经营活动(指以营利为目的的所有活动)是善的、应该去做的，哪些活动是恶的、不应该去涉及的。

(3) 商业伦理是通过社会舆论、传统习俗、内心信念和内部规范起作用的。社会舆论、传统习俗、内心信念和内部规范是约束企业行为的重要方式，使得企业行为合乎商业伦理的要求。

(4) 商业伦理是关于怎样正确处理企业及其成员与利益相关者关系的规范。企业的利益相关者能对组织产生重大的影响，正确处理两者的关系对企业来说至关重要，在处理过程中需要遵循商业伦理这个规范。

二、伦理学的基本范式①

商业伦理学是普通规范伦理学在经济管理领域的应用，因此在研究具体的商业伦理问题之前，我们必须要对普通规范伦理学的基本原则和方法有所了解。在近现代规范伦理学中，为人广泛接受并得到广泛应用的伦理学理论包括伦理学研究的两种流派，即目的论和义务论，每一种流派又延伸出若干分支，如图 19-1 所示。

---

①　参见徐大建：《企业伦理学》，北京大学出版社 2009 年版，第 23—24 页。

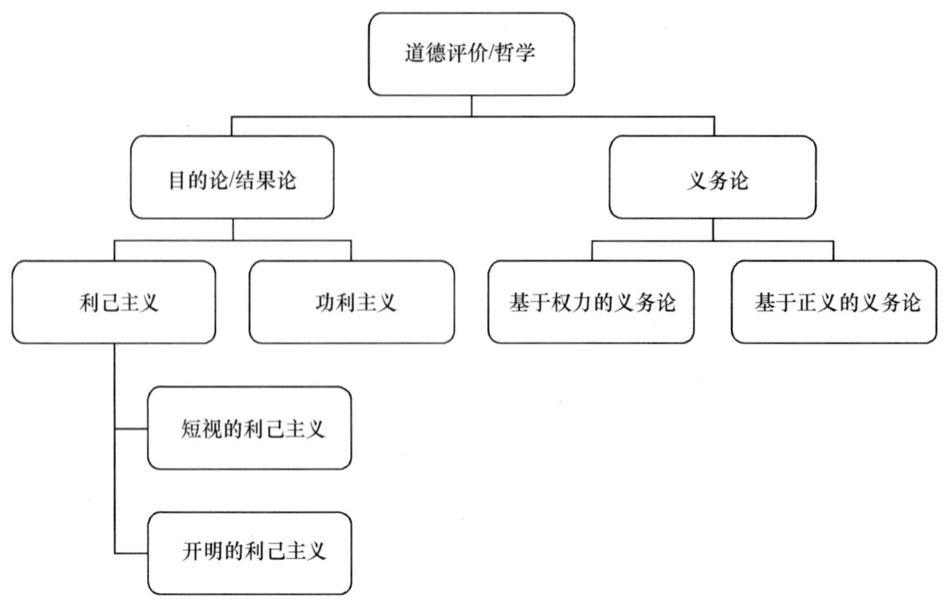

图 19-1 伦理学的基本流派

1. 目的论

所谓目的论,就是判定一个行为在道德上是否正确,主要看它所产生的结果是好是坏,从而决定它能否成为一个道德规范。在目的论者看来,不考虑后果的行为是无理性的表现,因为行为的后果是大家都看得见的,但行为的动机却只能推测。因此,这种流派在道德评价问题上强调行为的后果,比较务实。按照对行为后果的不同解释,目的论伦理学主要分两种:利己主义和功利主义。

利己主义的行为评价原则是:一个行动在道德上要是正确的或正当的,只有当且仅当它产生或会产生出行动者的最大利益或幸福时。需要指出的是,第一,利己主义中的那个"己"既可以是一个人,也可以是一个团体或集体,甚至可以是一个地区或国家;第二,利己主义中的"利己"并不一定伴随着损人,因为利己的行为既可以同时损人,也可以同时利人。

利己主义又可区分为短视的(或极端的)利己主义和开明的(或合理的)利己主义。短视的利己主义眼光短浅,只看一个行为在短时期内的直接效果而不顾其长远的间接后果,最终往往达不到其原有的利己目的与结果。而开明的利己主义则不仅看一个行为在短时期内的直接效果,而且要考虑其长远的间接后果,以及考虑两者相加的总的效果,因此它比短视的利己主义更能达到其原有的利己目的和结果。从这个意义上说,开明的利己主义比短视的利己主义更加符合利己主义的原意,从而称得上是真正的利己主义。

功利主义用"最大多数人的最大利益"来代替"自我利益",将其作为最初的出发点与最终的目的。功利主义的行为评价原则是,当且仅当它产生或会产生出全体利益相关者的最大多数人的最大幸福时,一个行动在道德上才是正确的或正当的。因此,这个原则也可简称为最大幸福原则。为了避免误解,关于功利主义需要指出以下几点:

第一，在终极善恶或人生意义的问题上，功利主义从趋乐避苦的现实人性出发，强调个人的需要、快乐或效用。不过，为了避免低级趣味的指责，它强调了人的精神需要在效用或功利中的地位。为了避免利己主义的指责，它又强调了最大多数人的功利。

第二，功利主义的“最大多数人的最大幸福”是指人的行为对全体利益相关者所造成后果的机械性利益加总，它直接反映了相关个体的利益分配状况，因而是可分割的。

第三，功利主义不同于利他主义，但又是与利他主义相容的。不同之处在于，利他的行为在利他主义那里是最终目的，而在功利主义那里是达到“最大多数人的最大幸福”的手段。相容之处在于，在大多数情况下，利他的行为有利于“最大多数人的最大幸福”，由此才为功利主义所遵从。

2. 义务论

义务论的核心观点是，判定一个行为是否在道德上正确，从而能否成为一个道德规范，并不是看它的结果，而是看行为本身是否符合某些基于理性的规则，或者说是否遵循了某些义务。较有影响的义务论伦理学主要有两种：基于权利的义务论和基于正义的义务论。

基于权利的义务论是用权利来说明义务的。权利表示一种应当予以满足、他人不得加以干涉的要求，一个人的权利本身便意味着他人的义务。基于权利的义务论的行为评价原则是：一个行为，当且仅当它出于对个人正当权利的尊重或者说是出于义务时，它在道德上才是正确的或正当的。所谓正当权利，是指经过哲学论证或人们公认的一些道德权利，如生命、财产、平等、自由等人权。根据这个原则，评价某种行为是否道德只要看其是否源于自己的正当权利，是否侵犯了他人的正当权利。例如，说谎和杀人是不道德的，因为这样的行为侵犯了他人的自由选择和生命的权利，而诚实和不伤害他人则是对他人的自由选择权利和生命权利的尊重，因而是道德的。

基于正义的义务论是用正义或公平来说明义务的。它的行为评价原则是：一个行为，当且仅当它符合正义或公平的原则时，它在道德上才是正确的或正当的。在这里，正义虽然是指公平或人与人之间的正当关系，但其主要含义却是尊重或不侵犯个人的各种权利。因此，基于正义的义务论的主要内容是对各种正当权利的说明和论证，是对基于权利的义务论的一种深化或发展。它认为一切社会资源都要尽可能地平等分配，分配的原则有两个：在政治权利方面采取自由平等原则，即平等分配原则；在经济利益方面则采取差别限制原则，它包括两个子原则，分别是机会平等原则和差别原则，前者意在限制社会出身造成的不平等，后者意在限制自然禀赋造成的不平等。

三、跨国经营企业的伦理困境[①]

在跨国经营企业中，必然会面对这样的问题：东道国的伦理规范是否和母国的有所不同？如果伦理规范有差异，应该以哪一种规范为准？由于不同国家、不同文化对“什么是合乎道德伦理的行为”的看法会不一致，跨国公司是选择母国的伦理规范还是东道国的伦理规范成为一个两难问题。有关于此，存在伦理规范的相对论和绝对论两种极端选

① 参见徐金发等编著：《企业伦理学》，科学出版社 2008 年版，第 267—272 页。

择思路。

伦理相对论指在指导跨国公司的日常经营活动时,跨国公司的经营管理者按照当地的文化价值观念来处理日常的经营活动,必须遵循经营所在地的伦理观念,入乡随俗。例如,如果沙特阿拉伯主张大多数管理岗位不能雇用妇女,否则违法,那么,在那里经营的跨国公司就应该接受并采用这一准则,即使这样做违反了本国的准则。但是,这样做常常会降低跨国公司的道德水平,使得它们的经营行为不符合它们的道德标准。

伦理绝对论认为,基本的道德准则不受文化和国家界限的影响,人们对"什么是合乎道德伦理的行为"的看法是一致的。以伦理绝对论指导跨国公司的日常经营活动,可以让跨国公司在国际化经营过程中坚持较高的伦理道德标准,以自己的高道德标准来要求自己,而不是按照东道国的要求来规范自己的经营活动,所以也面临一些挑战。这些挑战主要是:一方面,难以找到一种统一的道德准则应用于所有的文化;另一方面,以这种观念为指导的跨国公司,其管理者常常会将外国的道德价值体系视为低级的。

由于不同国家和地区间的政治、经济、文化、宗教等各个方面的差异,难免会产生伦理冲突和困境。相对论和绝对论都有失偏颇,比较可行的做法是把两者结合起来。具体怎么结合则是摆在理论工作者和实际工作者面前的一项艰巨任务。

四、跨国经营中的非伦理行为①

企业的非伦理行为一般表现在贿赂、公平、诚实、定价、产品、人员、商业机密、广告、资料做假、采购、竞争手段、股东责任、社区关系、工作环境、外国政府、内部道德稽核、财务控制、绩效控制等方面。跨国经营中最常见的非伦理行为包括自利交易、操纵信息、反竞争行为、价值链上的机会主义行为、低于标准的工作环境、破坏环境和腐败等。

自利交易是指管理者想方设法将公司的财产据为已有;操纵信息是管理者控制公司数据、扭曲或隐瞒信息以夸大财务状况或竞争地位的行为,近年来的许多会计丑闻都涉及故意操纵财务信息;反竞争行为是各种旨在伤害实际的或潜在的竞争对手的行为,最常见的就是利用垄断权力加强企业的长期竞争地位;价值链(针对供应商、互补品供应商和分销商)上的机会主义行为的通常表现是管理者单方面修订同供应商、购买者或互补品供应商之间所签订的合同以获得有利于公司的结果,在此过程中往往利用自己的权力强迫对方接受。

低于标准的工作环境是指企业为了降低生产成本而对工作环境投资不够或支付低于市场水平的报酬。存在这方面的例子主要因为企业在缺乏发达国家那种劳工保护法规的国家中建立运营机构。破坏环境是指企业的行为直接或间接导致污染或其他环境破坏,它侵害了当地社区和普通大众享受清洁空气、水、土地不受污染的权利以及森林保护、水土保持的权利。腐败是管理者为了获得利润优厚的商业合同而行贿的行为。腐败侵犯了许多权利,包括竞标者的权利、公民的权利,是非伦理的行为。

为什么某些经营者会采取非伦理的行为?是什么在促使他们不惜侵犯公认的是非原则、践踏利益相关者的权益,甚至违反法律?一般认为有以下几个方面:

---

① 参见〔美〕希尔等:《战略管理》,孙忠译,中国市场出版社2007年版,第397—401页。

首先，商业伦理并不是独立于个人伦理的，个人伦理准则对于经营者的行为有着显著的影响，个人伦理感强的人士在商业生活中采取非伦理行为的可能性相对较小，卷入自利行为的可能性也较小。

其次，经营者有时未能意识到自己行为的非伦理性，他们所考虑的只是商业利益，视其为单纯商业决策，而忽视了这一决策的伦理影响。当耐克公司作出运动鞋生产分包决策时，它的管理者可能就犯了这样的错误——对分包商的选择标准只有成本、交货速度和品质，而没有考虑这家分包商是如何对待劳工的，即使他们想过这个问题，也很可能认为这只是分包商而不是耐克公司应该关心的问题。

再次，经营者不注重商业伦理的企业文化，在决策中只考虑经济因素，如高层管理者对绩效目标具有不现实的要求，除非走捷径或违反伦理，否则根本做不到。在特定的组织文化中，违反一般社会伦理的行为可能"合法化"，特别是在绩效压力非常大的时候，可能导致不计代价提高短期经济绩效的行为。在这种情况下，管理者违反个人伦理卷入非伦理行为的可能性将高于平均水平。同理，组织文化也可以起到相反的作用，强化伦理行为。

最后，经营者的示范作用。领导在组织文化的建立中起着重要的作用，他们是员工的榜样和示范，企业的员工常常从企业领导身上获得暗示。如果这些领导的行为不符合伦理，员工也会向他们学习，员工不仅仅关注领导是怎样说的，更关注领导是怎样做的，领导的非伦理行为会给企业造成负面的影响。

五、处理伦理冲突的方法①

伦理困境有可能出现在任何层级上：个人层次、企业层次、行业层次、国家层次以及国际层次，每个层次都有其自身的问题。然而，任何层次的伦理困境也许都需要伦理置换的技巧。

所谓伦理置换，是指通过寻求有别于出现伦理困境层次上的解决办法，去解决某个困境。在个人层次上个人所遭遇的困境，也许只有在公司层次上才能找到解决办法；公司的困境也许要求改变行业结构，如此才能确保公平竞争；全行业的困境也许要求改变国家政策或立法；国家的伦理困境，如污染问题，也许要求国际层次上结构或协议的改变；而国际层次上的困境，有时也许只能通过在国际层次和国家层次的同步活动去解决。

按照伦理置换的方法，跨国公司在经营中遇到国家间伦理问题时，国际性的伦理规范的存在就是解决此类伦理困境的必要条件。对发达国家的企业而言，国际范围的协议或规范的存在有利于它们解决在经营中遇到的伦理冲突；对于不发达国家的企业而言，则有利于它们维护自己的利益。

---

① 参见周祖城编著:《企业伦理学》,清华大学出版社 2009 年版,第 215—218 页。

第二节 跨国经营企业的社会责任

一、企业社会责任的定义

关于企业社会责任(corporate social responsibility, CSR)的讨论可以追溯到20世纪初期。1916年,芝加哥大学的J.莫里斯·卡拉克就提出:我们需要有责任感的经济,并且这种责任感要在我们工作的商业伦理中得到发展和体现。1923年,欧利文·谢尔顿提出了企业社会责任的概念,他把企业社会责任与公司经营者满足产业内外各种人类需要的责任联系起来,并认为企业社会责任有道德因素在内。

目前广为引用的概念是由阿基·B.卡罗尔提出的,即企业社会责任是社会在一定时期内对企业提出的经济上的、法律上的、伦理上的和慈善方面的期望。① 对于企业而言,第一,经济责任是企业最基本,也是最重要的社会责任,但并不是唯一责任;第二,作为社会的组成部分之一,社会赋予并支持企业承担生产性任务,具有为社会提供产品和服务的权力,同时也要求企业在法律框架内实现经济目标,因此,企业肩负着必要的法律责任;第三,虽然企业的经济和法律责任中都隐含着一定的伦理规范,公众社会仍期望企业遵循那些尚未成为法律的社会公认的伦理规范;第四,社会通常还对企业寄予一些没有或无法明确表达的期望,是否承担或应该承担什么样的责任完全由个人或企业自行判断和选择,这是一类完全自愿的行为,如慈善捐赠、为吸毒者提供住房或提供日托中心等。

此外,1971年,美国经济发展委员会将公司责任定义为三个同心圆:最里圈,包括明确的有效履行经济职能的基本责任;中间一圈,包括在执行这种经济职能时对社会价值观和优先权的变化要采取一种积极态度的责任;最外圈,包括新出现的还不明确的责任。1997年,英国Sustain Ability总裁约翰·埃尔顿提出了“三重底线”概念,即企业要充分考虑利益相关方与社会期望,以及经营活动对经济、社会和环境可能产生的不良影响。世界银行认为,企业社会责任是企业与关键利益相关者的关系、价值观、遵纪守法以及尊重与人、社区和环境有关的政策和实践的集合,是企业为改善利益相关者的生活质量而贡献于可持续发展的一种承诺。

二、国际企业社会责任的发展

企业社会责任是随着企业和经济、社会的发展而形成和完善的,从实践角度看,其发展大致经历了三个阶段。②

1. 自发承担企业社会责任时期

20世纪20年代之前,企业发展规模普遍较小,没有专门的企业社会责任职能部门,但企业开始意识到自己与社会的关系。社会所推崇的品德是勤俭节约、乐善好施,经营者也愿意按照这样的标准塑造自己,为社会和慈善项目捐款。在美国,随着企业财富的

---

① See Carroll, A. B., Buchholtz, A. K., *Business and Society: Ethics and Stakeholder Management*, 4th ed., Cincinnati, Ohio: South-Western Publishing Co., 2000.

② 参见张志强、王春香:《西方企业社会责任的演化及其体系》,载《宏观经济研究》2005年第9期。

积累，捐款的数额越来越大，比如石油大亨洛克菲勒在其有生之年共捐献了5.5亿美元，设立了洛克菲勒基金“以改善全人类的生活”；钢铁大王卡耐基在其有生之年共捐献了3.5亿美元，创建了2811个公共图书馆。企业家自发地以捐助的方式帮助其他人、回报社会时，实际上是承担了一些社会责任。

2. 形成企业社会责任基本框架时期

20世纪20—60年代，随着技术和生产力的大发展，西方国家在增加财富的同时，产生了由工业化带来的社会问题，比如工伤、职业病、产品质量、环境污染等，这些社会问题演变为劳工运动和对企业经常性的诉讼，迫使企业认真考虑和应对这些问题。

同时，随着企业规模的扩大、跨国公司的发展，西方企业经历了所有权和经营权分离的演化，人们开始强调管理者作为受托人的责任。管理者不但是股东的受托人，同时也是顾客、员工和周围社区的受托人，作为受托人，管理者要满足和平衡这些集团的利益要求。

另外，由于仅凭富有的个人和家庭财产难以承担巨额的慈善捐助，社会上形成一种对企业的期望，希望企业在为股东创造利润的同时，也可以通过捐助或承担社会项目来回报社会和公众。这些期望得到一些管理者的认可，在经营层中逐渐形成利益平衡观念和服务社会观念，许多慈善工作开始由企业而非所有者个人承担。

3. 企业社会责任完善时期

20世纪60年代以后，工业产能的加速扩张带来企业社会影响的扩大，越来越多的企业引入利益相关者参与公司的管理，越来越多的管理者开始接受企业应承担社会责任的理念，越来越多的企业开始制定各种有操作意义的伦理准则和企业守则，经营管理人员更加重视劳动者、消费者、债权人等利益相关者的利益。企业社会责任的范围进一步扩大，企业参与和支持的项目包括教育、公共健康、就业福利、住房改善、城区改造、环境保护、资源保护、家庭护理等。

20世纪80年代，企业社会责任理念在全球范围内扩展。在劳工权益方面，国际劳工团体开始与跨国公司谈判，要求他们为供应链上的企业行为承担责任。20世纪90年代初期，美国劳工及人权组织针对成衣业和制鞋业发动了“反血汗工厂运动”。1991年，美国Levis公司在亚洲的工厂雇用低龄女工的行为被媒体曝光，企业受到社会的指责，其产品则受到消费者的抵制。为维护自身的声誉和商业利益，Levis公司制定了自己的社会责任守则，1994年、1995年又建立起相应的社会责任审核体系，开始审核自己的供应商。

在消费者、劳工和人权组织等社会各界的压力下，许多知名品牌公司，如沃玛特、锐步、迪士尼等，也都相继建立了自己的社会责任守则。同时，很多行业性、地区性、全国性以及国际性的组织也制定了各不相同的社会责任守则。到2000年，全球共有246个社会责任守则，其中118个是由跨国公司制定的，其余是由商贸协会或多边组织或国际机构制定的。

进入21世纪以来，企业社会责任受到世界各国越来越多公司的积极响应。毕马威2008年发布的企业社会责任报告全球调查结果显示，在美国销售收入最大的100家企业中，有75%发布了企业社会责任报告，比3年前翻了一倍；世界最大的250家企业中，有80%发布了报告，而3年前的比例仅为64%。

三、社会责任与企业国际竞争力

履行企业社会责任,不仅仅为了提升企业社会形象,更是开展跨国经营的必备条件。众多的研究成果表明,社会责任和企业绩效之间存在正相关关系,企业可以将社会责任转化为国际竞争力。

1. 跨越绿色壁垒和蓝色壁垒

认真履行社会责任,可以避开跨国经营中的绿色壁垒和蓝色壁垒。绿色壁垒是指在国际贸易领域,一些发达国家凭借其科技优势,以保护环境和人类健康为目的,通过立法,制定繁杂的环保公约、法律、法规和标准、标志等对国外商品实行的准入限制。它属于一种新的非关税壁垒形式,已经逐步成为国际贸易政策措施的重要组成部分。

蓝色壁垒是指以劳动者劳动环境和生存权利为借口采取的贸易保护措施。蓝色壁垒由社会条款而来,是对国际公约中有关社会保障、劳动者待遇、劳工权利、劳动标准等方面规定的总称,它与公民权利和政治权利相辅相成。蓝色壁垒名义上合法,形式上隐蔽,实质上具有歧视性,波及范围更广泛,影响更久远。

跨国经营企业如果能够认真执行 ISO14000 环境标准和 SA8000 社会责任标准等相关法规,就能减少或消除跨国经营和管理活动的各种障碍,顺利进入国际市场。

2. 获得东道国的支持

能够很好地履行社会责任的跨国经营企业,更容易获得东道国政府和所在社区的支持,创造出良好的经营环境。比如,在美国,以种种行为证明自己切实遵守政府法规的企业,常常能被政府给予更多的自由;环境监管部门有正式的规划,对积极采取措施减少对环境、健康和安全影响的企业,给予认可和奖励,而且这些企业面临的检查和程序性工作都会减少,在向政府提出申请时甚至能获得一些优惠。

3. 提升企业的经营业绩

道琼斯可持续发展指数的金融分析师发现,考虑社会和环境影响的公司比其他公司的股票表现更佳。有学者将《商业伦理》杂志评出的 100 家"最佳企业公民"与"标准普尔 500 强"中其他企业的财务业绩进行比较,基于一年和三年整体回报率、销售增长率和利润增长率、股东报酬收益率等指标的比较,得出结论:"最佳企业公民"的整体财务状况要远远优于"标准普尔 500 强"的其他企业。

4. 提升顾客的忠诚度

众多研究成果显示:企业越是注重社会责任,其产品和服务就越有可能获得更大的市场份额。在发达国家,顾客购买产品已经不单单注重价格、质量、安全等与产品直接相关的因素,而且关心产品是如何生产出来的。对消费者来说,接受一件由童工或囚犯被强迫劳动所制造出来的商品已经变得不可思议。相反,乐于履行社会责任的企业会拥有更多忠实的顾客。

5. 吸引优秀人才

能力突出的人,在工作去向上往往会慎重选择。据调查,超过 3/4 的美国人在找工作时会考虑未来雇主的社会形象。经常参与到社会责任事业中的企业,相比而言更具知名度,更易获得人们的好评,也更易招聘到并留住优秀人才。同时,只有在符合社会道德规范、为社会担负责任的企业中，员工才能为自己所从事的事业而感到自豪，全身心投入企业的发展中。

四、履行社会责任的原则

履行社会责任是克服经济全球化带来负面效应的一项重要措施，正成为全球企业的共同行动。跨国经营企业应履行哪些社会责任？国际上有许多与社会责任有关的指南、倡议和标准，其中最有代表性的是由联合国发起制定的全球契约（global compact）十项原则，包括人权、劳工、环境和反腐败等方面的内容。[①]

全球契约，也称“全球协议”，于 1999 年 1 月由时任联合国秘书长安南在瑞士达沃斯举行的世界经济论坛上首次提出，号召企业以承诺遵守国际行为准则的方式，使经济活动兼顾社会公益，承担相关的社会责任。2000 年 7 月，有关代表在联合国总部集会，正式启动全球契约。

全球契约计划是一个自愿的企业社会责任倡议，其目的在于使全球契约的各项原则成为企业战略和业务的组成部分；推动企业与主要利益相关方如雇员、投资者、顾客、NGO 组织、商业伙伴和社区之间的合作，促进伙伴合作关系的建立；希望通过促进企业成长为负责的和富有创造性的表率，建立一个推动可持续发展和提高社会效益的全球框架。

由于全球契约组织中有工会、非政府组织和政府代表参加，在对有关企业进行监督，促使企业自律、注意劳工权益和保护环境等方面，也可以产生一定的社会效益，有利于改善企业自身形象，提高企业的知名度。

全球契约是一项完全自愿的举措，它有两个目标：(1) 使十项原则在世界各地的企业活动中主流化；(2) 推动更多支持联合国发展目标的行动，包括千年发展目标。为了实现这些目标，“全球契约”通过数种机制为企业和其他组织提供学习和参与的机会：政策对话、学习、地方网络以及合作项目。

企业团体和其他组织参加全球契约是自愿行为，一般程序要求如下：首先，企业团体的负责人应致函联合国全球契约办公室秘书长，说明支持“全球契约”及各项原则；其次，应着手对企业业务进行改革，使全球契约及其各项原则成为企业战略的重要组成部分，融汇于公司企业文化中，使之成为企业的经营理念和经营行为，在公司日常业务中努力履行社会责任；再次，应充分利用诸如新闻稿、演讲、企业产品发布会等交流手段公开宣传全球契约及其各项原则；最后，还应在其年度报告中公开说明企业是如何支持全球契约原则的。

全球契约十项原则具体内容如下：

人权：

原则 1：企业界应支持并尊重国际公认的人权

原则 2：保证不与践踏人权者同流合污

---

① 资料来源：www.unglobalcompact.org，2016 年 12 月 20 日访问。

劳工标准:

原则 3:企业界应支持结社自由及切实承认集体谈判权

原则 4:消除一切形式的强迫和强制劳动

原则 5:切实废除童工

原则 6:消除就业和职业方面的歧视

环境:

原则 7:企业界应支持采用预防性方法应付环境挑战

原则 8:采取主动行动促进在环境方面更负责任的做法

原则 9:鼓励开发和推广环境友好型技术

反腐败:

原则 10:企业界应努力反对一切形式的腐败,包括敲诈和贿赂

五、跨国公司行为准则[①]

企业社会责任的基本概念在全球范围内已经被广泛接受,但是国际上目前还没有形成通行的企业社会责任标准或者规范。关于跨国经营企业应该履行什么社会责任,比较权威的是经济合作与发展组织(简称"经合组织", OECD)制定的《跨国公司行为准则》(Guidelines for Multinational Enterprises)。

1976 年,OECD 制定了《跨国公司行为准则》,34 个国家政府签署了这一行为准则,使其逐渐在全球推广。该准则对于 20 世纪 70 年代全球范围开展的企业准则运动做出了重要贡献。2000 年,OECD 对这一准则进行了修订,将其重点放在可持续发展上,并包含国际劳工组织所有的核心劳工协议,这表明新修订的准则更突出对企业在履行社会责任方面的指导。

《跨国公司行为准则》旨在确保跨国公司业务符合政府各项政策,强化建立企业与其所处社会之间相互信任的机制,帮助改善外国投资环境,促进跨国公司对可持续发展做出贡献。该准则共有 10 项指导原则,主要包括以下内容:

(1) 观念与原则(concepts and principles):指导纲领是各国政府对跨国公司营运行为的共同建议,强调企业应自愿采用该纲领良好的实务原则与标准,并将其运用于全球之营运,同时也考虑每一东道国的特殊情况,鼓励企业遵守东道国法律。

(2) 一般政策(general policies):企业应促成经济、社会及环境进步以达到永续发展的目标,鼓励企业伙伴,包括供货商,活动应符合指导纲领的公司行为原则。

(3) 信息披露(disclosure):企业应定期公开具有可信度的信息,揭露两个范围的信息:第一,充分揭露公司重要事项,如业务活动、公司结构、财务状况及公司治理情形;第二,将非财务绩效信息作完整适当的揭露,如社会、环境及利害关系人之数据。

(4) 就业及劳动关系 (employment and industrial relations):企业应遵守劳动基本原则与权利,即结社自由及集体协商权、消除童工、消除各种形式的强迫劳动或强制劳动及无雇佣与就业歧视。

---

① 资料来源:www.oecd.org,2016 年 12 月 20 日访问。

(5) 环境(environment):适当保护环境,致力于永续发展目标,企业应重视营运活动对环境可能造成的影响,强化环境管理系统。

(6) 打击贿赂(combating bribery):企业应致力于消弭为保障商业利益而造成之行贿或受贿行为,遵守 OECD《打击贿赂外国公务人员公约》。

(7) 消费者权益(consumer interests):企业应尊重消费者权益,确保提供安全与质量优先的商品及服务。

(8) 科学技术(science and technology):在不损及智慧财产权、经济可行性、竞争等前提下,企业在其营运所在国家散播其研发成果,对东道国的经济发展与科技创新能力有所贡献。

(9) 竞争(competition):企业应遵守竞争法则,避免违反竞争的行为与态度。

(10) 税收(taxation):企业应及时履行纳税义务,为东道国财政尽一份心力。

另外,一些团体提出了跨国公司进行国际经营决策的准则,明确了跨国经营企业在12个领域的责任:(1) 与东道国合作寻求互利互惠,致力于与东道国建立长期的关系;(2) 尊重和保护基本的人权;(3) 充分、公正地披露所有与利益相关者和公众利益有关的信息;(4) 达到认可的环境标准,保护生态环境,有效利用自然资源;(5) 在健康的工作环境中生产能充分满足安全标准的产品和服务;(6) 承认员工有组织起来集体进行讨价还价谈判的权利;(7) 通过公正的雇用、工作保障、安全和无歧视的工作环境、再培训以减小裁员和关闭工厂带来的冲击,促进员工的福利;(8) 通过以公平合理的价格提供高质量的产品和服务谋求长远利润;(9) 在恰当的层次和阶段,让利益相关者参与决策;(10) 为制定和实施内部伦理准则提供领导和资源;(11) 尊重当地的做法和习惯还是奉行公司自身的伦理准则,取决于哪一种做法对当地更有利;(12) 尊重国际法,支持制定和实施能达成广泛国际共识的国际企业行为准则。

第三节　国际企业社会责任规则体系

社会责任规则体系是指有关的国际机构、政府、行业组织和非营利组织对企业社会责任进行归纳、总结、系统化后综合得出的基本价值观和原则,尤其是具体的企业社会责任行为守则、指南和标准。现有的企业社会责任规则体系可以划分为倡议与原则、企业生产守则、行业社会责任标准、一般社会责任标准四类。[①]

这里的倡议与原则特指国际机构或非营利组织制定的行动公约、原则和倡议;企业生产守则指企业自行制定、解释、实施并监督其效果的社会责任规范;行业社会责任标准是行业协会、商贸协会制定的行业企业所共同遵守的守则和报告机制;一般社会责任标准指多利益相关方需要共同遵守的守则,由第二方和第三方监督执行。

一、倡议与原则

在保护劳工权利的劳工运动、维护消费者权利的消费者运动、保护生态环境的环境保护运动及可持续发展运动的影响下,相关国际组织提出了一系列有关企业社会责任的

① 参见陈英主编:《企业社会责任理论与实践》,经济管理出版社 2009 年版,第 34—46 页。

倡议和原则,主要目的是呼吁和敦促跨国公司带头履行企业社会责任。其中,影响较大的有联合国全球契约倡议活动、OECD《跨国公司行为准则》、国际人权公约、《里约环境与发展宣言》和《反行贿商业原则》等,其中前两项在上一节已经介绍过。

(一) 国际人权公约

在国际人权公约中,经常被社会责任所引用的主要有:《经济、社会及文化权利国际公约》《公民权利和政治权利国际公约》《消除一切形式种族歧视国际公约》以及《世界人权宣言》等。

1.《世界人权宣言》

《世界人权宣言》(以下简称《宣言》)1948 年 12 月 10 日由第三届联合国大会通过,是国际社会第一次就人权和基本自由作出的世界性宣言。《宣言》共 30 条,是国际人权宪章体系的第一个文件,它明确提出了联合国系统人权活动的基本原则。

《宣言》提出,人人生而自由,在尊严和权利上一律平等;人人都有资格享受《宣言》所载的一切权利和自由,不论其种族、肤色、性别、语言、财产、宗教、政治或其他见解、国籍或其他出身、身份。这些权利和自由可分为公民权利和政治权利以及经济、社会和文化权利两大类。《宣言》同时规定,每个人都对社会负有义务,个人在行使权利和自由时,应依法尊重他人的权利和自由,并服从道德、公共秩序和普遍福利的需要。

《宣言》不是一项国际公约,不具有法律效力,但是,它第一次在国际范围内使人权原则具体化,对世界人权事业起到了积极的推动作用。一般认为,《宣言》是对《联合国宪章》的权威解释,因而它被许多国际组织和各国政府广泛引用。

2.《经济、社会及文化权利国际公约》

经济、社会和文化权利是人权的重要组成部分,联合国大会于 1966 年通过的《经济、社会及文化权利国际公约》(又称《A 公约》)是最有影响的国际人权文书之一。它与《公民权利和政治权利国际公约》(又称《B 公约》)一起构成联合国的两个最重要的人权公约。

《A 公约》是继《宣言》之后国际人权宪章体系的第二个文件。《A 公约》包括序言及五个部分,共 31 条,规定各缔约国应保障个人的下列权利:工作权,同工同酬权,以及享受公正、良好和安全卫生的工作条件的权利;组织和参加工会的权利;休息权,包括社会保险在内的社会保障权利;免于饥饿权;身心健康权,受教育权,参加文化生活权,妇女、儿童以及家庭、婚姻自由受保护权;获得相当生活水准的权利;等等。

《A 公约》规定,每个缔约国应尽最大能力有步骤地或经由国际援助和合作,采用一切适当的方法,尤其是立法的方法,逐渐地和无歧视地充分实现公约所承认的权利。《A 公约》第一次在世界范围内以具有法律约束力的条约形式确立了经济、社会、文化权利,并第一次援引《宣言》,强调经济、社会、文化权利与公民、政治权利的同等重要性和不可分割性,确立了民族自决的权利,对于维护和促进发展权以及建立公正的国际政治经济新秩序产生了积极影响。

3.《消除一切形式种族歧视国际公约》

1963 年 11 月 20 日,联合国大会第 1904 号决议通过了《消除一切形式种族歧视宣言》。为了实施该宣言所规定的原则,联合国大会于 1965 年通过了《消除一切形式种族歧视国际公约》。该公约将“种族歧视”界定为“基于种族、肤色、世系或民族或人种的任何区别、排斥、限制或优惠，其目的或效果为取消或损害政治、经济、社会或公共生活任何其他方面人权及基本自由在平等地位上的承认、享受或行使”。

公约共 25 条，要求缔约国承诺：(1) 谴责种族歧视并立即以一切适当方法实行消除一切形式种族歧视与促进所有种族间的谅解的政策。(2) 特别谴责种族分隔及“种族隔离”，并在其所辖领土内防止、禁止并根除具有此种性质的一切习例。(3) 凡传播基于种族优越或种族仇恨的思想，煽动种族歧视的行为均为犯罪行为，应依法惩处；凡提倡种族主义的任何组织均属非法。(4) 禁止并消除一切形式种族歧视，保证人人有不分种族、肤色或民族或人种在法律上一律平等的权利。(5) 立即采取有效措施，尤其着力于讲授、教育、文化及新闻方面，以打击导致种族歧视的偏见，并增进国家间及种族或民族团体间的谅解、宽恕及睦谊。

(二)《里约环境与发展宣言》

1992 年 6 月 14 日，在里约热内卢召开的联合国环境与发展会议通过了《里约环境与发展宣言》(以下简称《里约宣言》)，它是一项包括 27 条指导环境政策的广泛原则的无约束力声明，又称《地球宪章》。《里约宣言》指出，各国拥有按照本国的环境与发展政策开发本国自然资源的主权和权利，并负有确保在其管辖范围内或在其控制下的活动不致损害其他国家或在各国管辖范围以外地区的环境的责任。环境保护工作应是发展进程整体的一个构成部分，不能脱离这一进程孤立考虑。

《里约宣言》明确，所有国家和所有人民都应在根除贫穷这项基本任务之上进行合作，发展中国家尤其是最不发达国家以及在环境方面最易受伤害的发展中国家的特殊情况和需要应受到特别优先考虑。各国应本着全球伙伴精神，为保存、保护和恢复地球生态系统的健康和完整进行合作。鉴于导致全球环境退化的因素各不相同，各国负有共同的但是有差别的责任。为了更好地处理环境退化问题，各国应该合作促进一个起支持作用的、开放的国际经济制度。

(三)《反行贿商业原则》

2002 年 12 月，通过多方利益相关方对话，《反行贿商业原则》发布。该商业原则是作为一个工具来协助企业制定有效的方法以打击企业经营活动中的行贿行为。商业原则指出：企业必须禁止任何形式的行贿，必须力求创建和维护以信任为基础的、不容忍行贿的内部文化，必须承诺实施反行贿计划(包括价值观、政策、过程、培训和指导)。

该原则适用于大中小各种规模的企业，为企业提供了一些参数、规定和制度，鼓励企业和高管人员一起为反行贿计划承担最大的责任。

表 19-1　企业社会责任的主要国际原则

国际原则	发起年份	发起主体	作用对象	关注重点
全球契约	1999	安南	企业	全面关注企业社会责任
《世界人权宣言》	1948	联合国	国家	人的基本权利
《跨国公司行为准则》	1976	经济合作与发展组织	公司	公司治理行为准则
《经济、社会及文化权利国际公约》	1966	联合国	国家	人权

(续表)

国际原则	发起年份	发起主体	作用对象	关注重点
《消除一切形式种族歧视国际公约》	1963	联合国	国家	种族歧视
《里约宣言》	1992	联合国环境与发展大会	国家	环保
《环境责任经济联盟原则》	1989	环境责任经济联盟	总部设在美国的公司	环保

资料来源:陈英主编:《企业社会责任理论与实践》,经济管理出版社 2009 年版,第 40 页。

虽然上述原则大多是倡议,对企业均无强制执行力,但在全球范围内营造了一种企业履行社会责任的良好氛围,为企业提供了履行社会责任的基本方向和路线,为企业社会责任的行业标准、国际标准和企业行为守则的产生奠定了基础。

二、企业一般社会责任准则

国际上的一些组织积极制定旨在指导企业日常行为的企业社会责任准则和标准。较为著名的一般社会责任标准有国际标准化组织(ISO)制定的 ISO14000 环境管理系列标准,英国标准协会(BSI)、挪威船级社(DNV)等 13 个组织提出的 OHSAS18000 职业安全卫生管理系列标准,全球报告倡议组织(GRI)制定的《可持续发展报告指南》,以及社会责任国际(SAI)制定的 SA8000 等。(见表 19-2)

表 19-2 一般性企业社会责任标准

一般标准	发起年份	发起主体	作用对象	具体内容
SA8000	1997	社会责任国际	所有企业	劳动标准认证,劳动管理体系
ISO14000	1993	国际标准化组织	所有企业	环境认证,环境管理体系工具
SIGMA 指导方针	2003	未来论坛责任标准和英国标准协会	所有企业	可持续发展指导工具
《可持续发展报告指南》	2002	全球报告倡议组织	所有企业	企业可持续发展报告编制指南
OHSAS18000	1999	英国标准协会(BSI)、挪威船级社(DNV)等 13 个组织提出	所有企业	职业安全卫生管理体系规范

资料来源:陈英主编:《企业社会责任理论与实践》,经济管理出版社 2009 年版,第 41 页。

(一) ISO14000 环境管理系列标准

ISO14000 环境管理系列标准由国际标准化组织成立的 ISO/TC207(国际环境管理技术委员会)从 1993 年开始制定,有 14001 到 14100 共 100 个号,统称为 ISO14000 系列标准。它是一个国际性标准,对全世界工业、商业、政府等所有组织改善环境管理行为具有统一标准的功能。

该系列标准融合了世界上许多发达国家在环境管理方面的经验,是一种完整的、操作性很强的系列标准,包括制定、实施、实现、评审和保持环境方针所需的组织结构、策划活动、职责、惯例、程序过程和资源。其中 ISO14001 是环境管理系列标准的主干标准,它是企业建立和实施环境管理体系并通过认证的依据 ISO14000 环境管理体系建立的国际标准，目的是规范企业和社会团体等所有组织的环境行为，以达到节约资源、减少环境污染、改善环境质量、促进经济持续健康发展的目的。ISO14001 是组织规划、实施、检查、评审环境管理运作系统的规范性标准，该系统包含环境方针、规划、实施与运行、检查与纠正措施、管理评审五个部分。这五个基本部分包含环境管理体系的建立过程和建立后有计划地评审及持续改进的循环，以保证组织内部环境管理体系的不断完善和提高。

ISO14000 系列标准具有市场驱动、污染预防、标准的可操作性、广泛适用性和自愿性等特点，通过实现 ISO14000 环境系列标准，让企业主动地制定环境方针、环境目标和环境计划，并通过第三方认证的审核制度，建立企业环境行为的有效约束机制。

（二）OHSAS18000 系列职业健康安全标准

OHSAS18000 全名为 Occupational Health and Safety Assessment Series 18000，即国际性安全及卫生管理系统验证标准。随着职业安全卫生管理体系标准化的不断发展，世界各国及区域性职业安全卫生管理体系不断出现，OHSAS18000 是欧洲十几个著名认证机构及欧、亚、太一些国家共同参与制定的职业安全卫生管理系列标准，是国际上继 ISO9000 质量管理系列标准和 ISO14000 环境管理系列标准后世界各国关注的又一管理标准。美国、英国、澳大利亚、日本等国家正在实施职业安全卫生管理体系。

该标准旨在依据近代管理科学理论制定的管理标准来规范企业的职业安全卫生管理行为，促进企业建立现代企业制度，以预防为主，控制事故的发生，保障劳动者的安全与健康。实施 OHASA18000 可以提高企业安全生产的管理水平，改善作业条件，减少职业事故和员工职业病的发生。OHSAS18000 系列标准并不作为某一国家或某一国际组织的正式颁布标准，而是可供任何国家及组织采用的职业安全卫生管理系列标准。标准颁布以后，在世界范围内引起了较大反响。

（三）可持续发展报告指南

《可持续发展报告指南》是由全球报告倡议组织（Global Reporting Initiative，GRI）制定的。GRI 成立于 1997 年，是由美国的一个非政府组织对环境负责经济体联盟（coalition for environmentally responsible economies，CERES）和联合国环境规划署（United Nations Environment Programme）共同发起的非营利性组织，其目标是制定并推广可持续发展报告框架指南，秘书处设在荷兰的阿姆斯特丹。GRI 于 1999 年推出了《可持续发展报告指南》的初稿，2000 年发布了第一代《可持续发展报告指南》，2002 年在南非约翰内斯堡的世界可持续发展峰会上正式发布修订和更新的版本，即《可持续发展报告指南》第二版（G2），以后又陆续制定了技术准则和行业补充文件，2006 年形成《可持续发展报告指南》第三版（G3），2013 年更新为第四版（G4）。

该指南共分五个部分。“前言”主要说明可持续发展及透明度的重要性；“简介”对可持续发展报告进行概括；“界定报告内容、质量及界限”则包括界定报告内容的指引及原则、确保报告质量的原则、设定报告界限的指引三部分内容；“标准披露框架”包括对报告中通常要求披露的内容的介绍；“报告备注”则包括数据收集、报告形式及频率、认证、术语汇编以及鸣谢。其中，“界定报告内容、质量及界限”和“标准披露框架”是《可持续发展报告指南》中最重要的内容。目前，G4 已成为我国企业中应用最为广泛的社会责任可持续发展报告编制的参考依据,对促进我国企业社会责任报告的规范化发展发挥了非常积极的作用。

(四) 社会责任标准 SA8000 和 ISO26000

社会责任标准(Social Accountability 8000,SA8000)是全球第一个可用于第三方认证的社会责任标准,旨在通过有道德的采购活动改善全球工人的工作条件,最终实现公平而体面的工作。该标准是全球首个道德规范国际标准,用于确保供应商所供应的产品皆符合社会责任标准的要求。SA8000 是一个通用的标准,不仅适用于发达国家,也适用于发展中国家;不仅适合于各类工商企业,也适合于公共机构。SA8000 是一种民间的认证,依靠市场力量,而不是依靠政府或正规的国际组织来推进。

1997 年年初,经济优先权委员会成立了经济优先权委员会认可委员会(CEPAA),由其负责制定国际通用的社会责任标准。2001 年,CEPAA 更名为社会责任国际(Social Accountability International,SAI),由来自 11 个国家的 20 个大型商业机构、非政府组织、工会、人权及儿童组织、学术团体、会计师事务所及认证机构的有关人士组成,负责起草社会责任国际标准。CEPAA 在组约召开的第一次会议上就提出了标准草案,最初名为 SA2000,经过多次协商后,最终定名为 SA8000,并在 1997 年 10 月公开发布。2001 年 12 月 12 日,经过 18 个月的公开咨询和深入研究,SAI 发表了 SA8000 第一个修订版,即 SA8000:2001。

SA8000 标准是根据《国际劳工组织公约》《联合国儿童权利公约》及《世界人权宣言》制定而成的,主要内容包括童工、强迫劳工、安全卫生、结社自由和集体谈判权、歧视、惩罚性措施、工作时间、工资报酬及管理体系九个要素。SA8000 的构思突破了传统的守则形式,把非经营性、非技术性的抽象的道德、精神、理念层面的东西指标化了,在设计上又注意适合各行业,为切实解决 CSR 问题提供了一个具有普遍性的工具,成为衡量企业的道德指数。SA8000 作为社会责任方面的一个认证体系,不仅明确了社会责任规范,而且提出了相应的管理体系要求,将社会责任和企业管理结合起来,在一定程度上可以规范组织尤其是企业的道德行为,有助于改善劳动条件,保障劳工权益。

SA8000 体系约束的对象不是全部的道德领域,而是主要限定在劳动条件和劳动环境上,目的是废除工厂或企业不公正的、非人道的劳动惯例,防止企业通过压低劳动开支赢得国际竞争优势。SA8000 体系对发达国家和发展中国家的企业都有约束力,是由发达国家提出来的,重点放在劳动条件上,特别重视废除发展中国家儿童劳动和强制劳动。全球大的采购集团非常青睐有 SA8000 认证企业的产品,这迫使很多企业投入巨大的人力、物力和财力去申请与维护这一认证体系。我国许多企业积极贯彻 SA8000 标准,树立以人为本的经营思想,改善工作环境,维护员工的健康、福利和基本自由,加强对员工权益的保护,推动企业竞争优势的转型,维护企业的社会和品牌形象,使企业建立起国际公信力,避免受到贸易制裁,帮助企业赢得国际市场消费者的青睐。

2010 年,国际标准化组织在瑞士日内瓦国际会议中心正式发布了社会责任指南标准(ISO26000),该标准成为质量管理系列标准 ISO9000 和环境管理系列标准 ISO14000 之后的又一重要系列标准。发布 ISO26000 标准的目的在于鼓励全世界的组织改善其可持续发展关键绩效指标,改善其所在社区的生活质量,进而有助于组织为可持续发展做出贡献。该标准明确社会责任是指一个组织，其行为应透明、合乎道德规范，对其决策或者活动在社会和环境中产生的影响负责，基于社会价值考虑组织行为的过程和结果。该标准界定了社会责任的核心主题包括组织管理、人权、劳工实践、环境、公平运营、消费者权益、社区参与和发展七个方面，全面、准确地指明了组织履行社会责任的方向，明确了社会责任的内容。

课后练习题

1. 什么是商业伦理？它有什么特点？
2. 对行为的评价有哪两大伦理学流派？
3. 如何处理跨国经营所面临的伦理冲突？
4. 什么是企业社会责任？
5. 跨国公司应当遵循哪些行为准则？
6. 国际企业社会责任规则体系包括哪些内容？
7. 联合国发起的“全球协议”包含哪十项内容？

章末案例

雀巢公司的婴儿奶粉事件[①]

1867 年，雀巢公司首次开发并销售一种喂养早产婴儿的乳制品。二战后，婴儿喂养奶的销售大幅度增长，随着发达国家 4300 万名婴儿的出生，1957 年达到销售高峰。之后，婴儿出生率开始下降，一直持续到 20 世纪 70 年代，婴儿喂养奶的销售额和利润也大幅度下降。因此，该行业开始寻找新的市场。新市场存在于发展中国家，包括非洲、南美洲和远东的发展中国家，因为这些国家的人口仍在增长。

雀巢公司在众多发展中国家一直是进攻型的营销者，除消费者外，它的促销活动还面向医生及其他医务人员。婴儿喂养奶的直销形式多种多样，广告宣传渗透各种媒介，包括广播、报纸、杂志和广告牌，甚至使用了安有扬声器的大货车。婴儿喂养奶成为继烟草、肥皂之后第三类广告宣传最多的产品。雀巢公司广泛散发免费产品样品：奶瓶、奶嘴和量匙，并在一些国家通过“奶护士”直接与顾客接触。

雀巢公司雇用了 200 名妇女做“奶护士”。她们曾是注册护士、营养专家或者接生员。批评者们认为，这些“奶护士”实际上是伪装的促销人员，她们去看望妇女，赠送给她们样品，试图劝说这些母亲停止母乳喂养。工作服使她们获得高信任度，因而对没经验的顾客而言，这些人过于具有说服力。

雀巢公司向医生及其他医疗人员推销这些产品引起了争议。这种类型的推销手段通常是选派新产品推销员，与儿科医师、儿科护士，以及其他相关医护人员讨论产品质量

---

① 摘编自〔美〕罗伯特·F. 哈特利：《商业伦理》，胡敏等译，中信出版社 2000 年版，第 158—176 页。

和产品特性。这种推销员是一种传教士式的销售代表,选派他们是企业的一种寻常行为。他们将海报、图表、样品这些材料无偿提供给医生、医院和诊所。医生和医院其他人员还得到雀巢公司赞助,到各地去参加医学会议。在发展中国家的婴儿喂养奶市场,雀巢公司保持了10%—50%的重要市场份额。

发展中国家母乳喂养渐少,奶瓶喂养渐多。1966年,墨西哥母乳喂养婴儿的母亲人数与6年前相比下降了40%。在智利,1973年靠奶瓶喂养的3个月以下的婴儿死亡率是母乳喂养的婴儿的3倍。大量数据说明,奶瓶喂养婴儿发病率高,死亡率也高。

发展中国家的大批消费者生活在贫困之中,卫生条件差,医疗保健不健全,而且大都是文盲,因此不可避免地会不当使用婴儿喂养奶。水源来自遭污染的河流或者普通水井,打水的器皿也不清洁,冰箱被视为奢侈品,燃料价格昂贵。于是,奶粉与脏水混合,盛入未经消毒的奶瓶,而且母亲们往往用过多的水加以稀释,以便多用些时间。

早在20世纪70年代初期,就有人怀疑婴儿奶粉生产者应对发展中国家的婴儿高死亡率负有责任,因为它们使那些读不懂产品说明或不能恰当使用产品的人也购买了它们的产品。医药界专业人士、行业代表以及政府官员开始在许多国际会议上讨论婴儿喂养奶与因产品使用不当而导致的婴儿死亡之间的可能联系,但此时公众还没有意识到这个问题。

到了1974年,一个名为“消灭贫困之战”的英国慈善组织出版了一本28页的小册子,书名是《婴儿杀手》。在这本书中,该组织批评瑞士的雀巢和英国的联合盖特这两个跨国公司在非洲轻率地进行营销活动。随着这本小册子的出版,公众开始意识到这个问题的严重性,并越来越关注这个问题。

迫于对本行业与日俱增的责难,雀巢公司和其他公司改变促销活动,至少是在宣传品上。变动是在国际婴儿食品工业委员会(该组织1975年由9家婴儿食品生产商联合成立,其中包括雀巢公司)的支持下进行的。变动包括如下内容:产品宣传承认母乳是最佳婴儿食品;将婴儿喂养奶作为补充品来宣传,并且广告中应建议顾客向专业人士咨询;护士工作服只有专业护士才能穿。但是自我调整明显没能有效缓和各方的责难。

国际婴儿食品行动网提供的材料证实,1977—1981年期间,发生了1000多次违背“准则”的事例。1977年7月,雀巢公司继续违反准则的行为被报道后,美国组织了一次联合抵制活动,不久发展到其他9个国家。雀巢公司是联合抵制活动的众矢之的,因为它占有50%的世界市场份额,同时它比其他参与同样商业行动的公司吸引了更多的反面宣传。婴儿喂养奶行动联盟和联合抵制者们的要求是:全面停止使用“奶护士”,停止分发一切免费样品,停止向卫生保健行业推销婴儿喂养奶,停止直接向顾客推销、宣传婴儿喂养奶。

成千上万的人们在各种请愿书上签名,要求把雀巢产品从超级商场的货架上撤下。有些杂货商表示同意不再销售“品尝者的选择”这类产品。联合抵制活动也冲击了大学校园。喊着“砸碎雀巢”的口号,人们抵制的产品从牛奶到茶叶、咖啡以及热巧克力。

忽略形势的鸵鸟政策当然于事无补,公众谴责非但没有减弱,反而有所加强,对批评者横目怒斥也只能使形势更加恶化。1981年,在改善公司形象、结束公众批评的努力失败后,雀巢公司解雇了它的两家公关公司,自己承担起恢复声誉的重任。该公司准备另辟蹊径，自己建立起讲人道、负责任的商业成员的信誉。

最初的步骤之一就是签署世界卫生组织关于销售母乳替代产品的公约，另外三家美国生产商直到两年之后才这样做。公约的规定需自觉遵守，如不许向母亲们分发样品，也不许向广大公众做广告宣传。

下一步，雀巢公司寻求一个道德组织为自己遵守公约的行为作担保，它最后选定了婴儿喂养奶卫理公会特别工作组。

公司多方努力，重塑形象，与媒体打交道也转变为"开诚布公的方式"。最后制定的最为有效的补救策略是，成立由医疗专家、牧师、民权领袖和国际政策专家组成的10人小组，公开监督雀巢公司遵守世界卫生组织公约的情况，对有关营销行为的投诉进行调查。这就是成立于1982年5月的雀巢婴儿喂养奶审计委员会。曾任国务卿、副总统候选人和缅因州民主党参议员的埃德蒙·S.马斯基接受了该委员会主席一职，因此雀巢公司的信誉一下就树立起来了。

雀巢公司同意，在所分发的教学材料中，应表明有关喂养奶与母乳在社会、健康方面的关系问题；雀巢婴儿喂养奶标签上要明确注明使用受污染的水调制的奶有危险，母乳是婴儿最好的食物；禁止向健康组织的官员赠送个人礼品（这有点向人行贿、寻求优待的意味）；向医院分发的免费喂养奶限于提供给不能喂养孩子的妇女。

1984年年初，抗议者们在长达10年的对抗和长达7年的联合抵制之后，除一些死硬派仍拒绝与雀巢公司和解外，大多数团体同意暂时中止联合抵制。雀巢公司业务损失的后果难以准确计算。该公司估计，联合抵制的一个直接后果是造成利润损失4000万美元。然而，业务损失远不止这些。在联合抵制开始之前的数年中，消费者就已转向声誉更好的公司购买替代品牌产品，该公司的业务明显受到了影响。诚然，婴儿食品业务只占雀巢全球销售额的3%，但这一部分产品的公众形象不好，整个企业集团的其他产品也跟着受了牵连。

讨论题

1. 同样饮用雀巢公司的合格奶粉产品，为什么在发展中国家会导致婴儿发病率高？
2. 雀巢公司采用多种方式促销其婴儿奶粉产品，为什么会引发大规模抵制？

本章参考文献

Carroll, A. B., Buchholtz, A. K., *Business and Society: Ethics and Stakeholder Management*, 4th ed., Cincinnati, Ohio: South Western Publishing Co., 2000.

毕楠：《企业社会责任价值创造的驱动因素与作用机理研究》，载《当代经济研究》2012年第7期。

〔美〕查尔斯·W.L.希尔：《国际商务：全球市场竞争》，周健临等译，中国人民大学出版社2002年版。

陈英主编:《企业社会责任理论与实践》,经济管理出版社2009年版。

黄凌云、郑淑芳、王珏:《"一带一路"背景下对外投资企业的合作共赢机制研究——基于社会责任视角》,载《管理评论》2018年第2期。

经济合作与发展组织网站:www.oecd.org。

〔美〕理查德·T.德·乔治:《经济伦理学》,李布译,北京大学出版社2002年版。

联合国全球契约网站:www.ungolbalcompact.org。

〔美〕罗伯特·F.哈特利:《商业伦理》,胡敏等译,中信出版社2000年版。

〔美〕曼纽尔·G.贝拉斯克斯:《商业伦理:概念与案例》,刘刚等译,中国人民大学出版社2013年版。

牛松:《论西方企业社会责任的发展路径及经验》,载《安徽大学学报(哲学社会科学版)》2011年第3期。

潘镇、杨柳、殷华方:《中国企业国际化的社会责任效应研究》,载《经济管理》2020年第9期。

田祖海、叶凯:《企业社会责任研究述评》,载《中南财经政法大学学报》2017年第1期。

〔美〕希尔等:《战略管理》,孙忠译,中国市场出版社2007年版。

谢名一:《跨国公司的社会责任》,经济管理出版社2016年版。

徐大建:《企业伦理学》,北京大学出版社2009年版。

徐金发等编著:《企业伦理学》,科学出版社2008年版。

〔美〕詹姆斯·E.波斯特等:《企业与社会:公司战略、公共战略、公共政策与伦理》,张志强等译,中国人民大学出版社2005年版。

张志强、王春香:《西方企业社会责任的演化及其体系》,载《宏观经济研究》2005年第9期。

周祖城编著:《企业伦理学》,清华大学出版社2015年版。

祝继高、王谊、汤谷良:《"一带一路"倡议下中央企业履行社会责任研究——基于战略性社会责任和反应性社会责任的视角》,载《中国工业经济》2019年第9期。

第二十章 中国企业的跨国经营与管理

【本章学习目的】

通过本章学习，你应该能够：

- 了解中国对外直接投资的发展历程
- 把握中国跨国公司的发展现状
- 了解中国企业跨国经营的意义
- 分析中国企业跨国经营与管理中的问题
- 提出提高中国跨国经营水平的对策建议

引导案例

字节跳动的国际化战略——抖音“出海”[①]

2017年，北京字节跳动科技有限公司（以下简称字节跳动）推出了短视频平台抖音的海外版TikTok。TikTok上线之后很快后发制人，占领了日本以及东南亚部分国家的短视频市场。2017年11月，字节跳动完成了对当时在美国市场非常火热的短视频应用Musical.ly的收购。经过一段时间的磨合，2018年8月TikTok与Musical.ly合并，继续沿用TikTok的名称，合并后TikTok占据了东南亚和美国非常重要的市场地位。截至2020年1月，TikTok已覆盖全球150多个国家，全球的日活跃用户数突破4亿。全球知名应用追踪公司SensorTower的数据显示，TikTok在2020年第一季度获得App-Store和Google Play近3.15亿次下载，累计总下载量达20亿。成为中国互联网企业“出海”即跨国经营较为成功的标杆，仔细分析，大概有以下几个方面的原因：

一、以经济资本为优势，占据市场关键节点

抖音“出海”初期利用比较丰厚的经济资本，通过投资、控股、并购等方式进入海外媒介生态圈，为抖音的海外业务运营提供更多的资源储备。资料显示，印度、美国和印尼是TikTok三个较大的海外市场。截至2020年第一季度，印度累计下载量达6.11亿次；美国用户每天要打开TikTok 8次，平均每次4.9分钟；TikTok在印尼也多次登上过App-Store和Google Play的榜首。而这些数据的背后则是字节跳动不断加快收购步伐：2016年12月，字节跳动控股了印尼的新闻推荐阅读平台BABE，这为抖音日后占据东南亚国家市场打下了重要基础。2017年2月，面对美国本土音乐短视频平台的先发优势，字节跳动全资收购北美知名短视频社区Flipagram，提高了自身的市场份额，也意味着正式进军北美音乐短视频市场。

---

① 摘编自张志安、潘曼琪：《抖音“出海”与中国互联网平台的逆向扩散》，载《现代出版》2020年第3期。

不难发现,跨国经营初期,先以资本收购和控股方式快速进入特定区域的用户市场,之后再以海外版产品自运营的方式扩大市场占有率,这种“收购+自营”的方式体现出经济资本稳健输出的同时注重产品和技术输出的特征。

二、以技术资本为核心,向用户提供智能服务

技术的实用性和智能化会提高海外用户对平台的接纳程度,增强用户对平台的使用黏性。实际上,字节跳动公司从创立伊始就是以人工智能技术为主打的互联网公司,今日头条的算法推荐技术成就了这一资讯客户端的快速发展,抖音的崛起更印证了其在算法推荐技术之外,基于手机的人际交互技术的强大。此外,在设计界面和内容分发机制上,TikTok 还将带有后现代性的媒介技术推到极致:用户在打开 TikTok 后能直接进入短视频播放窗口,他们不知道下一个出现在界面上的是什么内容,只需手指滑动就能跳出自己感兴趣的内容,会在精准满足用户兴趣的同时让其花费更多的时间在 TikTok 上。

三、以文化资本为依托,满足全球用户娱乐需求

以创意音乐为定位的抖音,拥有全球多个国家的乐库。这些乐库是 TikTok 进入其他国家市场的文化资本之一,本土音乐能吸纳新用户,迎合全球娱乐文化盛行的趋势。年轻人推崇数字文化,乐于进行数字化表达,视频记录者通过视觉化的自我展示实现自我形象的管理,而消费者在观看中满足了情感、娱乐甚至身份认同等多元需求。在流动的社会里实现个体与公共文化的联结。同时,TikTok 在全球业务的运营中重视所雇员工的多元文化背景。其在海外设立的分部,员工来自五湖四海,更好地实现了国际性和本土性的结合。

综上,字节跳动推出的 TikTok 针对不同国家和地区采取灵活多样的业务扩张模式,实现经济资本、技术资本和文化资本之间的分配与转化,共享算法推荐和人机交互等智能技术,适应当地的政治、经济、社会和文化,以“全球本土化”策略把握数据、节点、用户等关键要素,促成了其在国际市场中的稳健扩张。

思考题

1. 抖音出海成功的关键因素是什么?
2. TikTok 在未来的发展过程中,应该注意哪些问题?

经济全球化是世界经济史上的一场大革命,它加速了生产要素在全球范围内的自由流动和优化配置。贸易自由化、资本国际化促进了全球生产力的增长,推动了全球产业的新一轮调整,使得世界各国间的相关依赖关系进一步加强。

中国经历了 20 世纪 80 年代的改革开放、90 年代的市场化,以 2001 年加入 WTO 为标志,开始全面融入经济全球化浪潮。对外开放初期,中国以吸引外资为主,在华跨国经营的主角是发达国家的跨国公司。随着中国经济的发展,越来越多的企业实施走出去战略,近年来,对外直接投资额出现超越引进外资额的趋势,中国企业到海外开展跨国经营活动日趋活跃。

第一节　中国对外直接投资的发展

中国跨国经营活动经历了从无到有、从少到多的过程,近年呈现快速增加的势头。对外直接投资流量情况可以反映企业跨国经营的总体状况,本节从中国对外直接投资的视角出发,从宏观层面反映中国企业走出去的状况。

一、中国对外直接投资的发展历程

根据联合国贸易和发展会议(United Nations Conference on Trade and Development, UNCTAD)的统计数据,中国对外直接投资流量与存量的变化情况按时间的变迁可以分为三个阶段:

1. 20 世纪 80 年代,探索阶段

伴随着中国的改革开放政策,对外直接投资开始进行初步尝试。1979 年 8 月,国务院提出"出国办企业",第一次把发展对外投资作为国家政策,从而拉开了中国企业对外直接投资的序幕。在政策方面,原外经贸部先后发布《关于在国外和港澳地区举办非贸易性合资经营企业审批权限和原则的通知》(1984 年 5 月),《关于在境外开办非贸易性企业的审批程序和管理办法的试行规定》(1985 年 7 月)等,实现了从个案审批到规范性审批的转变。

这一阶段,虽然对外直接投资流量的增长速度很快,但是对外直接投资的总体规模很小,事实上,1985 年之前只有国有企业和省及自治区的商业企业可以在海外进行投资,共有 189 个对外投资项目获得批准,投资总额仅为 1.97 亿美元;从 1986 年到 1991 年,政府逐步允许更多资金充裕、有合适的海外合作对象的企业到国外进行投资,共有 891 个项目获得批准,总额发展到 12 亿美元。从流量和存量看,这一时期对外直接投资停留在较低的水平。

2. 20 世纪 90 年代,起步阶段

1992 年邓小平的南方重要讲话在中国掀起新一轮改革开放的热潮,中国共产党第十四次全国代表大会报告明确提出要"积极地扩大我国企业的对外投资和跨国经营",先后出台《境外国有资产产权登记管理暂行办法》(1992 年)、《关于用国有资产实物向境外投入开办企业的有关规定》(1993 年)等管理规定,1999 年的《关于鼓励企业开展境外带料加工装配业务的意见》从指导思想和基本原则、工作重点、有关鼓励政策、项目审批程序、组织实施等方面提出了支持我国企业以境外加工贸易方式"走出去"的具体政策措施。

在这一阶段,对外直接投资呈快速发展的状态,年平均投资额达到 23.3 亿美元,其中前半期增长速度较快、后半期增速放缓,投资的区域、行业有所增加。比如首钢在 1992—1993 年两年内在马来西亚、秘鲁等成立了 17 家海外投资企业,海尔集团、万向集团、TCL 公司在 20 世纪 90 年代后期开始了跨国经营的尝试,分别到菲律宾、美国、越南等国投资建厂。但是,总体上看,国家政策法规对海外投资的限制比较严格,绝大多数企业对投资海外缺乏积极性。受亚洲金融危机的影响,90 年代末对外直接投资的步伐放缓。

3. 21 世纪初开始,快速发展阶段

2001 年公布的"十五"计划纲要中提出:"在积极'引进来'的同时,实施'走出去'战略",标志着中国走出去战略的开始,中国企业跨国经营呈现快速增长的势头。21 世纪初期,国务院出台《关于投资体制改革的决定》(2004 年),商务部发布《关于境外投资开办企业核准事项的规定》(2004 年),国家发展和改革委员会发布《境外投资项目核准暂行管理办法》(2004 年),实现了我国对外直接投资从审批制到核准(备案)制的转变。2007 年,国务院下发《关于鼓励和规范企业对外投资合作的意见》;2009 年,商务部发布《境外投资管理办法》,缩短了核准时限、程序。这一阶段,实现了对外直接投资净额从 2000 年的一位数(5.51 亿美元)、2003 年的两位数(28.5 亿美元)、2005 年的三位数(122.61 亿美元),到 2015 年的四位数(1456.7 美元)的跨越式发展。出现了一批引起全球关注的海外并购案例,如华为收购英国电信制造商马可尼、联想收购 IBM 的个人计算机业务、TCL 重组汤姆逊公司、中海油竞购美国石油公司优尼科等。

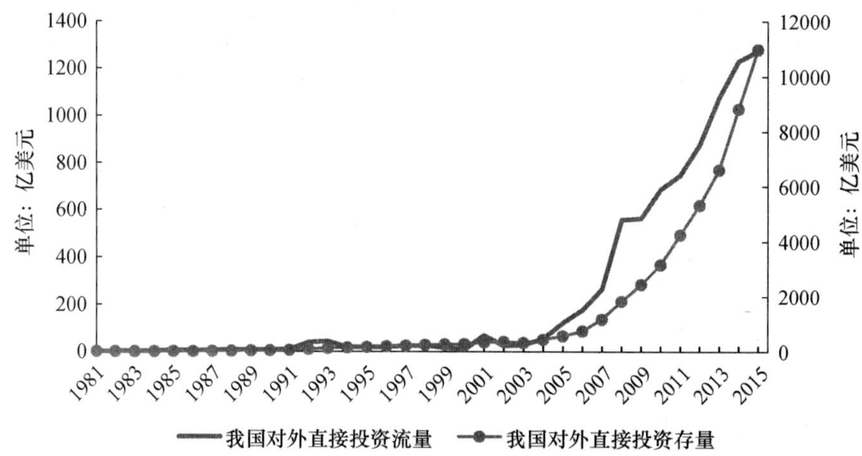

图 20-1 1981—2016 年中国对外直接投资流量与存量变化

资料来源:http://unctadstat.unctad.org/wds/TableViewer/dimView.aspx,2016 年 12 月 20 日访问。

为充分发挥民营企业在境外投资中的重要作用,鼓励和引导民营企业积极开展境外投资,推进形成我国民间资本参与国际合作竞争的新优势,推动民营企业境外投资又好又快发展,2010 年,国务院发布《关于鼓励和引导民间投资健康发展的若干意见》。同时,随着中央企业境外经营规模迅速增长,经营领域逐步拓展,经营方式和组织形式日趋复杂,国资委于 2011 年 6 月公布了《中央企业境外国有资产监督管理暂行办法》和《中央企业境外国有产权管理暂行办法》。为进一步建立健全境外国有资产监管制度,切实加强中央企业境外投资监管,确保境外国有资产保值增值,2012 年 3 月又公布《中央企业境外投资监督管理暂行办法》。2014 年 9 月,商务部发布新修订的《境外投资管理办法》,除对企业境外投资涉及敏感国家和地区、敏感行业的实行核准管理外,对企业其他情形的境外投资实行备案管理,明确企业开展境外投资,依法自主决策、自负盈亏,落实了企业对外投资的主体地位。

近年来，中国对外直接投资在基数较高的前提下，依然呈现出持续快速增长的趋势。中国政府积极推动“一带一路”建设，稳步开展国际产能合作，不断完善“走出去”工作体系，中国企业融入经济全球化步伐加快。2015 年，中国对外直接投资实现历史性突破，流量首次位列全球第二位，并超过同期吸引外资水平，首次实现双向直接投资项下的资本净输出。截至 2015 年年底，中国 2.02 万家境内投资者在国(境)外共设立对外直接投资企业 3.08 万家，分布在全球 188 个国家和地区，年末境外企业资产总额达 4.37 万亿美元。

二、中国对外直接投资的特点

1. 对外直接投资增长速度快

自 2002 年中国政府建立对外直接投资统计制度以来，中国对外投资流量已实现连续快速增长，2002—2015 年年均增长速度达 35.9%，2015 年流量为 1456.7 亿美元，是 2002 年的 54 倍。从横向对比看，2015 年，中国对外直接投资流出量首次居全球第二位，为美国同期的 48.6%。而 10 多年前的 2003 年，中国对外直接投资当年流量仅相当于美国的 2.42%，可见，中国与美国对外投资规模的差距进一步缩小。

截至 2015 年年末，全球对外直接投资存量达到 25.04 万亿美元，中国占全球当年存量的 4.4%。从存量看，由于起步较晚，中国同发达国家或地区，尤其是美国还有很大差距。

2. 并购投资活跃，领域不断拓展

2015 年，中国企业共实施对外投资并购项目 579 起，涉及 62 个国家或地区，实际交易总额 544.4 亿美元，其中直接投资 372.8 亿美元，占并购交易总额的 68.5%，当年中国对外直接投资总额的 25.6%；境外融资 171.6 亿美元，占并购交易总额的 31.5%。中国化工橡胶有限公司 52.9 亿美元收购意大利倍耐力集团近 60%的股份，是 2015 年中国企业实施的最大海外并购项目。2015 年，中国企业对外投资并购涉及制造业、信息传输/软件和信息技术服务业、采矿业、文化/体育和娱乐业、租赁和商务服务业等 18 个行业大类，相比 2014 年新增了水利/环境和公共设施管理类并购项目。从并购金额上看，制造业 137.2 亿美元，同比增长 13.4%，位居首位，涉及 137 个项目；信息传输/软件和信息技术服务业 84.1 亿美元，同比增长 135.6%，位列次席，其中合肥瑞成产业投资公司以 18 亿美元并购桑巴荷兰有限公司是该领域年度最大金额并购项目；金融业 66.1 亿美元，同比增长 217.8%，主要并购项目有中国民生投资股份有限公司全资收购天狼星保险集团(17.9 亿美元)、中国工商银行股份有限公司收购英国工银标准银行(60% 股份)和土耳其 TEKSTIL 银行(75.5% 股份)等；受全球大宗商品市场持续低迷等因素的影响，采矿业并购遇冷，金额较上年下降 70.3%，至 53.2 亿美元；文化/体育和娱乐业并购 21 起，并购金额由上年的 1 亿美元增至 32.3 亿美元。

2015 年，中国企业对外投资并购项目分布在全球 62 个国家或地区，从实际并购金额上看，美国、开曼群岛、意大利、中国香港、澳大利亚、荷兰、以色列、百慕大群岛、哈萨克斯坦、英国位列前十。2015 年，中国企业对“一带一路”相关国家并购项目 101 起，并购金额 92.3 亿美元，占并购总额的 17%。其中，以色列、哈萨克斯坦、新加坡、俄罗斯、老挝等国

家吸引中国企业并购投资超过10亿美元。

3. 对外直接投资的行业分布相对集中

中国对外直接投资覆盖了国民经济所有行业类别,但是主要集中在几个行业领域。其中,租赁和商务服务业、金融业、采矿业、批发和零售业四个行业的存量均超过千亿美元,合计占比达75.9%。2015年,中国对外直接投资涵盖的国民经济19个行业大类中,增长较快的领域有:

(1) 制造业,199.9亿美元,同比增长108.5%,占当年流量总额的13.7%。主要流向汽车制造业、计算机/通信及其他电子设备制造业、化学原料和化学制品制造业、专用设备制造业、橡胶和塑料制品业、医药制造业、其他制造业、纺织业、铁路/船舶/航空航天和其他运输设备制造业、非金属矿物制品业等,其中流向装备制造业的投资100.5亿美元,同比增长158.4% 占制造业投资的50.3%。

(2) 金融业,242.5亿美元,同比增长52.3%,占16.6%。2015年,中国金融机构对外直接投资活跃,累计实现对外直接投资244.3亿美元,其中流向境外金融类企业的直接投资237亿美元,流向境外非金融类企业的直接投资7.3亿美元;中国非金融机构流向境外金融企业的直接投资5.5亿美元。

(3) 信息传输/软件和信息技术服务业,68.2亿美元,同比增长115.2%,占4.7%。

此外,科学研究和技术服务业33.5亿美元,同比增长100.5%,占2.3%;文化/体育和娱乐业17.5亿美元,同比增长236.6%,占1.2%;水利/环境和公共设施管理业13.7亿美元,同比增长148.1%,占1.1%。这些行业的对外直接投资都有不同程度的增长。

4. 对"一带一路"相关国家投资快速增长

2015年,中国企业对"一带一路"相关国家的直接投资流量为189.3亿美元,是对全球投资增幅的2倍。流量位列前10的国家有:新加坡、俄罗斯、印度尼西亚、阿联酋、印度、土耳其、越南、老挝、马来西亚、柬埔寨。对"一带一路"相关国家的直接投资存量为1156.8亿美元,占我国对外直接投资存量的10.5%。存量位列前10的国家有:新加坡、俄罗斯、印度尼西亚、哈萨克斯坦、老挝、阿联酋、缅甸、巴基斯坦、印度、柬埔寨。

从全球分布看,2015年,中国企业对亚洲和美洲地区的投资快速增长,对其他地区的投资则有不同程度的减少。流向亚洲地区的直接投资流量为1083.7亿美元,同比增长27.5%,占当年对外直接投资流量的74.4%。其中对东盟10国的投资为146亿美元,同比增长87%;对中国香港的投资为897.9亿美元,同比增长26.7%,主要流向租赁和商务服务业、批发和零售业、金融业、采矿业、制造业、房地产业、信息传输/软件和信息技术服务业等。流向拉丁美洲地区的直接投资流量为126.1亿美元,同比增长19.6%,占当年对外直接投资流量的8.6%,主要流向开曼群岛(102.1亿美元)、英属维尔京群岛(18.5亿美元)、委内瑞拉(2.9亿美元)、厄瓜多尔(1.2亿美元)等,主要以商务服务业为主。中国对外投资并购项目的六成通过境外企业再投资完成。

第二节　中国企业跨国经营的作用与现状

中国企业跨国经营是国家经济发展到一定阶段的客观要求。从全球跨国经营的趋势看，国际金融危机爆发之后，全球经济格局正在发生深刻变化，新兴经济体日益成为引领全球经济复苏和推动经济全球化的重要力量，跨国经营的规模持续增长。中国作为世界上最大的发展中国家，2011 年人均 GDP 已超过 5000 美元，从对外投资与 GDP 的关系看，已经进入企业大规模走出去的发展阶段，在企业跨国投资方面取得了较大进展，逐步成为全球企业跨境直接投资发展的重要推动者，在培育新的跨国公司成长方面发挥着越来越大的作用。

一、中国企业跨国经营的意义

中国企业跨国经营是国家经济发展的客观要求，有利于提升中国企业的国际竞争力，加快传统产业转型升级，提高中国经济发展的均衡水平，加强和深化中国对外经济关系。

（1）跨国经营有利于提升中国企业的国际竞争力。通过“走出去”投资，建立跨国生产和营销网络，有助于稳定和开拓海外市场；通过在境外设立生产和加工企业，有助于扩大相关产品的零部件、设备出口，提高本土企业产品的全球市场份额；通过跨境并购投资和企业跨国经营，可获取重要品牌和技术专利，积累在全球市场整合和配置要素资源的经验，有利于加快提升企业的国际化经营水平。

（2）跨国经营发展有利于加快传统产业转型升级。中国传统的劳动密集型和资源型产业面临着巨大的转型升级压力，如将纺织、服装等劳动密集型产品的生产基地转移到劳动力成本相对低廉的发展中国家，可为现有企业的转型升级提供较大发展空间和可能性。

（3）跨国经营有利于提升中国资源供给的安全性和利用效率。能源和重要矿产资源已经成为制约中国经济长期持续较快发展的瓶颈，到海外投资这些领域，有利于保障能源和重要资源的供给。通过鼓励高耗能、资源型产品生产企业转移到资源丰富的国家，有助于减少国内能源和资源消耗。

（4）跨国经营有利于提升中国经济发展的均衡性。中国投资者在海外企业的净收益是国民生产总值的一部分，其增长有利于提升国民福利水平。增加海外直接投资支出，有利于减少资本项目盈余，对冲经常项目顺差，促进国际收支平衡。

（5）跨国经营有利于扩大和深化中国对外经济关系。中国企业的跨国投资和生产经营活动，将为投资东道国带来就业、税收和经济增长机会，有利于加强企业和当地之间的交流与往来，增进相互了解，实现互利共赢，促进东道国经济发展。

二、中国跨国公司的发展现状

世界金融危机以来，面对世界经济复苏艰难、国内经济下行压力加大的复杂形势，我国大企业积极应对挑战，统筹国际与国内两个市场、两种资源，国际化经营继续取得积极进展，特别是对外投资、跨国并购步伐加快。

中国企业联合会从 2011 年开始每年发布“中国 100 大跨国公司及跨国指数”。参照联合国贸发会议的标准，中国 100 大跨国公司是由拥有海外资产、海外营业收入、海外员工的非金融企业，依据企业海外资产总额的多少排序产生的。表 20-1 列出了 2019 年排名前 10 位的中国跨国公司的相关指标。

表 20-1 2019 年中国跨国公司 100 大及跨国指数(前 10 位)

排名	企业名称	海外资产(万元)	海外收入(万元)	海外员工(人)	跨国指数(%)
1	中国石油天然气集团有限公司	91912417	113679952	122704	24.95
2	中国石油化工集团有限公司	62238419	87697937	39658	21.97
3	中国中信集团有限公司	57071538	8889769	30293	12.66
4	中国远洋海运集团有限公司	55840636	15081516	8091	50.41
5	腾讯控股有限公司	51326103	1028586	35169	44.13
6	中国海洋石油集团有限公司	47812263	43068281	4671	34.83
7	中国化工集团有限公司	37201734	21688278	86025	51.99
8	华为投资控股有限公司	36618560	3490400	45000	28.28
9	国家电网有限公司	28636578	10283503	15759	4.31
10	中国交通建设集团有限公司	23774955	15540775	31788	20.45

资料来源：http://cec-ceda.org.cn/view_sy.phpid=32009。

按照 2019 年度的海外资产，中国石油天然气集团有限公司、中国石油化工集团有限公司、中国中信集团有限公司、中国远洋海运集团有限公司、腾讯控股有限公司、中国海洋石油集团有限公司、中国石化集团有限公司、华为投资控股有限公司、国家电网有限公司、中国交通建设集团有限公司位列“2019 年中国跨国公司 100 大”前 10 位。

三、中国跨国经营企业的特点

随着中国企业实力的增强、国内外市场环境的变化，越来越多的企业实施走出去战略，中国跨国公司成为全球成长最快的跨国公司群体。中国跨国经营企业呈现出以下特点：

1. 进入世界 500 强的企业增加，海外投资规模相对较小

公司规模进入世界前列的中国企业数量不断增加。根据企业销售收入进行排名的《财富》世界 500 强，1995 年中国只有 3 家企业入围，2021 年上榜公司数量增加到 143 家，中国石油化工集团、国家电网、中国石油天然气集团 3 家企业则进入 500 强企业前 10 之列。这表明近年来中国企业发展规模已经进入世界前列。

目前，中国大企业的跨国经营水平还不高，海外资产规模仍有待提高，海外经营业绩也亟待改善。2019 年，中国 100 大跨国公司的入围门槛只有 98.58 亿元，而 2019 年世界 100 大跨国公司的入围门槛已高达 2400.23 亿元。

表 20-2　2021 年《财富》世界 500 强排行榜(前 10 位)

排名	公司名称 (中英文)	营业收入 (百万美元)	利润 (百万美元)	国家
1	沃尔玛(Wal-Mart Stores)	523964	14881	美国
2	中国石油化工集团(Sinopec Group)	407008.8	6793.2	中国
3	国家电网(State Grid)	383906	7970	中国
4	中国石油天然气集团(China National Petroleum)	379130.2	4443.2	中国
5	荷兰皇家壳牌石油(Royal Dutch Shell)	352106	15842	荷兰
6	沙特阿美(Saudi Aramco)	329784.4	88210.9	沙特阿拉伯
7	大众(Volkswagen)	282760.2	15542	德国
8	英国石油(BP)	282616	4026	英国
9	亚马逊(Amazon)	280522	11588	美国
10	丰田汽车(Toyota Motor)	275288.3	19096.2	日本

资料来源:http://www.fortunechina.com/fortune500/c/2021-08/02/content_394571.htm,2021 年 8 月 10 日访问。

2. 中国的跨国公司国际化水平稳步上升,但需进一步提高

中国出现了一批跨国经营企业,海外资产、海外收入和海外员工数不断增加,积累了跨国经营的经验。“2019 年中国跨国公司 100 大”海外资产总额达到 95134 亿元,比上年提高 8.93%,比 3 年前(“2016 年中国跨国公司 100 大”)提高了 1.34 倍;“2019 年中国跨国公司 100 大”海外营业收入达到 63475 亿元,比上年上升 6.41%,比 3 年前提高 34.15%;“2019 年中国跨国公司 100 大”海外员工总数达到 1391971 人,比上年提高 7.31%,比 3 年前提高 1.38 倍;“2019 年中国跨国公司 100 大”入围门槛为 98.58 亿元,比上年提高 36.50%,比 3 年前提高 2.38 倍;“2019 年中国跨国公司 100 大”平均跨国指数为 15.96%,比上年提高 0.16%,比 3 年前提高 1.56%。但总体上看,中国跨国公司与世界级跨国公司相比仍有较大差距。当前和今后一个时期,中国大企业要具有全球视野,正确把握国际产业发展新趋势,制定并实施科学的国际化经营战略,建立与跨国经营相适应的管控模式和组织架构,提高全球资源整合能力,加强人力资源和风险管理,努力打造大而强、大而优的跨国公司,为我国综合国力和国际竞争力的提高做出更大的贡献。

3. 海外进入模式多样化,绿地投资和跨国并购成为主体

中国企业进入海外的方式呈现出多样化特征,包括绿地投资、成立合资公司、国际技术转让等,投资的质量和效益明显提升。中国贸促会 2013 年的调查显示,46%的企业会选择全资新建,19%的企业选择合作新建,16%的企业选择建立代表处,10%的企业选择全资并购,6%的企业选择部分并购,可见绿地投资是企业对外直接投资的首选。近年来,跨国并购日益为企业所青睐,2013 年,中国企业共实施对外投资并购项目 424 个,并购领域涉及采矿业、制造业、房地产业等 16 个行业大类,实际交易金额 529 亿美元,其中直接投资 337.9 亿美元,占 63.9%;境外融资 191.1 亿美元,占 36.1%。中国海洋石油总公司 148 亿美元收购加拿大尼克森公司 100%股权项目,创中国企业海外并购金额之最。

4. 直接投资的资金来源多元化,自我积累依然占主导地位

对外直接投资的资金来源呈现出多元化特征。贸促会 2013 年做问卷调查,让企业

回顾最近一个海外投资项目的资金来源情况,结果显示企业利润占52%,银行贷款占21%,资本市场融资占11%,投资伙伴参股提供资金占8%,民间非官方渠道融资占5%,政府拨款补助占3%。可见,通过自我积累是企业资金的主要来源。

从对外直接投资的资金来源看,当期利润再投资的现象显著增加。另据商务部统计,截止到2019年,中国对外直接投资净额1369.1亿美元。其中,新增股权投资483.5亿美元,占35.3%;当期收益再投资606.2亿美元,占44.3%;债务工具投资279.4亿美元,占20.4%。

5. 海外投资开始转型,企业国际影响力有待提高

随着企业“走出去”步伐加快,境外投资规模迅速增长,投资国别从亚洲、非洲向欧美国家和地区逐步拓展,投资的行业从传统矿产资源、制造业向服务业转变。2019年中国100强非金融类跨国公司中,虽然国有企业仍占据大多数,但入围的民营企业增多,主要有京东方科技集团、华为技术有限公司、上海吉利兆圆国际投资有限公司、大连万达集团股份有限公司、联想控股有限公司、万向集团等。

从行业特点看,中国进入世界500强的企业多属能源、矿产、银行等国有垄断性行业,来自技术密集型行业以及充分市场竞争领域的企业仍相对较少。全球行业领导企业往往是整个行业的技术领先者、商业模式首创者、行业价值链的组织者和控制者。与世界级跨国公司相比,当前中国100强跨国经营企业中的大多数虽然生产经营规模位居世界前列,但主要表现为“大而不强”,全球影响力还不够,距离全球行业领导企业还有较长的一段路要走。

第三节 中国企业跨国经营面临的挑战与对策

经济国际化为跨国经营企业带来了新的机遇和挑战,中国跨国经营企业普遍存在国际化意识薄弱、国际化战略缺失、国际化人才匮乏、国际商务知识不足、缺乏自主品牌产品、难以形成核心竞争力等问题,需要企业制订应对的战略和措施。

一、中国企业跨国经营面临的主要问题

1. 跨国经营意识薄弱、国际化经验不足

多数企业满足于国内市场,对国际经济一体化浪潮或视而不见、充耳不闻,或缺乏信心、望洋兴叹,或没有勇气、浅尝辄止。在企业管理上,国外企业经过上百年的发展,各种制度比较健全,在市场调研、研发生产、市场拓展、销售控制、人才培养、战略制定等方面均已形成一套成熟的模式。相比之下,中国多数跨国经营企业缺乏清晰而长远的国际化发展战略,管理随意、粗糙,缺乏适合跨国经营特点的制度和规范。

2. 国际化人才匮乏,国际商务知识不足

人才不足是制约跨国经营企业发展的一大瓶颈,跨国经营企业需要的海外人才往往是“全才”,既要懂国际经济与贸易实务,又要能处理一般事务。由于国际化人才匮乏,使得跨国经营企业对东道国的金融政策、外汇管制、税法、劳工法律、资金管理等了解不全面,对有关经济政策的变化反应不敏感,难以制定相应的防范对策,减少和转移风险。

3. 中国制造影响全球，世界级名牌有待培育

进入21世纪以来，"中国制造"已经享誉全球，程控交换机、微型计算机、空调器、电冰箱、洗衣机、彩色电视机、微波炉、电饭锅、冷柜、电风扇等产品产量列世界首位。个人电脑制造商联想集团、啤酒生产商青岛啤酒股份有限公司、电器生产商海尔集团、电信巨头华为技术有限公司和汽车制造企业奇瑞汽车有限公司等企业，在国际上已经有了较高的知名度，但是在《商业周刊》全球最佳品牌中，中国还有待零的突破，称得上国际知名品牌的产品仍是凤毛麟角。

不论是同早期经济发达的美国、英国、德国企业相比，还是同发挥后发优势的日本、韩国企业相比，中国在国际知名品牌创建方面还有差距。中国品牌在国际竞争中仍处于追赶和从属地位，中国要从制造大国转变为品牌强国，迫切需要加快实施名牌战略，以高质量的产品和良好的品牌形象占领国际市场。

4. 自主知识产权缺乏、核心竞争力薄弱

中国跨国经营企业虽然发展快，但起步较晚，在全球资源配置上与发达国家的跨国公司相比还有差距，在全球范围配置资源的能力还不够。走出去的企业在产品设计、原料采购、加工制造、物流运输、订单处理、批发经营、终端零售的产业链中，以价值链低的加工制造为主，除了少数企业积极向产业链高端延伸外，中国跨国公司的投资主要集中在产业链中低端，附加值少，国际竞争力较弱。跨国经营企业缺乏研发能力，产品科技含量低，运行效率低，产品缺乏国际竞争力，使企业在竞争中处于不利的地位。

作为对外投资主要力量的中央企业，境外投资也仍处在初级阶段。投资项目前期研究不够深入，投资风险控制能力和利用全球资本市场的能力不强。同时，企业境外国有资产监管中仍然存在一些薄弱环节，有的企业境外国有资产管理制度不健全，内控机制不完善，管理责任没有落实；有的企业在境外资产运营中风险意识不强，重投资、轻管理，影响企业境外国有资产的安全。

5. 风险预警体系不健全，风险防范措施不力

在国际化过程中虽然意识到可能产生风险，但是中国还没有建立健全的风险防范体系，风险防范措施不力，对突发事件的应变能力不强。跨国经营风险是所有企业都会遇到的，有些企业因没有防范好，遭受巨大损失。如中航油新加坡公司因做期货亏损5亿多美元，京东方收购韩国现代亏损严重，TCL兼并法国汤姆逊电视机业务初期亏损严重等。东道国的政治风险也给一些企业造成损失。2014年5月，越南发生主要针对中资企业及华人的暴力打砸抢烧事件，在越南平阳等省的中资企业损失惨重。2011年，中国在利比亚投资了50多个大型项目，合同金额超过188亿美元，但因利比亚战争，这些合同大部分无法履行。

企业对外直接投资面临的另一大风险是法律风险。不同的国家针对外国直接投资的政策和法律不同，而且有关投资的政策与法律经常会因为外部经济环境的变化而进行调整，同时在环境保护、劳工、税务、国家安全、反垄断以及行业限制等方面，各国都有不同的规定。许多企业由于对东道国的法律风险预估不足，导致运营困难，造成损失。

6. 海外企业社会责任意识薄弱,履行社会责任能力不强

中国近年来制定了一系列有关企业社会责任的法规和政策,《境外投资管理办法》《境外中资企业(机构)员工管理指引》《中国境外企业文化建设若干意见》《中国对外承包工程行业社会责任指引》等规范和推动了跨国经营企业社会责任的履行。但是,一些企业没有把主动承担社会责任同企业发展战略相结合,从而将社会责任内化成企业的价值观,形成可持续的制度化运行机制,也没有配备相应资源,履行企业社会责任的方式方法有待改进,社会责任履行情况的披露信息较少,与东道国社区沟通不畅,企业社会责任的战略性、长期性和系统性有待加强。

由于走出去的资源型企业较多,环境保护问题较为突出,一些企业对自然环境保护问题重视不够,有的企业为修建道路而砍伐森林,对动植物生存环境造成破坏;有的企业废弃物处理不得当、投资项目出现污染物泄漏,造成环境污染等问题。

许多企业的社会责任实践活动同国际社会的责任标准还存在很大的差距,在熟悉当地法律、和谐劳动关系、改进社区关系、积极参加慈善活动等方面还需努力。个别海外中资企业在经营中社会责任意识淡薄,没有很好地履行社会责任,不仅对本企业的长期发展造成不良影响,甚至给中国企业的声誉和品牌建设,乃至中国的国家形象造成不良影响。

二、提高跨国经营水平的战略与措施

随着经济全球化的发展,越来越多的跨国经营企业开始向海外拓展业务,与国内投资相比,国际化经营环境复杂、风险大,资源有限的跨国经营企业必须认真考虑如何在竞争激烈的国际市场中培育竞争优势,使企业得以生存和发展。

1. 培养全球化思维方式,实施国际化经营战略

培养全球化思维方式是企业走出国门的第一步。在信息技术迅猛发展的今天,企业国际化未必需要庞大的规模,跨国经营企业甚至个人,只要在价值链条的某些环节拥有相对优势,就可能具有参与国际竞争的基础。从大量跨国经营的成功案例中可以发现:是否能够跨出国门从事跨国经营,最关键的是要看是否拥有全球化经营的思维,是否拥有跨出国门的勇气。中国跨国经营企业应逐渐培养全球化的眼光和思维方式,为自身谋求更大的发展空间。

国际化经营需要在跨国经营企业中培育企业家精神,企业家精神的核心就是敢于开拓新领域,乐于承担经营风险。面对风云变幻的国际市场,跨国经营可以发现新的市场需求和市场机会,创造新的经营管理模式。在国际经济一体化的浪潮中,企业家精神会有更大的发挥空间,企业家将会有更大的施展舞台。

许多创业者只身到海外,开展贸易、办工厂,用汗水开创出自己的事业。以温州商人为代表,许多跨出国门的经营者,并非具备高学历、多国语言能力以及海外创业的所有条件后才从事国际化经营的,其最根本的前提是具有国际化的视野,敢为人先,开展跨国经营。敢于冒险、勇于开拓、乐于承担风险的企业家精神,成为跨国经营企业国际化的核心动力,跨国经营企业战略转型的前提是要有全球化的思维方式和国际化经营的勇气。

2. 及时把握国际市场动态，实施信息化战略

与国内经营相比，国际化经营面临着全球的市场环境，具有更大的市场风险和经营风险。分析国际市场营销环境，了解环境威胁，把握市场机会，是任何企业进入国际市场、开展国际市场营销活动的前提。为保证国际化经营的顺利开展，准确、及时、全面地把握信息是非常必要的。

一个从事跨国经营的企业，需要了解东道国的商务法律、贸易政策、政府干预措施、经济和人文等各个方面的信息。随着因特网的普及，企业了解国际市场、与海外客户有效沟通、开展跨国经营更加便利。企业可以依托自身的信息系统，依托政府、行业协会、合作企业，了解海外市场环境信息。跨国经营企业要充分利用各种社会资源，加强信息的收集整理工作，提高跨国经营企业的信息管理能力。

3. 充分利用东道国资源，实施本土化经营战略

本土化战略可以解决跨国经营企业人才、资金、物资缺乏的问题，对跨国经营企业具有重要意义。从企业国际化的发展趋势看，利用当地的人才、资金、材料等本土化策略是跨国经营企业的一般战略选择。跨国经营企业的本土化策略是以企业持续发展为目标，以整合产品、文化、品牌、管理、人才、融资等为基础，以培育竞争优势为导向，增强跨国经营企业的持续发展能力和核心竞争力的一种策略。

在管理资源的本土化方面，要充分利用东道国的资源，积极开展人才本土化、资金本土化、采购本土化、销售本土化、技术本土化、品牌本土化。同时，管理方式要适合东道国的环境，做到"国际化思维、本土化行动"，在员工的考核和培养方式、薪酬和奖励方法、内部沟通方式、技术管理方式、生产组织方式、企业营销方式等方面，采取适合东道国环境的管理方式。

4. 提高核心竞争力，实施国际知识产权战略

跨国经营企业直接面临国外知识产权问题的挑战，要减少因知识产权问题而产生的纠纷，最根本的解决办法就是不断提高创新力度，使企业从追求规模、粗放型发展，转向追求效益、精益型发展的轨道。要加大研发投入，提高技术开发人员素质、强化企业自主创新的动力机制，实现由"中国制造"向"中国智造"的转变。同时，注重在国外的知识产权保护工作，在海外申请专利、注册商标，保护自身合法权益。

核心竞争能力体现为对智力资源和智慧成果的培育、配置和调控能力，尤其体现为对知识产权的占有和运用能力。核心能力的培育途径主要有自我发展、与拥有竞争优势的企业形成战略联盟、并购拥有某种专长的企业等。要按照国际标准，如质量管理体系（ISO9000 系列、GMP、ISO/TS16949）、环境管理体系（ISO14000 系列）、职业健康安全管理体系（OHSAS18000 系列）或社会责任标准（SA8000）组织生产，提高企业的国家影响力。要培育具备价值性、异质性、不可模仿性、难以替代性、扩展性的企业核心能力，培育具有国际影响力的世界品牌。

5. 强化国际风险防范，实施社会责任战略

跨国经营企业要加强风险防范意识，强化风险防范措施，避免风险的发生。企业应当客观评估自身条件、能力，深入研究东道国投资环境，积极稳妥地开展境外投资，注意防范各类风险。要加强与东道国政府部门、工会等组织的联系，综合考虑东道国的法律

法规、利益相关者之间的冲突和彼此的利益诉求,善于将企业的经营领域和专业特长与当地社会或环境的某一问题结合起来。

企业要将社会责任纳入长期发展战略,整合到构建企业长期核心竞争力的范畴。加强企业社会责任的职能管理,确定明确的实施方案,安排相应的资金,组织有关培训,并发布履行社会责任的年度报告。要加强自我监督,杜绝一味追求经济利益而违背社会责任的短期行为。要将承担社会责任作为一种投资,将社会责任视同产品战略、市场战略、技术战略等事关全局发展的一项重要职能战略。

企业应当遵守东道国当地法律法规,尊重当地风俗习惯和民族文化,做好环境、劳工保护、企业文化建设等工作,促进与社区的融合,与当地居民和睦相处,树立以人为本、反哺社会的良好形象。企业要积极回馈当地社会,包括依法纳税、支持环保和教育事业、扶助欠发达地区、社区共建,以及对各种自然灾害提供援助等,关注当地民生,秉承"互利合作、共同发展"的经营理念,实施本地化战略,主动融入当地社会,履行社会责任,努力树立中国企业的良好形象。

经过40多年的改革开放,通过留学、海外投资、经贸文化往来等活动,海外华人和了解中国的海外人士日益增多,以多种方式利用海外人脉资源是跨国经营企业国际化经营的重要战略。海外人脉资源不仅可以给我们的企业提供资讯、市场等信息,同时可以提供智力、技术等无形资源。海外华人华侨中不乏智力资源,我们的企业在走向世界的过程中还应该大胆引进华商智力人力资源。

适应经济全球化的发展趋势,改变原有的思路和发展模式,制定新型国际化经营发展战略,将使中国跨国经营企业的发展进入一个新的境界,跨入一个新的阶段,将促进跨国经营企业的快速发展,提高企业的国际竞争力,促进经济社会发展。

课后练习题

1. 简述中国对外直接投资的发展历程和特点。
2. 中国跨国公司目前有什么特点?
3. 中国企业为什么要实施走出去战略?
4. 中国企业跨国经营与管理中存在哪些问题?
5. 通过特定案例说明中国企业如何提高跨国经营与管理的能力。

章末案例

联想的国际化之路[①]

联想成立于1984年,主要生产和销售个人电脑、商用电脑、服务器和移动设备等IT

① 摘编自周常宝等:《跨国企业董事会资本与国际化战略的演化机制——基于联想集团的纵向案例研究》,载《管理案例研究与评论》2018年第1期。

设备。2013 年，联想台式电脑销售量升居世界第一，为全球最大的 PC 生产厂商。联想于 2004 年 12 月 7 日与 IBM 签订了资产购买协议并购 IBM 的 PC 事业部，获得了 IBM 公司 ThinkPad 品牌、PC 核心技术、PC 技术研发团队以及国际化的管理团队等资源，这对联想的国际化起到了至关重要的作用。随后，联想并购了日本的 NEC、德国的 Median 以及摩托罗拉等。依据联想董事会成员和 CEO 的变更，可以将联想的国际化战略演化过程划分为四个阶段：

一、基础阶段

联想成为一家全球性跨国公司的前提是进行跨国经营。联想在进行跨国经营之前，进行了一系列的变革，主要包括早期的产权制度变革、业务发展与组织结构变革以及联想国际化战略的提出等。早期的产权制度改革为联想跨国经营奠定了制度基础。在该阶段，联想经历了两次重要的产权制度改革：第一次改革，中科院将分红权下放给公司董事会及高管团队，激励管理层，为联想集团的长远发展奠定了基础；第二次改革，建立了联想集团现代公司制度，为联想集团国际化奠定了基础。国际化战略的提出是联想跨国经营的重要前提。联想于 2002 年启动 TOP 计划。2003 年将品牌换成 Lenovo，为实现国际化奠定了基础，并提出集团愿景、业务重点以及业务模式。联想提出双模式业务结构：T 模式（transaction，交易，对应消费者直接“交易”）和 R 模式（relation，关系，与大客户建立“关系”），提高了公司整体运营效率。同时提出国际化优先于多元化的战略，为联想进军国际市场，进行跨国经营奠定了基础。

二、关键阶段

第二阶段为关键阶段，以联想集团并购 IBM PC 事业部以后，第一任 CEO Stephen M. Ward 在任期间为划分依据。新联想从一家国内企业变为一家跨国公司，处于公司治理结构变化、业务调整、文化融合等关键时期。时间段为 2005 年 4 月 30 日至 2005 年 12 月 20 日。在该阶段的公司治理结构中，董事长为杨元庆，CEO 为 Stephen M. Ward。联想于 2005 年并购 IBM PC 事业部完成之后，新联想组织结构发生重大变化，将原有业务和 IBM PC 业务在全球范围内整合在一起，形成统一的全新的组织架构。新的组织架构于 2005 年 10 月 15 日生效。并购完成后，联想首先对高层组织结构进行整合。为了使新联想的业务和企业文化能够尽快融合，减少文化差异，增加交流，新联想采取了系列的举措：(1) 原联想自身的调整。尽管原联想拥有和世界一流企业接轨的文化氛围，但是与有着独特企业文化的国际知名企业 IBM 相比，还相对不成熟，在企业国际化方面还缺乏经验。(2) 新联想设置双总部，采用英语作为公司的官方语言，以便更好地沟通。

三、冲突阶段

第三阶段为 2005 年至 2009 年 9 月 2 日。这一阶段，新联想中方高管与国外高管在语言、文化、沟通方式等方面出现了问题，产生了激烈的冲突，其本质是治理机制不同导致的文化冲突。时间段为 2005 年至 2009 年 9 月 2 日。在完成组织整合之后，新联想的业务流程重组越来越迫切，需要降低整个供应链上的成本，以保证自身的盈利能力。国外董事 James G. Coulter（代表 TPG 董事）和 William O. Grabe（代表 GA 董事）认为新联想仅在组织机构上整合，而没有实现供应链上的整合，不能适应自身的发展，需要整合供应链业务流程，降低成本。

四、协同阶段

第四阶段为协同阶段,时间段为2009年9月3日至2011年11月2日。经历冲突后,董事会和高管团队不断调整、公司治理机制不断完善,为联想全球战略的实施提供了制度保障,新联想全球国际化战略已经形成。为应对PC行业的环境以及移动互联网带来的行业变化,新联想开始在全球实施"双拳战略",即"我们的战略框架就是要像一个拳击运动员一样,双拳出击:左拳要护住我们的头和心脏,也就是要巩固好核心业务"。随着移动互联网的兴起,以及联想成功并购了摩托罗拉、德国第二大电子厂Median、日本NEC等,联想完成了对全球的布局。

讨论题

1. 联想集团为什么提出国际化优先于多元化战略?
2. 在国际化进程中,联想遇到了哪些困难,如何克服的?
3. 联想的国际化历程对于中国企业跨国经营与管理有怎样的启示?

本章参考文献

UNCTAD:《世界投资报告》(各年版)。

董彦岭:《我国境外投资促进体系的制度演进分析:1979—2009》,载《经济与管理评论》2012年第3期。

郭新东、张欣、王晶晶:《企业并购的战略绩效——联想并购IBMPC业务部的案例再研究》,载《管理案例研究与评论》2013年第4期。

李桂芳主编:《中国企业对外直接投资分析报告(2014)》,中国人民大学出版社2014年版。

李桂芳主编:《中央企业对外直接投资报告》,中国经济出版社2011年版。

李诗、吴超鹏:《中国企业跨国并购成败影响因素实证研究——基于政治和文化视角》,载《南开管理评论》2016年第3期。

卢进勇、刘传恩编著:《跨国供经营与管理》,机械工业出版社2013年版。

卢进勇、闫实强:《中国对外投资促进与服务体系建设的演进、成绩和前景展望》,载《国际贸易》2012年第1期。

商务部、国家统计局、国家外汇管理局:《中国对外直接投资统计公报》(2003—2014年)。

王辉耀、孙玉红:《中国企业国际化发展现状与问题》,载《第一财经日报》2014年10月29日第B06版。

王梅:《中国投资海外——质疑、事实和分析》,中信出版社2015年版。

王永贵、洪傲然:《千篇一律还是产品定制——"一带一路"背景下中国企业跨国渠道经营研究》,载《管理世界》2020年第12期。

武力超、杨帆、姜炎鹏、肖成琳:《中国企业跨国并购的区位选择是否偏好全球城市?——基于东道国异质性视角的实证分析》,载《世界经济研究》2021年第7期。

张慧:《我国对外直接投资的发展现状及特点分析》,载《经济问题探索》2014年第6期。

赵晋平:《促进中国跨国公司发展战略意义重大》,载《国际贸易》2013年第6期。

中国国际贸易促进委员会主编:《中国企业"走出去"发展报告(2011—2012)》,人民出版社2013年版。

中国国际贸易促进委员会:《中国企业对外投资现状及意向调查报告》(2008—2013年)。

朱华:《中国对外直接投资的发展路径及其决定因素研究》,中国社会科学出版社2012年版。

朱晋伟:《中小企业国际化经营的战略选择》,载《江南大学学报(人文社会科学版)》2008年第10期。